NEAPEL
MONTE SOMMA
VESUV
HERCULANEUM
OPLONTIS
POMPEJI
STABIAE

Verschüttet vom Vesuv
Die letzten Stunden von Herculaneum

Verschüttet vom Vesuv

Die letzten Stunden von Herculaneum

herausgegeben von
Josef Mühlenbrock und Dieter Richter

VERLAG PHILIPP VON ZABERN · MAINZ AM RHEIN

XX, 355 Seiten mit 341 Farb- und 25 Schwarzweißabbildungen

Umschlag vorne: Kopf eines Läufers aus der Villa dei Papiri (Kat. 4.2).

Vorsatz vorne: Satellitenbild des Golfs von Neapel mit dem vulkanischen Komplex des Somma-Vesuv.

Frontispiz: Herculaneum, *Cardo* III.

Vorsatz hinten: Sonnenuntergang im Archäologischen Park Herculaneum 2004.

Umschlag hinten: Läufer aus der Villa dei Papiri (Kat. 4.2).

WESTFÄLISCHES RÖMERMUSEUM HALTERN

Landschaftsverband Westfalen-Lippe www.lwl.org

SMB Antikensammlung Staatliche Museen zu Berlin

Focke Museum Bremer Landesmuseum für Kunst und Kulturgeschichte

KATALOG

Übersetzer:
Paola Barbon
Gregor Husmann
Raimondo Leonetti
Dieter Richter
Marianne Schneider
Christine Spiess

Objekttexte:
Annika Backe (A. B.)
Mariarosaria Borriello (M. B.)
Maria Paola Guidobaldi (M. G.)
Teresa Giove (T. G.)
Mario Pagano (M. P.)
Pier Paolo Petrone (P. P. P.)
Dieter Richter (D. R.)

Textredaktion:
Rudolf Aßkamp
Norbert Franken
Ursula Kästner
Herwig Kenzler
Martin Maischberger
Josef Mühlenbrock
Gertrud Platz
Dieter Richter

Layout:
Julia Frantz, Westfälisches Museum für Archäologie
Herwig Kenzler, Westfälisches Römermuseum Haltern

Bibliographische Information der Deutschen Bibliothek

Die Deutsche Bibliothek verzeichnet diese Publikation in der Deutschen Nationalbibliographie; detaillierte bibliographische Daten sind im Internet über <*http://dnb.ddb.de*> abrufbar.

ISBN 3-8053-3445-1 (Buchhandelsausgabe)
ISBN 3-8053-3543-1 (Museumsausgabe)
Lithos: Scan Comp GmbH, Wiesbaden

Printed in Germany by Philipp von Zabern
Printed on fade resistant and archival quality paper (PH 7 neutral) · tcf

AUSSTELLUNG

Konzeption und Organisation
Rudolf Aßkamp, Westfälisches Römermuseum Haltern
Dieter Bischop, Landesarchäologe Bremen
Jörn Christiansen, Focke-Museum, Bremen
Martin Maischberger, Antikensammlung, Staatliche Museen zu Berlin
Josef Mühlenbrock, Westfälisches Römermuseum Haltern
Friederike Naumann-Steckner, Römisch-Germanisches Museum Köln
Dieter Richter, Universität Bremen
Andreas Scholl, Antikensammlung, Staatliche Museen zu Berlin
Renate Wiechers, Westfälisches Römermuseum Haltern

Projektleitung
Josef Mühlenbrock

Gestaltkonzept, Architektur und Design
Atelier Barbara Hähnel-Bökens, Düsseldorf mit Jochen Hähnel, Berlin unter Mitarbeit von Iris Buchholz, Stefan Horst

Ausstellungseinrichtung, Generalunternehmer
Veithec® Competence Center Cologne GmbH

Ausstellungstechnik
Reiner Claus, Marl
Heiner Kalfhues, Westfälisches Römermuseum Haltern
Thomas Lenzmann, Marl
Holger Neumann, Focke-Museum Bremen
Hans Pietsch und Mitarbeiter, Staatliche Museen zu Berlin
Fredi Raasch, Focke-Museum Bremen

Ausstellungstexte
Josef Mühlenbrock, Westfälisches Römermuseum Haltern
Dieter Richter, Universität Bremen
Renate Wiechers, Westfälisches Römermuseum Haltern

Wissenschaftliche Beratung
Dr. Mariarosaria Borriello, Museo Archeologico Nazionale Napoli
Ing. Gaetano Capasso, Capware, Tecnologie per la Cultura, Napoli
Dr. Mauro De Vito, Osservatorio Vesuviano, Napoli
Dr. Mauro Giancaspro, Biblioteca Nazionale di Napoli
Dr. Maria Paola Guidobaldi, Soprintendenza Archeologica di Pompei
Prof. Pier Giovanni Guzzo, Soprintendenza Archeologica di Pompei
Dr. Maddalena De Lucia, Osservatorio Vesuviano, Napoli
Prof. Giovanni Orsi, Osservatorio Vesuviano, Napoli
Dr. Mario Pagano, Soprintendenza ai Beni Archeologici del Molise
Prof. Umberto Pappalardo, Universität „Suor Orsola Benincasa" Napoli
Dr. Pier Paolo Petrone, Universität „Federico II." Napoli
Dr. Maria Emma Pirozzi, Soprintendenza Archeologica di Pompei
Dr. Valeria Sampaolo, Soprintendenza per i Beni Archeologici delle province di Napoli e Caserta
Dr. Agnese Travaglione, Biblioteca Nazionale di Napoli

Restaurierung, Objektmontage, konservatorische Betreuung
Dunja Ankner-Dörr, Westfälisches Museum für Archäologie, Münster
Wolfgang Maßmann, Antikensammlung, Staatliche Museen zu Berlin
Eugen Müsch, Westfälisches Museum für Archäologie, Münster
Barbara Niemeyer, Antikensammlung, Staatliche Museen zu Berlin
Silke Nienstedt, Focke-Museum Bremen
Sebastian Pechthold, Westfälisches Museum für Archäologie, Münster
Uwe Pelz, Antikensammlung, Staatliche Museen zu Berlin
Priska Schilling, Antikensammlung, Staatliche Museen zu Berlin
Ruth Tegethoff, Westfälisches Museum für Archäologie, Münster
Andreas Weißgerber, Westfälisches Museum für Archäologie, Münster
Giuseppe Zolfo, Soprintendenza Archeologica di Pompei

AV Medien
Gaetano Capasso, Capware - Tecnologie per la Cultura
Westfälisches Landesmedienzentrum des Landschaftsverbandes Westfalen-Lippe (LWL)

Fotografie
Jochen Hähnel, Berlin
Luciano Pedicini, Archivio dell'arte, Napoli

Museumspädagogik
Leitung: Renate Wiechers, Westfälisches Römermuseum Haltern
Heinz-Gerd Hofschen, Focke-Museum Bremen
Sigrid Weise, Staatliche Museen zu Berlin

Organisatorische Unterstützung
Anna Civale, Servizio Organizzazione Mostre per la Soprintendenza Archeologica di Pompei

Öffentlichkeitsarbeit und Werbung
Rudolf Aßkamp, Westfälisches Römermuseum Haltern
Mareike Ballerstedt, Focke-Museum Bremen
Yasmine Freigang, Westfälisches Museum für Archäologie, Münster
Matthias Henkel, Staatliche Museen zu Berlin
Frank Tafertshofer, Landschaftsverband Westfalen-Lippe (LWL), Münster
Anne Schäfer-Junker, Staatliche Museen zu Berlin

Verwaltung, Sekretariat und Museumsshop:
Ines Bialas, Antikensammlung, Staatliche Museen zu Berlin
Renate Bröker, Westfälisches Römermuseum Haltern
Ingrid Jancowiak, Focke-Museum Bremen
Marlies Kokoska, Westfälisches Römermuseum Haltern
Ingeborg Sabelus, Focke-Museum Bremen
Dörte Spatz, Focke-Museum Bremen
Marianne Vorholt, Westfälisches Römermuseum Haltern
Ulrike Witzke, Westfälisches Römermuseum Haltern
Helga Zimmermann, Focke-Museum Bremen

Wir danken allen, die an der Ausstellung mitgearbeitet und sie unterstützt haben – auch den hier namentlich nicht Genannten.

Leihgeber

Alte Nationalgalerie, Staatliche Museen zu Berlin

Antikensammlung, Staatliche Museen zu Berlin

Staatsbibliothek zu Berlin

Dieter Richter, Bremen

Kulturstiftung DessauWörlitz

Kunstgewerbemuseum der Staatlichen Kunstsammlungen Dresden

Skulpturensammlung der Staatlichen Kunstsammlungen Dresden

Goethe-Museum, Düsseldorf

Niedersächsische Staats- und Universitätsbibliothek Göttingen

Museum für Kunst und Gewerbe, Hamburg

Staatliche Kunsthalle Karlsruhe

Soprintendenza Archeologica di Pompei

Staatliche Porzellan-Manufaktur Meissen GmbH

Museo Archeologico Nazionale Napoli, Soprintendenza per i Beni Archeologici di Napoli e Caserta

Biblioteca Nazionale di Napoli, Officina dei Papiri

Francesco Durante, Napoli

Michele Gargiulo, Napoli

Carlo Knight, Napoli

Osservatorio Vesuviano, Napoli

Niederösterreichisches Landesmuseum St. Pölten

Stiftung Preußische Schlösser und Gärten Berlin-Brandenburg, Potsdam

Universitätsbibliothek Rostock

Museum Carolino-Augusteum, Salzburg

Stiftung Weimarer Klassik und Kunstsammlungen, Weimar

MAK – Österreichisches Museum für angewandte Kunst / Gegenwartskunst, Wien

Förderer und Sponsoren

AGV Emscher-Lippe

Bremen erleben!

DSK

GELSENWASSER

Hypothekenbank in Essen AG

Istituto Italiano di Cultura Berlino

Istituto Italiano di Cultura Köln

kultur STIFTUNG MASTHOFF

KUNSTSTIFTUNG NRW

PROVINZIAL
Kulturstiftung der Westfälischen Provinzial-Versicherungen

SanCiro
...un miracolo della natura...

Die Sparkasse Bremen

VEITHEC®

Verein der Freunde und Förderer des Westfälischen Römermuseums Haltern e.V.

Verein von Freunden des Focke-Museums e.V.

Waldemar Koch Stiftung

Autoren

GRUSSWORTE

Herausgeber und Museumsleiter

Valeria Sampaolo, Soprintendente Archeologo di Napoli e Caserta

Pietro Giovanni Guzzo, Soprintendente Archeologo di Pompei

Mauro Giancaspro, Direktor der Biblioteca Nazionale di Napoli

Silvio Fagiolo, Botschafter der Republik Italien in Deutschland

DIE AUTOREN DER ESSAYS

Dr. Agnes Allrogen-Bedel, geb. 1944, Klassische Archäologin, Tätigkeit in Forschung und Lehre, Denkmalschutz und Kulturverwaltung, Leiterin des Besucherdienstes der Schlösserverwaltung Rheinland-Pfalz.

Dr. Dieter Bischop, geb. 1966, Wissenschaftlicher Referent bei der Landesarchäologie Bremen.

Prof. Dr. Giuseppe Camodeca, geb. 1945, Professor für Römische Geschichte und Lateinische Epigraphik an der Universität „L'Orientale" in Neapel.

Prof. Dr. Luigi Papasso, geb. 1954, Professor für Anthropologie an der Medizinischen Fakultät der Universität Chieti.

Dr. Mico Capasso, geb. 1978, Studium der Philosophie und Literatur, Mitarbeiter der Firma „Capware, Tecnologie per la Cultura" in Napoli-Ottaviano.

Dr. Angelika Dierichs, geb. 1943, Klassische Archäologin, Kunsthistorikerin, freiberufliche Tätigkeit als Autorin und in der Erwachsenenbildung (Vorträge, Studienreisen, Seminare).

Dr. Norbert Franken, geb. 1961, Wissenschaftlicher Mitarbeiter der Antikensammlung, Staatliche Museen zu Berlin.

Dr. Maria Paola Guidobaldi, geb. 1961, seit 2000 Direktorin der Ausgrabungen von Herculaneum.

Dr. Martin Maischberger, geb. 1964, Klassischer Archäologe, Kustos für Römische Architektur und Antike Kleinkunst an der Antikensammlung, Staatliche Museen zu Berlin.

Dr. Giuseppe Mastrolorenzo, geb. 1959, Geophysiker und Vulkanologe am Osservatorio Vesuviano in Neapel.

Dr. Mario Pagano, geb. 1958, 1996-2000 Direktor der Ausgrabungen von Herculaneum und Stabiae, jetzt Soprintendente ai Beni Archeologici del Molise.

Prof. Dr. Umberto Pappalardo, geb. 1946, Professor für Griechisch-Römische und Pompejanische Archäologie an der Universität Neapel „Suor Orsola Benincasa".

Dr. Pier Paolo Petrone, geb. 1955, Kurator des Museo di Antropologia der Universität Neapel „Federico II." mit dem Schwerpunkt Bioarchäologie.

Dr. Maria Emma Pirozzi, geb. 1950, Architektin. Seit 1984 bei der Soprintendenza Archeologica di Pompei, verantwortlich für architektonische Planungen und Restaurierungsarbeiten in Herculaneum.

Dr. Josef Mühlenbrock, geb. 1968, Klassischer Archäologe, Projektleiter der Herculaneum-Ausstellung.

Uwe Quilitzsch, geb. 1956, Diplom-Museologe. Seit 1978 Mitarbeiter der Staatlichen Schlösser und Gärten Wörlitz, seit 1994 als Referatsleiter Bibliothek und Archiv der Kulturstiftung DessauWörlitz.

Prof. Dr. Dieter Richter, geb. 1938, Germanist und Kulturhistoriker an der Universität Bremen, einer der Initiatoren der Herculaneum-Ausstellung.

Prof. Dr. Peter Schleuning, geb. 1941, Musikwissenschaftler an der Carl-von-Ossietzky-Universität Oldenburg.

Dr. Agnese Travaglione, geb. 1949, Bibliothekarin, seit 1994 Direktorin der „Officina dei Papiri Ercolanesi Marcello Gigante" der Nationalbibliothek in Neapel.

Giuseppe Zolfo, geb. 1955, Architekt, als Konservator und Restaurator, verantwortlich für die Holzobjekte aus Herculaneum.

Inhaltsverzeichnis

KATALOG

Vorwort

In der öffentlichen Wahrnehmung steht Herculaneum im Schatten von Pompeji. Das war nicht immer so. Die Ausgrabungen am Vesuv haben in Herculaneum begonnen. Hier wurden die großen Wandgemälde gefunden, die im 18. Jh. Europa begeisterten, hier die größte Sammlung antiker Bronzeskulpturen, hier die berühmten Papyri, die einzige erhaltene Bibliothek aus der griechisch-römischen Welt. Winckelmanns „Sendschreiben" sprachen von den „herculanischen" Entdeckungen, und im Antikensaal in Dresden konnte man schon früh die drei „Herkulanerinnen" bewundern, die ersten Zeugnisse aus den verschütteten Städten am Vesuv, die öffentlich zu sehen waren und an denen Winckelmann sein berühmtes Diktum von der „edlen Einfalt und stillen Größe" der griechischen Kunst entwickelte.

Erst seit der 2. Hälfte des 18. Jh. knüpft sich die Fama der Ausgrabungsstätten am Golf von Neapel mehr und mehr an den Namen von Pompeji. Die geologischen Bedingungen erlaubten dort eine leichtere Aufdeckung der Stadt, war sie doch während des Vesuv-Ausbruchs im Jahre 79 n.Chr. nur von einer rund drei Meter hohen Schicht von Lapilli zugedeckt worden. Herculaneum hingegen war unter einer 25–30 Meter tiefen Lawine aus verhärtetem Schlamm und Geröll begraben worden. Außerdem lag und liegt es unter einer neu entstandenen Stadt, konnte daher also bis heute nur zu einem kleineren Teil erforscht werden.

Gerade die besonderen Bedingungen dieser „Versiegelung" in der Tiefe waren es jedoch, die den Ausgrabungen in Herculaneum ihren besonderen Charakter gegeben haben. Nur hier haben sich organische Materialien erhalten, die Holzkonstruktionen der Häuser, Teile der hölzernen Inneneinrichtung, die Papyrusrollen.

Nachdem in den 1980er und 1990er Jahren im Rahmen neuer Ausgrabungen am Strand von Herculaneum die Skelette von mehr als 300 Menschen gefunden worden waren, die dort in den Bootshäusern vergeblich auf Flucht übers Meer gehofft hatten, rückte Herculaneum erneut ins Zentrum des wissenschaftlichen und des allgemeinen Interesses. Die Geschichte der katastrophalen Ereignisse des Jahres 79 n.Chr. mußte neu geschrieben werden: Es war ein „pyroklastischer Strom", eine heiße Glutwolke, die den Menschen in Herculaneum – und später auch den Überlebenden in Pompeji – in Sekundenschnelle den Tod brachte. Darüber hinaus ermöglichten die Skelettfunde – es handelt sich um die größte erhaltene Gruppe von Menschen aus dem Altertum, die gleichzeitig den Tod fanden – detaillierte anthropologische Untersuchungen zu Altersstruktur, Lebensweise, Krankheiten und anderen Belastungen der römischen Bevölkerung.

Es waren diese Funde und es war das damit einhergehende neue Interesse an Herculaneum, die die Veranstalter zu dieser Ausstellung veranlaßt haben. Die erste Anregung dazu kam von italienischer Seite, und wir sind ihr gern gefolgt. In einer jahrelangen, fruchtbaren Kooperation zwischen Deutschland und Italien konnte damit die erste Ausstellung außerhalb Italiens realisiert werden, die ausschließlich Herculaneum gewidmet ist. Sie versteht sich als kulturhistorische Ausstellung, d.h. sie versammelt nicht nur archäologische Glanzstücke, darunter neue Funde und nie zuvor außerhalb von Italien gezeigte Objekte, sondern möchte auch die Bedeutung der Ausgrabungen für die europäische Geschichte der Neuzeit in den Blick rücken. Und nicht zuletzt der Vermittlung von Erkenntnissen Raum geben, die moderne naturwissenschaftliche Methoden den Opfern der Katastrophe und dem „Zerstörerberg Vesuv" abgewonnen haben.

Rudolf Aßkamp, Leiter des Westfälischen Römermuseums Haltern des Landschaftsverbandes Westfalen-Lippe (LWL)

Jörn Christiansen, Direktor des Focke-Museums, Bremer Landesmuseum für Kunst und Kulturgeschichte

Josef Mühlenbrock, Herausgeber

Dieter Richter, Herausgeber

Andreas Scholl, Direktor der Antikensammlung, Staatliche Museen zu Berlin

Grußwort

Die hier gezeigte Ausstellung gibt den Liebhabern der „pompejanischen“ Altertümer aus mehreren Gründen die gute Gelegenheit, auf die Begegnung mit einigen der berühmtesten antiken Kunstwerke nicht verzichten zu müssen, die durch die Ausgrabungen am Vesuv wieder zutage gekommen sind. Infolge komplizierter und langwieriger Arbeiten, die aus statischen Gründen im Gebäude des Archäologischen Nationalmuseums in Neapel notwendig wurden und der Neuordnung unserer Sammlungen müssen nämlich seit etwa fünf Jahren einige Säle des Museums geschlossen bleiben, darunter auch diejenigen der sogenannten „Großen Bronzen“ und der Fresken. Die Bitte der Organisatoren der Ausstellung, eine Auswahl von ausschließlich aus Herculaneum stammenden Exponaten als Leihgabe zur Verfügung zu stellen, fand daher bei uns sofort ein offenes Ohr, konnte man doch auf diese Weise die betreffenden Werke ihrer befristeten „Klausur“ entziehen. Außerdem war die „Entdeckung“ einiger Objekte in den Berliner Museen im Zusammenhang mit der Entstehung der Ausstellung so etwas wie ein Fingerzeig, um die alten Bande zwischen Neapel und jener Region wieder zu knüpfen, in die diese Statuen bereits vor Beginn der bourbonischen Forschungen gekommen waren.

Die Entdeckung der Städte am Vesuv und ganz besonders von Herculaneum im Jahre 1738 während der beginnenden Bauarbeiten an der Residenz König Karls III. in Portici bezeichnet eine Wende im Geschmack, in der Mode, in den Künsten und in der Kultur des 18. Jh. Das Kunsthandwerk geriet unter den Einfluß der wiedergewonnenen dekorativen Gestaltungen, wie sie in den prachtvollen Kupferstichen der „Antichità di Ercolano esposte“ reproduziert waren. „Herkulanisch“ hießen sie kurz, auch wenn sich die Ausgrabungen bereits auf das Gebiet von Pompeji ausgedehnt hatten. „Herkulanisch“ hieß die Akademie, die sich mit ihrer Publizierung beschäftigte, „herkulanisch“ das Museum, in dem sie ausgestellt waren. Und doch hat es unter all den Untersuchungen, Ausstellungen und Studien zu den Vesuv-Städten bis heute noch kein Ereignis gegeben, das ausschließlich Herculaneum gewidmet gewesen wäre, keine Ausstellung, die sich nur mit dieser Stadt beschäftigt hätte – einer Stadt, die weniger umtriebig, aber vielleicht kultivierter gewesen war als Pompeji, wie man aus der Qualität ihrer Wanddekorationen und aus der Vielfalt der kostbaren Fußböden vermuten kann.

Aus Anlaß dieser neuen und anregenden Initiative haben jene Gemälde, die die ersten Besucher des Museums in Portici so beeindruckt haben, zum ersten Mal seit ihrer Entdeckung Neapel verlassen. Die großen Fresken aus der sogenannten Basilika – „Chiron und Achill“, „Hercules und Telephos“ und „Medea“ – wurden restauriert und ihre Halterungen handlicher gemacht. So konnten diese Wandmalereien, die einmal exemplarisch für die frühen Ausgrabungen standen (und die die Besucher der „Grand Tour“ aus der Erinnerung zeichnen mußten, um sich nicht Sanktionen der strengen Aufseher der königlichen Sammlung auszusetzen) durch Europa reisen, um sich neben anderen exemplarischen Stücken der Ausgrabungen des 18. Jh. zu präsentieren: der „Großen“ und der „Kleinen Herkulanerin“ aus Dresden.

Auch im Museum von Neapel, das sie zusammen mit den Funden aus Pompeji seit 1826 beherbergt, sind die Fundstücke aus Herculaneum in einem bestimmten Sinne weniger „berühmt“ als die Exponate aus der Nachbarstadt. Das liegt vielleicht auch an der langen Unterbrechung der Ausgrabungen in Herculaneum, die erst im 20. Jahrhundert wieder aufgenommen worden sind, mit anderen Methoden und anderen Ergebnissen vor allem im Hinblick auf die Konservierung der aufgefundenen Materialien. Im Bewußtsein, daß jedes neue Studium zu neuen Erkenntnissen führen kann, auch bei Gegenständen, die nunmehr seit fast 270 Jahren bekannt sind, wurden auch einige Stücke aus den mehr als 100 Statuen in Bronze und Marmor, den Gemälden und Schriftrollen ausgewählt, die in der Villa dei papiri (auch als „Villa dei Pisoni“ bekannt) geborgen wurden. Sie gehören zu den renommiertesten Objekten des Museums in Neapel und vermitteln – absolut einzig in ihrer Art - einen Eindruck von der Dekoration einer aristokratischen Residenz in der Zeit der späten Republik.

Die anderen Fresken-Fragmente, die Gemmen, die Einrichtungsgegenstände in Bronze und Marmor, die Gerätschaften und Utensilien in Keramik und Glas vervollständigen die Zeugnisse des alltäglichen Lebens: eines Lebens, das die Katastrophe abrupt beendete und das uns doch, dank eben dieser Katastrophe, auch nach fast 2000 Jahren immer noch lebendig vor Augen tritt.

Valeria Sampaolo
Soprintendente per i Beni Archeologici
delle province di Napoli e Caserta

Grußwort

In den vergangenen Jahren ist das Interesse an den Altertümern am Vesuv in verschiedensten Zusammenhängen neu erwacht. Unterstützt durch eine internationale Zusammenarbeit, mit der die Aufnahme der archäologischen Gebiete am Vesuv in die UNESCO-Liste des Weltkulturerbes Gestalt annimmt, haben neue Forschungen, neue Methoden, neue Fragestellungen Platz gegriffen. Parallel dazu wurden die Praktiken der Restaurierung und der Erhaltung des zerstörten kulturellen Erbes verbessert, das durch den Ausbruch des Vesuv unter Asche, Lapilli und Schlamm begraben worden war. Das läßt hoffen, daß die unaufhaltsam gefräßige Zeit weniger rasch zerstören möge, was seit mehr als zwei Jahrhunderten nach und nach ans Licht gekommen ist.

Waren es zunächst das Königreich Neapel, dann das Königreich Italien und jetzt die italienische Republik, denen die Sorge um die zahlreichen kostbaren Zeugnisse der Antike stets am Herzen lag, so haben in den letzten Jahren auch Lokalverwaltungen und private Mäzene ihr Augenmerk darauf gerichtet. Auf diese Weise gewinnt, was unsere Verfassung zum Schutz des kulturellen Erbes vorsieht, zunehmend jene Beweglichkeit und Komplexität, jene Vielgestaltigkeit in der Übernahme von Verantwortlichkeiten und Aufgaben, die einer auf Teilnahme aufbauenden Demokratie gut ansteht. Sie hätte ihren Namen nicht verdient, wenn sie nicht zu ihren Lebensgrundlagen das Interesse an der Kultur und an der historischen Kritik als Mittel des ganzheitlichen Wohlergehens ihrer Bürger zählen würde.

Hinzu kommt, daß die Zahl der Touristen und der kulturell motivierten Besucher aus allen fünf Kontinenten beständig wächst. Auf diese Weise erobern sich diese einzigartigen, durch die Naturkatastrophe erstarrten, toten Städte einen immer größeren Raum in der Vorstellungskraft, in den Gefühlen und Passionen der Menschen. Es wird einige Jahrzehnte dauern, bis man etwas dazu sagen kann, welche Konsequenzen für das allgemeine Verhalten diese Erkenntniserweiterung haben wird. Von heute aus beurteilt, spürt man das Bedürfnis, in einer Welt blutiger und allgemeiner gewalttätiger Verstrickungen das Bewußtsein von der Relativität des Menschen zu schärfen: Hauptdarsteller auf der Bühne der Welt und zugleich doch nur Statist der Geschichte.

Auf diese Weise haben sich in den letzten Jahren nicht nur Aktivitäten gemehrt, die darauf zielen, Besucher und Touristen an den Ufern des Golfs von Neapel zu empfangen, sondern auch solche, die ihnen bereits in ihrer Heimat einen Vorgeschmack oder ein Summarium dessen geben können, was sie zu Füßen des Vesuv erwartet. Die Charakteristika solcher Wanderausstellungen bestehen darin, daß sie besondere Aspekte hervorheben, zum Beispiel die Ergebnisse eines spezifischen Forschungsprogramms, so daß sich zu ihrer äußerlichen Attraktivität (Ausdruck der formalen Perfektion oder der kreativen Besonderheiten der antiken Objekte) auch der rote Faden einer kritischen Fragestellung gesellt. Natürlich kann eine Ausstellung weder den Kenntnisstand noch den Eindruck vermitteln, den ein eigener Besuch an den Ausgrabungsstätten am Vesuv oder im Archäologischen Nationalmuseum in Neapel bewirkt. Aber auf der anderen Seite können wir natürlich auch nicht davon ausgehen, daß sich alle auf die Reise nach Pompeji oder Herculaneum begeben, so daß es unsere Pflicht ist, Kommunikationsmöglichkeiten zu nutzen, um uns zu Botschaftern unserer Arbeit zu machen. Daher ist, wie die Arbeit vor Ort selber, auch die Zusammenarbeit in internationalen wissenschaftlichen Zusammenhängen für uns unverzichtbar. Diese Zusammenarbeit bedeutet auch einen wachsenden Reichtum an Erfahrungen; Kultur erscheint dabei, in immer größeren Zusammenhängen, als Instrument gemeinsamer Verbundenheit.

Die vorliegende Ausstellung über Herculaneum ist ein Beispiel einer solchen Vorgehensweise: Bedürfnisse und Ansätze wurden gemeinsam erörtert, und grundsätzliche Übereinstimmungen haben es möglich gemacht, die Ausstellung zu realisieren und dem deutschen Publikum zu präsentieren. Die Schau, zu der auch eine Reihe neuer Funde gehört, verknüpft die Darstellung der antiken Stadt mit der Präsentation ausgewählter Gruppen von Objekten, die konstitutiv waren für ihr reales Funktionieren ebenso wie für das Wohlergehen ihrer Bewohner. Die Einbeziehung der wertvollen Marmorskulpturen, die heute in Dresden aufbewahrt werden und seit dem 18. Jh. Herculaneum entzogen sind, bereichert die Initiative nicht nur unter ästhetischem Gesichtspunkt.

Denn diese Statuen fügen sich, nach nunmehr beinahe dreihundert Jahren, wieder ihrem ursprünglichen Kontext ein. Sie wurden geschaffen, um in derselben Stadt und von eben jenen unserer antiken Vorfahren bewundert zu werden, von denen auch die anderen Funde dieser Ausstellung Bild und Zeugnis geben. Auf diese Weise können die Dresdner Statuen nicht als bloß abstrakte, wenngleich hervorragende Exempel römischer Bildhauerkunst gewürdigt werden, sondern als ein in Form und Dekor essentieller Teil der Ausstattung einer konkreten antiken Stadt, Herculaneum.

Eine solche Wiederzusammenführung kann unter verschiedenen Gesichtspunkten betrachtet werden: unter dem technischen unserer archäologischen Disziplin, die heute auf „Kontextualisierung“ setzt; aber auch unter jenem idealen, bei dem es darum geht, Teilhabe, Wissen und Austausch zwischen unterschiedlichen Völkern, Kulturen und Erfahrungswelten zu vermitteln.

Die Dresdner Statuen kamen, wie es damals Sitte war, als Privatgeschenk eines Herzogs für einen Souverän in den Norden. Auf diese Weise ging ihr ursprünglicher Kontext verloren. Heute ist nicht mehr die Zeit solcher vertraulichen Geschenke, wohl aber die Zeit der Teilhabe, des Austauschs, des umfassenden Diskurses. Auch von diesem Willen möchte die Ausstellung Zeugnis ablegen. Und nur die Antwort der Besucher wird uns dafür unrecht oder recht geben.

Pier Giovanni Guzzo
Soprintendente Archeologo di Pompei

Grußwort

„Keiner schlafe!“
Puccini, Turandot

Wenn es um Zeugnisse des klassischen Altertums geht, ist die Versuchung, in die nostalgische Rhetorik des *laudator temporis acti* zu verfallen, manchmal so groß, daß es kaum der Mühe lohnt, zu widerstehen. Unsere allseits bekannte Hingabe an die Informatik, an die Telekommunikation und an die virtuellen Welten ist heute umfassend und steht nicht mehr zur Debatte, auch und gerade im Hinblick auf die Vermittlung der Antike. Unsere Papyri, soweit sie entrollt sind, wurden digitalisiert und stehen als elektronische Dateien zur Verfügung. Die Nationalbibliothek ist umfassend vernetzt. Maschinen lesen komplett verkohlte Papyrusrollen und die überschriebenen Texte von Palimpsesten. Heute kann sich ein beliebiger Text über die Netze des gesamten Erdballs bewegen; die Originale hingegen ruhen, und was sich bewegt, sind, um einen Begriff aus dem Film zu verwenden, perfekte Doubles oder, wenn ich dafür ein neues Wort erfinden darf: Stuntbooks. So empfinden wir heute das Bedürfnis, das absolute Primat des materiellen vor dem virtuellen Dokument geltend zu machen, auch wenn wir dabei das Risiko eingehen, als Konservative oder Verächter des Neuen zu erscheinen. Das Buch, es sei aus Papier, aus Pergament oder aus Papyrus, besitzt eine Besonderheit, die oft vergessen wird: Es ruft Emotionen hervor. Eine Besonderheit, von der nicht nur derjenige weiß, der von den pathologischen Symptomen der Bibliophilie und der Bibliomanie heimgesucht wird, sondern auch Leser und Besucher, die irgendwann einmal und vielleicht nur zufällig auf ein kostbares, altes Dokument stoßen und, ohne sich dagegen wehren zu können, wie verzaubert sind beim Anblick eines Textes von Philodemos, eines Manuskripts aus dem 6. Jh. n.Chr., einer spätmittelalterlichen Miniatur, eines Autographs von Giacomo Leopardi.

Warum wohl hätte man uns gebeten, einen unaufgerollten Papyrus für eine Ausstellung zur Verfügung zu stellen? Warum hätte nicht seine photographische Reproduktion genügt, in (wie man heute so schön sagt) „höchster Auflösung“, um alles das zur Genüge zu demonstrieren, was ein Wissenschaftler demonstrieren kann und muß? Weil das Original nicht nur dokumentiert und bezeugt, sondern anrührt. Die virtuelle Welt hat nämlich ihre Achillesferse: Sie liefert Informationen und Bilder und sie sind präzise und nützlich, aber zugleich sind sie ungeachtet ihrer unbegrenzten Fähigkeiten der Simulation dennoch kalt, leblos und distanziert.

In der vorliegenden Publikation, die reich an hochqualifizierten wissenschaftlichen Beiträgen ist, ist die Nationalbibliothek Neapel mit einem Beitrag von Dr. Agnese Travaglione vertreten, der erfahrenen Leiterin der „Officina dei papiri“, der Abteilung für die Erforschung der Papyri aus Herculaneum. Hinzugefügt sei das vielleicht ein wenig launische Bekenntnis von jemandem, der sich die Erlaubnis hat entreißen lassen, eine Papyrusrolle aus Herculaneum aus dem Haus zu geben und auf die Reise zu schicken, damit andere, weit weg von Neapel und seiner Bibliothek, sich davon anrühren und bewegen lassen können. Gewiß, die Sicherheitsstandards für Transport und Ausleihe sind heute außerordentlich hoch. Auf der anderen Seite muß man als Bibliothekar erst einmal die angeborene instinktive Eifersucht im Hinblick auf den Schutz der anvertrauten Kostbarkeiten überwinden, muß sich vor Augen halten, daß es unverzichtbar ist, die Kenntnisse über das schriftliche Erbe der Menschheit zu fördern und zu verbreiten, auch wenn man dafür mit Leiden und Schmerzen bezahlt. Weil doch, wie ich es im Verlauf der Arbeitsgespräche mit Prof. Dieter Richter zum Ausdruck gebracht habe, hier in der Nationalbibliothek „keiner schlafen wird“ (um einen berühmten Vers aus einer Oper von Puccini abzuwandeln), bevor nicht unsere Paypyri, so gut gesichert wie es nur geht, wieder in ihre angestammte Vitrine in der „Officina dei papiri“ zurückgekehrt sein werden.

Mit dem Stress der Schlaflosigkeit wird uns das Wissen versöhnen, daß viele Menschen unsere Papyrusrollen sehen, auch solche, die nicht vom Fach sind. Sie werden den Mut derjenigen begreifen, die sich um die Mitte des 18. Jh. an die Arbeit gemacht haben, überzeugt davon, daß in diesen zerdrückten, unansehnlichen und fest verschlossenen Stücken kostbare Texte verborgen sind. Und vielleicht wird sich sogar der eine oder andere dafür begeistern und beschließen, nach Neapel zu kommen, um hier die anderen Papyri zu sehen, jene, die bereits entrollt sind. Auf diese Weise hätten wir ein weiteres Ziel erreicht, das uns am Herzen liegt: die Papyrusrollen nicht nur für die notwendigen wissenschaftlichen Konsultationen und Studien zu schützen und zu pflegen, sondern auch dafür, daß ein Publikum, das sich von so außergewöhnlichen Orten wie Pompeji und Herculaneum verzaubern läßt, sich diesem Zauber auch in einer der eindrucksvollsten und exklusivsten Abteilungen der Nationalbibliothek in Neapel weiter hingeben kann, im Umgang mit Dokumenten aus dem schriftlichen Erbe der Menschheit, die in der Welt nicht ihresgleichen haben.

Mauro Giancaspro
Direktor der Biblioteca Nazionale
„Vittorio Emanuele III", Neapel

Grußwort

Kürzlich noch war der Vesuv beschattet von
grünenden Reben, edler Traubensaft ward
hier in die Kufen gepreßt.
Mehr als die Hügel von Nysa hat Bacchus
geliebt diese Höhen, jüngst haben hier noch
am Berg Faune im Reigen getanzt.
Hier war die Stätte der Venus, die mehr als Sparta sie liebte, hier war die Stadt, welche durch
Herkules' Namen berühmt.
All dies ging auf in Flammen und liegt unter
Asche begraben: selbst die Götter gereut's,
daß sie dies Unheil vollbracht.

Martial 4,44.

So schrieb der lateinische Dichter Martial, der zwischen 40 und 104 n. Chr. lebte und somit Zeitzeuge des verheerenden Unglücks war, das 79 n. Chr. die blühenden römischen Städte Pompeji, Herculaneum und Stabiae buchstäblich vom Antlitz der Erde getilgt hatte. In seinen Worten spiegelt sich zweifellos das Empfinden der öffentlichen Meinung jener Epoche, klingen das Entsetzen und die lähmende Angst nach, die der gewaltsame Ausbruch des Vesuvs ausgelöst hatte, der – wie alle Naturkatastrophen von großer Tragweite – tiefe Bestürzung unter den Bürgern des römischen Imperiums hervorrief und zugleich eine umfassende internationale Solidarität weckte. In den uns überlieferten Berichten der Zeitzeugen, des Schriftstellers Plinius des Jüngeren oder des Geschichtsschreibers Sueton, liest man in der Tat von großzügigen kaiserlichen Maßnahmen, die Kaiser Titus zugunsten der betroffenen Gebiete anordnete, nicht sehr verschieden im Grunde von den internationalen Hilfsaktionen, die vor wenigen Monaten für die vom Seebeben in Südostasien verwüsteten Gebiete organisiert wurden.

Und doch, wie Goethe ungefähr 16 Jahrhunderte später so richtig bemerkt hat (Italienische Reise, Besuch in Pompeji im September 1787): „Es ist viel Unheil in der Welt geschehen, aber wenig, das den Nachkommen so viel Freude gemacht hätte". Als unermesslicher Reichtum an Kunst und Geschichte geben die Ausgrabungen von Herculaneum uns eine antike und wohlhabende kleine Stadt zurück, von den Griechen an der Küste gegründet, später unter samnitische Herrschaft geraten und schließlich in ein römisches *municipium* verwandelt mit dem Namen *Herculaneum*. Die sich heute unseren Augen bietende Stadt ist genau jene bei der Eruption des Jahres 79 n. Chr. „eingefrorene", die unter einer dichten Decke aus Schlamm, Lava und pyroklastischen Materialien begraben wurde, was praktisch die vollständige Erhaltung der ganzen Anlage erlaubt hat – einschließlich der Holzkonstruktionen und empfindlichster Gegenstände, wie beispielsweise die berühmten Papyrusrollen der Bibliothek der Pisonen – besser als in der Stadt Pompeji, die hingegen von einem Asche- und Lapilliregen überschüttet wurde, also von „leichten" Vulkanteilchen, die somit eine perfekte Konservierung des Ganzen nicht gestattet haben.

Gerade von Herculaneum ist überdies, nach all den Jahrhunderten, die Wiederentdeckung der antiken vom Vesuv begrabenen Städte ausgegangen. Und diese Entdeckung ist in den Anfängen eng mit der deutschen Welt verknüpft auf eine Art, die mir sehr interessant und zugleich beispielhaft erscheint.

Die „Große Herkulanerin" und die „Kleine Herkulanerin", die noch im 18. Jahrhundert gefunden wurden und abenteuerlich nach Dresden gelangten – wo sie immer noch in der Skulpturensammlung des Albertinums aufbewahrt werden, sind in der Ausstellung anzutreffen und werden zum ersten Mal – nach fast drei Jahrhunderten – gemeinsam präsentiert mit Fundgegenständen aus Herculaneum, die aus Italien kommen. Es handelt sich natürlich um ein kleines „Ereignis" in der großen Geschichte der Kultur, aber vielleicht auch nicht allzu klein, wenn man es einreiht in die – komplexe, widersprüchliche und überreiche – Geschichte der jahrhundertelangen kulturellen Beziehungen zwischen Italien und Deutschland.

Der Ausstellungsparcours beginnt im Westfälischen Römermuseum Haltern – in einem der bekanntesten archäologischen Gebiete des römischen Germaniens, dem in der Zeit von Augustus errichteten und exemplarisch ausgegrabenen großen Lagerkomplex an der Lippe – fast als wollte man zwischen der antiken Stadt in Kampanien und der für die römische Expansion nördlich der Alpen so wichtigen großen Militärsiedlung eine Kontinuitätslinie unterstreichen.

Mit ihren nächsten Etappen Berlin und Bremen führt die Ausstellung in jenes Territorium, das in lateinischen Quellen als *barbaricum*, also das Gebiet der Barbaren, bezeichnet wurde, und erhält damit wahrscheinlich noch eine weitere Bedeutung, die stärker mit der Welt der Museen und ihren Erfahrungen verbunden ist, denn das im Zentrum der Museumsinsel in Berlin gelegene Pergamonmuseum, das Antikenmuseum schlechthin, stellt ja in diesem Sinne zweifellos den Clou der Präsentation dar.

Hier auf der Museumsinsel – an jenem außergewöhnlichen Ort, der schon wegen seiner Lage unmittelbar an die Tiberinsel in Rom erinnert – erreicht der gesamte Prozeß seinen Höhepunkt, der dazu geführt hatte, daß zwischen der zweiten Hälfte des 19. und der ersten Hälfte des 20. Jh. eine ideale antike Stadt rekonstruiert wurde, in der zunächst die Antikensammlungen der preußischen Herrscher und dann die einzigartigen Funde zusammengeführt wurden, welche deutsche Archäologen in der gesamten Mittelmeerregion und im Nahen Osten ans Licht gebracht hatten.

Dabei handelt es sich bekanntlich um Sammlungen, welche die Geschichte der klassischen Archäologie nicht weniger geprägt haben als die Ausgrabungen von Pompeji und Herculaneum, und die heute - dank der im April 2001 von den Staatspräsidenten Ciampi und Rau in Rom unterzeichneten Erklärung zur Zusammenarbeit zwischen archäologischen Museen aus Italien und aus Deutschland – ständig durch mittel- und langfristige Ausstellungen von Funden aus den riesigen Antikensammlungen der italienischen Museen bereichert werden.

Der große Medien- und Publikumserfolg, der diesen Initiativen stets beschieden war, ist eine Ermutigung, diesen Weg fortzusetzen, die Meisterwerke unseres archäologischen Erbes weltweit auszustellen, um sie bekannt zu machen und das ausländische Publikum einzuladen, all jenes, was wir nicht transportieren können, unsere herrlichen Grabungsorte und archäologischen Gesamtkomplexe zu besuchen, unter denen Herculaneum sicherlich einen der bedeutendsten darstellt.

In diesem Sinne ist diese Ausstellung Botschafterin für den vielleicht interessantesten und einzigartigsten Teil des kulturellen Erbes Italiens, nämlich für das archäologische Erbe, und es freut uns daher außerordentlich, dieses mit dem deutschen Publikum teilen zu können, das seit jeher mit Interesse an der Kultur und den Geschehnissen in unserem Lande Anteil nimmt.

Silvio Fagiolo, Botschafter der
Italienischen Republik in Deutschland

Aufsätze

Abb. 1: Archäologischer Park Herculaneum vom Meer aus gesehen.

Mario Pagano

Herculaneum. Eine Kleinstadt am Golf von Neapel

Herculaneum war eine kleine befestigte Stadt, auf einer Anhöhe gelegen, die aus vulkanischer Asche bestand und sich zwischen 11 und 26 Meter Höhe über dem damaligen Meeresspiegel erstreckte (Abb. 1). Das Hochplateau wurde von zwei Tälern mit Wasserläufen begrenzt. Die Stadt dominierte also das Gestade am Golf von Neapel, in zentraler Position und in allerschönster Panoramalage (Abb. 2). So wird Herculaneum auch in der ersten Hälfte des 1. Jh. v. Chr. in einem Fragment des Historikers Sisenna beschrieben. Er spricht auch von einem „zu jedem Zeitpunkt" sicheren Hafen. Dieser ist noch nicht aufgefunden worden, auch wenn im großen und ganzen die antike Küstenlinie bestimmt und ausgegraben worden ist. Die topographische Lage ist vergleichbar mit der des antiken und des mittelalterlichen Sorrent. Über der Stadt erhebt sich der vulkanische Kegel des Vesuv. Er ist nur wenig höher als 1000 Meter, und es scheint, daß seine Gestalt sich kaum von jener vor dem Ausbruch im Jahre 79 n.Chr. unterscheidet; der Krater des Berges ist etwa 7 Kilometer entfernt.

Lage und Geschichte

Das Stadtbild wurde bestimmt von fünf *cardines*, d.h. Hauptstraßen in nord-südlicher Richtung, die senkrecht zur Küstenlinie verliefen und von drei *decumani,* d.h. von Ost nach West führenden Straßen gekreuzt wurden. Der oberste *decumanus* – der noch nicht ausgegraben worden ist – müßte der wichtigen Verbindungsstraße von Neapel nach Pompeji entsprechen. Die Stadt hat sich nicht weit darüber hinaus ausgedehnt, wie frühere Untersuchungen ergeben haben. Die Lage des Forums kennt man nur aus der Dokumentation der bourbonischen Ausgrabungen im 18. Jh., die allerdings nur einen minimalen Teil davon aufdeckten. Es lag außerhalb des Zentrums, nicht weit vom nördlichen Stadtrand, zwischen Theater, Basilika und dem Sitz der Augustalen: Gebäude, die allesamt in augusteischer Zeit errichtet wurden. Der Basilika und dem Sitz der Augustalen gegenüber befanden sich die Reiterstatuen von Marcus Nonius Balbus[1], die 1746 wiederentdeckt wurden und sich heute im Archäologischen Nationalmuseum in Neapel befinden. An dieser Stelle wurde 49 n.Chr. auch das Forum, eine monumentale von Säulenhallen umgrenzte Platzanlage neu gestaltet, mit Exedren und Nischen, in denen Statuen der kaiserlichen Familie aufgestellt waren. An der Stirnseite des Platzes befand sich ein zentrales *sacellum*[2], in dem eine Panzerstatue des Titus (Abb. 3) und zwei weitere Kaiser-Statuen standen, denen allerdings der Kopf fehlt. Sie stellen – mit nacktem Oberkörper, in heroischer Haltung sitzend – Augustus, Claudius oder Vespasian dar. Der Markt wurde im östlichen Teil des *decumanus maximus* (Abb. 4) abgehalten, gegenüber einem viertorigen Ehrenbogen (*tetrapylon*), der den Eingang zum Forum markierte. Weitere öffentliche Gebäude sind die Thermen des Forums, die aus der Zeit Caesars stammen und in zwei Abteilungen, eine für die Männer, die andere für die Frauen, gegliedert waren, das Theater, das circa 2000 Zuschauer faßte, die Suburbanen Thermen aus augusteischer Zeit und die *palaestra*[3], eine große von Portiken umgebene Platzanlage, die auf riesigen Terrassen am östlichen Rand des Hochplateaus erbaut worden war und eine andere Ausrichtung als die ursprüngliche Anlage der Stadt hatte. In der Mitte befand sich ein großes kreuzförmiges Wasserbecken, das eine Bronzestatue der Hydra von Lerna[4] schmückte und die Nachahmung eines Brunnens war, den Agrippa in Rom hatte errichten lassen.

Abb. 2: Herculaneum vom Meer aus gesehen. Rekonstruktion, Capware Tecnologie per la Cultura.

Dionysios von Halikarnassos (*Antiquitates Romanae* I 44) berichtet, daß die Stadt von Hercules gegründet worden sei, als er mit den Rindern, die Helios dem Giganten Geryon geschenkt hatte, aus Spanien zurückkam und den Golf von Neapel entlang reiste. Strabon, der Geograph aus der Zeit des Augustus, schreibt, daß die Geschichte der Stadt Analogien zu jener von Pompeji aufweise, dessen Hochebene bereits im 4. Jh. v.Chr. von Mauern umgeben worden war. Er geht auch davon aus, daß es bereits in archaischer Zeit eine Besiedlung gegeben habe. In den letzten Jahren wurden an mehreren Stellen des ausgegrabenen Gebiets Tiefenbohrungen durchgeführt; keine der zahlreichen Proben hat allerdings keramisches Material zutage gebracht, dessen Datierung vor dem 4. Jh. v.Chr. anzusetzen ist. Aus dieser Zeit stammt auch die regelmäßige Anlage der Stadt mit der ursprünglichen Parzellierung, die sich auch in der Struktur der einzelnen Ausgrabungsstellen wiederfindet. Auf dieselbe Zeit geht auch der einzige bisher identifizierte Abschnitt der Festungsanlagen zurück. Er besteht aus großen, behauenen Blöcken aus heimischem Tuff und ist in eine Terrasse des „Hauses des Argus" (Casa di Argo) integriert. Wenn es einen älteren Stadtkern gegeben haben sollte – vielleicht ganz oben auf dem Hügel gelegen –, so war es bestenfalls eine kleine Festung, die von dem Oskern[5] zu einer Stadt umgebaut worden war, als sie die Kontrolle über das Gebiet festigten und mit dem griechischen Neapel (Neapolis) in näheren Kontakt kamen. Es ist nicht zufällig, daß die größten Gemeinsamkeiten mit dem oskischen Atella bestehen, einer Stadt, die ebenfalls in der Nähe Neapels liegt und zur selben Zeit entstanden ist. Zum Zeitpunkt des Vesuv-Ausbruchs hatte Herculaneum innerhalb des Mauerringes eine Größe von etwa 20 Hektar, circa 4000 Menschen wohnten dort.

Wie das nahe gelegene Pompeji geriet auch Herculaneum gegen Ende des 4. Jh. v.Chr. in den römischen Einflußbereich. Es wurde im Jahre 89 v.Chr., im Verlauf des Krieges der italischen Bundesgenossen gegen Rom (91-88 v.Chr.), von den Aufständischen unter einem ihrer Anführer Papius Mutilus besetzt, kurze Zeit später allerdings ohne großen Widerstand von einem Legaten des Sulla zurückerobert. Im Unterschied zu den umliegenden Städten konnte Herculaneum damals den Status eines *municipium*[6] aufrecht erhalten. Welche Strafen die Stadt durch Sulla erleiden mochte, wissen wir nicht. Stabiae[7] hingegen wurde dem Gebiet des nahen Nuceria (heute: Nocera) einverleibt, Pompeji zu einer großen Kolonie von Veteranen des Sulla gemacht und Neapel mit dem Verlust der Insel Ischia und seiner Flotte schwer bestraft. Am Anfang des 1. Jh. v.Chr. wird in den offiziellen Dokumenten noch die oskische Sprache benutzt. Dies beweist eine Altarplatte aus Marmor, auf der eine Widmung für die Venus von Erice (nach dem berühmten Heiligtum in Erice auf Sizilien) zu finden ist. Aber die Bevölkerung hatte sich schnell latinisiert. Das *municipium* wurde nach römischem Vorbild von zwei Magistraten geführt, die ein Jahr lang im Amt waren, den *duumviri*[8]. Bezeugt sind auch Ädilen[9], ein Quästor[10] und ein munizipaler Priesterstand der *flamines*.[11]

Abb. 3: Panzerstatue des Titus (Kat. 6.1).

Die zentrale Lage am Golf von Neapel (Abb. 5) und das bezaubernde Panorama ließen Herculaneum als äußerst attraktiven Wohnsitz erscheinen, vor allem seit Beginn des 2. Jh. v.Chr. und mehr noch seit der Mitte des 1. Jh. v.Chr., nachdem Pompejus die Piraten endgültig besiegt hatte. Damals kam in der römischen Aristokratie die Mode auf, sich grandiose Villen am Meer zu bauen – entlang der Küsten von Latium und Kampanien, einige der bedeutendsten jedoch an der Küste von Herculaneum. Der Golf von Neapel, so berichtet Strabon, habe zur Zeit von Kaiser Augustus „wie eine einzige Stadt" ausgesehen. Der Aufenthalt in Herculaneum wurde besonders Tuberkulosekranken empfohlen. Zur außerordentlich günstigen klimatischen Lage kam außerdem die Nähe Neapels, wo griechische Kultur, Sitten und Gebräuche weiterlebten und sich das Zentrum der philosophischen

Abb. 4: Hauptstraße *(decumanus maximus)* von Herculaneum. Rekonstruktion, Capware Tecnologie per la Cultura.

Schulen befand. Außerdem lag Puteoli (heute Pozzuoli) nicht weit entfernt, ein großer Hafen und Haupthandelsplatz für den Mittelmeerraum. Nicht zu vergessen das nahe Pompeji, die zweite wichtige Handelsstadt an der Mündung des Sarno.

Luxusvillen und ihre Besitzer

Wir kennen eine eindrucksvolle Reihe von grandiosen Villen am Meer. Die meisten von ihnen wurden bereits im 18. Jh. entdeckt: die berühmte Villa dei Papiri in der Vorstadt von Herculaneum, außerdem Villen in San Giovanni a Teduccio, wo man wahrscheinlich Fragmente einer Reiterstatue aus Bronze gefunden hat, ferner in Portici (Villa am Largo Arso, Villa Riccia, Villa del Convento dei Gesuiti, Villa dell´Epitaffio, Villa delle Scuderie Reali) und in Torre del Greco (Calastro, Sora, Thermen-Gymnasium). Außer in zwei Fällen ist es bisher noch nicht gelungen, diese Villen berühmten Persönlichkeiten zuzuordnen, von denen wir wissen, daß sie auf dem Gebiet von Herculaneum ansässig waren. Zu allererst wäre an Appius Claudius Pulcher zu denken, Konsul im Jahre 38 v.Chr., Gelehrter und Freund von Cicero, der auf eigene Kosten die Bühne des Theaters von Herculaneum ausschmücken ließ; außerdem an Marcus Nonius Balbus, Parteigänger des Octavian (des späteren Kaisers Augustus), Prätor und Statthalter von Kreta und Kyrene, der sich in Herculaneum niedergelassen hatte. Aber auch Marcus Aemilius Lepidus wäre zu nennen, Konsul im Jahre 11 n.Chr., stammen doch ausschließlich von hier zahlreiche Ziegel, auf denen ein Stempel mit seinem Namen zu finden ist. Nicht zu vergessen Quintus Iunius Blaesus, Konsul im Jahre 10 n.Chr., von dem man viele Freigelassene kennt. Ein Wachstäfelchen bezeugt, daß auch die reiche Senatorenfamilie der Ulpii hier Besitz hatte. Aus Herculaneum stammt vermutlich auch Lucius Mammius Pollio, der im Jahre 49 n.Chr. Konsul und Agrippina minor, der Ehefrau des Kaisers Claudius und Mutter des späteren Kaisers Nero, verbunden war. Weitere Namen erfahren wir von Plinius dem Jüngeren: Nach seinen Aussagen wollte sein Onkel, Plinius der Ältere, einer Matrone namens Rectina zur Hilfe kommen, der Frau eines Cascius oder Tascius. Und von Caligula schließlich wird berichtet, daß er befohlen haben soll, eine luxuriöse

Abb. 5: Blick auf den heutigen Ort Ercolano mit dem Ausgrabungsareal in der Mitte links.

kaiserliche Villa zu schleifen, aus Wut darüber, daß einst seine Mutter dorthin verbannt worden war.

Bis heute ist es noch nicht gelungen, den Besitzer der Villa dei Papiri zu identifizieren. Die Villa lag in der Vorstadt, unmittelbar im Westen der Stadt. Sie wurde 1750 entdeckt und teilweise ausgegraben; sie hatte riesige Dimensionen, umfaßte ein Zehntel der gesamten Stadt und war über 250 Meter lang. Man fand dort vollständige Skulpturenzyklen aus Marmor und Bronze und eine Bibliothek mit mehr als tausend Papyrusrollen. Sie enthalten, meist auf Griechisch, vereinzelt auch in Latein, vor allem die Werke des Epikur und seiner Schule, darunter viele Bücher des Philodemos von Gadara, sowie einige Schriften des Stoikers Chrysippos und eine möglicherweise von Lucius Varius Rufus verfaßte Dichtung über die Schlacht von Actium, in der Octavian 31 v.Chr. über seinen Rivalen Marcus Antonius und Kleopatra siegte. Man hat die Hypothese aufgestellt, daß die Villa Lucius Calpurnius Piso Caesoninus gehörte, wegen seiner bekannten Verbindungen zu dem Philosophen Philodemos, oder auch den bereits erwähnten Appius Claudius Pulcher oder Marcus Nonius Balbus. Ich möchte den Namen C. Memmius ins Spiel bringen. Er heiratete eine Tochter des Sulla, war hochgelehrt und ein so glühender Epikureer, daß er während seines Exils in Athen dort das Haus Epikurs restaurieren ließ. Die Familie der Memmii lebte nachweislich in Herculaneum.

Die Neubautätigkeit in Herculaneum erreichte in der augusteischen Zeit ein eindrucksvolles Ausmaß. Zu jener Zeit siedelte sich der aus Nocera gebürtige Senator Marcus Nonius Balbus in Herculaneum an; an ihn erinnert eine eindrucksvolle Zahl von Inschriften, die ihm und seiner Familie gewidmet sind. Er ließ die monumentale Basilika mit angeschlossener Kurie[12] erbauen und die Stadtmauern und deren Tore restaurieren. Er beteiligte sich am Bau der *palaestra (campus)*, einem riesigen Komplex, der die Erinnerung an die grandiosen Gymnasien von Neapel und Cumae wachrufen mußte, und möglicherweise schenkte er der Stadt auch die Suburbanen Thermen (Abb. 6). Die Bedeutung, die er in der Stadt hatte, wird auch durch die Namen zahlreicher Freigelassener bezeugt. Zur gleichen Zeit wurde von dem fünf Jahre amtierenden *duumvir* L. Annius Mammianus Rufus das Theater erbaut und vom *duumvir* M. Spurius Rufus ein *macellum*, ein Markt für Lebensmittel (der dann in flavischer Zeit von L. Mammius Maximus renoviert wurde). Der *duumvir* M. Remmius Rufus ließ eine öffentliche Waage, eine halbrunde Sitzbank und eine öffentliche Uhr errichten, außerdem entstanden die Forum-Thermen, daran angrenzend der öffentliche Kornspeicher *(horreum)* und zwar an der Kreuzung des unteren *decumanus* mit dem *Cardo* IV. Ferner wurde in dieser Zeit der Sitz der Augustalen (der für den Kaiserkult zuständigen Priester) errichtet, gegenüber davon die Portikus an der Südseite des Forums und ein Netz öffentlicher Brunnen, die an das unter Kaiser Augustus gebaute Aquädukt von Serino angebunden waren.

Im Jahre 49 n.Chr. wurde, wie bereits erwähnt, der Platz des Forums auf monumentale Weise und unter reicher Verwendung von Marmor neugestaltet und zwar auf Kosten des reichen Augustalen L. Mammius Maximus. Er ließ einen Zyklus von Bronzestatuen der kaiserlichen Familie aufstellen, der bis zum Ausbruch des Vesuv ständig auf den letzten Stand gebracht und renoviert wurde. Im Gegensatz zu Pompeji, wo die Marmor- und Bronzestatuen des Forums und des Theaters sofort nach dem Ausbruch geborgen wurden, fanden die bourbonischen Archäologen die beiden Plätze in Herculaneum vollständig unberührt. Eindrucksvoll ist das Niveau der Dekoration, wenn man bedenkt, daß Herculaneum nur ein Drittel der Fläche und der Einwohner der prosperierenden Nachbarstadt umfaßte.

Städtisches Leben

Das kleine Territorium rund um Herculaneum war äußerst fruchtbar. Man konnte bis zu vier Mal im Jahr ernten, und es wurde Gemüse von hoher Qualität gezogen. Berühmt war vor allem der Anbau von Wein und Feigen. Bis auf eine Höhe von 250 Meter dürften Gutshöfe gestanden haben, auch wenn man bisher aufgrund der bis zu 25 Meter dicken vulkanischen Schicht nur wenige entdeckt hat. Dokumentiert sind auch Wälder und Viehweiden. Frühere Untersuchungen von gut erhaltenen Hölzern, die bei den Ausgrabungen der Stadt gefunden wurden, haben ergeben, daß sie teils aus der direkten Umgebung, dem südlichen Appenin, stammten, teils aus den Alpen importiert wurden, möglicherweise von den Küsten Liguriens und der Provence. Aber auch die Libanonzeder ist nachzuweisen.

Bemerkenswert ist, daß von zahlreichen Häusern und Läden das zweite Stockwerk erhalten ist. Es gab kleine Wohnungen von schmalem, länglichem Zuschnitt im oskischen Stil, Atriumhäuser, deren jüngste von der Architektur der großen Villen am Meer beeinflußt waren und Häuser mit mehreren Wohnungen, die mit billigen Fachwerkkonstruktionen erbaut wurden (*opus craticium*). Auf dem *decumanus maximus* stand auch ein Häuserblock mit mehreren Etagen. Erstaunlich gut erhalten sind Möbel, Gegenstände aus Holz und anderen organischen Materialen.

Unklar ist, wo das Gebiet von Herculaneum an jenes von Neapel und Nola angrenzte (möglicherweise reichte es bis Pollena). Im Osten hingegen dürfte es sich bis zur Peripherie von Torre Annunziata erstreckt haben, wo noch heute die Grenze zwischen der Diözese von Nola und jener von Neapel verläuft, zu der das Territorium des zerstörten Herculaneum gehörte.

Die Gesellschaft von Herculaneum war, wie jene von Pompeji und der römischen Kaiserzeit allgemein, nach ihrer Standeszugehörigkeit und ihrem Vermögen aufgegliedert. Dies kann man an der ganz unterschiedlichen Größe der Wohnungen ablesen – auch für einen heutigen Besucher der Ausgrabungen unmittelbar evident. 40 % aller Wohnungen besaßen weniger als 100 Quadratmeter, der größte Teil davon sogar weniger als 50 Quadratmeter Wohnraum; weitere 40 % waren zwischen 100 und 300 Quadratmetern groß, nur 20 % bestanden aus großen Häusern (*domus*) mit über 300 Quadratmetern.

Durch die wertvollen Archive der Wachstäfelchen (über neun davon wurden gefunden und archiviert) und die Listen der Einwohner auf den Marmortafeln beim Eingang der Basilika kennen wir die Zusammensetzung der städtischen Führungsschicht und die Magistratslisten. Außerdem wissen wir, daß in der Kaiserzeit sehr viele Freigelassene in Herculaneum lebten. Wirtschaftlich bedeutsam waren der Fischfang – das bezeugen Angelhaken, ein Mastkorb und zahlreiche Fragmente verkohlter Netze – und der Seehandel, vor allem in Verbindung mit dem großen Hafen von Puteoli (In einem Graffito werden *navicularii* [Schiffseigner] aus Herculaneum gerühmt). Der Umfang von Handel und Handwerk war allerdings deutlich geringer als in Pompeji: Es gab Herbergen, zwei Bäckereien, Lebensmittelläden, Färbereien, Webe-

Abb. 6: Brunnen mit Apollo-Herme (Kat. 8.19) im Atrium der Suburbanen Thermen von Herculaneum.

reien, Werkstätten zur Herstellung von Gemmen und einen Bleigießer *(plumbarius)*.

Gut nachweisbar ist der Kult des Hercules, des mythischen Gründers der Stadt, und, durch eine oskische Inschrift auf einer Altarplatte aus Marmor, auch der Kult der Venus von Erice. Im heiligen Bezirk mit seinen zwei Tempeln und *sacella* wurden Venus, Merkur, Vulkan, Minerva und Bacchus verehrt (Abb. 7). In der Nähe der *palaestra* stand ein Tempel der Göttermutter Kybele (*mater deum*) und ein weiterer, der ägyptischen Göttern geweiht war. Ein dritter Tempel ist in der Nähe des Theaters nachgewiesen worden.

Seneca berichtet von den Folgen, die das schreckliche Erdbeben vom 5. Februar 62 n. Chr. hatte, das vermutlich den Ausbruch von 79 n. Chr. bereits ankündigte: Ein großer Teil der Gebäude wurde zerstört oder beschädigt. Daß es damals auch viele Opfer gab, wissen wir durch die statistische Analyse der ausgegrabenen Skelette der Flüchtenden. Noch im Jahre 79 n.Chr. war die Stadt eine riesige Baustelle, auch wenn der Wiederaufbau nahezu beendet war. An den Suburbanen Thermen und im Bereich der *palaestra* (*campus*) wurden die letzten Reparaturen ausgeführt. Bereits abgeschlossen hingegen waren die Reparaturmaßnahmen und der Wiederaufbau von Forum und Venustempel, des Theaters und der Frauenabteilung in den Thermen des Forums. Es ist verbürgt, daß Kaiser Vespasian in Herculaneum – anders als in Pompeji – selbst intervenierte, damit die Forumsgebäude restauriert und der Tempel der Göttermutter Kybele (*mater deum*) neben der *palaestra* (*campus*) wieder aufgebaut werden konnte. Die Stadt dankte dem Kaiser, indem sie auf dem Forum Bronze- oder Marmorportraits der gesamten flavischen Dynastie aufstellen ließ, ein *sacellum* mit den Marmorstatuen von Vespasian und Titus baute und möglicherweise auf dem *tetrapylon*, einem monumentalen, viertorigen Eingangsmonument zu Forum und Basilika, auch eine Quadriga aus Bronze anbrachte, von der Fragmente entlang dem *Cardo* III gefunden worden sind. Außerdem wurden im Venustempel Bildnisse der Kaiser Titus und Domitian aufgestellt. Das sind deutliche Zeichen dafür, daß die Stadt sich erholt hatte und aufblühte, als die Katastrophe vom 24. September[13] im Jahre 79 n.Chr. sie aus der Landkarte der antiken Welt tilgte. Ihr Territorium wurde dem nahen Neapel einverleibt.

Der Untergang

Der Ausbruch im Jahre 79 n.Chr. ist der erste, von dem es eine einzigartige literarische Quelle gibt: zwei an den Historiker Tacitus gerichtete Briefe eines Augenzeugen der Eruption. Verfaßt hat sie Plinius der Jüngere, der Neffe des berühmten Naturforschers Plinius des Älteren. Letzterer war zu dieser Zeit Kommandant der römischen Militärflotte und fand bei dem Ausbruch am Strand von Stabiae den Tod. Plinius der Jüngere befand sich in Misenum, circa 40 Kilometer vom Vulkan entfernt. Die ersten Erdstöße muß es wohl schon in der Nacht davor gegeben haben, denn in Herculaneum wurden einige Menschen tot auf ihren Betten gefunden, eine Folge der eingestürzten Dächer. Gegen 13 Uhr stand über dem Vesuv bereits eine 15 Kilometer hohe Säule in Form einer Schirmpinie, bestehend aus Gas und Auswurfmaterialien, und es begann in einem großen Bereich südöstlich des Vulkans Lapilli[14] zu regnen. Dieser Regen verschonte Herculaneum im wesentlichen, führte aber in Pompeji zum Einsturz von Gebäuden. Den Menschen aus Herculaneum stand deshalb einige Stunden lang ein Fluchtweg in Richtung Neapel offen, der aber vermutlich nur von wenigen genutzt wurde: Schließlich hatte man in jener Zeit nur geringe, im Grunde überhaupt keine vulkanologischen Kenntnisse. In den folgenden Stunden wurde die Eruptionssäule immer höher und erreichte gegen Mitternacht eine Höhe von etwa 30 Kilometer. Zu diesem Zeitpunkt wurden aus dem Krater durchschnittlich 200.000 Tonnen Magmabrocken pro Sekunde ausgestoßen. Gegen 1 Uhr morgens, also am 25. September, brach die Säule abrupt zusammen und sackte auf eine Höhe von etwa 20 Kilometer ab. Dadurch wurde an der Basis der erste „pyroklastische surge“[15] ausgelöst: Eine Wolke aus Gas und feiner Asche raste mit einer Geschwindigkeit von etwa 100 Stundenkilometern am südlichen Hang des Vulkans hinab und verursachte in Sekundenschnelle den Tod der Menschen in Herculaneum. Die Aktivität des Vulkans mit einer bis in die Stratosphäre reichenden Säule wurde in der Folge von fünf weiteren „pyroklastischen surges“ unterbrochen; jene mit der größten Zerstörungskraft kamen gegen 7 Uhr morgens und verursachten den Tod der Einwohner von Pompeji.

Bei den unterirdischen Grabungen im 18. Jh.

Abb. 7: Ansicht der Ausgrabungen mit dem Mauerabschnitt im Süden und den Tempeln des heiligen Bezirks in der Vorstadt.

waren in Herculaneum insgesamt nur zwölf Skelette gefunden worden, und nur etwas mehr als 30 bei den Grabungen unter freiem Himmel. Daraus schloß der frühere Grabungsleiter Amedeo Maiuri, daß der größte Teil der Bevölkerung von Herculaneum genug Zeit gehabt hatte, um sich in Sicherheit zu bringen.

Seit 1980 sind über 300 weitere Skelette von Menschen ausgegraben worden. Man fand sie z.T. zusammengedrängt in neun der zwölf Bootshäuser (*fornici*), die unterhalb des heiligen Bezirks (*area sacra*) des Venustempels und der *palaestra* der Suburbanen Thermen gebaut waren, einige auf dem davorliegenden offenen Strand. Sie wurden von dem ersten „surge", der die Stadt heimsuchte, überrollt. Die Skelette stellen ein signifikantes Sample (Stichprobe) der Bevölkerung dar (circa ein Zwölftel) und ermöglichten zum ersten Mal exakte naturwissenschaftliche Analysen. Während die ersten 146 Skelette entfernt wurden, ohne Reproduktionen von ihnen zu machen, werden von den übrigen gerade eindrucksvolle Abdrucke aus Kunstharz hergestellt. Außerdem werden exakte interdisziplinäre Studien durchgeführt, deren Ergebnisse museal aufbereitet und am Fundort zugänglich gemacht werden sollen. Auf diese Weise soll das Drama der letzten Augenblicke im Leben der Flüchtlinge wieder Gestalt annehmen.

Die Analyse der Skelette von Herculaneum ergab, daß die Anzahl der Männer überwog (1,38 : 1). Die Mehrzahl bildeten Jugendliche, mit einem Anteil von rund 30 % an Kindern; nur weniger als 10 % erreichten ein Lebensalter von mehr als 50 Jahren. Die Körpergröße lag unter dem Durchschnitt, etwa 1,60 Meter bei den Männern und 1,50 Meter bei den Frauen: Werte, die ungefähr denen der heutigen Bevölkerung der Gegend entsprechen. Auffällig ist, daß die Arbeit streng nach Geschlechtern unterschieden wurde und daß es Kinderarbeit gab. Fast drei Viertel der Menschen litt an Arthrose und zwar bereits in jugendlichem Alter. Die Hälfte der Bevölkerung war von schwerer Arbeit gezeichnet. Fast ausschließlich bei Männern ließ sich beobachten, daß sie die Vorderzähne regelrecht als Arbeitsinstrument benutzten, vermutlich bei Tätigkeiten, die mit dem Fischfang zusammenhingen. Außerdem ließ sich nachweisen, daß sich die Menschen hauptsächlich vegetarisch ernährten, also auf landwirtschaftlicher Basis; aber natürlich wurden die Produkte von Viehzucht und Fischfang in den Speiseplan integriert. Nicht bestätigt hat sich die Vermutung, daß die meisten Einwohner Herculaneums aufgrund der Bleirohre, in denen das Trinkwasser herangebracht wurde, an Bleivergiftungen litten. Nur bei wenigen Skeletten ließ sich eine Blei-Intoxikation nachweisen.

Die reinen Fakten und Zahlen zeigen noch einmal das Ausmaß der Katastrophe von 79 n.Chr.: Der Ausbruch des Vesuvs dauerte weniger als 20 Stunden. In dieser Zeit wurden zehn Milliarden Tonnen Magma und Hunderte Millionen Tonnen Wasserdampf und andere Gase mit einer Geschwindigkeit von etwa 300 Meter in der Sekunde aus dem Vulkan geschleudert. Die vulkanischen Ablagerungen haben sich teilweise zu einer mehr als 20 Meter dicken Schicht verdichtet. Diese Verschüttungsmassen prägen auch heute noch die gesamte Umgebung des Vesuv und das Erscheinungsbild von Herculaneum.

Anmerkungen

1 Unter Kaiser Augustus war er *praetor* und *proconsul* (Statthalter) der Doppelprovinz *Creta et Cyrenae*. Aus Dank für seine Stiftungen an die Stadt Herculaneum (u.a. den Wiederaufbau der bei dem Erdbeben 62 n.Chr. zerstörten Basilika) erhielt er nach seinem Tod eine auf dem Forum errichtete Reiterstatue (Anm. d. Hrsg.).

2 Ein kleines Heiligtum (Anm. d. Hrsg.).

3 Übungs- und Kampfplatz für sportliche Aktivitäten (Anm. d. Hrsg.).

4 In der griechischen Mythologie eine riesige, vielköpfige Wasserschlange, die in den Sümpfen von Lerna (Argolis) hauste und von Herakles getötet wurde (Anm. d. Hrsg.).

5 Ein italischer Stamm, dessen Siedlungsgebiete vor allem in Kampanien lagen (Anm. d. Hrsg.).

6 Eine ursprünglich nichtrömische Stadt (im Gegensatz zu einer *colonia*), die gegenüber Rom in einem besonderen Pflichtverhältnis stand (z.B. Stellung von Truppenkontingenten) und eingeschränkte Selbstverwaltung und Bürgerrechte besaß (Anm. d. Hrsg.).

7 Stadt in Kampanien (heute: Castellammare di Stabia), die ebenfalls beim Vesuvausbruch 79 n.Chr. verschüttet wurde (Anm. d. Hrsg.).

8 „Zweimänner". In einer *colonia* oder einem *municipium* waren die *duumviri* die beiden höchsten Magistrate (Anm. d. Hrsg.).

9 Römische Magistrate, zu deren Aufgaben die Aufsicht über Straßen, Tempel und Märkte, die Getreideversorgung und die Ausrichtung öffentlicher Spiele gehörten (Anm. d. Hrsg.).

10 Für die Finanzverwaltung zuständige Magistrate (Anm. d. Hrsg.).

11 *Flamines* (Sing. *flamen*) waren Priester, die dem Dienst einer bestimmten Gottheit oder dem Kaiserkult (*flamen Augusti*) unterstellt waren (Anm. d. Hrsg.).

12 Die Kurie (*curia*) war in den *coloniae* und *municipia* der Versammlungsort für die Mitglieder des Stadtrates (*ordo decurionum*) (Anm. d. Hrsg.).

13 Das genaue Datum des Ausbruchs von 79 n.Chr. ist noch Gegenstand der wissenschaftlichen Diskussion. Wahrscheinlicher als der allgemein angenommene 24. August scheint der 24. September oder Oktober zu sein, wie vor kurzem eine systematische Analyse ergab. Vgl. dazu M. Borgongino - G. Stefani, Intorno alla data dell'eruzione del 79 d. C., Rivista di Studi Pompeiani, XII-XIII, 2001-2002, S. 177-215.

14 Lapilli: Kleine .Steinchen, die während einer explosiven Eruption ausgestoßen werden (Anm. d. Hrsg.).

15 Eine heiße, sich rasch vorwärtsbewegende Wolke aus Gas und festen Bestandteilen (Anm. d. Hrsg.).

L. Annaeus Florus, verfaßte wohl zur Zeit Kaiser Hadrians (2. Jh. n.Chr.) die *Epitome bellorum omnium annorum DCC*, eine Geschichte der römischen Kriege bis auf Augustus, die sich vor allem an Livius anlehnt.

Florus *epit.* 1,11:
„Die schönste Gegend nicht nur Italiens, sondern des ganzen Erdkreises ist Kampanien. Nichts ist sanfter als sein Klima: zweimal steht hier der Frühling in Blüte. Nichts ist reicher, als sein Boden: Bachus und Ceres liegen hier im Wettstreit. Nichts ist gastfreundlicher, als sein Meer: Hier liegen die berühmten Häfen von Caieta und Misenus, Baiae mit den warmen Quellen, der Lukriner- und der Avernersee ruhig neben dem Meer. Von Reben bedeckt prangen die Berge des Gaurus, des Falernus, des Massicus und, der schönste von allen, der Vesuv, der mit den Feuern des Ätna wetteifert. Am Meer liegen Formiae, Cumae, Puteoli, Neapolis, Herculaneum, Pompeji und die Stadt der Städte Capua, die einst neben Rom und Karthago zu den drei größten gezählt wurde."

P. Papinius Statius, geb. um 45 n.Chr. in Neapel, gest. 96 n.Chr., römischer Dichter und Lehrer am Hofe des Kaisers Domitian, eine der bekanntesten Dichterpersönlichkeiten seiner Zeit. Die Gedichtsammlung *Silvae* (Wälder), zwischen 92 und 96 n.Chr. veröffentlicht, vereinigt in fünf Büchern 32 zum Teil bestellte Gelegenheitsgedichte und Stegreifpoesie.

Statius, *Silvae*, 4,4,79–84:
„Dies, Marcellus, sei dir an Neapels Ufern gesungen,
Wo der Vesuv noch immer verhaltenen Grimm in die Luft wirft,
Wenn er, den Flammen des Ätna gleichend, Brände erzeuget.
Werden, o Wunder, Geschlechter, die kommen, dereinst es wohl glauben,
Wenn dann von neuem die Saat, wenn wieder die Wüstung wird grünen,
Daß darunter verschüttet liegen Städte und Völker,
Daß die Fluren der Ahnen zur Gänze im Schlamm hier versanken."

Statius, *Silvae* 3,5,73–74:
Einladung an die Gattin, von Rom nach Neapel zu kommen, einer Stadt, die es mit Rom aufnehmen könne:
„Aber nicht Rom nur bindet die Menschen und weiß zu entzünden
Festliche Fackeln, auch meine Heimat bietet in Fülle
Schwiegersöhne. So sehr hat doch nicht die zitternden Städte
Jener feurige Strom des Vesuv von Bürgern entvölkert:
Volkreich blühen die Städte noch immer..."

P. Cornelius Tacitus, circa 55 bis nach 113 n.Chr., einer der größten römischen Geschichtsschreiber. Die „Annalen", eigentlich *Ab excessu divi Augusti*, stellen die Geschichte vom Tod des Augustus bis zum Tod Neros (14–68 n.Chr.) dar.

Tacitus, *Annales* IV,67:
Über die schöne Lage von Capri, das sich Tiberius als Regierungssitz erwählt hatte:
„Ich glaube, es war vor allem die Einsamkeit dieser Insel, die ihm gefiel, da sie ringsum ohne Hafen ist und auch selbst kleineren Schiffen nur wenige Ankerplätze bietet; außerdem könnte sich keiner nähern, ohne daß er von der Wache bemerkt würde. Das Klima ist im Winter mild, weil ein Berg sie abschirmt und die heftigen Stürme abhält; der Sommer aber ist, da sie nach Westen liegt und rings vom offenen Meer umgeben ist, sehr angenehm. Und man hatte von hier den Ausblick auf den schönsten Meerbusen, bevor der Vesuv, der brennende Berg, das Angesicht der Gegend verwüstete."

Strabon von Amaseia, circa 65/64 v.Chr. bis 23 n.Chr., Historiker und Geograph. Sein großes 17bändiges geographisches Werk bietet eine Beschreibung der damals bekannten Länder.

Strabon, *Geographika* V,4,8:
„Über diesen Orten [= Herakleion und Pompaia] liegt der Berg Vesuvios, in schönsten Feldgütern rings umwohnt, außer dem Gipfel. Dieser ist zwar großenteils eben, aber gänzlich unfruchtbar, in Ansicht einem Aschenhaufen ähnlich. Er zeigt erdrissige Vertiefungen zwischen rußfarbigem und vom Feuer gleichsam zerfressenen Gestein, so daß man vermuten darf, diese Stelle habe ehedem gebrannt und Schlundbecher des Feu-

ers gehabt, sei aber erloschen, als der Brennstoff verzehrt war. Vielleicht aber auch ist eben dies die Ursache von der Fruchtbarkeit der Umgegend."
Strabons Erdbeschreibung in 17 Büchern, verdeutscht von Christoph Gottlieb Groskurd, T. 1 (1831) S. 429.

P. Vergilius Maro, 70 bis 19 v.Chr., der berühmteste Dichter der augusteischen Zeit. Die *Georgica* (Vom Landbau), ein Gedicht in vier Büchern, behandelt Feldbau, Obstbaum- und Rebenzucht, Viehzucht und Bienenzucht.

Vergil, *Georgica* II,221–25:
„Sie wird prangend mit Reben dir voll umranken die Ulmen,
Fruchtbar grünt sie vom Ölbaum. Bestell sie nur, findest sie willig,
Weide, dem Vieh zu gewähren und fügsam hakiger Pflugschar.
Also reich pflügt Capua, pflügt am Vesuv rings die Küste
Und, bedroht von des Clanius Flut das Schwemmland Acerräs."
Vergil, Landleben, hrsg. u. übers. v. J. Götte (1958) S. 99.

M. Valerius Martialis, circa 40 bis 102/3 n.Chr., der bedeutendste Epigrammatiker Roms, dessen zwölf Bücher *Epigrammata*, veröffentlicht zwischen 85 und 103 n.Chr., ein Spiegelbild des freilich ironisierten stadtrömischen Lebens bieten.

Martial 4,44:
„Kürzlich noch war der Vesuv beschattet von grünenden Reben,
edler Traubensaft ward hier in die Kufen gepreßt.
Mehr als die Hügel von Nysa hat Bacchus geliebt diese Höhen,
jüngst haben hier noch am Berg Faune im Reigen getanzt.
Hier war die Stätte der Venus, die mehr als Sparta sie liebte,
hier war die Stadt, welche durch Herkules´ Namen berühmt.
All dies ging auf in Flammen und liegt unter Asche begraben:
selbst die Götter gereut´s daß sie dies Unheil vollbracht."
Übersetzung H. C. Schnur (1966).

Pomponius Mela, römischer Geograph, dessen Schrift *De Chorographia*, eine unter Kaiser Claudius um 43/44 n.Chr. verfaßte Erdbeschreibung in drei Büchern zwar ganz auf anderen, allerdings verlorenen Quellen beruht, jedoch die älteste erhaltene römische Geographie ist.

Pomponius Mela 2,70:
„[Hier folgen] der Golf von Puteoli, Surrentum, Herculaneum, der Blick auf den Berg Vesuv, Pompeji, Neapolis, Puteoli, der Lukriner- und der Avernersee, Baiae, Misenum (welches jetzt der Name eines Ortes, einst derjenige eines phrygischen Soldaten), Cumae, Liternum, der Fluß Volturnus, Volturnum."

L. Aennaeus Seneca, circa 4 v. bis 65 n.Chr., römischer Philosoph (Stoiker) und Politiker, dessen Haupttätigkeit in die Regierungszeit Kaiser Neros fällt (Konsul 55/56 n.Chr.). Die *Naturales quaestiones* (Naturwissenschaftliche Untersuchungen) sind Briefe naturwissenschaftlichen Inhalts in sieben (ursprünglich acht) Büchern.

Seneca, nat. 6,1,1–2,3:
„Bester Lucilius, wir haben gehört, daß Pompeji, die volkreiche Stadt in Kampanien, wo auf der einen Seite die Küste von Sorrent und Stabiae, auf der anderen der Strand von Herculaneum zusammenlaufen und das zurücktretende offene Meer in einer schönen Bucht einschließen, durch ein Erdbeben einstürzte, das auch alle umliegenden Landstriche heimsuchte. Dies geschah sogar im Winter, einer Zeit, von der unsere Vorfahren immer sagten, sie sei frei von solcher Gefahr. Am 5. Februar im Konsulatsjahr des Regulus und Verginius ereignete sich dieses Erdbeben und verwüstete Campanien furchtbar, das zwar vor diesem Unglück nie sicher, doch bisher ohne Schaden und oft mit dem Schrecken davongekommen war. Denn auch ein Teil von Herculaneum stürzte ein, und sogar die Reste sind noch einsturzgefährdet. Auch in der Landstadt Nuceria gab es zwar keine Zerstörungen, doch Grund zur Klage. Neapel verzeichnet ebenfalls starke Schäden an Privateigentum, keinen jedoch an öffentlichem und wurde von dem schrecklichen Unglück nur leicht gestreift. Manche Landhäuser freilich stürzten ein, während die meisten nur schwankten, ohne Schaden zu nehmen. Man erzählt auch, eine Herde von sechshundert Schafen sei vernichtet, Statuen seien geborsten, manche Menschen seien

außer sich und in schwerem Schockzustand umhergeirrt. Die Gründe dieser Erscheinung zu erforschen fordern Plan und Zusammenhang meines Werks ebenso wie der aktuelle Unglücksfall."
Lucius Annaeus Seneca, Naturwissenschaftliche Untersuchungen in acht Büchern, eingeleitet, übers. u. erl. von O. und E. Schönberger (1990) S.155.

Marcus Vitruvius Pollio, Ende des 1. Jh. v.Chr., römischer Architekt und Ingenieur. Seine Schrift *De architectura* (Über Architektur) ist das einzig erhaltene Architekturlehrbuch des Altertums und behandelt in zehn Büchern neben den Grundlagen der Baukunst auch die Baumaterialien sowie einzelne Gebäudetypen und Maschinen.

Vitruvius, *De architectura* II,6,2 :
„Daß aber in diesen Gegenden Hitze herrscht, dafür ist auch die Tatsache ein Beweis, daß in den Bergen von Cumae und Baiae Schwitzbäder ausgehöhlt sind, wo heißer Dampf aus dem Erdinneren wie Feuer die Erde durchdringt und an jenen Orten dergestalt hervortritt, daß er für die Schwitzenden großen Nutzen bringt.

Außerdem sagt man, daß in früheren Zeiten unter dem Vesuv Feuer im Überfluß vorhanden war und er daher Flammen über die Felder ausgeworfen habe. So daß auch das, was Schwammstein oder Pompejanischer Bimsstein heißt, von einer anderen Art von Gestein ausgebrannt und in jene Art von Stein verwandelt worden ist."

L. Iunius Moderatus Columella, römischer Agrarschriftsteller zur Zeit des Kaisers Nero. Hauptwerk sind die Bücher *De re rustica* (Über die Landwirtschaft).

Columella, *De re rustica* III,2,10:
„Aber es gibt noch zwei andere, 'Zwillinge' genannte Weine, die ihren Namen daher führen, daß sie aus zweierlei Reben gepreßt werden, herber, aber gut haltbar. Die kleinere von beiden ist allgemein wohlbekannt, weil sie die berühmten Anhöhen des Vesuv und die Hügel Sorrents in Kampanien bedeckt. Sie wächst gut bei leichtem sommerlichem Zephir, kümmert jedoch in der Hitze des Südwinds. In anderen Teilen Italiens wird sie weniger in Weingärten angepflanzt, als für Baumzuchten benutzt."

Maria Paola Guidobaldi

Schatzgräber und Archäologen. Die Geschichte der Ausgrabungen von Herculaneum

Das Wissen um die exakte topographische Lage des antiken Herculaneum, das im Jahre 79 n.Chr. von einer bis zu 25 Meter hohen Schicht vulkanischer Schlammmassen verschüttet worden war, auf der sich dann seit dem Mittelalter die Siedlung Resina ausbreitete (diese trägt erst seit 1969 den Namen „Ercolano"), war im Verlauf der Zeit verloren gegangen. Konkrete Spuren der Lage des Ortes fand bereits im 16. Jh. Fabio Giordano durch die zufällige Entdeckung von Skulpturen und Inschriften. Weitere zwei Jahrhunderte mußten jedoch noch vergehen, bevor die antike Stadt tatsächlich wiederentdeckt wurde.

Abb. 1: Herculaneum, Bühnenhaus des Theaters mit Einstiegsschacht.

Theater im Brunnenschacht – Die Wiederentdeckung von Herculaneum

Als eines Tages im Jahre 1710 ein gewisser Ambrogio Nucerino, bekannt unter dem Spitznamen „Enzechetta", anfing, einen Brunnen auszuheben, um seinen Gemüsegarten zu bewässern – eine bei den Bauern dieser Gegend übliche Praxis –, konnte er nicht ahnen, daß diese Pickelhiebe in die Geschichte eingehen würden – untrennbar verbunden mit den Anfängen der Vesuv-Archäologie. Denn sein Brunnenschacht führte zur Bühne des Theaters von Herculaneum, wo der Bauer viele Fragmente aus hochwertigem Marmor fand. Diese gehörten, wie sich erst viel später herausstellte, zur Ausstattung des Bühnenhauses (Abb. 1). Von dieser Entdeckung unterrichtete man Emanuel-Maurice von Lothringen, Prinz d'Elboeuf. Der verbannte französische Adlige und Befehlshaber der österreichischen Armee, die seit 1707 in Neapel stationiert war, baute zu diesem Zeitpunkt seine Villa am Hafen von Granatello in Portici. Er erwarb das Areal um den Brunnen und ließ circa neun Monate lang auf eigene Kosten Ausgrabungen mittels Stollen durchführen. Unter anderem wurden neun Statuen entdeckt, die er als Gunsterweis verschiedenen Herrschern seiner Zeit zum Geschenk machte. Seinem mächtigen Vetter, Prinz Eugen von Savoyen in Wien, schickte er jene Statuen, die in der wissenschaftlichen Literatur als die „Große" und die zwei „Kleinen Herkulanerinnen" bekannt sind (Abb. 2). Diese befinden sich heute in den Staatlichen Kunstsammlungen Dresden. Nach dem Tod von Prinz Eugen gelangten die drei Skulpturen an den Hof von August III., Kurfürst von Sachsen und König von Polen, dem Vater von Maria Amalia Christina, der Gattin des neapolitanischen Königs Karl III. von Bourbon.

Abb. 2: Marmorstatue der sogenannten „Kleinen Herkulanerin" (Kat. 3.2).

Abb. 3: Kupferstich von Jean Claude Richard Saint-Non (1781–86), Transport von antiken Kunstwerken aus Herculaneum vom Museum in Portici zum „Palazzo degli Studi" in Neapel.

Die bourbonischen Ausgrabungen

Karl III. von Bourbon war ein leidenschaftlicher Sammler von Antiquitäten und machte die Ausgrabung des antiken Herculaneum zu einem der bedeutendsten Kulturvorhaben seines Königreiches. In Anbetracht der Schwierigkeit der Freilegung entschied der König, die Grabung nicht als sein Privatvergnügen zu betrachten, sondern als eine offizielle, öffentliche Angelegenheit, die von der königlichen Staatskasse finanziert und von Pionier-Offizieren durchgeführt werden sollte; dabei griff man auf Soldaten und auf zu lebenslänglicher Haft verurteilte Strafgefangene zurück. Die systematische Erforschung des antiken Ortes begann 1738, als der Pionier-Hauptmann Rocco Gioacchino d'Alcubierre vom Brunnen Enzechettas aus, den bereits der Prinz d'Elboeuf als Einstieg genutzt hatte, neue Stollen in die Erde trieb. Bei dieser Aktion konnte Marcello Venuti aufgrund der Entdeckung einer Inschrift das Gebäude als das Theater von Herculaneum identifizieren. Weitere Untertagegrabungen wurden an verschiedenen Stellen der antiken Stadt in Angriff genommen.

Die bourbonische Grabungstechnik kann mit derjenigen verglichen werden, die auch im Bergbau Anwendung fand. Um zur Schicht mit den antiken Überresten vorzudringen, wurden senkrecht Schächte abgeteuft, in denen sich die Ausgräber, die sogenannten „Cavamonti", an Hanfseilen festgebunden, hinabließen. Die Winde, mit der die Ausgräber in den Schacht abgesenkt wurden, diente auch dazu, die entdeckten Fundstücke an die Oberfläche zu bringen. Hatte man das Niveau der antiken Stadt erreicht, so trieb man Stollen voran, die durchschnittlich 80-100 Zentimeter breit und weniger als zwei Meter hoch waren. Diese Erdarbeiten ließ man ohne präzisen Plan ausführen, langsam, per Hand, unter dem schwachen Licht von Laternen, die in Nischen in den Wänden standen. Entdeckten die Ausgräber eine an Fundstücken reiche Schicht, verdichtete man das Netz der Stollen und jene, die bereits erforscht worden waren, wurden mit dem Material gefüllt, das aus den neuen Stollen stammte. Wenn notwendig, wurden Stützpfeiler aus Steinen eingezogen, die man aus dem Hafen von Granatello herbeischaffen ließ. Die Grabungsarbeiten wurden von den bourbonischen Soldaten überwacht, die gewissenhaft alle Objekte vermerkten, die ans Licht kamen: nicht nur bewegliche Funde, sondern auch Malereien und Fußböden, die aus ihrem ursprünglichen Zusammenhang herausgeschnitten und abtransportiert wurden. Objekte von besonderem Wert wurden in das Museum gebracht, das in einem Flügel der königlichen Residenz entstand, die Karl III. in Portici hatte erbauen lassen, damit Besucher von Rang und Namen und Gelehrte diese mit königlicher Erlaubnis bewundern konnten. Mit der Leitung des „Museo Ercolanese" von Portici, das im Jahre 1758 eröffnet wurde, wurde Camillo Paderni[1] betraut; dieser hatte, zusammen mit dem französischen Bildhauer Canart die Aufgabe, die Kunstwerke auszuwählen, die würdig schienen, in die Sammlung aufgenommen zu werden (Abb. 3).

Die Entdeckung der Villa dei Papiri und der sogenannten Basilika

Inzwischen war im Jahre 1750 die Villa dei Papiri entdeckt worden – auch sie zufällig bei der Anlage eines Brunnens. Dies verstärkte die Begeisterung für die Untertage-Grabungen, die im wesentlichen von dem Schweizer Militär-Ingenieur Karl Weber[2] geleitet wurden. Weber arbeitete seit 1749 mit Alcubierre zusammen und begann aus eigener Initiative mit der Anfertigung von genauen Lageplänen. Besonders wichtig für die heutige Forschung ist es, daß er darin auch ver-

Abb. 4: Wandmalerei aus der sogenannten Basilika *(Augusteum)* von Herculaneum. „Achill und Chiron" (Kat. 6.2).

zeichnete, was aus der luxuriösen Residenz ans Licht kam. Die Ausgrabungen wurden zwischen 1750 und 1761 durchgeführt und kurzzeitig zwischen 1764 und 1765 wieder aufgenommen. In diesem Jahr zwang der Austritt von Gas die Ausgräber zur endgültigen Aufgabe und Schließung der Zugangsschächte. Die bourbonischen Ausgräber bargen 87 Skulpturen, Repliken, die in der 2. Hälfte des 1. Jh. v.Chr. nach griechischen Originalen vorwiegend aus der Zeit des 4. und 3. Jh. v.Chr. geschaffen worden waren, sowie mehr als 1000 Papyrusrollen. Von diesen Ausgrabungen existieren zwei Pläne, die beide von dem Schweizer Ingenieur Weber stammen: Der erste, datiert Januar 1751, zeigt nur das „Belvedere", das heißt den kreisförmigen Bau, zu dem die *ambulatio,* der Wandelgang der Villa führte, und dessen wertvoller polychromer Boden aus *opus sectile*[3] abgenommen wurde. Dieser wurde zunächst in das Museum von Portici gebracht, später in einen eigens zu diesem Zweck errichteten Kuppelraum im Archäologischen Nationalmuseum von Neapel. Der andere Plan stammt aus dem Jahr 1754, wurde aber bis zum Jahr 1764 ständig auf den aktuellen Stand gebracht. Er ist ein eindrucksvolles Beispiel an Genauigkeit: Die verschiedenen Zugangsschächte sind verzeichnet, der Verlauf der Stollen und sogar die Fundstellen von bedeutenderen Kunstwerken angegeben, die Weber mit Legenden versah und skizzenhaft darstellte.

In die Zeit der Erforschungen durch Schächte und Stollen gehört auch die Ausräumung der sogenannten Basilika, des großen öffentlichen Gebäudes nördlich vom *decumanus maximus*, das wahrscheinlich als *Augusteum*[4] zu identifizieren ist. In diesem Bauwerk wurde eine große Anzahl von Wandmalereien geborgen (u. a. die berühmten Bilder des Vierten Stils, die die Wiederauffindung des Telephos durch Hercules, die Befreiung der athenischen Geiseln durch Theseus, die musikalische Ausbildung des Olympus durch Marsyas und die des Achilles durch Chiron zeigen), des weiteren Marmor- und Bronzeskulpturen aus julisch-claudischer[5] und flavischer[6] Zeit. Alle diese Werke befinden sich heute im Archäologischen Nationalmuseum von Neapel (Abb. 4).

Nach dem Tod von Karl Weber im Jahre 1764 wurden die Grabungsarbeiten in den Stollen von einem anderen Militäringenieur weitergeführt, Francesco La Vega. Die Arbeiten wurden aber 1780 zugunsten der Ausgrabungen von Pompeji endgültig eingestellt, weil dort die Erdarbeiten wegen der Beschaffenheit der vulkanischen Verschüttungsschichten weniger mühsam waren.

Grabungen unter freiem Himmel

Während der zehnjährigen französischen Besatzung Neapels (1806-1815) wurden die Ausgrabungen nicht wiederaufgenommen. Erst 1828, unter der Herrschaft von Franz I. von Bourbon wurden auch in Herculaneum zum ersten Mal Ausgrabungen „unter freiem Himmel" vorgenommen. Auf Vorschlag des Superintendenten Michele Arditi und mit Unterstützung der „Accademia Ercolanese", die 1755 von König Karl von Bourbon gegründet worden war, um die bereits ergrabenen vesuvianischen Denkmäler wissenschaftlich darzustellen, kaufte der Staat ein circa 900 qm großes Grundstück. Auf dieser kleinen Fläche wurden die Ausgrabungen durchgeführt, die bis zum Jahre 1855 vom Architekten Carlo Bonucci geleitet wurden. Die bedeutendste Entdeckung war die Auffindung des „Hauses des Argus" (Casa di Argo), das sogar noch ein zweites Stockwerk besaß, welches später jedoch einstürzte. Der Mangel an Fundstücken bewirkte jedoch eine neuerliche Unterbrechung der Ausgrabungen, der eine kurze Fortsetzung zwischen 1869 und 1875 folgte. Diese kam durch die Initiative des jungen Gelehrten und Numismatikers Giuseppe Fiorelli und mit persönlicher Unterstützung seitens des italienischen Königs Viktor Emanuel II. zustande (Abb. 5). Bei diesen Grabungen trugen die Arbeiter mit der Hand die riesigen Mengen des verfestigten vulkanischen Materials ab, füllten sie in Körbe und brachten sie dann auf dem Rücken über eine Rampe, die die Grabungsfläche eingrenzte, bis zu Handkarren, die auf der Höhe von „Vico di Mare"[7] standen. Der Teil der Stadt, der unter solch enormen Anstrengungen ans Licht gebracht worden war, war insgesamt sehr klein und entspricht den heutigen *Insulae*[8] II und VII, die noch nicht in ihrem ganzen Umfang freigelegt wurden, sowie einem kleinem Teil der heutigen *Insulae* III und VI. Oberhalb des Ausgrabungsgebietes, das zu einem schnellen und unaufhaltsamen Verfall verurteilt war, breiteten sich die Häuser der modernen Stadt Resina aus.

Erst 1904 machte sich ein englischer Archäologe, Charles Waldstein, zum Vorkämpfer einer Initiative, die die Wiederaufnahme der Ausgrabungen in Herculaneum auf der Basis einer internationalen Kooperation forderte, eine Unternehmung, die jedoch keine Unterstützung von Seiten der italienischen Regierung fand. 1907 wurde eine Kommission von Technikern gebildet und beauftragt, eine Machbarkeitsstudie zur Wiederaufnahme der Ausgrabungen zu verfassen. Der Bericht wurde zwei Jahre später abgegeben, doch aufgrund der enormen geschätzten Kosten blieb er ohne Erfolg; es wäre nämlich zunächst notwendig gewesen, das Gebiet der antiken Stadt durch Abteufen von Schächten einzugrenzen.

Im Jahre 1924 wurde Amedeo Maiuri zum Superintendenten für Ausgrabungen und Altertumswesen in Kampanien ernannt. Er ließ sofort unterbinden, daß sich das moderne Resina weiter auf den noch freien Flächen über dem antiken Herculaneum ausbreitete. Mit Hilfe von Sonderfonds wurde es möglich, eine Fläche von mehr als sieben Hektar zu enteignen, auf der eine systematische Ausgrabung des Süd-Ost-Gebietes der antiken Stadt hätte durchgeführt werden können. Das Problem bestand aber damals wie heute darin, daß das nördliche Gebiet bereits von modernen Wohnungen besetzt war; dies erforderte einen kontinuierlichen und schrittweisen Ankauf und Abriß der Wohngebäude, die zum größten Teil bereits baufällig waren. Die „Neuen Ausgrabungen" begannen in den ersten Apriltagen des Jahres 1927 und wurden am 16. Mai desselben Jahres offiziell durch den italienischen König Viktor Emanuel III. eröffnet, der persönlich den ersten „Spatenstich" vornahm. Er benutzte dafür eine Spitzhacke, auf der der Spruch *Herculaneum effodiendum est,* „Herculaneum muß ausgegraben werden", eingeritzt war. Nachdem die Ehrentribüne abmontiert worden war, blieb Amedeo Maiuri, wie er selbst in seiner berühmten Schrift „Leben eines Archäologen" festhielt, allein mit seinen Arbeitern zurück, „um den harten Kampf gegen den fest getrockneten Schlamm von Herculaneum zu führen". Die riesige Unternehmung wurde dank der geschickten Arbeiter und einer exzellenten Organisation der Baustellen bis zum Jahre 1958 fortgesetzt. Bereits 1942 war fast das ganze Gebiet, das den heutigen Archäologischen Park bildet, ausgegraben und entsprechend restauriert und geschützt worden. Zwischen 1960 und 1969 wurden weitere Grabungsarbeiten im nördlichen Gebiet der *Insula* VI und des *decumanus maximus* durchgeführt. Ans Licht kamen das „Haus des tuskanischen Säulengangs" (Casa del Colonnato tuscanico), das „Priesterkolleg der Augustalen"[9] (Sede degli Augustali) und der Bereich des Atriums im „Haus mit dem schwarzen Saal" (Casa del Salone nero), von dem Maiuri nur den hinteren Teil freigelegt hatte.

Neueste Grabungsprojekte und -ergebnisse

In den letzten 20 Jahren ist der antike Hafen erforscht worden, der die südliche Begrenzung des heutigen Archäologischen Parks bildet. In diesem Gebiet sind zwölf Räume mit Bogeneingängen zutage gekommen. Es handelt sich hierbei um die sogenannten „fornici", Boots- und Lagerräume, in denen viele Bewohner Herculaneums auf der Flucht vor dem Ausbruch Schutz gesucht hatten. Der außergewöhnliche Fund dieser Opfer des Ausbruches wurde Gegenstand einer interdisziplinären Studie, an der sich Archäologen, Anthropologen und Vulkanologen beteiligten. Ihr Ziel war es, den genauen Ablauf des Ausbruches und seine zerstörerische Auswirkung auf Gegenstände und Menschen zu klären. Aus diesem Bereich stammt auch ein Holzboot (Abb. 6), das zur Zeit in einer Halle neben dem modernen Gebäude der „Uffici della Soprintendenza" und dem noch zu eröffnenden „Antiquarium" aufbewahrt wird. Es wird in einer aufwendigen Restaurierung als Museumsobjekt präpariert, um es so der Öffentlichkeit zugänglich zu machen.

In den Jahren 1996 bis 1998 wurden schließlich Ausgrabungen unter freiem Himmel im Gebiet der Villa dei Papiri und der sogenannten nord-westlichen *Insulae* durchgeführt. Die riesige Ausgrabung, die eine Fläche von circa 14.000 qm umfaßt, liegt westlich vom modernen Vico Mare.[10] Um diesen Bereich vom eigentlichen Archäologischen Park zu unterscheiden, wird er gemeinhin Zone der „Neuen Ausgrabungen" genannt. In diesem Areal sind zur Zeit zwei unterschiedliche Anlagen erkennbar, wobei bisher noch keine von beiden in ihrer Gesamtheit freigelegt wurde: Die sogenannten nord-westlichen *Insulae*, die Teile von Gebäuden enthalten, die noch zur Stadt gehören (darunter ist besonders eine Thermenanlage zu erwähnen, mit einem Schwimmbecken, das mit warmen Wasser gespeist wurde) und die suburbane Villa dei Papiri (von dieser sind der westliche Bereich um das Atrium, circa 750 qm, das bereits durch die Pläne des 18. Jh. bekannt war, ausgegraben worden). Ebenso wurden ausgegraben: ein weiterer Teil der Fassade des ersten Untergeschosses, ein kleiner Teil eines zweiten Untergeschosses und schließlich Reste einer monumentalen Anlage, die auf einem noch viel niedrigeren Niveau angelegt war. Hierbei könnte es sich um den Eingang zur Villa von der Meerseite handeln. Die ans Licht gebrachten antiken Strukturen liegen 30 Meter tiefer als das heutige Bodenniveau. Die konservatorischen Bedingungen werden noch dadurch erschwert, daß in Folge der Auswirkungen des Ausbruches im Jahre 79 n.Chr. und der damit verbundenen Landschaftsveränderungen die antike Küstenlinie um circa vier Meter tiefer lag als das Niveau des jetzigen Meeresspiegels. Aus diesen Gründen kann die Trockenhaltung des Gebietes nur durch ein System von Saugpumpen gewährleistet werden, die ständig in Betrieb sind. In der Region der „Neuen Ausgrabungen" ist bereits ein Rundgang für kleine angemeldete Besuchergruppen angelegt worden. In der Entwicklungsphase befinden sich sowohl ein Projekt zur vollständigen Freilegung, Restaurierung und Auswertung der bis jetzt ergrabenen baulichen Strukturen als auch eine Machbarkeitsstudie zur Fortsetzung der Untersuchungen des gesamten Villenkomplexes; dadurch hofft man technische Daten zu erhalten, aufgrund derer eine Entscheidung über die weitere Vorgehensweise getroffen werden kann.

Abb. 5: Gemälde von Eugenio Tanò (1872): König Viktor Emanuel II. auf der Ausgrabung von Herculaneum im Beisein des Grabungsdirektors Giuseppe Fiorelli.

Herculaneum – Ausgrabungen und ihre Grenzen

Trotz ihrer mehrere Jahrhunderte umfassenden Geschichte haben die Ausgrabungen von Herculaneum bis heute lediglich einen bescheidenen Ausschnitt der Stadt ans Licht gebracht und nur das Teilstück einer luxuriösen Vorstadtvilla, die durch die Bourbonen ihrer wertvollen Einrichtungsgegenstände beraubt wurde. Mehr als die Hälfte des antiken Herculaneum, darunter auch der sehr wichtige Bereich des Forums mit den angeschlossenen öffentlichen Gebäuden, liegt noch unter der modernen Stadt begraben (Abb. 7). Heute besteht der größere Teil des zugänglichen Archäologischen Parks aus privaten Wohnhäusern, die zur Kaiserzeit mehr oder weniger tiefgreifend baulich verändert wurden. Dabei findet sich eine große typologische Vielfalt, angefangen von Gebäuden mit traditionellem Grundriß bis hin zu Mehrfamilienhäusern und großen Residenzen, um deren zentralen Baukörper sich ganze Viertel entwickelten; letztere lagen, sich zum Meer hin öffnend, in dominanter Lage oberhalb der Stadtmauer; den wunderbaren Ausblick betonten verschiedene architektonische Ausgestaltungen: Terrassen, Veranden, Belvederes. Mehr als in Pompeji sind in fast jeder Wohnung von Herculaneum Zeichen von Wohlstand erkennbar. Dies dokumentieren nicht nur die aufwendigen Wand- und Bodendekorationen, sondern auch die überall im Stadtareal

Abb. 6: Auffindung des Holzbootes am Strand von Herculaneum bei den Ausgrabungen 1982.

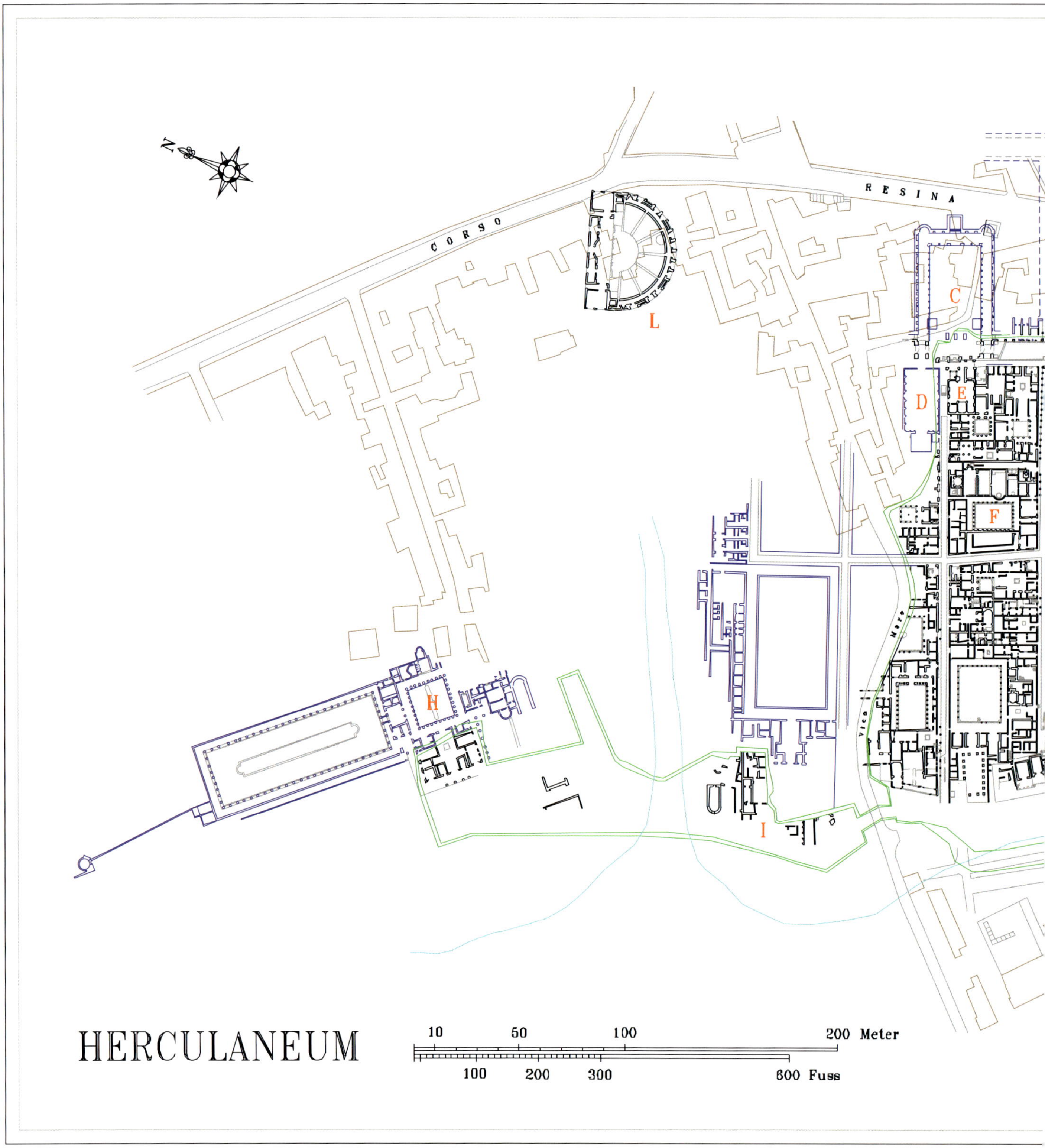

N
C O R S O
R E S I N A
L
C
D
E
F
H
I
Vico
Mare
HERCULANEUM
10
50
100
200 Meter
100
200
300
600 Fuss

zutage gekommenen kunsthandwerklichen Zeugnisse, die dank der besonderen Art der Verschüttung von Herculaneum erhalten geblieben sind. Das Szenario, das die Ausgrabungen von Herculaneum ans Licht brachte, ist das einer Katastrophensituation: eingestürzte Dächer, niedergerissene Mauern, herausgerissene Türen, überall verstreut Einrichtungsgegenstände und Skulpturen – auf schreckliche Weise unter den vulkanischen Ablagerungen versiegelt. Doch das Meiste ließ sich konservieren und rekonstruieren. Die sehr hohe Temperatur der vulkanischen Auswurfmasse hat die Verkohlung aller organischen Materialien bewirkt, von Lebensmitteln bis zu Stoff, von Holz in allen seinen verschiedenen Verwendungsarten bis zu den Papyrusrollen. Sie liefern uns eine unerschöpfliche Fülle von Informationen über die „zweitrangigen" und alltäglichen Aspekte der römischen Kultur. All dies macht Herculaneum zu einem einzigartigen Juwel im Panorama der archäologischen Stätten der Welt (Abb. 8).

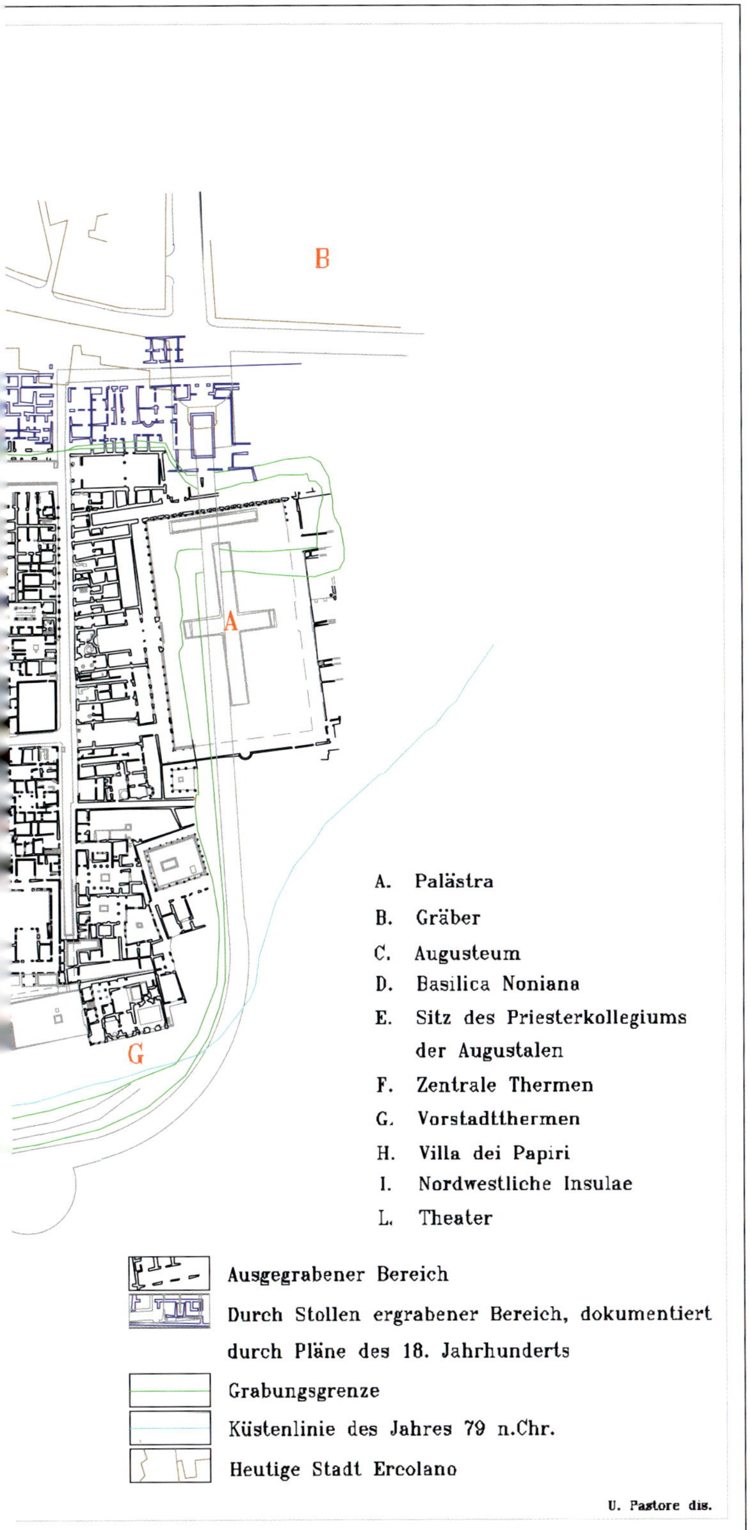

Bibliographie

A. Allrogen-Bedel, Gli scavi di Ercolano nella politica culturale dei Borboni, in: Ercolano 1738–1988. 250 anni di ricerca archeologica, Atti del Convegno Internazionale, Ravello-Ercolano-Pompei, 30 ottobre – 5 novembre 1988 (1993) S. 35–40.

Abb. 7: Generalplan der Ausgrabungen von Herculaneum, graphische Bearbeitung von Ubaldo Pastore, SAP.

Abb. 8: (S. 26/27) Sonnenuntergang im Archäologischen Park Herculaneum 2004.

A. Maiuri, Ercolano. I Nuovi Scavi, 1927–1958 (1958).

M. Pagano, I diari di scavo di Pompei Ercolano e Stabiae di Francesco e Pietro La Vega (1764–1810). Raccolta e studio di monumenti inediti, Monografie SAP 13 (1997).

M. Pagano, Il teatro di Ercolano, in: M. Pagano (a cura di), Gli Antichi Ercolanesi. Antropologia, societ, economia. Catalogo Mostra Ercolano 30 marzo – 26 luglio 2000 (2000) S. 75–78.

U. Pannuti, Il "Giornale degli Scavi" di Ercolano (1738–1756), Memorie Accademia Lincei, scienze morali, ser. VIII, vol. XXVI, 1983, S. 163–410.

M. Ruggiero, Storia degli scavi di Ercolano, ricomposta sui documenti superstiti (1885).

A. De Simone, F. Ruffo, Ercolano. 1996–1998. Lo scavo della villa dei Papiri, Cronache Ercolanesi 32, 2002, S. 325–344.

A. De Simone, F. Ruffo, Ercolano e la villa dei Papiri alla luce dei nuovi scavi, Cronache Ercolanesi 33, 2003, S. 279–311.

M. Venuti, Descrizione delle prime scoperte di Ercolano (1748).

F. Zevi, Gli scavi di Ercolano, in: Civilt del '700 a Napoli, II (1980) S. 58–60.

Anmerkungen

1 Der römische Antiquar Camillo Paderni war auch als Zeichner für die „Antichità di Ercolano esposte" und bei den Versuchen der Abwicklung der Papyri tätig (Anm. d. Hrsg.).

2 Karl Weber (1712–1764) war 1737 als Leutnant der Schweizer Söldnertruppen ins Königreich Neapel gekommen (Anm. d. Hrsg.).

3 Als *opus sectile* bezeichnen Archäologen Wandverkleidungen oder Fußbodenbeläge aus geometrisch zugeschnittenen, verschiedenfarbigen Marmorstücken (Anm. d. Hrsg.).

4 Ein Heiligtum, das dem offiziellen römischen Kaiserkult diente (Anm. d. Hrsg.).

5 Die iulisch-claudische Kaiserdynastie ist die, die mit Augustus 27 v.Chr. begann und mit dem Tode Neros 68 n.Chr. endete (Anm. d. Hrsg.).

6 Die Kaiser Vespasian und seine Söhne Titus und Domitian (69–96 n. Chr.) bildeten die flavische Dynastie (Anm. d. Hrsg.).

7 Ein Stadtviertel des modernen Resina/Herculaneum (Anm. d. Hrsg.).

8 *Insulae*: Rechteckige Häuserblocks in römischen Städten, die durch sich kreuzende Straßenzüge begrenzt werden (Anm. d. Hrsg.).

9 Die *augustales* waren die für den Kaiserkult verantwortlichen Priester (Anm. d. Hrsg.).

10 Die Straße, die den Archäologischen Park im Westen begrenzt (Anm. d. Hrsg.).

Die drei Vestalen sind unter einem doppelten Titel verehrungswürdig. Sie sind die ersten großen Entdeckungen von Herkulaneum: allein was sie noch schätzbarer macht, ist die große Manier in ihren Gewändern. In diesem Teil der Kunst sind sie alle drei, sonderlich aber diejenige, welche größer ist als die Natur, der Farnesischen Flora und anderen griechischen Werken vom ersten Range beizusetzen. Die zwo andern, groß wie die Natur, sind einander so ähnlich, daß sie von einer und derselben Hand zu sein scheinen; sie unterscheiden sich allein durch die Köpfe, welche nicht von gleicher Güte sind [...]

Unter dem Wort Draperie begreift man alles, was die Kunst von Bekleidung des Nackenden der Figuren und von gebrochenen Gewändern lehret. Diese Wissenschaft ist nach der schönen Natur und nach dem edlen Kontur der dritte Vorzug der Werke des Altertums. Die Draperie der Vestalen ist in der höchsten Manier: die kleinen Brüche entstehen durch einen sanften Schwung aus den größeren Partien und verlieren sich wieder in diesen mit einer edlen Freiheit und sanften Harmonie des Ganzen, ohne den schönen Kontur des Nackenden zu verstecken. Wie wenig neuere Meister sind in diesem Teile der Kunst ohne Tadel! [...]

Die griechische Draperie ist mehrenteils nach dünnen und nassen Gewändern gearbeitet, die sich folglich, wie Künstler wissen, dicht an die Haut und an den Körper schließen und das Nackende desselben sehen lassen [...] In den neueren Zeiten hat man ein Gewand über das andere, und zuweilen schwere Gewänder, zu legen gehabt, die nicht in so sanfte und fließende Brüche, wie der Alten ihre sind, fallen können. Dieses gab folglich Anlaß zu der neuen Manier der großen Partien in Gewändern [...] Die neue Venezianische Schule, welche noch weiter zu gehen gesuchet, hat diese Manier übertrieben, und indem sie nichts als große Partien gesuchet, sind ihre Gewänder dadurch steif und blechern geworden.

Das allgemeine vorzügliche Kennzeichen der griechischen Meisterstücke ist endlich eine edle Einfalt, und eine stille Größe, sowohl in der Stellung als im Ausdrucke. So wie die Tiefe des Meers allezeit ruhig bleibt, die Oberfläche mag noch so wüten, ebenso zeiget der Ausdruck in den Figuren der Griechen bei allen Leidenschaften eine große und gesetzte Seele.

Johann Joachim Winckelmann, Gedanken über die Nachahmung der griechischen Werke in der Malerei und Bildhauerkunst, hrsg. v. L. Uhlig (1969) S. 17–20.

Abb. 1: Ein Marmorbecken in den Vorstadtthermen wurde von vulkanischem Schlamm, der durch ein Fenster eindrang, durch den Raum geschleudert. Scherben der Fensterscheibe sind noch im Abdruck des Beckens erhalten.

Giuseppe Mastrolorenzo

Der Zorn des Vesuv. Die Katastrophe des Jahres 79 n.Chr.

Geschichte und vulkanische Tätigkeit des Somma-Vesuv

Der Somma-Vesuv ist ein zusammengesetzter Zentralvulkan. Er besteht aus einem uralten Stratovulkan[1], dessen Reste die Caldera[2] des Monte Somma bilden und dem eigentlichen Vesuv, einem Aufschüttungskegel, der sich auf dem Boden der Caldera neu gebildet hat. Die neuesten Forschungen haben gezeigt, daß der calderische Einsturz des Monte Somma in verschiedenen Phasen vor sich gegangen ist, deren erste vor 18 000 Jahren die plinianische Eruption[3] des „Bimssteingrundes"[4] war. Die anderen waren die Folge der plinianischen Eruptionen von Ottaviano (vor 8000 Jahren), von Avellino (vor 3700 Jahren), der des Jahres 79 n.Chr. und der subplinianischen Eruption[5] im Jahre 472 n.Chr. Später bildete sich als Begleiterscheinung der langen interplinianischen Tätigkeit im Mittelalter der Kegel des Vesuv auf dem Caldera-Plateau des Somma.

Der Somma-Vesuv hatte im Lauf seiner Geschichte, die vor etwa 25 000 Jahren begann, starke explosive Ausbrüche; im allgemeinen gingen solchen Eruptionen lange Ruhephasen voraus, die mit Zeiten geringerer Aktivität (im allgemeinen des strombolianischen und effusiven Typs[6]) abwechselten. Die zuletzt genannte Art der Tätigkeit, die Effusion „bei offenem Förderkanal",[7] also der Ausfluß von Lava, ist kennzeichnend für die jüngste Geschichte von der subplinianischen Eruption des Jahres 1631 bis zur letzten – einer gemischten – im Jahre 1944.

In den Zeiten mit geschlossenem Förderkanal, die den Ruhephasen vor den explosiven Ausbrüchen entsprechen, sammelt sich das Magma in einer fünf bis sieben Kilometer tief liegenden Kammer an, die sich so lange ausdehnt, bis der Anstieg des Drucks im Magma oder äußere Ursachen (tektonische Phasen) eine explosive Eruption bewirken. Gegenwärtig ruht der Vesuv. Seine Tätigkeit besteht aus Erdbeben an der Oberfläche, deren Zentrum in den ersten Kilometern unter dem Krater lokalisierbar ist, und aus Fumarolen[8], die an den Flanken des Vulkans und aus dem Krater aufsteigen.

Der Somma-Vesuv hat Hunderte von explosiven und effusiven Ausbrüchen erzeugt. Aus stratigraphischen Untersuchungen und den historischen Berichten geht hervor, daß die Dauer der effusiven Ausbrüche im allgemeinen zwischen einigen Stunden und mehreren Jahren lag. Die dabei ausfließende Magmamasse kann Hunderttausende bis Hundertmillionen Kubikmeter betragen. Die explosiven Ausbrüche dauern zwischen einigen Stunden und einigen Tagen, wobei das ausgeworfene Material ein Volumen von einigen Tausend Kilogramm (einzelne Explosionen strombolianischen Typs) bis zu einigen Milliarden Tonnen (plinianische Eruptionen) haben kann. Die gemischte Tätigkeit (der Wechsel von Effusion und Explosion) ist gekennzeichnet durch kleinere oder mittlere Eruptionen (im Ausmaß von etwa hundert Millionen Kubikmeter Magma), während große explosive Eruptionen, wie die subplinianische und die plinianische nicht mit Lavaeffusionen verbunden sind. Die zuletzt genannten Eruptionen haben die verheerendste Wirkung und erstrecken sich über Gebiete mit einer Ausdehnung von Hunderten oder Tausenden von Quadratkilometern (Abb. 2). Immer gehen diesen schweren Ausbrüchen Ruhepausen voraus, deren Dauer zwischen Jahrzehnten und Jahrhunderten variieren kann.

Die plinianischen Explosiv-Eruptionen, wie die des Jahres 79 n.Chr., beginnen mit der Bildung einer Eruptionssäule, die etliche Kilometer emporsteigt und einen Lapilliregen[9] mit sich bringt; die Säule bricht im Laufe der Eruption mehrmals zusammen, wodurch sie einen „pyroclastic flow" oder „surge"[10] erzeugt. Dabei handelt es sich um „pyroklastische Lawinen", die aus einem extrem heißen, sehr beweglichen Gemisch aus festem Auswurfsmaterial (Gesteinsbrocken, vulkanische Asche) und Gasen sowie aufgeheizter Luft bestehen. Da diese Ströme eine sehr hohe Anfangsgeschwindigkeit besitzen, können sie an den Abhängen des Vulkans viele Kilometer zurücklegen. Dabei werden auf dem Boden Aschen und Lapilli von einer Dicke abgelagert, die von einigen Zentimetern bis zu etlichen Metern variiert. Mancher „surge", wie etwa der erste bei der Eruption von 79 n.Chr., hatte hohe Temperaturen und eine geringe kinetische Energie.[11] Andere hingegen, wie etwa der zweite „surge" beim Ausbruch des Jahres 79 n.Chr., besaßen genügend Energie, um Mauern zu zerstören und alles auf dem Weg Liegende mit sich zu reißen; solche „Ströme" können eine Strecke von mehr als fünfzehn Kilometer vom Krater aus zurücklegen. „Pyroclastic flows" und ‚surges" haben bei den Ausbrüchen des Somma-Vesuv oft riesige Verheerungen angerichtet. Die plinianische Eruption in der Bronzezeit, die sogenannte Bimsstein-Eruption von Avellino,[12] diejenige von 79 n.Chr. und die subplinianische Eruption des Jahres 472 n.Chr. haben Spuren ausgedehnter Verwüstungen hinterlassen, die an den archäologischen Ausgrabungsstätten feststellbar sind.

Die plinianische Eruption des Jahres 79 n.Chr.

Die Eruption des Jahres 79 n.Chr. ereignete sich nach einer Ruhephase der vulkanischen Tätigkeit, die etwa fünf Jahrhunderte andauerte. Die davor liegende Eruption in frühgeschichtlicher Zeit ist durch eine Lapilli- und Ascheschicht nachweisbar. Da weder bedeutende Gasentweichungen noch andere auffällige Phänomene vor der Eruption auftraten, die bei einem untätigen Vulkan mit geschlossenem Förderkanal wahrscheinlich gewesen wären, war die vulkanische Natur des Berges in Vergessenheit geraten. Nur Strabon, der antike griechische Historiker und Geograph, hatte auf Ähnlichkeiten zwischen dem Felsgestein des Vesuv und des Ätna, der seit eh und je für seine aktive Tätigkeit bekannt war, hingewiesen.

Dem Ausbruch im Jahre 79 n.Chr. gingen also keinerlei vulkanische Aktivitäten voraus. Es ist sehr wahrscheinlich, daß vor der Eruption eine beachtliche seismische Tätigkeit stattgefunden hatte. Risse in den Bauten von Pompeji wurden mit Erdbeben in Verbindung gebracht, die sich kurz vor der Eruption oder zur gleichen Zeit ereigneten. Die ausgedehnten Restaurierungsarbeiten, die in Pompeji und an anderen Orten zum Zeitpunkt der Eruption im Gange waren, wurden als Bestätigung dieser seismischen Tätigkeit kurz vor der Eruption ausgelegt. Es gibt jedoch keine geologischen Zeugnisse für Erdbeben vor der Eruption, die im übrigen an der Erdoberfläche auch keine sichtbaren Spuren hinterlassen hätten. Das Erdbeben im Jahre 62 n.Chr., das die ganze Gegend rings um den Vesuv heimsuchte und erhebliche Schäden anrichtete, läßt sich nicht sicher als Ergebnis vulkanisch-tektonischen Ursprungs interpretieren. Außerdem hätten solche, lange vor der Eruption aufgetretenen Vorboten, sicherlich nicht als Hinweise auf das mögliche Wiedererwachen des Vesuv ausgelegt werden können, da er nicht mehr als Vulkan erkannt wurde.

Alle diese Überlegungen zusammen bestätigen, daß die rund um den Vesuv lebende Bevölkerung von der Eruption des Jahres 79 n.Chr. gänzlich unvorbereitet getroffen wurde.

Der Typ dieser Eruption – die Explosion eines Vulkans mit geschlossenem Förderkanal, ohne kleinere, vorausgehende Eruptionsphasen – ließ kaum Zeit für eine Warnung und rechtzeitige Flucht der dort lebenden Menschen. Wahrscheinlich wurde der Bevölkerung die drohende Katastrophe erst klar, als diese bereits im Gange war. Selbst während des Vulkanausbruchs wußte die Bevölkerung sicher nichts über die Art und den Ursprung des katastrophalen Ereignisses, da ihr jegliche Erfahrung und das Wissen über solch schwere explosive Ausbrüche des Vesuv fehlte, die selbst in den gebildeten Kreisen der Bevölkerung nicht mehr bekannt waren.

Durch die für sie völlig unverständlichen Naturphänomene erlebte die Bevölkerung Stunden des Grauens und der Todesangst und sah ihr einziges Heil in der Flucht, die von Stunde zu Stunde verzweifelter wurde. Eine plinianische Eruption ist nämlich im Gegensatz zu einem Erdbeben nicht das Ereignis weniger Augenblicke, sondern dauert mit zunehmender Intensität Stunden an. Dabei wurde der Boden immer unbegehbarer und die Luft eignete sich auf Grund der großen Aschemengen kaum noch zum atmen. Die Möglichkeiten, durch Flucht zu entkommen, waren in den ersten Stunden durchaus gegeben, wurden aber zunehmend

Abb. 2: Satellitenbild des Golfs von Neapel mit dem vulkanischen Komplex des Somma-Vesuv.

geringer, bis sie in den kulminierenden Phasen der Eruption völlig schwanden.

Die archäologischen Funde belegen, daß die von dem Ausmaß der Katastrophe völlig überraschten Bewohner von Herculaneum, Oplontis, Pompeji und Stabiae (heute Castellammare di Stabia) tatsächlich ihre Häuser verließen. Es bleibt jedoch unbekannt, wo sie versuchten, Zuflucht zu finden und ob es ihnen schließlich gelang, ihr Leben zu retten. Das tragische Ende derjenigen, die sich nicht sofort zur Flucht entschlossen, ist in den mehr als tausend in Gips ausgegossenen Körperabdrücken und Skeletten der Opfer, die bei den archäologischen Ausgrabungen gefunden wurden, für alle Zeiten bezeugt.

Abb. 3: Ablagerung der Eruption von 79 n.Chr. bei den Ausgrabungen von Oplontis in Torre Annunziata. Schichten von körnigem Bimssteinlapilli, die auf den pyroklastischen „fall out" zurückgehen, wechseln mit Ascheschichten ab, bei denen es sich um Ablagerungen von pyroklastischen „surges" handelt.

Am Mittag des 24. August

Die einzige antike Quelle, die uns genaue zeitliche Angaben über den Beginn der Katastrophe macht, sind die Briefe Plinius' des Jüngeren, die auch der modernen Vulkanologie zur Rekonstruktion des zeitlichen Ablaufs der Eruption dienen. Sie begann danach am 24. August um etwa 13 Uhr. Während die Angabe des Datums und der Zeit keine große wissenschaftliche Bedeutung hat, ist Plinius Hinweis auf den plötzlichen Beginn des Ausbruchs eine Bestätigung dafür, daß diese nach ihm benannte plinianische Eruption so jäh einsetzte, wie es auch bei jüngeren Eruptionen beobachtet wurde.

Der ausführliche Bericht, den uns Plinius der Jüngere als Augenzeuge der Ereignisse überliefert und ein Vergleich mit den vulkanischen Ablagerungsschichten dieser Eruption, verhalfen Haraldur Sigurdsson und anderen 1985 dazu, die verschiedenen Eruptionsphasen und ihre zeitliche Abfolge zu rekonstruieren. Danach begann die Eruption mit der Entwicklung einer konvektiven Säule[13] aus Gas und vulkanischen Auswurfteilchen (Asche, Bimsstein und größere Steine). Das die Säule bildende Gas setzte sich größtenteils aus heißem Wasserdampf, Kohlenstoff und anderen Gasen in geringerer Konzentration zusammen. Diese konvektive Säule, die für plinianische Eruptionen charakteristisch ist, stieg durch einen sogenannten Schwimmeffekt in die Atmosphäre auf, der durch die Aufnahme und Erhitzung enormer Luftmassen entstand. Der Auswurf des in die Atmosphäre geschleuderten Materials wuchs um so mehr an, je größer der Durchmesser des Förderkanals und der Eruptionsöffnung durch die kontinuierliche Erosion der Wände im Inneren des Schlots wurde. Die Geschwindigkeit des 700–800° C heißen Magma-Auswurfs variierte dabei zwischen etwa 200 und 400 Metern in der Sekunde.

Rasch erreichte die Säule die in ungefähr zwölf Kilometer Höhe befindliche Tropopause[14], und in der ersten halben Stunde begann im östlich des Vulkans gelegenen Gebiet ein Regen aus feiner Asche zu fallen. Je höher sich die Säule erhob – im Lauf der ersten Stunde nach dem Beginn der Eruption erreichte sie die Stratosphäre[15] – aus desto größeren Stücken setzte sich der Ascheregen zusammen. Schließlich fielen mehrere Zentimeter große Lapilli-Bruchstücke auf die Erde.

Eine knappe Stunde nach Beginn der Eruption hatte sich der Himmel östlich des Vulkans verfinstert, so daß die Sicht stark behindert wurde. Die Eruptionssäule erhob sich zu diesem Zeitpunkt vertikal in stratosphärischer Höhe von circa 20 Kilometern und breitete sich

Abb. 4: Bootshäuser am antiken Strand von Herculaneum.

aufgrund der dort herrschenden starken Winde nach Südosten aus.[16] Aschen und Bimssteine wurden in diese Richtung geschleudert und fielen in einem dichten Regen auf die Erde zurück, wo sie sich pro Stunde mehrere Zentimeter hoch aufhäuften.

Am Nachmittag

Schon wenige Stunden nach dem Beginn der Eruption war der Boden unbegehbar geworden, praktisch keinerlei Sicht mehr möglich, und die Intensität des Aufpralls von festen Felssteinen und von Blöcken aus porösem Bims verwüstete die Gegend südlich und südöstlich des Vesuv bis in etwa 15 Kilometern Entfernung. Zu dieser Gegend gehörten Oplontis, Pompeji und Stabiae sowie zahlreiche Landhäuser und Anwesen, die in der Ebene und an den Abhängen des Vesuv lagen (Abb. 3).

Etwa fünf Stunden nach Beginn der Eruption begannen die Dächer von Pompeji unter der Last einer mehr als einen halben Meter dicken Lapillischicht einzustürzen. In dieser Phase wurde die Stadt zu einer tödlichen Falle, aus der allerdings ein großer Teil ihrer Bewohner bereits geflüchtet war. Die Vulkantätigkeit nahm mit stetig wachsender Intensität zu, und gegen Mitternacht lagen Straßen und Häuser bereits unter einer anderthalb Meter dicken Lapillischicht begraben. Die Eruptionssäule hatte zu diesem Zeitpunkt in der Stratosphäre etwa 30 Kilometer Höhe erreicht, und in jeder Sekunde wurden etwa 100 000 Tonnen Magma mit einer Geschwindigkeit von 400 Metern pro Sekunde (über 1200 Stundenkilometern) aus dem Schlot des Vulkans empor geschleudert. Die riesige Säule hatte sich mittlerweile durch die Aufnahme der Luftmassen weiter ausgedehnt, erreichte durch die Höhenwinde eine Geschwindigkeit von bis zu 100 Stundenkilometern und dehnte sich nun über Tausende von Quadratkilometern aus.

Die Nacht

Bis zu diesem Augenblick ging auf Herculaneum, das südwestlich des Vulkans lag, nur ein mäßiger Aschenregen aus den Randgebieten der Säule nieder. Aber gegen 1 Uhr nachts veränderte sich die Situation drastisch. Die plinianische Säule wurde instabil, fiel in sich zusammen, und die Masse aus Gas und pyroklastischem Material stürzte auf den Vulkan zurück, wodurch eine mehrere Meter hohe „pyroklastische Lawine" (pyroclastic surge) entstand, die sich nun mit rasender Geschwindigkeit von etwa 100 Stundenkilometern über die südlichen Abhänge des Vulkans bewegte und ihre größte Vernichtungskraft in Herculaneum erreichte. Als in Pompeji die Katastrophe bereits ihren Höhepunkt erreicht hatte, begann die Verwüstung von Herculaneum.

Pompeji war zwar beinahe gänzlich evakuiert worden, doch waren Hunderte von Menschen während des zwölfstündigen Lapilli-Regens hauptsächlich durch den Einsturz der Dächer ums Leben gekommen. Auch die Einwohner von Herculaneum hatten ihre Stadt verlassen, aber etwa 300 Personen hatten sich in den unteren Teil der Stadt und an den Strand geflüchtet, wo sie in zwölf Bootshäusern Schutz suchten (Abb. 4). Der erste „pyroclastic surge" wälzte sich durch die Stadt, ohne dort größere Schäden anzurichten. Anschließend erreichte die mindestens 500 °C heiße Glutlawine den Strand und die Bootshäuser. Die dreihundert Menschen aus Herculaneum, die sich in die Bootshäuser geflüchtet hatten, starben auf der Stelle (Abb. 5); ihre Körper verdampften sofort. Zu keinerlei Schutzreaktion mehr fähig, behielten sie die Körperhaltung bei, die sie im Augenblick vor ihrem Tod innehatten (Abb. 6). Eine dichte, aber unterschiedlich dicke Ascheschicht von einigen Zentimetern bis zu einem Meter lagerte sich anschließend am Strand und in den Bootshäusern ab (Abb. 7).

Die Lawine und die Ablagerung des ersten „pyroclastic surge" ließen die Stadt Herculaneum selber nahezu unversehrt. Nur eine dünne Ascheschicht überzog die Gebäude und die leeren Straßen, während vom Strand und den tiefer gelegenen Bootshäusern eine Dampfwolke aufstieg. Die etwa 300 Opfer blieben samt ihrer alltäglichen Habe, ihrem Schmuck, ihrem Geld und ihren Haustieren unter den Ablagerungsschichten verborgen, um erst rund 1900 Jahre später wiederentdeckt zu werden.

Der erste „surge" traf auch Oplontis und Boscoreale, die schon von einem andauernden Lapilliregen heimgesucht und von der Bevölkerung zum großen Teil verlassen worden waren. Die Eruption ging mit gewaltiger Intensität weiter. Auf das bereits schwer zerstörte und zum Teil verschüttete Pompeji fiel weiterhin ein unaufhörlicher Lapilliregen aus der plinianischen Säule, die immer noch mehr als 30 Kilometer hoch war. Hunderte von Überlebenden irrten orientierungslos im Dunkel umher und suchten alle erdenklichen Zufluchtsstätten auf.

In Herculaneum folgte auf den ersten pyroklastischen „surge", dem unmittelbar darauf ein dichter Strom gefolgt war, nach einer Stunde eine neue Wolke, der zweite „surge", mit einer Temperatur von über 400 °C, der im Gegensatz zum ersten von ungeheurer Heftigkeit war. Dicht gesättigt mit Asche und Lapilli strömte er hangabwärts und erreichte die Stadt mit einer Geschwindigkeit von etwa 100 Stundenkilometern;

Abb. 5: Gruppe von Skeletten, die im Bootshaus 10 entdeckt wurden. Die Skelette lagen unversehrt in einer kompakten, einen Meter dicken Ascheschicht, die beim ersten „pyroclastic surge" auf sie gefallen war.

dabei riß er auch öffentliche Bauten, wie etwa das Theater, nieder. Er ergoß sich weiter über die Stadt in Richtung Meer, wobei er auch eine große Menge Dach- und Bauziegel, Bruchstücke von Verputz und Säulenfragmente mit sich führte, die von teilweise eingerissenen Gebäuden stammten. Dieser „surge" erreichte auch Terzigno und den Nordhang des Vesuv.

Östlich von Herculaneum fiel unaufhörlich weiterer Niederschlag aus Lapilli. Dabei hatten Oplontis, Terzigno, Pompeji, Boscoreale und Stabiae unter der gewaltigen stratosphärischen Wolke, besonders unter dem nicht nachlassenden Regen aus Lapilli und Bimsstein zu leiden, während Herculaneum außer Reichweite dieses

Abb. 6: Fuß eines der Opfer aus Herculaneum, der sich durch die hohen Temperaturen zusammengezogen hat.

Abb. 7: Vulkanasche des ersten „pyroclastic surge", mit einem elektronischen Mikroskop photographiert. Die Körner haben eine Größe zwischen einigen Mikron (ein Mikron entspricht 1/1000 mm) und einigen Dutzend Mikron.

vulkanischen Niederschlags lag. So blieb die Situation bis in die frühen Morgenstunden.

Am Vormittag des 25. August

Zwischen 6 und 7 Uhr morgens erreichte dann wiederum eine zerstörerische Wolke aus Gas und Asche, der dritte „surge", Herculaneum. Wenig später folgte ein zähflüssiger pyroklastischer Strom, der durch alle Öffnungen drang (Abb. 1), die Bauten im tiefer gelegenen Teil der Stadt beinahe vollständig ausfüllte und nach dem Erkalten schließlich zu einer Tuffsteinmasse erstarrte (Abb. 8).

Im Gegensatz zu dem dichten pyroklastischen Strom breitete sich der dritte „surge" bis in eine Entfernung von über zehn Kilometern vom Vesuv aus, und wurde erst vor den Toren Pompejis von den mächtigen Mauern der Stadt gebremst. Die in der Stadt verbliebenen Bewohner, die den Lapilliregen und den Einsturz der Dächer überlebt hatten, lagerten in kleinen Gruppen auf der nun schon über drei Meter hohen Bimssteinschicht.

Als zwischen 7 und 8 Uhr morgens die plinianische Säule mehrmals in sich zusammensank, brachen zwei weitere „pyroclastic surges" und „flows" über Herculaneum herein, das unter mehreren Schichten aus Asche und Lapilli von bis zu 20 Meter Stärke vollkommen begraben wurde. Die dabei entstandenen Temperaturen waren so hoch, daß Balken, Tür- und Fensterrahmen sowie Holzwände verkohlten.

Der vierte „surge", der nur von einer dünnen Ascheschicht bezeugt wird, brachte auch den letzten Überlebenden von Pompeji den Tod, während der weitaus heftigere fünfte „surge" auch die noch nicht von Bimsstein bedeckten Mauern niederriß und die Opfer unter sich begrub. Die menschlichen Körperabdrücke, die wir heute sehen, gehen auf die Hohlräume zurück, die diese Opfer der Eruption nach den beiden letzten „surges" hinterließen. Ein feiner Ascheregen des fünften „surge", der als eine dunkle Wolke sichtbar war, breitete sich in alle Richtungen aus und errreichte auch Misenum, wo er unter der Bevölkerung Panik auslöste.

Der sechste „surge" beendete schließlich die Eruption. Herculaneum lag zu diesem Zeitpunkt unter einer Ascheschicht vollständig begraben, die sich in der Folgezeit verfestigte und eine harte, durchgehende Tuffsteinmasse bildete (Abb. 9).

Als die Sonne wieder erscheint

Als nach dem Ende der Eruption die Sonne wieder sichtbar wurde, hatte die ganze Gegend rings um den Vesuv das Aussehen einer grauen, noch rauchenden Aschenwüste. In einem Umkreis von mehr als 15 Kilometern um den Vulkan waren alle Städte, Dörfer und Villen vollständig oder teilweise begraben. Dieses Bild sollte sich über Jahrzehnte oder Jahrhunderte nicht ändern. Straßen und Wege lagen verschüttet unter der Asche, während die durch die großen Aschen- und Bimssteinmengen angeschwollenen Wasserläufe über die Ufer traten und die Ebene überfluteten. Ein Territorium von mehreren tausend Quadratkilometern wurde von den Eruptionsmaterialien bedeckt und hatte die betroffenen Gebiete in eine lebensfeindliche Wüste verwandelt. Es sah so aus, als könnte der frühere Zustand zumindest in den nächsten Generationen nicht wieder hergestellt werden.

Es gibt keine Quellen über das Schicksal der Überlebenden. Sicherlich haben zahlreiche Bewohner der betroffenen Städte und Gebiete diese Katastrophe überlebt. Neuere plinianische Eruptionen haben gezeigt, daß bei einer freiwilligen Evakuierung die Anzahl der Opfer im Vergleich zur Gesamtbevölkerung relativ niedrig ist. Es ist deshalb wahrscheinlich, daß Tausende von Überlebenden der Katastrophe in anderen Dörfern oder Städten, die weit von der verwüsteten Region entfernt lagen, aufgenommen wurden und eine neue Heimat fanden. Archäologische Funde zeigen, daß lediglich einige wichtige Straßen bald nach ihrer Zerstörung durch die Eruption wieder instandgesetzt wurden, während wahrscheinlich die landwirtschaftliche Nutzung der Gebiete mehrere Jahrzehnte oder sogar über ein Jahrhundert auf die langsame Erneuerung des Bodens warten mußte.

Abb. 8: Ablagerung eines pyroklastischen Stroms bei einer Tür im Bereich der neuen Ausgrabungen in der Nähe der Villa dei Papiri.

Im Fokus der Naturwissenschaften

Der unter dem Vulkanausbruch im Jahre 79 n. Chr. begrabene Landstrich birgt noch eine ungeheure Fülle von Informationen über die Katastrophe, die durch archäologischen Ausgrabungen bis heute nur zum Teil ans Licht gebracht wurden. Entdeckungen, die bei neueren Grabungen und Forschungen mit modernen naturwissenschaftlichen Methoden zu den pyroklastischen Ablagerungen, zu den zerstörten und verschütte-

ten Siedlungsstrukturen und nicht zuletzt zu den Opfern der Katastrophe und ihrer Habe gemacht wurden, liefern immer wieder neue Erkenntnisse zum Verständnis der Mechanismen und der Auswirkungen der Eruption. Insbesondere gelang es, die physischen Eigenschaften der vulkanischen Ströme in den Stadien ihrer Bewegung und ihrer Ablagerung mithilfe vulkanologischer Studien und numerischer Computersimulationen zu bestimmen. Dazu dienten auch Untersuchungen mechanischer und thermischer Auswirkungen auf Gegenstände und auf die Opfer des Vulkanausbruchs.

Vor allem Computersimulationen von Tausenden verschiedener pyroklastischer Ströme trugen dazu bei, deren mechanische Eigenschaften und die Art und Weise ihres Vorrückens bei der Eruption im Jahre 79 n. Chr. zu rekonstruieren (Abb. 10). Im Hinblick auf

Abb. 9: Vollständige Abfolge der pyroklastischen Ablagerungen von 79 n. Chr. bei den neuen Ausgrabungen im Bereich der Villa dei Papiri. Die zu Tuffgestein erhärteten Ablagerungen erreichen eine Dicke von über 20 Metern.

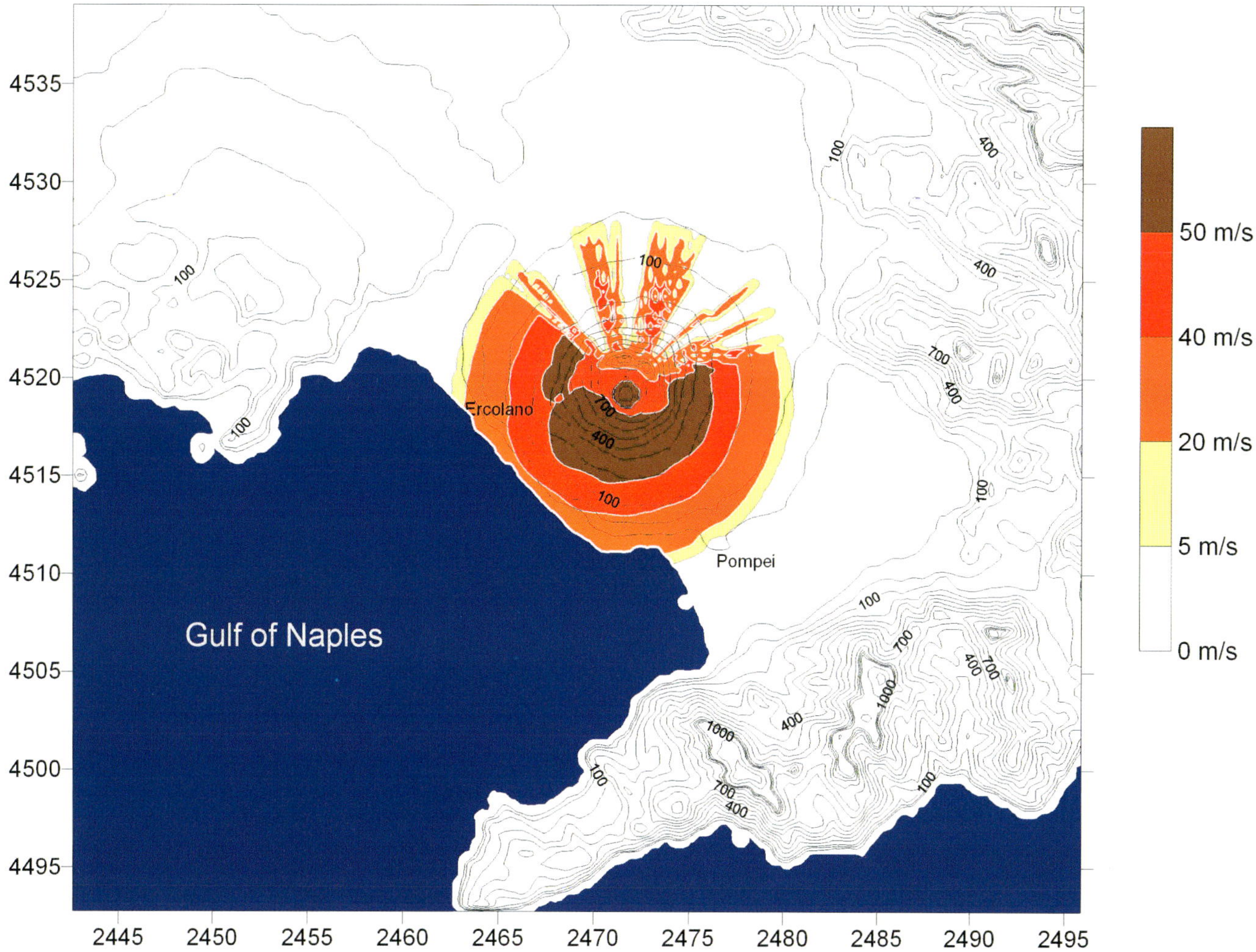

Abb. 10: Simulation eines typischen „pyroclastic flow" des Jahres 79 n.Chr. Die verschiedenen Farben entsprechen den errechneten Geschwindigkeitswerten.

ihre flächenmäßige Ausdehnung zeigt der Vergleich von simulierten und tatsächlich niedergegangenen pyroklastischen Strömen, daß diese Anfangsgeschwindigkeiten haben, die zwischen 100 bis 200 Meter in der Sekunde liegen können, und eine Dichte, die zwischen mehreren Dutzend Kilo pro Kubikmeter bei den „surges" und mehreren hundert Kilo bei den „flows" variiert. Die Geschwindigkeit, die für das Hereinbrechen der „flows" und „surges" über Herculaneum errechnet wurde, betrug etwa 25 Meter in der Sekunde.

Bei der Untersuchung der näheren Umstände, die für den Tod der an den Strand und in die Bootshäuser geflüchteten Bewohner von Herculaneum verantwortlich waren, bewährte sich die interdisziplinäre Zusammenarbeit zwischen Vulkanologen, Anthropologen,

Archäologen und Gerichtsmedizinern. Dabei schloß man vom Zustand der Auffindung der Opfer auf die Umstände ihres Todes. Die natürliche Haltung der Skelette, die nebeneinander sitzend oder liegend aufgefunden wurden, läßt weder Gesten der Panik noch Anzeichen von reflexartigen Schutzreaktionen erkennen. Die Gelenke in anatomisch normaler Verbindung, die Knochen- und Schädelbrüche als typische Folgen der hohen Temperaturen – all das weist darauf hin, daß der Tod in wenigen Sekunden durch einen thermischen Schock eintrat, nachdem die Opfer in ihren Positionen sozusagen „festgenagelt" waren. Auf den Tod folgte die rasche Verdampfung der Weichteile des Körpers und das Platzen der Schädel auf Grund des Überdrucks, den das verkochende Gehirn verursachte. Rötliche Spuren in der Nähe der Skelette bezeugen die Ablagerungen von Rückständen bei der raschen Verdampfung des Blutes.

Durch dieses dramatische Bild wurde die früher herrschende Vorstellung über die Ereignisse der Katastrophe des Jahres 79 n. Chr. wesentlich verändert. Es zeigte sich, daß die hohe Temperatur die eigentliche Todesursache war und nicht (wovon man früher überzeugt war) Ersticken durch Verschluss der Atemwege. Diese und viele andere Erkenntnisse haben den Vulkanausbruch des Jahres 79 n. Chr. zur wichtigsten Informationsquelle für die Vulkanologie gemacht. Darüber hinaus dienen sie dazu, das vulkanische Schadensrisiko in dicht besiedelten Gegenden wie jener rings um den Vesuv zu verringern. Durch die geobioarchäologische Rekonstruktion der Katastrophe des Jahres 79 n. Chr. konnten Rückschlüsse darauf gezogen werden, welche Gebiete bei einem erneuten plinianischen Ausbruch des Vesuv am stärksten gefährdet wären. Die daraus gewonnenen Erkenntnisse zeigen, daß nur die rechtzeitige Evakuierung der Bevölkerung im Umkreis von 15 Kilometern rings um den Vulkan deren Überleben garantieren könnte.

Die Informationen, die man aus der Untersuchung der Eruption von 79 n. Chr. und aus anderen plinianischen, subplinianischen sowie aus weniger schweren Eruptionen gewann, ermöglichten die Erstellung einer Gefahrenkarte (Abb. 14), die verzeichnet, mit welcher Wahrscheinlichkeit die im Umfeld des Vesuv liegenden Ansiedlungen von pyroklastischen Strömen heimgesucht werden könnten. Obwohl dieses Risiko für die Zeitspanne einer Generation ziemlich gering ist, legen es Katastrophen wie die des Jahres 79 n. Chr. doch nahe, die mit einer plinianischen Eruption verbundenen Gefahren ernsthaft in Betracht zu ziehen.

Anmerkungen

1 Stratovulkan: Ein kegelförmiger Vulkan mit gekapptem Gipfel, der sich aus mehreren Schichten eruptiver Materialien zusammensetzt (Anm. d. Hrsg.).

2 Caldera: Als Caldera bezeichnet man einen „Kessel", der durch Einbrüche im Inneren des Vulkans entstanden ist (Anm. d. Hrsg.).

3 Plinianisch: Eine starke explosive Eruption jenes Typs, den Plinius der Jüngere in seinen beiden Briefen über die Katastrophe des Jahres 79 n. Chr. beschrieben hat (Anm. d. Hrsg.).

4 Die prähistorischen Eruptionen werden nach den zugehörigen Auswurfmaterialien bezeichnet, hier die durch eine Tiefenbohrung erschlossene Bimssteinschicht (Anm. d. Hrsg.).

5 Subplinianisch: eine weniger schwere Nachfolge-Eruption des plinianischen Typs (Anm. d. Hrsg.).

6 Effusive (im Gegensatz zu „explosiven") Ausbrüche sind durch das Ausfließen von Lava charakterisiert (Anm. d. Hrsg.).

7 Gemeint ist der „Schlot" im Inneren des Vulkans, aus dem die vulkanischen Massen nach oben drängen (Anm. d. Hrsg.).

8 Fumarolen sind Öffnungen im Bereich von geothermisch aktiven Gebieten, aus denen heißer Wasserdampf und manchmal auch vulkanische Gase austreten (Anm. d. Hrsg.).

9 Lapilli: Kleine Steinchen, die während einer explosiven Eruption ausgestoßen werden (Anm. d. Hrsg.).

10 „Pyroclastic flow" oder „surge": Heiße, sich rasch vorwärtsbewegende Wolke aus Gas und festen Bestandteilen: beim „surge" liegt die Konzentration der Festpartikel niedriger als beim kompakteren „flow" (Anm. d. Hrsg.).

11 Kinetische Energie oder Bewegungsenergie bezeichnet die Energie, die in einer sich bewegenden Masse enthalten ist (Anm. d. Hrsg.).

12 Die nach dem Fundort der Auswurfmaterialien „delle pomici di Avellino" genannte explosive Eruption, die um 1700 v. Chr. stattfand.

13 Eine senkrecht aufsteigende Wolke in Form einer Säule (Anm. d. Hrsg.).

14 Tropopause: die Obergrenze der Troposphäre, d.i. der unteren Schicht der Erdatmosphäre (Anm. d. Hrsg.).

15 Die Stratosphäre ist eine Schicht der Atmosphäre in etwa 15 bis 50 Kilometern Höhe (Anm. d. Hrsg.).

16 Nach den Worten des Plinius (*epistula* VI, 16) glich sie einer riesigen Pinie mit weit ausgebreiteten Ästen (Anm. d. Hrsg.).

EPISTULAE VI, 16

C. Plinius grüßt seinen Tacitus

Du bittest mich, das Ende meines Oheims zu schildern, damit Du es recht wahrheitsgetreu für die Nachwelt darstellen kannst. Ich danke Dir, sehe ich doch, daß seinem Tode unvergänglicher Ruhm winkt, wenn er von Dir verherrlicht wird. Denn wenngleich er bei der Verwüstung der schönsten Landschaften, wie die Bevölkerung und die Städte durch ein denkwürdiges Naturereignis den Tod gefunden hat und schon deshalb sozusagen ewig fortleben wird, wenngleich er selbst viele bleibende Werke geschaffen hat, so wird doch die Unvergänglichkeit Deiner Schriften sein Fortleben wesentlich fördern. Ich halte jeden für glücklich, dem die Götter die Gabe verliehen haben, entweder Darstellungswürdiges zu vollbringen oder Lesenswertes darzustellen, für doppelt glücklich, wem beides gegeben ist. Zu ihnen wird mein Oheim durch seine und Deine Schriften gehören. Um so lieber nehme ich auf mich, ja fordere geradezu, was Du mir auferlegst.

Er befand sich in Misenum und führte persönlich das Kommando über die Flotte. Am 24. August etwa um die siebente Stunde ließ meine Mutter ihm sagen, am Himmel stehe eine Wolke von ungewöhnlicher Gestalt und Größe. Er hatte sich gesonnt, dann kalt gebadet, hatte im Liegen einen Imbiß genommen und studierte jetzt. Er ließ sich seine Sandalen bringen und stieg auf eine Anhöhe, von der aus man das Naturschauspiel besonders gut beobachten konnte. Es erhob sich eine Wolke, für den Beobachter aus der Ferne unkenntlich, auf welchem Berge – später erfuhr man, es sei der Vesuv gewesen –, deren Gestalt am ehesten einer Pinie ähnelte. Denn sie stieg wie ein Riesenstamm in die Höhe und verzweigte sich dann in eine Reihe von Ästen, wohl weil ein kräftiger Luftzug sie emporwirbelte und dann nachließ, so daß sie den Auftrieb verlor oder auch vermöge ihres Eigengewichtes sich in die Breite verflüchtigte, manchmal weiß, dann wieder schmutzig und fleckig, je nachdem sie Erde oder Asche mit sich emporgerissen hatte.

Als einem Manne mit wissenschaftlichen Interessen erschien ihm die Sache bedeutsam und wert, aus größerer Nähe beobachtet zu werden. Er befahl, ein Boot bereitzumachen; mir stellte er es frei, wenn ich wollte, mitzukommen, ich antwortete, ich wolle lieber bei meiner Arbeit bleiben, und zufällig hatte er mir selbst das Thema gestellt.

Beim Verlassen des Hauses erhielt er ein Billet von Rectina, der Frau des Cascus, die sich wegen der drohenden Gefahr ängstigte – ihr Besitz lag nämlich am Fuß des Vesuvs, und nur zu Schiffe konnte man fliehen –; sie bat, sie aus der bedenklichen Lage zu befreien. Daraufhin änderte er seinen Entschluß und vollzog hochgemut, was er aus Wißbegier begonnen hatte. Er ließ Vierdecker zu Wasser bringen, ging selbst an Bord, um nicht nur Rectina, sondern auch vielen andern zu Hilfe zu kommen, denn die liebliche Küste war dicht besiedelt. Er eilte dorthin, von wo andre flohen, und hielt geradewegs auf die Gefahr zu, so gänzlich unbeschwert von Furcht, daß er alle Phasen, alle Gebilde des Unheils, wie er sie mit den Augen wahrnahm, seinem Sekretär in die Feder diktierte. Schon fiel Asche auf die Schiffe, immer heißer und dichter, je näher sie herankamen, bald auch Bimsstein und schwarze, halbverkohlte, vom Feuer geborstene Steine, schon trat das Meer plötzlich zurück, und das Ufer wurde durch Felsbrocken vom Berge her unpassierbar. Einen Augenblick war er unschlüssig, ob er nicht umkehren solle, dann rief er dem Steuermann, der dazu riet, zu: „Dem Mutigen hilft das Glück; halt auf Pomponianus zu!" Dieser befand sich in Stabiae, am andern Ende des Golfs – das Meer drängt sich hier in sanft gekrümmtem Bogen ins Land –; dort hatte er, obwohl noch keine unmittelbare Gefahr bestand, aber doch sichtbar drohte und, wenn sie wuchs, in nächster Nähe war, sein Gepäck auf die Schiffe verladen lassen, entschlossen zu fliehen, wenn der Gegenwind sich legte. Dorthin fuhr jetzt mein Oheim mit dem für ihn günstigen Winde, schloß den Verängstigten in die Arme, tröstete ihn, redete ihm gut zu, und um seine Angst durch seine eigene Ruhe zu beschwichtigen, ließ er sich ins Bad tragen. Nach dem Bade ging er zu Tische und speiste seelenruhig oder – was nicht weniger großartig ist – anscheinend seelenruhig.

Inzwischen leuchteten vom Vesuv her an mehreren Stellen weite Flammenherde und hohe Feuersäulen auf, deren strahlende Helle durch die dunkle Nacht noch gehoben wurde. Um das Grauen der andern zu beschwichtigen, erklärte mein Oheim, Bauern hätten in der Aufregung die Herdfeuer brennen lassen, und nun ständen ihre verlassenen Hütten unbehütet in Flammen. Dann begab er sich zur Ruhe und schlief tatsächlich ganz fest, denn seine wegen seiner Leibesfülle ziemlich tiefen, lauten Atemzüge waren vernehmlich, wenn jemand an seiner Tür vorbeiging. Aber der Boden des Vorplatzes, von dem aus man das Zimmer betrat, hatte sich, von einem Gemisch aus Asche und Bimsstein bedeckt, schon so weit gehoben, daß man, blieb man noch länger in dem Gemach, nicht mehr hätte herauskommen können. So weckte man ihn denn; er trat heraus und gesellte sich wieder zu Pomponianus und den übrigen, die die Nacht durchwacht hatten. Gemeinschaftlich berieten sie, ob sie im Hause bleiben oder sich ins Freie begeben sollten, denn infolge häufiger, starker Erdstöße wankten die Gebäude und schienen, gleichsam aus ihren Fundamenten gelöst, hin- und herzuschwanken. Im Freien wiederum war das Niedergehen allerdings nur leichter, ausgeglühter Bimssteinstückchen bedenklich, doch entschied man sich beim Vergleich der beiden Gefahren für das letztere, und zwar trug bei ihm eine vernünftige Überlegung über die andre, bei den übrigen eine Befürchtung über die andre den Sieg davon. Sie stülpten sich Kissen über den Kopf und verschnürten sie mit Tüchern; das bot Schutz gegen den Steinschlag.

Schon, war es anderswo Tag, dort aber Nacht, schwärzer und dichter als alle Nächte sonst, doch milderten die vielen Fackeln und mancherlei Lichter die Finsternis. Man beschloß, an den Strand zu gehen und sich aus der Nähe zu überzeugen, ob das Meer schon gestatte, etwas zu unternehmen; aber es blieb immer noch rauh und feindlich. Dort legte sich mein Oheim auf eine hingebreitete Decke, verlangte hin und wieder einen Schluck kalten Wassers und nahm ihn zu sich. Dann jagten Flammen und als ihr Vorbote Schwefelgeruch die andern in die Flucht, schreckten ihn auf. Auf zwei Sklaven gestützt, erhob er sich und brach gleich tot zusammen, vermutlich, weil ihm der dichtere Qualm den Atem nahm und den Schlund verschloß, der bei ihm von Natur schwach, eng und häufig entzündet war. Sobald es wieder hell wurde – es war der dritte Tag von dem an gerechnet, den er als letzten erlebt hatte – fand man seinen Leichnam unberührt und unverletzt, zugedeckt, in den Kleidern, die er zuletzt getragen hatte, in seiner äußeren Erscheinung eher einem Schlafenden als einem Toten ähnlich.

Derweilen hatten ich und meine Mutter in Misenum – doch das ist belanglos für die Geschichte, und Du hast ja auch nur vom Ende meines Oheims hören wollen. Also Schluß! Nur eins will ich noch hinzufügen: ich habe alles, was ich selbst erlebt und was ich gleich nach der Katastrophe – dann kommen ja die Berichte der Wahrheit noch am nächsten – gehört hatte, aufgezeichnet. Du wirst das Wesentlichste herauspicken, denn es ist nicht dasselbe, ob man einen Brief oder Geschichte, an einen Freund oder für die Allgemeinheit schreibt.
Leb' wohl!

EPISTULAE VI, 20

C. Plinius grüßt seinen Tacitus

Du schreibst mir, der Brief, in welchem ich Dir auf Deinen Wunsch vom Tod meines Oheims berichtet habe, wecke in Dir das Verlangen zu erfahren, welche Ängste, welche Gefahren ich, in Misenum zurückgeblieben, ausgestanden habe; denn als ich darauf zu sprechen kam, habe ich abgebrochen. „Wenn gleich Schauer mich faßt und Entsetzen, will ich beginnen."
Als mein Oheim fort war, verwendete ich den Rest des Tages auf meine Studien, weswegen ich ja daheimgeblieben war; dann Bad, Abendessen, kurzer, unruhiger Schlaf. Vorangegangen waren mehrere Tage lang nicht eben beunruhigende Erdstöße – Campanien ist ja daran gewöhnt –; in jener Nacht wurden sie aber so stark, daß man glauben mußte, alles bewege sich nicht nur, sondern stehe auf dem Kopfe. Meine Mutter stürzte in mein Schlafzimmer, ich wollte gerade aufstehen, um sie zu wecken, falls sie schliefe. Wir setzten uns auf den Vorplatz des Hauses, der in mäßiger Ausdehnung das Meer von den Baulichkeiten trennte.

Ich weiß nicht, ob ich es Gleichmut oder Unüberlegtheit nennen soll – ich war ja erst 18 Jahre alt –; ich lasse mir ein Buch des Titus Livius bringen, lese, als hätte ich nichts Besseres zu tun, exzerpiere auch, wie ich begonnen hatte. Da kommt ein Freund meines Oheims, der kürzlich bei ihm aus Spanien eingetroffen war, und als er mich und meine Mutter dasitzen sieht, mich sogar lesend, schilt er ihre Gleichgültigkeit, meine Unbekümmertheit; trotzdem blieb ich bei meinem Buche.

Es war bereits um die erste Stunde, und der Tag kam zögernd, sozusagen schläfrig herauf. Die umliegenden Gebäude waren schon stark in Mitleidenschaft gezogen, und obwohl wir uns auf freiem, allerdings beengtem Raum befanden, hatten wir eine starke und begründete Furcht, daß sie einstürzen könnten. Jetzt schien es uns ratsam, die Stadt zu verlassen. Eine verstörte Menschenmenge schließt sich uns an, läßt sich – was bei einer Panik beinahe wie Klugheit aussieht – lieber von fremder statt von der eigenen Einsicht leiten und stößt und drängt uns in endlosem Zuge mit sich fort. Als wir die Häuser hinter uns hatten, blieben wir stehen. Da sahen wir allerlei Sonderbares, Beklemmendes geschehen. Die Wagen, die wir hatten herausbringen lassen, rollten hin und her, obwohl sie auf ganz ebenem Terrain standen, und blieben nicht einmal auf demselben Fleck, wenn wir Steine unterlegten. Außerdem sahen wir, wie das Meer sich in sich selbst zurückzog und durch die Erdstöße gleichsam zurückgedrängt wurde. Jedenfalls war der Strand vorgerückt und hielt zahllose Seetiere auf dem trockenen Sande fest. Auf der anderen Seite eine schaurige, schwarze Wolke, kreuz und quer von feurigen Schlangenlinien durchzuckt, die sich in lange Flammengarben spalteten, Blitzen ähnlich, nur größer. Da drängte wieder der Freund aus Spanien heftiger und dringender: „Wenn dein Bruder, dein Oheim noch lebt, möchte er auch euch lebend wiedersehen; ist er tot, war es gewiß sein Wunsch, daß ihr am Leben bliebet. Was säumt ihr also, euch zu retten?“ Wir erwiderten, wir könnten es nicht über uns gewinnen, an uns zu denken, solange wir über sein Schicksal im ungewissen seien. Er ließ sich nicht länger halten, stürzte davon und entzog sich im gestreckten Lauf der Gefahr.

Nicht lange danach senkte sich jene Wolke auf die Erde, bedeckte das Meer, hatte bereits Capri eingehüllt und unsichtbar gemacht, hatte das Kap Misenum unseren Blicken entzogen. Da bat und drängte meine Mutter, befahl mir schließlich, mich irgendwie in Sicherheit zu bringen; ich als junger Mann könne es noch, sie, alt und gebrechlich, werde ruhig sterben, wenn sie nur nicht meinen Tod verschuldet habe. Ich dagegen: ich wolle nur mit ihr zusammen am Leben bleiben; damit faßte ich sie bei der Hand und nötigte sie, ihre Schritte zu beschleunigen. Widerstrebend fügte sie sich und machte sich Vorwürfe, daß sie mich aufhalte.

Schon regnete es Asche, doch zunächst nur dünn. Ich schaute zurück: Im Rücken drohte dichter Qualm, der uns, sich über den Erdboden ausbreitend, wie ein Gießbach folgte. „Laß uns vom Wege abgehen“, rief ich, „solange wir noch sehen können, sonst kommen wir auf der Straße unter die Füße und werden im Dunkeln von der mitziehenden Masse zertreten.“ Kaum hatten wir uns gesetzt, da wurde es Nacht, aber nicht wie bei mondlosem, wolkenverhangenem Himmel, sondern wie in einem geschlossenen Raum, wenn man das Licht gelöscht hat. Man hörte Weiber heulen, Kinder jammern, Männer schreien; die einen riefen nach ihren Eltern, die anderen nach ihren Kindern, wieder andere nach ihren Männern oder Frauen und suchten sie an den Stimmen zu erkennen; die einen beklagten ihr Unglück, andere das der Ihren, manche flehten aus Angst vor dem Tode um den Tod, viele beteten zu den Göttern, andere wieder erklärten, es gebe nirgends noch Götter, die letzte, ewige Nacht sei über die Welt hereingebrochen. Auch fehlte es nicht an Leuten, die mit erfundenen, erlogenen Schreckensnachrichten die wirkliche Gefahr übersteigerten. Einige behaupteten, in Misenum sei dies und das eingestürzt, anderes stehe in Flammen – blinder Lärm, aber sie fanden Glauben.

Dann hellte es sich ein wenig auf, doch es war anscheinend nicht das Tageslicht, sondern ein Vorbote des nahenden Feuers. Aber das Feuer blieb in ziemlicher Entfernung stehen; es wurde wieder dunkel, wieder fiel Asche, dicht und schwer, die wir, fortgesetzt aufstehend, abschüttelten; wir wären sonst verschüttet und durch die Last erdrückt worden. Ich könnte damit prahlen, daß sich mir trotz der furchtbaren Gefahr kein Seufzer, kein verzagtes Wort entrungen hatte, hätte ich nicht – ein schwacher, aber für uns Menschen immerhin ein im Tode wirksamer Trost – fest geglaubt, ich ginge mit allem und alles mit mir zugrunde.

Endlich wurde der Qualm dünner und verflüchtigte sich sozusagen zu Dampf oder Nebel. Bald wurde es richtig Tag, sogar die Sonne kam heraus, doch nur fahl wie bei einer Sonnenfinsternis. Den noch verängstigten Augen erschien alles verwandelt und mit einer hohen Ascheschicht wie mit Schnee überzogen.
Wir kehrten nach Misenum zurück, machten uns notdürftig wieder zurecht und verbrachten eine unruhige Nacht, schwankend zwischen Furcht und Hoffnung. Die Furcht überwog, denn die Erdstöße hielten an, und viele Leute, wie wahnsinnig von schreckenerregenden Prophezeiungen, witzelten über ihr und der anderen Unglück. Wir konnten uns, obwohl wir die Gefahr aus eigener Erfahrung kannten und weiter auf sie gefaßt waren, nicht entschließen wegzugehen, ehe wir nicht Nachricht von meinem Oheim hatten.
Dies alles gehört gewiß nicht in ein Geschichtswerk, und so wirst Du es lesen, ohne Gebrauch davon zu machen; aber Du hast ja danach gefragt und hast es somit Dir selbst zuzuschreiben, wenn es Dir nicht einmal einen Brief zu verdienen scheint.
Leb' wohl!

Übersetzung: H. Kasten, C. Plini Caecili Secundi.

Luigi Capasso, Antonietta Di Fabrizio,
Elisabetta Michetti, Ruggero D'Anastasio

Die Flüchtlinge am Strand. Die Untersuchungen der Skelette aus den Bootshäusern

Die römische Stadt Herculaneum wurde durch den Ausbruch des Vesuv vom 24. und 25. August des Jahres 79 n.Chr. unter einer fast 30 Meter dicken Schicht vulkanischer Asche begraben. Verschüttet wurde zugleich mit der Stadt auch die Erinnerung an sie. Die Ortschaft, die Jahrhunderte nach dem Vulkanausbruch auf der verdichteten Aschendecke entstand, trug den Namen Resina. Erst beim Graben eines Brunnenschachts kamen zufällig erste archäologische Funde zum Vorschein, die für die Entdeckung des römischen Herculaneum bahnbrechend werden sollten. Die systematischen archäologischen Ausgrabungen, die nun schon über zwei Jahrhunderte andauern, haben etwa ein Drittel des antiken Herculaneum ans Licht gebracht. Man fand Privathäuser, Straßen, repräsentative öffentliche Bauten, Statuen und sogar allerlei Hausrat, bis hin zu organischen Materialien, wie gut erhaltene Möbel aus Holz, Nahrungsmittel und Stoffe. Allerdings konnte man in der ganzen Stadt nur die Überreste von sechs Menschen bergen. Aus diesem Grunde war die Überzeugung entstanden, daß Herculaneum, im Gegensatz zum benachbarten Pompeji, erfolgreich evakuiert worden sei und die Bewohner sich hätten retten können.

Abb. 1: Anhänger einer Halskette, die am antiken Strand von Herculaneum zwischen den Opfern 61 und 62 gefunden wurde (Kat. 1.3).

Als man 1982 begann, die Ausgrabungen auf den Bereich des antiken Strandes von Herculaneum auszudehnen, wurde auf dramatische Weise deutlich, daß diese Überzeugung ein Irrtum war. Im Inneren von zwölf antiken Bootshäuser und am offenen Strand wurden die Überreste von über 250 Menschen gefunden, die gerade in dem Moment dem Wüten des Vulkans zum Opfer gefallen waren, als sie im Begriff standen, ein großes Boot zu Wasser zu lassen (Abb. 2). Das Boot fand man kieloben am antiken Meeressaum. Herculaneum war also tatsächlich evakuiert worden, allerdings hatten sich nicht alle Bewohner in Sicherheit bringen können.

Die anthropologische und paläopathologische Untersuchung der Skelette dieser Flüchtlinge (Abb. 3) aus Herculaneum wird von unserer Forschungsgruppe an der Universität von Chieti durchgeführt. Sie bietet die einzigartige Möglichkeit, die paläodemographischen und paläopathologischen Charakteristiken einer menschlichen Besiedlung in römischer Zeit zu rekonstruieren. Diese Analyse ist noch nicht abgeschlossen, wenn auch schon einige signifikante Ergebnisse erarbeitet und vor kurzem in Publikationen dargestellt worden sind. Ebenso noch nicht beendet ist eine umfassende paläobiologische Untersuchung; sie wird Inhalt einer Monographie sein, deren Veröffentlichung zur Zeit vorbereitet wird.[1]

Der folgende Beitrag möchte die bisherigen Forschungsergebnisse darstellen und einen Überblick über die Paläoepidemiologie[2] der antiken Bevölkerung von Herculaneum geben.

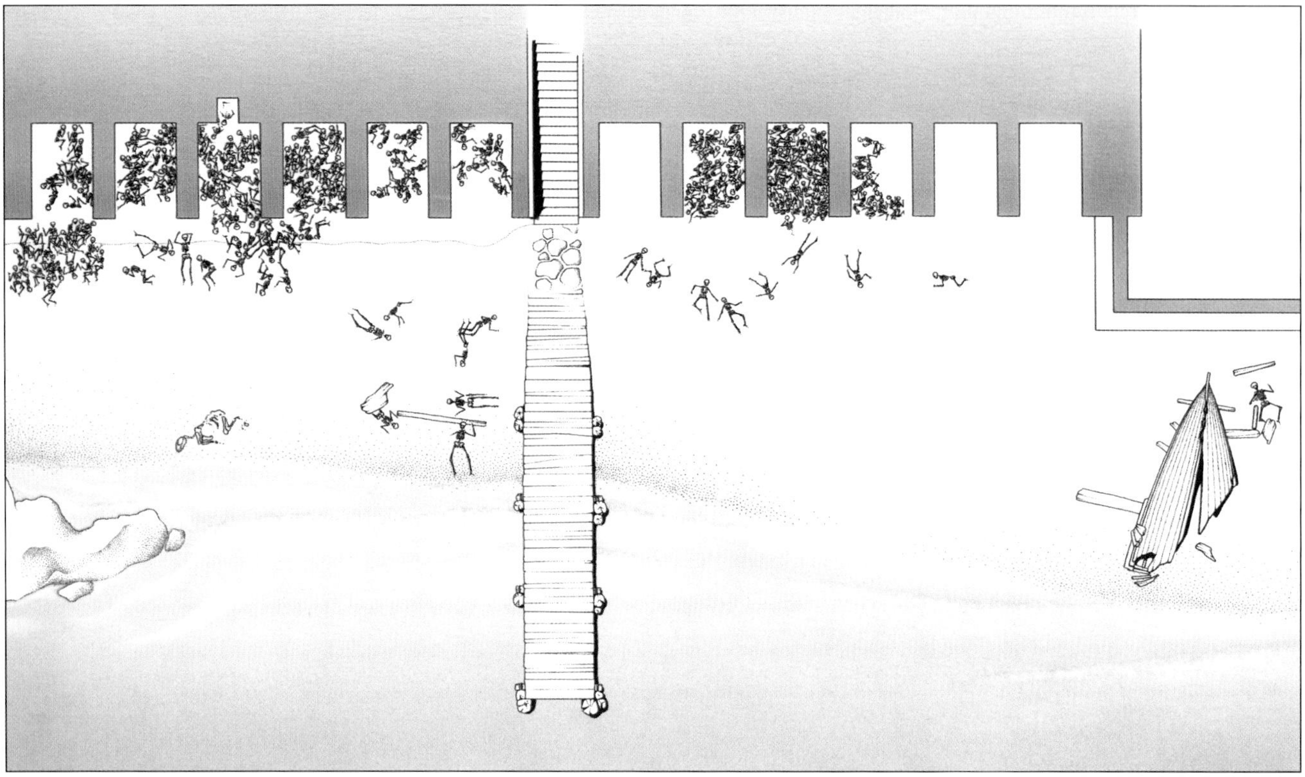

Untersuchungsmaterial und Forschungsmethode

Für die paläobiologische Untersuchung standen uns Skelettfragmente zur Verfügung, die 163 unterschiedlichen Personen zugeordnet werden konnten. Die Überreste sind im allgemeinen sehr gut erhalten, was auf die spezielle Art der Verschüttung und auf das besonders feinkörnige Sediment zurückzuführen ist. Diesen Umständen haben wir die vollständige Konservierung auch feinster und zerbrechlichster Skelettstrukturen zu verdanken, auch wenn einige Knochen zersplittert und einige Skelette bruchstückhaft sind. Außerdem sind in mehreren Fällen auch verkohlte Überreste von Weichteilen identifiziert worden; sie hatten sich auf Grund ihrer völligen Dehydrierung (Entzug der Körperflüssigkeit) erhalten, welche Folge der hohen Temperatur der ersten pyroklastischen Wolke war[3], die Herculaneum und den Strand überrollte und für den Tod der Flüchtlinge verantwortlich war.

Im Jahre 1993 übertrug Professor Baldassare Conticello, „Soprintendente“ von Pompeji und Herculaneum, die Untersuchung und Dokumentation von 163

Abb. 2: Grundriß der Bootshäuser am antiken Strand mit den Skeletten.

Abb. 3: Blick auf die Skelette im Bootshaus 4.

der rund 250 am antiken Strand von Herculaneum gefundenen Skelettreste dem „Laboratorio di Antropologia" des „Ministero per i Beni Culturali e Ambientali". Diese Stichprobe wurde mit folgenden Methoden analysiert: anthropometrisch (Erfassung der wichtigsten metrischen Parameter des Skeletts), paläodemographisch (Geschlecht, Alter bei Eintritt des Todes), paläopathologisch (Hinweise auf Krankheiten während der Lebenszeit), diagenetisch (Untersuchung von Veränderungen nach dem Tod) und chemisch (Analyse der Spurenelemente, um die Ernährung zu rekonstruieren). Untersucht wurden circa 30.000 Skelettfragmente. Grundlage dieser Untersuchungen bildeten Tausende von Röntgenbildern, Hunderte von histologischen und chemischen Analysen, auch im Elektronenmikroskop und millionenfache Vermessungen der Knochen und der Skelett-Morphologien. Die umfangreichen Erhebungen wurden 1999 abgeschlossen. Danach wurde damit begonnen, die erhobenen Daten auszuwerten.

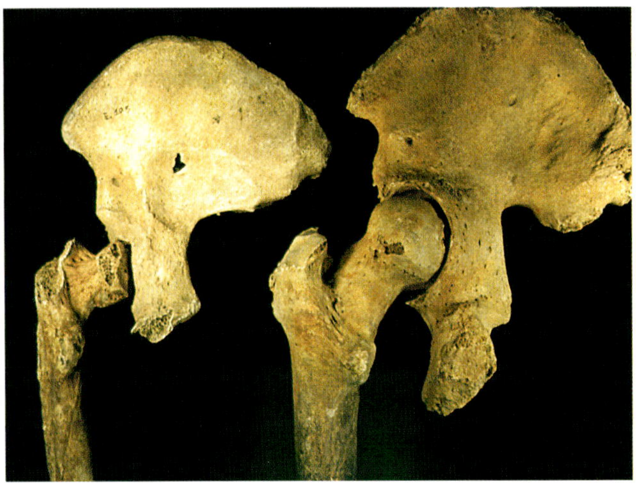

Abb. 4: Fehlgebildete Hüfte der Frau „E 105" in Gegenüberstellung mit normalen Hüft- und Oberschenkelknochen (rechts im Bild).

Taphonomische Analyse: Untersuchung über Art und Umstände des Todes

Die Untersuchung der Überreste der Opfer, die am antiken Strand von Herculaneum gefunden worden sind, verdeutlicht:

1. die Dynamik der Ereignisse, die dem Tod unmittelbar vorausgingen;
2. die Todesursachen und
3. die Umstände, unter denen die Opfer verschüttet wurden.

Zunächst wurde deutlich, daß die Evakuierung der Stadt wahrscheinlich in Eile, aber ohne Panik vonstatten ging.

Der einzige Zugang zum Strand bestand aus einem schmalen, steilen Weg, der durch einen engen Durchgang in der Stadtmauer führte und zum Meer hin in einer steilen Treppe endete. In der Tat wurde entlang dieser Strecke kein einziges Opfer gefunden, was aber bei einer panischen Flucht vieler Menschen ohne Zweifel der Fall gewesen wäre. Vielmehr befinden sich unter den Menschen, die den Strand erreichten, zahlreiche Kleinkinder (unter drei Jahren), die mit Sicherheit auf dem Arm getragen worden sind, außerdem Gehbehinderte wie zum Beispiel die Frau „E 105", die an beidseitiger angeborener Fehlbildung der Hüftgelenke (mit Luxation) litt (Abb. 4). Diese Tatsachen weisen darauf hin, daß die Bevölkerung von Herculaneum Zeit hatte, angesichts des Vesuvausbruchs die eigenen Häuser zu verlassen, daß die Evakuierung kontrolliert und ohne Hektik vor sich ging (Abb. 1) und man auch Personen half, die hilfsbedürftig waren. Außerdem hielten manche Opfer noch den Hausschlüssel in der Hand, ein Zeichen, daß sie noch Zeit hatten, die Türen zu verschließen, ehe sie die Häuser verließen.

Ein zweites Forschungsergebnis bezieht sich auf die Todesursachen:

Vulkanologische und sedimentologische Untersuchungen[4] der geologischen Schichtung der dicken Tuffstein-Bank, die die Stadt verschüttet hat, sowie die Analyse historischer Quellen (vor allem des Berichts, den Plinius der Jüngere vom Ausbruch des Vesuv gegeben hat, den er von Misenum aus beobachtete) lassen zusammen

Abb. 5: Gegen 1 Uhr nachts erfaßt die erste pyroklastische Wolke die am offenen Strand und in den Bootshäusern versammelten Menschen.

den Schluß zu, daß eine pyroklastische Wolke aus feiner vulkanischer Asche den Tod der Flüchtlinge etwa um 1 Uhr in der Nacht vom 25. August 79 n.Chr. verursacht hat. Paläomagnetische Untersuchungen der Fragmente von Dachziegeln,[5] die durch die Turbulenzen zu Bruch gingen, beweisen, daß diese erste Wolke eine Temperatur von etwa 400° C hatte, als sie mit einer errechneten Geschwindigkeit von 100 bis 300 Stundenkilometer über die Dächer von Herculaneum niederging. Alle Menschen, die man am Strand gefunden hat, starben durch diese erste Wolke (Abb. 5), die aus dichten, glühenden Aschen bestand.

Dabei waren die Folgen für die Menschen, die sich am offenen Strand befanden andere, als für jene, die sich in die Bootshäuser geflüchtet hatten. Letztere suchten Schutz in den geräumigen, gewölbten Räumen die sich zum Strand hin öffneten und am Hang unterhalb der letzten Häuser der Stadt lagen. Die Untersuchung der Körperlage und der unterschiedlichen Einschwärzung der Knochen (als Hinweis auf die Temperatur, der die

Abb. 6: Stark eingeschwärztes Skelett eines am offenen Strand zu Boden geschleuderten Opfers.

verschiedenen Körperteile der einzelnen Individuen ausgesetzt waren) hat zu dem Schluß geführt, daß die Menschen am offenen Strand von den Turbulenzen der Wolke erfaßt und zu Boden geschleudert wurden. Die Knochen dieser Personen sind vollständig eingeschwärzt (Abb. 6), was darauf hinweist, daß sie von der Wolke unmittelbar ergriffen worden sind, auch wenn niemals, selbst nicht auf den Röntgenbildern, Spuren einer Kalzination (Zersetzung in Asche) sichtbar waren. Diese Personen starben in Sekundenschnelle durch augenblickliches Verdampfen ihrer Körperflüssigkeit; ein Beweis dafür sind auch – wenngleich sehr begrenzte – Verletzungen an Schädel und Knochen infolge von Zerplatzungen.

Die im Inneren der Bootshäuser versammelten Menschen (Abb. 3) waren hingegen nicht unmittelbar mit der Wolke in Kontakt gekommen, ihre Knochen sind daher nur zu einem geringeren Grad eingeschwärzt und zeigen, im Gegensatz zu den Opfern am Strand, Zeichen von Leichenverkrümmung, hervorgerufen durch Kontraktur der stärkeren Beugemuskeln (sogenannte Boxerstellung) (Abb. 7). Auch sie starben innerhalb von wenigen Sekunden an einem thermischen Schock[6], hatten aber sehr wahrscheinlich noch Zeit für einige Atemzüge, wobei sie den dichten und sehr feinen glühenden Staub in die Lungen inhalierten. Erstickung hat also nur bei den Toten, die in den Bootshäusern gefunden worden sind, mit zu den Todesursachen beigetragen.

Die Körper der Opfer dehydrierten sehr rasch und wurden anschließend teilweise von pyroklastischen Materialien begraben, die weiter, wenn auch langsamer fielen, bis dann gegen 2 Uhr morgens die zweite pyroklastische Wolke niederging. Sie riß mit außerordentlicher Gewalt die Trümmer der zerstörten Häuser, Steine und Dachbalken, sowie Marmorstatuen von Straßen und öffentlichen Plätzen mit sich Richtung Meer, wo dann diese Materialien den am Strand liegenden Toten schwere Verletzungen beibrachten. Viele der festgestellten Knochenverletzungen sind also auf diesen heftigen Aufprall *post mortem* zurückzuführen (Abb. 8) und nicht auf die hohen Temperaturen, wie manche Forscher vermuteten. Ganz im Gegenteil, die Knochen der Toten, die nach dem Aufprall der zweiten Wolke und der an den Strand geschleuderten Gegenstände unverletzt geblieben waren, erfuhren eine langsame Dehydrierung: Das Mark im Inneren der Knochen verkochte, und die Flüssigkeit drang langsam durch die Knochenwand und sickerte in das umgebende dichte Sediment. Dies hat dazu geführt, daß sich in den Hohlräumen der Knochen Kohlepartikel in aufeinander folgenden konzentrischen Schichten abgelagert haben. Aus diesem Grunde kann man Knochen finden, die äußerlich relativ wenig durch Verbrennung geschwärzt, aber im Inneren (an den Trabekeln und den haversianischen Kanälen) mit konzentrischen Schichten kohlehaltiger Rückstände verkrustet sind (Abb. 9), was auf eine etwas langsamere „Sublimation" (Verdampfung) der Weichteilgewebe zurückzuführen ist.

Die Abkühlung der menschlichen Überreste unter der Decke von Sedimenten, die sich im Laufe des 25. August und der folgenden Tage ablagerten, hat Monate oder Jahre gedauert. Die „Diagenese" (Verfestigung) innerhalb der Sedimente hat dann in den Knochen und in den anderen organischen Überresten zu einer Anreicherung mineralischer Salze geführt, die entweder aus dem Sediment selbst stammten (Mangan), oder aus den Gegenständen, die die Flüchtlinge mit sich getragen hatten (vor allem Kupfer und Bronze). Durch die speziellen taphonomischen (die Art und Umstände des Todes betreffenden) Bedingungen haben sich auch die organischen Überreste, die äußerst schnell dehydrierten, erhalten, zum Beispiel Reste von Gelenkknorpeln, die die Oberflächen der Knochen in Form leicht verkohlter Häutchen überkrusteten sowie Überreste von anderen Weichteilen und großen Blutgefäßen.

Abb. 7: Am antiken Strand gefundenes Opfer in sogenannter Boxerstellung.

Demographische Ergebnisse. Die Struktur der antiken Bevölkerung

Das Sample[7] der Flüchtlinge von Herculaneum unterscheidet sich von Skelett-Funden, wie man sie üblicherweise an Begräbnisplätzen macht. Im Unterschied zu Samples aus Friedhöfen repräsentiert es nämlich keine Gruppe von Menschen, die aus natürlichen Gründen innerhalb eines längeren Zeitraums gestorben sind (diachronisches Sample); vielmehr handelt es sich um eine Gruppe, die alle Opfer einer bestimmten Katastrophe wurden und dabei fast im selben Moment den Tod fanden. Aus diesem Grunde spiegelt das Sample die Zusammensetzung einer noch lebenden Bevölkerungsgruppe (synchrones Sample). Man darf daher die Gruppe unserer Flüchtlinge auch nicht, wie es manche Forscher in der Vergangenheit getan haben, mit den statistischen Methoden der Paläodemographie[8] untersuchen; vielmehr sind Methoden der Analyse und des Vergleichs anzuwenden, die auch für die Untersuchung lebender Populationen gelten und in Form von Datenerhebungen bei Volkszählungen üblich sind.

Die Bestimmung des Lebensalters im Moment des Todes erfolgte mit morphologischen Methoden[9]. Teils wurden dabei makroskopische Methoden angewandt (Verschleiß der Zähne, Grad der Rückbildung der Schädelnähte, Abnutzung der Schambeinfuge, Verknöcherung der Rippenknorpel), teils röntgenologische Methoden. Begleitet wurde die Analyse durch eine histologische Bewertung des Knochenverschleißes. Daraus ergab sich die folgende Alterspyramide:

Die 163 untersuchten Individuen repräsentieren alle Altersklassen von 0 bis 60 Jahren; außerdem konnten wir zwei Föten untersuchen. Diese ersten Daten liefern bereits einen wichtigen demographischen Hinweis: Sie zeigen, daß in unserer Gruppe die über Sechzigjährigen komplett fehlen. Das bedeutet, daß Menschen dieser Altersgruppe in der Bevölkerung, auf die sich die

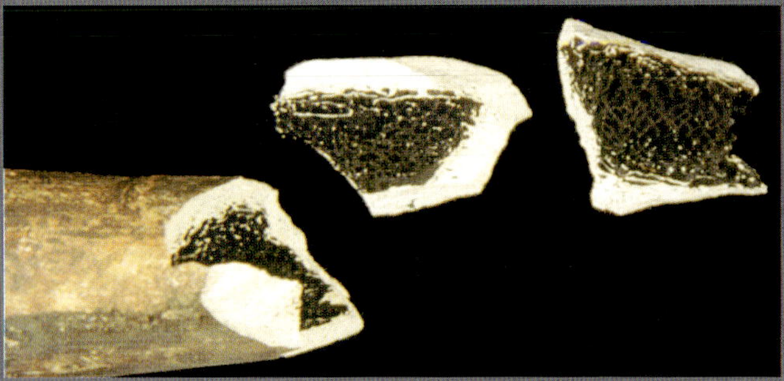

Abb. 9: Kohlehaltige Rückstände im Innern eines während der Verschüttung unversehrt gebliebenen Knochens.

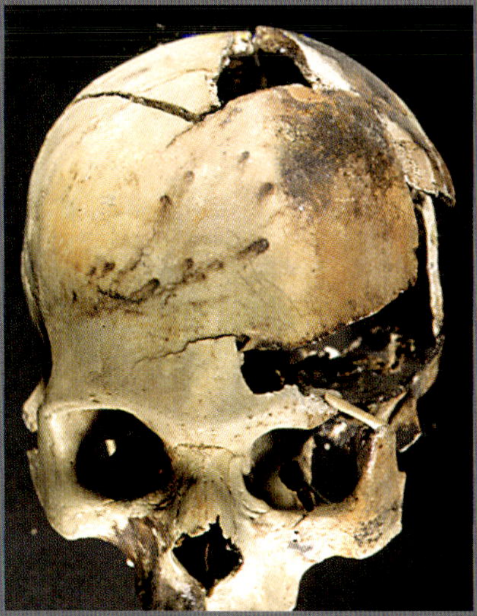

Abb. 8: Schädelverletzung, die nach dem Tod des Opfers durch die von der zweiten pyroklastischen Wolke mitgerissenen Trümmer verursacht wurde.

Abb. 10: Schädel des Skeletts „E 52" (weiblich, 20–25 Jahre). Deutlich ist die durch Oxidation einer Haarspange entstandene Verkrustung zu erkennen.

Abb. 11: An einem Haar des Skeletts „E 52" heftende Nisse einer Laus.

Untersuchung bezieht, wenn sie überhaupt existierten, sehr selten waren.

Die Pyramide der prozentualen Verteilung der verschiedenen Altersklassen verdeutlicht, daß es eine große Gruppe von Kindern unter fünf Jahren gab (11,9 %) und die folgenden Altersgruppen zahlenmäßig rapide abnehmen, was auf eine erhebliche Kindersterblichkeit hindeutet. Wir stellen auch fest, daß es wenige Menschen über 50 Jahren gab: Sie repräsentieren nur 8,4 % der Bevölkerung. Im Gegensatz dazu bestanden 20,3 % der Bevölkerung aus Kindern unter 10 Jahren.

Nur wenige Angehörige der antiken Bevölkerung von Herculaneum zählten zur Altersklasse der 15- bis 19jährigen. Diese demographische Anomalie ist auf die Tatsache zurückzuführen, daß es etwa 15 bis 20 Jahre vor der Katastrophe, also zwischen 59 und 64 n.Chr., in der Bevölkerung von Herculaneum eine Krise der Geburtenziffer als Folge einer außerordentlichen Todesrate gegeben haben muß. Die historische Demographie führt solche ungewöhnlichen Sterblichkeitsziffern gewöhnlich auf Kriege oder Epidemien zurück. Für Herculaneum weist jedoch keine schriftliche Quelle auf Vorfälle dieser Art innerhalb des in Frage kommenden Zeitraums hin. Dagegen ist durch archäologische und schriftliche Quellen ein starkes Erdbeben belegt, das am 5. Februar des Jahres 62 n.Chr. schwere Schäden in einigen kampanischen Städten, darunter auch Pompeji, anrichtete. Die Entdeckung der demographischen Anomalie in der Alterspyramide der Flüchtlinge von Herculaneum weist gemeinsam mit den paläobiologischen Daten darauf hin, daß dieses Erdbeben auch Herculaneum betroffen und dort eine außergewöhnliche Mortalität (Sterblichkeitsziffer) verursacht haben könnte, die wiederum einen Rückgang der Geburtenzahlen nach sich zog.

Rückschlüsse auf die Geburtenquote ermöglichte die Beobachtung von Knochenveränderungen infolge von Einblutungen am Beckenbänder-Apparat. Sie ergab eine erhebliche Anzahl von Frauen, die keine Kinder geboren hatten (Nullipara; 32,5 %) und gleichzeitig die konstante Präsenz (etwa 10 %) von Frauen mit 6–8 Geburten. Das Alter bei der ersten Schwangerschaft (errechnet aus dem durchschnittlichen Alter der Schwangeren ohne Hinweise im Knochenbau auf eine vorangegangene Geburt) betrug zwischen 18 und 21 Jahren.[10]

Paläopathologie. Die Krankheiten

Viele Spuren von Krankheiten wurden an den Knochen und anderen organischen Überresten der Flüchtlinge gefunden. Einige waren selten, wie Tumorerkrankungen, andere häufig. Das Gesamtbild, das sich ergibt, ist äußerst charakteristisch, denn die Epidemiologie der verschiedenen Formen unterscheidet sich stark von der heutigen. Wir zitieren nur einige Beispiele, die geeignet sind, ein Bild von der Pathologie der Menschen von Herculaneum in römischer Zeit zu vermitteln.

Die häufigsten Krankheiten kamen aus dem rheumatisch-degenerativen Formenkreis. Mehr als die Hälfte der erwachsenen Bevölkerung litt an Arthrose. Insbesondere die Spondylarthrose[11] gibt Hinweise auf Risikofaktoren und eine Lebensweise, die die Wirbelsäule ständigen schweren Belastungen aussetzte. Außerdem fanden sich Syndesmopathien, d.h. Spuren an den Knochen, die auf eine Überbeanspruchung des Bandapparats hinweisen. Auffällig waren krankhafte Veränderungen der Bänder im Bereich der Schlüsselbeingelenke (die zu den robustesten Knochenbänder-Verbindungen des Körpers gehören) als Hinweis auf Überlastung, besonders der Muskeln des oberen Rumpfes und des Kopfes. Sie sind bei 41,3 % der männlichen und bei 6,5 % der weiblichen Erwachsenen festzustellen. Das zeigt, daß die Bevölkerung von Herculaneum fortgesetzt schwere Arbeit leistete und die Männer diesen Belastungen stärker ausgesetzt waren. Es gibt auch Hinweise auf einseitige körperliche Überlastungen von Muskeln und Knochengerüst infolge der Bewegungen beim Rudern der Boote mit nur einem einzigen Ruder, wie es typisch bei den kleinen römischen Fischerbooten von Herculaneum war. Überraschenderweise fanden sich Verletzungen durch Überlastung auch bei den Jugendlichen: Tatsächlich zeigen 11,5 % der Skelette von den untersuchten Heranwachsenden syndesmophatische Läsionen (Spuren einer Überbeanspruchung des Bandapparates). Dieser Befund wurde auch bei sehr kleinen Kindern von fünf bis acht Jahren festgestellt.[12] Daraus kann man schließen, daß die Kinderarbeit in der antiken römischen Gesellschaft von Herculaneum üblich und verbreitet war.

Weit verbreitet waren auch verschiedene Infektionskrankheiten, vor allem die Tuberkulose, die durch den Verzehr von Rindfleisch, das als Opfergabe für die Götter diente, übertragen werden konnte. An zweiter Stelle folgt die Brucellose[13]. Man hat an den Knochen von

17,4 % der Erwachsenen entzündliche Veränderungen an den Epiphysen, den Wachstumsfugen der Knochen, festgestellt, wie sie für die Brucellose typisch sind.[14] Dieser hohe Anteil erlaubt die Hypothese, daß die Brucellose weit verbreitet war. Heute verläuft das Maltafieber im übrigen ohne Beteiligung der Knochen oder Gelenke. Die Ursache für diese unerwartet starke Häufigkeit dieser Infektionskrankheit liegt darin, daß bei den Römern der Genuß von frischer wie verarbeiteter Schafsmilch weit verbreitet war.

In der Tat ist die große Vielfalt an Käsesorten bekannt, die aus Schafsmilch hergestellt und in der römischen Küche häufig verwendet wurden. Außerdem wurden die Hänge des Vesuv von den zeitgenössischen Autoren als idealer Ort für eine „Milchkur" beschrieben, eine entgiftende Kur, die bei vielen Krankheiten ratsam sei. Das macht deutlich, daß die Brucellose in den römischen Ansiedlungen sehr verbreitet gewesen sein kann. Durch die Untersuchung der Skelette der Flüchtlinge von Herculaneum war es zum ersten Mal möglich, dies auch nachzuweisen.

Interessant ist auch, daß zu den am meisten verbreiteten Krankheiten in der antiken Bevölkerung von Herculaneum der Befall mit Kopfläusen gehört haben muß. Es fanden sich erosive Veränderungen der äußeren Schädelplatte im Bereich des Hinterkopfes, die auf eine lokale Irritation der Knochenhaut durch von außen kommende Ursachen zurückzuführen sind. Diese Defekte rühren vom Kratzen der Kopfhaut her und bilden, zusammen mit dem Kopfläusebefall, die häufigste Ursache solcher Veränderungen der äußeren Schädelplatte im Bereich des Hinterkopfes. Bei unserer Gruppe der Flüchtlinge haben wir bei circa 22 % diese Veränderungen festgestellt, ohne Unterschied von Geschlecht und Alter.[15] Daß diese Defekte mit dem Kopfläusebefall zusammenhängen, bestätigt der Befund einer jungen Frau, von der sich einige Haare erhalten haben, die aufgrund der chemischen Veränderungen einer Haarspange mit Eisenoxyden imprägniert worden waren (Abb. 10); die stereomikroskopische Analyse hat gezeigt, daß auf einigen Haaren immer noch Nissen (die Eihüllen der Kopfläuse) hafteten (Abb. 11).

Diese Untersuchungsergebnisse zeigen, daß der Befall mit Kopfläusen eine der am meisten verbreiteten Krankheiten unter den Bewohnern von Herculaneum war. Daß es sich dabei durchaus um eine ernste und schwere Krankheit handelte, zeigt die Tatsache, daß, wie wir aus schriftlichen Quellen wissen, der Diktator Sulla und der griechische Dichter Alkmeon an den infektiösen Komplikationen ihres chronischen Kopflaus-Befalls gestorben sein sollen.[16]

Zu den Krankheitsbildern der antiken Bevölkerung von Herculaneum ist ferner anzumerken, daß auch einige Krankheiten der Atemwege sichtbare Spuren an den Skeletten hinterlassen haben. Einige chronische Rippenfellentzündungen tangieren nämlich das parietale Pleura-Blatt[17], das an einem bestimmten Punkt Kontakt mit der Oberfläche des Knochens (Periost) hat. Einige chronische Lungenentzündungen können eine Irritation der Pleura verursachen, die ihrerseits eine Reizung des Periosts der Innenseiten der Rippen zur Folge hat. Dieser Mechanismus führt zu einer Neubildung des Knochens, die sich in der Form kleiner Unebenheiten auf der Innenseite der untersten Rippen manifestiert. 11,6 % der untersuchten Todesopfer von Herculaneum weisen derartige Schädigungen der Rippen auf. Es handelt sich dabei um einen sehr hohen Anteil, der zeigt, daß die Bewohner von Herculaneum in besonderer Weise chronischen Entzündungskrankheiten der Atemwege ausgesetzt waren. Um diese hohe Frequenz chronischer Entzündungen zu erklären, müssen wir uns die Beschaffenheit der Luft im Inneren der Wohnungen vergegenwärtigen. Sowohl die Archäologie als auch die schriftlichen Quellen belegen, daß man für die Beleuchtung der Häuser am Abend und in der Nacht Lampen aus Ton oder Bronze benutzte, in denen man Öle natürlicher, pflanzlicher Herkunft verwendete. Setzt man sich dem dabei entstehenden dichten und mit Kohlenstoffpartikeln angereicherten Rauch aus, so führt das zu entsprechenden Ablagerungen im Inneren der Lungenbläschen (Alveolen) und bewirkt gleichzeitig eine Verringerung der Beweglichkeit der Flimmerhärchen (Zilien), die den Bronchialbaum auskleiden. Dadurch kommt es zu einem Sekretstau im Inneren der kleinen Bronchien und als Komplikation dieser Stauung zu einer chronischen Entzündung der Bronchien. Auch die Heizung der Privathäuser erfolgte durch Verbrennen organischer Materialien. Dies führte zu dauernder starker Rauchentwicklung, die, angereichert mit Kohlenstoffpartikeln, entsprechende Auswirkungen auf die Lunge hatte. Die Römer benutzten so gut wie alles als Heizungsmaterial: Spaltholz und Äste, aber auch Tierknochen, Speisereste, Mist von Haustieren und Unrat aus dem Haus. Die Luftbelastung der Innenräume wurde ferner durch das Verbrennen von pflanzlichen und tierischen Materialien beim Zubereiten der Speisen erhöht. All das führte zu einem erhöhten Anteil feiner Schwebepartikel im Inneren der Häuser und bildete einen hohen Risikofaktor für chronische Entzündungskrankheiten der Atemwege.

Anmerkungen

1 L. Capasso, I fuggiaschi di Ercolano (2002).

2 Die Paläoepidemiologie ist ein Teilgebiet der prähistorisch-historischen Anthropologie und untersucht die Entstehung und Verbreitung von Epidemien, zeittypischen Massenerkrankungen und Zivilisationsschäden (Anm. d. Hrsg.).

3 Eine heiße, sich rasch vorwärtsbewegende Wolke aus Gestein, vulkanischer Asche und Gasen sowie aufgeheizter Luft (Anm. d. Hrsg.).

4 M. F. Sheridan – F. Barberi – M. Rosi – R. Santacroce, A Model for Plinian Eruption of Vesuvius, Nature 1981, S. 282–89.

5 A. Incoronato – G. Spina – G. Mastrolorenzo – M. Pagano, Determinazione delle temperature di deposizione mediante procedure paleomagnetiche di piroclasti del 79 d.C. di Ercolano, Atti del Convegno „Le Scienze della terra e l´Archeologia", Napoli 1997, S. 95–98.

6 Tod durch plötzliches Erhitzen oder Abkühlen des Körpers (Anm. d. Hrsg.).

7 Die Summe der bisher untersuchten Individuen (Anm. d. Hrsg.).

8 Die Paläodemographie untersucht als Teilgebiet der historischen Anthropologie anhand von Skelettresten oder Leichenbränden Umfang, Zusammensetzung und Altersgliederung menschlicher Populationen (Anm. d. Hrsg.).

9 Untersuchung der altersbedingten Veränderungsprozesse menschlicher Knochen (Anm. d. Hrsg.).

10 L. Capasso, Mortality in Herculaneum in 79 A.D. (1999) S. 354, 1826.

11 Die Spondylarthrose ist eine verschleißbedingte (degenerative) Wirbelsäulenerkrankung, die mit Veränderungen der Wirbelgelenke, Deformierung der Wirbelkörper und oft auch mit einer mehr oder weniger ausgeprägten Verkrümmung (Skoliose) einzelner Wirbelsäulenabschnitte einhergeht (Anm. d. Hrsg.).

12 L. Capasso – L. Di Domenicantonio, Work-related syndesmoses on the bones of children who died at Herculaneum (1999) S. 352.

13 Die Brucellose (auch Morbus Bang oder Maltafieber) ist eine von Tieren auf den Menschen übertragene Infektionskrankheit, die auch heute noch weltweit vorkommt, hauptsächlich in den Mittelmeerländern, Asien und Lateinamerika. Die Brucellose wird durch die sogenannten Brucellen verursacht. Hierbei handelt es sich um stäbchenförmige Bakterien. Der Mensch infiziert sich durch den direkten Kontakt mit einem von Brucellen befallenen Tier über Eintrittspforten, wie z.B. kleine Verletzungen der Haut oder Schleimhaut. Die wichtigsten Überträger sind Rinder, Schweine und Ziegen. Die Erkrankung kann auch durch infektiöse, rohe Milch (nichtpasteurisierte Milch) oder Milchprodukte (Rohkäse) ausgelöst werden (Anm. d. Hrsg.).

14 L. Capasso, Brucellosis at Herculaneum, International Journal of Osteoarcheology 9, 1999, S. 277-88.

15 L. Capasso – G. Di Tota, Lice buried under the ashes of Herculaneum (1998) S. 352 (9107) 992.

16 Plinius d.Ä., in der *Naturalis historia*.

17 Pleura, deutsch: Brustfell, ist eine dünne doppelblättrige Haut, die zum einen die Lungen überzieht (dieses Blatt ist das Lungenfell, fachsprachlich *Pleura visceralis* oder *Pleura pulmonalis*), zum anderen den Brustkorb von innen auskleidet (das Brustfell im engeren Sinne oder präziser *Pleura parietalis)* (Anm. d. Hrsg.).

Giuseppe Zolfo

Unter der Asche. Organische Funde und ihre Konservierung

Zu den Besonderheiten der Ausgrabungen von Herculaneum gehört die Tatsache, daß zu den Fundstücken eine Reihe von organischen Materialien (Holz, Textilien, Papyri, menschliche Überreste, Getreide etc.) gehört, wobei sowohl die Quantität dieser Funde, als auch ihr besonderer Erhaltungszustand bedeutsam sind. Um zu verstehen, wie es zu diesen günstigen Erhaltungsbedingungen kommen konnte, ist es notwendig, einen Blick zurück zu werfen und sich kurz die Situation der einzelnen Ausbruchsphasen des Vesuv im Jahre 79 n.Chr. vor Augen zu halten, an deren Ende die Stadt unter den Auswurfschichten begraben wurde. Denn genau die Art der Verschüttung, die so ganz anders war als diejenige von Pompeji, schuf die Bedingungen, die die Erhaltung der organischen Materialien zur Folge hatte.

Der Ausbruch des Vesuv im Jahre 79 n.Chr. ist der bekannteste unter allen historischen Vulkanausbrüchen, nicht zuletzt dank des Berichts in den beiden Briefen, die Plinius der Jüngere an den Historiker Tacitus sandte.[1] Er beschrieb darin die Katastrophe so, wie er sie mit eigenen Augen von Kap Misenum aus hatte beobachten können. Der Ausbruch betraf das gesamte Territorium rings um den Vesuv und führte zur Verschüttung von Pompeji, Herculaneum und Stabiae sowie zahlreicher suburbaner Villen längs der Küste und an den Hängen des Vesuv, darunter derjenigen von Oplontis, Boscoreale und Terzigno. Während des Ausbruchs bildete sich eine etwa 25 Kilometer hohe Eruptionssäule, die durch den in der Stratosphäre vorherrschenden Wind in Richtung Südosten gedrückt wurde, das heißt in Richtung Pompeji, das dabei unter einem Asche- und Lapilli-Regen etwa sechs Meter tief begraben wurde, wobei Dächer und Decken der Gebäude unter dem Gewicht der Auswurfmaterialien zusammenbrachen. Die darüber hinausragenden höheren Gebäudeteile, die nicht einstürzten, wurden im Laufe der Zeit zerstört.

Anders Herculaneum: Die Stadt wurde unter Lawinen aus flüssigem Material begraben, in aufeinanderfolgenden Schichten, über deren Charakter in der Vergangenheit verschiedene Theorien aufgestellt wurden – bis hin zu den Ergebnissen der neuesten naturwissenschaftlichen Forschungen. Nach Amedeo Maiuri, dem ehemaligen Superintendenten für Ausgrabungen und Altertumswesen in Kampanien, der die Ausgrabungen von 1924 bis 1961 leitete, handelte es sich dabei um Schlammströme, sogenannte „Lahars", wie das auch zahlreiche andere Wissenschaftler bis in die 70er Jahre des 20. Jh. hinein annahmen. 1988 haben dann T. Pescatore und H. Sigurdsson auf Grund einer stratigraphischen Schnitt-Analyse von 23 Meter Tiefe nachgewiesen, daß es sich bei den Ablagerungen um die Abfolge von sechs „surges" und sechs „pyroklastischen Strömen" handelt.[2]

Abb. 1: „Haus mit der Holzzwischenwand" (Casa del Trammezzo di Legno, Blick in das Atrium.

Abb. 2: Hölzerne Zwischenwand im „Haus mit der Holzzwischenwand“ (Casa del Tramezzo di Legno).

In jedem Fall zeigen die Ergebnisse der Ausgrabungen, daß es dabei in Herculaneum zunächst eine heftige Zerstörungswelle gegeben haben muß. Verschiedene Wände und zahlreiche Kolonnaden stürzten ein, Dächer wurden abgedeckt, eine Reihe von Statuen von ihren Postamenten gerissen, zertrümmert und von den pyroklastischen Strömen mitgerissen. Der Materialfluß drang dann von unten her in die Häuser ein, kam durch Türen und Fenster, riß auch Teile der Außenmauern ein oder kam von oben, über die Compluvien, die Öffnungen in der Mitte des Atriumdaches in den Wohnungen, und füllte so jeden freien Raum bis zu den Gewölben und den Decken aus, wobei er für eben diese auch zur Stütze wurde. Durch die nachfolgenden Ströme wurde dann die gesamte Stadt mit einer zwischen 15 und 25 Meter dicken Schicht bedeckt, was zur Folge hatte, daß ein großer Teil der Dächer und der zweiten Stockwerke der Gebäude erhalten geblieben sind.

In Pompeji war das Verschüttungsmaterial inkohärent und nicht sehr dicht; das bedeutete, daß dort die organischen Materialien (Holz, menschliche Überreste) im Laufe der Zeit dem Prozeß der Verwesung anheimfielen, wobei Hohlformen im Lapilli-Material zurückblieben. Giuseppe Fiorillo entwickelte seit 1856 die Praxis, diese Hohlräume, auf die er während der Ausgrabungen gestoßen war, mit Gips zu verfüllen; auf diese Weise gewann er die sogenannten calchi, Abgüsse von Menschen, Tieren und Möbeln: Zeugnisse dramatischer Augenblicke des Untergangs, wie man sie noch heute im Areal der Ausgrabungen besichtigen kann.

In Herculaneum hingegen verhärtete sich die über 20 Meter dicke Schlamm-Masse im Laufe der Zeit, wurde zu einer kompakten Tuffschicht und auf diese Weise zu einem undurchdringlichen Schutzwall, der die Verwesungsprozesse verlangsamte und die Erhaltung der organischen Materialien begünstigte, in den meisten Fällen durch deren Karbonisation.[3] Das hat zur Auffindung von einzelnen Objekten geführt, die uns das Alltagsleben der antiken Stadt vor Augen stellen: Brot, Getreide, Fischernetze, Textilien – oder auch Wachstäfelchen mit Prozeßakten, Quittungen, Verträgen und Dokumenten von Privatgeschäften (*negotia privata*), die wertvolle Zeugnisse für unsere Kenntnis des römischen Rechts bilden. Und schließlich hatte dies zur Folge, daß eine ganze Reihe von organischen Materialien erhalten geblieben ist, mit deren Hilfe es möglich wurde, zu verbesserten Kenntnissen über das Leben der Menschen im antiken Herculaneum zu gelangen.

Abb. 3: Holzgitter im „Haus der Zweihundertjahrfeier" (Casa del Bicentennario).

Seit 1980 wurden in der Gegend des antiken Strandes die Überreste von mehr als 300 Menschen gefunden. Die amerikanische Anthropologin Sarah C. Bisel, die unmittelbar nach den ersten Entdeckungen und dann über Jahre hinweg Untersuchungen zu den ersten 139 Skeletten durchführte, erklärte, das Studium dieser in ihrer Art einmaligen Bevölkerungsgruppe aus Herculaneum sei von einzigartiger Bedeutung für die Interpretation der Geschichte. In der Tat lassen sich auf diese Weise wichtige anthropologische und paläopathologische Erkenntnisse zu Lebensalter, Statur, Ernährungsgewohnheiten, Mißbildungen und Krankheiten der Bewohner des antiken Herculaneum gewinnen.

Kostbarkeiten aus Holz

Die größte und wichtigste Besonderheit der Ausgrabungen in Herculaneum besteht allerdings, im Gegensatz zu denen in Pompeji, in der Erhaltung des Holzes: Mobiliar, also Betten, Tische, Bänke, Schränke etc., sowie Konstruktionselemente, Teile von Häusern und öffentlichen Gebäuden wie z.B. Fachwerk, Deckenkonstruktionen, Böden, Vordächer, Holzkonstruktionen von Zwischenwänden, Überbauten, Terrassen, Loggien, Balkone, Treppen zu oberen Stockwerken, Rahmen, Türen, Fenster und verglaste Veranden. Diese Holzkonstruktionen vermitteln uns ein Bild von den zeitgenössischen technischen Kenntnissen (Wände aus Holzgitterwerk und Rohrgeflecht, Intarsien, Schiebetüren), und sie ermöglichen es uns, in Herculaneum mehr als in Pompeji, die Entwicklungsgeschichte des antiken Hauses nachzuverfolgen. Und dies, weil es im Zuge der Ausgrabungen möglich war, die Holzstrukturen zu erhalten, die auch dort, wo sie ihre ursprüngliche strukturelle Funktion nicht mehr gewährleisteten, es erlauben, mit Hilfe statischer Untersuchungen Impluviumdächer, Zwischenwände, Böden und alle jene Einzelheiten zu rekonstruieren. Dadurch kann sich auch der weniger erfahrene Besucher der Ausgrabungen ein vollkommenes Bild vom Inneren eines herculanensischen Hauses machen, was einige im folgenden aufgeführten Beispiele verdeutlichen sollen.

Im „Haus mit der Holzzwischenwand" (Casa del Tramezzo di Legno, *Insula* III, Nr. 11), einem Haus mit Wohnbereich und Läden, hat sich im Atrium (Abb. 1) eine große hölzerne Zwischenwand (5,10 x 2,25 m) mit drei zweischaligen Türen erhalten (Abb. 2), die den Raum zwischen dem zentralen Atrium und *tablinum*, dem repräsentativen Empfangssaal des Hauses, in Höhe von etwa einem Drittel abschloß, um auf diese Weise das *tablinum* zu einem intimeren Raum zu machen. Die Sitte, die Zugänge zum Atrium mit Zwischenwänden oder Vorhängen aus Stoff zu schließen, ist aus Pompeji lediglich durch Spuren von Einfassungen der Widerlager und durch Löcher in den horizontalen Stützmauern bezeugt, so daß der Fund der gesamten Zwischenwand in Herculaneum eine einzigartige Bedeutung hat.

In einem Ladengeschäft, das vom *decumanus inferior* her zugänglich und mit dem dahinter liegenden Haus verbunden war, kann man eine Holzpresse mit drehbarer Achse und massivem Gestell bewundern; es handelte sich dabei wahrscheinlich um ein *pressorium*, eine Vorrichtung, um Wäsche zu mangeln und zu bügeln – zweifellos eines der einzigartigen Fundstücke von Herculaneum.

Im „Haus der Zweihundertjahrfeier" (Casa del Bicentennario, *Insula* V, Nr. 15–16) findet sich, ebenfalls im Atrium, ein höchst bemerkenswertes Holzgitter (Abb. 3), das auf einfallsreiche Weise einen der Hausflügel zum Atrium hin abschloß. Das Gitter bestand aus zwei beweglichen Teilen, die mit Hilfe von Bronze-Gelenken in sich gefaltet werden konnten; oben war es mit einem massiven intarsierten Holzrahmen abgeschlossen, mit dem die beiden Flügel gehalten und mit Hilfe von knöchernen Rollen hin- und hergeschoben werden konnten.

In der Portikus des „Hauses mit dem Mosaikatrium" (Casa dell´Atrio a Mosaico, *Insula* IV, Nr. 1–2) finden sich wertvolle Überreste der Deckenkonstruktionen, der Vordächer und der Veranden. Drei Seiten der Säulenhalle waren geschlossen und mit Fenstern versehen, während die östliche Seite offen und nur mit einem einfachen Vordach gedeckt sowie von einer Veranda geschützt war, die aus einem Holzrahmen und Glaseinsätzen bestand. An der Nordseite war die Säulenhalle mit einer Balkendecke versehen, die als Stütze einer Terrasse diente. Unter den Balken befanden sich, mit Nägeln befestigt, hölzerne Bretter als Deckenverstärkung.

Im Atrium des „Hauses der Hirsche" (Casa dei Cervi, *Insula* IV, Nr. 21), dem frühesten deutlichen Beispiel eines gedeckten Atriums, findet sich ein Söller (*maenianum*) in Holz, der den Raum in zwei Ebenen teilt. Er ist mit dem Muster des Originals, so wie es unter dem Schlamm erhalten war, rekonstruiert worden.

Abb. 4: „Haus in opus craticium" (Casa a Graticcio).

Abb. 5: Amphorenregal des Ladengeschäftes im „Haus mit Neptun und Amphitrite" (Casa di Nettuno e Anfitrite). *Insula* V, Nr. 6–7.

Im „Haus in opus craticium" (Casa a Graticcio, *Insula* III, Nr. 13–15) ist es mit Hilfe der erhaltenen Holzteile besser als anderswo gelungen, die Architektur eines ganzen Hauses zu rekonstruieren. Es bildet ein Unikum unter den zahlreichen aus Pompeji und Herculaneum bekannten Gebäuden. Die Grundstruktur besteht aus Ziegel-Pilastern und Fachwerk, während sämtliche Wände in Leichtbauweise gehalten sind und aus quadratischen Holzrahmen bestehen, die mit Mauerwerk in *opus incertum*, einer Zementwerk-Füllung mit unregelmäßig großen Steinen, verfüllt sind (Abb. 4). Es handelt sich dabei um die *parietes craticium* (Fachwerkwände), von denen der römische Architekt Vitruv spricht und von denen in Pompeji ebenso wie in Herculaneum einzelne Beispiele von Zwischenwand-Konstruktionen aufgefunden wurden; das „Haus in opus craticium" ist

Abb. 6: Karbonisierte Getreidekörner (Kat. 8.57), Saubohnen (Kat. 8.53), Erbsen (Kat. 8.54), Kichererbsen (Kat. 8.56) und Feigen (Kat. 8.55).

hingegen das einzige Beispiel eines Hauses, dessen gesamte Konstruktion auf dieser Technik beruht.

In den Suburbanen Thermen haben sich zwei Türen und Teile der Fensterrahmen erhalten. Eine der beiden Türen, im *frigidarium* (Kaltbaderaum), ist noch auf den eigenen Bronze-Lagern beweglich; die andere – sie bildet den Zugang zum *caldarium* (Warmbaderaum) – hat man teilweise in der verhärteten Schlamm-Masse belassen, die sie stützt. Im Unterschied zur ersteren ist sie nicht verkohlt, ebensowenig wie die Fensterrahmen: alles in allem außerordentlich gut erhaltenes Holz.

Im „Haus mit Neptun und Amphitrite" (Casa di Nettuno e Anfitrite, *Insula* V, Nr. 6–7) bildet das einliegende Ladengeschäft (mit Zugang von *Cardo* IV her) unter den mehr als zahlreichen Beispielen solcher Geschäfte, wie wir sie aus Pompeji und Herculaneum

Abb. 7: Zweihenkliges Vorratsgefäß mit Wickensamen (Kat. 8.51).

Abb. 8: Karbonisiertes Brot aus dem „Haus der Hirsche“ (Casa dei Cervi), (Kat. 7.7).

kennen, das am besten erhaltene und das am reichsten eingerichtete der gesamten Antike. Längs der gesamten Rückwand, dem Eingang gegenüber, verläuft eine Art Zwischenboden aus Holz mit einem Geländer an der Vorderseite, das als Depot für die Wein-Amphoren diente (Abb. 5); unterhalb dieses Zwischenbodens, hinter dem Verkaufstresen, schuf eine hölzerne Zwischenwand in Form eines Rautengitters einen rückwärtigen Ladenraum. Auf der Seite rechts vom Eingang diente ein zweilagiges Holzregal mit eingekerbten Aussparungen als Lager für die abgelegten Amphoren. In diesem Geschäft wurden 13 Kilogramm Bohnen sowie ein halbes Kilogramm Oliven gefunden. Mit ihrer Holz-Einrichtung und dem gemauerten Verkaufstresen, mit den Krügen und Amphoren erweckt das Geschäft den Eindruck, als ob es noch immer in Betrieb sei.

Auch in einer anderen Weinschenke (*Insula Orientalis* II, Nr. 11) hat sich ein Teil der hölzernen Einrichtung erhalten. Von der Taverne selber geht man über eine teilweise erhaltene hölzerne Treppe zu einem Zwischengeschoß, unter dem sich die typische Stütz-Konsole für die gelagerten Amphoren befand.

Im Ladengeschäft, das zum „Haus mit dem Kitharöden Apollo" (Casa di Apollo Citaredo, *Insula* V, Nr. 11) gehört (Nr. 12) wurde ein Regal mit Widerlagern und verschiedenen Böden aus Holz gefunden, auf dem zahlreiche Besen aus Pflanzenfasern lagen. Im oberen Stock des Hauses, auf dem über den *Cardo* IV vorspringenden Söller, wo sich ein regelrechtes, mit Ton ausgekleidetes Silo befand, stieß man auf 60 Kilogramm Gerste und zwei Kilogramm Weizen, die zu den Waren im anliegenden Ladengeschäft (Nr. 10) gehörten.

Nicht nur Möbel und Konstruktionselemente von Häusern haben sich erhalten, sondern am antiken Strand wurde 1982 ein etwa zehn Meter langes Boot aus verkohltem Holz gefunden.

Getreide, Hülsenfrüchte, Brot und andere Lebensmittel

Einzigartig in Herculaneum sind auch die Reste verschiedener Lebensmittel, die man in mehreren Läden und zahlreichen Wohnhäusern fand. Die umfangreichsten Funde betreffen dabei Getreide (Abb. 6). Außer dem soeben erwähnten Posten fand man davon beträchtliche Mengen im Ladengeschäft der *Insula* IV, Nr. 10/11 (60 kg Weizen), in einem Laden am nördlichen *decumanus maximus* und in der Villa dei Papiri. Beachtliche Funde wurden im *pistrinum* (Bäckerei) von Sextus Patulcius Felix und im Geschäft der *Insula Orientalis* II, Nr. 15 getätigt (10 kg Weizen in einer Amphore und 15 kg Bohnen). Im „Samnitischen Haus" (Casa Sannitica) fand man kleinere Mengen Gerste, im „Haus der zwei Atrien" (Casa dei due Atri) Hirse.

Zahlreich sind auch die Funde an Hülsenfrüchten (Abb. 6, 7). Beachtliche Mengen davon wurden, über die bereits erwähnten hinaus, im „Haus der karbonisierten Möbel" (Casa del Mobilio carbonizzato) gemacht (25 kg Bohnen, Abb. 6), im „Haus mit dem Kitharöden Apollo" (Casa di Apollo Citaredo) 15 kg Bohnen und in der Taverne (*Insula* IV Nr. 17) 15 kg Bohnen. Bescheidene Mengen stammen aus dem „Haus mit der Holzzwischenwand" (Casa di Tramezzo di Legno), 1,5 kg Bohnen und aus dem „Haus mit der Bronzeherme" (Casa dell´ Erma di Bronzo), 0,15 kg Linsen.

Auch Brot und Fladenbrot (Abb. 8) haben sich in Herculaneum erhalten. Im „Haus mit dem Ziegelaltar" (Casa dell´Ara laterizia) fand man ein Brot, verkohlt aber vollkommen erhalten; es war rund, hatte einen Durchmesser von 14 Zentimeter und an der Oberfläche ein Muster, das es in sechs dreieckige Abschnitte teilte. Andere Brote wurden im „Haus des Skelettes" (Casa dello Scheletro) gefunden (zwei Exemplare), im „Haus des Stoffes" (Casa della Stoffa) ein Exemplar mit 18 Zentimeter Durchmesser, in der Taverne von *Insula* IV Nr. 12 ein Exemplar mit ebenfalls 18 Zentimeter Durchmesser, in der Palästra eines und beim *decumanus inferior* zwei, wo man auch einmal zehn und einmal acht Fladenbrote fand.

Datteln, Feigen, Nüsse, Granatäpfel, Oliven

Zahlreich sind auch die Funde an Obst und Gartenfrüchten: Datteln, Granatäpfel, Mandeln, Nüsse, Karuben (Johannisbrot), Pinienzapfen- und kerne, Kastanien, Vogelbeeren, Feigen, Knoblauch, Zwiebeln, Oliven fanden sich in unterschiedlichen Mengen in verschiedenen Häusern. Der wichtigste Fund, sowohl was die Mengen als auch die unterschiedlichen Arten der Lebensmittel betrifft, wurde 1928, zu Beginn der Ausgrabungen unter freiem Himmel, im „Haus des Argus" (Casa di Argo, *Insula* II, Nr. 2) gemacht. Im oberen Stockwerk kam eine gutgefüllte Speisekammer mit Vorräten aller Art ans Licht, darunter Mehl, unterschiedliche Getreidearten,

Früchte, eingetrocknetes Öl, Fleisch und Hülsenfrüchte. Ein anderer bedeutender Fund wurde 1961 in einem Zwischengeschoß im Norden des *decumanus maximus* gemacht, wo man 1000 Feigen (Abb. 6), außerdem Brot, Fladenbrote, Bohnen, Kichererbsen, Hirse, Nüsse, Mandeln, Datteln, Karuben und Oliven zutage förderte. Verschiedene andere Funde an Getreide, Erbsen, Kichererbsen, Bohnen und Obst sind im archäologischen Magazin der Ausgrabungen deponiert und inventarisiert, ohne daß man deren Provenienz klar bestimmen könnte.

Handarbeiten des häuslichen Gebrauchs

Andere wichtige Funde an organischen Materialien betreffen Handarbeiten des häuslichen und familiären Gebrauchs. Verschiedene gut erhaltene Stoffreste wurden im „Haus des Stoffes" (Casa della Stoffa) gefunden, mehrere andere im „Haus mit dem Alkoven" (Casa dell´Alcova), im „Samnitischen Haus" (Casa Sannitica) und, ebenfalls gut erhalten, in der *palaestra*. Außerdem kamen Reste von Seilen und ein Korb ans Licht, Hufschoner für Pferde und einige Sohlen von Sandalen, alles aus Flechtwerk hergestellt. Hinzu kommen aus Weiden und Stroh geflochtene Körbchen. Im „Haus der Herberge" (Casa dell´Albergo) fand man ein Stück von einem Fischernetz. Neben einem Skelett in der Nähe des Strandes lagen ein Weidenkorb mit Angelhaken; dabei handelt es sich um eine sogenannte coffa, ein Korbnetz, das noch heute zum Fischfang benutzt wird.

Holz und andere organische Materialen haben im übrigen in Herculaneum oft den Namen für ein Gebäude abgegeben, in denen entsprechende Funde gemacht wurden – erinnert sei an die „Casa del Tramezzo di Legno", die „Casa del Sacello di Legno", die „Casa della Stoffa", die „Casa del Mobilio carbonizzato", die „Casa dello Scheletro", die „Casa a Graticcio" und die „Casa del Telaio".

Probleme der Konservierung des verkohlten Holzes

Die hohen Temperaturen der „pyroklastischen Ströme" (circa 400 °C) und der kräftige Druck der darüber liegenden Schichten haben dazu geführt, daß der größte Teil der organischen Materialien verkohlt ist; das gilt vor allem für die Papyrusrollen, das Bauholz und andere hölzerne Gegenstände, die in extrem fragilem Zustand aufgefunden wurden. Das galt bereits für die zahlreichen Holzfunde der bourbonischen Ausgrabungen; allerdings stellte sich erst seit 1927, bei den ersten Ausgrabungen unter freiem Himmel in der Zeit von Amedeo Maiuri, das Problem der Konservierung der karbonisierten Hölzer. Angesichts der Tatsache, daß jegliche Erfahrungen mit vergleichbaren Funden fehlten, konnte man sich auf keinerlei verläßliche Methoden zur Konservierung dieses Materials beziehen. Hinzu kam, daß rasches Handeln erforderlich war, zerfielen doch die hölzernen Materialien schon wenige Tage nach ihrer Bergung: Durch die neuen thermo-hygrometrischen Bedingungen trocknete das Holz aus und schrumpfte.

Die Methode, die man zunächst anwandte, war die Konsolidierung des Holzes mit Paraffin. Man legte Stück für Stück in das geschmolzene Wachs, damit sich das Material bis in seine feinsten Verästelungen damit vollsaugen konnte. Der Flüssigkeit wurden Rußpartikel zugesetzt, damit sich auf der Oberfläche der Hölzer kein weißer Schleier bildete, sondern diese sich der Farbe der Kohle anpaßte. Anschließend wurden die einzelnen Stücke ebenfalls mit Paraffin zusammengefügt; bei den Möbeln benutzte man dafür auch Streifen aus Holz oder Stifte aus Metall.

Diese Methode war bis etwa 1970 in Gebrauch. Die heißen sommerlichen Temperaturen und in einigen Fällen auch der direkte Lichteinfall führten allerdings dazu, daß sich die Hölzer verschiedentlich ablösten und abbröckelten.

Daher waren in der Folgezeit die Restauratoren mit zwei Problemen konfrontiert: mit der weiteren Erhaltung der früher geborgenen Materialien und der Entwicklung einer Methode zur Konservierung der neuen Funde.

Was das erstgenannte Problem betrifft, so wurde an der Decke des „Kollegiums der Augustalen" erstmals eine neue, allerdings noch nicht ganz zufriedenstellende Methode erprobt. Mithilfe von warmer Luft wurden deckende Wachsschichten und Erdschmutz von den Oberflächen der Hölzer abgetragen; anschließend wurden die Mikrorisse mit Primal behandelt und mit Äthylsilikat getränkt. Möbel, die in der Zeit von Amedeo Maiuri mit Paraffin restauriert worden waren, wurden zerlegt, teilweise vom Paraffin gereinigt und mit einer hochlöslichen Mischung aus geschmolzenen synthetischen Wachsen und Harzen (AT-T23) wieder zusammengefügt; mit einer ähnlichen Mischung (AT-T20) wurden auch die Oberflächen behandelt.

Was das zweite Problem betrifft, so bot die Auffindung des verkohlten Bootes am Strand von Herculaneum im Jahre 1982 die Gelegenheit zur Entwicklung einer neuen Methode, die unter Federführung des „Istituto Centrale per il Restauro" in Rom angewendet wurde. Aufgrund der enormen Dimensionen des Bootes und der Tatsache, daß es umgestürzt aufgefunden worden war, wurde es notwendig, zunächst ein Schalengehäuse zu konstruieren, das stützende Funktion hatte und dann auch als Behälter für das Boot dienen konnte. Das Boot erhielt einen Überzug aus Japanpapier, das mit einer Paraloid B72-Lösung getränkt wurde; anschließend wurde eine Schicht streichfähiges Silikon aufgetragen, auf der ein festes Schalengehäuse aus Glasfiber und Polyesterharz aufgebracht wurde. Nach Entfernung der darunter befindlichen Erdschicht wurde das Boot umgedreht und auch im Inneren versiegelt.

Anmerkungen

[1] Plinius der Jüngere, *Epistulae* VI, 16 und VI, 20.

[2] „Pyroklastischer surge" bzw. „Strom" (pyroklastischer flow): Eine heiße, sich rasch vorwärtsbewegende Wolke aus Aschen, Gesteinsbrocken, Gasen und Wasser, die den Vulkanhang hinabrast. Beim „surge" liegt die Konzentration der Festpartikel niedriger als beim kompakteren „flow". (Anm. d. Hrsg.).

[3] Karbonisation: Verkohlung organischer Materialien durch starke Hitzeeinwirkung der „pyroklastischen Ströme" sowie den starken Druck und den Luftabschluß der darüber liegenden Auswurfschichten (Anm. d. Hrsg.).

Umberto Pappalardo

Hercules in Herculaneum. Ein Heros und seine Stadt

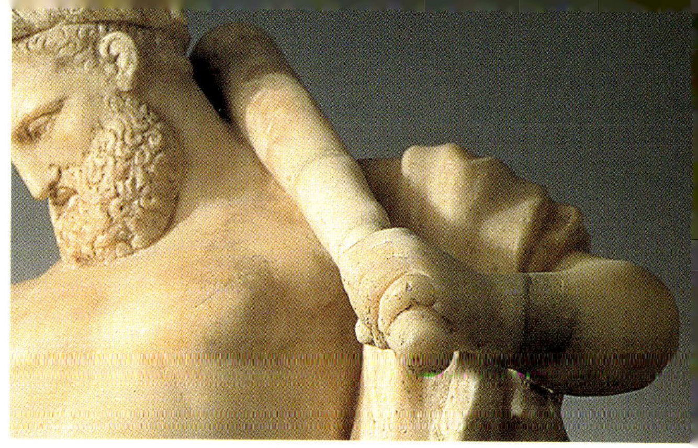

Der griechische Historiker Dionysios von Halikarnassos berichtet im 1. Jh. v.Chr., daß Herculaneum von Hercules gegründet wurde, als er – von seiner legendären Reise nach Iberien zurückkommend, wo er dem Riesen Geryon die Sonnenrinder geraubt hatte – die Küste Kampaniens entlang zog: „Hercules [...] gründete eine kleine Stadt an der Stelle, wo seine Schiffe vor Anker lagen, die nach ihm benannt wurde, heute von Römern bewohnt ist, zwischen Neapel und Pompeji liegt und über einen zu allen Jahreszeiten sicheren Hafen verfügt."[1] Diese Erzählung bedeutet, daß Herculaneum – jenseits des Mythos – dem Namen und dem Ursprung nach als eine griechische Stadt betrachtet wurde.

Die Darstellungen des Hercules und der zwölf Aufgaben, die von ihm erfüllt werden mußten, erfreuten sich in Herculaneum großer Beliebtheit – wie im übrigen in der gesamten griechischen und römischen Welt.[2] Dabei fällt es jedoch schwer, an einfache Darstellungen „à la mode" zu glauben, wo gewiß schon allein die Assonanz „Hercules" – „Herculaneum" die Einwohner fortwährend daran erinnern mußte, daß ihre Stadt eine Gründung des Gottes war.[3] Welchen Gebrauch macht man aber von der Ikonographie eines Gottes in einer Stadt, die seinen Namen trägt?

Abb. 1: Trunkener Hercules aus dem „Haus der Hirsche" (Casa dei Cervi), (Kat. 7.4).

Der „menschliche" Gott

Bei den privaten Bauten von Herculaneum tauchen sowohl die Person des Gottes wie auch Anspielungen auf sein Umfeld sehr häufig auf. Aus dem Skulpturenschmuck im Garten des „Hauses der Hirsche" (Casa dei Cervi) stammt die Statue eines gekrönten und betrunkenen Hercules, der sein Wasser abschlägt, weil er zuviel getrunken hat: ein Zeichen dafür, daß man auch – genau wie wir heute – über die Schwächen des Gottes lächeln konnte[4] (Abb. 1). Zur besten Tradition des hellenistischen Rokoko gehört hingegen ein kleines Bild, das in der Bildergalerie der Kryptoportikus[5] des „Hauses der Hirsche" ausgestellt ist und auf dem einige Eroten in Abwesenheit des Gottes mit dessen Waffen, der Keule und dem Bogen, spielen.[6]

Von den bis jetzt in der Stadt entdeckten öffentlichen Brunnen war jeder einer Gottheit gewidmet; daß derjenige, der sich an der Kreuzung der wichtigsten Handelsstraßen, nämlich des *Cardo* II und des *decumanus maximus* befand, dem Hercules geweiht war, kann kein Zufall sein[7] (Abb. 2). Im „Haus des tuskischen Säulengangs" (Casa del Colonnato Tuscanico) zeigt ein kleines Bild im sogenannten „Vierten Pompejanischen Stil" Hercules mit zwei Opferdienern, während er an einem Altar einen Stier opfert; was dabei beispielhaft herausgestellt werden sollte, war wohl die *pietas*, das heißt die Frömmigkeit des Heroen.[8] Die bis jetzt angeführten Beispiele könnten auch rein zufällig begründet sein, wenn sie sich nicht ausgerechnet in der von dem Gott gegründeten Stadt befänden. Auch das Motiv der

Abb. 2: Herculesbrunnen, Detail.

Hirschkühe könnte dazu gehören, die in großer Zahl die Malereien von Herculaneum beleben: eine offenkundige Anspielung auf eine der berühmten „Arbeiten des Hercules", nämlich das Einfangen der Hirschkuh von Keryneia.[9]

Eine der berühmtesten Persönlichkeiten der Stadt war Marcus Nonius Balbus, eine hervorragende Senatorengestalt des augusteischen Zeitalters, der aus Nuceria stammte, aber in Herculaneum lebte und das Amt des Prätors und Prokonsuls (Statthalter) der Provinz Kreta und Kyrene innehatte. Da er sich in Herculaneum große Verdienste erworben hatte, indem er die Basilika, die Tore und die Befestigung hatte restaurieren lassen, ernannte man ihn dort zum *patronus*[10] und errichtete ihm zu Ehren mindestens zehn Statuen. Sein Wohnsitz war wahrscheinlich das „Haus mit dem Telephosrelief" (Casa del Rilievo di Telefo), das sich durch seine großzügige Anlage von der mittelmäßigen, provinziellen Architektur der Bauten von Pompeji und Herculaneum unterschied und am urbanen römischen Geschmack orientiert war.[11] Das Haus bekam diesen Namen, weil man dort eine Sammlung von Reproduktionen antiker Kunstwerke fand; dazu gehört auch ein neuattisches Relief, das die Heilung des Telephos, des Sohnes von Hercules und der Auge,[12] darstellt. Telephos wurde von Achilles mit dem Staub der Lanze geheilt, mit der ihn der griechische Held acht Jahre vorher verletzt hatte.[13] Bei seinem Tod wurden Marcus Nonius Balbus außerordentliche Ehren zuteil und die Statue, die ihn mit einem Panzer bekleidet darstellte, wurde auf einem Platz zu seinem Gedächtnis aufgestellt, den man vor den Thermen eigens errichtet hatte[14] (Abb. 3). Ein Fragment des rechten Schulterstücks des Panzers, das noch nicht wieder zusammengesetzt ist, zeigt Hercules mit Löwenfell, als ausdrücklichen Hinweis auf den legendären Stadtgründer (Abb. 4).

Hercules in der *palaestra*: Vorbild der Jugend

Noch interessanter erscheint die Anwesenheit des Gottes in allen bisher entdeckten öffentlichen Gebäuden der Stadt – wie der *palaestra*, der *curia*,[15] der Basilika und dem „Kollegium der Augustalen" –, da deren Nutzung dem Kaiserkult diente oder mit Themen der kaiserlichen Propaganda verbunden war. Die *palaestra* von Herculaneum gehört zu den großen öffentlichen Bauvorhaben aus julisch-claudischer Zeit (Abb. 5).[16] Um sie zu errichten, wurde eine Erweiterung der Stadt auf der Südseite nötig, die ungeheure Erdverschiebungen erforderte. Sie war der Sitz einer der wichtigsten öffentlichen Einrichtungen, der *iuventus herculanensis*, der Jugend von Herculaneum, die dort zu den neuen Idealen der kaiserlichen Ideologie erzogen wurde. Die Einrichtung muß auf das augusteische Zeitalter zurückgehen, als der *princeps*[17] beschloß, die Jugend in den *collegia iuvenum*, Vereinigungen sportlicher und halb militärischer Art, zu organisieren. Die *palaestra* spielte dabei eine wichtige Rolle in der Programmatik der kaiserlichen Propaganda, konnte dort doch den jungen Leuten die neue politische Ideologie leicht vermittelt werden. Den riesigen Komplex bildete eine an vier Seiten von Säulenhallen umgebene Platzanlage. An der Westseite gingen von der Portikus eine Reihe von Räumen ab, darunter ein hoher Saal mit Apsis, in der sich eine Kolossalstatue des Kaisers befand, außerdem ein Podium, auf dem den jungen Siegern der Wettkämpfe die Preise verliehen wurden.[18] In der Mitte der gesamten Platzanlage befand sich eine *piscina*, ein Wasserbecken in Form eines Kreuzes, in dessen Zentrum eine bronzene Hydra stand;[19] die monströse fünfköpfige Schlange schlang sich um einen Baumstamm und spie Wasserstrahlen in das Becken[20] (Abb. 6). Es ist klar, daß dieser ungewohnte Brunnen keine simple Dekoration darstellte, sondern den jungen Leuten als Ansporn dienen sollte, sich wie der Gründergott in der *virtus heroica*, der heroischen Tapferkeit, zu üben und sie daran erinnerte, daß man Mühen auf sich nehmen müsse, wenn man im Wettkampf siegen wolle. Nicht zufällig befand sich die Statue in der optischen Achse sowohl des Podiums wie auch der Kaiserstatue.

Als scherzhaften Kontrapunkt zu diesem ernsten Thema sieht man in demselben Gebäude einen kleinen Hercules, der die Schlangen erwürgt, die ihm die hinterhältige Hera, die Gattin des Zeus, geschickt hatte; das Motiv erscheint gemalt auf einem Kandelaber an der Nordwestecke des Wandelgangs (Abb. 7).[21]

Abb. 3: Statue des Marcus Nonius Balbus.

Hercules in der „Basilika“: Stolz der Bürgerschaft

Mehrere öffentliche Gebäude finden sich konzentriert an der Nordwestecke der heutigen Ausgrabungen, an der Kreuzung des *Cardo* III mit dem *decumanus maximus:*

das Ergebnis eines stadtplanerischen Eingriffs aus julisch-claudischer Zeit im Zentrum der alten Stadt. Noch nicht alle Gebäude wurden zu Tage gefördert, aber wir kennen ihre Grundrisse dank einer Zeichnung von Cochin und Bellicard aus dem Jahre 1754.[22] Man hat sie im wesentlichen identifiziert als *curia*, *basilica* und *collegium augustalium*.[23]

In der sogenannten *curia*, in der die Statuen der Kaiser und die Porträtgalerie der Familie der Balbi aufgestellt waren,[24] fand sich auf dem Architrav ein gemalter Fries mit griechischer Inschrift, der einige Kämpfe des Hercules darstellte, darunter den Kampf gegen die Kentauren, als er, auf dem Weg zu seiner vierten Aufgabe, Gast des Pholos war.[25]

Abb. 4: Statue des Marcus Nonius Balbus, Schulterstück mit „Hercules".

Die sogenannte Basilika von Herculaneum ist bis jetzt noch nicht ganz ausgegraben, aber wir kennen ihren Grundriß nicht nur aus der Zeichnung von Cochin und Bellicard, sondern noch besser aus einer Zeichnung Bardets von 1743[26] und einer ebenso phantasiereichen wie eindrucksvollen Rekonstruktion, die Bonucci durch den Maler Filippo Morghen anfertigen ließ[27] (Abb. 8). Ähnlich wie das „Haus der Eumachia" (Edificio di Eumachia) in Pompeji ist die sogenannte Basilika ein Gebäude mit Säulengängen, Apsiden und Nischen an der hinteren Wand.[28] In die Apsiden waren die Szenen „Theseus der Befreier"[29] und „Hercules findet seinen Sohn Telephos in Arkadien wieder"[30] gemalt, in die kleineren Nischen „Achill und Chiron"[31] und „Pan und Olympus". Dieser Zyklus vermittelte damit eine Vielfalt von Bedeutungen: Die Darstellung von „Theseus dem Befreier" als Gegenstück zu „Hercules findet Telephos in Arkadien wieder" diente dazu, die *cives herculanenses*, die Bürger von Herculaneum, mit Stolz zu erfüllen, sahen sie doch in dem Gründer-Gott auch den Vater des Telephos, des Stammvaters der Dynastie von Pergamon; Rom wurde nämlich nicht nur als das neue Athen (Theseus) betrachtet, sondern auch als Erbin des Königreichs von Pergamon (Telephos).[32]

Die beiden anderen Bilder des Zyklus „Chiron aus Thessalien unterrichtet Achill aus Kleinasien im Lyraspiel" und, als Gegenstück, „Pan aus Arkadien unterrichtet Olympus aus Kleinasien im Flötenspiel" galten dem Lob der kulturbringenden griechischen Erziehung *(paideia)*. Beide Szenen waren auch in Rom, in den Säulengängen der *saepta Iulia,*[33] dargestellt, ebenso Bilder des Argonautenmythos, der in der sogenannten Basilika von Herculaneum durch das Bild „Medea tötet ihre und

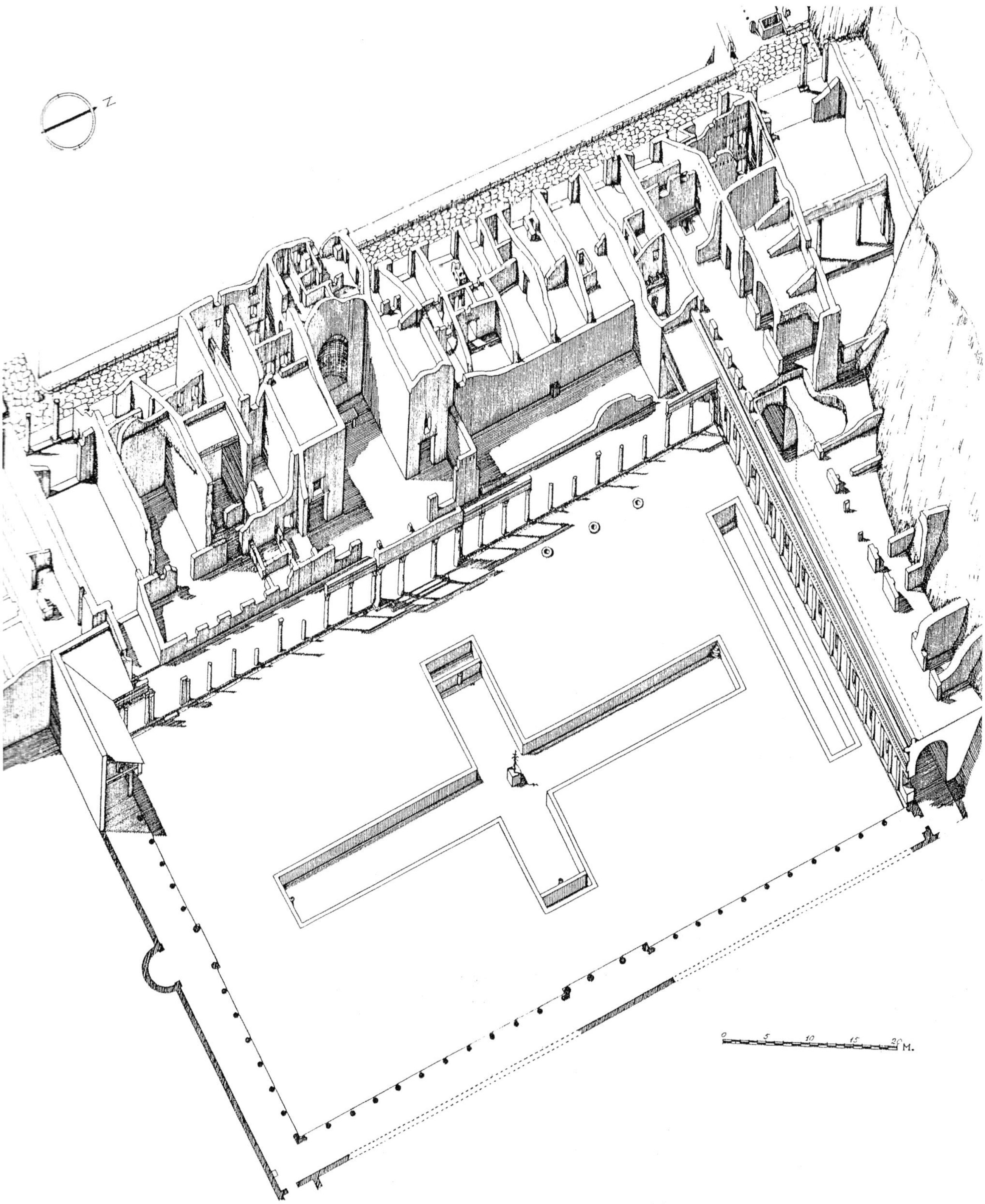

Abb. 5: Axonometrische Darstellung der *palaestra*.

Jasons Kinder" vertreten war.[34] Auf diese Weise wurde ein ideales Band geknüpft zwischen dem Gebäude in Herculaneum und der *saepta Iulia* in der Hauptstadt Rom. Über den seitlichen Nischen befanden sich Malereien mit den Taten des Hercules, angefangen von seiner Kindheit bis zu den „Arbeiten", die nicht zu den kanonischen gehörten.[35]

Hercules im „Kollegium der Augustalen": kaiserliche Großzügigkeit

Das *collegium augustalium* von Herculaneum war – wie eine Inschrift bezeugt – die Stätte, die die Bürgerschaft des Ortes dem Kaiserkult gewidmet hatte.[36] Die Aufmerksamkeit der Menge, die in der großen Säulenhalle, die bar jeglichen Schmucks war, zusammenkam, wurde von einer großen, prächtig bemalten Nische am Ende des Saals angezogen; dort war vor einer Ädikula mit weißem Hintergrund, über der eine *corona civica*[37] angebracht war, die Büste des Kaisers aufgestellt. Die Seitenwände, im sogenannten „Vierten pompejanischen Stil" bemalt, zeigten eine große Nische (*aedicula*) in der Mitte, über der sich rechts ein Gemälde mit der Darstellung von „Hercules und Acheloos" und links die „Apotheose (Vergöttlichung) des Hercules" befanden. Auf dem ersten Bild versucht der Flußgott Acheloos Deianira, die Gemahlin des Hercules, zu entführen. In dem darauf folgenden Kampf wird Hercules das Horn (in diesem Fall die Hörner) des Acheloos zerbrechen, aus dem dann der Überfluß quellen wird (Abb. 9).[38] Allgemein betrachtet stellt sich die Szene als eine Allegorie der *munificentia*, der „Freigebigkeit" dar. Denn

Abb. 6: Hydrabrunnen, *palaestra*.

nicht nur der Kaiser selbst, sondern auch seine ganze Familie ließ sich oft mit dem Füllhorn darstellen: eine Anspielung auf das Wohlergehen, welches das Regime der Kaiser der Menschheit garantierte; als das glänzendste Beispiel dieser Allegorie kann die berühmte „Gemma Claudia" im Kunsthistorischen Museum in Wien[39] betrachtet werden.

Auf dem zweiten Gemälde wird Hercules von seiner Schutzherrin Athena und von Hera in den Olymp eingeführt (Abb. 10). Die Botschaft des Bildes ist, daß auch menschliche Geschöpfe die göttliche Vollkommenheit erreichen können. Ungewohnt ist allerdings die Anwesenheit Heras, da Hercules in dieser Szene gewöhnlich in der Begleitung von Hermes und Athena auftritt. Betrachtet man die Darstellung genau, wird man im Hintergrund einen Regenbogen erblicken – das Symbol des Zeus. Wir haben es nämlich mit einer eigenwilligen römischen Interpretation des griechischen Mythos zu tun, bei der Hercules nicht in den Olymp aufgenommen wird, sondern ins Kapitol – repräsentiert von der kapitolinischen Trias, bestehend aus Jupiter (Zeus), Juno (Hera) und Minerva (Athena).

Seitlich der zentralen Darstellung finden sich zwei perspektivische Ansichten, darüber jeweils eine von Siegesgöttinnen gelenkte Biga, ein Zweigespann, während im unteren Bereich Wettkampfpreise – Palmen, silberne und goldene Gefäße – dargestellt sind.

Das symbolische und erzieherische Programm erscheint also auf drei verschiedenen Ebenen: jener des Kaiserkults (mit der Büste); jener des Kults des Stadtgründers Hercules, vergöttlicht als Wohltäter der Menschheit; und jener der kleinen Bildchen (*pinakia*) mit der Darstellung der Wettkampfpreise, als Hinweis auf die Ziele, die ein Mensch erreichen kann. Es ist dabei wichtig zu betonen, daß die göttliche Verehrung, da als Hintergrund verwendet, als das mythische Vorbild des Kaiserkults erscheint und diesem eine heroische und religiöse Aura verleiht.

Hercules: Aufsteiger und menschlich-göttlicher Souverän

Die Gestalt des Hercules, eines Helden von menschlicher Abstammung, der zum Gott geworden war, weil er sich nicht gescheut hatte, ungeheure Mühen auf sich zu nehmen, sollte also dem ehrgeizigen römischen Bürgertum bei seinem schwierigen Aufstieg in einer nach Ver-

Abb. 7: Wandmalerei in der *palaestra*: Hercules erwürgt die Schlangen.

mögensklassen geordneten Gesellschaft als Vorbild dienen; andererseits diente sie auch den römischen Kaisern als Sinnbild ihres stufenweisen Prozesses der Vergöttlichung.

Bis ins 18. und 19. Jh. hinein wird Hercules diejenige Figur bleiben, mit der die Monarchen des europäischen Absolutismus in ganz ähnlicher Weise die eigene weltliche Macht durch die Anspielung auf die doppelte – nämlich menschliche und göttliche – Natur des Souveräns zu legitimieren suchen. So finden wir Hercules beispielsweise auf den Reliefs des Triumphbogens des „Maschio Angioino“ in Neapel (1443),[40] wo neben der Verherrlichung des Königs Alfons I. von Aragon die Darstellung seines Sohnes Ferrante als Thronfolger mit zahlreichen Hinweisen auf den Mythos des Hercules erscheint, darunter das Motiv des „Hercules als Kind, das die Schlangen erwürgt“, außerdem die Keule und

Abb. 8: Rekonstruktion der Basilika von F. Morghen.

Abb. 9: „Kollegium der Augustalen“, „Hercules und Acheloos“.

Abb. 10: „Kollegium der Augustalen“, „Apotheose des Hercules“.

das Löwenfell.[41] In ähnlicher Weise stellten die Bourbonen, die sich gern mit Hercules identifizieren ließen,[42] vor der Ehrentreppe des Schlosses in Caserta die Riesenstatue des ruhenden Hercules von Lysipp auf, die man in den Caracalla-Thermen gefunden hatte und die mit der „Sammlung Farnese“ von Rom nach Neapel gelangt war.[43] Auch auf dem „Brandenburger Tor“ in Berlin (1788–91) erscheinen – im Anschluß an Vorbilder in Griechenland und an den italienischen Fürstenhöfen – die Taten des Hercules als Musterbilder militärischer Tugend. [44]

Anmerkungen

1 Dionysios von Halikarnassos, *Antiquitates romanae*, I 44, 1.

2 Zur politischen Funktion des Hercules-Mythos in der römischen Welt vgl. M. De Vos, Eracle e Priamo. Trasmissione di potere: mitologia ed ideologia imperiale, in: A. Mastrocinque (Hrsg.), Ercole in Occidente (1990) S. 81–90; St. Ritter, Herkules in der römischen Kunst von den Anfängen bis Augustus (1995); M. A. Levi, Ercole e Roma (1997).
Zum Auftauchen des Mythos des Hercules in der Vesuv-Region vgl. A. Coralini, Hercules Domesticus. Immagini di Ercole nelle case della regione vesuviana (2001).

3 Ein Herculeskult wurde durch eine Inschrift bezeugt, die bei den bourbonischen Ausgrabungen bei dem Brunnen von Pedrano in der Mitte der Stadt aufgefunden wurde: CIL X 1443; M. Pagano, La nuova pianta della città e alcuni edifici pubblici di Ercolano, Cronache Ercolanesi 26, 1996, S. 229–248, besonders S. 237.

4 D. Ferrin Sutton, The Hercules Statue from the House of the Staggs in Herculaneum, RheinPhilolMus 127, 1984, S. 96. Nach Ferrin Sutton stellt die Statue im Haus der Hirsche den Hercules aus dem „Sileus“ des Euripides dar, der sich anschickt, die Tochter des Sileus zu vergewaltigen.

5 Ein gedeckter Wandelgang (Anm. d. Hrsg.).

6 U. Pappalardo u. a. in: La peinture de Pompéi. Avec un catalogue raisonné, Bd. 2 (1993) S. 220, Nr. 408.

7 A. Maiuri, Ercolano. I nuovi scavi (1927–1958), Bd. 1 (1958) S. 54f., Abb. 51.

8 U. Pappalardo u. a. in: La peinture de Pompéi. Avec un catalogue raisonné, Bd. 2 (1993) S. 230, Nr. 437.

9 Zu den „kanonischen Taten“ des Hercules gehörte das Einfangen der heiligen Hirschkuh mit dem goldenen Geweih auf dem Berg Keryneia; Hercules gelingt dies, nachdem er das Tier ein Jahr lang verfolgt hat (Anm. d. Hrsg.).

10 Der *patronus* (eine einflußreiche Persönlichkeit, oft ein bedeutender stadtrömischer Magistrat) vertrat seine Klienten, zu denen auch Städte und ganze Provinzen gehören konnten, in allen politischen und rechtlichen Angelegenheiten und leisteten finanzielle Unterstützung bei Baumaßnahmen (Anm. d. Hrsg.).

11 Über das Haus mit dem Telephosrelief: A. Maiuri, Ercolano, S. 345–360, Abb. 31–32; vgl. U. Pappalardo, Die Suburbanen Thermen von Herculaneum, Antike Welt 30, 3, 1999, S. 209–218.

12 Auge, eine Priesterin der Athena in der Stadt Tegea, war die Tochter des Aleos, des Königs von Arkadien. Als Hercules in dieser Stadt Rast

machte, nutzte er die Zeit, die schöne Prinzessin zu verführen (Anm. d. Hrsg.).

[13] H. Froning, Marmorschmuckreliefs mit griechischen Mythen im 1. Jahrhundert v.Chr. (1981) S. 22–30.

[14] U. Pappalardo, Nuove testimonianze su Marco Nonio Balbo ad Ercolano, Mitteilungen des Deutschen Archäologischen Instituts, Rom 104, 1997, S. 285–297, Abb. 59–68.

[15] Versammlungsort für die Mitglieder des Stadtrates (*ordo decurionum*) (Anm. d. Hrsg.).

[16] A. Maiuri, Ercolano. I nuovi scavi (1927–1958), Bd. 1 (1958) S. 113–143; M. Pagano, La nuova pianta della città e alcuni edifici pubblici di Ercolano, Cronache Ercolanesi 26, 1996, S. 229–262, Abb. 1–21, besonders S. 243–248.

[17] *Princeps* (der Erste): Seit Augustus Ehrentitel des Kaisers und oft auch Teil der römischen Kaisertitulatur (Anm. d. Hrsg.).

[18] A. Maiuri, Ercolano. I nuovi scavi (1927–1958), Bd. 1 (1958) S. 91; 98; 111; M. Pagano, La nuova pianta della città e alcuni edifici pubblici di Ercolano, Cronache Ercolanesi 26, 1996, S. 229–248, besonders S. 248.

[19] Die Erlegung der vielköpfigen Lernäischen Hydra, eines gefährlichen Schlangen-Monstrums, gehörte zu den „kanonischen Taten" des Hercules (Anm. d. Hrsg.).

[20] A. Maiuri, Fontana monumentale in bronzo nei Nuovi Scavi di Ercolano, Bollettino d'Arte, 1954, S. 193 ff.

[21] Zum Thema: S. Woodford, The Iconography of the Infant Herakles Strangling Snakes, in: Image et céramique grècque. Actes Colloque Rouen 25./26. IX. 1982 (1983) S. 121–129.

[22] Es handelt sich um das Buch von Ch. N. Chochin – J. Ch. Bellicard, Observations sur les antiquités de la ville d'Herculaneum, 1754 (Anm. d. Hrsg.).

[23] Ch. N. Cochin – J. Ch. Bellicard, Observation sur des Antiquités d'Herculanum (1755), reprint: 1972, Abb. 5 auf S. 19. Die genaue Identifizierung dieser Gebäude erscheint heute ziemlich problematisch, eine Ordnung in die Daten zu bringen versuchten: A. Allroggen-Bedel, Das sogenannte Forum von Herculaneum und die bourbonischen Augrabungen von 1739, Cronache Ercolanesi 4, 1974, S. 97–109; St. Muscettola, Nuove letture borboniche. I Balbi ed il Foro di Ercolano, Prospettiva 28, 1982, S. 2–16; A. Allroggen-Bedel, Dokumente des 18. Jahrhunderts zur Topographie von Herculaneum, Cronache Ercolanesi 13, 1983, S. 139–158, besonders S. 155–157; Abb. 1.7 (der Stadtplan von Bardet); G. Guadagno, Ercolano. Eredità di cultura e nuovi dati, in: Ercolano 1738–1988. 250 anni di ricerca archeologica. Atti del Convegno Ravello-Ercolano-Napoli-Pompei 30. X.–5. XI. 1988 (1993) S. 73–98, besonders Anm. 34 auf S. 78 f.; M. Pagano, La nuova pianta della città e alcuni edifici pubblici di Ercolano, Cronache Ercolanesi 26, 1996, S. 229–248, insbesondere Abb. 2 auf S. 249 (Bardets Stadtplan durch neue Daten ergänzt).

[24] St. Muscettola, Nuove letture borboniche. I Balbi ed il Foro di Ercolano, Prospettiva 28, 1982, S. 2–16; M. Pagano, La nuova pianta della città e alcuni edifici pubblici di Ercolano, Cronache Ercolanesi 26, 1996, S. 229–248, besonders S. 238–240 („Basilika").

[25] M. Pagano, Un ciclo di imprese di Ercole con iscrizioni greche da Ercolano, Römische Mitteilungen 97, 1990, S. 153–161 (Datierung in die Zeit Vespasians).

[26] Bardet war 1741–45 Ingenieur bei den Ausgrabungen (Anm. d. Hrsg.).

[27] A. Maiuri, Ercolano. I nuovi scavi (1927–1958), Bd. 1 (1958) S. 87–90 (Bardets Stadtplan und Rekonstruktion von R. Morghen); M. Pagano, La nuova pianta della città e alcuni edifici pubblici di Ercolano, Cronache Ercolanesi 26, 1996, S. 229–248, besonders S. 2403.
Der Zeichner und Kupferstecher F. Morghen (1730 – nach 1807) wurde vor allem durch seine Zeichnungen für die „Antichità di Ercolano esposte" bekannt (Anm. d. Hrsg.).

[28] W. Wohlmayr, Überlegungen zur Basilika von Herculaneum, in: Akten des 3. Österreichischen Archäologentages, Wien 1989, S. 193–196 (Zusammenstellung des bildhauerischen und gemalten Schmuckprogramms der sogenannten Basilika); T. Najbjerg, Public painted and sculptural programs of the early Roman Empire. The case study of the so-called Basilica in Herculaeum, Diss. Princeton 1997.

[29] K. Schefold, La Peinture Pompéienne (1972) S. 207f., Abb. 47; U. Pappalardo u. a. in: La peinture de Pompéi. Avec un catalogue raisonné, Bd. 2 (1993) S. 235, Nr. 451.

[30] K. Schefold, La Peinture Pompéienne (1972) S. 205 f., Abb. 48; U. Pappalardo u. a. in: La peinture de Pompéi. Avec un catalogue raisonné, Bd. 2 (1993) S. 235, Nr. 451.

[31] K. Schefold, La Peinture Pompéienne (1972) S. 201 f., Abb. 46; U. Pappalardo u. a. in: La peinture de Pompéi. Avec un catalogue raisonné, Bd. 2 (1993) S. 236, Nr. 453.

[32] J. W. Salomonson, Telephos und die römischen Zwillinge, Oudheidkundige Medelingen 38, 1957, S. 15 ff. (eine Gegenüberstellung wie in den *Bioi paralleloi* des Plutarch der Gründer der beiden größten Städte des Altertums, Rom und Pergamon).

[33] Plinius, *Naturalis historia* 36, 29. F. Coarlelli, Guida archeologica di Roma (1974) S. 240, 262 (auf dem riesigen rechteckigen Platz direkt östlich hinter dem Pantheon versammelten sich die in Centurien eingeteilten Komitien zur Wahl der wichtigsten Magistraturen).

[34] K. Schefold, La Peinture Pompéienne (1972) S. 144, 217, 262, Abb. 50a.

[35] U. Pappalardo u. a. in: La peinture de Pompéi. Avec un catalogue raisonné, Bd. 1 (1993) Abb. 125 (der nemeische Löwe), 126 (der Eber des Eurystheus) und 156 (Jupiter und der Regenbogen); W. Wohlmyr, Überlegungen zu Basilika von Herculaneum, in: Akten des 3. Österreichischen Archäologentages (1989) S. 193–196, insbesondere Anm. 9 auf S. 196.

[36] U. Pappalardo, Spazio sacro e spazio profano: il Collegio degli Augustali di Ercolano, in: E. Moormann (Hrsg.), Functional and spatial Analysis of Wall Painting. Proceedings of the Fifth International Congress on Ancient Wall Painting. Universiteit Amstderdam, 8.–12. IX. 1992, Bulletin Antieke Beschaving, Suppl. 3 (1993) S. 90–95, Abb. 1–9, Tafel 1,4.

[37] Die *corona civica* („Bürgerkrone") war ein Kranz aus Eichenlaub. Ursprünglich wurde sie als militärische Auszeichnung an Soldaten verliehen, die in einer Schlacht einem römischen Bürger das Leben gerettet hatten. Auch römischen Kaisern, wie Augustus und Vespasian, wurde diese Auszeichnung zuteil, da sie die gesamte römische Bürgerschaft aus den Wirren des Bürgerkrieges gerettet hatten (Anm. d. Hrsg.).

[38] Ovid, Metamorphosen, 9, 1–95.

[39] Vgl. P. Zanker, Augustus und die Macht der Bilder (1987) S. 267, Abb. 196. Auf dieser Kamee erscheinen rechts Germanicus und Agrippina die Ältere bei der Hochzeit von Claudius und Agrippina der Jüngeren; die Paare der Bildnisse werden von Füllhörnern getragen: Th. Krauss, Das römische Weltreich (1967), Nr. 29 a.

[40] „Maschio Angioino" oder „Castel Nuovo" ist das unter der Dynastie der Aragonen erbaute spätmittelalterliche Schloß am Hafen von Neapel (Anm. d. Hrsg.).

[41] Werke von A. di Chelino (1458), F. Laurana (1453) und anderen: F. Bologna, Napoli e le rotte mediterranee della pittura (1977) S. 100–101; St. Adamo Muscettola, Memorie ritrovate di Napoli antica, in: Scritti in ricordo di giopvanni Previtali, Bd. 1, Prospettiva 53/56, 1988/1989, S. 236–244; besonders S. 238–239, Abb. 6–7.

[42] A. Allroggen-Bedel, Archäologie und Politik: Herculaneum und Pompeji im 18. Jahrhundert, Hephaistos 14, 1996, S. 217–252, besonders S. 241f.

[43] P. Moreno, Il Farnese ritrovato ed altri tipi di Eracle a riposo, MEFRA 94,1, 1982, S. 379–526, Abb. 1.

[44] Brandenburger Tor (1788–1791): G. D. Ulferts, Friede nach siegreichem Krieg. Das Bildprogramm: Skulpturen und Malereien, in: R. Bothe, Das Brandenburger Tor 1791–1991. Eine Monographie (1991) S. 93–123, besonders S. 113–123.

Emma Maria Pirozzi

Wohnen in Herculaneum. Hausarchitektur und Gartenanlagen

Der tragische Vulkanausbruch des Jahres 79 n.Chr. vernichtete jäh und dramatisch das Leben in den Städten Pompeji, Herculaneum, Oplontis und Stabiae, die Jahrhunderte lang für das menschliche Gedächtnis unerreichbar unter dem Eruptivmaterial verschüttet lagen.

Es läßt sich paradoxerweise behaupten, daß diese Orte ihren Ruhm gerade dieser Katastrophe und der darauf folgenden Verschüttung verdanken, die es wiederum in den 250 Jahren der seit dem 18. Jh. durchgeführten Ausgrabungskampagnen ermöglichten, die Art und Weise des Wohnens in den antiken Vesuvstädten zu rekonstruieren. Unter ihnen erlaubt uns Herculaneum, ein kleiner Küstenort in der römischen Provinz mit einer streng rechtwinklig ausgeführten Stadtanlage hippodamischen Typs,[1] die Entwicklung der römisch-italischen Wohnanlage beispielhaft zu erklären und nachzuvollziehen: Anfangs sind die Häuser grundsätzlich schlicht hinsichtlich der inneren Aufteilung der Räume und der Größe der typischen, um einen Innenhof gegliederten Wohneinheit, wobei dieses Atrium die Aufgabe der Beleuchtung und Belüftung übernimmt; dessen nach innen gekipptes Walmdach (*compluvium*) leitet das Regenwasser in das Bodenbecken (*impluvium*) und von dort in die darunter liegende Zisterne, von wo aus es durch einen Brunnenschacht geschöpft werden kann; die Schlafzimmer (*cubicula*) sind an den Seiten untergebracht und die Diensträume neben dem Eingang, während das Speisezimmer (*triclinium*) seinen Platz im hinteren Bereich hat; ein kleiner Garten, ein *hortus*, schließt sich an der Rückseite an.

Abb. 1: Blick auf das „Haus der Hirsche" (Casa dei Cervi) vom Meer aus.

In der Kaiserzeit und unter hellenistischem Einfluß wird die Wohnanlage immer prunkvoller, indem um den Kern, das Atrium, herum eine weitere und viel geräumigere Einheit hinzugefügt wird, die sich um eine große Säulenhalle (Peristyl) entfaltet, neue Zimmer sowie terrassenförmig zum Meer hin abfallende Portiken und Parkanlagen (*viridaria*) vorsieht und einen realen wie auch illusionistischen Garten einschließt. Entworfen, damit „der Blick sich ausruhe, der Geist sich befreie und der Atem sich beruhige", wird dieser Garten zu einem wesentlichen Bestandteil der römischen Architektur avancieren; zu einem Raum, wie ihn Nicolai Hartmann in seiner Ästhetik mit den Worten beschrieben hat: „Der Mensch fühlt sich [...] als darinstehend in der Landschaft, und nicht nur räumlich. Das ist offenbar wesentlich für sein Empfinden: Er sieht sich aufgenommen, empfangen, umgeben, bringt wohl gar die Tendenz zum Einswerden mit der Natur mit. Damit wird nicht nur die ästhetische, sondern überhaupt die Gegenständlichkeit der umgebenden Natur weitgehend aufgehoben. Erst gegen dieses primitive Sich-Ergehen in der Natur hebt sich die ästhetische Gegenstandwerdung der Landschaft ab."[2] Der Garten wird also zum Ort des Vergnügens innerhalb des eigenen Wohnraums, bereichert von

Brunnen, Obstgärten und Portiken; und nicht nur die Häuser der Reichen hatten mehr oder weniger ausgedehnte Gärten, selbst die Häuser ohne Peristyl hatten einen kleinen Garten an der Rückseite, wie z. B. das Haus Nr. 33 in der Südostecke der heutigen *Insula* V, das einen Sektor des ursprünglichen *hortus* des „Samnitischen Hauses" (Casa Sannitica) einnimmt.

Die Gärten der Villen wurden oft so gestaltet, daß sie das natürliche Bodengefälle zur Geltung brachten; die von einer Mauer gestützte Terrassierung wurde oft mit Nischen und Fontänen dekoriert und manchmal wurde darunter eine *criptoporticus*[3] eingerichtet.

Die Vielfalt der in den Gärten gezüchteten Pflanzen wird von den Wandfresken, von den vor Ort aufgrund fossiler Funde durchgeführten wissenschaftlichen

Abb. 2: Der Archäologische Park Herculaneum von oben.

Abb. 3: Garten des „Hauses der Herberge" (Casa dell'Albergo).

Untersuchungen, von den archäologischen Ausgrabungen sowie den literarischen Quellen wie den *Historiae naturalis* von Plinius d. Älteren umfassend dokumentiert. Doch vor allem sind es die Gartenmalereien, die die reiche Vielfalt der angebauten Pflanzen und ihrer Verwendung überliefert haben: Corneliuskirsche und Granatapfelbaum wurden im Wechsel mit Rosenstrauchreihen für Einfriedungen verwendet, Kirschlorbeer, Wacholder, Zypressen, Pinien und Zedern erhoben sich über die Hecken; durch die Untersuchung der Wurzeln konnte zudem ihre Verteilung innerhalb der Gärten ermittelt werden. Im römischen Garten verwirklicht die „ars topiaria", die sich vom *topiarius*, dem Gärtner, herleitet, eine regelrechte Gartenarchitektur, die die Innenarchitekturen ergänzt; keine freien und irrationalen Gelände, wie es zum Teil die orientalischen *paradeisoi* waren, sondern strenge und rationale Räume, wo die Natur unterworfen und zu geometrischen Formen gestutzt wird, die mit entsprechenden Gewächsen wie Steineichen und Zypressen, mit Säulengängen und vielerlei Vogelarten Gestalt gewinnt.

Die grünen Inseln innerhalb der römischen Wohnanlagen waren so wichtig, daß sie durch illusionistische Wandmalereien dargestellt wurden, wenn der Platz für ihre reale Umsetzung fehlte; der Ehrenplatz gebührte dem weitgehend dekorativen Blattwerk sowie der Wahl von Pflanzenarten, die während der Wintermonate unverändert blieben, wie der Farne, des Erdbeerbaums, des Lorbeers, des Schneeballs und des Efeus, der gleich nach dem Rebstock Bacchus' Lieblingspflanze ist, wie Ovid ausführt:

> *…hedera est gratissima Baccho:*
> *Hoc quoque cur ita sit, discere nulla mora est.*
> *Nysiadas nymphas puerum quaerente noverca*
> *Hanc frondem cunis opposuisse ferunt…*[4]

> „…Den Efeu liebt Bacchus besonders!
> Wie denn nun das wieder kommt? Das ist in Kürze erklärt:
> Als ihn – da war er noch klein – die Stiefmutter suchte, da haben
> Nymphen vom Nysa dies Laub vor seine Wiege gelegt."

Auf diese Weise wurde eine Beziehung kontinuierlichen Übergangs zwischen Architektur und Garten geschaffen; ein wesentliches Element des römischen Gartens war somit das schattige Laubwerk, das zusammen mit den exotischen Gewächsen als Hintergrund für die Architektur diente. Für die Übernahme exotischer Pflanzenarten stellten Griechenland und die *Magna Graecia*[5] das Bindeglied zwischen Italien und Asien dar (Theophrast, *Historia plantarum*).

Infolge orientalischer Einflüsse importiert Griechenland im 5. Jh. v.Chr. Blumen und Pflanzen zur Ausschmückung von Gärten, Tempeln und Heiligtümern; im 4. Jh. v.Chr. entstehen neben den öffentlichen Gartenanlagen zahlreiche Privatgärten, die in hellenistischer Zeit einen monumentalen Charakter annehmen und in ganz Griechenland Verbreitung finden.

Der immer üppigere Privatgarten mit Bäumen, Blumen, Fontänen und Nymphäen wird zum „Lustgarten" und setzt sich vor allem in der *Magna Graecia* und auf Sizilien zwischen dem 5. und dem Beginn des 3. Jh. v.Chr. durch: Ein Beispiel dafür ist der Park im Palast des Gelon, auch „Tyrannengarten" genannt, dessen mesopotamische Herleitung in der Beschreibung erkennbar ist, die Athenäus davon gibt (XII, 542a).

Von der hellenistischen Welt gelangt der „Privatgarten" in die römische Welt und wird mit der Zeit, ohne jemals das orientalische *paradeisos* mit seiner scheinbar verworrenen Anordnung der Baumbestände zu imitieren, immer stattlicher – bis zur Ausgestaltung von Formen, die letztlich mit der Achsengliederung des architektonischen Gesamtgefüges verschmelzen.

Zu Beginn des 1. Jh. v.Chr. verbreitet sich in der römischen Welt infolge der Eroberung Griechenlands und der damit einhergehenden hellenistischen Einflüsse die Vorliebe für geplante Grünflächen, die an die griechischen Heiligtümer erinnerten, während die für den Anbau von Bodenerzeugnissen, also für praktische Zwecke bestimmten *horti* sich in Gärten verwandeln, deren Blumen- und Pflanzenzucht zu dekorativen Zwecken die reicheren Häuser schmückt und mit der Schaffung einer Kontinuität zwischen Natur und Architektur die neuen hellenistischen Erfahrungen widerspiegelt.

Seit dem 1. Jh. v.Chr. und im Verlauf des 1. Jh. n.Chr. wird dann der römische Garten besonders prachtvoll ausgestaltet, – „Wohnen wurde […] zu einer neuen Form kultureller Erinnerung;"[6] die Ergänzung von Garten und Architektur, Garten und Landschaft ist die Folge der typisch hellenistischen Lebens- und Aneignungsweise der Natur. Der Garten wird also zu einem integrativen Bestandteil des Hauses und stellt künftig eine wesentliche Komponente seiner Entwicklung dar.

Die Entwicklung des Gartens schreitet Hand in Hand mit der Entwicklung des Hauses und mit dem geistreichen Einfall voran, Eßzimmer und Ruhebereiche nach stimmungsvollen landschaftlichen Ausblicken hin zu orientieren, wie in dem „Haus der Hirsche" (Casa dei Cervi, Abb. 1), wo eine neue und in den Garten vollkommen integrierte architektonische Einheit als Abfolge eines Gartens (*oecus*) und eines Aussichtspavillons (*oecus cyzicenus*) Platz findet: Auf diese Weise wird jene Ergänzung von Architektur, Natur und Landschaft von deutlich hellenistischer Prägung erreicht, die allerdings in der Zurschaustellung der Zugehörigkeit zu einem privilegierten Stand ganz römisch wird (mit der Einführung der teuren korinthischen, altägyptischen und cyzicenischen *oeci*, die Vitruv als große, auf allen Seiten zum Garten hin offene Bankettsäle beschreibt).[7]

Den architektonischen Innenraum so eng wie möglich mit dem Außen, dem Garten zu verbinden, war eine der großen Errungenschaften der Architektur: ein Außen, das in unserer Kultur physisch wie auch symbolisch einen wie auch immer geplanten und ausgeführten Garten bedeutet.

Parallel zur Entwicklung des Gartens läßt sich die Entwicklung des römischen Hauses nachzeichnen und rekonstruieren, während man durch die Untersuchung des Wohnraumes die Bedeutung erfassen kann, die das Wohnen in der römischen Gesellschaft erhält: das Verhältnis zwischen dem Haus und den verschiedenen sozialen Schichten, der Wandel der Wohnweise in der Zeit sowie die innerhalb der Wohnanlage aufkommende strikte Trennung von Räumlichkeiten, die der Pflege gesellschaftlicher Beziehungen dienen, und anderen, vornehmlich privat genutzten Räumen; schließlich läßt sich verfolgen, wie diese Bedeutungsinhalte dann in architektonische Raumkonzepte umgesetzt werden.

In der römisch-italischen Privatarchitektur basierte die typische Wohneinheit im wesentlichen, im Gegensatz zur hellenistischen Tradition, auf einem vorwiegend achsensymmetrischen Schema mit einer „starren" Aufteilung der Räume, in dem neben dem Atrium als Schwerpunkt des Familienlebens und dem *tablinum* als Filter zum Schutz des Alltags das Leben im Freien steht, ein *hortus* für den Anbau und die Kleinviehzucht.

Wenn die Wohnanlage über ein größeres Grundstück verfügt, folgt auf den *hortus* ein *viridarium*, das durch seine besondere Zusammenstellung den „Lustgarten" verwirklicht.

Die planimetrische Analyse der bis zum heutigen Tag ausgegrabenen Stadt Herculaneum (4,5 Hektar; Abb. 2) liefert einen genauen Einblick in die Entwicklung des Wohnschemas und in die genauen Ausmaße der von den Gärten eingenommenen Fläche, der Öffnung des Hauses zur Landschaft hin und der großen wie kleinen grünen Flächen, die in den Wohnbereich einbezogen waren.

Um das 5. Jh. v.Chr. gliedert sich das Haus um einen aus Atrium und *tablinum* bestehenden Kern herum: Das als Mittelpunkt, um das sich das Familienleben abspielt, konzipierte Atrium wird hinten vom *tablinum* begrenzt, welches, ursprünglich als ausschließlich private Umgebung aufgefaßt, sich in ein der Repräsentation und dem Archiv dienendes Zimmer verwandelt und folglich zu einem Durchgangs- und Verbindungsraum zum Peristylbereich wird.

Jenseits des *tablinum* befindet sich die Projektion ins Freie (aber noch im Bereich der Wohnung, weil sie innerhalb der Einfriedungsmauer liegt), der *hortus*: oft als ständige Größe innerhalb des Hauses vorhanden, um einer teilweisen Selbstversorgung und der Produktion von Heil- und Zierpflanzen willen bebaut, weitet er sich später aus und verwandelt sich in einen mit Plastiken, Fontänenskulpturen, Obstbäumen und Portiken angereicherten „Lustgarten", in dem das alltägliche Vergehen der Zeit die unmittelbare und vitale Beziehung zur umgebenden Natur in eine unausbleibliche Harmonie betten sollte.

In späterer Zeit wird der *hortus*, den Bedürfnissen des Anbaus und der Produktion entsprechend, mit einem separaten Dienst-Eingang versehen, *posticum* genannt, um den Wohn- vom Dienstleistungs- und Produktionsbereich zu trennen. Aufgrund der Zunahme des Handelsaustausches mit dem Orient und des wachsenden Bedarfs an Wohnraum wird um das 2. Jh. v.Chr. eine

Abb. 4: Blick in das Atrium und den Wohnraum *(oecus)* des „Hauses mit dem Mosaikatrium" (Casa dell'Atrio a Mosaico).

neue Bautechnik eingeführt, das *opus caementicium*[8], das gegenüber dem *opus quadratum*[9] und dem *opus craticium*[10] schneller ausgeführt und höher belastet werden kann und zu einer Kostensenkung führt.

Das italische Achsenschema (*alae-atrium-tablinum*) bleibt zwar unverändert, doch vergrößert sich das Haus dabei nach dem Vorbild der Stadtpaläste der römischen Aristokratie und es verwandelt sich, ausgehend vom Mittelteil des um einen Säulengang erweiterten Atriums. Dies ermöglicht viel größere Ausmaße gegenüber dem tuskischen Atrium, dessen maximale lichte Weite um die zehn Meter betrug.

Das tuskische Atrium verwandelt sich und wird viersäulig oder korinthisch, während der frühere *hortus*, von einer Portikus eingefaßt, sich in ein Peristyl verwandelt, an dem der hellenistische Einfluß deutlich ablesbar ist; der *hortus* wird also zum *viridarium*, d.h. zum Ziergarten.

Durch den Säulengang und die Portikus erfährt das altitalische Haus eine Umgestaltung und öffnet sich zu entsprechend entworfenen begrünten Flächen hin (Abb. 3), so daß der Garten zum integrativen Bestandteil des Hauses wird und darin eindringt, das neue Bedürfnis nach Luxus befriedigt und sich – dank der Öffnung ins Freie und der Suche nach einem Panoramablick, die natürliche Abhänge und Terrassierungen nutzt – tendenziell der Villa annähert.

Die zentrale Lage von Herculaneum, das sich strategisch auf halber Strecke zwischen Neapel, das griechische Sitten, Gebräuche und Kultur beibehielt, und Pompeji befindet, dem wichtigen Handelshafen an der Mündung des Flusses Sarno, sowie sein herrlicher Ausblick auf den Golf von Neapel, machten den Ort um die Mitte des 1. Jh. v.Chr. besonders attraktiv für die römische Aristokratie, die prächtige Villen am Meer (wie die Villa dei Papiri, einer Vorstadtvilla, in der sich mehr als 1000 Papyrusrollen fanden) baute, während die an der Südseite der Stadt liegenden Wohnanlagen radikalen Umwandlungen und beträchtlichen Erweiterungen unterzogen wurden, so daß sie zu luxuriösen Wohnsitzen wurden. Dafür steht z. B. das zweigeteilte „Haus mit dem Atriummosaik" (Casa dell'Atrio a Mosaico): ein Eingangs- und Repräsentationsbereich traditionellen Typs, einerseits mit dem großen und raffinierten *oecus aegyptius* am hinteren Ende (Abb. 4; einziges bekanntes Beispiel im Vesuvgebiet) als dreischiffige basilikale Anlage, die das *tablinum* ersetzt, sowie ein Erweiterungsbereich andererseits, der sich um das Peristyl und die vornehmlich für Gastmähler bestimmte

Abb. 5: Wandmalerei des Cubiculums des „Hauses mit dem Obstgarten" (Casa del Frutteto), Pompeji.

gliedert; weitere Beispiele dafür sind das „Haus der Herberge“ (Casa dell’Albergo) und das „Haus des Aristides“ (Casa di Aristide), die das Gefälle des Bodens nutzen und verschiedene Ebenen aufweisen, weil Terrassierungen und Grundbauten die Höhenunterschiede überwinden.

Im augusteischen Zeitalter bedeutet der Bau des Serino-Aquäduktes eine so reichliche Versorgung mit Wasser über die wesentlichen praktischen Zwecke hinaus, daß Wasser zum Gegenstand lustvoller Betrachtung werden kann; der ideale Ort für diesen Überfluß ist sicherlich der Garten, der zu dem wohlgeordneten „Paradies“ wird, zu dem eingefriedeten, in sich abgeschlossenen Garten nach orientalischem Vorbild, aus dem die Unordnung der Welt verbannt bleibt: ein Ort, an dem der Raum seine Unterteilungen vervielfacht, zuweilen nach einem starren Zweiachsen-Schema um einen Wasserspiegel herum.

In den luxuriöseren Häusern werden Bewässerungsrinnen und zentrale Becken mit Fontänen im Garten angelegt, die mit entsprechenden bronzenen Sperrverschlüssen versehen werden, wie dem, der im Peristyl des „Hauses mit dem Atriummosaik“ gefunden wurde. Neben dem „realen“ Garten wird der „gemalte“ Garten dargestellt: Zwischen dem Phantastischen und dem Wirklichen stehen jenseits eines niedrigen Lattenzauns wohlgeordnete Beete, an Pappeln hochgebundene Rebstöcke und vielerlei Arten blühender Sträucher und fliegender Vögel; es sind von einer domestizierten Natur erfüllte Gärten, mit mildem Klima und einer irrealen botanischen Vielfalt, dem Ergebnis der Importe aus dem gesamten Kaiserreich, um ein einzigartiges Ambiente zu schaffen (Abb. 5, 6, 7, 8).

Solche Gärten werden als verzauberte und legendäre Orte aufgefaßt, wie die von Diodorus und Strabo beschriebenen „Hängenden Gärten von Babylon“: Es ist der in den persischen Teppichen idealisierte Garten mit dem viergeteilten Schema, das immer stärker längs einer einzigen Achse, nur in eine einzige Richtung gestaltet wird.

Der Illusionsgarten entsteht, phantastisch in seiner Vegetation, den Wetterunbilden nicht unterworfen, der zu einem nicht weniger bedeutsamen Modell wird wie der reale Garten.

Nahezu metaphysische Gärten, die uns in noch so abstrakte, aber von einer starken symbolischen Macht gekennzeichnete Orte versetzen, reich an Suggestionen, die die Erinnerungen des Lebensgefühls anregen; ein Wechsel der Vegetation, der auf ein geschickt kontrol-

Abb. 6: Wandmalerei im Peristyl des „Hauses des Menander“ (Casa del Menandro), Pompeji.

Abb. 7: Wandmalerei des Tricliniums des „Hauses des goldenen Armreifs“ (Casa del bracciale d’oro), Pompeji.

Abb. 8: Wandmalerei des Wohnraums *(oecus)* des „Hauses des goldenen Armreifs" (Casa del bracciale d'oro), Pompeji.

liertes Spiel der Spiegelungen und Durchblicke verweist, als Zeichen des zugrunde liegenden erlesenen intellektuellen Anspruchs.

Die Gartenmalereien fesseln die Einbildungskraft nicht aufgrund der Darstellung an sich, sondern wegen ihrer Raum-, Licht- und Farbspiele; ein kunstvolles Virtuosentum wird im Gebrauch des Grüns, des Wassers und nicht nur damit erreicht; ein nahezu übermäßiger Dekorativismus, der sich zum Hüter der Reminiszenzen an die griechische Kultur aufschwingt, eine phantastische Gartenarchitektur, die magische Räumlichkeiten konstruiert, welche den Menschen mit der Natur verbinden.

Das Peristyl öffnet sich auf wirkliche und gemalte Gärten, wobei die letzteren durch einen Kunstgriff auf einen „realen" Garten verweisen, durch die illusorische Aneignung der Natur nämlich mit ihrer Vielfalt an Pflanzen und Tieren: ein in seinen trügerischen Darstellungen geschickt gegliederter Raum, der aber auf jeden Fall (wie beim „realen" Garten) ein abgeschlossener Raum ist, der den Betrachter umfängt und ihn in die Mitte des „illusorischen", von ebenso genauen Kompositionsgesetzen bestimmten Gartens versetzt. Der falsche Garten verweist auf einen ebenfalls im Hinblick auf den Betrachter konstruierten echten.

Zur Kaiserzeit läßt sich ein Prozeß der Durchdringung und des Austausches zwischen der Villa und der Stadtresidenz beobachten: Während der herrschaftliche Landsitz die Typologien und die urbanen Annehmlichkeiten in die ländliche Einsamkeit überführt, erweitert und verfeinert sich das städtische Wohnhaus bis hin zur Aufnahme eines immer größeren *hortus*. Ein interessantes Beispiel hierfür bildet die berühmteste Villa von Herculaneum, die sogenannte Villa dei Papiri, deren Anlage auf einem Vorsprung am Meer der Wellung des Geländes folgte und sich auf einer Länge von über 250 Meter erstreckte. Darin waren alle bezeichnenden Elemente des klassischen Gartens vorhanden: Nymphäen, kleine Tempel, *viridarium*, Portiken und schattige Wege, die erquickende Spaziergänge erlaubten.

Das Ambiente wurde von Statuen, Flachreliefs und Fontänen geschmückt, aber selbst in einem Raum von solcher Weite bleibt die Struktur des Gartens eine in sich geschlossene und umgrenzte, die in enger Beziehung zum architektonischen Raum steht.

Der Garten wird zu einer großen Szenerie, in der heterogen gestaltete, von unterschiedlichen künstlerischen Vorbildern abgeleitete Skulpturen zur Geltung

schen Vorbildern abgeleitete Skulpturen zur Geltung kommen. Sie dienen, ob in hellenistischer Prägung oder nach italischer Tradition einem einzigen Zweck: der Zurschaustellung des Reichtums (Abb. 9, 10).

Die Skulpturendekoration innerhalb der Gärten hält sich im wesentlichen an die mythologische Welt mit ihren vielen Symbolen und Gottheiten. Aus der hellenistischen Welt stammende Theatermasken *(oscilla)*, Statuetten und Hermen schmücken die großen wie die kleinen Gärten, in denen sich das Hauptthema anhand der Figuren aus dem dionysischen Kreis entfaltet, wie Mänaden[11] und Silenen.[12]

Die größte Verbreitung der bildhauerischen Elemente ist im augusteischen Zeitalter zu verzeichnen; sie wurzelt in religiösen Werten und nimmt die Skulpturendekoration der großen herrschaftlichen Villen zum Vorbild, füllt sie aber manchmal mit einer ganz anderen, sehr volkstümlichen Bedeutung: mit Unheil abwendenden und versöhnenden, den Kräften der Natur verpflichteten Symbolen.

Die Skulpturendekoration, die den Garten einer *domus* verziert und belebt, spielt also eine wichtige Rolle; durch die Darstellung der Gottheiten spiegelt sie komplexe kulturelle und religiöse Haltungen der Natur gegenüber wider, der man unbedingt entgegenwirken will und die man zu unterwerfen sucht.

Die wesentlichen Merkmale des römisch-herculanensischen Haustyps (*domus*) werden in späteren Jahrhunderten (im 16. Jh. und stärker noch im 18. Jh., dem Zeitalter der Entdeckung und der Geburt des Klassizismus) wieder aufgenommen, wobei sie die antike Ausprägung voll und ganz bewahren: das Haus erscheint als Ort privaten Genusses, wo die Vereinigung von Landleben und Lage am Golf sich der antiken Tradition des *otium* (Muße) in einem Gebiet verpflichtet, das als *locus amoenus* (lieblicher Ort) bekannt war.

Diese Tatbestände, die einen Wohnungstyp der gehobenen Schichten repräsentieren, bestehen neben völlig anderen Typologien wie den zweigeschossigen Häusern in *opus craticium*, das die intensive Nutzung der verfügbaren Fläche ermöglicht: ein von Leuten bescheidenen sozialen Standes bewohntes Mehrfamilienhaus. Hinzu kommt das dem Mittelstand gehörende Gebäude von zwar mäßiger planimetrischer Entfaltung, wie z. B. das elegante „Haus mit Neptun und Amphitrite" (Casa di Nettuno ed Anfitrite), das in augusteischer Zeit nach einem vollkommenen Achsenschema, aber wegen der beschränkten Fläche unter Verzicht auf Perystil und Garten erbaut wurde.

Zum Atrium hin öffnet sich dort ein kleines *tablinum*, dahinter schließt sich ein mit Gartenmalereien verziertes Triklinium-Nymphäum an (Abb. 11); in dessen Mitte befindet sich ein feines Mosaikpaneel mit der Darstellung der beiden Gottheiten, die dem Haus seinen Namen geben.

Hinter dem Triklinium ist die Wand nach Art eines Nymphäums[13] mit einer Mosaikverkleidung aus Muscheln und vulkanischer Lava dekoriert; sie verbirgt das Speicherbecken, das die Fontäne des Trikliniums speist. Im Nymphäum tun sich drei Nischen auf; Amedeo Maiuri vermutet, daß in der großen Mittelnische eine Fontänen-Statue stand, während die Bekrönung des Nymphäums mit kleinen Marmorskulpturen verziert ist, die Theatermasken darstellen.

All das führt zu einer Ausdehnung des Raumes und zu einem scheinbaren Durchbruch der Wand, um den Betrachter in eine Dimension zu versetzen, die ländliche Szenen von erheblicher Suggestion evoziert; so weitet der Raum sich illusionistisch aus und verleibt sich den Garten ein, den es nicht gibt, wobei das Ganze vom magisch-dynamischen Sprudeln des Wassers sowie vom Eindruck der davon gespendeten Kühle abgerundet wird.

Ein weiteres interessantes Beispiel für die Umwandlungen und Erweiterungen läßt sich in dem „Haus mit dem tuskanischen Säulengang" (Casa del Colonnato Tuscanico) erkennen, dem Ergebnis der Verschmelzung zweier Wohneinheiten in augusteischer Zeit: Das *viridarium* fügt sie zusammen und wird zum Bindeglied zwischen den beiden Baukörpern.

Mit dem Eingang auf der Seite des *decumanus maximus* für den Repräsentationsbereich und einer Hintertür (*posticum*) zum *Cardo* III vollzieht das Haus die scharfe Trennung zwischen den verschiedenen Aufgaben der *domus*: den Repräsentations-, Produktions- und den reinen Privaträumen mit ihrem unmittelbaren Zugang zum *viridarium*.

Läßt sich an der „Casa del Colonnato Tuscanico" die vorgenommene Erweiterung ablesen, so ist das „Samnitische Haus" (Casa Sannitica), eine der ältesten Wohnungen von Herculaneum, ein interessantes Beispiel für die Umwandlung und – in diesem Fall – Verkleinerung einer großen Wohnanlage, die aufgrund sozioökonomischer Erfordernisse aufgeteilt wird.

Zur Zeit ihrer Erbauung im 2. Jh. v.Chr. nahm diese *domus* die gesamte Breite des Häuserblocks ein, später

Abb. 11: Blick in das Speisezimmer im „Haus mit Neptun und Amphitrite" (Casa di Nettuno e Anfitrite).

Abb. 9: (S. 90) Marmorskulptur aus dem „Haus der Hirsche" (Casa dei Cervi), (Kat. 7.1).

Abb. 10: (S. 91) Marmorskulptur aus dem „Haus der Hirsche" (Casa dei Cervi), (Kat. 7.2).

gen errichtet: das „Haus mit dem großen Portal" (Casa del Gran Portale) und ein kleines Bauernhaus.

Das im 1. Jh. n.Chr. von dem verhängnisvollen Ausbruch verschüttete Herculaneum stellt also einen kleinen Mosaikstein dar, der für unsere Kenntnis der Verwendung begrünter Flächen unentbehrlich ist: jener Grünanlagen, die ein ergänzendes, aber eminent wichtiges Element in der Entwicklung der privaten Wohnarchitektur und im Verhältnis zwischen ihr, der öffentlichen Architektur und der Stadt bilden.

Dies wurde durch die Planung des privaten Raumes und der Beziehungen zwischen ihm und der Stadt erreicht, aber auch durch die Entwicklung und den

Wandel der Art und Weise, den Wohnraum zu konzipieren und zu erfahren, und auf diese Weise auch die Stadt selber zu erfahren.

Literatur

De arbore, Gaeta, Biblioteca Casanatense. Ausstellungskatalog (1991).

R. Bianchi Bandinelli, Tradizione ellenistica e gusto romano nella pittura Pompeiana, in: Storicità dell'Arte Classica (1973).

A. Ciarallo, Verde Pompeiano (2000).

Domus – viridaria – horti picti. Ausstellungskatalog Neapel (1992).

P. Grimal, I giardini di Roma antica (1990).

N. Hartmann, Ästhetik (1953).

W. Jashemski, The garden of Pompeii, Herculaneum and the Villas destroyed by Vesuvius (1979).

G. Lugli, L'arte dei giardini presso i romani (1957).

A. Maiuri, Gli „oeci" vitruviani in Palladio e nella casa Pompeiana ed Ercolanese, Palladio 1–2, Januar 1952.

A. Maiuri, Nuove pitture di giardino a Pompei, Bollettino d'Arte 1952, S. 5–12.

A. Maiuri, Ercolano, I nuovi scavi, 1927–1958 (1958).

N. Neuerburg, L'architettura delle fontane e dei ninfei nell'Italia antica (1965).

L. F. Dell'Orto (Hrsg.), Ercolano 1738–1988, 250 anni di ricerca archeologica. Kongreß Ravello – Ercolano – Napoli – Pompei (1988).

M. R. Wojcik, La Villa dei Papiri ad Ercolano (1986).

P. Zanker, Pompeji. Stadtbild und Wohngeschmack (1995).

Anmerkungen

1 Hippodamus von Milet, griechischer Architekt des 5. Jh. v.Chr., gilt als Erfinder des nach ihm benannten Stadtplans für planmäßig angelegte Städte mit gleich großen Grundstücken und rechtwinkligem Straßennetz (Anm. d. Hrsg.).

2 N. Hartmann, Ästhetik (1953) S. 148.

3 Ein ganz oder teilweise untertägig gelegener Säulengang (*porticus*) (Anm. d. Hrsg.).

4 Ovid, *Fasti* III, 767–70.

5 Lateinische Bezeichnung für Großgriechenland, also die griechischen Koloniegründungen in Süditalien und auf Sizilien (Anm. d. Hrsg.).

6 P. Zanker, Pompeji, Stadtbild und Wohngeschmack (1995) S. 23.

7 Vitruvius, *de architectura* VI, 3, 10.

8 Eine von den Römern entwickelte Gußmauertechnik, die aus einem Gemisch aus Sand, Kalk und Ziegelmehl besteht und zusammen mit Bruchsteinen in eine Schalung gefüllt wurde (Anm. d. Hrsg.).

9 *opus quadratum*: Eine aus regelmäßig behauenen Steinquadern gebildete Mauer (Anm. d. Hrsg.).

10 *opus craticium*: Römische Bauweise mit Fachwerkrahmen aus Holz, dessen Fächer mit Steinen, Kalk und Schlamm gefüllt werden (Anm. d. Hrsg.).

11 Anhängerinnen des Dionysos, die den Gott in ekstatischen Festen verehrten (Anm. d. Hrsg.).

12 Mythischer Begleiter des Gottes Dionysos (Anm. d. Hrsg.).

13 Der lateinische, aus dem Griechischen entlehnte Ausdruck des *nymphaeum* bezeichnete ursprünglich eine den Nymphen geweihte Stätte und nimmt mit der Zeit die Bedeutung eines monumentalen, zur Verschönerung von Gärten und Räumen entworfenen Springbrunnens an.

5618

Martin Maischberger – Norbert Franken

Die Villa dei Papiri. Architektur und Skulpturenausstattung

Die Entdeckung der Villa dei Papiri bei Herculaneum im Jahre 1750 markiert nicht nur für die Archäologie der Vesuvgegend einen Meilenstein. Der Fund von über 80 Bronze- und Marmorskulpturen und weit über 1800 Papyrusrollen – der größten erhaltenen Bibliothek aus der Antike – sowie die abenteuerliche Bergung dieser Funde über Tunnel und Schächte von bis zu 400 Metern Länge sichern der Villa bis zum heutigen Tage einen singulären Platz in der Archäologie der römischen Welt. Die 1765 eingestellten Grabungen wurden erst 1986 wieder aufgenommen und kamen 1998 zu einem vorläufigen Abschluß. Seit März 2003 können Teile der neuen Ausgrabungen besichtigt werden. Ebenso berühmt wie die Villa selbst ist ihr 1974 fertiggestellter Nachbau im kalifornischen Malibu oberhalb von Los Angeles (Abb. 2, 3). Die frühere Privatvilla des Millionärs J. Paul Getty ist heute der Kernbau des nach ihm benannten Museums.

Abb. 1: Herme des Dionysos, Bronze (Kat. 4.10).

Entdeckung und Fundbergung

Wie bereits das Theater im Jahre 1710 wurde auch die Villa dei Papiri durch einen Zufall entdeckt, nämlich beim Ausheben eines Schachtes für einen Brunnen im „Vico di Cecere“ nordwestlich des modernen Ortes Resina. Eine vollständige Freilegung der unter einer bis zu 30 Meter hohen Schlammschicht begrabenen Anlage schien ausgeschlossen. Der in Diensten des neapolitanischen Königs stehende Schweizer Ingenieur Karl Weber ließ stattdessen ein System langer und verzweigter Stollen anlegen, die zu den verschiedenen Bereichen der Villa vorstießen. In zwei Kampagnen, von 1750 bis 1761 und von 1764 bis 1765, wurden die Skulpturen sowie zahlreiche weitere Gegenstände und Ausstattungselemente – Papyri, Fragmente von Wandmalereien, Mosaiken und Marmorinkrustationen – geborgen. Austretendes Gas zwang die Ausgräber 1765 dazu, die Arbeiten einzustellen und die Zugangsschächte zu schließen. Die in den 15 Jahren geborgenen Ausstattungsgegenstände wurden in das nahe gelegene Museum von Portici transportiert, von wo aus sie später ins Neapler Nationalmuseum gelangten.

Für die Zeit außergewöhnlich waren die akribische Inventarisierung der Fundstücke und vor allem die präzise Dokumentation der Fundlage in dem von Weber erstellten Plan der Villa (Abb. 4). So kann die ursprüngliche Position der Skulpturen mit großer Sicherheit rekonstruiert werden.

Identifizierung des Bauherrn und Datierung der Anlage

Bislang konnte kein direkter und unzweifelhafter Hinweis zur Identifizierung des Bauherrn und Besitzers der

Abb. 2: Kleines Peristyl der Getty-Villa in Malibu.

Villa gefunden werden. Allein aufgrund ihrer außergewöhnlichen Maße (circa 250 x 80 Meter), der privilegierten Lage am Meer (Abb. 5), der Weitläufigkeit und Vielfalt der diversen Baukörper und ihrer luxuriösen Ausstattung kann die Anlage jedoch nur einem reichen Angehörigen der römischen Nobilität gehört haben. Die umfangreiche Bibliothek mit den – überwiegend griechischen – philosophischen Texten bezeugt überdies, daß es sich dabei um einen gebildeten Vertreter seines Standes gehandelt haben muß.

Seit dem späten 19. Jh. werden verschiedene Identifizierungsvorschläge diskutiert, von denen der auf Domenico Comparetti (1883) zurückgehende nach wie vor die größte Plausibilität besitzt: Demnach wurde die Villa von Lucius Calpurnius Piso Caesoninus erbaut, Konsul des Jahres 58 v.Chr. und Vater von Iulius Cäsars vierter Frau Calpurnia. Das wichtigste Argument für diese These liefern die Papyrustexte, unter denen Schriften des epikureischen Philosophen Philodemos von Gadara besonders häufig sind. Philodemos stand zu Piso Caesoninus in einem engen Freundschafts- und Klientelverhältnis. Darüber hinaus enthielt die Bibliothek Philodemos-Texte in verschiedenen Fertigungsgraden, was zur Annahme geführt hat, der Philosoph habe zeitweilig in der Villa gewohnt und gearbeitet. Während Comparettis Identifizierung des Bronzekopfes des sogenannten Pseudo-Seneca als Porträt des Caesoninus seit langem als überholt gelten muß, kann ein möglicherweise im sogenannten *tablinum*[1] gefundener Kopf als Porträt des Sohnes, Lucius Calpurnius Piso Pontifex (Konsul des Jahres 15 v.Chr.), angesehen werden (Abb. 6). Demgegenüber sprechen für die Theorie von Maria Rita Wojcik (1986), daß die Villa vom Konsul des Jahres 38 v.Chr. Appius Claudius Pulcher gebaut worden sei, nur allgemeine Gründe wie dessen philhellenische Einstellung und die epigraphisch belegte Präsenz von Freigelassenen der *gens Claudia* in Herculaneum.

Die Identifizierung des Besitzers der Villa mit einem Konsul der späten Republik und eine Eingrenzung der Bauzeit in die Mitte des 1. Jh. v.Chr. wird auch durch die stilistisch und formanalytisch erschlossene Zeitstellung der ältesten Wandmalereien und Skulpturen gestützt: Im Atrium fanden sich Fresken des Zweiten Stils, in anderen Räumen solche des Vierten Stils. Die Skulpturen zeigen charakteristische Merkmale des späthellenistischen Eklektizismus oder des augusteischen Klassizismus. Bau und Erstausstattung der Villa können daher mit einiger Wahrscheinlichkeit in die

Jahre um 60/50 v.Chr. datiert werden. Der Großteil der Statuenausstattung scheint hingegen erst um die Zeitenwende vom Sohn des Caesoninus zusammengestellt worden zu sein, während die Wanddekorationen Vierten Stils – möglicherweise als Reparaturen infolge von Erdbebenschäden des Jahres 62 n.Chr. – erst in neronischer Zeit entstanden sind.

Die Architektur

Zahlreiche literarische und archäologische Zeugnisse belegen das Phänomen der von der römischen Oberschicht gepflegten Villenkultur. Hierbei ist grundsätzlich zu scheiden zwischen landwirtschaftlichen Produktionszentren verschiedener Größe und Spezialisierung (*villae rusticae*) einerseits und luxuriös ausgestatteten Anwesen in Stadtnähe, auf dem Land oder am Meer andererseits, die primär der Pflege eines raffinierten Lebensstils dienten (*otium*-Villen). Während die frühesten archäologisch dokumentierten *villae rusticae* in die Zeit der frühen Republik, ins 5. Jh. v.Chr. zurückreichen, verbreiteten sich die *otium*-Villen in Italien unter dem kulturellen Einfluß Griechenlands in späthellenistischer bzw. spätrepublikanischer Zeit, im 2. und 1. Jh. v.Chr. und blieben während der ganzen Kaiserzeit „en vogue". Berühmte Beispiele sind die aus Beschreibungen ihrer Besitzer bekannten, archäologisch jedoch nicht sicher identifizierten Villen des Cicero und des jüngeren Plinius oder die weitläufige, mehrere Hektar umfassende Anlage des Kaisers Hadrian bei Tivoli. Viele weitere Fundplätze in ganz Italien, insbesondere in Latium und Kampanien, geben Aufschluß über die vielfältige Architektur und luxuriöse Ausstattung dieser Anlagen.

Die Villa dei Papiri gehört zur Kategorie der sogenannten suburbanen *otium*-Villa: eine außerhalb der Stadt, aber in deren Nähe gelegene prunkvolle Anlage ohne landwirtschaftliche Zweckbestimmung, die in erster Linie der Muße und der geistigen Beschäftigung ihres Besitzers diente. Eine verbindliche Typologie für solche Bauten existiert nicht; sie variierte je nach örtlichen Gegebenheiten und finanziellen Mitteln des Auftraggebers. Zum Standard-Erscheinungsbild dieser Villen gehören von Säulenhallen umstandene Höfe und Gärten (Peristyle), die mit Brunnen, Wasserbecken, Skulpturen und weiteren Ausstattungselementen ausgeschmückt waren. Architektur und Ausstattung sollten das Ambiente griechischer Gymnasien und Palästren evozieren – Anstalten der körperlichen und geistigen Bildung. Daneben weckten die Peristyle auch die Assoziation mit Heiligtümern bzw., noch allgemeiner, mit „göttlich-mythischen Ideallandschaften" (Neudecker 1988).

Für die Villa dei Papiri kennzeichnend ist die Panorama-Position über dem Meer, die sich, wie die neueren Ausgrabungen ergeben haben, auf mindestens drei übereinanderliegenden Ebenen artikuliert hat (Abb. 5).

Die Villa setzt sich aus mehreren, funktional und architektonisch deutlich voneinander geschiedenen Trakten zusammen:

Der Privatbereich im Südosten ist gekennzeichnet durch kleinteilige Bebauung; hier befanden sich die Schlafräume, eine Badeanlage und auch die Bibliothek mit dem Großteil der Papyrusrollen.

Richtung Westen, auf einem Geländevorsprung über dem Meer, schlossen sich das tuskanische Atrium mit

Abb. 3: Großes Peristyl der Getty-Villa in Malibu.

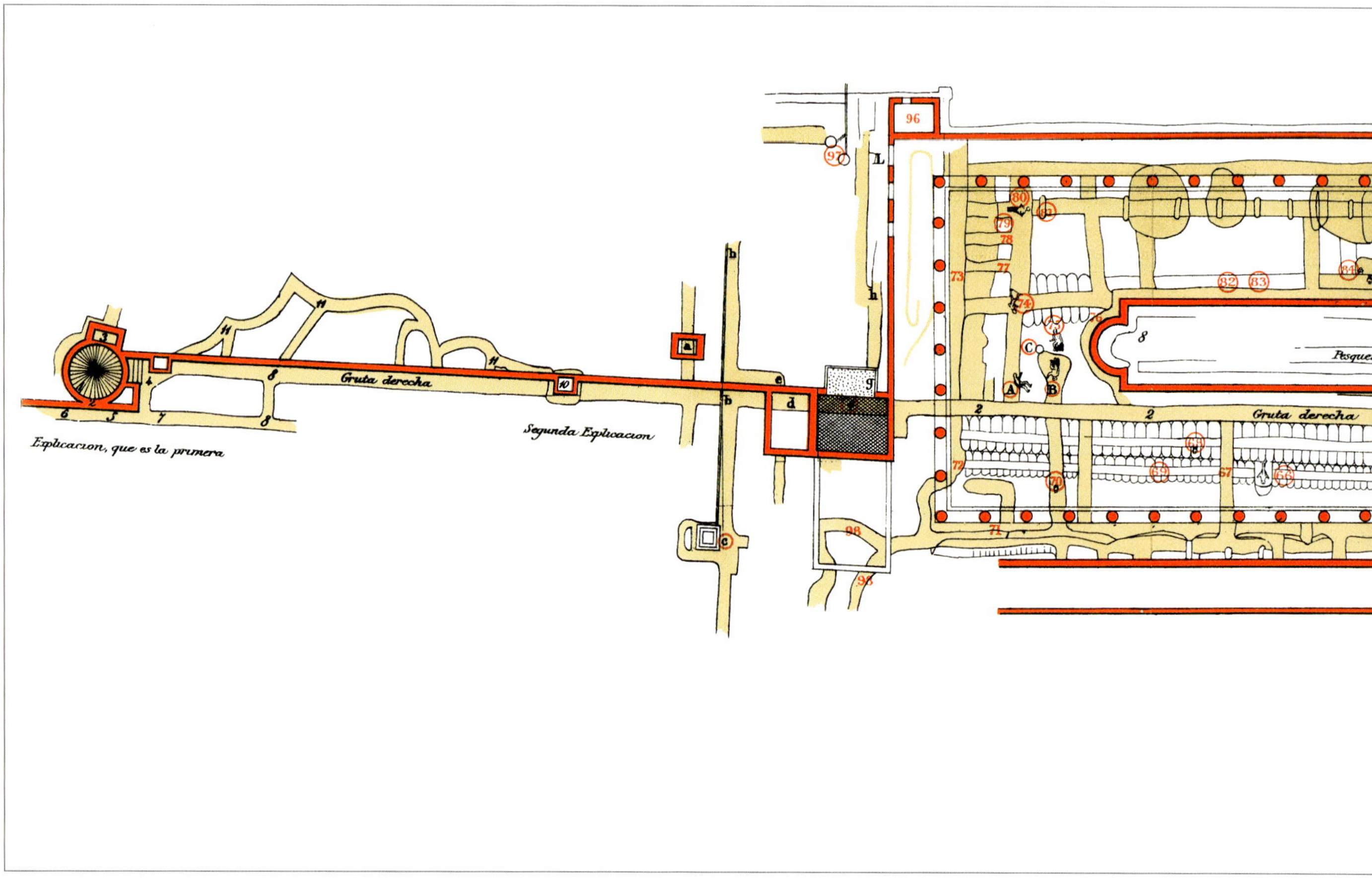

seinem Becken zum Auffangen des Regenwassers (*impluvium*) und die repräsentativen Wohn- und Speiseräume (Triklinien) an. Sie öffneten sich auf eine von Säulenhallen bedeckte, den gesamten Gebäudetrakt auf drei Seiten umfassende Aussichtsterrasse, die einen herrlichen Blick auf den Golf geboten haben muß. Die Räume waren, wie die auf diesen Bereich konzentrierten neueren Ausgrabungen ergeben haben, mit schwarzweißen oder vielfarbigen geometrischen Mosaikfußböden und Wandmalereien ausgeschmückt. Unter den Malereien stechen vor allem ländliche Sakralidyllen (Abb. 7) und Stilleben mit Enten, Hühnern und Rehen hervor.

Im Winkel zwischen dem privaten Bereich im Südosten und dem repräsentativen um das Atrium im Westen lag das kleinere, quadratische Peristyl (Seitenlänge 100 römische Fuß, d.h. 29,62 m). An seiner Ost-Ecke wird der ursprüngliche Eingang der Villa vermutet. Je zehn Säulen umschlossen auf allen vier Seiten den offenen Hof mit dem längsrechteckigen und durch halbkreisförmige Nischen belebten Wasserbecken in der Mitte. Hinter den Säulenhallen befanden sich verschiedene Räume: Auf der dem Atrium gegenüberliegenden Seite, jedoch nicht genau in einer Achse mit diesem, lag das Hausheiligtum, das *lararium*. Hinter der nordwestlichen Halle hingegen öffnete sich, durch die nahezu zentrale Position und durch eine Säulenstellung *in antis*[2] besonders hervorgehoben, ein quadratischer Raum, der als Verbindung zum größeren Gartenperistyl fungierte. Dieser Raum wird als „Pseudo-Tablinum" bezeichnet.

Nach Nordwesten folgte das große rechteckige Gartenperistyl (95 x 35 m), auch dieses mit einem in der Mitte gelegenen längsrechteckigen Wasserbecken von 66 Meter Länge (*euripus*) ausgestattet. Säulenhallen mit je 25 Säulen auf den Lang- und neun Säulen auf den Schmalseiten rahmten diesen üppig bepflanzten und besonders reich mit Skulpturen geschmückten Bereich der Villa (Abb. 8).

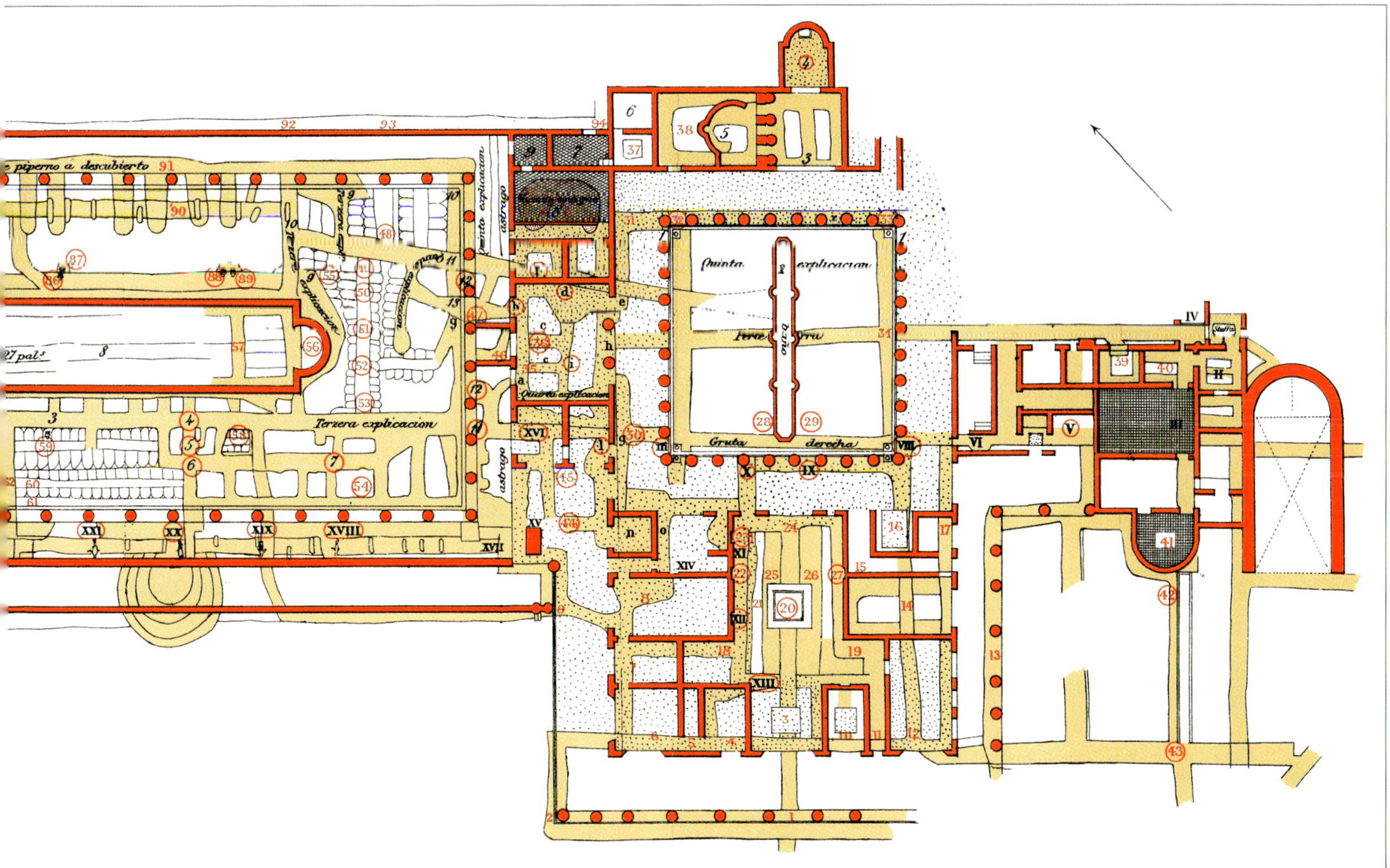

Abb. 4: Von Karl Weber erstellter Plan der Villa dei Papiri in der überarbeiteten Fassung von D. Comparetti – G. De Petra.

Eine lange und schmale Terrasse (*ambulatio*) führte von der Nordwestecke des Gartenperistyls zu einem runden Aussichtsturm (Belvedere) im Nordosten. Hier haben die Ausgräber der Bourbonenzeit einen außergewöhnlich kostbaren Fußboden aus vielfarbigen Marmorinkrustationen (*opus sectile*) vorgefunden, für den später im Neapeler Nationalmuseum ein eigener Kuppelsaal hergerichtet wurde.

Die bisher beschriebenen Räume liegen alle auf einer Ebene, derjenigen des Hauptgeschosses der Villa. Soweit sie nicht durch die neueren Ausgrabungen wieder bzw. erstmals ans Licht befördert worden sind, ist die einzige Quelle zur Rekonstruktion des Grundrisses der von Karl Weber im Jahre 1754 begonnene und bis 1765 fortgeführte Plan (Abb. 4). Für die sicherlich vorhandenen (und in Malibu auch hypothetisch rekonstruierten) Obergeschosse gibt es hingegen keine Anhaltspunkte. Allerdings haben die neuen Grabungen im Südwesten der Anlage, im Bereich des Atriums sowie des Wohnbe-

reichs, zwei tiefer gelegene Geschoßebenen zutage befördert, die als die *basis villae* bezeichnet werden. Die auf diesen Geschossen vorgefundenen Räume weisen Reste von Fresken und Stuckdekorationen auf Wänden und Decken auf. Die Fenster konnten mit vierflügeligen Holzläden verschlossen werden, vor den Fenstern waren marmorne Fensterbänke angebracht. Wie auf der Ebene des Hauptgeschosses mit der Terrasse vor dem Atrium und dem Belvedere, nutzte die Villa auch in diesem Bereich die Lage direkt an der Küste für Panorama-Ausblicke aufs Meer.

Abb. 5: Rekonstruktion der Villa dei Papiri, Capware Tecnologie per la Cultura.

Die Skulpturenausstattung

Die Ausgräber des 18. Jh. bargen aus der Villa weit über 80 meist großformatige Statuen und Büsten aus Marmor und Bronze. In der Mehrzahl handelte es sich um

Abb. 6: Büste des L. Calpurnius Piso Pontifex, Bronze (Kat. 4.7).

Abb. 7: Wandmalerei „Küstenlandschaft", Vierter pompejanischer Stil (Kat. 4.14).

römische Kopien nach griechischen Skulpturen des 4. und 3. Jh. v.Chr. sowie um genuin römische Portraits und Idealplastik. Auffällig ist die geringe Zahl an Kopien nach bekannten griechischen Meisterwerken. Zu letzteren gehören eine Bronzeherme nach dem Doryphoros (Speerträger) des Polyklet (Abb. 9), des aus Argos stammenden berühmten Bildhauers des 5. Jh. v.Chr., zwei weitere polykletische Büsten und ein erst bei den jüngsten Nachgrabungen entdeckter Marmorkopf der Amazone vom Typus Sciarra. Andere Werke scheinen sich eher frei an Stilelementen archaischer, klassischer und hellenistischer Zeit anzulehnen, ohne dabei ein konkretes Werk getreu zu kopieren.

Dem detaillierten Plan des Schweizer Ingenieurs Karl Weber ist es zu verdanken, daß die Fundorte der Kunstwerke in den meisten Fällen gewissenhaft verzeichnet wurden. Wie sich herausstellte, stimmt der Fundort der Skulpturen gewöhnlicherweise mit dem ursprünglichen Standort vollkommen überein. Nur wenige Skulpturen fanden sich um einige Meter von ihrem alten Aufstellungsort entfernt. Zugleich zeigt sich aber an mehreren

Abb. 8: Rekonstruktion des Gartenperistyls der Villa dei Papiri, Capware Tecnologie per la Cultura.

fehlenden Pendants und nur bruchstückhaft erhaltenen Büsten und Statuen, daß uns der Skulpturenschmuck der Villa dei Papiri zwar in großen Teilen, aber nicht vollständig überliefert ist. Der griechische Archäologe Dimitrios Pandermalis hat im Jahre 1971 erstmals den ursprünglichen Standort der meisten Skulpturen mit Hilfe von Fotos in einen Plan der Villa übertragen (Abb. 11), um so die Ausstattung in ihrer Gesamtheit zu visualisieren. Auf diese Weise gelang es ihm, die programmatischen Gesichtspunkte dieses einzigartigen Fallbeispiels einer reichhaltigen und gut dokumentierten antiken Villenausstattung zu interpretieren.

Der antike Besucher, der die Villa durch den Eingang von Nordosten betrat, gelangte zunächst in den kleineren, quadratischen Peristylhof. Zwischen den Säulen und am Rande des Beckens standen steinerne Hermen (langrechteckige Schäfte) mit bronzenen Einsatzköpfen. Dem polykletischen Doryphoros in der Westecke stand die stilistisch verwandte Herme einer Frau in der Nordecke zur Seite. Es könnten Achill und Penthesilea gemeint sein; diese Benennung ist jedoch nicht gesi-

Abb. 9: Herme des Doryphoros des Polyklet, Bronze (Kat. 4.9).

chert: Für den Doryphoros wurden von der Forschung zahlreiche Vorschläge gemacht, ohne daß eine allgemein akzeptierte Lösung gefunden worden wäre. Die übrigen Bronzebildnisse in diesem Raum sind ebenso unsicher benannt. Unter anderem wollte man Demokrit und Pythagoras erkennen. Ein wohl weiblicher Kopf wurde wegen der eigentümlichen Frisur aus Korkenzieherlocken als Darstellung einer ägyptischen Königin, möglicherweise Kleopatra III., angesprochen. Es findet sich im Peristyl also eine ausgesuchte Mischung höchst unterschiedlicher Gestalten aus Mythologie, Politik und Geisteswelt.

Nach Südwesten öffneten sich drei Durchgänge zum tuskanischen Atrium, in dessen Mitte sich das quadratische *impluvium* befand. Entlang des Beckenrands waren kleinformatige Bronzefiguren von vier ausruhenden Silenen und sechs stehenden Knaben mit Weinkrügen oder Theatermasken angeordnet, die sich jeweils paarweise entsprachen und allesamt als Wasserspeier dienten. In der Mitte des Beckens stand die singuläre Brunnenfigur des auf einem gefüllten Weinschlauch reitenden Silens. Außer diesen elf Figuren gehörten auch die ehemals in einer Nische aufgestellten Bronzestatuetten eines tanzenden Satyrs und eines flötespielenden Silens zum dionysischen Themenkreis. Ein anderes Thema belegen drei bronzene Bildnisbüsten hellenistischer Herrscher. Man interpretierte sie als Stellvertreter der Landschaften Ägypten, Asien und Makedonien, also der von den Römern besiegten oder beerbten Diadochenreiche. Sie eröffnen damit für das Atrium zweifellos eine historische Perspektive, auf die man, wie sich zeigen läßt, in verwandter Weise auch in der Ausstattung der beiden Peristyle trifft.

Im Nordwesten betonten zwei Säulen den Zugang zum sogenannten *tablinum*. Zwischen den Säulen stand eine marmorne Statue der Athena Promachos, die offensichtlich ganz bewußt den Zielpunkt einer vom Garten her kommenden Blickachse bildete. Im sogenannten *tablinum* selbst fand man eine vielleicht als Priesterin zu deutende Gewandstatue mit Porträtzügen und ein auf den ersten Blick unzusammenhängend scheinender Komplex von acht bronzenen Büsten. Es lassen sich eine griechische und eine römische Gruppe unterscheiden. Zur ersten gehören ein langhaariger Jüngling im Stil des 5. Jh. v.Chr., ein Athlet aus dem polykletischen Umkreis sowie die Bildnisse des Redners Demosthenes und des Philosophen Epikur. Zur zweiten Gruppe zählen dagegen ein Portrait mit der enganlie-

Abb. 10: Statuen zweier Läufer, Bronze (Kat. 4.2).

genden Kappe (*galerus*) des *flamen Dialis* (Priester des Jupiterkultes), ein kurzgeschorener Mann, in dem man einen Priester der ägyptischen Göttin Isis sehen könnte sowie die Büsten einer Frau und eines älteren Mannes.

Durch drei Türen hindurch gelangte der Besucher in den großen, säulenumstandenen Garten, in dessen Mitte sich ein langgestrecktes Wasserbecken befand (Abb. 8). Hier stießen die Ausgräber auf den umfangreichsten Komplex sinnreich ausgewählter und aufgestellter Skulpturen. An der Rückwand der südwestlichen Säulenhalle standen einst die fünf Bronzestatuen der sogenannten herculanischen Tänzerinnen. In ihrer Peplostracht imitieren sie Vorbilder der griechischen Frühklas-

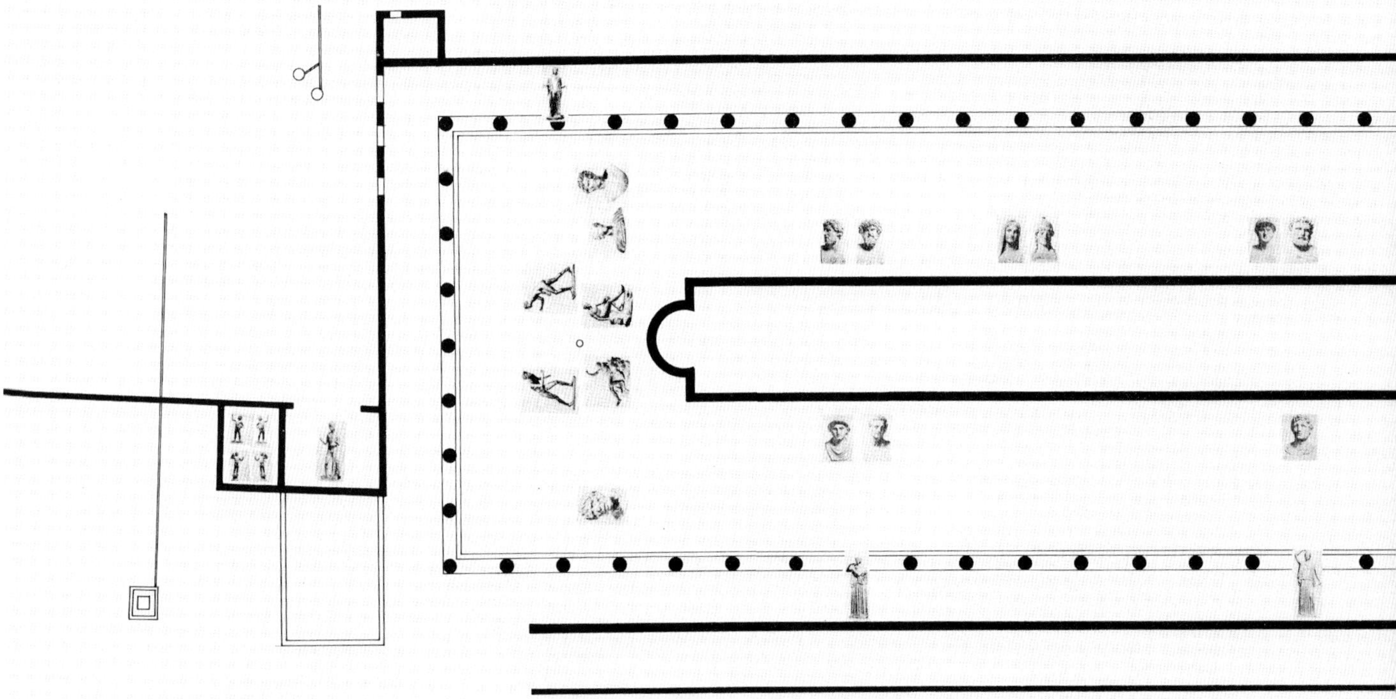

sik, doch ist ihre Benennung, Danaiden oder Nymphen, noch immer umstritten. Entlang des Wasserbeckens standen ursprünglich wohl 16 Marmorhermen von Göttern und Menschen, von denen sich nur 13 erhalten haben. Allerdings sind die acht ehemals auf der nordöstlichen Seite des Beckens stehenden Hermen vollzählig überliefert. Bemerkenswert ist ihre jeweils paarweise Aufstellung, wobei man offensichtlich eine spannungsreiche Gruppierung von gegensätzlichen Persönlichkeiten bevorzugte, wenn man etwa der kriegerisch-behelmten Athena eine feierlich-verschleierte Göttin (Vesta?) an die Seite stellte. In ähnlicher Weise finden sich Zusammenstellungen oder auch paarweise Gegenüberstellungen von hellenistischen Königen oder Feldherren mit Philosophen und anderen Größen der griechischen Geisteswelt. Leider sind die inhaltlichen Feinheiten der Aufstellung für den heutigen Betrachter nicht mehr bis ins Detail nachvollziehbar, was maßgeblich daran liegt, daß von allen Porträts nur Philetairos, der Begründer der Dynastie von Pergamon, sicher be-

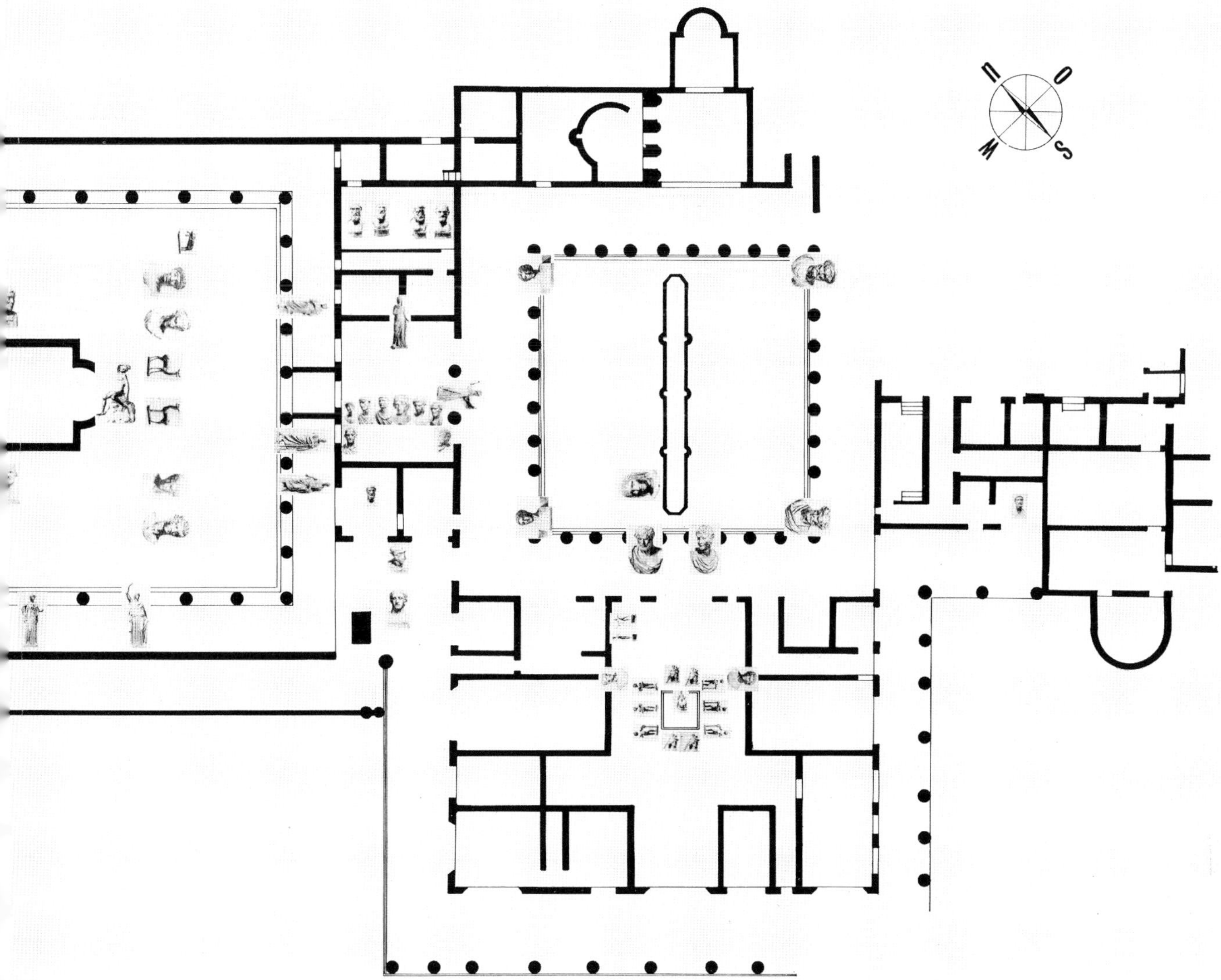

nennbar ist. Auffällig ist jedoch noch ein kompositorisches Element. So wendet – offensichtlich mit Rücksicht auf den Aufstellungsort – der erste und der letzte in der nordöstlichen Reihe der Hermenbildnisse seinen Kopf energisch nach außen. Indem sich die Hermen so dem Blick des Besuchers zuwenden, wird hierdurch zugleich der Eindruck einer starren Reihung vermieden und dem ganzen Ensemble größere Lebhaftigkeit verliehen.

Einen bevorzugten Ort zur Aufstellung von Skulptu-

Abb. 11: Von Dimitrios Pandermalis angefertigter Plan der Villa dei Papiri mit dem ursprünglichen Standort der Skulpturen.

ren bildeten vor allem die Enden des Wasserbeckens, wo sich besonders viele Bronzeskulpturen fanden. Am südöstlichen Ende des Beckens schlief ein jugendlicher Satyr auf einem Felsen. Ihm zur Seite standen zwei Rehe, die als eine Anspielung auf die freie Natur als Schauplatz der Szenerie zu verstehen sind. Ein ähnliches Bild bot sich dem Betrachter am gegenüberliegenden Ende des Beckens, wo jeweils ein trunkener Satyr und ein ausruhender Hermes auf einem Felsen saßen. Hinter ihnen standen die Statuen zweier jugendlicher Läufer (Abb. 10), die sich in allen Einzelheiten soweit entsprechen, daß die dem Guß zugrunde liegenden Wachsmodelle mit denselben Teilformen hergestellt worden sein müssen. An diese Arrangements an den Endpunkten des Beckens schlossen sich beiderseits nach außen jeweils wieder ein Paar von Hermenpfeilern mit bronzenen Einsatzköpfen an. Auch hier finden sich offenbar inhaltlich aufeinander bezogene Paare, wie zum Beispiel Apoll-Muse(?) und Herakles-Theseus(?), deren Deutung aber nur ansatzweise möglich ist. Im Norden ist der sogenannten Sappho die Büste eines hellenistischen Herrschers an die Seite gestellt. Einzig der in der westlichen Ecke des Gartens gefundenen Herme des sogenannten Pseudo-Seneca fehlt heute das Pendant. Es handelt sich bei diesem Bildwerk um ein höchst eindrucksvolles, noch in zahlreichen weiteren römischen Kopien überliefertes Bildnis, wohl eines hellenistischen Dichters; doch ist seine Benennung bis heute nicht gelungen.

Unweit der Südecke des Wasserbeckens fanden die Ausgräber die leicht unterlebensgroße Marmorgruppe von Pan und Ziege, die wegen ihrer moralisch anstößigen Darstellung lange Zeit nur mit besonderer Genehmigung zu besichtigen war. Seit dem Jahre 2000 ist sie im neu gestalteten „Gabinetto segreto" des Neapler Nationalmuseums öffentlich ausgestellt.

Insgesamt stellt sich das Gartenperistyl der Villa dei Papiri als ein vielschichtiges Gesamtkunstwerk dar, das nach R. Neudecker (1988) verschiedene Assoziationsebenen miteinander verband: die des griechischen Gymnasiums, des ehrwürdigen Heiligtums und des idealen, elysischen Gartens.

Auch in den wenigen nordwestlich des Gartenperistyls zum Belvedere hin gelegenen Räumen fanden sich vereinzelt Skulpturen und Ausstattungsgegenstände. So enthielt der mit einem Fußboden aus Buntmarmor versehene Raum F außer der marmornen Statue eines Knaben noch eine Marmorvase und einen Bronzekandelaber. Im angrenzenden Raum D stieß man ferner auf vier bronzene Brunnenfiguren in Gestalt stehender Knaben, die nach den jüngsten Untersuchungen von Carol C. Mattusch (2005) im Vergleich mit den elf im Atrium gefundenen Figuren so viele technische Übereinstimmungen aufweisen, daß sie wohl alle aus derselben Bronzewerkstatt stammen dürften.

Wer sich nach dem Besuch des Gartenperistyls wieder dem sogenannten *tablinum* im Südosten zuwandte, sah in den Interkolumnien (Säulenzwischenräumen) zu Seiten des mittleren Durchgangs vier überlebensgroße Marmorstatuen griechischer Geistesgrößen, von denen die Archäologen bislang nur die ganz links stehende Statue des athenischen Redners Aischines (4. Jh. v.Chr.) sicher benennen können.

In einem südlich des sogenannten Tablinums gelegenen Durchgang vom Gartenperistyl zum kleineren quadratischen Peristyl fand sich die überlebensgroße Bronzebüste des Dionysos oder Priapos (Abb. 1), ein im 18. Jh. von Winckelmann und zahlreichen Besuchern der in Portici ausgestellten herculanensischen Antiken besonders hoch geschätztes Kunstwerk.

Nur vom Garten aus über einen schmalen Flur zugänglich war ein im Nordosten der Anlage gelegener Raum, in dem man vier kleinformatige, durch Beischriften auf ihren Sockeln identifizierte Bronzebüsten der griechischen Philosophen und Redner Epikur, Hermarch, Zenon und Demosthenes fand. Pandermalis sah die Dargestellten, Epikur-Zenon und Hermarch-Demosthenes, jeweils als Vertreter gegensätzlicher philosophischer Strömungen, wie sie sich auch in den Werken des mit dem Hausherrn offenbar besonders verbundenen Philodemos spiegeln. Neben den bereits erwähnten Büsten des Epikur und des Demosthenes aus dem sogenannten *tablinum* wurden noch je eine weitere kleinformatige Bronzebüste des Epikur und des Hermarch in den Räumen V (Bibliothek) und XVI (südlich des sogenannten *tablinum*) gefunden.

Die Bibliothek

Die meisten Papyri wurden in einem kleinen Raum im „privaten" Sektor der Villa gefunden, einige wenige weitere im Bereich des sogenannten *tablinum*. Die Papyrusblätter waren auf Holzträgern aufgerollt und wie diese vollkommen verkohlt. Erste Versuche, die Blätter zu entrollen, führten zu ihrer partiellen Zerstörung. Erst dem Abbé Antonio Piaggio aus Genua gelang es, mit Hilfe einer von ihm neu entwickelten, webstuhlähnlichen Maschine, die Rollen auf schonende Weise zu öffnen.

Das große wissenschaftliche Interesse an den Texten führte bereits im 18. Jh. zur Gründung einer spezialisierten Restaurierungswerkstatt und Forschungsinstitution, der heutigen „Officina dei Papiri Ercolanesi“. Hier arbeiten Spezialisten verschiedener philologischer und technischer Disziplinen eng zusammen. Ursprünglich dem Archäologischen Nationalmuseum zugeordnet, ging die „Officina“ – und mit ihr die Papyri – im Jahre 1910 in die Zuständigkeit der „Biblioteca Nazionale di Napoli“ über.

Perspektiven für die Zukunft

Die Perspektiven für die künftige Erforschung der Villa dei Papiri stehen im Spannungsfeld zwischen verschiedenen, sich teils ergänzenden, teils aber auch entgegenstehenden Interessen. Vor allem von philologischer Seite besteht große Hoffnung, durch neue Grabungen weitere Teile der Bibliothek des Hausherrn und dabei möglicherweise auch Werke bekannter antiker Autoren zu entdecken. Einige namhafte internationale Unternehmen haben angesichts dieser hochgesteckten Erwartungen bereits die finanzielle Unterstützung künftiger Grabungen in Aussicht gestellt. Auch aus archäologischer Sicht wären durch systematische Untersuchungen mit moderner Grabungstechnik zweifellos wichtige neue Erkenntnisse zu gewinnen, etwa über die verschiedenen Bauphasen der Villa, ihre Obergeschosse sowie über die Dekoration der Wände und Fußböden mit Fresken, Mosaiken und *opus sectile*-Böden. Gleichzeitig stellt sich jedoch neben den technischen Problemen wie dem hohen Grundwasserpegel, mit denen eine Freilegung der Villa zu kämpfen hätte, massiv die Frage der Konservierung alter und neuer Grabungsbefunde – und dies trifft auf großflächige Areale mit umso stärkerer Dringlichkeit zu. Eine Entscheidung über eine Wiederaufnahme der Grabungen wird also unter sorgfältiger Abwägung all dieser Argumente zu fallen sein.

Bibliographie

S. Adamo Muscettola, La villa dei papiri a Ercolano (2000); D. Comparetti – G. De Petra, La villa Ercolanese dei Pisoni (1883); C. Knight – A. Jorio, L'ubicazione della Villa ercolanese dei Papiri, Rendiconti dell'Accademia di archeologia, lettere e belle arti, Napoli 55, 1980, 51–65; C. C. Mattusch, The Villa dei Papiri at Herculaneum. Life and Afterlife of a Sculpture Collection (2005); R. Neudecker, Die Skulpturenausstattung römischer Villen in Italien (1988), 105–114; M. Pagano, La nuova pianta della città e di alcuni edifice pubblici di Ercolano, Cronache Ercolanesi. Bollettino del Centro internazionale per lo studio dei papiri ercolanesi 26, 1996, 229ff.; ders., I diari di scavo di Pompei. Monografie della Soprintendenza Archeologica di Pompei 13 (1997); D. Pandermalis, Zum Programm der Statuenausstattung in der Villa dei Papiri, Mitteilungen des Deutschen Archäologischen Instituts. Athenische Abteilung 86, 1971, 173–209; C. C. Parslow, Rediscovering Antiquity. Karl Weber and the Excavation of Herculaneum, Pompeii and Stabiae (1995), 85–103; G. Sauron, Templa Serena, Mélanges de l'École française de Rome. Antiquité 92, 1980, 277–301; A. De Simone – F. Ruffo, Ercolano 1996–1998, Cronache Ercolanesi 32, 2002, 325–344; dies., Ercolano e la villa dei Papiri, Cronache Ercolanesi 33, 2003, 279–311; M. R. Wojcik, La villa dei Papiri ad Ercolano (1986).

Anmerkungen

1 Raum des römischen Hauses, der in der Regel zwischen dem Atrium und Peristyl lag. Er diente meist repräsentativen Zwecken, z.B. als Empfangsraum (Anm. d. Hrsg.).

2 *in antis*: Zwischen den vorgezogenen Mauern (Anten) stehende Säulen (Anm. d. Hrsg.).

Abb. 1: Rekonstruktion der Bibliothek der Villa dei Papiri, Capware Tecnologie per la Cultura.

Agnese Travaglione

Verkohlte Papyrus-Rollen. Die antike Bibliothek der Villa dei Papiri und ihre Entzifferung

Obwohl es nun schon mehr als 250 Jahre her ist, daß die Papyri von Herculaneum wiedergefunden wurden – im Verlauf mehrerer Grabungen zwischen dem 19. Oktober 1752 und dem 25. August 1754 – lösen sie aufgrund ihrer außerordentlichen Geschichte noch immer eine unglaubliche Faszination aus. Staunen über den Zustand der verkohlten Rollen, die einem verbrannten Stück Holz ähneln (Abb. 2), Bewunderung für den genialen Mechanismus, durch den sie sich öffnen ließen, Neugier für die Informationen, die uns darin mitgeteilt werden und Hoffnung, auch die Texte in den noch nicht entrollten Papyri zu entziffern: Das sind die Gefühle, die die Besucher von heute mit jenen von damals teilen, verbunden in einer Dimension der Zeitlosigkeit, in der chronologisch weit auseinanderliegende Epochen und Geschehnisse verschmelzen.

Winckelmann und die Schriftrollen

Daß „niemand vor mir Nachrichten von denselben gegeben" schrieb Johann Joachim Winckelmann zu Beginn seines Kapitels über die Schriftrollen in seinem berühmten „Sendschreiben von den herculanischen Entdeckungen", das 1762 in Dresden erschien.[1] Zwei Jahre später folgten die „Nachrichten von den neuesten herculanischen Entdeckungen". Winckelmann war im Februar 1758 nach Neapel gekommen, ausgestattet mit Empfehlungsschreiben des sächsischen Kurprinzen Friedrich Christian, Bruder der Königin Maria Amalia. Insgeheim hoffte er, in die „Accademia Ercolanese" aufgenommen zu werden, der König Karl III. von Bourbon die Aufgabe zugedacht hatte, die Altertümer aus den Vesuvstädten in illustrierten Bänden zu publizieren. Stattdessen mußte Winckelmann das Mißtrauen und die Feindseligkeiten im Milieu der neapolitanischen Antiquare überwinden, um Zugang zu möglichst vielen Informationen über die Ausgrabungen, die Restaurierungen, die Altertümer und die antiken Manuskripte zu erhalten, die in Sälen des „Museum Herculanense" in Portici verwahrt wurden. Den beiden Berichten in Briefform – der erste adressiert an Graf Christian Heinrich von Brühl, der zweite an Heinrich Fuessli – wird das Verdienst zugesprochen, zur Ausbreitung der Klassik-Begeisterung und der neuen archäologischen Wissenschaft mehr beigetragen zu haben, als die prachtvollen Bände der „Antichità di Ercolano" aus der Königlichen Druckerei in Neapel.[2] Außerdem hätten sie den Gelehrten die ersten detaillierten, dokumentarischen Nachrichten von den herculanischen Papyri geliefert, einschließlich der Beschreibung ihrer Auffindung, des Materials, der Form, der Schrift und der Technik des Entrollens.

Es war in der Tat Winckelmann, der den Erhaltungszustand der Papyri damit erklärte, daß sie beim Ausbruch des Vesuv im Jahr 79 n. Chr. einer hohen Temperatur ausgesetzt und bis zu 25 Meter tief unter schweren Auswurfsmaterialien verschüttet worden waren. Denn einerseits hat der Prozeß ihrer teilweisen Verbrennung bei einer Temperatur von 300 bis 320 °C die Zersetzung des organischen Materials verhindert und es konserviert, wenn auch in einem extrem schlechten Zustand. Auf der anderen Seite wurden die zylindrischen Rollen durch den Druck, dem sie ausgesetzt waren, in verschiedener Weise und Größe deformiert.

Aus dokumentarischen Quellen und zeitgenössischen Zeugnissen kann man erschließen, daß schätzungsweise 1100 Papyri bei den Grabungen gefunden worden sind. Sie befanden sich in verschiedenen Räumen jener *domus* aus republikanischer Zeit, die heute als „Villa dei Papiri" oder „Villa dei Pisoni" bekannt ist. Nach einer gut untermauerten These gilt Lucius

Calpurnius Piso als Besitzer der Villa. Piso, der Schwiegervater von Julius Caesar, bekleidete um 58 v.Chr. das Amt des Konsuls, war ein erbitterter Gegner Ciceros und Förderer des epikureischen Philosophen Philodemos von Gadara (circa 110–30 v.Chr.). Ihm hatte Philodemos eine in Versen abgefaßte „Einladung“ zum jährlichen Festmahl gewidmet, das am Geburtstag Epikurs abgehalten wurde. Philodemos hat den Text in Italien geschrieben, wohin er Mitte der siebziger Jahre gezogen war. In seinem Werk „Über das homerische Fürstenideal“ (PHerc. 1507)[3] bittet er Lucius Calpurnius Piso um Schutz und bietet ihm Rat; dort charakterisiert er den *optimus princeps*, den besten Staatsmann, in Übereinstimmung mit der epikureischen Lehre sowohl im öffentlichen wie auch im privaten Leben als von Mäßigung, Milde und Sanftmut geleitet.

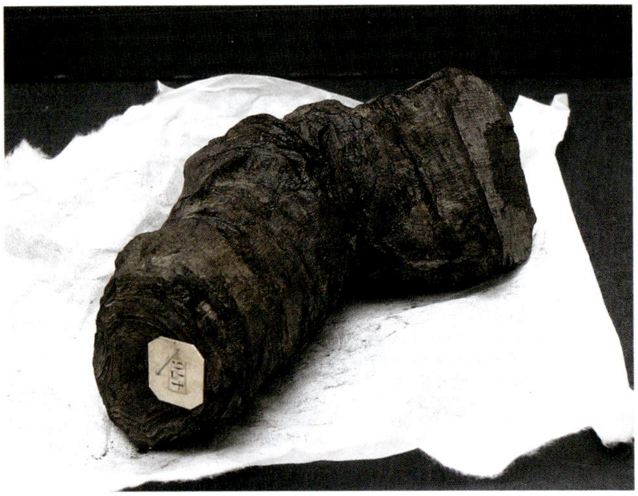

Abb. 2: Verkohlte Papyrusrolle PHerc 476 (Kat. 4.1).

Philodemos von Gadara und die epikureischen Schriften

Durch das Studium der in Herculaneum gefundenen Schriften konnte in den letzten Jahren das Bild des Philodemos und die Rolle, die er in der Kultur der späten

Abb. 3: Von Antonio Piaggio entwickelte Maschine zum Abrollen der Papyri.

römischen Republik spielte, genauer in den Blick kommen. Philodemos erfuhr seine Ausbildung in der Schule des Zenon von Sidon, der von 110 bis 75 v. Chr. Leiter (Scholarch) im „Garten", der Schule Epikurs in Athen, war. Er schrieb eine Theorie „Über Gedichte" sowie elegante Epigramme, die teilweise in die *Anthologia Palatina*[4] aufgenommen wurden. Cicero kannte ihn persönlich und hielt ihn für einen talentierten und kultivierten Mann, der sogar auf einem Gebiet wie der Dichtkunst versiert war, das die Epikureer normalerweise wenig schätzten (Cicero, *In Pisonem* 68–70). Mit Vergil führte er ethisch-philosophische Gespräche, Horaz kannte ohne Zweifel seine Werke, Lucrez war mit großer Wahrscheinlichkeit einer seiner Gesprächspartner.

Die Villa in Herculaneum, ein Studienzentrum der epikureischen Philosophie, übernahm die umfangreiche Bibliothek, die durch die literarischen und philosophischen Arbeiten des Philodemos von Gadara entstanden war und nach seinem Tod weiter wuchs. Es ist die einzige antike Bibliothek, die auf uns gekommen ist, ein einzigartiges „Fenster" zur antiken Welt. In ihr haben sich Schriften erhalten, die der mittelalterlichen Tradition unbekannt waren, sie eröffnet den Zugang zu einem unschätzbaren Bestand an Informationen über die antike Gedankenwelt, vor allem in hellenistischer Zeit.

Philodemos hat vermutlich einen kleinen Grundbestand an Schriften, die aus dem 3. bis 1. Jh. v. Chr. datieren und möglicherweise noch aus der Bibliothek seines Meisters Zenon stammen, aus Griechenland mitgebracht. Diesen verdanken wir die Kenntnis etlicher Bücher, die, sicher oder vermutlich, aus Epikurs Hauptwerk „Über die Natur" stammen. Auch Schriften anderer epikureischer Philosophen, von denen wir vorher wenig oder nichts wußten, wurden uns auf diese Weise überliefert. Wir erinnern beispielsweise an Demetrios Lakon, der sich als Philosoph und Philologe von großer Bedeutung erwiesen hat; an Karneiskos, Autor des Traktats über die Freundschaft mit dem Titel *Philista* (PHerc. 1027), an Polystratos, den dritten Scholarchen nach Epikur und Hermarchos von Mytilene. Auch Schriften anderer antiker Philosophen sind glücklicherweise durch die Manuskripte von Herculaneum wieder ans Licht gekommen, so zum Beispiel Metrodoros von Lampsakos, der zusammen mit Epikur, Hermarchos und Polyainos von Lampsakos einer der Gründer der Schule war; ferner Kolotes von Lampsakos, ein Schüler des Epikur, der bereits genannte Zenon von Sidon[5] und der Stoiker Chrysippos.

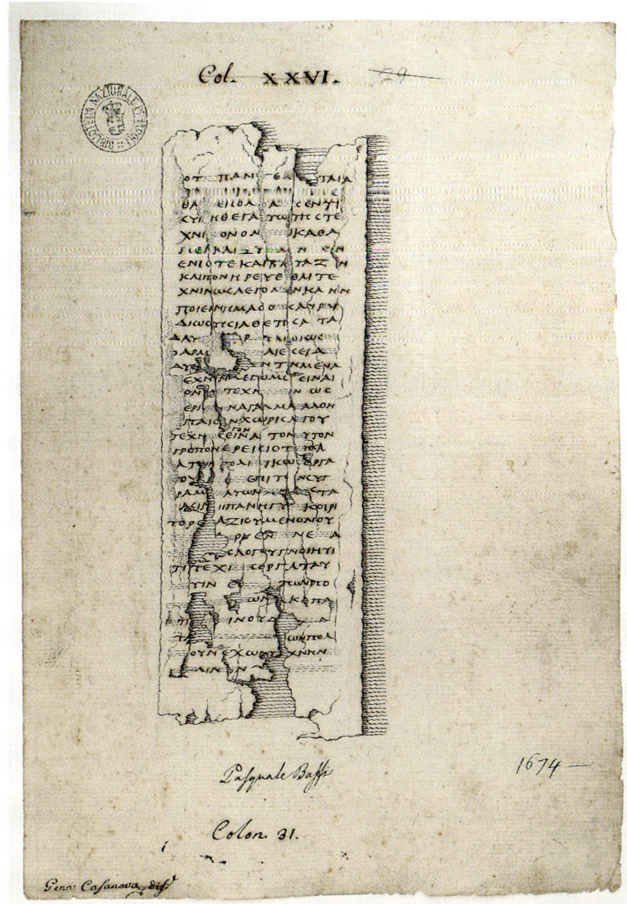

Abb. 4: Zeichnung des Papyrus PHerc 1674 (Philodemos von Gadara: „Über die Rhetorik") von Gennaro Casanova aus dem Jahre 1798.

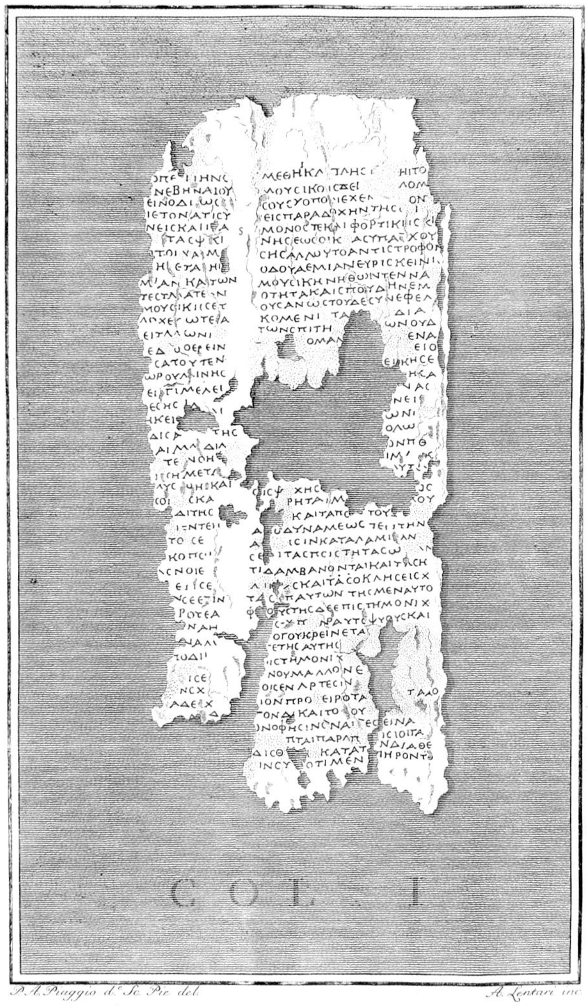

Abb. 5: Kupferstich in den „Herculanensium Voluminum quae supersunt Collectio prior" (Philodemos von Gadara, „Über die Musik").

Bemerkenswert ist das Corpus der Werke des Philodemos, das seine außergewöhnlich breit gefächerten Interessen deutlich macht. Der Philosoph verfaßte eine eindrucksvolle Geschichte der antiken Philosophie in zehn Bänden, eine Trilogie über die Musik, die Rhetorik und die Poesie, einen Zyklus von Büchern zur Moral sowie Traktate zur Theologie und zur Logik. Die doxographische Anlage seines Werks[6] mit seinen systematischen Rückgriffen auf die wörtliche Wiedergabe ganzer (häufig bislang unbekannter) Passagen aus den Werken von Autoren, deren unterschiedliche Auffassungen zitiert werden, macht die Schriften des Philodemos zu einer Fundgrube für Texte und Personen aus der Kultur der hellenistischen Welt.

Die Auffindung

Der Ort, an dem man den größten Teil der Papyri fand, wurde von Winckelmann als ein kleines Zimmer beschrieben, an dessen Wänden mannshohe Bücherregale standen (Abb. 1). In der Mitte befand sich zur Ablage von Schriften ein weiteres Regal oder ein Tisch. Es handelte sich dabei mit ziemlicher Sicherheit um das Bücher-Kabinett der Villa (oder um eines von mehreren solcher Kabinette). Nach antiker Gewohnheit dürfte es aus zwei Büchermagazinen bestanden haben: einer griechischen und einer lateinischen Sammlung. Die bedeutenden archäologischen Funde, die während der Ausgrabungen unter freiem Himmel vom Frühjahr 1996 bis zum Frühjahr 1998 in der Villa dei Papiri zu Tage kamen, haben die Hoffnung genährt, daß man bei zukünftigen Grabungen auf Räume stoßen könnte, die bei den Untersuchungen des 18. Jh. noch nicht entdeckt wurden. Es ist nicht auszuschließen, daß man dort weitere Papyri finden könnte, vielleicht sogar die lateinische Abteilung, von deren Existenz wir bisher nur wenige Beweise haben. Man braucht nur daran zu denken, wie sehr sich schon jetzt unsere Kenntnis des Gebäudes verändert hat. So wissen wir heute, daß sich unterhalb der von Karl Weber zwischen 1750 und 1761 erforschten Etage noch mindestens drei Ebenen auf zum Meer hin abfallenden Terrassen befanden.[7]

Von den Schwierigkeiten der Entzifferung

Der anfängliche Enthusiasmus nach der Auffindung der Schriftrollen wich rasch einem Gefühl der Ernüchterung. Grund dafür waren die schier unüberwindlichen Schwierigkeiten, die kohleähnlichen Papyri aufzurollen. Vergeblich versuchte man, der verkohlten Materie Elastizität wiederzugeben, indem man sie mit hydroalkoholischen Lösungen und mit Glutinleimen behandelte. Zu denen, die dabei scheiterten, gehörte auch der Prinz von Sansevero, Raimondo di Sangro.[8] Er versuchte es mit Quecksilber, in der Überzeugung, daß dieses Metall eindringen und die verklebten Blätter lösen würde. Das Ergebnis war statt dessen die Zerstörung von drei oder vier Rollen. Schließlich wußte man sich nicht anders zu helfen als – so Camillo Paderni, der Direktor des „Museo Ercolanese" – zum Messer zu greifen, die Schriftrollen in zwei halbwegs gleichgroße Halbzylinder zu zerteilen und sie von innen auszuhöhlen, bis man eine größere Schriftfläche erhielt. Auf diese Weise blieben von den ganzen Rollen nur noch klägliche Reste übrig, nämlich die äußeren Blätter, die man „scorze" (Schalen, Rinden) nannte und die Piaggio treffend als „Ägypterschiffchen" bezeichnete. Glücklicherweise griff Paderni bald wieder auf die Methode der sogenannten „scorzatura parziale" (der „teilweisen Abschälung") zurück. Dabei wurden die äußeren Voluten durch zwei oder mehrere nicht sehr tiefe, zunächst vertikale, dann horizontale Schnitte abgelöst, um auf diese Weise den inneren Teil der Rolle, den sogenannten „midollo" (das „Mark") zu retten.

Im Juli 1753 kam dann der Skolopianermönch Antonio Piaggio, *scriptor latinus* in der Vatikanischen Bibliothek, ein fähiger Kalligraph und Experte auf dem Gebiet der Restaurierung antiker Materialien nach Portici. Bereits 1754 war ihm die Öffnung von PHerc. 1497 gelungen, der das vierte Buch von Philodemos „Über die Musik" enthielt. Die von ihm angewandte Methode ist uns durch Beschreibungen seiner Zeitgenossen überliefert, vor allem durch Winckelmann. Dieser war 1758 sein Gast gewesen und konnte ihm daher bei der Arbeit zusehen. Er verglich die „Abrollmaschine" (Abb. 3) mit einer Buchbinderpresse. Dabei handelte es sich um ein Zuggerät, in dem das Stück Papyrus, das man ablösen wollte, aufgehängt war. Man befestigte dabei Bänder und Fäden einerseits am äußeren Rand der Rolle und andererseits an Haken, die auf einer darüber liegenden Ebene angebracht waren. Nun löste man

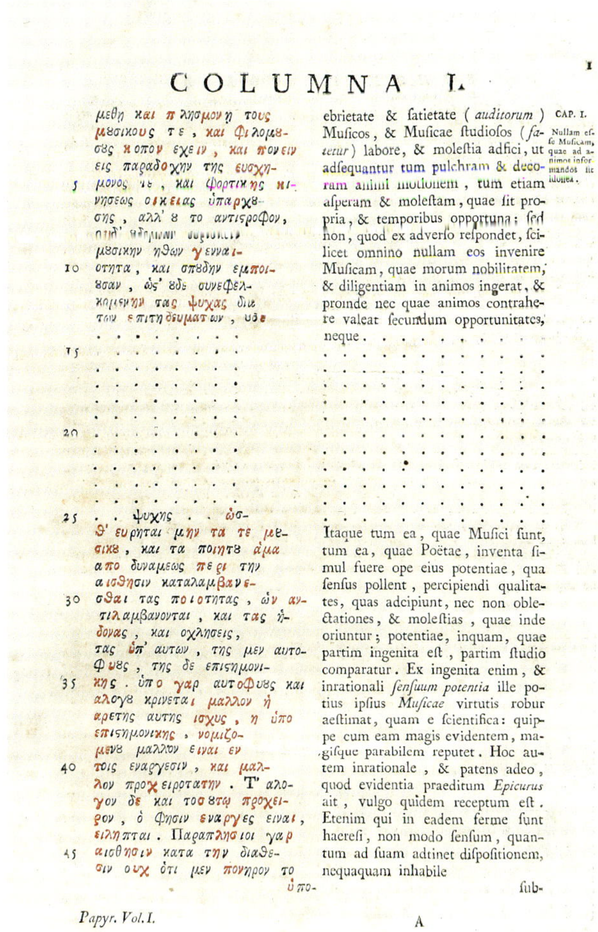

1

COLUMNA I.

μεθη και πλησμονη τους μουσικους τε, και φιλομουσους κοπον εχειν, και πονειν εις παραδοχην της ευσχημονος τε, και φορτικης κινησεως οικειας υπαρχουσης, αλλ' ου το αντιστροφον, . . . μουσικην ηθων γενναιοτητα, και σπουδην εμποιουσαν, ως' ουδε συνεσφελκομενην τας ψυχας δια των επιτηδευματων, ουδε . . . .

. . ψυχης . . ωσθ' ευρηται μην τα τε μουσικου, και τα ποιητου αμα απο δυναμεως περι την αισθησιν καταλαμβανεσθαι τας ποιοτητας, ων αντιλαμβανονται, και τας ηδονας, και οχλησεις, τας υπ' αυτων, της μεν αυτοφυους, της δε επιστημονικης. υπο γαρ αυτοφυους και αλογου κρινεται μαλλον η αρετης αυτης ισχυς, η υπο επιστημονικης, νομιζομενου μαλλον ειναι εν τοις εναργεσιν, και μαλλον προχειροτατην. Τ' αλογον δε και τοσουτω προχειρον, ο φησιν εναργες ειναι, ειληπται. Παραπλησιοι γαρ αισθησιν κατα την διαθεσιν ουχ οτι μεν πονηρον το υπο-

ebrietate & ſatietate (*auditorum*) Muſicos, & Muſicae ſtudioſos (*fatetur*) labore, & moleſtia adfici, ut adſequantur tum pulchram & decoram animi motionem, tum etiam aſperam & moleſtam, quae ſit propria, & temporibus opportuna; ſed non, quod ex adverſo reſpondet, ſcilicet omnino nullam eos invenire Muſicam, quae morum nobilitatem, & diligentiam in animos ingerat, & proinde nec quae animos contrahere valeat ſecundum opportunitates, neque . . . .

CAP. I. Nullam eſſe Muſicam, quae ad animos informandos ſit idonea.

Itaque tum ea, quae Muſici ſunt, tum ea, quae Poëtae, inventa ſimul fuere ope eius potentiae, qua ſenſus pollent, percipiendi qualitates, quas adcipiunt, nec non oblectationes, & moleſtias, quae inde oriuntur; potentiae, inquam, quae partim ingenita eſt, partim ſtudio comparatur. Ex ingenita enim, & inrationali *ſenſuum potentia* ille potius ipſius *Muſicae* virtutis robur aeſtimat, quam e ſcientifica: quippe cum eam magis evidentem, magiſque parabilem reputet. Hoc autem inrationale, & patens adeo, quod evidentia praeditum *Epicurus* ait, vulgo quidem receptum eſt. Etenim qui in eadem ferme ſunt haereſi, non modo ſenſum, quantum ad ſuam adtinet diſpoſitionem, nequaquam inhabile

ſub-

Papyr. Vol. I. A

Abb. 6: Abschrift und lateinische Übersetzung aus den „Herculanensium Voluminum quae supersunt Collectio prior" (Philodemos von Gadara, „Über die Musik").

langsam das Blatt, indem man auf der meist nicht beschriebenen Rückseite einen hauchdünnen Film auftrug, den man aus den Innereien von Schafen oder Ochsen gewann. Das erfolgreiche Abrollen gelang allerdings nur unter bestimmten Voraussetzungen: Man mußte den Anfang der Rolle kennen und vermeiden, daß Teile der jeweils darunter liegenden Seite an derjenigen haften blieben, die man gerade abrollte. Zudem war es notwendig, die richtige Dosis des Klebstoffs im Verhältnis zu Qualität und Zustand des Papyrus herauszu finden und äußerste Vorsicht beim Ablösen der Blätter an den Stellen walten zu lassen, an denen zwei *kollemata,* die Einzelblätter, aus denen sich die Papyrusrolle zusammensetzte, miteinander verbunden waren. Die Maschine hatte dabei ursprünglich über der oberen Achse eine Walze, auf der man die abgelösten Teile des Papyrus wieder aufwickelte, die dann nach und nach in ihrer gesamten Länge ausgebreitet und in mehrere Teile geteilt wurden. Ein Dokument dieser Methode des Abrollens „a volumen" ist der sogenannte „papiro lungo", der zweite von Piaggio ausgerollte Papyrus und der einzige, der in einem einzigen Stück erhalten ist. Er ist über drei Meter lang und enthält vierzig Kolumnen des zweiten Buchs der „Rhetorik" von Philodemos (PHerc. 1672). Seine Erhaltung ist der Einfühlsamkeit Piaggios zu verdanken und seiner Erfahrung im Umgang mit antiken Schriften, deren ursprüngliche Form und Gestalt er so weit wie irgend möglich wieder herstellen wollte. Anfang des 19. Jh. wurde der Zylinder dann wegen des Zustands der Schriftrollen entfernt, und diese wurden von da an schon während des Abwickelns in einzelne Abschnitte zerschnitten. In dieser veränderten Form wurde die Maschine, von der ein Exemplar in der „Officina"[9] aufbewahrt wird (Abb. 3), bis Anfang des 20. Jh. benutzt. Mehrere Male unternahm man den Versuch, allerdings ohne Erfolg, alternative Methoden anzuwenden, um auch die kompakteren Schriftrollen zu öffnen, die dem Zug der Fäden nicht standhalten würden.

Die Praxis der „teilweisen Abschälung" wurde in Zukunft auch angewandt, um die Rollen von Verkrustungen und Unreinheiten zu befreien, die verhindern konnten, daß man die äußere Hülle mit der Maschine abrollen konnte. Häufig wurden dabei die „Schale", also die äußeren Blätter, und das „Mark" ein und derselben Schriftrolle zu verschiedenen Zeiten geöffnet, mit der Konsequenz, daß man die gemeinsame Provenienz vergaß und jedem Stück eine unterschiedliche Identifikationsnummer gab. Ein ähnliches Durcheinander läßt sich auch manchmal zwischen dem unteren und dem oberen Teil eines Papyrus feststellen, der in zwei Teile zerschnitten worden war. Es gehört daher zu den Aufgaben des Papyrologen, die noch existierenden Teile einer Schriftrolle zu identifizieren, ihre genaue Abfolge wiederherzustellen und die Zusammensetzung des Werks zu rekonstruieren. Man hat dabei bereits bemerkenswerte Fortschritte erzielt, vor allem bei der erfolgreichen Rekomposition der „volumina" mit Philodemos' Traktaten „Über die Musik", „Über Gedichte" und „Über die Götter".[10]

Von der Abschrift zur Veröffentlichung

Nach dem Öffnen der ersten Papyri reagierte die gelehrte Welt mit enttäuschten Hoffnungen. Man hatte geglaubt, Schriften von Aristoteles, Tragödien von Sophokles und Euripides oder Komödien von Menander zu finden. In seinem „Sendschreiben" trifft Winckelmann das Gefühl seiner Zeit, wenn er schreibt: „An einer hypochondrischen und zerstümmelten Klage wider die Music ist uns nicht viel gelegen."[11] Er hätte es für besser gehalten, wenn man nur den anfänglichen Teil des Papyrus aufgewickelt und seinen Inhalt geprüft hätte, um dann nur bei solchen „von nützlichem Inhalte" mit dem Abwickeln fortzufahren.[12] Johann Jacob Volkmann hat Winckelmanns Bemerkungen in seinen „Historisch-Kritischen Nachrichten von Italien" wieder aufgenommen, einem Werk, das seit seinem Erscheinen in den Jahren 1770/1771 zum Führer jedes deutschen Italienreisenden wurde.

Parallel zum Abrollen der Papyri erfolgte die Transkription der Schriftzeichen durch einen Zeichner, dem die bereits abgerollten Teile übergeben wurden. Er mußte ein Faksimile der Kolumnen und Fragmente herstellen, indem er mit Bleistift nicht nur die Zeichen, sondern auch die Lücken und die weißen Flächen reproduzierte.[13] Die auf diese Weise entstandenen Zeichnungen (Abb. 4) sind heute oft alles, was von einigen Buchstaben und Schriftteilen erhalten blieb, die in der Zwischenzeit durch den langsamen, aber unaufhaltsamen Verfall der Originale verloren gegangen sind. Zudem wurden durch die früheren Methoden, mit denen man versuchte, die Papyri aufzurollen, um die darunter liegenden Seiten ans Licht zu bringen, ganze Schichten entfernt und dabei zerstört. Wenn andere Nachweise fehlen und der Text einen klaren Sinn

Abb. 7: Ausschnitt aus dem entrollten Papyrus PHerc 1497, Philodemos von Gadara, „Über die Musik".

ergibt, wird daher der Lesart des Apographen, der die Kopie nach dem Original anfertigte, derselbe Wert beigemessen wie derjenigen des Papyrus.

Die Zeichnungen wurden anschließend mit den Originalen verglichen und nach Billigung durch die Wissenschaftler der Herculanensischen Akademie, die mit der illustrierten Veröffentlichung betraut waren, in Kupfer gestochen (Abb. 5). Diese gingen in die Bände der „Herculanensium Voluminum quae supersunt Collectio prior" (1793–1855) und der „Collectio altera" (1862–1876) ein. In der ersten der beiden Reihen wurden die Stiche von 19 Papyri publiziert, wobei auf der jeweils gegenüberliegenden Seite die Transkription des Textes mit rot markierten Ergänzungen und einer lateinischen Übersetzung gedruckt wurde (Abb. 6). Die zweite Reihe umfaßte 176 Papyri, wobei nur die Kupferstiche gedruckt wurden. Es war diese letztere, die – zusammen mit den beiden Faksimile-Bänden von Hayter, die 1824 /1825 in Oxford erschienen waren –

die Papyri von Herculaneum im Kreis der europäischen, vor allem aber der deutschen Philologen zirkulieren ließ. Die Schriften des Philodemos wurden zwischen dem Ende des 19. und dem Beginn des 20. Jh. in der berühmten „Bibliotheca Teubneriana" publiziert; Wissenschaftler wie Theodor Gomperz, Franz Bücheler, Hermann Usener, Wilhelm Crönert, Hermann Diels, Robert Philippson, aber auch Christian Jensen und Wolfgang Schmid haben viel zum Verständnis der herculanischen Texte beigetragen.

Während man bis 1916 mit Zeichnungen arbeitete, nutzte man bereits 1914 bei der Publikation des ersten und einzigen Bandes der „Collectio tertia" die Photokollographie (Lichtdruck). Sie beruhte auf dem Einsatz von ultravioletten Strahlen und versprach eine originalgetreue und durch mögliche Lesefehler nicht beeinträchtigte Abbildung der Originale: ein Ziel, das auch heute, in einer Zeit, in der sehr viel modernere Technologien zum Einsatz kommen, nur schwer zu erreichen ist.

Neuere Entwicklungen

Die letzten dreißig Jahre waren für die herculanische Papyrologie ohne Zweifel eine besonders glückliche Zeit. Das ist vor allem Marcello Gigante zu danken, der mit Hingabe und großer philologischer Sensibilität die herculanischen Manuskripte erforscht und deren historische und kulturelle Bedeutung herausgearbeitet hat.[14] Die Zeitschrift „Cronache Ercolanesi" und die Reihe „La scuola di Epicuro" – die vierte nach den bereits erwähnten „Collectiones" – dokumentieren den Fortgang der Arbeiten im „Centro Internazionale per lo Studio dei Papiri Ercolanesi", das 1969 von Marcello Gigante gegründet wurde und in dem unter seinem heutigen Präsidenten Giovanni Pugliese Carratelli namhafte Wissenschaftler wie Graziano Arrighetti und Francesca Longo arbeiten. Vor allem die „Cronache" geben einen guten Überblick über den Weg, der bis heute zurückgelegt wurde: bei der Erforschung der Texte, in der Paläographie, bei der Anwendung von Reproduktionstechniken, der Entwicklung neuer Methoden zum Abrollen der Papyri und schließlich beim Kampf um die Wiederaufnahme und die Fortführung der Ausgrabungen in der Villa dei Papiri. Der Band von Guglielmo Cavallo „Libri scritture scribi a Ercolano" (dessen erste Ergänzung 1983 erschienen ist), stellt ein unverzichtbares Instrument zur Rekonstruktion des Zusammenhangs von Schriftrolle und Buch dar und erlaubt es, auf der Basis einer systematischen paläographischen Erforschung der griechischen Abteilung, Hypothesen zu bilden, wem welche anonymen Texte zugeschrieben werden können.

Zu wichtigen Entdeckungen führte eine neue Methode der Öffnung der verkohlten Rollen in den 80er Jahren des 20. Jh. Die von Knut Kleve und Brynjulf Fosse ausgearbeitete Technik kann man als eine Weiterentwicklung jener von Piaggio bezeichnen. In beiden Fällen benutzte man einen Klebstoff, der auf der Basis von natürlichen Substanzen gewonnen wurde. Bei der von Wissenschaftlern aus Oslo angewandten Methode ist es allerdings der Kleber selbst, der dem Blatt, sobald er aufgetragen und getrocknet ist, die nötige Konsistenz gibt, damit es gelöst werden kann. Es handelt sich dabei um eine Mischung aus Gelatine und 20–30prozentiger Essigsäure, bei der die Menge der Gelatine davon abhängt, wie stark verkohlt und porös der Papyrus ist. Man trägt den Klebstoff, der konstant eine Temperatur von 50 bis 60° C haben muß, mit einem Pinsel auf die zu behandelnde Seite auf und läßt ihn dann trocknen. Die Abschnitte werden anschließend mit der feinen Spitze einer Metallpinzette abgelöst. Danach wird jedes einzelne Stück mit dem gleichen Kleber auf einem Blatt aus Japanpapier fixiert, auf dem die Nummer des Papyrus und des entsprechenden Abschnitts notiert wird, außerdem der Name des Bearbeiters und das Datum. Die einzelnen Arbeitsschritte werden gleichzeitig mit einer Serie von Photographien dokumentiert, um nachweisen zu können, welche Stelle jedes einzelne Fragment ursprünglich in der Schriftrolle (*volumen*) einnahm.

Die aktuelle Situation

Bis heute ist mehr als die Hälfte der 1800 Stücke, aus denen die herculanische Sammlung besteht, geöffnet worden. Die ständig gestiegene Anzahl der inventarisierten Teile ist – wie bereits erwähnt – darauf zurückzuführen, daß als Folge der Techniken des Abrollens oder durch Ablösung während des natürlichen Zerfallsprozesses verschiedene Teile ein und derselben Schriftrolle eigene Identifizierungs-Nummern erhielten. Mit der Oslo-Methode sind bisher 160 Stücke behandelt worden, in vielen Fällen zu Schriftrollen gehörend, die bereits mit der Methode von Piaggio

Abb. 8: Mitarbeiter der Brigham Young University/USA bei der Entzifferung von Papyrusrollen in der „Officina dei Papiri Ercolanesi" der „Biblioteca Nazionale di Napoli".

bearbeitet worden waren; hinzu kommen die beiden herculanischen Papyri, die Ferdinand IV. von Neapel 1802 Napoleon Bonaparte schenkte und die seitdem in der „Bibliothèque de l'Institut de France" in Paris aufbewahrt werden. Beide enthalten griechische Texte, der eine biographischen Inhalts, der andere Fragen der Ethik betreffend. Marcello Gigante hat in seinen Schriften über die Verbreitung des Epikureismus in der römischen Gesellschaft vor allem die Bedeutung des Textes „Über die Verleumdung" hervorgehoben, der in PHerc. Paris 2 enthalten ist. Außerdem unterstrich er die Bedeutung der dortigen Widmung für Vergil und seine Freunde Plotius Tucca, Lucius Varius Rufus und Quinctilius Varus. Der Name Vergils, der sich hier zum ersten Mal auf einem herculanischen Papyrus fand, war die Bestätigung dafür, daß der Kreis um Philodemos mit jenem des Philosophen Siron in Verbindung stand, der in seinem Haus in Neapel den großen Dichter und dessen Freund Varus empfing.

Der konservatorische Zustand der herculanischen Dokumente setzt dem vollständigen Erfassen ihres Informationsgehalts deutliche Grenzen. Die aufgerollten Papyri sind auf Stoff oder Karton fixiert und dann auf einem Holzbrettchen befestigt (Abb. 7); ihre Oberfläche ist uneben, faltig und gekräuselt. Buchstaben haben sich ganz oder teilweise in Falten, die häufig in langen Rillen verlaufen, eingegraben und sind daher nur noch bei einer genauen Autopsie lesbar. Hinzu kommt, daß auf den Fotografien die stratigraphischen Unregelmäßigkeiten häufig nicht zu erkennen sind; es gibt nämlich Überlappungen, da während des Abrollens bestimmte Teile des Papyrus an den darunter liegenden Streifen haften geblieben sind, so daß sie die Schrift teilweise verdecken.

Die Falten auf der Oberfläche und der unterschiedliche Kontrast zwischen dem Schwarz der Tinte und den dunkeln Fasern des verkohlten Blattes (der auch auf den verschiedenen Abschnitten ein und desselben Papyrus zu finden ist) machen eine differenzierte Fokussierung nötig. Deshalb werden mit der von Kleve entwickelten Mikrophotographie die Aufnahmen aus der Totale durch eine Reihe von Farbaufnahmen ergänzt, die kleine Abschnitte des Textes abbilden. Dadurch ist es möglich, Buchstaben, graphische Zeichen und sonstige Spuren zu vergrößern, die mit bloßem Auge schwer zu erkennen sind.

Durch den Einsatz der Mikrophotographie gelangen der Philologie wichtige Erkenntnisse im Bereich der lateinischen Papyri, die lange Zeit auf Grund ihres schlechten Erhaltungszustands nicht untersucht werden konnten und sich durch ihren literarischen Charakter von den griechischen unterscheiden, die rein philosophischer Natur sind. So entdeckte man in PHerc. 21 Fragmente des sechsten Buches der *Annales* von Ennius und in PHerc. 78, der als unlesbar galt, eine Komödie von Caecilius Statius, einem Komödiendichter des 3. bis 2. Jh. v. Chr. Es handelt sich dabei um *Obolostates sive Faenerator*, ein Stück, von dem bisher nur wenige Zeilen auf indirekte Weise überliefert waren. Kleve hat außerdem bemerkenswerte Fortschritte in der paläographischen Erforschung der lateinischen Papyri gemacht. Es sind außerordentliche Zeugnisse der antiken Kapitalschrift, die deren verschiedene Entwicklungsphasen vom ersten vorchristlichen bis zum ersten nachchristlichen Jahrhundert dokumentieren. Von diesen lateinischen Papyri waren bislang nur wenige untersucht worden. Zu diesen gehört vor allem PHerc. 817 mit dem Varius zugeschriebenen Gedicht „Die Schlacht von Actium", das zwischen 31 und 14 v. Chr. entstanden ist und von Lowe im 3. Band der „Codices Latini antiquiores" (Oxford 1938) reproduziert wurde.

Durch eine Vereinbarung zwischen der Nationalbibliothek in Neapel (zu der die wertvollen Bestände seit 1910 gehören) und der „Brigham Young University" in Provo (Utah, USA) konnte ein Team des „Institute for the Study and the Preservation of Ancient Religious Texts" (Abb. 8) zwischen 1999 und 2002 von allen bisher entrollten Papyri multispektrale Aufnahmen machen, deren Analyse mit Sicherheit noch zu ganz neuen Erkenntnissen führen wird. Man legte zwischen digitaler Kamera und Objektiv eine Scheibe mit Filtern ein, die manuell auf acht verschiedene Positionen von 400 bis 950 nm eingestellt werden konnten. Dadurch konnte man das Spektralband bestimmen, das am besten geeignet war, die Informationen auf dem verkohlten Material sichtbar zu machen. In 90 % der Fälle sind die Bilder mit 950 nm im NIR-Bereich (Nahinfrarot) am besten gelungen. Um eine hohe räumliche Auflösung zu erhalten, wurden von jedem Stück eines Papyrus mehrere Aufnahmen gemacht, die dann wie in einem Mosaik in ihrer ursprünglichen Reihenfolge wieder zusammengesetzt werden können.

Die Verstärkung kaum sichtbarer Zeichen und die Entdeckung von Schriftspuren oder gar ganzer Buchstaben, die mit bloßem Auge nicht gesehen werden können, sind für die Wiederherstellung des exakten ursprünglichen Textes äußerst wichtig. Dadurch ergibt sich die Notwendigkeit, die in der Vergangenheit vorgenommene Entzifferung zu überprüfen. Außerdem ermöglichen sie einen neuen Blick auf jene Fragmente, die bis heute vernachlässigt wurden. Die Aufnahme von PHerc. 1491 (1000 nm) zeigt einen griechischen Text, der bisher jedoch als kaum lesbarer lateinischer Text katalogisiert worden war: ein besonders sprechendes Beispiel für die qualitative und quantitative Verbesserung der Lesbarkeit der Zeichen. Zum ersten Mal verfügen die Papyrologen über ein brauchbares Instrument an erkenntnismäßiger Ergänzung und Konsultation auf Distanz, natürlich innerhalb der Grenzen, die die Reproduktionen der herculanischen Papyri setzen. Dabei ist bereits mehrfach deutlich geworden, wie wichtig nach wie vor die Überprüfung der Dokumente durch eine Autopsie ist. Durch einen nicht sorgsamen

Umgang mit den multispektralen Bildern können zudem Unklarheiten entstehen, die nicht immer eine klare Unterscheidung zwischen graphischen Zeichen und Zeichen des Trägermaterials erlauben und einander überlappende Schichten oft nicht erkennen lassen.

Die Realisierung eines kompletten Archivs der herculanischen Manuskripte auf CD-ROM bedeutet für die Nationalbibliothek Neapel ein wichtiges Ergebnis: Auf diese Weise kann ein ebenso kostbares wie empfindliches historisches Erbe zugleich genutzt und bewahrt werden. Demnächst wird aus der engen Zusammenarbeit der Bibliothek mit dem „Centro Internazionale per lo Studio dei Papiri Ercolanesi ‚Marcello Gigante'" und dem „Institute for the Study and the Preservation of Ancient Religious Texts" noch ein weiteres wichtiges Ergebnis erwachsen: die Digitalisierung der neapolitanischen Zeichnungen und die online-Publikation der multispektralen Bilder.[15]

So kommt heute in der „Officina dei Papiri Ercolanesi" der Geist internationaler Zusammenarbeit erneut zum Tragen, wie wir ihn aus der Vergangenheit kennen, als ausländische Souveräne und illustre Persönlichkeiten aus der Welt der Kultur sich an Initiativen zur Erschließung der Bibliothek des Philodemos von Gadara beteiligten.

Anmerkungen

1 J. J. Winckelmann: Sendschreiben von den herculanischen Entdeckungen, hrsg. v. St.-G. Bruer und M. Kunze (1997) S. 110.

2 Vgl. M. Gigante, La Germania e i Papiri Ercolanesi. Sitzungsbericht der Heidelberger Akademie der Wissenschaften. Phil.-hist. Klasse, 1988, Bericht 1, S. 8.

3 PHerc ist die interne Signatur der Nationalbibliothek von Neapel für die Papyri aus Herculaneum (Anm. d. Hrsg.).

4 Anthologia Palatina: Eine umfangreiche Sammlung griechischer Gedichte, die um 1590 in die „Bibliotheca Palatina" (Kurpfälzische Landesbibliothek) in Heidelberg aufgenommen wurde.

5 Einige herculanische Papyri enthalten Schriften des Philodemos, in die offensichtlich Notizen aus den Vorlesungen des Zenon eingeflossen sind. Vor kurzem wurde von K. Kleve und G. Del Mastro bestätigt, daß ein Werk Zenons über die Mathematik aufgefunden worden ist. Kleve und Del Mastro stellen eine virtuelle Rekonstruktion der *subscriptio* auf der Basis digitaler Bilder her. Vgl. K. Kleve – G. Del Mastro, Il PHerc. 1533: Zenone Sidonio A Cratero, Cronache Ercolanesi 30, 2000, S. 149–156.

6 Als Doxographen bezeichnet man die griechischen Gelehrten, die die Lehren der Philosophen nach Problemen geordnet sammelten.

7 Zur bourbonischen Ausgrabung der Villa, die durch unterirdische Stollen erfolgte, und dem Auffinden der Papyri vgl. F. Lono Auricchio – M. Papasso, I rotoli della Villa ercolanese: dislocazione e ritrovamento, Cronache Ercolanesi 17,1987, S. 37–47; zur jüngsten Ausgrabung vgl. besonders A. De Simone – F. Ruffo, Ercolano e la Villa dei Papiri alla luce di nuovi scavi, Cronache Ercolanesi 33, 2003, S. 279–311.

8 Sagenumwobener neapolitanischer Geheimwissenschaftler und Alchimist (1710–1771), der durch allerlei verwegene Experimente berühmt wurde (Anm. d. Hrsg.).

9 Die „Officina dei papiri" ist die Abteilung der Nationalbibliothek in Neapel, die heute für die Schriftrollen verantwortlich ist (Anm. d. Hrsg).

10 Vgl. die Philodemos-Edition, On Piety, Part 1, ed. and transl. by D. Obbink (1996) und On Poems, Part 1, ed. and transl. by R. Janko (2000). Die Edition des vierten Buches *Über die Musik* erscheint demnächst, hrsg. und übersetzt von D. Delattre, in der Reihe *Les Belles Lettres*. Eine gute Beschreibung der verwendeten Methode zur Rekomposition der ursprünglichen Schriftrollen findet sich vor allem in: A. Angeli, Lo svolgimento dei papiri carbonizzati, Papyrologica Lupiensia 3, 1994, S. 43–80.

11 J. J. Winckelmann, a. a. O. S. 127.

12 Ebd., S. 127.

13 Von diesen Zeichnungen sind zwei Serien erhalten, eine in der „Biblioteca Nazionale" in Neapel, die andere in der „Bodleian Library" in Oxford. Zur Serie in Oxford gehört folgender Bestand: Die Kopien von dreizehn Papyri, die Davy vom Januar 1819 bis zum Februar 1820 abgerollt hat und jene vom Papyrus PHerc. 118. Außerdem alle Zeichnungen, die im 18. Jh. unter der Leitung von Piaggio sowie in den Jahren 1802–1806 unter der Leitung von J. Hayter angefertigt worden sind. Hayter wurde von König Georg IV. nach Neapel gesandt, um das Auffinden der Papyri zu unterstützen und das Abrollen und Edieren zu beschleunigen. Als er in seine Heimat zurückkehrte, konnte Hayter die Zeichnungen der Papyri mitnehmen. Er sollte eine Edition mit Stichen besorgen. Nach Abschluß dieser Arbeit hätten die Zeichnungen dem Hof der Bourbonen zurückgegeben werden sollen. Die Exemplare in Neapel wurden ab 1806 hergestellt. Sie umfassen auch Zeichnungen der Papyri, die vor Hayters Abfahrt abgerollt worden sind. Diese wurden nämlich in Neapel unter der Leitung von C. M. Rosini noch einmal gezeichnet.

14 Von M. Gigantes umfangreichen „herculanischen' Arbeiten möchten wir zumindest die fundamentale Publikation „Filodemo in Italia" (1990) erwähnen, die 1995 in der englischen Übersetzung von D. Obbink erschienen ist. Zu Philodemon als Person vgl. außerdem M. Gigante, Il libro degli epigrammi di Filodemo (2002).

15 Dies ließ vor kurzem R. T. Macfarlane mitteilen, der verantwortliche Wissenschaftler des Projektes für das ISPART (Institute for the Study and the Preservation of Ancient Religious Texts). Vgl. R. T. Macfarlane, New readings toward electronic publication of PHerc. 1084, Cronache Ercolanesi 33, 2003, S. 165–167. Zur Technik der MSI (Multispectral Imaging) vgl. S. W. Booras – D. R. Seely, Multispectral Imaging of the Herculaneum Papyri, Cronache Ercolanesi 29, 1999, S. 95–100.

Dieter Bischop

Antike Wohn(t)räume. Die Einrichtung der Häuser in Herculaneum

Die kleine Hafenstadt Herculaneum am Hang des Vesuv war zum Zeitpunkt ihrer Verschüttung schon annähernd 500 Jahre alt. Der symmetrisch rechtwinklig angelegte Stadtplan folgte dem griechischen Stadtgründungsschema, wie im nahegelegenen Neapolis, das sich schon bald nach seiner Gründung zu einer bedeutenden Stadt entwickelt hatte. Da aufgrund der neuzeitlichen Überbauung des antiken Ortes nur ein Bruchteil der Stadt aufgedeckt werden konnte, kann man nur schätzen, daß sich die Stadt auf einer Grundfläche von circa 370 mal 320 Meter erstreckte – etwa einem Drittel der Siedlungsfläche von Pompeji. An den großen Hauptachsen der Stadt lagen nördlich des Zentrums das Forum und die Basilika sowie einige weitere, hauptsächlich in augusteischer Zeit errichtete und mit Kunstwerken ausgestattete öffentliche Gebäude, wie z.B. das Theater. Die Hafenvorstadt von Herculaneum breitete sich mit ihren großen Villen mit Panoramablick bis zur Küste aus. Unsicher ist der Verlauf der Stadtgrenze bergaufwärts, weil sich dort heute das, wenn auch fast 20 Meter höher gelegene, moderne Wohngebiet erstreckt. Entlang der Meeresseite reichten die antiken Häuser bis zum äußersten Rand des Hügelkamms auf dem die reichsten und schönsten Häuser standen, von denen man eine grandiose Aussicht auf das Meer hatte. Zu ihnen zählt als größte die berühmte Villa dei Papiri. Herculaneum war also der ideale Standort für hochherrschaftliche Villen und Landhäuser, wie sie die Römer so sehr liebten.

Abb. 1: Ladengeschäft im „Haus mit Neptun und Amphitrite" (Casa di Nettuno e Anfitrite).

Die vornehme Stadt

Im Gegensatz zur großen Schwester Pompeji war Herculaneum keine geschäftige Handelsstadt. Es gab zwar einige Läden, Garküchen, Bäckereien, Färbereien und andere kleine Handwerksbetriebe, vor allen Dingen längs des *decumanus maximus*, der in Ost-West-Richtung verlaufenden Hauptstraße. Insgesamt waren jedoch deutlich weniger Läden vorhanden als in Pompeji, es existierten kaum größere Fabrikbetriebe, Herbergen oder Bordelle. Es ging hier offenbar nicht so hektisch zu wie in der größeren Nachbarstadt, denn es fehlen die an vielen Häuserwänden Pompejis angebrachten Reklame- und Wahlinschriften. Auch gab es nicht so viel Verkehr wie in Pompeji, was man aus den relativ schwach in das Pflaster eingefahrenen Wagenspuren schließen kann und aus dem Fehlen der für Pompeji typischen Schrittsteine, die dem Passanten das Überqueren der Straße erleichtern sollten. Vor den vornehmen Häusern waren die teils von malerischen Laubengängen gesäumten Gehsteige aus dem vornehmeren Kalkstein gearbeitet und nicht aus dem sonst üblicherweise benutzten Lavagestein des Vesuv. Gerade dieses ruhigere Gepräge von noblen Häusern und kleineren Handwerksstätten scheint Herculaneum als Wohnort attraktiv auch für ehemalige Statthalter oder römische Senatoren gemacht zu haben. Zwei öffentliche Brunnen, ein großes Wasserreservoir und Brunnenschalen in Häusern beweisen, daß in Herculaneum die Wasserversorgung der Stadt ebenso weit entwickelt war wie in Pompeji.

Aus der Frühzeit Herculaneums sind nur wenige vornehme Häuser mit dem eindrucksvoll gestalteten zentralen Repräsentationsraum, dem Atrium, und den umgebenden Wohnräumen erhalten geblieben. Mehrere dieser traditionell erbauten Häuser wie zum Beispiel das „Samnitische Haus" (Casa Sannitica, *Insula* V, Nr. 1–2) wurden gerade in den letzten Jahrzehnten ihrer Existenz umgebaut. Man verzichtete etwa auf den kleinen Garten, separierte die zur Straße hin gelegenen Räume im Obergeschoß und machte sie durch einen eigenen Eingang mit Holztreppe von der Straße her erreichbar und vermietete diese Räumlichkeiten. Der Typus des althergebrachten Atrium- oder auch des Peristylhauses[1] wurde in Herculaneum nicht mehr so exakt beibehalten. Man paßte diesen alten Haustypus – offenbar mehr noch als im nahen Pompeji – dem persönlichen Geschmack des Besitzers oder einem individuellen praktischen Raumbedarf an.

Es gab bescheidenere, mehrstöckige Mehrfamilienhäuser, wie sie später in Ostia, der Hafenstadt Roms, häufiger zu finden sind sowie in leichter Bauweise errichtete Häuser, wie das „Haus in opus craticium" (Casa a Graticcio),[2] das in Mietswohnungen von nur 50 Quadratmeter aufgeteilt war. Licht erhielten die Räume dieser Mietshäuser zum Teil lediglich durch schmale Lichtschächte.

Konserviertes Holz

Im Gegensatz zu Pompeji, wo die Dächer der Häuser durch das Gewicht des Asche- und Lapilliregens zusammenbrachen, sorgte in Herculaneum die besondere Weise der Zerstörung und Verschüttung dafür, daß auch die leichten Holzkonstruktionen der anspruchsloseren Wohnhäuser zum Teil bis heute erhalten blieben. Herculaneum wurde nämlich – nachdem eine pyroklastische Wolke[3] von etwa 400–500 °C durch die Stadt gefegt war und alles Lebendige vernichtet sowie alles Brennbare kurzzeitig in Flammen gesetzt hatte – von etwa sechs Schlammlawinen zugeschüttet und liegt heute teilweise noch unter dieser bis zu 25 Meter mächtigen Erdschicht. Viele Statuen wurden zwar von ihren Podesten gerissen, Säulen umgebrochen und weit – teilweise bis ans Meer – mitgeschwemmt, doch blieben zumeist die Dächer der Häuser unbeschädigt, da der Schlamm durch die Fenster und Türen in die Räume eindrang und ausfüllte und nicht ein fortwährender Asche- und Bimssteinregen sie durch sein stetig zunehmendes Gewicht zum Einsturz brachte.

Blieben durch diese „schonende" Zuschüttung sogar mehrstöckige Häuser vollständig erhalten, so sorgten die meterhohen Schlammschichten dafür, daß die verschütteten Objekte, zumindest für die nächsten siebzehn Jahrhunderte – anders als im nur mit lockerer Asche und Lapilli angefüllten Pompeji – in einem nahezu luftabgeschlossenen Klima verblieben. Durch diesen Umstand blieben Dinge aus organischem Material, zumeist Holz, erhalten: die Dach- oder Deckenbalken, Balkone, Türen, Fensterläden und Treppen. Gleich bei den ersten Entdeckungen in Herculaneum fand man solche Holzgegenstände, zwar äußerlich verkohlt und vielleicht ganz leicht verformt und geschrumpft, doch in ihrer ursprünglichen Form kaum verändert. Bereits im 18. und 19. Jh. sind zahlreiche hölzerne Möbel gefunden worden, doch aufgrund der fehlenden Erfahrung, verkohltes Holz zu konservieren, blieben diese Möbel – erwähnt wurden zum Beispiel Betten, Stühle, Tische und Truhen – nicht erhalten. Erst unter dem italienischen Archäologen Amedeo Maiuri wurden insbesondere die Möbel detaillierter besprochen und erfolgreiche Versuche ihrer Konservierung durchgeführt. Von vielen Möbelstücken ist jedoch leider nicht einmal das Haus bekannt, aus dem sie stammen; denn manches ist durch die Schlammlawine aus den Räumen ins Freie gespült worden.

Heute sind insgesamt noch Reste von 40, zumeist vollständig aus Holz gefertigten Möbeln erhalten. Diese Möbelfunde aus Herculaneum sind so einzigartig und bedeutend, daß sie heute mit Abstand die beste Grundlage für die Erforschung des römischen Tischlerhandwerkes darstellen. Der Gebrauch von Schwalbenschwanzverbindungen, Scharnieren und gerahmten Tafeln zeigt den hohen Standard der damaligen Möbelschreiner. Schnitzereien, geometrisches Intarsiendekor, Einlagen aus Glas oder Elfenbein und nicht zuletzt Beschläge aus Bronze, die zum Beispiel die Betten zieren konnten, zeugen von der Vielfältigkeit der liebevoll angebrachten Verzierungen. Der römische Schreiner nutzte nicht nur heimische Hölzer, sondern auch Holz aus dem Alpenraum, der Provence oder sogar Zedernholz aus dem Libanon. Besonders beliebt war das Holz der Edeltanne.

Auf den ersten Blick scheinen sich römische Möbelschreiner an griechischen Vorbildern orientiert zu haben. Im 1. Jh. n.Chr. spiegelte der luxuriöse römische Einrichtungsbau besonders stark die griechischen Einflüsse wider. Daneben deuten die überkommenen römischen Möbelstücke darauf hin, daß bei den Römern neben den Holzmöbeln häufiger luxuriöse Marmor- und Bronzemöbel hergestellt wurden als bei den Griechen.

Die Ruinen von Herculaneum zeigen nicht nur typische Beispiele römischer Hausarchitektur, sondern auch das häusliche Umfeld, für das teils kostbare Luxusmöbel, teils einfachste Alltags- und Gebrauchsmöbel geschaffen wurden. Auf den Fresken der Vesuvstädte, die die Vielfalt römischer Inneneinrichtung zeigen, ist deren Verwendung eindrucksvoll lebendig wiedergegeben.

in ihren Wohnhäusern im östlichen Stadtareal nahe dem zum Strand führenden *Cardo* V geborgen.

In diesem Stadtviertel fallen einige Häuser auf, die im Erdgeschoß Arbeits- und Geschäftsräume aufweisen und im oberen Geschoß Wohnräume, die nicht der traditionellen Einteilung römischer Wohnungen entsprachen. Als Beispiele mögen das sogenannte „Haus des Gemmenschneiders“ (Casa del Gemmario, *Insula orientalis* II,10) sowie das „Haus des M. Pilius Primigenius Granianus“ (*Insula orientalis* I,1a) dienen. Die verheerende Naturkatastrophe, die schlagartig das Leben der Hausbewohner auslöschte, konservierte gleichzeitig das Aussehen und die Einrichtung ihrer Wohn- und Arbeitsräume im Augenblick des Untergangs.

Im rückwärtigen Raum des „Hauses des Gemmenschneiders“ fand sich ein kleines Sortiment von Gemmen und einfacheren Schmuckstücken, zum Teil in einem kleinen, hölzernen Kästchen verborgen. Diese Stücke, aber vor allem erst grob beschnittene, das heißt

Abb. 2: Rekonstruktion der mit Holzintarsien dekorierten Kline aus dem „Haus des Gemmenschneiders“ (Casa del Gemmario).

Die Tragödien im „Haus des Gemmenschneiders“ und im „Haus des Granianus“

Die Einwohnerzahl der Stadt Herculaneum samt der Vorstadt zum Zeitpunkt der Zerstörung wird auf etwas mehr als 4000 geschätzt. Abgesehen von den Toten in den Bootshäusern am Strand, wurden in den Häusern der Stadt selbst nicht einmal fünfzig Tote gefunden. Einige der Opfer lagen noch auf ihren Betten. Ob sie im Schlaf von einstürzenden Decken erschlagen wurden, oder nicht mehr fliehen konnten oder gar wollten, bleibt im Einzelfall ungeklärt. Viele der Opfer wurden noch unfertige Gemmen und bronzene Arbeitsgeräte, wie zum Beispiel Zangen zum Bearbeiten von Steinen und anderem Schmuck, bezeugen den Beruf des Besitzers. Er schnitt die Schmucksteine teils nach originalen hellenistischen Vorbildern, die er in seiner Werkstatt aufbewahrte. Seine Fähigkeiten waren anscheinend nicht allein auf die Herstellung von Gemmen oder anderen Kleinodien beschränkt. Ein Kunde hatte ihm offensichtlich auch eine fast 100 Jahre alte, leicht beschädigte männliche Marmorbüste zur Reparatur anvertraut, eine Auftragsarbeit, die der Meister nicht mehr erledigen konnte.

Der Gemmenschneider fühlte sich anscheinend dem Stadtheros Hercules besonders verbunden, da er ihm einen kleinen Altar in seinem Haus gewidmet hatte.

Beim Freilegen eines kleinen Wohn- und Arbeitszimmers in den Jahren zwischen 1933 und 1937 wurde für die Archäologen des Teams von Amedeo Maiuri das tragische Geschehen am Tag der Katastrophe wieder lebendig vor Augen geführt. Zwei Bronzekandelaber, 15 Lampen aus Ton und zwei aus Bronze deuten vielleicht auf die Dunkelheit während des Ausbruchs hin. Zwei Fünftel dieses Raumes wurden von einer Holzkline mit Seitenwänden und hoher Rückenlehne eingenommen. Die Couch war durch die vom Vesuv herunterrasende Schlammlawine, die durch die Tür und ein gegenüberliegendes kleines Fenster in das Zimmer eingedrungen war, 70 Zentimeter hochgeschwemmt worden. Auf dem Fußboden lag, auf dem Bauch und teilweise unter dem Sofa, ein etwa fünfzehnjähriger Junge. Er hatte wohl noch versucht, sein Gesicht zu schützen.

Zwei Bronzestrigiles, also die Instrumente, mit denen sich vornehmlich die Sportler Öl, Schweiß und Staub vom Körper schabten, weisen möglicherweise darauf hin, daß der Junge oder ein Familienmitglied sich in der nahen Palästra sportlich ertüchtigt hatte. Ansonsten fanden sich in dem kleinen Raum noch ein Votivaltar aus Tuff, mehrere Tongefäße, eine kleine Kiste mit Münzen, etwas Schmuck und ein Knochenwürfel sowie eine Dionysosherme aus Marmor.

Das fast zwei Meter breite und ein Meter tiefe Sofa hatte gedrechselte Beine, eine hohe Rückenlehne, die aufwendig mit geometrischen Ornamenten in Intarsienarbeit verziert worden war (Abb. 2). Entlang einer horizontalen Mittelachse ist ein doppelter Fries von Mäandern so zusammengesetzt, daß die Einzelelemente jeweils eine Swastika bilden. Die Mitte bildet ein sich spiegelndes spitzdreieckiges Motiv, das sich wie die anderen Muster durch die unterschiedliche Holzfarbe vom Untergrund abhob.

Nicht besser als dem Jungen im „Haus des Gemmenschneiders" erging es einer Familie, die in derselben Straße, nur näher zum Strand hin, wohnte (*Insula orientalis* I, 1a). In einer hölzernen Truhe in einem der Wohnräume ihres Hauses wurde neben einigen Glasgefäßen ein Siegelring (Abb. 3) gefunden, der den Namen des letzten Besitzers M. Pilius Primigenius Granianus überlieferte. Die Familie hatte offenbar nicht mehr versucht, ihr Heil in der Flucht zu suchen. Sie eilte nicht, wie mehrere hundert andere verzweifelter Herculaner, zum Strand, um in den standfesten Bootshäusern die fortwährenden Erdstöße sowie das Seebeben abzuwarten und auf die Flucht über das Meer zu hoffen. Fünf Erwachsene mit einem Kind und einem Säugling in einer hölzernen Wiege hatten statt dessen in einem 3,60 mal 4,65 Meter messenden Wohnraum Zuflucht gesucht. Archäologen fanden 1940 die Skelette der Erwachsenen und des Kindes auf dem mit einem Rautenmuster verzierten schwarz/weißen Mosaikboden liegend. Das Baby lag noch in der Wiege (Abb. 4). Auf einem Wandschrank aus Holz befanden sich eine Schale und eine Flasche aus Glas sowie ein tönernes Ölgefäß. Ehemals hatten die Bewohner wohl in dem Zimmer Würfel gespielt. Es fanden sich nämlich hier noch zwei aus Knochen geschnitzte Spielwürfel. Auf dem Boden lagen bei einem runden Holztischchen, dessen drei Beine als hochspringende Windhunde ausgestaltet waren (Abb. 5), eine Amphora, fünf Tongefäße, zwei Gemmen und sieben weitere wertvolle Steine und zwei Bronzemünzen.

Die auf Kufen stehende Wiege besteht aus Eichenholz. Erhalten waren bei der Ausgrabung textile Reste

Abb. 3: Der Siegelring des M. Pilius Primigenius Granianus (Kat. 2.1).

Abb. 4: Kufenwiege aus dem „Haus des Granianus" (Casa di M. Pilius Primigenius Granianus), (Kat. 2.2).

der Bettlaken und Teile der Matratzenfüllung aus Blättern. Diese sogenannten Kufenwiegen sind offenbar eine römische Erfindung und waren auch in Nordeuropa besonders vom 13. Jh. bis in unsere Zeit hinein populär. Die verkohlte Wiege aus Herculaneum ist jedoch die älteste erhaltene Kufenwiege überhaupt.

Das Bett – nicht nur zum Schlafen

Das wichtigste Möbelstück der Römer war das Bett *(lectus)*, das häufig nicht nur zum nächtlichen Schlafen im *cubiculum* (Schlafzimmer) diente, sondern auch als Speisebett oder Ruhesofa (Kline), oder als Platz zum Arbeiten, d. h. zum Schreiben, Lesen und ähnlichen Tätigkeiten. Im Einzelfall ist kaum zu unterscheiden, ob die auf-

Abb. 5: Dreibeiniger Holztisch aus dem „Haus des Granianus" (Casa di M. Pilius Primigenius Granianus). Die Beine sind in Form von springenden Windhunden ausgestaltet (Kat. 2.3).

gefundenen Betten ausschließlich als Schlafbetten oder auch als Speise- oder Ruhesofas dienten.

Die Sitte bei Tisch zu liegen, stammt ursprünglich aus dem griechischen Osten des 7. Jh. v.Chr. Der Römer speiste in einem an das Atrium anschließenden Speiseraum, dem *triclinium*, in dem drei Betten in Hufeisenform aufgestellt waren. Die größeren Tricliniumsbetten boten für drei Personen Platz. Ein solches *triclinium* fand sich etwa im „Haus des korinthischen Atriums" (Casa dell´Atrio Corinzio). Beliebter war in Herculaneum jedoch das *biclinium*, also ein Speiseraum mit zwei winklig zueinander gestellten Speisebetten.

Ursprünglich nutzten die Römer ausschließlich Speisebetten mit einer seitlichen Lehne *(fulcrum)*, die mit vollplastischen Bronzebüsten oder Medaillons verziert sein konnten. Die Büsten von Amoretten oder des bekränzten Dionysos deuten auf die Funktion des diwanartigen Bettes beim Gelage hin. Auch äußerst realistisch gestaltete Tierköpfe, z.B. von Pferden, Maultieren oder Katzen, geben den Speisesofas ein besonders prunkvolles Aussehen (Abb. 6). Eine interessante Mischung dieser Dekorfiguren ist eine Kline aus dem „Haus des Menander" in Pompeji. Hier ist das *fulcrum* auf der Schauseite mit einer Heraklesbüste, auf der Rückseite mit einem Entenkopf verziert.

Erst im 1. Jh. n.Chr. wurden Sofas mit Seitenwänden, wie etwa eines im „Haus des Gemmenschneiders" gefunden wurde, modern. Auch diese nahezu vollständig aus Holz gearbeiteten Betten waren zum Teil aufwendig verziert. Die Rückenlehne war mit Holzintarsien ausgelegt; verschiedenfarbige Holzarten waren zu unterschiedlichen geometrischen Mustern zusammengesetzt. Die Beine waren häufig gedrechselt. Quer verlegte Holzlatten, Flechtwerk oder Gurtbänder bildeten die Auflagefläche für die Matratzen, die – wie die schriftlichen Quellen vermuten lassen – zumindest teilweise mit Gänsefedern gefüllt waren. Wie die Wandmalereien zeigen, müssen zumindest zeitweise die Klinen, Stühle und Sessel unter einem Berg von Kissen und Teppichen verschwunden gewesen sein.

Bereits im 18. Jh. wurde eine große Anzahl von hölzernen Betten entdeckt, von denen jedoch kein einziges erhalten blieb. Umso bedeutender sind die bis heute erhaltenen, während der letzten Grabungskampagnen geborgenen Betten.

Abb. 6: Pferdeprotome vom *fulcrum* einer Kline (Kat. 8.31/32).

Der Tisch

Vor den Triclinium-Liegen konnte der Gast das persönliche Trink- und Eßgeschirr auf kleinen runden Tischchen abstellen, wie zahlreiche Wandmalereien aus Herculaneum und Pompeji zeigen.

Von diesen hölzernen, dreibeinigen Beistell-Tischen sind in Herculaneum sechs kreisrunde und ein halbrundförmiger erhalten (Abb. 7). Die Höhe variiert zwischen 59 und 68 Zentimetern. Die Tischplatte konnte einen Durchmesser von bis zu 61 Zentimetern aufweisen. Die Tischbeine bestehen aus drei Elementen. Die Beinfüße waren oft Löwen- oder Hundeklauen nachgebildet. Einige Tischbeine zeigen am stark gebogenen oberen Bereich Katzen- oder Pantherköpfe, aber auch springende Windhunde. Die Darstellung von Jagdhunden – den Tieren der Jagdgöttin Artemis/Diana – spielt sicherlich auf die Speisen an, die auf dem Tisch dargereicht wurden. Die Darstellung von bekränzten Dionysos- oder Greifenköpfen bezieht sich deutlich auf den regen Weinkonsum beim Gastmahl. Die Tischbeine mit Dionysosbüsten sind künstlerisch hochstehenden

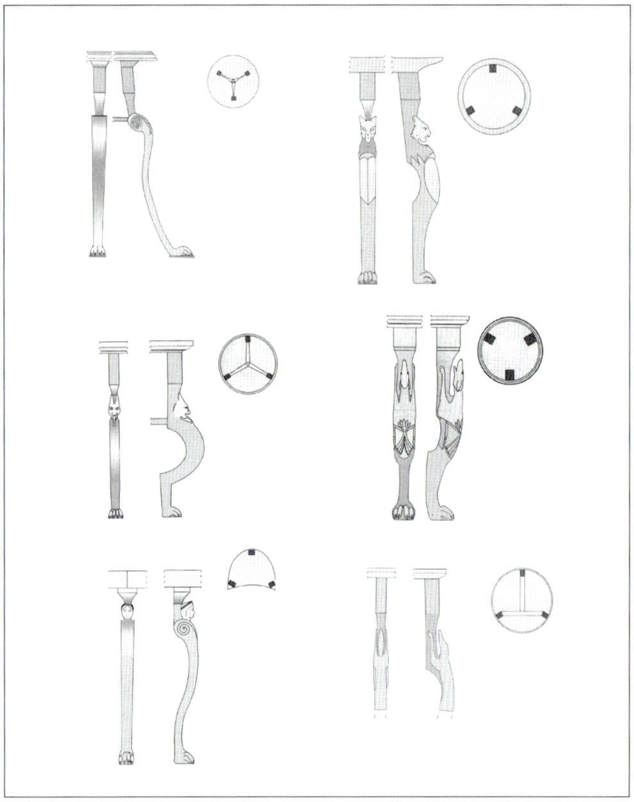

Abb. 7: Die unterschiedlich gestalteten Tischbeine der dreibeinigen Rundtische aus Holz aus Herculaneum. Jeweils oben rechts Ansicht der Tischplatte von unten.

Abb. 8: Mit Intarsien verzierter Holzhocker aus Herculaneum.

Dionysoshermen nachempfunden, die auch aus Herculaneum bekannt sind. Solche Hermen konnten auch als Beine von größeren Marmortischen *(cartibula)* dienen (Abb. 9), die neben Marmorstatuen in den repräsentativen Atrien oder Gärten aufgestellt wurden.

Besonders repräsentativ waren die Tische aus Marmor, die unter anderem zum Garteninventar oder zum Hauskult gehörten, außerdem seltene Exemplare aus Bronze (Abb. 10) oder sogar Silber. Die Holztische dienten diesen ursprünglich als Vorbilder. Manche wertvollen Möbel waren mit dem Namen des Besitzers versehen. So ist auf den Löwentatzen eines Marmortisches, der im „Haus der Theaterbildchen" (Casa dei Quadretti teatrali) in Pompeji gefunden wurde, der Name P. Casca Lo(n)g(us) eingraviert. Dieser Tisch hatte offensichtlich bereits eine mehr als hundertjährige Wanderschaft hinter sich, als er 79 n.Chr. verschüttet wurde. Sein Besitzer Publius Servilius Casca Longus war derjenige unter den Mördern von Gaius Iulius Caesar, der an den Iden des März 44 v.Chr. als erster seinen Dolch gegen den Diktator erhoben haben soll. Spätestens nach seinem Tod 42 v.Chr. wurde das Eigentum des Casca konfisziert und veräußert. Der Tisch gelangte in fremde Hände und letztendlich in den Haushalt eines Pompejaners und 79 n.Chr. unter die meterhohen Ascheschichten des Vesuv.

Leicht auseinanderzunehmen und transportierbar waren bronzene und silberne Klapptische, deren drei- oder vierbeinige Stützgestelle leicht zusammenschiebbar waren. Neben diesen auch in Griechenland gebräuchlichen kleinen Tischen wurden von den antiken Möbelschreinern auch größere rechteckige und runde Tische gebaut. Die Vielfalt eleganter Intarsien und kunstvoller Arbeiten in Elfenbein, Bronze, Marmor und Holz wird immer wieder in der römischen Literatur erwähnt. Simple rechteckige Küchentische aus Holz, wie in antiken Quellen erwähnt, sind aus Herculaneum leider nicht überliefert.

Stuhl, Hocker und Bank

Aufwendig gestaltete Stühle mit Arm- oder Rückenlehnen sind aus Herculaneum ebenfalls nicht erhalten. Entsprechende Sitzgelegenheiten gab es häufig nur in offiziellen Gebäuden und waren höhergestellten Persönlichkeiten vorbehalten. Wir kennen sie aus Marmor gehauen z.B. als Ehrensitze aus den Theatern. Geflochtene Korbsessel oder einfache Holzsessel sind andernorts auf Reliefs oder Fresken nachgewiesen, aber in der Vesuvstadt leider nicht im Original erhalten.

Gebräuchlicher waren Klapphocker oder einfache vierfüßige Hocker. Sie konnten aber auch mit Holzintarsien aufwendig gestaltet sein, wie ein Hocker zeigt, dessen Sitzfläche mit einem großen Stern verziert ist (Abb. 8). Sehr ähnliche bronzene Hocker von kaum 30 Zentimeter Höhe wurden mehrfach in Herculaneum (Abb. 11) und Pompeji gefunden. Die geringe Größe der Auflagefläche und ihre Darstellung auf Malereien mit Gelagedarstellungen deuten teilweise auf einen primären Gebrauch als Fußschemel *(subsellium)* für Sessel und Triclinium-Liegen hin.

Oft vorhanden in Privathäusern, aber auch innerhalb oder außerhalb öffentlicher Gebäude als Sitzgelegenheit zum Warten, waren Bänke, die gemauert waren oder aus Holz oder Marmor bestehen konnten. Die erhaltenen hölzernen Bänke boten Platz für zwei bis drei Personen und hatten zwei breite Bankfüße mit einem S-förmigen Außenprofil. Eine solche Bank fand sich zum Beispiel in einem Schlaf- und Arbeitsraum zusammen mit einem Bett und drei Truhen im „Haus des hölzernen Heiligtums" (Casa del Sacello di Legno). Ein ähnliches Aussehen wie die hölzernen Bänke besaßen die Bänke aus Marmor. Eine ungewöhnliche Form besitzt eine halbrunde Sitzbank, die M. Remmius Rufus den Bewohnern von Herculaneum stiftete.

Abb. 9: Marmornes Tischbein mit Dionysosherme (Kat. 8.34).

Abb. 10: Bronzetisch aus Herculaneum. Die Beine sind mit Sphingen verziert (Kat. 8.33).

Abb. 11: Bronzehocker aus Herculaneum (Kat. 8.36).

Aufbewahren und Wegschließen – Truhen, Schränke, Regale und Kisten

Im zur Straße gelegenen Bereich mehrerer Häuser Herculaneums befanden sich häufig kleine Läden, so etwa die *taberna* (Abb. 1) im „Haus mit Neptun und Amphitrite" (Casa di Nettuno e Anfitrite). In diesen Läden waren die Theken der kleinen Imbißstuben oder Tische und Bänke gemauert. Aus Platzgründen wurden Holzregale für die Amphoren an die Decke gehängt oder in der Wand verankert. Auch die weit über tausend Papyrusrollen in der Villa dei Papiri waren in einfachen, wohl offenen Regalen aufbewahrt. Solche Bücherregale konnten aber auch direkt in die Wand eingelassen und verschließbar sein. Zumindest bei den großen öffentlichen Bibliotheken in Rom waren solche Bücherregale auch mit Türen versehen.

In verschließbaren Behältnissen wurden viele Gegenstände aufbewahrt, wie z.B. Geräte und Werkzeuge, Kleidung, Nahrung oder Toilettenartikel. Echte, mit einfachen oder doppelten Flügeltüren verschließbare Schränke sind mehrfach und in verschiedenen Typen überliefert. Sie ähneln heutigen Schränken mit ihren rechteckigen Kästen, die auf kurzen Füßen stehen. Sie konnten in die Wand eingebaut oder freistehend sein. Die mit einer Höhe von bis zu 1,50 Meter relativ kleinen Exemplare aus Herculaneum besaßen aus Knochen geschnitzte Scharniere für die gefächerten Türen sowie Eisen- und Bronzebeschläge bzw. -griffe. Die frühesten im Original erhaltenen Schränke stammen aus Herculaneum.

Als Behälter für alle möglichen zerbrechlichen oder wertvollen Dinge dienten hauptsächlich Kisten *(cistae)* oder hölzerne Truhen mit Metallbeschlägen. Transportkisten für Glasware oder anderes zerbrechliches Gut waren mit Stroh ausgefüllt. Prunkvolle Truhen mit reichen, teils figürlichen Beschlägen sind aus Pompeji bekannt, wo sie – jeweils im Atrium aufgestellt – einem Besucher des Hausherren schon beim Betreten des Hauses ins Auge springen sollten. Für wichtige Dokumente und Wertsachen gab es große tresorähnliche Truhen mit Eisen- oder Bronzeblechen beschlagen. Kleine, rechteckige Kästchen mit Schiebedeckel, in denen Fächer für verschiedene Geldstücke vorhanden waren, dienten als tragbare Geldbörsen (Abb. 13).

Hausaltäre

Fast jede Familie, die etwas auf sich hielt, besaß einen eigenen Schrein, ein Hausheiligtum für die Laren[4] und andere Haus- und Familiengötter, oder zumindest einen kleinen Altarstein wie der im „Haus des Gemmenschneiders" gefundene, der sich dort in der Küche befand.

Abb. 13: Geldbörse aus Holz und Bronze, „Haus der zwei Atrien" (Casa dei due Atri), (Kat. 8.67).

Ansonsten lag das *lararium* meistens beim Atrium oder auch im Garten bzw. Peristyl. Der Schrein für die Hausgötter konnte aus einer einfachen, ausgemalten Wandnische bestehen. Eine sicherlich relativ kostspielige Form, ein solches Hausheiligtum einzurichten, war die Errichtung einer Ädikula, also einer kleinen Tempelimitation auf einem Podest. Gemauerte und mit bemaltem Stuck verzierte Exemplare kennen wir mehrfach aus Pompeji; genau gearbeitete, hölzerne oder aus mehreren Materialien zusammengesetzte Haustempelchen sind hingegen typisch für Herculaneum. Diese hölzernen Lararien waren meist zweigeteilt: Das Unterteil war als Schrank gestaltet, das Oberteil hingegen als eine Ädikula mit korinthischen Säulchen (Abb. 14) und verschließbaren Türen – also in Form einer kleinen Tempelcella mit zwei Säulen auf einem Podium. Ein Holzexemplar aus Herculaneum besitzt kleine marmorne Kapitelle, die ehemals rot angemalt waren. In den Hausschreinen standen die Figuren der Hausgötter (Laren) oder Statuetten von Göttern und Halbgöttern wie Minerva, Merkur oder Hercules (Abb. 15).

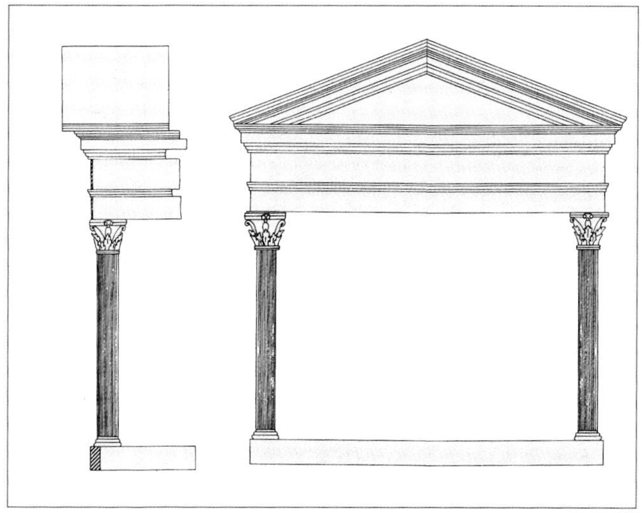

Abb. 14: Lararium aus dem „Haus mit dem schwarzen Saal", (Casa del Salone nero).

Licht und Wärme

Nur wenige Fenster in Herculaneum besaßen schon eine Verglasung – solche Glasfenster waren erst wenige Jahrzehnte zuvor erfunden worden. Um Kälte und Regen im Winter draußen zu halten, verschloß man die meist kleinen Fenster mit Holzläden. Befanden sich die Fenster in geringer Höhe, waren sie zusätzlich noch mit Eisengittern gegen Einbrecher gesichert. So wurden die Räume oft nicht nur bei den abendlichen Gastmählern, sondern auch tagsüber von zahlreichen Lampen aus Bronze und Ton – an der Decke oder Lampenständern aufgehängt – oder von Bronzekandelabern erhellt. Die Lampen selbst konnten mannigfaltige Ausformungen besitzen; diverse Gottheiten, Tiere, Gladiatoren darstellen oder auch erotische Themen behandeln. Mit sturmfesten Laternen, die heute noch gebräuchlichen Exemplaren ähneln, wurden nachts die Gäste nach Hause geleitet.

Abgesehen von den wenigen durch eine Fußbodenheizung erwärmten Räumen, sorgten Holzkohlebecken aus Bronze für eine relativ angenehme Wärme in einzelnen Zimmern.

Getränke oder Speisen konnten im Speiseraum selbst oder noch in der Küche mit ihrer gemauerten Herdstelle in tragbaren Warmhaltegeräten über einen längeren Zeitraum hinweg temperiert werden.

Für eine angenehme, großzügige Atmosphäre sorgte in den einzelnen Räumen nicht zuletzt die malerische Ausgestaltung der Zimmerwände mit Ausblicken in grandiose Landschaften oder Mythenbilder, wie sie Tapeten in unserer Zeit kaum vermitteln können. Die Wandmalereien mit ihren illusionistisch-perspektivischen Ausblicken vergrößerten die Räume, zeigten den besonderen Kunstgeschmack des Hausherrn oder spiegelten größeren Reichtum des Besitzers vor, sei es im Atrium, im Peristyl, im privaten *cubiculum* oder auch einfach in der Küche, dem Privatbad oder der Toilette. Nahezu jedes Haus in Herculaneum besaß eine eigene Toilette, die an die öffentliche Kanalisation angeschlossen war oder in einer Senkgrube endete, die in bestimmten Abständen geleert werden mußte.

Um die Intimität der Familie zu gewährleisten, konnte man hölzerne Trennwände schließen, durch die der privatere Bereich vom Atrium, dem Bereich, der jedem Hausbesucher offen stand, zu trennen war. Und dem Zurschaustellen seines individuellen Luxus oder seiner Leidenschaft als Sammler von Statuen, Vasen oder anderen

kostbaren Objekten waren im intimen Bereich wie auch im öffentlicheren Raum keinerlei Grenzen gesetzt.

Literatur

E. Brödner, Wohnen in der Antike (1989).

T. Budetta und M. Pagano, Ercolano: legni e piccoli bronzi. Testimonianze dell´arredo e delle suppellettili della casa romana. Katalog zur Ausstellung in Castel Sant´Angelo (1988).

M. Crepella, Botteghe di Ercolano e Pompei (1961).

K. K. Csilléry, Typen der Kinderwiege in Europa, Ethnologica Europea 8, 1975, S. 123–139.

U. Klatt, Römische Klapptische. Drei- und vierbeinige Stützgestelle aus Bronze und Silber, Kölner Jahrbuch 28, 1995, S. 349–574.

B. Grodde, Hölzernes Mobiliar im vor- und frühgeschichtlichen Mittel- und Nordeuropa (1989).

D. G. Orr, Roman Domestic Religion. A study of the Roman Household Deities and their shrines at Pompeii and Herculaneum (1980).

St. Mols, Wooden Furniture in Herculaneum. Form, Technique and Function (1999).

S. Theodorus, Houten Meubles in Herculaneum, Indagationes Noviomagenses X (1994).

Anmerkungen

1 Peristylhaus: Gebäude mit einem offenen Innenhof oder Garten, der an allen vier Seiten von Säulengängen umschlossen wird (Anm. d. Hrsg.).

2 *Opus craticium*: Römische Billigbauweise mit Fachwerkrahmen aus Holz, dessen Fächer mit einer Masse aus Steinen, Kalk und Schlamm gefüllt wurden. Diese kostensparende Bauweise war als wenig robust und leicht entzündlich verrufen. Diese Technik wurde in Pompeji niemals für tragende Wände genutzt, in Herculaneum erprobte man dies allerdings schon (Anm. d. Hrsg.).

3 Als „Pyroklasten“ (griechisch: „vom Feuer zerbrochen“) bezeichnen Vulkanologen verschiedene Arten von Gesteinbruchstücken, die bei einem Vulkanausbruch ausgeworfen werden. Als heiße, sich rasch vorwärtsbewegende Wolke, ein Gemisch aus Aschen, Gesteinsbrocken, Gasen und Wasser rasen pyroklastische Wellen den Vulkanhang hinab und zerstören alles Leben (Anm. d. Hrsg.).

4 Schutzgötter des Hauses (Anm. d. Hrsg.).

Abb. 15: Bronzefiguren zweier Laren (Kat. 8.30/29).

Angelika Dierichs

Ein „höchst unzüchtiges, aber schönes Kunstwerk". Herculaneums versteckte Erotica

Ein „höchst unzüchtiges, aber schönes Kunstwerk" nannte der Architekt Luigi Vanvitelli (1700–1773) die 1752 in der Villa dei Papiri gefundene Gruppe aus Ziege und Pan (Abb. 1). Der Gott ist beim Geschlechtsverkehr mit dem Tier dargestellt. Nachdem die Ausgrabungen ein solches merkwürdiges Liebespaar zu Tage gebracht hatten, vermutete man mehr erotische Darstellungen in Herculaneum, seien sie nun in mythologischer Verkleidung oder als wirkliche Szenen alltäglichen Lebens wiedergegeben. Das Bildwerk wurde zunächst in Raum 17 des Museums von Portici verwahrt und später in einem abgeschlossenen Schrank des Restaurators Guiseppe Canart[1] den öffentlichen Blicken entzogen. Sogar Johann Joachim Winckelmann, der deutsche Archäologe, der die Ausgrabungen mit großem Interesse verfolgte, mußte anfangs seine Schaulust ungestillt lassen.[2] Erst später gelang es ihm, das Besichtigungsverbot zu unterlaufen, indem er besagten Restaurator bestach.[3]

Abb. 1: Marmorgruppe Pan und Ziege aus der Villa dei Papiri (Kat. 4.11).

Was überhaupt gibt es an Erotischem aus Herculaneum?

Erotica der Bildenden Kunst nenne ich vornehmlich Darstellungen, die sich auf bestimmte Gottheiten beziehen, Liebesgeschichten aus der Mythologie illustrieren, Paare aus der Alltagswelt bei Liebesvorspiel oder Koitus wiedergeben oder den *Phallus*, das männliche Glied, thematisieren. Vor Ort läßt sich in Herculaneum wenig Erotisches entdecken, etwas mehr findet sich im Archäologischen Nationalmuseum von Neapel. Abgenommene Wandmalereien und diverse Einzelfunde lagerten zunächst im 1758 eröffneten Museum zu Portici, dessen Bestände seit 1778 in den „Palazzo degli Studi", Teil des späteren Archäologischen Nationalmuseums, gelangten. Dort separierte man seit 1822, was als „unzüchtig" galt in der ehemaligen geheimen Sammlung, dem „Gabinetto segreto". Das eingangs genannte Ensemble aus Pan und Ziege gehörte dazu. Die meisten der 206 Werke, die Giuseppe Fiorelli 1866 im „Catalogo della Raccolta Pornografica" auflistete sind seit 2000 in einer Sonderausstellung frei zugänglich. Im Jahre 2001 waren allerdings Reservierung und die Teilnahme an Nachmittags-Führungen, die vom Archäologischen Nationalmuseum in Neapel vorgegeben wurden, zwingend. Niemand durfte länger als 20 Minuten die ausgestellten Objekten betrachten. Das „Gabinetto segreto" lebte fort! Bislang findet man Erotisches aus Herculaneum stets gemeinsam mit dem aus Pompeji behandelt. Daher scheint es mir sinnvoll, hier auf einige in Herculaneum gefundene Erotica näher einzugehen.

Abb. 2: Eine Wandmalerei aus Herculaneum mit Satyr-Bacchantin-Paar in einem ländlichen Heiligtum.

Abb. 3: Wandmalerei „Gastmahl mit Hetäre" (Kat. 8.7).

Beziehungsgeflechte auf Herculaneums bemalten Wänden

Das „Kollegium der Augustalen" (Casa degli Augustali), Sitz der Priester, die für den Kult des Kaiserhauses verantwortlich waren, bewahrt eine Wandmalerei, die darstellt, wie Hercules sich auf den Kampf gegen den Flußgott Acheloos vorbereitet, um seine vom ihm geraubte Frau Deianeira zurückzubekommen. Im „Haus mit dem Atriummosaik" (Casa dell' atrio a mosaico) zeigt eines der zentralen Wandbilder in der Exedra des Gartens den Jäger Aktaion. Verliebt in Artemis, schaut er der Jagdgöttin beim Bade zu. Das „Haus des Alkovens" (Casa dell' alcova) hat ein kleines Zimmer, dessen Wandmalerei Theseus' Verrat an Ariadne abbildet. Der attische Held ließ die kretische Prinzessin schlafend auf der Insel Naxos zurück und segelte davon. Im „Haus mit dem großen Portal" (Casa del gran portale) thematisiert ein Wandgemälde Ariadnes neues Glück: Dionysos – der für Fruchtbarkeit, Weinanbau und Theater zuständige Gott – begegnet der Verlassenen. Er wird sie zu seiner Gemahlin machen. Das „Samnitische Haus" (Casa Sannitica) enthält einen Schlafraum, in dem ein Bild in der Wandmitte den Raub der phönizischen Prinzessin Europa durch Zeus in Stiergestalt erzählt. Ein anderes Liebesabenteuer des höchsten olympischen Gottes schildert eine abgenommene Wandmalerei aus demselben Haus: Um sich mit Leda, der Gemahlin des spartanischen Königs Tyndareos zu vereinen, nahm Zeus Schwanengestalt an. Weitere erotische Anspielungen finden sich im „Haus der Zweihundertjahrfeier" (Casa del Bicentenario) in den zwei zentralen Gemälden des Hauptgemaches (*tablinum*). Auf dem einen ist Pasiphae, die Gemahlin des Königs Minos von Kreta dargestellt; sie zeigt Daedalos eine junge Kuh, die er als Hohlkörper aus Holz bauen soll, damit Pasiphae hineinsteigen kann, um einen von ihr leidenschaftlich geliebten Stier zu empfangen. Das andere Bild zeigt zwei spielende Eroten als wendige kleine Liebesgötter; hinter ihnen sitzen der Kriegsgott Mars und die Liebesgöttin Venus beieinander. In die Welt der Venus gehören auch zwei aus der Wand herausgetrennte Malereien: Die Liebesgöttin zusammen mit einem Satyr-Bacchantin-Paar[4] (Abb. 2). Venus ist im Typus der *Venus Genetrix* dargestellt, d. h. sie erinnert an ein griechisches Marmorwerk aus der Zeit um 440/430 v. Chr., das die stehende Aphrodite in reizvoll drapiertem Gewand mit einer entblößten Brust

wiedergab. Das verliebte Satyr-Bacchantin-Paar führt sie in ein ländliches Heiligtum. Die Frau liegt mit angezogenen Beinen auf dem Boden, lehnt sich weit zurück und zieht mit ihrem linken Arm den Kopf des hinter ihr hockenden Satyrn zum Kuß heran. Nach innig begehrlichem Blickkontakt und zärtlicher Umarmung – der Satyr stützt den Hinterkopf der Bacchantin – werden die Körper der beiden noch näher zueinander finden. Durch das ausgewählte Thema sowie auf Grund der Körperdarstellung, sind zwei weitere abgenommene Wandgemälde den erotischen Mythen zuzuordnen. Im ersten nähert sich die Mondgöttin Selene in verführerischer Zurschaustellung ihres Körpers ihrem Geliebten Endymion, dem Zeus immerwährenden Schlaf und ewige Jugend verlieh. Im zweiten besticht ein Hermaphrodit[5] durch die körperliche Schönheit aus Frau und Mann. Obgleich seine männlichen Geschlechtsteile klar erkennbar sind, zeigt die Gestalt in stärkerem Maß ihre femininen Züge.

Nach den angeführten Wandmalereien voller erotischer Anspielungen aus der Mythologie sei das Wandgemälde „Gastmahl mit Hetäre" beschrieben (Abb. 3). „Bald" wird der auf einer Kline liegende Mann das Trinkhorn beiseite legen und sich intensiver der neben ihm sitzenden Schönen zuwenden, die ihre weiblichen Reize geschickt in Szene setzt. Unter dem durchsichtigen, den Oberkörper bedeckenden Gewand zeichnen sich die Rundungen der Brüste mit ihren Warzen, der Nabel und die schlanke Einziehung der Hüften ab. Die Kombination des weißen transparenten Kleides mit dem goldgelben raffiniert angeordneten Manteltuch, das von den Leistenfugen über die Scham in dezent verhüllendem Dreieck fällt und die Beine umspielt, ist von einer Sinnlichkeit, die in römisch-campanischen Wandgemälden selten erhalten blieb. Der Gegensatz zwischen ihrem strengem Haarnetz und den sanft auf die Schultern gleitenden Locken steigert noch den amourösen Zug des Ensembles. Man denkt das Geschehen weiter und wähnt das Paar in zärtlicher Umarmung, als Vorspiel für die Liebesvereinigung. Nutzte der Mann das Bankett zur Vorbereitung einer Liebesnacht, so wie es der Dichter Ovid empfahl?: „Zugang eröffnet dir auch das Gastmahl ... außer den Weinen gibt's dort mehr zu holen für dich."[6]

Von Venus selbst und ihrer Wirkung in Herculaneums Bildwerken

Die Frau im prächtigen Mosaik (Abb. 4) aus Glasteilchen, üblicherweise als Amphitrite neben Poseidon gedeutet, möchte ich aufgrund ihres Erscheinungsbildes eher Aphrodite/Venus nennen.[7] Von der Gestalt geht – durch ihre Körperhaltung und die Anordnung ihres Gewandes – jene erotische Ausstrahlung aus, welche alle antiken griechischen oder römischen Darstellungen der Liebesgöttin und ihnen ähnliche weibliche Figuren auszeichnet. Als Beispiel läßt sich eine Bronzestatuette und eine Marmorstatue anführen, die in Herculaneum gefunden wurden. Die Statuette zeigt die auf einem Bein stehende, vorgebeugte nackte Venus, ein Typus, der ursprünglich in hellenistischer Epoche entstand und den die archäologische Literatur als „Sandalenbinderin" bezeichnet, da die Liebesgöttin an der Sandale des leicht angehobenen Fußes nestelt.[8] Die Statue folgt ebenfalls einem hellenistischen Vorbild. „Schamhaft" legt die unbekleidete, stehende Liebesgöttin ihre Hände vor Scham und Brüste (Pudica-Motiv). Das stark abgeriebene Relief einer Venus (Abb. 5) an einem Kalksteinbrunnen am *decumanus maximus*, der in Ost-West-Richtung verlaufenden Hauptstraße, bewahrte jene erotische Ausstrahlungskraft, die für die Liebesgöttin im archäologischen Typus der *Aphrodite Anadyomene* bezeichnend ist Dieser Typ geht auf ein hellenistisches rundplastisches Original zurück, das die nackt aus dem Wasser aufsteigende und ihre Haare auswringende Liebesgöttin abbildete.[9]

Ein weiteres Relief (Abb. 6) auf einer hochrechteckigen Marmorplatte zeigt, wie ein Satyr liebeshungrig nach einer Nymphe greift. Die schöngestaltige weibliche Naturgottheit aus dem Gefolge des Dionysos/ Bacchus wehrt sich heftig. Derartige Kompositionen werden zu eindrucksvollen Erotica auf Grund der zum Ausdruck kommenden Gegensätzlichkeit. Sie wird durch das ungestillte Verlangen des animalisch-triebhaften Satyrn einerseits und dem abweisenden Verhalten der Nymphe andererseits deutlich, die ihre körperlichen Reize bewußt oder unbewußt eingesetzt hat, ohne sich jedoch dem sexuellen Zugriff des Satyrn zu überlassen. Ob letzterer sein Ziel erreichen wird, bleibt offen. Hingegen genießen jene Paare Liebeserfüllung, die auf Reliefs von tönernen Öllampen dargestellt sind. Außer dem hier abgebildeten Stück (Abb. 7) existieren andere Exemplare mit ähnlichen Motiven aus Herculaneum.[10]

Abb. 4: Wandmosaik im „Haus mit Neptun und Amphitrite" (Casa di Nettuno e Anfitrite).

Der hier dargestellte Liebesakt bezeugt gymnastische Virtuosität einer auf dem Lager agierenden Frau. Mit dem linken angewinkelten und dem rechten gestreckten Arm stützt sie sich aufs Bett. Der hinter ihr kniende Mann hebt mit seiner Rechten das rechte Bein seiner Beischlafpartnerin hoch, so daß sie mit ihrem linken aufgestellten Bein die Balance halten muß. Da der Freier mit seiner linken Handfläche auf die rechte Hüfte der Frau bzw. auf ihre seitliche Bauchmuskulatur drückt, begünstigt er die Schoßöffnung für das Eindringen des Penis. Bewußt scheint der ein solches Lampenrelief entwerfende Künstler mögliche Bewegungsstufen beim Koitus in Szene gesetzt zu haben. Soweit die Miniaturszene erkennen läßt, schaut sich die Frau zu ihrem Partner um.

Eine Zwischenbilanz zu den Erotica aus Herculaneum ergibt: Mythologisch verschlüsselte erotische Themen finden sich in mehreren Wandmalereien, einem Relief, einigen Erscheinungsbildern der Venus, zwei malerischen Darstellungen eines Paares beim Bankett vor dem Austausch von Zärtlichkeiten. Abbildungen mit eindeutig erotischen Handlungen (Pan begattet die Ziege; heterosexueller Koitus) sind bislang nur Ausnahmen im behandelten Denkmälerbestand. Inwieweit die folgend berücksichtigten Objekte als Erotica verstanden wurden, hängt sowohl von ihrer Verwendung in der Antike als auch von der erotischen Sensibilität der Menschen ab, die sie einst betrachteten.

Abb. 5: Relief mit der Liebesgöttin Venus am Kalksteinbrunnen auf dem *decumanus maximus*.

Herculaneums Welt des *Phallus*

Üblicherweise werden Figuren eines Zwerges mit häßlichem Gesichtsausdruck und übergroßem Penis als Bildwerke erotischen Charakters angesprochen. Gemeint sind kleinwüchsige Sklaven, häufig körperlich und geistig behinderte Jugendliche, deren Anwesenheit bei Gelagen für komische Unterhaltung sorgte. Als Reliefgestalten verzieren sie zwei tönerne Trinkbecher aus Herculaneum. Die Bezeichnung eines solchen Gefäßes – „Drilopote" – weist hin auf „Trinken" aus einem *drilos*, was im übertragenen Sinne *Phallus* meint. Der römische Satiriker Juvenal (ca. 60–140 n.Chr.) erwähnt den „Drilopote" indirekt, wenn er in Satire II, 95 jemand aus einem Gefäß in Priaposform[11] trinken läßt.[12] Auch eine in Herculaneum gefundene Bronzestatuette eines tanzenden Zwerges mit übergroßem *Phallus* dürfte einen jener besonderen Sklaven meinen, die auf einem Sklavenmarkt in Rom teuer gehandelt wurden. Als menschliche Kreatur in der Funktion von „Hofnarren" belebten sie die Gelage der Reichen und nachgearbeitet als bronzene Dekoration „verschönten" sie deren Speisezimmer.

Der ausgegrabene Teil Herculaneums überrascht mit phallischen Darstellungen vor Ort. Ein Relief an einer Säule (nördlicher *Cardo* IV.)[13] bildet das männliche Glied nach. Außerdem gibt es zwei reliefierte *Phalli* an einem Backofen (*Cardo* V, Haus 8), der einem gewissen Sextus Patulcius Felix gehörte, wie ein im Haus gefundenes Bronzesiegel vermuten läßt. Im *tepidarium*[14] der Forumsthermen, wo man das lauwarme Wasser genoß, sind im schwarzweißen Fußbodenmosaik (Abb. 8) kleine „Utensilien" abgebildet, inmitten derer ein Penis aus schwarzen Mosaiksteinchen aufblitzt.[15]

Rätselhaft muten besondere Tintinnabula-Kombinationen an. Glöckchen (*tintinnabula*) wurden an dünnen

Ketten aufgehängt und waren entweder mit einem geflügelten *Phallus* oder einer menschlichen Figur verbunden. Auch andere derartige Phantasieformen aus Bronze kommen vor. Da jedes Stück wenigstens eine Phallusnachbildung aufweist, möchte ich sie als „phallische *tintinnabula*" festschreiben. Einst in Häusern aufgehängt, galten sie als Glücksbringer, die u. a. Geschäfte fördern oder Unheil abwehren sollten.[16] Eines der in Herculaneum gefundenen Stücke besteht aus einem Gladiator, der gegen seinen als Raubkatzenkopf endenden *Phallus* eigenhändig mit dem Schwert kämpft (Abb. 9).

Herculaneums importierte Erotik

Von mehr oder minder deutlich erotischer Wirkung sind die zuvor angeführten Wandmalereien, Mosaiken, Reliefs, Statuetten, Gebrauchsgegenstände aus bzw. in Herculaneum. Wie erklärt sich die Beliebtheit der erotischen Thematik grundsätzlich? Gemalte Mythen, in denen die Liebesgöttin oder ein Hermaphrodit erscheinen, oder in denen es um die Liebe zwischen Gottheiten (Venus/Mars), zwischen Sterblichen und Gottheiten (Aktaion/Artemis, Ariadne/Dionysos bzw. Bacchus, Deianeira/Acheloos, Endymion/Selene, Europa/Zeus, Leda/Zeus), zwischen Held und „normaler" Frau (Herakles/Deianeira, Theseus/Ariadne), zwischen Angehörigen des Bacchus (Satyr/Bacchantin), um die Leidenschaft einer Königin zu einem Stier (Pasiphae) und gar um die Verbindung von Gott und Tier (Pan/Ziege) geht, gefielen, weil gebildete Römer, beeinflußt durch die hellenistische Kultur, die griechischen Mythen kannten. Auf Reisen ins römisch regierte Griechenland sah man – heute verlorene – erotische Tafelgemälde, von denen manche nach Rom gelangten. So wird berichtet, daß Kaiser Tiberius' Schlafzimmer ein Gemälde des griechischen Malers Parrhasios (5. Jh. v. Chr.) zierte, in dem das Jägerpaar – Atalante befriedigt Meleager mit Fellatio – bei sexuellem Tun zu sehen war.[17] Wer kein originales griechisches Tafelgemälde durch Kauf oder Raub besitzen konnte, gab sich mit Bildern zufrieden, die einheimische Maler direkt auf die Wände zauberten. Somit reflektieren auch viele Wandmalereien Herculaneums mit ihren Liebesthemen aus der Sagenwelt jene griechischen, spätklassischen und hellenistischen Malereien, die seit der Hellenisierung der römischen Oberschicht deren Zeitgeschmack entsprachen. Gemäß die-

Abb. 6: Marmorrelief mit Satyr und Nymphe.

Abb. 7: Öllampe mit der Darstellung eines Paares beim Liebesverkehr (Kat. 8.40).

sem wählte man auch erotische Gartenskulpturen. Abends, bei intimen Geselligkeiten und festlichen Banketten, wurden sie stimmungsvoll durch zahlreiche Lampen beleuchtet, faszinierten alle Anwesenden und stellten darüber hinaus Reichtum und Kunstverständnis des Gastgebers zur Schau. Leider sind kaum direkt erotische Skulpturen aus Herculaneums Gärten bekannt. Zwei Marmorstatuetten aus dem „Haus der Hirsche" (Casa dei Cervi), die bei der vorläufigen Bestandsaufnahme von Herculaneums Erotica bewußt ausgeklammert wurden, seien hier dennoch erwähnt, weil sie zuweilen „erotisch rezipiert" werden. Der gut proportionierte Körper des jungen Satyrn, in lasziv trunkener Bewegung gegen zu heftiges Schwanken kämpfend, setzt bedingt sinnliche Züge frei. Beim urinierenden Hercules aber tue ich mich schwer (gefangen durch heutige Sehweise) von „erotischer Botschaft" zu sprechen, so sehr eine solche Figur in der Tradition hellenistischer Schöpfungen stand, der Welt des dionysisch/bacchischen zugehörig war und zahllose berauschte Anhänger des Gottes kannte, die sexuelle Freuden und jedwede körperliche Entspannung schätzten. Auch der Satyr aus Herculaneum gehört zu ihnen. Wie die Figur des Hercules vertritt er die trunkene Dionysos/Bacchus-Umgebung und geht auf ein hellenistisches Original zurück. Kürzlich wurde betont, daß derartige Gartenskulpturen halfen, im Rahmen der Dionysosverehrung, deren Kern die Aufhebung der Ordnung ist, im Anschluß an rituelle Trance- und Ekstasezustände in die Wirklichkeit zurückzufinden und die Reglementierungen eben dieses Alltags in ihrer Geltung zu bestätigen.[18] Das liest sich schlüssig! Aber inwieweit die überhaupt erhaltene erotische Gartenplastik aus der gesamten römischen Welt den Personen, die sie betrachteten, wirklich förderlich war, ihre enthusiastische Bezogenheit auf die Gottheit allmählich wieder abzubauen und in geordnetes Leben gemäß der gesellschaftlichen Norm zurückzugleiten, das vermögen vermutlich nur „Eingeweihte“ zu beurteilen. Diesbezügliche Klärungen hinterließen uns auch die einstigen Bewohner des „Hauses der Hirsche“ oder der Villa dei Papiri nicht, die den torkelnden Satyr, den wasserlassenden Hercules, den glücklichen Pan mit seiner Ziege, den kämpferischen Liebesbeginn von Satyr und Nymphe sahen.[19] Daß Venus präsent ist in Herculaneum (Mosaik, Relief, Statuette) versteht sich von selbst, denn in ihrem Mythos, Kult und Körper wird Erotisches evident wie bei keiner anderen Gottheit. So verwundert es nicht, daß ihre Darstellung auch bei den Bewohnern Herculaneums beliebt war. Die sinnlichen Erscheinungsbilder der Liebesgöttin verströmen eine von der schönen weiblichen Gestalt ausgehende erotische Aura. Letzterer unterwarfen sich schon die antiken Betrachter und auch die aktuelle Rezeption gibt sich ihr noch immer hin.

Herculaneums Libido im Fadenkreuz

Trinkgefäße, jene „Drilopote“ mit der Reliefdarstellung eines Zwerges mit riesigem Penis, Bronzefiguren ähnlicher Art und „phallische *tintinnabula*“ – obgleich üblicherweise zu den Erotica des antiken Italien gerechnet – wirken heutzutage höchst bedingt erotisierend. War das ebenso in der Antike? Die Vielfältigkeit der betreffenden Objekte zeigt sich nicht nur in Herculaneum, sondern ist auch aus anderen Orten des *Imperium Romanum* wohlbekannt. Die Vermutung liegt nahe, daß das so überaus gern abgebildete männliche Genital – jener Körperteil, der erotisch-sexuelle Befriedigung schenkt und abgesehen von homosexuellen Männerbeziehungen menschliche Fortpflanzung garantiert – auch als Symbol für Fruchtbarkeit schlechthin galt und dem antiken Betrachter wohl doch verschlüsselte erotische Stimulans sein konnte. Dies galt auch dann, wenn es – aus unterschiedlichen Materialien gestaltet – eigenständig außerhalb eines Bildzusammenhangs auftauchte, der die verschiedenen Erscheinungsformen von körperlicher Liebe und sexuellen Wünschen thematisierte.[20] Wenn der *Phallus*, auch allein dargestellt, die Menschen der römischen Welt erotisch-sexuell anregte, bietet sich möglicherweise folgende Erklärung an: Er assoziierte grundsätzlich Männlichkeit, die in der römischen Denkweise eng mit dem Streben nach Macht verbunden war. Der *Phallus* zeigte sich als Symbol für eben diese männliche Vorherrschaft an diversen Orten

Abb. 8: In einem Fußbodenmosaik der Forumsthermen von Herculaneum „schwimmt“ ein *Phallus*.

öffentlich und mußte dann als ständige Anregung zu Dominanzversuchen auf gesellschaftlich-politischer und persönlich-privater Ebene aufgefaßt werden; letzteres wurde durch diverse Möglichkeiten ungehinderter Triebbefriedigung geprägt und bescherte dem Mann Erfolge, die für ihn einen Schritt zur Herrschaft über Schwächere bedeuten konnte.[21] Diese Lesart ist legitim. Allerdings sei ihr hinzugefügt, daß Phallisches, das zu den frühen Kultfacetten Roms gehörte, eine weitere, auf Gesundheit und Fruchtbarkeit der Frau bezogene, Intention hatte. Darf man Überlieferung und Forschung vertrauen, dann ragte im Schlafzimmer (*cubiculum*) ein göttlicher *Phallus* auf. Diese Personifikation der Gottheit Mutunus Tutunus – bedingt mit Priapus gleichzusetzen – war bedeutsam für die Braut. In einer besonderen Zeremonie setzte sich die Neuvermählte vor dem Ehevollzug auf jenen *Phallus* und schützte sich dadurch gegen Unglück.[22] Zurück nach Herculaneum, wo sich die Vereinigung zwischen Pan und Ziege in der Gartenskulptur (Abb. 1) und der Koitus von Paaren auf Öllampenreliefs (hier exemplarisch Abb. 7) als Zeugnisse eines „wirklich" ausgeführten Geschlechtsaktes lesen lassen. Erstaunlicherweise sind sonst aber keine erotischen Wandbilder zu finden, die hetero- oder homosexuellen Liebesverkehr wiedergeben. Das verwundert, denn Derartiges, aus Pompeji mehrfach belegt, müßte es doch auch in Herculaneum gegeben haben! Immerhin existieren Graffiti, eingeritzte Inschriften, die auf Gruppensex in Herculaneum hinweisen.[23] Man beachte auch folgendes Geständnis in den Suburbanen Thermen von Herculaneum „Ich Apelles Mus und mein Bruder Dexter haben lustvoll zweimal zwei Mädchen beschlafen."[24] Und daß man sich auch in Herculaneum nicht vor Venus' Willkür schützen konnte, beweist die Inschrift: *non amo te/mereris* im Theater. Sie bedeutet „Ich liebe dich nicht. Verdienst du es [bzw. bist du meiner Liebe würdig]."[25] Warum also mangelt es in Herculaneum an direkten bildlichen Darstellungen des Koitus? Liegt es daran, daß Angehörige der aristokratischen Oberschicht dieser Stadt aus den Darstellungen erotischer Mythen genug sinnliche Anregung zogen, weil sie ihre Wandmaler beauftragten – nach Art des Arellius[26], eines Malers spätrepublikanischer Zeit – die Züge ihrer Geliebten auf die Frauen und weibliche Gottheiten aus der Mythologie zu übertragen? Selbst wenn sich diese Frage bejahen ließe, müßte dies nicht ausschließen, daß sich in den dekorierten „herrschaftlichen" Schlafzimmern der Privathäuser, den *veneria* (Haustrakte, in welchen Sklavinnen für ihre Herrschaft Prostitution betrieben)[27] oder in den ebenfalls häufig mit erotischen Wandbildern ausgestatteten *cellae meretriciae* (von „selbständigen" Prostituierten genutzten Zimmer) Darstellungen des Liebesaktes finden. Die betreffenden Malereien regten an und regten auf, keineswegs nur das einfache Volk, sondern sehr wohl auch die Angehörigen einer reichen Oberschicht, denn sie waren fester Bestandteil gelebter und geliebter *luxuria*, der die Begüterten frönten. Herculaneums Gesellschaft – voller sozialer Kontraste durch ungleiche Verteilung von Reichtum, Familien- und Haushaltsgröße – ist kaum vorstellbar ohne Schlafzimmer, öffentliche Bordelle, Hinterzimmer von Tavernen und Thermen mit jenen mehr oder minder qualitätsvoll gemalten Liebesstellungen, die Ovid um die Zeitenwende so „mustergültig" literarisch empfiehlt in seiner *Ars amatoria* (Liebeskunst).

Abb. 9: Das Bronzegebilde (*Tintinunabulum*) aus Herculaneum stellt einen Gladiator zur Schau, der seinen als Raubkatzenkopf endenden *Phallus* mit dem Schwert abschlägt (Kat. 8.65).

Fehlen solche – in Pompeji recht verbreiteten – Wandmalereien mit eindeutigen Erotica in Herculaneum, weil letzteres mit circa 4000 Einwohnern ein kleineres und überschaubareres Städtchen war als Pompeji und viele aristokratische, konservative Bewohner hatte, die, noch republikanisch sittenstrenger Tradition verpflichtet, sichtbar gemachte Erotik nach frühkaiserzeitlichem Geschmack ablehnten? Mangelt es Herculaneum an „Lehrbildern zu Koituspositionen", weil es weniger Handel als Pompeji kannte (wie schwach eingetiefte Wagenspuren verraten) und demzufolge nur begrenzt fremde Besucher anlockte, so daß kaum Etablissements der käuflichen Liebe mit gemalten sexuellen Animationen florierten? Ich weiß keine Antwort. In den 16 ausgegrabenen *Insulae* Herculaneums, die das einstige Stadtzentrum berühren, gibt es durchaus Läden. Hie und da hätte im Hinterzimmer mit werbewirksamer erotischer Wandmalerei auch Liebe verkauft werden können. Vorausgesetzt, die archäologische Forschung hält keinen Neufund für eine noch ausstehende Publikation zurück, dann läßt sich bislang kein Wandbild mit einem Liebespaar in eindeutiger Beischlafaktion finden. Sind derartige Erotica noch in den restlichen drei Vierteln des nicht freigelegten Gebiets verborgen oder mangelte es wirklich an Privathäusern und Bordellen, deren Wände mit eindeutiger Liebesszenerie dekoriert waren? Spuren in einer Zweiraum-Taverne geben zu denken! Bot man vielleicht doch zu rare oder zu unattraktive sexuelle Waren feil? Immerhin verewigte ein Besucher per Kritzelei eine Prostituierte, die im *vicus Tyanianus*[28] in Pozzuoli arbeitete.[29] Ihrer gedachte er in Herculaneum.

Es ist berechtigt, von Herculaneums versteckten Erotica zu sprechen, denn sie lassen auf ihre Ausgrabung warten, sind nur mühsam aus der Kenntnis der griechischen Mythologie herauszufiltern und einiges von dem, was in Neapels Archäologischem Nationalmuseum zu sehen ist, verlangte noch 2001 einen besonderen Besichtigungsmodus bzw. befindet sich recht abseits in Raum 65, dem „neuen ‚Gabinetto segreto'".

Literaturverzeichnis

H. Cancik-Lindemaier – H. Cancik, Gesellschaftliche Bedingungen der römischen Erotik, in: L. Hieber – R. W. Müller (Hrsg.), Gegenwart der Antike (1982), S. 29–54.

E. Cantarella – L. Jacobelli, Pompeji. Liebe und Erotik in einer römischen Stadt (1999).

St. De Caro (Hrsg.), Das Geheimkabinett im Archäologischen Nationalmuseum Neapel (2000).

A. Dierichs, Erotik in der römischen Kunst (1997).

A. Dierichs, Erotik in der Bildenden Kunst der Römischen Welt, in: Th. Späth – B. Wagner-Hasel, Frauenwelten in der Antike, Geschlechterordnung und weibliche Lebenspraxis (2000) S. 394–411.

D. Fehling, Phallische Demonstrationen, in: Siems 1888, S. 282–323.

M. Grant – A. Mulas, Eros in Pompeji. Das Geheimkabinett des Museums von Neapel (1975).

L. Jacobelli, Le Pitture Erotique delle Terme Suburbane di Pompei (1995).

C. Johns, Sex or Symbol. Erotic Images of Greece and Rome (1982).

J. Marcadé, Die Liebe in der Kunst der Etrusker und Römer. Roma Amor (1977).

G. L. Marini, Il Gabinetto Segreto del Museo Nazionale di Napoli (1971).

A. K. Siems (Hrsg.), Sexualität und Erotik in der Antike (1988).

A. Stähli, Die Verweigerung der Lüste. Erotische Gruppen in der antiken Plastik (1999).

E. Stumpp, Mulier quaestuaria. Prostitution in der römischen Antike (1998).

Anmerkungen

1 Der französische Bildhauer Giuseppe Canart kam im Mai 1739 nach Herculaneum, um Marmorstatuen und Mosaiken zu restaurieren. Zu seinem Aufgabenbereich gehörte auch das Abnehmen der Wandmalereien. Vgl. Ch. Parslow, Rediscovering Antiquity. Karl Weber and the Excavation of Herculaneum, Pompeii, and Stabiae (1995) S. 346 Anm. 13.

2 Am 3. März 1762 schreibt Winckelmann in Rom: „Der König ließ dieses Stück sogleich wiederum verschließen und zurückschicken zu dem Königlichen Bildhauer Gius. Canart, mit ernstlichem Befehl, dieselbe keinen Menschen ohne eigenhändigen Königlichen Befehl sehen zu lassen. Wer hat dieses zu erhalten wagen wollen? Der Bildhauer ist mein guter Freund; er hat mir den Schrank gewiesen, in seinem Schlafzimmer, wo dasselbe verschlossen ist, und er betheuerte mir, daß seine Frau es nicht gesehen. Wer sich dieses rühmet, wie einige getan, ist ein Lügner." J. J. Winckelmann, Briefe (Hrsg. W. Rehm), 2. Band 1759–1763. Gemäß A. Allroggen-Bedel – H. Kammerer-Grothaus, Il Museo Ercolanense di Portici, in: Secondo supplemento a Cronache ercolanesi 13, 1983, S. 119 sahen zwischen 1752 und 1762 nur zwei ausländische Aristokraten die Gruppe aus Pan und Ziege.

3 J. J. Winckelmann, Sendschreiben von den Herculanischen Entdeckungen (1997) S. 89.

4 Bacchantinnen (auch Mänaden „Rasende" genannt) waren Frauen, die an den orgiastischen Kultfeiern (Bacchanalien) des Gottes Dionysos teilnahmen und häufig zusammen mit Satyrn, den mythologischen Begleitern des Dionysos, dargestellt werden (Anm. d. Hrsg.).

5 In der griechischen Mythologie der zum Zwitter gewordene Sohn des Hermes und der Aphrodite, der mit weiblichen Brüsten und männlichen Genitalien dargestellt wird (Anm. d. Hrsg.).

6 Ovid, *Ars amatoria* I 230 f. Diese Botschaft geht auch von dem Paar des Wandgemäldes in einem der Seitenräume der *palaestra* aus, das auf üppig gepolstertem Lager von zwei Dienern umsorgt wird; vgl. A. Maiuri, Herculaneum und die Villa der papyri (1976) S. 10.

7 Für die Deutung spricht ein in Herculaneum nachgewiesenes Aphrodite-Heiligtum; vgl. M. Pagano, Herculaneum. A reasoned Archaeological Itinerary (2000) S. 63.

8 Es gibt eine weitere Bronzestatuette ähnlichen Typus aus Herculaneum. Vgl. Ch. Waldstein, Herculaneum (1908) Taf. X.

9 Diese körperlich-sinnliche Ausstrahlung findet sich abgeschwächt bei den hager wirkenden Frauengestalten an dem eimerförmigen Silbergefäß (*situla*) aus Herculaneum. Auf einer Außenseite der *situla* ist eine unbekleidete Frau sitzend dargestellt, der drei Personen Hand-

reichungen machen. Auf der anderen Außenseite sieht man eine stehende Nackte, im Begriff, sich einen Mantel umzulegen. Sie wird gerahmt von zwei bei der Körperpflege Assistierenden. Die Szenen, üblicherweise als Venus beim Baden verstanden, möchte ich – da Attribute der Liebesgöttin fehlen – eher als „reiche Dame" im privaten Thermenbereich lesen.

[10] Da sich in einschlägigen Publikationen für ein und dieselbe Lampe zuweilen widersprüchliche Fundortangaben (Pompeji, Herculaneum, Vesuvgegend) und vertauschte Inventarnummern finden oder fehlende bzw. undeutliche Abbildungen die Provenienz Herculaneum nicht definitiv festlegen, kommentiere ich hier ausschließlich die Öllampe in Abb. 7.

[11] Der Fruchtbarkeitsgott Priapos galt als Sohn des Dionysos und der Aphrodite und wurde als Zwerg mit einem riesigen *Phallus* dargestellt (Anm. d. Hrsg.).

[12] Zurecht weist J. Adamietz (Juvenal, Satiren. Herausgegeben, übersetzt und mit Anmerkungen versehen [1993] S. 332 Anm. 38) darauf hin, daß beim Trinken aus einem solchen Gefäß in Phallusform der Eindruck von Fellatio entstand.

[13] *cardo*, Pl. *cardines* bezeichnet die in Nord-Süd-Richtung verlaufenden Straßen (Anm. d. Hrsg.).

[14] Der mäßig erwärmte Durchgangsraum einer römischen Thermenanlage (Anm. d. Hrsg.).

[15] Im „Termopolio di Mansueta" (*Insula* 5, 9–12) zeigt das Wandbild in der Garküche u. a. eine Figur mit riesigem *Phallus*. Vgl. V. Catalano, Case Abitanti e Culti di Ercolano (2002) Taf. XLVI; die gleiche Malerei wird von A. Wallace-Hadrill, Houses and society in Pompeii and Herculaneum (1994) S. 156 Abb. 7.7 für einen anderen Laden der *Insula* 4, 17 ausgewiesen.

[16] Präzise Angaben zu Fundorten und Fundumständen bezüglich der *tintinnabula* bzw. der gesonderten Gruppe der Phallischen *tintinnabula* sind selten und in den meisten Fällen wohl kaum mehr zu erhoffen.

[17] Sueton, *De vita* Caesarum, Tiberius 44, 2. Kaiser Augustus ließ ein Gemälde des griechischen Malers Apelles (4. Jh. v. Chr.) von Kos nach Rom bringen. Es bildete die Liebesgöttin nackt aus dem Meer aufsteigend ab. (Plinius, *Naturalis historia* 35, 91).

[18] A. Stähli, Die Verweigerung der Lüste. Erotische Gruppen in der antiken Plastik (1999) S. 302.

[19] Auch das neuattische Marmorrelief aus Herculaneum (1. Hälfte des 1. Jh. n. Chr. nach attischem Prototyp des 4. Jh. v. Chr.) mit der Darstellung von drei Figuren aus dem Gefolgszug des Dionysos (Neapel, Archäologisches Nationalmuseum, Inv. Nr. 6726) könnte aus einer Gartendekoration stammen.

[20] Vgl. A. Dierichs, Erotik in der römischen Kunst (1997) S. 109; A. Dierichs, Erotik in der Bildenden Kunst der Römischen Welt, in: Th. Späth – B. Wagner-Hasel, Frauenwelten in der Antike, Geschlechterordnung und weibliche Lebenspraxis (2000) S. 399.

[21] Vgl. E. Cantarella – L. Jacobelli, Pompeji. Liebe und Erotik in einer römischen Stadt (1999) S. 108.

[22] K. Vahlert, RE XXXI 1933, 979–987 s. v. Mutunus Tutunus.

[23] CIL Suppl. IV 3935; 3941; 3942.

[24] Cantarella – Jacobelli, a.a.O, S. 108. Auf die betreffende Äußerung dürfte sich auch E. Stumpp, Mulier quaestuaria. Prostitution in der römischen Antike (1998), 164 beziehen mit dem Verweis: M. Della Corte, Le inscrizioni di Ercolano, Rend/Nap 33, 1958, S. 306–307.

[25] Pagano, a. a. O., S. 93.

[26] Pinius d. Ä. *Naturalis historia* XXXV, 119f.: „Wenige Zeit vor dem Divus Augustus war in Rom auch Arellius berühmt; leider hat er durch ein besonders entehrendes Verhalten die Kunst befleckt, indem er stets der Frau, in die er gerade verliebt war, schmeichlerisch höheren Reiz verlieh, weshalb er Göttinnen malte aber in der Gestalt seiner Liebschaften. Daher konnte man in seinen Bildern die Zahl seiner Geliebten erkennen."

[27] *Venerium/veneria* ließe sich adjektivisch im Sinne von „würdig der Venus" lesen. Demgemäß wären Räume gemeint, die nahe des hauseigenen Bades lagen (F. Pirson, Mietwohnungen in Pompeji und Herkulaneum [1999] S. 19), somit als luxuriös galten und nicht unbedingt dem Prostitutionsbetrieb gedient haben müßten.

[28] Einer der Stadtbezirke in Puteoli, dem heutigen Pozzuoli, deren Einwohner ursprünglich aus der Stadt Tyana in Kappadokien stammten (Anm. d. Hrsg.).

[29] Pagano, a.a.O., S. 29.

Abb. 1: Wandmalerei im Vierten Stil im Triclinium des „Hauses der Hirsche" (Casa dei Cervi).

Agnes Allroggen-Bedel

„Malerey der alten Griechen" und „verderbter Geschmack". Die Wandmalereien in und aus Herculaneum

Als in Herculaneum 1739 die ersten antiken Wandmalereien entdeckt wurden, verbreitete sich diese Nachricht schnell in ganz Europa. Die Erwartungen waren hoch; man hoffte, in Herculaneum, einer Stadt griechischen Ursprungs, nun endlich Zeugnisse der berühmten, nur aus der Literatur bekannten griechischen Malerei zu finden.

Zwar kannte man römische Wandmalereien schon seit der Renaissance, vor allem aus der *domus aurea*, dem Goldenen Haus des Nero in Rom. Zahlreiche Künstler ließen sich von den antiken Dekorationen in den unterirdischen Räumen, den „Grotten", inspirieren, die einer ganzen Kunstgattung den Namen gaben. Berühmteste Beispiele für diese „Grotesken" sind Raffaels Loggien im Vatikan.

Da man die in Herculaneum entdeckten Wandmalereien zunächst nur aus Berichten, nicht aber aus Abbildungen kannte, waren die Aussagen zunächst nur ungenau. Um sich das Publikationsmonopol zu sichern, bestand seitens des neapolitanischen Hofes für die ersten Jahrzehnte nach der Entdeckung ein strenges Zeichen- und Schreibverbot. Besucher durften weder in den Grabungen noch im Museum Skizzen anfertigen oder Notizen machen.

So dauerte es insgesamt 18 Jahre, bis mit dem ersten Band der „Pitture d'Ercolano" 1757 erstmals offizielle, nicht nur aus dem Gedächtnis oder heimlich gezeichnete Abbildungen vorlagen. Zu diesem Zeitpunkt war die Diskussion über die Qualität dieser Malereien im Gange, wobei die Urteile weit auseinandergingen. Publikationen wie die von Cochin und Bellicard, die mit ungeschickten Strichzeichnungen die großen, in der sogenannten Basilika von Herculaneum gefundenen Malereien (Abb. 2) abbildeten, trugen dazu bei, daß sich Enttäuschung breit machte.

Die einzelnen Motive, die phantastischen Architekturen und Ornamente waren keineswegs so anders als das, was man von den „Grotesken" in der *domus aurea* schon kannte. Sie entsprachen zwar dem Geschmack des Rokoko, nicht jedoch der Vorstellung, die man sich von der großen griechischen Malerei machte.

Maltechnik

Auch die Diskussion um die Technik der antiken Wandmalerei erlebte durch die Entdeckung in den Vesuvstädten eine Belebung. Wiederum auf der Grundlage der antiken Schriftquellen ging man zunächst davon aus, es handle sich um die Technik der „Enkaustik", bei der heißes Wachs aufgetragen wurde. Die glänzenden Oberflächen vieler Malereien schienen dies zu bestätigen.

Inzwischen geht man davon aus, daß es sich um Freskomalereien handelt, so wie sie Vitruv in seinem Werk *De architectura* beschreibt. Die Befunde bestätigen seine genauen Anweisungen für die Bearbeitung der Wände und die Herstellung der Malereien. Die Wand wurde mit mehreren, immer feinkörnigeren Schichten verputzt, auf die noch feuchte oberste Schicht trug man dann die Farbe auf, die sich durch die Reaktion des Kalkputzes – der gelöschte Kalk ergibt mit der Luft einen dünnen Film über den Farben – fest mit den obersten Putzschichten verband.

Da die Verputzschichten noch feucht sein mußten, konnten immer nur einzelne Abschnitte (Tagewerke) verputzt und bemalt werden, wobei man an den Wänden von oben nach unten arbeitete. Bei größeren Räumen wurden die Flächen nochmals unterteilt. Damit die Schichten einander fest durchdrangen, wurde die oberste Putzschicht jeweils frisch aufgetragen. Der von Vitruv geschilderte Ablauf wird bestätigt durch einige in unfertigem Zustand überlieferte Dekorationen (Pompeji,

Casa del Sacello iliaco und Casa dei Casti amanti). Besondere Motive – etwa die Mittelbilder oder die schwebenden Figuren – arbeitete man gesondert. Für Bilder wurde nochmals frischer Verputz aufgetragen, einzelne Motive wie die schwebenden Gestalten, zunächst vorgeritzt und dann auf die Fläche aufgetragen.

Die verwendeten Farben hatten sehr unterschiedliche Preise. Billige Farben waren bei der Herstellung von Wanddekorationen im Gesamtpreis inbegriffen, teure dagegen mußten vom Auftraggeber gestellt werden. Der Kapitalbedarf der Handwerker war dadurch geringer, außerdem war eine bessere Kontrolle durch die Auftraggeber möglich.

Zu den teuersten gehörten Blau und Grün; wer es sich leisten konnte, ganze Räume so ausmalen zu lassen, wie beispielsweise die Besitzer des „Hauses der Hirsche" (Casa dei Cervi) oder des „Hauses mit dem Atriummosaik" (Casa dell'Atrio a Mosaico), muß sehr wohlhabend gewesen sein. Es ist davon auszugehen, daß mit solchen Aufträgen nur die besten Dekorateure beauftragt wurden. Ebenfalls sehr teuer war Zinnoberrot, das eine sehr sorgfältige Herstellung erforderte, damit es sich nicht zu Schwarz verfärbte. Außerdem mußte es vor Licht geschützt werden. Dagegen war Ocker eine eher billige Farbe, ebenso wie Weiß oder Schwarz.

Abb. 2: Wandmalerei „Medea", sogenannte Basilika, (Kat. 6.5).

Pompejanische und herculanische Wandmalereien

Unter dem Begriff „pompejanisch" wird heute im allgemeinen die gesamte römisch-kampanische Wandmalerei zusammengefaßt, unabhängig davon, ob es sich tatsächlich um Dekorationen in oder aus Pompeji handelt.

Ganz anders im 18. Jh.: Damals galten sämtliche in den Vesuvstädten gefundenen Wandmalereien als „herkulanisch", auch wenn sie nicht aus Herculaneum stammten. Bezeichnend ist der Titel der ersten Publikation der Wandmalereien „Le pitture d'Ercolano". Dabei enthält bereits dieser erste, 1757 erschienene Band, mehrere Malereien aus Pompeji, beispielsweise die berühmten, auf schwarzem Grund gemalten Tänzerinnen aus der sogenannten „Villa des Cicero" bei Pompeji. Sie galten im 18. Jh. als die berühmtesten „herkulanischen Malereien"; J. J. Winckelmann pries sie in seinem Sendschreiben als „wie von der Hand der Gratien gemalt".

Trotz der reichen Funde an Wandmalereien in Pompeji (seit 1748) und in Stabia (seit 1749), und obwohl während der 1760er Jahre in Herculaneum fast gar nicht mehr gegraben wurde, blieb es für alle folgenden Bände beim Titel „Le pitture d'Ercolano". Auch die Publikation der übrigen Funde erfolgte unter dem Titel „Antichità d'Ercolano" (letzter Band 1792).

Da man schon im 18. Jh. nicht zwischen pompejanischen und herculanischen Wandmalereien unterschied,

Abb. 3: Wandmalerei „Spielende Eroten", „Haus der Hirsche" (Casa dei Cervi), (Kat. 7.6).

wurde die Frage der Herkunft meist vernachlässigt, so daß die Angaben zu den ausgeschnittenen Malereien schon in den ersten Publikationen unzuverlässig sind oder ganz fehlen. Um festzustellen, welche Malereien tatsächlich aus Herculaneum stammen, sind daher aufwendige Recherchen erforderlich.

Die Überlieferung der herculanischen Wandmalerei

Hinzu kommt, daß die Kenntnis der herculanischen Wandmalerei lückenhaft ist. Während Pompeji inzwischen zum größeren Teil ergraben ist, und während man aus einigen herrschaftlichen Villen größere zusammengehörige Komplexe kennt, ist das wesentlich kleinere Herculaneum zu einem weit geringeren Teil ergraben. Wie hoch man diesen Anteil schätzt, hängt davon ab, welche Ausdehnung der antiken Stadt angenommen wird. Die Schätzungen schwanken zwischen einem Drittel und einem Viertel.

Abb. 4: Wandmalerei „Mädchen mit Kranz" (Kat. 8.9).

Abb. 5: Wandmalerei „Konzert", *palaestra,* (Kat. 8.6).

Außerdem sind die in Herculaneum freigelegten Dekorationen fast alle unvollständig. Dies ist eine Folge der Grabungsmethoden des 18. Jh.: Sämtliche den Ausgräbern bedeutend erscheinenden Motive wurden von den Wänden gelöst, um sie als gerahmte „Bilder" auszustellen (Abb. 3). „In situ" verblieben die durchlöcherten Wände.

Das „Ausschneiden" von Malereien war im 18. und noch im 19. Jh. gängige Praxis, auch Winckelmann, der sonst keine Gelegenheit zur Kritik an seinen neapolitanischen Kollegen versäumte, äußerte keinerlei Zweifel an der Richtigkeit dieser – aus unserer heutigen Sicht – barbarischen Methode.

Das Verfahren, mit dem die Malereien „ausgeschnitten" wurden, war einfach und entsprechend risikoreich: Man legte einen Rahmen aus Holz um die ausgewählten Motive, hackte den Verputz um diesen Rahmen herum auf und löste anschließend die obere Stuckschicht ab. Das herausgelöste Stück wurde in einen nach den Maßen der aufgefundenen Malereien vorgefertigten Holzkasten eingefügt, nach Portici in die neben dem Museum gelegene Werkstatt der Restauratoren transportiert und dort mit einer Gipsschicht auf eine Steinplatte aufgebracht. Anschließend fügte man die Platte mit der Wandmalerei in einen hölzernen Rahmen mit goldenem Rand, der mit Scharnieren und einer Verglasung versehen war, um sie dann als „Bild" im „Museo Ercolanese" in Portici aufzuhängen.

Zur Rechtfertigung dieser Praxis konnte man sich auf antike Quellen berufen: Varro berichtet von Wandmalereien im antiken Rom, die ausgeschnitten wurden, um sie an anderer Stelle wieder zu verwenden, und auch in Band VIII von Diderots „Encyclopédie" wird 1765 ausdrücklich auf die Antike als Vorbild für dieses Verfahren verwiesen. Daß man bei den Ausgrabungen in den Vesuvstädten ausgeschnittene und wie „Bilder" wieder in die Wände eingesetzte Wandmalereien fand, bestätigte Varros Bericht und rechtfertigte die Praxis der bourbonischen Ausgräber, die sich als legitime Nachfolger der Antike sehen konnten.

Die vier „pompejanischen Stile" in Herculaneum

Lange Zeit galt die antike Wandmalerei als einheitliche Kunstgattung. Während bei Werken der antiken Bildhauerkunst seit Winckelmanns 1764 erschienener

Abb. 6:
Wandmalerei
„Isis-Kult“
(Kat. 8.8).

„Geschichte der Kunst“ zwischen verschiedenen Epochen unterschieden wird, wurde dies für die Wandmalerei erst spät versucht. 1882 veröffentlichte August Mau seine „Geschichte der decorativen Wandmalerei“, in der er die überlieferten Wandmalereien chronologisch ordnete und in vier zeitlich aufeinanderfolgende Stilstufen unterteilte, die „vier pompejanischen Stile“. Grundlage waren Befunde und Beobachtungen vor allem an Wanddekorationen in Pompeji, aus denen Mau eine chronologische Abfolge der Wandmalereien erschloß (z. B. übereinanderliegende Schichten, Flickungen). Obwohl es sich dabei eher um Entwicklungsstufen handelt, wurde die Bezeichnung beibehalten.

Diese vier Stile, die anscheinend im gesamten Römischen Reich verbreitet waren, finden sich auch in Herculaneum, wobei sich allerdings bei einer genaueren Analyse durchaus gewisse lokale Unterschiedlichkeiten feststellen lassen.

Dieses „idealtypische Modell“ soll hier kurz vorgestellt werden, mit einigen Hinweisen auf herculanische Beispiele.

Der Erste Stil, von Mau als „Inkrustationsstil“ bezeichnet, ist eigentlich kein Malerei-Stil, da es sich um bemalte Stuckreliefs handelt. Die Wandflächen erscheinen durch Quader, Platten, Gesimse aus verschiedenfarbenen Materialien gegliedert. Die plastisch herausgearbeiteten Reliefs werden so bemalt, daß sie wie kostbarer Marmor wirken. In besonders aufwendigen

Abb. 7: Wandmalerei im „Vierten Stil“ in der kleinen Kapelle im „Kollegium der Augustalen“.

Dekorationen werden kleine Säulen vor die Wände gestellt. Datierung: circa Mitte 2. Jh. v.Chr. bis circa 80 v.Chr.

Der Erste Stil ist in Herculaneum mit einem besonders schönen Beispiel vertreten, dem „Samnitischen Haus“ (Casa Sannitica). Im Eingang, den *fauces*, finden sich die typischen plastisch hervortretenden Quader über hohen Tafeln, den Orthostaten, jeweils mit einer Bemalung, die kostbare Marmorsorten nachahmt. Im Atrium hat sich in der Oberzone eine Scheinarchitektur erhalten, die mit Halbsäulen und dazwischen eingefügten Brüstungsgittern eine Galerie im Obergeschoß nachahmt.

Im Zweiten Stil, dem „Architekturstil“ (circa 80 v. Chr. bis circa 20 v. Chr.), wird die architektonische Gliederung – Quader, Platten, Gesimse – auf die Wand gemalt. Diese zunächst einfachen, flächigen Dekorationen werden immer komplizierter: Vor den geschlossenen Wänden erscheinen Säulen, die Wände werden durch Durchblicke auf weitere Architekturen „hinter der Wand“ aufgerissen. Die Dekorationen werden gesteigert zu bühnenartigen, im Verlauf dieser Stilstufe immer phantastischeren Prachtfassaden, die dann allmählich durch flächige, ornamentale Elemente ersetzt werden. Das Schema bleibt gleich, an die Stelle der „Durchblicke“ treten „Bilder“.

Dieser „Zweite Stil“, dessen berühmteste Beispiele in Villen wie der Mysterienvilla bei Pompeji, der Villa in Torre Annunziata, der Villa von Boscoreale oder reichen Stadthäusern wie dem „Haus mit dem Labyrinthmosaik“ (Casa del Labirinto) gefunden wurden, ist auch in Herculaneum durch zwei Villen außerhalb der Stadt vertreten: die Villa dei Papiri und eine im 18. Jh. entdeckte Villa unter der Escuderia Real in Portici. In der Stadt selbst findet sich der Zweite Stil in einigen sehr einfachen Beispielen, mit Rot auf die Wand gemalten Quadergliederungen im „Haus mit dem schönen Hof“ (Casa del Bel Cortile) sowie in einer sehr viel aufwendigeren, einfarbig blaugrünen Dekoration im „Haus der Herberge“ (Casa dell'Albergo), dessen Benennung sich lediglich auf die Größe des Gebäudes bezieht.

Im „Dritten Stil“ gibt es zwar weiterhin architektonische Motive, wie beispielsweise die Einfassung des Mittelfeldes durch Säulen und ein darüber gelegtes Gebälk (Ädikula), allerdings sind sie stark reduziert. Die Dekorationen erscheinen streng und flächig; die Wand ist zur Malfläche geworden, so daß folgerichtig nun Bilder und Figuren (Abb. 4) auf die Wand gemalt werden.

Dieser Stil ist in Herculaneum durch einige besonders schöne Beispiele vertreten. Dazu gehört eine Serie kleiner Bilder, die in der Palästra an eine Wand gelehnt aufgefunden wurden (Abb. 5). Sie waren bereits in der Antike ausgeschnitten worden und sollten möglicherweise wiederverwendet werden. Winckelmann glaubte, in ihnen die Werke griechischer Künstler zu erkennen.

Goldschmiedehafte Formen zeigt eine Dekoration mit Architekturen, die aus der Umgebung des Theaters stammen muß. Zu ihr gehören eine Fülle miniaturistischer Motive, Friese, in die Architekturen eingebundene, statuenähnliche Figuren und zwei Bilder mit ägyptischen Kultszenen (Abb. 6). Von höchster Qualität sind auch einige aus einer Villa bei Herculaneum stammende schwarzgrundige Malereien dieser Stilstufe.

Charakteristisch für Herculaneum sind Dekorationen, die dem Dritten Stil nahestehen, dabei aber Formen zeigen, die man eher dem Vierten Stil zurechnen würde: Wände, die durch Kandelabermotive in Felder geteilt werden, Architekturen, die durchaus noch den flächigen Charakter des Dritten Stils zeigen. Das „Haus des tuskanischen Säulengangs“ (Casa del Colonnato Tuscanico) ist ein solches Beispiel; für ihre Dekorationen finden sich in Pompeji keine direkten Parallelen.

Im Verlauf dieser Entwicklung fand eine erneute Öffnung der Wand statt, es treten wiederum vielfältige Architekturmotive auf. Im Vierten Stil, der letzten Stilstufe vor dem Ausbruch des Vesuv, entwickeln sich die Durchblicke zu phantastischen Architekturmotiven; es gibt sich in der Ferne verlierende Durchblicke und mehr oder weniger getreue Nachbildungen griechischer Tafelbilder (Abb. 7).

Zu dieser Phase gehören die großen mythologischen Bilder aus der sogenannten Basilika (Abb. 8), aber auch der phantastische Durchblick, dessen Herkunft aus der Palästra durch den „in situ“ gebliebenen Rest eines Gegenstücks gesichert ist.

Abb. 8: Wandmalerei „Hercules und Telephos“, sogenannte Basilika, (Kat. 6.3).

Die Rekonstruktion des Bestandes

Um die herculanischen Wandmalereien beurteilen zu können, mußten zunächst die unvollständigen Dekorationen wenigstens theoretisch wiederhergestellt werden, da nur auf dieser Grundlage Eigenheiten und Unterschiede festgestellt werden können.

Zwar ist bekannt, daß die Ausgräber im 18. Jh. ganze Wände dokumentierten, bevor sie einzelne Motive herauslösten. Allerdings ist eine solche Dokumentation bisher nur in einem Fall überliefert (Castellammare di Stabia, Raum in der Villa San Marco). Am zuverlässigsten ist der Vergleich zwischen den ausgeschnittenen, fast alle im Archäologischen Nationalmuseum Neapel aufbewahrten Stücken und den lückenhaften Dekorationen an Ort und Stelle, ergänzt durch die nur unvollständig überlieferten, meist nur sehr allgemeinen Berichte über die Ausgrabungen und die dort gemachten Funde.

Inzwischen konnte bei nahezu allen im 18. Jh. ausgeschnittenen Malereien im Archäologischen Nationalmuseum Neapel (etwa 1500 Inventarnummern, teils mit mehreren Fragmenten in einem Rahmen) zumindest geklärt werden, ob sie aus Pompeji, Herculaneum (Abb. 9) oder den Villen des Umlands stammen. Viele Stücke können genau lokalisiert, die wichtigsten Dekorationskomplexe „in situ" ergänzt werden. Beim verbleibenden Rest handelt es sich fast ausschließlich um insignifikante Stücke.

Das so wiedergewonnene Material bietet eine Grundlage für die Beurteilung der Malereien in und aus Herculaneum und für die Frage, ob es eine „herkulanische Wandmalerei" mit lokalen Eigenheiten gab, zumal der bisher bekannte Teil Herculaneums eine ziemlich repräsentative Auswahl an Wandmalereien in und aus Häusern unterschiedlicher sozialer Schichten, sogar Dekorationen aus öffentlichen Gebäuden, liefert.

Die Farbveränderungen

Für die Malereien in und aus Herculaneum charakteristisch sind die Farben. Typisch sind die Malereien aus der sogenannten Basilika oder die Wände im *tablinum* im „Haus der Zweihundertjahrfeier" (Casa del Bicentenario), mit ihren gedämpften Brauntönen und dem Fehlen von Grün. Auf gelbgrundigen Wänden finden sich rote Verfärbungen, die oft wie Flecken aussehen. Offensichtlich handelt es sich um Farbveränderungen, die durch Hitzeeinwirkung hervorgerufen wurden und die in der Umgebung von Holz besonders stark waren. Einige einfarbig rot erscheinende Wände, beispielsweise in dem „Samnitischen Haus" (Casa Sannitica), sind durch eine solche Veränderung ursprünglich gelber Wandfelder entstanden.

Während dieser Unterschied für die herculanischen Wandmalereien zwar charakteristisch, aber als Folge der Verschüttung lediglich sekundär ist, gibt es andere Charakteristiken, die auf eine Art „Lokalstil" deuten.

Charakteristiken der herculanischen Wandmalereien

Beispielsweise findet sich in Herculaneum eine große Anzahl von monochromen Dekorationen, sowohl im Dritten als auch im Vierten Stil. Daß auch eines der sehr seltenen Beispiele aus dem Zweiten Stil einfarbig ist, mag Zufall sein. Einfarbige Räume gibt es auch in Pompeji, sie scheinen jedoch im Verhältnis zum gesamten Bestand seltener zu sein.

Im Vierten Stil gibt es innerhalb der einfarbigen, aber auch innerhalb mehrfarbiger Dekorationen auffallend reiche Architekturen. In manchen dieser Dekorationen wird auf Mittelmotive völlig verzichtet, so daß die Architekturen den einzigen Schmuck der im übrigen einfarbigen Wandflächen darstellen (Abb. 1).

Aber auch bei den Mittelbildern gibt es charakteristische Unterschiede. Sie sind in Herculaneum seltener als in Pompeji, nicht nur wegen der Plünderungen durch die Ausgräber des 18. Jh. Bisher wurden nur wenige großformatige Bilder gefunden. Sie scheinen auf öffentliche Gebäude beschränkt gewesen zu sein (sogenannte Basilika, Augustalenkolleg), denn auch in reichen Häusern wie dem „Haus der Hirsche" (Casa dei Cervi) oder dem „Haus mit dem Atriummosaik" (Casa dell' Atrio a Mosaico) gab es keine Megalographien.

Die in Privathäusern vorkommenden Bilder wirken insgesamt etwas flüchtig, bisweilen unbeholfen, und zwar selbst dort, wo die Wahl der Farbe und die übrige Ausführung Reichtum und Sinn für Qualität erkennen lassen. Ein typisches Beispiel ist der schwarzgrundige Raum im „Haus des korinthischen Atriums" (Casa dell'Atrio corinzio): Die gliedernden Architekturen sind von äußerster Feinheit, während die von hier stammenden mythologischen Bilder, Szenen aus dem Leben des Dionysos, mit den untersetzten Figuren und der flüch-

Abb. 9: Wandmalerei „Hercules mit den Schlangen" (Kat. 6.5).

tigen Malweise eher grob wirken, ebenso wie die Schwebenden in den Seitenfeldern. Das gleiche gilt für eine recht plump wirkende Europa auf dem Stier, die gar nicht zu den virtuos gemalten monochromen Details einer einfarbig grünen, also sehr teuren, Dekoration in der „Casa Sannitica" zu passen scheint.

Das Fehlen großer Bilder ist nicht auf den Vierten Stil beschränkt, schon im Dritten Stil finden sich in Herculaneum bedeutende Dekorationen mit delikaten, aber kleinformatigen Mittelmotiven, etwa die ausgeschnitten aufgefundenen Bilder aus der *palaestra*, die Winckelmann für die Werke griechischer Maler gehalten hatte, und ihr „in situ" gebliebenes Gegenstück. Anscheinend hat man dort auch bei der Renovierung nach dem Erdbeben von 62 n.Chr. auf großformatige Bilder verzichtet, statt dessen wurden die Wände mit Architekturen wie dem von hier stammenden großartigen „barocken" Durchblick gegliedert und geschmückt.

Von hervorragender Qualität sind die Stilleben (Abb. 10), insbesondere die Serie in und aus dem „Haus der Hirsche" mit den kunstvoll gemalten Glas- und Metallgefäßen. Aber auch in diesem Haus sind die beiden mythologischen Bilder gegenüber den Stilleben und den Architekturen eher enttäuschend.

Daß bestimmte Vorlieben, beispielsweise die einfarbigen Dekorationen, nicht auf eine Stilstufe beschränkt zu sein scheinen, läßt vermuten, daß sich hier geschmackliche und handwerkliche Traditionen herausgebildet haben, möglicherweise durch geschmacksprägende öffentliche Bauten, wie etwa die Dekorationen des Dritten Stils in der *palaestra*.

Antike Restaurierungen, bei denen einzelne Motive, aber auch der Stil aufgegriffen werden, und für die es auch in Herculaneum Beispiele gibt, beweisen, daß es einen Sinn für Kontinuität gab. Auch die kleinen Bilder aus der *palaestra*, die man dort ausschnitt und aufbewahrte, sollten anscheinend wiederverwendet werden.

Zusammenfassung

Die „Malerey der alten Griechen", von der Winckelmann spricht, und auf deren Entdeckung man im 18. Jh. gehofft hatte, wurde auch in Herculaneum nicht gefunden. Dort gab es allenfalls einen Nachklang, beispielsweise in den hervorragenden Bildern aus der *palaestra*, deren Bedeutung offensichtlich auch in der Antike bereits gesehen wurde.

Aber auch die Beurteilung als „verderbter Geschmack" – so Winckelmann in seiner „Geschichte der Kunst des Alterthums" 1764 – ist unzutreffend. Winckelmann kannte nur die „Bilder" im Museum von Portici, die von den Ausgräbern nach dem Geschmack des Rokoko ausgewählt worden waren; seine Abneigung gegen Barock und Rokoko, gegen alles Verschnörkelte, ist bekannt.

Angesichts der vielen hervorragenden Dekorationen in Herculaneum ist seine Einschätzung kaum zu bejahen; es sei denn „die Griechen" und ihre verschollenen

Abb. 10: Wandmalerei „Stilleben", „Haus der Hirsche" (Casa dei Cervi), (Kat. 7.5).

Werke sind der Maßstab. Auch dort, wo die Motive zunächst vielleicht nur unbeholfen erscheinen, ist es mehr als unwahrscheinlich, daß es sich um Unvermögen der Maler handelt; dagegen sprechen in den meisten Fällen die aufwendigen Farben, die Virtuosität bei der Darstellung anderer Motive, wie etwa der Architekturen, oder in reichen Häusern wie der „Casa dei Cervi" oder der „Casa dell'Atrio a mosaico" die Finanzkraft der Auftraggeber.

Die herculanischen Wandmalereien sind – wie die in Pompeji – weder „Malerey der alten Griechen", noch „verderbter Geschmack", sondern Kunsthandwerk mit eigenständigen Ausdrucksmitteln und offenbar auch einer eigenen, lokalen Tradition.

Literatur

P. d'Alconzo, Picturae excisae. Conservazione e restauro dei dipinti ercolanesi e pompeiani tra XVIII e XIX secolo, Studi della soprintendenza archeologica di Pompei (2002).

A. Allroggen-Bedel – Helke Kammerer-Grothaus, Il Museo Ercolanese di Portici, in: La Villa dei Papiri (= Secondo supplemento a Cronache Ercolanesi 13, 1983) S. 83–128.

A. Allroggen-Bedel, Lokalstile in der campanischen Wandmalerei. 4. Internationales Kolloquium Römische Wandmalerei. Köln, 20.–23. September 1989, Kölner Jahrbuch für Vor- und Frühgeschichte 24, 1991, S. 35–41.

A. Allroggen-Bedel, Archäologie und Politik. Herculaneum und Pompeji im 18. Jahrhundert. Hephaistos 14, 1996, S. 217–252.

A. Allroggen-Bedel, Gli scavi borbonici nella villa San Marco: pitture antiche e gusto settecentesco, in: Stabile. Storia e Architettura. 250° Anniversario degli Scavi di Stabile, 1749–1999. Convegno Internazionale Castellammare di Stabia, 25 27 Marzo 2000, a cura di Giovanna Bonifacio e Anna Maria Sodo (2002) S. 101–107.

Le Antichità di Ercolano esposte con qualche spiegazione. Bd. I–VIII (1757–1792).

Cochin & Bellicard, Observations sur les antiquités d'Herculanum, avec quelques réflexions sur la peinture et la sculpture des Anciens & une courte description de plusieurs Antiquités des environs de Naples (1757[2]).

J. W. von Goethe, Italienische Reise, in: Werke. Hamburger Ausgabe in 14 Bänden. Bd. 1, 8 (1974) S. 343.

A. Mau, Geschichte der decorativen Wandmalerei in Pompeji (1882).

Vitruvii de architectura libri decem, übersetzt und hrsg. von Curt Fensterbusch (1976) Buch VII, Kap. 5, 333–337.

J. J. Winckelmann, Geschichte der Kunst des Alterthums (1764 = Studien zur Deutschen Kunstgeschichte Bd. 343, 1966).

J. J. Winckelmann, Sendschreiben von den Herculanischen Entdeckungen. An den Hochgebohrnen Herrn, Herrn Heinrich Reichsgrafen zu Brühl (1762, Faksimile-Nachdruck in: Studien zur Deutschen Kunstgeschichte, Bd. 338, 1964).

Von den etwa 4000 Einwohnern Herculaneums sind mehr als 500 durch Inschriften namentlich bekannt. Viele der Genannten waren sicherlich schon lange vor dem Ausbruch des Vesuv 79 n. Chr. verstorben. Ob jemand der Aufgelisteten Opfer der Katastrophe geworden ist, oder wer von ihnen sich in Sicherheit bringen konnte, bleibt im Dunkeln.

■ = Frauen
■ = freie Männer
■ = Freigelassene

Decimus Aburius D. f. Proculus
Marcus Accius Ampliatus
Lucius Actius Anicetus
Lucius Actius Speratus
Tiberius Acutius Ti. f. Aduactus
Tiberius Acutius Barbula
Tiberius Acutius Paterculus
Tiberius Acutius Ti. f. Spendon
Lucius Aelius L. l. Chresimus
Marcus Aemilius Celer
Marcus Aemilius Diogenes
Manius Aemilius Lepidus
Marcus Aemilius Maximus
Quintus Aemilius Philota
Caius Alficius C. f. Firmus
Marcus Alficius Paulus
Marcus Alficius C. l. Primigenius
Caius Alficius C. l. Primis
Alliatoria Celsilla
Quintus Allius Q. l. Soter
Lucius Alsius Verecundus
Lucius Amicius Fortunatus
Caius Annius M. f. Calator Postumus
Lucius Annius Rufus
Lucius Annius Philetus
Sextus Annius Sex. l. Salvius
Marcus Antonius Chilo
Marcus Antonius M. l. Cnidus
Lucius Antonius Corsicus
Marcus Antonius M. l. Daphnus
Marcus Antonius M. l. Priscus
Marcus Antonius Phaetus
Marcus Antonius Pyramus
Marcus Antonius M. l. Theolphilus
Lucius Appuleius L. l. Hyacinthus
Lucius Appuleius Proculus
Lucius Aquilius C. l. Delphus

Sextus Arellius Sex. l. Etymus
Caius Arrius Maximus
Caius Artorius C. f. Isio
Sextus Atelleius Comicus
Sextus Atellius C. l. Felix
Caius Atilius Constans
Caius Atilius C. l. Felicio
Caius Atilius Priscus
Marcus Attius Nomus
Marcus Audius Saturninus
Marcus Aurelius M. f. Priscus
Lucius Ausidius L. f. Montanus
Lucius Autronius Antigonus
Lucius Autronius Euthymius
Lucius Autronius L. l. Ruma
Marcus Avius M. l. Restitutus

Marcus Babius Blaesus
Lucius Bennius L. f. Maritimus
Numerius Blaesius Oriens
Numerius Blaesius Venulus
Publius Blesius P. f. Sabinus
Caius Blossius C. l. Communis
Marcus Blossius Scaurus
Publius Brinnius P. l. Callippus
Publius Brinnius P. l. Cano
Publius Brinnius P. l. Romanus
Marcus Burrius M. l. Euphemus

Sextus Caecilius Sex. f. Astus
Sextus Caecilius Carpus
Sextus Caecilius Sex. l. Faustus
Marcus Caecilius Icarus
Lucius Caecilius Iucundus
Marcus Caecilius Potitus
Quintus Caecilius Priscus
Sextus Caecilius Sex. f. Proculus
Marcus Caecilius Q. l. Sabinus
Quintus Caecilius Tertius
Quintus Caecilius Vesbius
Caius Caecilius Zenon
Marcus Caelius M. l. Nymphodotus
Caerina Restituta
Caius Caesetius C. l. Andronicus
Marcus Caesius Alcimus
Calatoria Iusta liberta
Calatoria Themis
Marcus Calatorius Crescens
Marcus Calatorius Diodorus
Marcus Calatorius C. l. Fortunatus
Marcus Calatorius C. l. Ianuarius
Marcus Calatorius C. l. Marullus
Marcus Calatorius M. l. Menophius

Marcus Calatorius Paullus
Marcus Calatorius M. l. Pierus
Marcus Calatorius M. f. Quartio
Marcus Calatorius Rufus
Marcus Calatorius C. l. Salvius
Marcus Calatorius Speudon
Calidia Antiochis
Marcus Calidius M. f. Nasta
Caius Calvisius C. l. Agatangelus
Caius Calvisius C. l. Hermes
Caius Calvisius C. l. Onesimus
Marcus Caninius M. l. Botrio
Marcus Caninius L. l. Cinnamus
Lucius Caninius Nicia
Lucius Caninius C. l. Nicia
Quintus Caninius Nicia
Marcus Caninius M. l. Primigenius
Lucius Caninius L. l. Viator
Caria Longina
Quintus Cassius Gratus
Caius Castricius Q. l. Crescens
Aulus Castricius A. l. Felicio
Caius Castricius C. l. Hermes
Lucius Catulus Sabinus
Marcus Celerius M. l. Liberalis
Numerius Celerius Rufus
Numerius Charapeus N. f. Secundus
Numerius Charapaeus N. f. Sabinus
Lucius Catulus Sabinus
Claudia Musa
Tiberius Claudius Ampliatus
Tiberius Claudius Atimetus
Tiberius Claudius Decimus
Tiberius Claudius Ti. l. Epaphra
Marcus Claudius Epagathus
Tiberius Claudius Epaphroditus
Tiberius Claudius Evenus
Tiberius Claudius Exochus
Tiberius Claudius Ti. l. Felix
Tiberius Claudius Herodes
Marcus Claudius Hymenaeus
Marcus Claudius Marcellus Aeserninus
Tiberius Claudius Ti. l. Primigenius
Tiberius Claudius Ti. l. Primus
Caius Claudius Zosimus
Marcus Clodius Ampliatus
Caius Clodius Celer
Caius Clodius C. l. Felix
Marcus Clodius Iustus
Sextus Clodius Sex. f. Maximus
Marcus Clodius M. f. Proculus
Caius Clodius Successus
Sextus Cloelius Adespotus

Sextus Cloelius Onesimus
Publius Comicius Severus
Lucius Cominius Hyacinthus
Lucius Cominius Primus
Publius Cornelius Abascantus
Cnaeus Cornelius Cn. l. Auctus
Cnaeus Cornelius Cn. l. Felicio
Lucius Cornelius L. l. Orpheus
Aulus Cornelius A. l. Primigenius
Tiberius Crassius Firmus

Sextus Domitius Favor
Sextus Domitius Maior
Cnaeus Domitius Suavis

Numerius Egnatius C. l. Anavos
Caius Epidius C. l. Helix
Marcus Epidius Rufus
Marcus Erennius M. l. Aeglaius

Publius Fadius A. l. Adiectus
Publius Fannius Pudens
Quintus Festius Phoebus
Lucius Flavius Ampliatus
Tiberius Flavius Domitius
Marcus Flavius Largus
PubliusFlavius Largus
Lucius Fuficius L. l. Fortunatus
Aulus Fuficius A. l. Limen
Lucius Fuficius Priscus
Aulus Fuficius Speratus
Aulus Fuficius A. l. Suavis
Caius Fufius C. l. Liberalis
Quintus Fulvius Successus
Aulus Furius A. l. Necephor

Marcus Gallicius M. l. Eros
Aulus Gavius Donatus
Aulus Gavius Quietus
Aulus Gavius Quietus
Quintus Granius Abascuntus
Quintus Granius Alexander
Quintus Granius Q. l. Celer
Quintus Granius Verus

Lucius Haterius Fortunatus
Quintus Hedius Q. f. Modestus
Marcus Helvius Eros
Marcus Helvius Logismus
Herennia Tertia
Marcus Herennius Capito
Caius Hordionius C. l. Albanus
Tiberius Hordionius Malchio
Quintus Hostilius Verus

Caius Iovius Modestus
Tiberius Iulius Atimetus
Caius Iulius Demosthenes
Titus Iulius Ti. l. Eutychus
Caius Iulius Faustus
Caius Iulius Felix
Caius Iulius C. l. Fortunatus
Tiberius Iulius Ti. l. Heracla
Tiberius Iulius Ti. l Nicomedes
Caius Iulius C. l. Onesimus
Caius Iulius Phoebus
Tiberius Iulius Proculus
Tiberius Iulius Sabinus
Caius Iulius C. l. Symphorus
Iunia Cleta
Quintus Iunius Q. l. Anoptes
Quintus Iunius Q. f. Apsyrtus
Quintus Iunius Blaesus
Quintus Iunius Q. l. Cerdo
Quintus Iunius Q. l. Chrysanthus
Quintus Iunius Q. l. Crescens
Quintus Iunius Q. l. Epaphroditus
Quintus Iunius Q. l. Fortunatus
Quintus Iunius Q. l. Logus
Quintus Iunius Q. l. Masculus
Decimus Iunius D. l. Maximus
Quintus Iunius Molpus
Quintus Iunius Philadespotes
Quintus Iunius Philetus
Decimus Iunius Sabinus
Quintus Iunius Secundus
Quintus Iunius Serentiolus
Quintus Iunius Severus
Quintus Iunius Surus
Quintus Iunius Theophilus
Quintus Iunius Q. l. Valens

Laelia Heliades
Cnaeus Laelius Cn. f. Probatus
Marcus Laronius Saturninus
Marcus Laronius C. l. Teonomus
Licinia
Lucius Licinius L. l. Aquila
Caius Licinius Mucianus
Caius Licinius Vitalio
Livia Acte
Marcus Livius M. l. Alcimus
Marcus Livius Celer
Marcus Livius M. l. Crescens
Marcus Livius M. l. Ianuarius
Marcus Livius Monimus
Marcus Livius Montanus
Marcus Livius Sp.f. Sabinus
Marcus Livius Saturninus
Caius Livius C. l. Tylus
Quintus Lollius Annaeus
Quintus Lollius Q. l. Dignus
Quintus Lollius Q. l. Dyma
Quintus Lollius Hattius
Quintus Lollius Q. l. Logismus
Quintus Lollius Martialis
Quintus Lollius Rufus
Quintus Lollius Scylax
Caius Luccius C. l. Felicio
Decimus Lucilius D. l. Abascantus
Aulus Lucius A. f. Iulianus
Aulus Lucius A. f. Proculus
PubliusLurius P. l. Thesmus
Cnaeus Lusienus Cn. f. Iustus
Cnaeus Lusienus Cn. f. Probus
Caius Lusius C. l. Apelles
Caius Lusius C. l. Faustillus
Caius Lusius C. l. Hesper
Caius Lusius C. l. Zetemenus

Quintus Maecius Q. l. Abascantus
Quintus Maeccius Cambrianus
Quintus Maecius Pulcher
Quintus Maecius Rufus
Quintus Maecius Theuda
Quintus Maecius Q. l. Tutus
Marcus Magius M. l. Ennychus
Numerius Magius Priscus
Lucius Mammius Anicetus
Lucius Mammius Clitus
Lucius Mammius L. l. Endymio
Lucius Mammius L. l. Euhodus
Lucius Mammius L. l. Festus
Lucius Mammius L. f. Iucundus
Lucius Mammius L. f. Marcellus
Lucius Mammius Maximus
Lucius Mammius L. l. Synetus
Lucius Mammius L. l. Thiasus
Lucius Mammius L. l. Threptus
Lucius Mammius L. l. Urbanus
Quintus Manlius Q. f. Ustilianus
Marcus Marcius Iustus
Lucius Marcius Pierus
Lucius Marcius Severus
Publius Marius P. l. Communis
Quintus Marius Q. l. Crecon
Caius Marius Crescens
Quintus Marius Q. l. Echo
Lucius Marius Q. l. Felicio

Lucius Marius C. l. Felix
Quintus Marius Q. l. Hispanus
PubliusMarius P. l. Nedymus
Quintus Marius Q. l. Rhetus
Publius Marius P. l. Successus
Quintus marius Q. l. Successus
Publius Memmius Primigenius
Caius Messenius C. l. Atimetus
Caius Messenius Eunomus
Caius Messenius Nymphicus
Caius Messenius Philologus
Caius Messenius C. l. Atimetus
Caius Messienus Nymphicus
Caius Metienus Hymnicus
Caius Metienus Nymphicus
Marcus Mettius Celer
Aulus Minius Ianuarius
Minucia Venusta
Lucius Minucius Evaristus
Titus Munatius Primus
Lucius Minucius Evaristus
Titus Munatius Primus
Marcus Mussius Felix

Caius Nasennius C. f. Priscus
Marcus Nassius Capula
Cnaeus Nassius Facundus
Cnaeus Nassius Cn. l. Philetus
Caius Noleius C. l. Athictus
Caius Noleius C. l. Felicio
Nonia successa
Marcus Nonius Abascantus
Marcus Nonius M. l. Anthus
Marcus Nonius Balbus
Marcus Nonius M. f. Balbus
Marcus Nonius Carus
Marcus Nonius M. l. Celer
Marcus Nonius M. l. Chronius
Marcus Nonius M. l. Dama
Marcus Nonius Eperastus
Marcianus
Marcus Nonius M. l. Felicio
Marcus Nonius Fuscus
Marcus Nonius M. l. Genialis
Marcus Nonius M. l. Heracla
Marcus Nonius Hermeros
Marcus Nonius Magnus
Marcus Nonius M. l. Nedymus
Marcus Nonius Petorus
Marcus Nonius M. l. Pyrrichus
Marcus Nonius Severus
Marcus Nonius Stephanio
Marcus Nonius M. l. Tarentinus

Novellia Primigenia
Caius Novius Abascantus
Quintus Novius Q. l. Amethystus
Quintus Novius Q. l. Bithus
Quintus Novius Q. l. Himer
Caius Novius C. f. Isocheryus
Quintus Novius Q. l. Laetus
Caius Novius C. l. Lalus
Caius Novius Primis
Caius Novius Selectus
Quintus Novius Q. l. Speratus
Caius Novius C. l. Successus
Quintus Novius Q. l. Successus
Caius Novius C. l. Thesmus
Caius Novius Trophimus
Caius Novius C. l. Vernio
Lucius Numisius L. l. Celadus
Lucius Numisius L. l. Restitutus
Caius Numitorius C. l. Eubulus
Aulus Numitorius Primigenius

Marcus Ocellus Quintio
Octavia Philadelphia
Cnaeus Octavius Cn. f. Clemens
Cnaeus Octavius Cn. f. Clerus
PubliusOctavius Iustus
Cnaeus Octavius C. Lucius Onomastus
Marcus Ofellius M. l. Spendo
Aulus Ofillius A. l. Amarantus
Marcus Ofillius Celer
Marcus Ofillius A. l. Corsicus
Marcus Ofillius Iustus
Quintus Ofillius Q. l. Staphylus
Caius Olius C. l. Onesimus
Lucius Oppius Clemens
Caius Opsius C. l. Amerimnus
Caius Opsius C. l. Gorgia
Lucius Opsius Hermes
Lucius Opsius Staphylus

Caius Paccius Rufinus
Lucius Paccius L. l. Primis
Marcus Papirius M. l. Dama
Lucius Passienius C. l. Adiectus
Sextus Patulcius Felix
Petronia Vitalis
Petronia Iusta
Petronia Vitalis
Publius Petronius Agricola
Caius Petronius Atimetus
Caius Petronius C. l. Celsus
Caius Petronius Cletus
Caius Petronius Sp. f. Clitus

Caius Petronius Cominianus
Publius Petronius P. l. Hermes
Caius Petronius C. f. Iustus
Publius Petronius P. l. Priscus
Caius Petronius Stephanus
Caius Petronius C. l. Stephanus
Caius Petronius C. l. Telesphorus
Marcus Pilius Primigenius Granianus
Cnaeus Pollius Ianuarius
Pompeia Anthas
Sextus Pompeius Anthus
Sextus Pompeius C. l. Fidens
Sextus Pompeius C. l. Maior
Manius Pomponius Oriens
Lucius Pontius Antiochus
Quintus Pontius Euschemus
Marcus Popidius Tertius
Quintus Poppaeus Felix
Sextus Porcius Cogitatus
Caius Postumius Blandus
Caius Proculeius Albanus
Marcus Publicius Nymphicus
Marcus Pupius Montanus

Titus Quinctius T. l. Asbestus
Caius Quinctius C. f. Florus
Lucius Quintilius C. l. Chius
Lucius Quintilius C. l. Firmus
Lucius Quintilius Lepidus
Lucius Quintilius L. l. Pelops

Caius Raius C. l. Astus
Marcus Remnius M. l. Felicio
Marcus Remnius M. l. Nicanor
Marcus Remnius Rufus
Marcus Remnius M. f. Rufus
Marcus Remnius Successus
Marcus Rufellius M. l. Liberalis
Marcus Rufellius Romanus
Marcus Rufus Gnomicus
Marcus Remnius Rufus
Rusiunna

Quintus Sallustius Q. l. Inventus
Quintus Sallustius Sabinus
Marcus Salluvius M. f. Eulimenus
Salvia Superba
Quintus Satrius Q. l. Campanus
Satyria
Caius Scombrus Amandus
Lucius Sextius L. l. Thallus
Lucius Sextius Quietus
Publius Silius Faustus

Marcus Sittius M. l. Amicus
Marcus Sittius M. l. Beryllus
Marcus Sittius Faustus
Marcus Sittius Iustus
Publius Sittius Pierus
Marcus Sittius Proculus
Lucius Slabius L. f. Aucilus
Marcus Spurius M. f. Rufus
Trebius Statorius Tr. l. Terminalis
Publius Stlaborius P. l. Fortunatus
Publius Stlaborius P. l. Primigenius
Marcus Stlaccius Natalis
Marcus Stlaccius M. f. Sabinus

Quintus Tamudius Optatus
Aulus Terentius Q. l. Ampliatus
Caius Terentius Vespasianus
Tertia
Aulus Tetteius A. l. Amycus
Aulus Tetteius A. l. Hegemon
Aulus Tetteius A. l. Hesychus
Aulus Tetteius A. l. Longinus
Aulus Tetteius A. l. Mnester
Aulus Tetteius Mystes
Aulus Tetteius Severus
Aulus Troilus A. l. Amiantus
Marcus Tullius Asius
Marcus Tullius L. l. Clemens
Marcus Tullius Iustus
Lucius Tullius Tithasus
Caius Turius Diligens

Ulpia M. f. Plotina
Marcus Ulpius Iarinus
Marcus Ulpius Irenaeus
Marcus Ulpius Moschio
Marcus Ulpius Salvus

Lucius Umbrius Herodes

Quintus Valerius Amelianus
Marcus Valerius Felix
Marcus Valerius Heliadis
Publius Valerius Martialis
Quintus Varius Amelianus
Caius Veius Praesens
Caius Veius Secundus
Lucius Velleius L. l. Creticus
Numerius Velleius Iustus
Caius Veneria
Lucius Venidius L. l. Chronicus
Lucius Venidius Ennychus
Lucius Venuleius L. l. Phoebus
Quintus Vettulenius Priscus
Vibidia Procula
Caius Vibidius Ampliatus
Quintus Vibidius Ampliatus
Sextus Vibidius Ampliatus
Aulus Vibidius A. l. Gnorimus
Sextus Vibidius Gnorimus
Aulus Vibidius A. l. Hilarus
Caius Vibius C. l. Ascanius
Caius Vibius C. l. Atimetus
Caius Vibius Epitrepon
Caius Vibius C. l. Eulimenus
Caius Vibius Eurytus
Caius Vibius C. l. Felicio
Marcus Vibius Heclicus
Caius Vibius C. l. Nicephor
Caius Vibius Nymphicus
Caius Vibius Stephanus
Viciria A. f. Archas
Marcus Vinicius M. f. Lucifer
Marcus Vinicius M. f. Proculus
Marcus Vinullius Proculus

Lucius Virius Primigenius
Caius Virullius Maro
Lucius Vitellius L. l. Myrinus
Caius Volasenna C. l. Thales
Volasennia Tertia
Marcus Volusius M. l. Astius
Marcus Volusius M. l. Boethus
Marcus Volusius M. l. Faustus
Marcus Volusius M. l. Hermes
Marcus Volusius M. l. Sabinus
Marcus Volusius M. l. Successus
Marcus Volusius C. l. Thelys

Römische Männernamen bestanden aus drei Teilen: Vorname, Familienname und Beiname. Der Beiname war ein „Spitzname", der sich auf besondere Eigenschaften oder die Herkunft des Trägers bezog wie Diligens = der Gewissenhafte, Delphus = aus Delphi. Auf Inschriften wird den drei Namen häufig noch der Name des Vaters hinzugefügt wie M. f. = Marci filius = Sohn des Marcus.

Ehemalige Sklaven, die von ihrem Herrn freigelassen wurden, erhielten dessen Vor- und Familiennamen. Ihr eigener Rufname wurde als Beiname hinzugefügt zum Beispiel: Lucius Velleius L(uci) l(ibertus) Creticus = Lucius Velleius, Freigelassener des Lucius, Creticus.

Mädchen und Frauen führten keine drei Namen. Sie trugen als Vornamen nur den Familiennamen des Vaters wie Iulia = aus der Familie der Iulii, Octavia = aus der Familie der Octavii.

Abb. 1: Terrasse mit dem Grabaltar des Marcus Nonius Balbus vor den Suburbanen Thermen.

Umberto Pappalardo

Marcus Nonius Balbus. Der *patronus*[1] von Herculaneum

Ein Abdruck aus dem Theater von Herculaneum

Am 16. Oktober 1770 schrieb Sir William Hamilton, englischer Botschafter in Neapel, an Mathew Maty, den Sekretär der Royal Society von London: „Ich bin überzeugt, daß die erste Materie, die aus dem Vesuv kam und Herculaneum verschüttete, Schlamm in flüssigem Zustand war. Was meine Hypothese sehr begünstigt, ist die Entdeckung des Kopfes einer antiken Statue, die man im Theater von Herculaneum ausgegraben hat; der Eindruck der Gesichtszüge im Tuffstein besteht noch heute und könnte als Matrix für einen Abguß dienen, denn er ist so vollkommen wie jede andere Gußform, die ich je gesehen habe."[2] Die Beobachtung Hamiltons, die zum erstenmal archäologische und geologische Daten miteinander verband, wurde sofort von zwei hervorragenden Fachgelehrten, dem Abbé R. de Saint-Non und Lazzaro Spallanzani[3], bewundernd aufgenommen. Nur eine flüssige, gefügige und mit Wasser vermengte Masse konnte sich vollkommen modellierend über die Gegenstände legen. Und sie überzog die Statue – indem sie sogar deren Haarsträhnen, den Bruch an der Nasenspitze, die Augenlider und den Schwung der Wangen abbildete – und blieb beim Trocknen unversehrt am Marmor haften wie eine echte Form.

Im 19. Jh. sah auch Stendhal den Abdruck und er schrieb am 8. Oktober 1811 in sein Reisetagebuch: „Wir fahren nach Pompeji und das wird mein weitester Abstecher gen Süden sein. Wir gehen durch die Straßen von Pompeji. Wir steigen zum Theater von Herculaneum hinunter, Eindruck einer Maske."[4]

Die Form, welche die Statue im Tuffstein hinterlassen hat, ist noch heute im Gewölbe eines der ältesten Schächte der Ausgrabungen zu sehen (Abb. 2); es ist der erste links, wenn man den Bereich hinter der Bühnenfläche betritt, das heißt in der *scaenae frons*, der Front des Bühnenhauses (Abb. 3). Seine Lage ist auf der neuen Karte des Theaters mit dem Buchstaben „A" angegeben.[5] Ohne Zweifel bildet dieser Eindruck einer Form ein Unikum in der Archäologie, und man darf ihn als eines der suggestivsten Zeugnisse der römischen Porträtkunst betrachten.

Im Sommer 1983 ließ ich einen Abguß davon anfertigen (Abb. 4), aus dem ich die positive Form gewann. Der Abdruck zeigte, daß die Spur von einer Marmorstatue hinterlassen worden war, deren Nase fast bis zur Wurzel abgebrochen zu sein schien. Daraus mußte man schließen, daß die Statue bei den ersten Ausgrabungen aus der Umklammerung des vulkanischen Schlamms gerissen worden war. Ohne Zweifel hatten wir das physiognomische Bildnis einer bestimmten Person vor Augen. Aber wer war diese Person und würde man sie in einer der Statuen wiederkennen, die ins Archäologische Nationalmuseum in Neapel gebracht worden waren?

Unter großen Mühen entdeckte ich das Original im Nationalmuseum, denn es war zwischen die Skulpturen der Sammlung Farnese (die aus Rom kamen und nicht aus den Städten um den Vesuv) geraten, wo man ihm willkürlich den Namen „Massimino"[6] gegeben hatte. Es handelt sich um eine „heroische Statue" von 2,17 Meter Höhe (Abb. 5). Die Person ist trotz des vorgerückten Alters, das man am Gesicht ablesen kann, mit einem nackten jugendlichen Athletenkörper dargestellt, der nur mit einer *chlamys*, einem Schultermantel, bekleidet ist.

So haben wir der reich bestückten Porträtgalerie von Herculaneum ein weiteres Zeugnis hinzugefügt, um so wichtiger, als wir seinen genauen Fundort kennen, während für die meisten anderen Statuen aus Herculaneum die genaue Herkunft fast immer unsicher und umstritten ist, da sie aus dem Sockel gerissen und von den Lavaströmen mitgerissen wurden.

Abb. 2: Abdruck des Kopfes einer Statue des Marcus Nonius Balbus im Bühnenhaus des Theaters.

Die Züge gleichen denen des berühmten Porträts von Marcus Nonius Balbus (Abb. 6). Er ist die am meisten dargestellte Persönlichkeit in Herculaneum, da er der *patronus* und Wohltäter der Stadt war. Beiden Gestalten gleich sind der beginnende Haarausfall, die sich zu den Wangen hin kräuselnden Koteletten, die breite Stirn, die von einer tiefen gewellten Falte durchzogen ist, zwei tiefe Furchen sowohl an der Nasenwurzel wie bei den Nasenlöchern, die als breite, harte Massen herausgearbeiteten Wangen, die dünnen Lippen, das ausgeprägte Kinn und – was die künstlerische Interpretation betrifft – die weiche Modellierung und der abstrakte Blick.

Ein Sockel mit einer Widmung an Marcus Nonius Balbus wurde am 16. Januar 1768 im Theater gefunden, wo er noch heute zu sehen ist, und zwar am Osteingang der *orchestra*, das heißt rechts, wenn man zur Bühne schaut; sehr wahrscheinlich handelt es sich um den Sockel unserer Statue, da das Datum der Auffindung nur einen Monat früher liegt.[7]

Das Grab des Marcus Nonius Balbus in Herculaneum

Marcus Nonius Balbus war eine hervorragende Senatorengestalt des augusteischen Zeitalters. Er stammte aus Nuceria Alfaterna (heute Nocera inferiore), wohnte aber in Herculaneum und hatte das Amt des Prätors und Prokonsuls der Provinz Kreta und Kyrene inne. Er war Volkstribun, aktiver Anhänger des Octavianus, des späteren Kaisers Augustus, im Jahre 32 v.Chr.[8] Da er sich um Herculaneum große Verdienste erworben hatte, indem er die Basilika, die Tore und die Befestigung hatte restaurieren lassen, ernannte man ihn zum *patronus* der Stadt und errichtete ihm zu Ehren mindestens zehn Statuen (nach der bis jetzt bekannten Dokumentation); auch bei seinem Tod wurden ihm außergewöhnliche Ehren zuteil. [9]

Zwei Reiterstatuen, ihm von den Einwohnern von Nuceria beziehungsweise von den Herculanern gewidmet, wurden 1746 im Bereich des Forums gefunden (Abb. 7);[10] Carlo Bonucci ließ die beiden Statuen jedoch von dem Kupferstecher Filippo Morghen in einer frei erfundenen Rekonstruktion in der sogenannten Basilika aufstellen .[11] Außer diesen zwei Marmorstatuen wurde ein drittes Reiterstandbild in Bronze (heute verloren), eine Stiftung der Kreter, gefunden.[12] Eine

Abb. 3: Modell des Theaters (um 1808, Kat. 3.3).

Statue, die ihn als *togatus* darstellt (Abb. 6), fand ihren Platz in der *curia*, dem Versammlungsort des Stadtrates, in einer Galerie, wo er mit anderen Mitgliedern seiner Familie abgebildet ist.[13]

1942 entdeckte Amedeo Maiuri vor dem Komplex der Suburbanen Thermen den Sockel einer Statue, einen Kopf und einen Altar mit einer Inschrift (Abb. 1).[14] Die drei Stufen in grauem Tuffstein an der Westseite des Altars lassen vermuten, daß ein Offiziant in regelmäßigen Zeitabständen hinaufstieg, um Opfer darzubringen. Auf der dem Meer zugekehrten Seite des

Abb. 4: Herculaneum, Abguß der Statue aus dem Theater.

Abb. 5: Neapel, Archäologisches Nationalmuseum, M. Nonius Balbus aus dem Theater (Inv. Nr. 6102).

Abb. 6: Marcus Nonius Balbus togatus, Archäologisches Nationalmuseum (Inv. Nr. 6167), Neapel.

Abb. 7: Reiterstandbild von M. Nonius Balbus, Archäologisches Nationalmuseum (Inv. Nr. 6211), Neapel.

Altars zeigte sich folgende eingemeißelte Inschrift (Abb. 8):

Quod M. Offillius Celer duovir iter(um) v(erba) f(ecit), pertinere at municipi/ . dignitatem mentis M. Noni Balbi respondere, d(e) e(a) r(e) i(ta) c(ensuere). / Cum M. Nonius Balbus, quo hac (sic) vixerit, parentis animum cum plurima liberalitat(e) / singulis universisque prais(t)iterit, placere decurionibus: statuam equestrem ei poni quam / celeberrimo loco ex pecunia publica, inscribique: / M.Nonio M(arci) f(ilio) Men(enia tribu) Balbo pr(aetori) proco(n)suli patrono universus / ordo populi Herculaniessis (sic) ob merita eius; item eo loco ubi cineres eius conlecti sunt, aram / marmoream fieri et constitui inscribique publice: M. Nonio Balbo; exque eo loco parentalibu(s) / pompam duci, ludisque gumnicis qui soliti erant fieri, diemadici unum in honorem eius, et cum in theatro / ludi fient, sellam eius poni. C(ensuere).

Das könnte übersetzt ungefähr so lauten:

„Da M. Ofellius Celer, zum zweitenmal Duumvir[15], der Würde der Stadt nachkommend, geäußert hatte,

man müsse den Verdiensten des Marcus Nonius Balbus Ehre erweisen, wurde in dieser Hinsicht wie folgt beschlossen:
Nachdem M. Nonius Balbus, solange er hier lebte, sich sowohl den einzelnen wie auch der Gesamtheit der Bürger gegenüber mit unzähligen Taten seines Großmuts wie ein wahrer Vater verhalten hat, erscheint es den Dekurionen[16] angebracht:
Ihm mit öffentlichen Geldern an einem bedeutenden Platz der Stadt ein Reiterstandbild mit folgender Inschrift errichten zu lassen: Dem Marcus Nonius Balbus, Sohn des Marcus der Tribus[17] Menenia, Prätor, Prokonsul und Patron, gewidmet vom Rat der Bürger von Herculaneum für dessen Verdienste.
Daß dort, wo seine Asche aufbewahrt wird, ein Marmoraltar errichtet werde und im Namen der gesamten Bevölkerung folgende Inschrift angebracht werde: Dem Marcus Nonius Balbus.

Abb. 8: Altar des Marcus Nonius Balbus, Frontalansicht mit Inschrift.

Abb. 9: Statuette eines schlafenden Grabgenius (Kat. 5.3).

Daß an jenem Ort (wo er beigesetzt ist) bei der Feier der *parentalia* (dem Fest für die Toten der Familie) eine Prozession beginne und daß den gymnischen Spielen[18], wie sie gewöhnlich abgehalten wurden, ein Tag hinzugefügt werde zu seinen Ehren und daß bei den Theateraufführungen sein Sessel aufgestellt werden müsse. Das wurde beschlossen."

Die Widmungsinschrift am Altar meint zusammengefaßt: Da alle die Großmut des Marcus Nonius Balbus hätten zu spüren bekommen, erschien es den Dekurionen angebracht, ihm ein Reiterstandbild zu widmen; außerdem erwiesen ihm die Bürger der Stadt die Ehre eines Marmoraltars auf seiner Grabstätte, einer Prozession am Gedenktag der Toten der Familie und schließlich nach seinem Tod seinen Sessel (*sella curulis*) im Theater aufzustellen, als wäre er immer noch mitten unter seinen Leuten.[19]

Da Maiuri nicht ganz sicher war, ob es sich bei dem Altar auch tatsächlich um die Grabstätte des Nonius Balbus handelte oder nur um eine Gedächtnisstätte,[20] versuchte ich die Inschrift umgekehrt zu lesen, also: *eo loco ubi cineres eius conlecti sunt … aram marmoream fieri et constitui … censuere.* Dadurch inspiriert, veranlaßte ich Grabungen im Inneren des Altars, denn ich war sicher, dort die Grabstätte zu finden. Und tatsächlich kam in 2,70 Meter Tiefe ein Krug aus Terrakotta mit Deckel zum Vorschein, der die Überreste des Scheiterhaufens von Marcus Nonius Balbus enthielt. In dem Krug befanden sich, von oben angefangen, folgende Schichten: eine Schicht kompakter Asche, eine Schicht Kohle mit Sand und eine hellere Ascheschicht.

Bei der Überprüfung der Überreste (ausgeführt vom Laboratoire d'Anthropologie Physique des C.N.R.S. von Draguignan – Dr. Gilles Grevin) stellte sich heraus, daß sich in der Asche ein Fingerglied befand, das nicht verbrannt worden war. Das läßt sich durch den Brauch des *os resectum* erklären, ein altes, ehrenvolles Beisetzungs-Ritual, das darin bestand, daß man wenigstens einen kleinen Teil des Körpers, im allgemeinen einen Finger abschnitt und unverbrannt beerdigte.[21]

Außerdem wurde 1981 die Marmorstatue eines Eroten aufgefunden, zu dem sich eine nach unten gekehrte Fackel ergänzen ließ (Abb. 9), das Gegenstück zu einer ähnlichen Statue, die Maiuri 1943 veröffentlicht hatte; beide bildeten vermutlich den Figurenschmuck des Grabdenkmals von Marcus Nonius Balbus.[22]

Da 1981 die „Panzerstatue" des Marcus Nonius Balbus (Abb. 10)[23] aufgefunden wurde, haben wir jetzt die ganze Person: die Statue mit seinen Gesichtszügen, die Inschrift mit der Aufzählung seiner Verdienste und das Grabmal.

Von der Statue am Strand, die Balbus in militärischer Rüstung darstellte, sind geblieben: der Sockel mit den Füßen und eine Stütze in Form eines Stamms, der ihn zur Linken stützte, die Hälfte des Körpers und der Kopf (Abb. 11). Daraus läßt sich für die Darstellung der gesamten Gestalt schließen: das linke Bein war sozusagen das Standbein, während das rechte leicht abgewinkelt war. Unter dem Panzer trägt die Figur eine kurze weiche Tunika. Das *paludamentum*, der Feldherrnmantel, das mit einem Knoten auf der linken Schulter befestigt war, fiel über den linken Arm und wurde vom Unterarm zurückgehalten. Der glatte, aber mit einer kräftigen Muskulatur modellierte Panzer endete unten mit einer dreifachen Reihe von Metallplättchen (*pteryges*): deren erste Reihe hatte in der Mitte eine Verlängerung in Form einer Lanzenspitze; die zweite bestand aus länglichen Plättchen, die mit reliefartig gearbeiteten, einander zugekehrten kleinen Palmen verziert waren, während die am Saum des Panzers angebrachten Plättchen mit Löwenköpfen geschmückt waren.[24] Ein Fragment der noch nicht zusammengesetzten rechten Schulter zeigt das Schulterteil des Panzers, verziert mit „Hercules mit Löwenfell", ein eindeutiger Hinweis auf den legendären Stadtgründer, dessen „Arbeiten" an den wichtigsten öffentlichen Bauten der Stadt dargestellt waren.[25]

Der Verstorbene wird in noch jugendlichem Aussehen, in der Blüte der Jahre, grob gesagt um die dreißig, dargestellt, während das Standbild ihn als *togatus*, als mit

Abb. 10: Auffindung der Statue des Marcus Nonius Balbus (1981).

Abb. 11: Kopf der Panzerstatue des Marcus Nonius Balbus (Kat. 5.1).

der Toga gekleideten, etwa sechzigjährigen Mann zeigt.[26] In Anbetracht der Tatsache, daß Marcus Nonius Balbus im Jahre 32 v.Chr. als *tribunus plebis*, als Volkstribun, erwähnt wird, dürfen wir seinen Tod etwa um die Jahrhundertwende ansetzen.[27]

Der regelmäßige zwickelförmige Einschnitt auf der Stirn (Abb. 11) gemahnt wohl an die *pompa* (Festzug), die regelmäßig während der *parentalia*, der Totenfeier, stattfand und bei der ein Kranz auf das Haupt der Statue gelegt wurde; daß derlei Rituale zur Feier der Geburtstage begangen wurden, berichtet Plinius bei seiner Schilderung der Porträts: „... Sie stellen die Büsten Epikurs in den Schlafzimmern auf ... An seinem Geburtstag bringen sie ihm ein Opfer dar und beobachten dessen Wiederkehr jeden Monat am zwanzigsten Tag des Mondes ...“[28]

1981 fand man auch die Marmorinschrift des Sockels mit der Widmung des Freigelassenen Volusianus (Abb. 12); zu dieser Platte paßt genau ein Fragment, das 1939 entdeckt wurde: M(.) NONIO F BALBO / PRAE PRO COS / M NONIUS BALBI / (L) VOLUSIAN(VS).“[29]

Bemerkenswert ist, daß das Kernstück des Sockels aus grauen Tuffsteinplatten mit einem reliefartigen Rahmen bestand und erst in der Folge mit Marmorplatten verkleidet wurde. Nachdem Marcus Nonius Balbus gestorben war, wurde ihm offenbar sofort ein Denkmal aus Tuffstein errichtet, das erst später – wohl auf einen Beschluß der Dekurionen hin – mit Marmorplatten verkleidet und wie der Altar mit Rahmen und Rebranken geschmückt wurde.

Beeindruckend muß der Anblick des Scheiterhaufens vom Meer aus gewesen sein. Wir können uns das Geschehnis nach der Stelle ausmalen, in der Vergil eindrucksvoll beschreibt, wie Äneas und seine Gefährten den Scheiterhaufen für Misenus errichten:

„Aber die Teukrer indes, wehklagend am Strand um Misenus, brachten dem Staub – dankloses Geschäft – noch die letzte der Ehren. Erstlich errichteten sie von harzigen Kiefern und eichnen Balken ein riesiges Scheitergerüst, dem die Seiten mit schwarzem Laub sie bekleiden, am vorderen Rand hin Grabeszypressen hoch aufpflanzen und dann mit funkelnden Waffen ihn schmücken. Einige rüsten indes heiß sprudelnde Kessel und warmes Wasser und waschen den Leib des Erstarrten und reiben mit Salböl seufzend ihn, legen aufs Pfühl die bejammerten Glieder und werfen purpurne Kleider darauf, die bekannten Gewänder des Toten. Andere

heben alsdann auf die Schultern die riesige Bahre – Trauriger Dienst! – und nach Ahnherrnbrauch mit gewendetem Antlitz strecken die Fackel sie aus zum Brand. Es lodern in Menge Weihrauch, Opfer von Speisen und Öl, aus Krügen gespendet. Als dann erloschen der Brand und die Asche zusammengefallen, gießen sie Wein auf den durstigen Staub und die heiligen Reste, und Korynaios verschließt das Gebein in eherner Urne. Dann mit lauterem Naß dreimal die Genossen umschreitend, sprengt er sie leicht mit dem Tau und dem Zweige des glücklichen Ölbaums, reinigt und weihet die Schar und redet die Worte des Abschieds. Aber Aeneas erhebt mit riesiger Schüttung das Grabmal, legt auf den Hügel die Waffen des Manns nebst Ruder und Tuba unter dem luftigen Berg, der nunmehr selber Misenus heißt und für ewige Zeit nach dem Namen des Helden genannt wird."[30]

Es hat seinen Sinn, daß die Inschrift und die Statue nicht der Stadt zugewandt waren, sondern dem Meer (Abb. 1). So wurde das Grabmal zu einem Teil der Stadt: Die Schiffe, die hier anlegten – genau an der Stelle, wo man ein Boot ausgegraben hat[31] – und die Fischerboote, die beim Morgengrauen zurückkehrten, sollten ihre Stadt am Standbild des *patronus* erkennen, genau so wie für die Pompejaner der Venustempel das „gefühlsmäßige" Wahrzeichen ihrer Stadt war.

Wie wir schon gesagt haben, verliehen M. Nonius Balbus die Herculaner wegen seiner Verdienste, aber auch wegen seiner *humanitas* so außergewöhnliche Ehren wie z.B. einen für immer für ihn reservierten Sitzplatz in den vordersten Reihen des Theaters[32] es war eine Art Vergöttlichung (*consecratio in formam deorum*),[33] was bedeuten sollte, daß er immer unter ihnen lebendig und gegenwärtig bleiben würde, zumindest in ihrer Erinnerung.

Abb. 12: Herculaneum, Sockel der mit der lorica bekleideten Statue des Marcus Nonius Balbus, Inschrift mit der Widmung des Freigelassenen Volusianus.

Anmerkungen

1 Genauere Erklärungen und Einzelheiten zu diesem Thema: U. Pappalardo, Nuove testimonianze su Marco Nonio Balbo ad Ercolano, Mitteilungen des Deutschen Archäologischen Instituts, Rom 104, 1997, S. 285–297, Abb. 59–68.
Der *patronus*, eine einflußreiche Persönlichkeit, vertrat seine Klienten, zu denen auch Städte und ganze Provinzen gehören konnten, in allen politischen und rechtlichen Angelegenheiten und leisteten finanzielle Unterstützung bei Baumaßnahmen (Anm. d. Hrsg.).

2 Sir William Hamilton, Campi Flegrei (1776) S. 57 ff. und Abb. 45,1; Neudruck: Sir William Hamilton, Campi Flegrei, hrsg. von G. Doria (1985) S. 59. Hamilton verfaßte sein Werk zwischen 1776 und 1779.

3 R. Saint-Non, Voyage pittoresque ou description des Royaumes de Naples et de Sicilie, 2 Bde. (1782) S. 40f.; vgl. A. Maiuri, Nuovi studi e ricerche intorno al seppellimento di Ercolano, Rendiconti Reale Accademia d'Italia, Serie 7, Blatt 8, Bd. 2, 1940 (1941) S. 1–55, besonders S. 7 mit Anm 1.

4 Stendhal, Journal, Kap. 57, zitiert in: Pompei, Ercolano, Stabiae, Oplontis, 79–1979. Mostra bibliografica, Napoli Biblioteca Universitaria (1984) S. 219.

5 M. Pagano, Il Teatro di Ercolano, Cronache Ercolanesi 23, 1993, S. 121–156, besonders Abb. 5b auf S. 126. Es existiert auch ein Modell des Theaters (Abb. 3), das unter der Anleitung von Carlo Bonucci angefertigt wurde und in einem Raum neben dem Eingang zu den Ausgrabungen ausgestellt war: U. Pappalardo, Teatro romano di Ercolano, in: P. Barocchi u. a., L'Accademi Etrusca. Ausstellungskatalog Cortona 1985 (1985) S. 57 f., Nr. 27, Abb. 27; Pagano, Teatro, a.a.O., besonders S. 148.

6 Archäologisches Nationalmuseum Neapel, Inv. 6102. A. Ruesch (Hrsg.), Guida illustrata del Museo Nazionale di Napoli (1911) S. 249, Nr. 1033 (L. Mariani): „Prov(enienza) Farnese…". Vgl. E. Gerhard – Th. Panofka, Neapels antike Bildwerke (1828) S. 136; Museo Borbonico XIII, 50; J. J. Bernouilli, Römische Ikonographie, Bd. 2, 3 (1882/1894) S. 118.

7 Corpus Inscriptionum Latinarum X, 1427; M. Ruggiero, Storia degli scavi di Ercolano ricomposta sui documenti superstiti (1885) S. XXX, S. 486; M. Pagano, Il Teatro di Ercolano, Cronache Ercolanesi 23, 1993, S. 150 mit Abb. 21.

8 L. Schumacher, Das Ehrendekret für M. Nonius Balbus aus Herculaneum, Chiron 6, 1976, S.165–184; P. Zanker, Zur Bildnisrepräsentation führender Männer, in: Les bourgeoisies municipales italiennes (1983) besonders S. 260–263 (Kap. 4: Die Statuen des M. Nonius Balbus und seiner Familie) Abb. 29–33; G. Camodeca, I senatori originari della Campania e delle Regiones II e II, in: Epigrafia ed ordine senatorio, Bd. 2, Tituli 5 (1982) S. 125f. (von verschiedenen Autoren).

9 Corpus Inscriptionum Latinarum X 1425. Das Verständnis der gegenseitigen Zugehörigkeit der Bauten, Statuen und Inschriften ist heute schwer beeinträchtigt, sowohl weil der Lavastrom die Denkmäler mit sich fortriß und zerstückelte und sie oft Dutzende von Metern von ihrem ursprünglichen Standort forttrug, aber auch weil die Ausgrabungsberichte aus dem 18. Jh. ziemlich allgemein gehalten sind.

10 Nationalmuseum Neapel, Inv. Nr. 6211, mit der Eintragung im Corpus Inscriptionum Latinarum X, 1429 (von den aus Nuceria stammenden Einwohnern) und Inv. Nr. 6104, mit der Eintragung im Corpus Inscriptionum Latinarum X,1426 (von den Herculanern): Giuseppe Guadagno, Supplemento epigrafico ercolanese, pars II, Cronache Ercolanesi 11, 1981, S. 129–164, besonders Nr. 88, S. 142; Stefania Adamo Muscettola, Nuove letture borboniche. I Nonii Balbi ed il Foro di Ercolano, Prospettiva 28, 1982, S. 2–16, besonders S. 2–6.
Die im 18. Jh. ohne Kopf aufgefundene und fälschlicherweise als Vaterstatue bezeichnete Figur wurde mit einer Kopie des Kopfes, der sich auf der Statue des *togatus* befand, vervollständigt (Inv. Nr. 6167). Dank einer kürzlichen Überprüfung konnte ich feststellen, daß trotz der

vollkommenen Gleichheit der Kopf des Reiterstandbilds (A) kleiner ist als der des *togatus* (B). Außerdem: Während der Originalkopf B in allen Details genau ausgearbeitet ist, fehlen bei der Kopie A die Details im Inneren der Ohrmuschel und die Zwischenräume zwischen Ohren und Kopf. Die Verkleinerung des Ausmaßes und das Fehlen der Details an den kritischen Stellen erhellen die Reproduktionstechnik: Der Kopf B ist die Marmorkopie des Gipsabdrucks von A. Um gefährliche Aushöhlungen zu vermeiden, wurden offenbar die Ohrmuscheln und die Zwischenräume zwischen Ohr und Kopf mit einer weichen Paste aufgefüllt; nachdem der Abguß in Gips angefertigt war, wurde er mit Hilfe eines Pantographen getreu in Marmor nachgebildet.

11 A. Maiuri, Ercolano. I nuovi scavi, 1927–1958 (1958) Abb. 67 auf S. 89. Die drei Reiterstandbilder wurden auf dem Platz unterhalb der *porticus post scaenam* des Theaters gefunden: M. Pagano, Il teatro di Ercolano, Cronache Ercolanesi 23, 1993, S. 145; M. Pagano, La nuova pianta della città e alcuni edifici pubblici di Ercolano, Cronache Ercolanesi 26, 1996, S. 229–248, besonders S. 236.

12 Zu dem bronzenen Reiterstandbild gehört die Inschrift (Museo Archeologico von Neapel, Inv. Nr. 3735 = Corpus Inscriptionum Latinarum X, 1430): St. Adamo Muscettola, Nuove letture borboniche. I Nonii Balbi ed il Foro di Ercolano, Prospettiva 28, 1982, S. 5 mit Anm. 55.

13 Museo Archeologico Nazionale Neapel, Inv. Nr. 6167 (verbunden mit der Eintragung im Corpus Inscriptionum Latinarum X, 1428); G. Guadagno, Supplemento epigrafico ercolanese, pars II, Cronache Ercolanesi 11, 1981, S. 129–164, besonders Nr. 90 auf S. 142f.; St. Adamo Muscettola, Nuove letture borboniche. I Nonii Balbi ed il Foro ercolano, Prospettiva 28, 1982, S. 2–16, besonders S. 6–8.

14 A. Maiuri, Un decreto onorario di M. Nonio scoperto recentemente ad Ercolano, Rendiconti Accademia d'Italia, Serie 7, Bd. 8, 1942, S. 1–26, Abb. 1 und 2; L. Schumacher, Das Ehrendekret für M. Nonius Balbus aus Herculaneum, Chiron 6, 1976, S. 165–184. In meiner Veröffentlichung über die Suburbanen Thermen von Herculaneum habe ich die Vermutung ausgesprochen, die Wohnung der Balbi sei das Haus mit dem Telephosrelief gewesen und die angrenzenden Suburbanen Thermen hätten ursprünglich zum Haus gehört und seien dann von der Familie der Stadt geschenkt worden: U. Pappalardo, Die Suburbanen Thermen von Herkulaneum, Antike Welt 30, 3, 1999, S. 209–218, Abb. 1–34.

15 *Duumviri* oder *duoviri* („Zweimänner") waren die höchsten städtischen Beamte, entsprechend den Konsuln in Rom (Anm. d. Hrsg.).

16 Die *decuriones* waren die Mitglieder des örtlichen Stadtrates, vergleichbar mit den Senatoren in Rom (Anm. d. Hrsg.).

17 Die *tribus* war der Wahl- oder Stimmbezirk, in den jeder römische Bürger eingeschrieben sein mußte (Anm. d. Hrsg.).

18 Die gymnischen Wettbewerbe umfaßten diejenigen Sportarten, bei denen die Athleten ursprünglich nackt antraten (gymnos = nackt). Zu den Wettkämpfen gehörten Laufwettbewerbe, Pentathlon (der antike Fünfkampf), sowie Faust- und Ringkämpfe (Anm. d. Hrsg.).

19 A. Maiuri, Un decreto onorario di M. Nonio scoperto recentemente ad Ercolano, Rendiconti Accademia d'Italia, Serie 7, Bd. 8, 1942, S. 1–26, Abb. 1 und 2; L. Schumacher, Das Ehrendekret für M. Nonius Balbus aus Herculaneum, Chiron 6, 1976, S. 165–184; G. Guadagno, Supplemento epigrafico ercolanese, pars I, Cronache Ercolanesi 8, 1978, S. 132–155, besonders, S. 144–147, insbesondere Nr. 50 auf S. 152.

20 Nach der Meinung anderer weist der Altar nur auf den Ort der Einäscherung (*ustrinum*) hin, während die Asche in das anderswo befindliche Familiengrab überführt wurde: B. Frischer, Monumenta et arae honoris virtutisque causa. Evidence of Memorials for Roman Civic Heroes, Bullettino Commissione Archeologica Comunale 88, 1982–83, S. 51–86 (nur ein Gedächtnisaltar); L. Schumacher; a.a.O. S. 173–174 (in die *Insula Orientalis* II von Herculaneum überführt); M. Pagano, La nuova pianta della città e alcuni edifici pubblici di Ercolano, Cronache Ercolanesi 26, 1996, S. 229–248, besonders S. 236 mit Anm. 41 (ins Familiengrab in Nuceria überführt). Ich persönlich vermute, daß die gläserne Urne, welche die länglichen Knochen (*ossilegium*) und vielleicht auch einige Schmuckstücke enthielt, sich in Herculaneum unter dem Sockel der Statue befinden kann.

21 Über den Brauch der Einäscherung, die damit verbundenen rituellen Handlungen und die anthropologischen Aspekte vgl. G. Grevin, in: U. Pappalardo, Nuove testimonianze su Marco Nonio Balbo ad Ercolano, Mitteilungen des Deutschen Archäologischen Instituts, Rom 104, 1997, S. 285–297.

22 A. Maiuri, Fanciullo Erote da Ercolano, Le Arti 1943, S.175ff.; Lucia Scartozza, Genio funerario e non erote da Ercolano, in: Mathesis kai philía. Miscellanea di Studi in onore di Marcello Gigante (1995) S. 223–237.

23 Vgl. U. Pappalardo, Enciclopedia dell'Arte Antica (Treccani), s.v. „Ercolano" Suppl. 2 (1994) S. 484–489, besonders S. 486 mit Abb. 547 und Farbtafel.

24 Über den Typ: K. Stemmer, Untersuchungen zur Typologie, Chronologie und Ikonographie der Panzerstatuen, Archäologische Forschungen, Bd. 4 (1978). Die Statue aus Herculaneum bildet ideologisch gesehen eine Entsprechung zu der pompeijanischen des Marcus Holconius Rufus: P. Zanker, Das Bildnis des M. Holconius Rufus, Archäologischer Anzeiger 1981, S. 349–361.

25 U. Pappalardo, Héraklès à Herculaneum, Mélanges de l'Ecole Francaise de Rome 113, 2, 2001, S. 925–945.

26 Diese „Verjüngung" des Verstorbenen hat eine überraschende Analogie mit dem Bildnis des Augustus Pontifex der Via Labicana, wo Augustus als etwa Dreißigjähriger dargestellt wird, während er in Wirklichkeit schon über 70 war: L. Curtius, Römische Mitteilungen 47, 1932, S. 246ff.; H. G. Niemeyer, Studien zur statuarischen Darstellung der römischen Kaiser, Monumenta Artis Romanae 7 (1968) S. 45ff.; E. Simon, Augustus. Kunst und Leben in Rom um die Zeitenwende (1986) S. 64.

27 P. Zanker, Zur Bildnisrepräsentation führender Männer, in: Les bourgeoisies municipales italiennes (1983) besonders S. 260–263 (Kap. 4: Die Statuen des M. Nonius Balbus und seiner Familie), Abb. 29–33 (der Schmuck des Altars und der Statue stammt nach dieser Datierung aus der Zeit des Augustus).

28 Plinius, *Naturalis historia* 35,5: *Epicurios voltus per cubicula gestant et circumferunt secum. Natali eius sacrificant, ferias omni mense custodiunt vicesima luna* .... Man vergleiche die Samnitische Palaestra in Pompeji: auf der Basis stand an einer Säule der Südseite eine römische Marmorkopie des „Doryphoros", des berühmten Meisterwerks des griechischen Bildhauers Polyklet. Die Stufen hinter der Basis könnten ein indirektes Zeugnis dafür sein, daß die jungen Athleten hochstiegen, um Kränze auf das Haupt der Statue zu legen: Doryphoros da Stabia, in: Atti del Convegno Internazionale Stabiae. Storia e Architettura. 250. Wiederkehr der Ausgrabungen von Stabiae 1749–1999 (2002) S. 167–69, Abb. 1–6.

29 M. Pagano, Iscrizione della statua di Marco Nonio Balbo posta davanti alle Terme suburbane, Rivista Studi Pompeiani 2, 1988, S. 238f. mit Abb. 95.

30 Vergil, Aeneis VI, 212–235. Deutsche Übersetzung nach W. Hertzberg bearbeitet von E. Gottwein.

31 Lucius Cornelius Sisenna (1. Hälfte des 1. Jh. v.Chr.) 4, Fragment 53: *oppidum tumulo in excelso loco propter mare, parvis moenibus, inter duos fluvios infra Vesuvium conlocatum.* Vgl. U. Pappalardo, L'eruzione pliniana del Vesuvio nel 79 d.C.: Ercolano, in: C. Arbore-Livadie – F. Widemann (Hrsg.), Volcanology and Archaeology, PACT 25 (1990) S. 197–215.

32 Museo Archeologico Neapel, Inv. Nr. 73152 und 73153: Th. Schäfer, Le sellae curules del teatro di Ercolano, Cronache Ercolanesi 9, 1979, S. 143–151; Th. Schäfer, Imperii signa. Sella Curulis und Fasces (1989) S. 133, Abb. 14, 1–2; 15,1.

33 H. Wrede, Consecratio in formam deorum. Vergöttlichte Personen Privatpersonen in der römischen Kaiserzeit (1981).

Dieter Richter

Herculaneum im Norden. Die Ausgrabungen als europäisches Ereignis

Im April 1740 kommt der Frankfurter Kammerrat Johann Caspar Goethe, der Vater des Weimarer Dichters, auf seiner „Grand Tour" durch Italien auch nach Neapel. Nachdem er das klassische Besichtigungsprogramm absolviert hat, möchte er sich nun auch noch mit eigenen Augen davon überzeugen, ob die ihm in Deutschland zu Ohren gekommenen Nachrichten über ein neues, spektakuläres Ereignis tatsächlich zutreffen: Es ist „die berühmte Entdeckung der unterirdischen Stadt Herkulaneum [...] an die so viele Leute nicht glauben mögen." Er fährt nach Portici, besucht den Ort der Ausgrabungen und kann anschließend seinem Briefpartner versichern, „daß es sich bei dieser Unternehmung keineswegs um eine Erdichtung handelt, sondern daß sie wahr und wirklich ist."[1]

Die Tatsache, daß man – nur anderthalb Jahre nach Beginn der offiziellen Ausgrabungen von Herculaneum (Oktober 1738) – im Ausland an der Wahrheit dieses Ereignisses zweifeln konnte, ist heute vielleicht weniger erstaunlich als eine andere: die Schnelligkeit und Intensität, mit der sich die Nachrichten darüber in Europa verbreiteten und die Ausgrabungen am Golf von Neapel zu einem „internationalen" Ereignis erster Ordnung machten.

Abb. 1: Der Liebesmarkt. Tafelaufsatz von Christian Gottfried Jüchtzer, Königlich Sächsische Porzellan-Manufaktur Meißen (Kat. 9.11).

Die Nachricht einer außerordentlichen Entdeckung

Eine wichtige Rolle bei der Nachrichtenübermittlung kam dabei dem damals aufblühenden Pressewesen zu. So informiert beispielsweise der „Hamburgische Correspondent" – eine der meistgelesenen Zeitungen in den deutschen Ländern – seine Leser bereits im Dezember 1738 über die ersten Funde bei Portici.[2] Im Januar 1739 – erst vier Wochen zuvor hatte man vor Ort jene Inschrift gefunden, die die präzise Lokalisierung „Herculaneum" ermöglichte – teilt die Zeitung die Vermutung mit, daß „das zu der alten Römer Zeiten hochberühmte [...] Herculanum [...] allda gestanden";[3] und auch in der Folgezeit finden sich immer wieder mehr oder weniger detaillierte Hinweise auf den Fortgang der Ausgrabungen. „Ich habe gesehen, was noch in keiner Geschichte geschrieben stehet, die Stadt Heraclea," heißt es in einem abgedruckten Augenzeugenbericht. „Ich habe alles gesehen, was zu der Zeit, da der Auswurf des Berges geschehen, zum Essen zubereitet war, als Brod, Käse, Wein etc., alles noch sehr frisch; ferner Geräthschaft, irdene Gefäße, verschiedene Instrumenta..."[4] Die Begeisterung mochte dabei in einzelnen Fällen mit den Berichterstattern durchgehen („sehr frisch" waren die organischen Funde nun wirklich nicht) – insgesamt informieren die Korrespondentenberichte den Leser in groben Zügen doch recht getreu.

Nachricht
von der
am Fuß des Berges Vesuvius
entdekten
unterirdischen Stadt
Herculaneum.

Aus dem Französischen übersezt
und
mit einem Vorbericht begleitet
von
Johann Peter Eberhard.

Erfurt und Leipzig,
en bey Johann Friedrich Webern,
Universitäts-Buchhändlern. 1749.

Abb. 2: Titelblatt der deutschen Übersetzung von „Mémoire historique et critique sur la ville souterraine découverte au pied du Mont Vésuve".

Ein anderes Medium, über das sich die Nachrichten von den Ausgrabungen in Europa verbreiteten, waren Reisebeschreibungen – in der 2. Hälfte des 18. Jh. eine Lieblingslektüre des gebildeten Publikums. So besuchte beispielsweise der französische Präsident Charles de Brosses bereits 1739 während seiner „Grand Tour" die Ausgrabungen und berichtet anschließend in seinen „Lettres" über „dieses so einzigartige und staunenswürdige Ereignis [...] von dem ich Ihnen berichten kann, nachdem ich es mit eigenen Augen gesehen habe."[5] Das Insistieren auf Augenzeugenschaft, typisch ohnehin für die Gattung der Reisebeschreibung, gab den zahlreich kursierenden Berichten einen besonderen Reiz.[6]

Schon ein Jahrzehnt nach dem Beginn der Ausgrabungen war es daher für das europäische Publikum möglich, sich ein ungefähres Bild von den Ereignissen zu machen – und dies trotz der „monopolistischen" Antiken-Politik des neapolitanischen Königs Karls III. von Bourbon, der nicht nur den Zugang zu den Funden eifersüchtig unter Kontrolle hielt, sondern sich auch deren (modern gesprochen) „mediale Verwertung" vorbehalten hatte. Das 1758 eröffnete „Museum Herculanense" im königlichen Schloß zu Portici (in dem die Funde auch bereits vorher aufgestellt waren) war Besuchern nur nach persönlicher Genehmigung des Premierministers Bernardo Tanucci zugänglich; außerdem war es ihnen untersagt, sich dort Aufzeichnungen zu machen – was nicht nur der deutsche Altertumsforscher Johann Joachim Winckelmann zu spüren bekam. Denn die Veröffentlichung der Funde – für die Bourbonen eine prestigeträchtige Trumpfkarte in der Konkurrenz der europäischen Dynastien – sollte exklusiv durch die vom König 1755 gegründete „Accademia Ercolanese" erfolgen. Allerdings verfehlte diese Politik, die bei Reisenden und auswärtigen Gelehrten immer wieder auf Kritik stieß (eine „hunnische, eines Attila würdige Verfahrensart", geißelt sie Johann Wilhelm von Archenholtz[7]) ihr Ziel. Zu spektakulär waren die Ereignisse, zu weit entwickelt waren bereits die Informationskanäle und -medien der bürgerlichen Gesellschaft, als daß absolutistische Geheimhaltungspolitik noch hätte Erfolg haben können.

Neben Presseberichten und Reisebeschreibungen kursierten bald auch gelehrte Werke über die Ereignisse in Europa. Für eine frühe internationale Verbreitung der Nachrichten und die Nennung erster wichtiger Funde sorgte ein kleines Werk, das unter dem Titel „Mémoire historique et critique sur la ville souterraine découverte au pied du Mont Vésuve" 1748 anonym in Paris erschien und sogleich ins Italienische (1749), ins Deutsche (1749) (Abb. 2) und ins Englische (1750) übersetzt wurde. Der Verfasser war vermutlich der damalige französische Botschafter am Hof von Neapel, Marquis L'Hospital.[8] „Diese wunderswürdige Sammlung von Alterthümern wird weit größer und vollständiger werden, so wie die Arbeit fortgehen wird", heißt es prophetisch am Schluß des Bändchens.[9]

Sogleich in deutscher (1749) und in englischer Übersetzung (1750) erschien auch der Bericht über die Ausgrabungen, den Marcello Venuti, Antiquar am neapolitanischen Hof, 1749 publiziert hatte, aus gutem Grund nicht in Neapel, sondern in Venedig. Die Indiskretion trug Venuti zwar die Ungnade des Königs ein, aber die Veröffentlichung ließ sich nicht rückgängig machen.

Im Zeitalter des Kupferstichs bot sich darüber hinaus die Möglichkeit, dem Publikum die Neuigkeiten aus dem Süden auch visuell zu präsentieren. Das Bild der 1746 aufgefundenen Reiterstatue des Marcus Nonius Balbus war bereits als Klapptafel in den (ebenfalls anonym erschienenen) „Notizie del memorabile scoprimento dell'antica città Ercolano" des Florentiner Antiquars Francesco Gori zu bewundern (Florenz 1748), und auch dieses Werk wurde sogleich ins Deutsche (1749) und ins Englische übersetzt (1750). Reicher illustriert waren dann bereits die „Observations sur les antiquités de la ville d'Herculanum", die 1754 in Paris und 1756 in London erschienen. Die Autoren, der Zeichner und Kupferstecher Charles Nicolas Cochin und der Architekt Jerôme Charles Bellicard, hatten sich während einer Italienreise 1750 über die Funde informiert und präsentierten in ihrem Werk 38 ganzseitige Kupfertafeln mit verschiedenen Gemälden, Statuen und Einrichtungsgegenständen, darunter auch die vielbewunderten Fresken „Theseus und Minotaurus", „Achill und Chiron" und „Hercules und Telephos" (Abb. 3). Auch um eine rudimentäre historische Einordnung der Funde bemühten sich die Autoren. „Die vornehmste Absicht dieses kleinen Werkes ist es" – so das Vorwort – „die Erinnerungen derjenigen aufzufrischen, die Italien besucht haben [...] und denjenigen einen schwachen Eindruck davon zu vermitteln, welche diese Reise nicht gemacht haben."[10]

Alles, was bis dahin publiziert worden war, wurde dann freilich in den Schatten gestellt, als 1757 die „Accademia Ercolanese" in Neapel den ersten, die

Abb. 3: Die erste Abbildung des berühmten Freskos von „Hercules und Telephos" in Cochin/Bellicards „Observations sur les antiquités de la ville d'Herculanum" (1754).

Abbildungen
der
Gemälde
und
Alterthümer,
welche seit 1738.
sowohl
in der verschütteten Stadt Herkulanum,
als auch in den umliegenden Gegenden
an das Licht gebracht worden,
nebst ihrer Erklärung,
von
Christoph Gottlieb von Murr.
Erster Theil 50 Kupfertafeln.
Nach den Original-Kupferstichen in Contorni,
verfertigt und herausgegeben
von
Georg Christoph Kilian,
Kunstverlegern,
der kaiserl. Franziscischen Akademie der Künste und Wissenschaften zu Augsburg Mitglied.
Mit Kaiserl. Franciscisch-akademischen Privilegium.
Augsburg, gedruckt bey Christian Deckardt. 1777.

Abb. 4: Titelblatt des von Christoph Gottlieb Murr herausgebenen Tafelwerks „Abbildungen der Gemälde und Alterthümer, welche seit 1738 sowohl in der verschütteten Stadt Herkulaneum als auch in den umliegenden Gegenden ans Licht gebracht wurden".

Gemälde behandelnden Band der „Antichità di Ercolano esposte" publizierte. Dieser war König Karl III. gewidmet, dessen Bemühungen um die Altertümer dazu beigetragen hätten, daß nun, so das Vorwort, die neapolitanische Nation sich in Europa „würdig unter die gebildetsten einreihen könne." Der prächtige, großformatige Band (eine der Meisterleistungen der Buchkunst des 18. Jh.) enthielt 50 sorgfältig gearbeitete Kupferstiche mit ausführlichen Erläuterungen im Text. Das Vorwort verriet nichts Neues, wenn es feststellte, daß dieses Werk mit Ungeduld von den Gelehrten erwartet würde, erfahre man doch daraus mehr als „alles, was man durch andere Quellen bislang von der Malerei der Alten zu wissen bekam."[11]

Bis 1792 erschienen dann sieben weitere Bände der „Antichità di Ercolano esposte": das vollständigste Kompendium von Kunst und Kunsthandwerk der Antike, das es gab. Es vermittelte dem Betrachter das Bild einer heiteren, verspielten Antike, dominiert von schwebenden Genien, Putten, Satyrn, erotischen Kompositionen und dekorativen Elementen: ein Bild, das sich ebenso zum Geschmack des zeitgenössischen Rokoko wie dem des neuentstehenden Klassizismus fügte. Die kostbaren Bände wurden in der Königlichen Druckerei gedruckt und waren ausschließlich als Geschenk aus der Hand des Königs erhältlich. Unter der Regentschaft seines Nachfolgers, Ferdinand IV., und zu dessen Verärgerung, erschien in Rom ein Raubdruck in Kleinformat, dessen Einfuhr ins Königreich untersagt wurde.[12] Und in Deutschland kam, „weil die wenigsten Gelehrten [...] im Stande sind, es sich anzuschaffen" (so der Herausgeber Christoph Gottlieb von Murr 1778), das Tafelwerk kostengünstig bei einem Augsburger Kunstverleger heraus (Abb. 4) – mit sehr bescheidenen Umrißzeichnungen allerdings, die freilich die Wirkung der Bände als Vorlagenwerk für Künstler und Handwerker nicht schmälerten.[13]

Winckelmann und die „Herkulanerinnen"

Während in Neapel der 3. Band der „Antichità di Ercolano esposte" gedruckt wurde (1762), erschien in Dresden eine kleine Schrift, die ebenfalls rasch ins Französische (1764) und ins Englische (1771) übersetzt wurde und durch den Namen ihres Verfassers und die kritische Berichterstattung für Aufsehen sorgte: Johann Joachim Winckelmanns erstes „Sendschreiben von den Herculanischen Entdeckungen". Winckelmanns erste Begegnung mit den Funden aus Herculaneum hatte bereits vor seiner Übersiedlung nach Rom stattgefunden: im Dresdner Antikensaal. Dorthin waren 1736 die drei Frauenstatuen gekommen, die der lothringische Offizier Emanuel d´Elboeuf während der österreichischen Besetzung Neapels 1709/10 bei Portici ausgegraben und dem Prinzen Eugen in Wien zum Geschenk gemacht hatte. Daß die drei vielbewunderten „Vestalinnen" (wie man sie nannte) aus dem Theater von Herculaneum stammten, wußte man damals noch nicht. In seinen „Gedanken über die Nachahmung der griechischen Werke in der Malerei und Bildhauerkunst" (1755) zeigt sich Winckelmann bezaubert von der Schönheit „dieser drei göttlichen Stücke" und entwickelt an der Beschreibung ihres Gewandwurfs eines der weiterwirkenden Schlüsselwörter der deutschen Griechenbegeisterung: seine Auffassung von der „edlen Einfalt und stillen Größe" der griechischen Kunst.[14]

Im Frühjahr 1758 besuchte er dann zum ersten Mal Neapel, „eine volkreiche Stadt von bösen Menschen"[15], und sparte auch nicht mit scharfzüngiger Kritik an den Ausgräbern und den Gelehrten der Herkulanensischen Akademie (deren Mitglied er vergebens zu werden hoffte). Das brachte ihm bei späteren Besuchen Schwierigkeiten und einen Racheakt besonders pikanter Art ein: Der im Dienst des Monarchen tätige Maler Giovanni Battista Casanova übersandte Winckelmann mehrere angeblich antike Wandmalereien, darunter eine „Zeus und Ganymed"-Darstellung, von der Winckelmann in seiner „Geschichte der Kunst des Altertums" dann begeistert schrieb, es handele sich „ohne Zweifel [um] eine der allerschönsten Figuren, die aus dem Altertume übrig sind."[16] In Wahrheit handelte es sich um eine Fälschung von Anton Raphael Mengs, mit der man den berühmten Gelehrten hereingelegt hatte. Seiner Wirkung tat das allerdings keinen Abbruch. Vor allem in den deutschen Ländern beflügelten fortan Winckelmanns Arbeiten die Begeisterung für die Ausgrabungen am Golf von Neapel und die „Kunst der Alten", wie die Schriften von Lessing, Herder, Goethe oder August Wilhelm Schlegel zeigen.

Die Schatten der Vergangenheit. Archäologischer Abenteuertourismus

Es wundert nicht, daß das Bekanntwerden der außerordentlichen Nachrichten aus dem Süden bei vielen die Neugier weckte, selbst Augenzeuge der Ereignisse zu werden. In der Tat gehörte ab den 1760er Jahren ein Besuch der Ausgrabungsstätten zu den festen Programmpunkten eines Aufenthalts in Neapel. Im Mittelpunkt des Interesses der Fremden stand in Herculaneum dabei das unterirdische Theater. „Jammerschade, daß die Ausgrabungen nicht durch deutsche Bergleute recht planmäßig geschehen", klagt Goethe (als Weimarer Minister auch zuständig für das Bergwerkswesen im Herzogtum) während seines Besuchs im März 1787.[17] Auch andere auswärtige Besucher mokierten sich gern über den angeblichen Dilettantismus der Arbeiten. Mit Fackeln bewaffnet stieg man über eine schlüpfrige Treppe in die engen Stollen hinab. Viel zu sehen gab es dort unten nicht (Marmorverkleidung und Statuen waren entfernt und, sofern nicht verstreut, ins Museum nach Portici geschafft worden), der Reiz bestand aber darin, daß man sich schaudernd dem Gefühl hingeben konnte, in die geheimnisvollen Tiefen der Vergangenheit einzudringen. „Es ist eine wirkliche Hinabfahrt ins Reich der Schatten, und man glaubt, die alten Römer herumgehen zu sehen", notiert der Dichter Wilhelm Heinse in seinem Reisejournal (1782).[18] Tausende von Besuchern (die meisten von ihnen Engländer, damals die umtrie-

Abb. 5: Graffiti mit Namen von Besuchern an den Stollen des unterirdischen Theaters.

bigste unter den Reisenationen) haben ihre Namen an den Wänden des Theaters hinterlassen, wo sie die feuchte Luft bis heute konserviert hat (Abb. 5). Wenigstens Grundrisse und plastische Simulationen des Theaters bekam man in dem monumentalen Tafelwerk „Il teatro d´Ercolano" (1783) von Francesco Piranesi zu sehen; wie der Kupferstecher – gegen das königliche Publikationsverbot – zu den Vorlagen zu den Tafeln gekommen war, bleibt ein Rätsel.

Betrachtete die königliche Verwaltung auswärtige Besucher zunächst eher mit Ablehnung (Lady Mary Montagu beispielsweise gelang es 1740 auch nach einer Wartezeit von acht Tagen nicht, die königliche Erlaubnis zum Besuch des Theaters zu erhalten),[19] so scheint man seit den 1770er Jahren dem archäologischen Abenteuer-

Abb. 6: Carl Blechen, „Resina", 1829. Die Sepiazeichnung zeigt das Dorf Resina von der Küstenstraße aus gesehen.

tourismus sogar entgegengekommen zu sein. Um Besuchern den Zugang zu erleichtern, wurde die Rampe am Eingang des Theaters erweitert, und in einer der wöchentlich vom Grabungsleiter Alcubierre an den Minister Tanucci abgeschickten Grabungsberichte findet sich die Bemerkung: „Am Theater von Herculaneum gehen die Arbeiten weiter, um einige Grotten zur Bequemlichkeit derjenigen herzurichten, die hier herunterkommen, um es zu besichtigen."[20] Worin die „Bequemlichkeit" (comodo) für die Touristen im einzelnen bestand, wird nicht gesagt.

Außerhalb des Theaters gab es für Besucher in Herculaneum wenig zu entdecken. Schließlich lagen die antiken Ruinen etwa 20 Meter unter dem Boden, „wo selbst die feurigste Einbildungskraft vergebens arbeitet, sich eine römische Stadt mit ihren Gebäuden vorzustellen", so der Hamburger Domherr Friedrich Meyer bei seinem Besuch 1783.[21] Anders als das „oberirdische" Pompeji, das ab der 2. Hälfte des 18. Jh. mehr und mehr in den Mittelpunkt des Besucherinteresses rückte, wurde daher Herculaneum auch kaum ein Gegenstand für Maler und Zeichner (Abb. 6).

Zu den Besuchern von Herculaneum gehörten nicht nur „Grandtouristen" im engeren Sinn. Da die Ausgrabungen „Staatsangelegenheit" waren und den ganzen Stolz des Königs und der Königin bildeten, wurden sie mit Vorliebe auch Diplomaten, fürstlichen Persönlichkeiten oder Staatsgästen präsentiert, so z.B. Kaiser Joseph II., dem Bruder der neapolitanischen Königin Maria Carolina, während seines Staatsbesuchs im April 1769.

Besucher, die nicht nur an Abenteuern, sondern an den antiken Funden interessiert waren, kamen im „Real Museo" in Portici auf ihre Kosten. König Karl III. hatte sich dieses Schloß 1738 als Sommersitz vor den Toren der Stadt errichten lassen und bestückte es mit den in Herculaneum und Pompeji gefundenen Schätzen. Wer dieses „A und O aller Antiquitätensammlungen" (Goethe)[22] sehen wollte, brauchte, wie bereits erwähnt, eine ministerielle Genehmigung. Daß trotz dieser Einschränkung das Museum bereits in den 1760er Jahren ein Besuchermagnet erster Ordnung gewesen sein muß, zeigt ein Schreiben von Annibale Paderni, dem Stellvertretenden Direktor, an Minister Bernardo Tanucci, in dem er sich bitter darüber beklagt, daß er manchmal des Besucherandrangs kaum Herr werden könne und sogar von ungeduldigen und unernsthaften Besuchern regelrecht angepöbelt werde:

„Es kommt häufiger vor (so wie es mir auch jüngst geschehen), daß, während ich damit beschäftigt bin, Ausländern zu Diensten zu sein, die ich aus verschiedenen Gründen, vor allem aber wegen ihrer Zahl nicht aus den Augen lassen darf, bereits neue ankommen und meistens in Gruppen, die das Museum aus keinem anderen Grund sehen wollen als um es eben zu sehen. Ihre Disziplinlosigkeit (indiscretezza), die sie nicht still abwarten oder umkehren läßt (wozu ich sie frank und frei aufzufordern gezwungen bin) führt dazu, daß ich mir impertinente Beschwerden (lagnanze impertinenti) und Drohungen mit schlimmen und unziemlichen Redewendungen anhören muß, und kamen jene Personen auch ohne irgend einen Bezug zum Museum." [23]

Fünf Jahre später ließ Tanucci, im Anschluß an eine tätliche Auseinandersetzung des Museumsdirektors mit einem englischen Touristen, das Museum sogar für einige Zeit schließen.[24]

Heidnische Sinnlichkeit

Natürlich hatte sich in Europa auch schnell herumgesprochen, daß man in den vom Vesuv verschütteten Städten Darstellungen ganz besonderer Art gefunden hatte: „Pikanterien", die alles in den Schatten stellen würden, von dem man bisher gehört habe. Einer der aufsehenerregendsten Funde kam 1752 aus der Villa dei Papiri ans Licht: die Marmorstatue „Pan und Ziege". Marquis de Sade, der sie 1776 in Portici gesehen hat (und sie später in einer Szene seines Romans „Justine e Juliette" auftauchen läßt) nennt sie „das ausgezeichnetste Stück dieser ganzen so zahlreichen Sammlung", rühmt die Lebhaftigkeit und die Ausdruckskraft der Darstellung und fügt hinzu: „Aber man erlaubt der Welt nicht, sich ein Urteil darüber zu bilden."[25] Denn der König hatte die Skulptur sogleich wegschließen lassen; zusammen mit anderen, später gefundenen „lasziven" Objekten und erotischen Malereien, wurde sie Bestandteil des königlichen Geheimkabinetts, „Gabinetto segreto" oder „Gabinetto degli oggetti osceni", „Kabinett der obszönen Gegenstände" genannt. Aber natürlich gab es Mittel und Wege, die „unzüchtige Figur" (Winckelmann) auch ohne ausdrückliche königliche Erlaubnis zu Gesicht zu bekommen: Winckelmann gelang es, nachdem er „die Vertraulichkeit des Aufsehers erworben hatte"[26] (also wohl mithilfe eines entsprechenden Bestechungsgeldes).

Die Praxis der Sekretierung der Erotica in einem „Geheimkabinett" wurde auch nach der Verlegung des

Museums aus Portici nach Neapel zu Beginn des 19. Jh. beibehalten und, nach einem kurzzeitigen Intermezzo unter Garibaldi 1860, auch nach dem Ende der Bourbonenherrschaft fortgeführt; erst seit dem Frühjahr 2000 sind die einschlägigen Objekte den Besuchern des Nationalmuseums quasi frei zugänglich. Diese Zensurpolitik hat nicht wenig dazu beigetragen, die Vorstellung von der angeblichen „Schamlosigkeit" und „Lasterhaftigkeit" des Lebens in den antiken Städten anzuheizen: eine Idee, wie sie die Malerei des Orientalismus ebenso wie die historische Erzählliteratur durchdringt (man denke an Bulwer-Lyttons Roman „Die letzten Tage von Pompeji" oder, in „positiver" Färbung, an Théophil Gautiers Novelle „Arria Marcella"). Zugleich verband sich bei auswärtigen Besuchern damit oft die Vorstellung vom Weiterleben heidnischer, „antikischer" Sinnlichkeit unter den derzeitigen Bewohnern Neapels: ein Klischee, das das Image der Stadt bis ins 20. Jh. nachhaltig bestimmte.

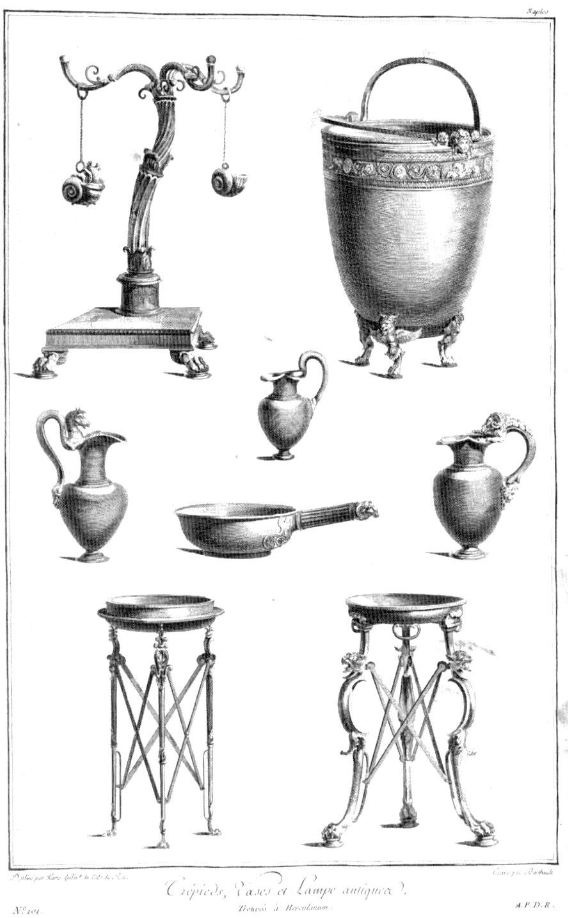

Abb. 7: Abbildungen wie diese (aus „Voyage pittoresque", 1782) wurden vielfältig als Vorlagen genutzt.

Die Wiege des europäischen Klassizismus

Vorbereitet auf diese Weise von Publikationen verschiedenster Art und unter den Augen von Generationen von Reisenden erlangten die Ausgrabungen von Herculaneum (und später Pompeji) ihre größte Bedeutung in ihrem Einfluß auf die Ausbildung eines neuen Stils, der sich in der 2. Hälfte des 18. Jh. in fast allen Bereichen der Kunst, des Kunsthandwerks und der Mode durchzusetzen begann: des europäischen Klassizismus. Hatte der konservative Johann Caspar Goethe bei seinem Besuch in Herculaneum 1740 noch den „heidnischen und phantastischen Geschmack" der Wandmalereien kritisiert,[27] so wird gerade dieses „Heidnische", nämlich der Rückgriff auf die Antike, zur Leitidee, in dessen Zeichen sich die Abkehr vom „barocken Muschelwesen" (Goethe) und die Hinwendung zu einer neuen Ästhetik vollzieht. Die Tatsache, daß diese Antike jetzt nicht mehr nur, wie in der Renaissance, an einzelnen spektakulären Objekten (man denke an den Fund der Laokoon-Gruppe[28] oder an die *domus aurea*[29] in Rom) zutage trat, sondern sich in zwei im Augenblick ihres Untergangs „lebendigen" Städten präsentierte, gab dieser Wiederentdeckung des Altertums ihren besonderen Charakter. Hatte man dort nicht neben den „großen" Wandmalereien, den Marmor- und Bronzeskulpturen auch eine Fülle von alltäglichen Gebrauchsgegenständen gefunden? Kein Wunder, daß es neben der Malerei, der Skulptur und der Architektur vor allem das Kunsthandwerk war, in dessen Formensprache sich die neue Orientierung am „Geschmack der Alten" ausdrücken sollte (Abb. 7). „Alle Goldschmiede, Juweliere, Maler von Kutschen und Sopraporten [= Türdekorationen], Tapezierer und Ornamentisten brauchen dieses Buch", schreibt Abbé Galiani, neapolitanischer Botschaftssekretär in Paris, nach Erscheinen des 4. Bandes der „Antichità di Ercolano esposte" an Minister Tanucci. „Weiß denn Eure Exzellenz nicht, daß man heute alles à la grecque machen muß, was ja nichts anderes bedeutet als à la Herculanum." [30]

„A la grecque": Das war die recht ungenaue Bezeichnung für einen Stil, der von Süditalien, der „Magna Graecia" aus, Europa eroberte, wobei neben den „Antichità di Ercolano esposte" und deren Nachfolgepublikationen vor allem die beiden Tafelwerke mit den Vasensammlungen von Sir William Hamilton eine große Rolle spielten, auch sie aus Funden in Kampanien zusammengekommen.[31] Auch vom „etrurischen" Stil (nach dem vermeintlichen Einfluß der Etrusker) sprach man; später setzte sich gegen „herkulanisch" eher „pompejanisch" durch: alles relativ undifferenzierte Etikettierungen, um Nachahmungen, Nachgestaltungen oder freie Nachempfindungen antiker Motive zu bezeichnen. In jedem Fall liegen die Wurzeln des europäischen (Neo-)Klassizismus, der Griechenbegeisterung und der Antike-Verehrung der Zeit um 1800 in den Ausgrabungen am Golf von Neapel. Einige wenige Beispiele für die Aufnahme antiker Motive in der europäischen Kultur- und Kunstgeschichte sollen im folgenden aufgezählt werden.

Abb. 8: Kopie der „Großen Herkulanerin" von Christian Gottfried Jüchtzer, Königlich Sächsische Porzellan-Manufaktur Meißen (Kat. 9.14).

Abb. 9: Spiegellünette im Musikzimmer von Schloß Wörlitz: Chiron lehrt Achill das Spiel auf der Kithara, um 1773.

Genien, Liebesgötter und andere „Herculanensia"

Zu den reizvollsten Exempeln „herculanischer" Antiken-Rezeption gehört zweifellos die Porzellankunst, wobei die Übernahmen sowohl die Formen wie das Dekor betreffen. Daß die von Karl III. gegründete Königliche Porzellan-Manufaktur Capodimonte bei Neapel reichen Gebrauch von den antiken Formen und Motiven machte, wundert nicht; neben mehreren anderen antikisierenden Tafelgeschirren wurde dort 1782 ein Prunkstück besonderer Art produziert: ein 24-teiliges „Servizio Ercolanese" mit unterschiedlichen Dekor-Motiven nach den antiken Fundstücken. Die Manufakturen in den deutschen Ländern griffen die Antiken-Mode begeistert auf. Neben der Königlichen Porzellan-Manufaktur in Berlin ist dabei vor allem diejenige in

Meißen zu nennen; dort schuf Christian Gottfried Jüchtzer u.a. seine bestechenden Reproduktionen der Dresdner „Herkulanerinnen“ (Abb. 8) und (nach einem Motiv aus den „Antichità di Ercolano esposte“) der „Drei Grazien“.

Auf dem Feld der Kunstkeramik ist vor allem Josiah Wedgwood in England hervorzuheben. In seinem Laboratorium mit dem bezeichnenden Namen „Etruria“ experimentierte er mit neuen Brennverfahren, um den Charakter antiker Vasen so perfekt wie möglich zu reproduzieren. Seine als „Jasper Ware“ berühmt gewordene himmelblaue Keramik greift neben Motiven aus den „Antichità di Ercolano esposte“ vor allem solche aus den Hamilton'schen Vasensammlungen auf.

Einflußreich wurde Herculaneum auch im Bereich der Möbel und der dekorativen Kleinplastik. So nehmen Karl Friedrich Schinkels Sessel-Entwürfe das „herculanische“ Motiv der stützenden Sphingen auf. Auch in sein Vorlagenwerk „Vorbilder für Fabrikanten und Handwerker“ (1821) hat er mehrere Entwürfe nach Mustern aus den „Antichità di Ercolano esposte“ aufgenommen.

Zu einer regelrechten Interieur-Mode wurden, ausgehend von Paris, in der 2. Hälfte des 18. Jh. die „herculanischen“ Dreifüße (Tripoden), in Frankreich auch unter dem gräzisierenden Namen „Athéniennes“ bekannt geworden. In unterschiedlichen Größen, aus unterschiedlichen Materialien gefertigt und oben meist in einer Schale für Räucherwerk endend, sind sie heute in so gut wie jedem Kunstgewerbemuseum zu bewundern.

In der öffentlichen Wahrnehmung besonders präsent sind antikisierende Motive (in diesem Zusammenhang meist „pompejanisch“ genannt) auf dem Feld der Wanddekoration. In seiner Rezension von Wilhelm Zahns Tafelwerk „Die schönsten Ornamente und merkwürdigsten Gemälde aus Pompeji, Herculaneum und Stabia“, bemerkt Goethe im Hinblick auf die massenhafte Verbreitung antiker Wanddekorationen süffisant, daß wohl „nächstens kein echter Tünchermeister dieses Werk wird entbehren können.“[32] Goethe hatte schon sein Herbergszimmer in Neapel auf diese Weise „munter dekoriert“ vorgefunden[33] und hat später in seinem Aufsatz „Von Arabesken“ eine Lanze für diese spielerisch-heitere Gebrauchskunst gebrochen, die erst gegen Ende des 19. Jh. als „historistisch“ oder gar „kitschig“ in Ungnade fiel. Vor allem in fürstlichem Ambiente kommen „pompejanische“ Decken- und Wandmalereien in

Abb. 10: Vorlage für „Chiron lehrt Achill das Spiel auf der Kithara“ aus den "Antichità di Ercolano esposte", Bd. I (1757) Tafel 8.

Abb. 11: Aus dem „Idyllen"- Zyklus des Oldenburger Schlosses von Johann Heinrich Wilhelm Tischbein.

den deutschen Ländern ab den 1770er Jahren in Mode. Frühe, eindrucksvolle Beispiele sind die Erdmannsdorff'schen Bauten in Wörlitz (Schloß, Flora-Tempel, Luisium, Villa Hamilton) (Abb. 9), mit aus den „Antichità di Ercolano esposte" (Abb. 10) und den Hamilton-Vasen übertragenen Motiven. Im Bereich des preußischen Klassizismus ragen Karl Friedrich Schinkels Entwürfe hervor (Neuer Pavillon, Schloß Charlottenhof, Römische Bäder, Humboldt-Schlößchen). In Württemberg erinnern Dekorationen in den Schlössern in Stuttgart und Ludwigsburg an den neuen Stil. Und in Bayern läßt der antikebegeisterte König Ludwig I. sogar ein ganzes pompejanisches Haus, die „Villa des Castor und Pollux" im Park seines Schlosses in Aschaffenburg nachbauen (Pompejanum).

Einzelne Motive – bezeichnenderweise meist heiter-spielerischen Charakters – waren dabei besonders beliebt und lassen sich auf den verschiedensten Ebenen der Rezeption verfolgen. Das gilt zum Beispiel für die durch den ersten Band der „Antichità di Ercolano esposte" (Tafeln 17-28) populär gewordenen „Schwebenden Genien". Der Maler Johann Heinrich Wilhelm Tischbein hat sie in seinem Oldenburger „Idyllen"-Zyklus nachempfunden (Abb. 11); über Tischbein wurde Otto Philipp Runge damit bekannt, der das Motiv in seinem berühmten Hamburger Bild „Der Morgen" aufgreift. Vermutlich über Runge wurde wieder Erwin Speckter damit bekannt, der die „Genien" in „Tageszeiten" verwandelt und auf Holzintarsien im Haus des Hamburger Patriziers Karl Sieveking anbringt (heute Hamburg, Museum für Kunst und Gewerbe). Und natürlich tauchen die Genien als Motive der Wanddekoration (Wörlitz, Villa Hamilton; Potsdam, Marmorpalais und Schloß Charlottenhof) und der Porzellanmalerei auf (Capodimonte).

Ähnliche stilistische Diffusionen erlebte das Motiv des „Liebesmarktes", eine Frau darstellend, die aus einem Käfig kleine geflügelte Amoretten hervorholt („Antichità di Ercolano esposte", Bd. III, Tafel 7). Auch dieses Motiv erscheint in der Malerei (Joseph-Marie Vien), in der Plastik (Bertel Thorwaldsen) und im Kunstgewerbe (Abb. 1); außerdem haben ihm Goethe („Die Liebesgötter auf dem Markte") und Wilhelm Waiblinger („Erstlich sind die Liebesgötter...") erotische Gedichte gewidmet.

Nicht alles, was im Vorhergehenden angeführt wurde – und aus dem Bereich der Kulturgeschichte wäre mindestens noch die Mode des „Empire" und die antikisierende Grabkunst zu erwähnen – läßt sich im wörtlichen Sinn auf „Herculaneum" zurückführen. Bereits die „Antichità di Ercolano esposte" versammelten ja unter dem Namen „Herculaneum" auch die Funde aus anderen Grabungen am Golf von Neapel. „Herculaneum" wird eher zur Chiffre eines Stils – und eines Lebensstils – der die Zeitgenossen begeistert und mit dem sie Heiterkeit, Farbigkeit, Sinnlichkeit ebenso verbinden wie Klarheit, Transparenz und Humanität.

„Last Days": Die Literatur

Und schließlich die Literatur. Auf diesem Feld steht, was die Beliebtheit des Sujets der untergegangenen Städte betrifft, eindeutig Pompeji im Vordergrund – von Bulwer Lyttons „The Last Days of Pompeji" (1834) über Emily Holts „The Slave Girl of Pompeji" (1886) bis zu Robert Harris' „Pompeji"-Roman (2003). Denn anders als in Herculaneum hatte man in Pompeji eine Reihe von Skelettfunden gemacht, die die Phantasie der Zeitgenossen anregten und, als Geschichten in der Geschichte, belletristische „Weiterführungen" geradezu nahelegten. Das gilt für die Isis-Priester mit ihrem verzweifelten Versuch, sich aus dem Tempel ins Freie zu schlagen (in Bulwer-Lyttons „Letzten Tagen" erscheinen sie als finstere ägyptischen Bösewichte) oder für die Bewohner der „Villa des Diomedes" mit „Arria Marcella", der Frau mit dem legendären schönen Busen (der Heldin in Théophil Gautiers gleichnamiger Erzählung).

In Herculaneum war es hingegen der spektakuläre Fund der Papyrus-Rollen, der die Anregung zu einem internationalen Bestseller lieferte: Etienne François Lantiers „Voyage d´Antenor en Grèce et en Asie", ein mehrbändiger Reiseroman, der zunächst in Paris, in Übersetzung dann in London (1799) und in Hamburg erschien (1805). Im Vorwort behauptete der Verfasser keck, es sei ihm bei einem Besuch in Portici gelungen, ein Exemplar der verkohlten Papyrus-Rollen auszuleihen, zu entziffern und zu übersetzen. Und dieses Manuskript enthalte nichts weniger, als den autobiographischen Reisebericht des griechischen Bildhauers Antenor. Ob die Mystifikation vom zeitgenössischen Lesepublikum geglaubt wurde, muß offen bleiben; „Antenors Reisen durch Griechenland und Asien" wurde jedenfalls ein vielfach aufgelegter Roman. Ein halbes Jahrhundert später arbeitete ein anderer Erzähler mit dem gleichen Sensations-Muster: Danach habe ein mit der berühmten „Abwickelmaschine" des Padre Piaggio[34] geöffnetes halbverbranntes Manuskript eine sentimentale Freundschaftsnovelle ans Licht gebracht, nämlich die Erzählung „Le jeune enchanteur" („Der junge Zauberer", 1846); als Verfasser dieser literarischen Fiktion galt lange Zeit Charles Baudelaire.

Wenig Erfolg war einem englischen Vers-Melodram beschieden, das 13 Jahre vor Bulwer-Lyttons Roman herauskam und nicht nur im Titel an ihn erinnert: Edwin Atherstones „The Last Days of Herculaneum". Im Stil einer „gotischen" Schauergeschichte läßt der Autor die letzten Tage der Stadt Revue passieren, die dunklen Ahnungen, die ihre Bewohner beschleichen, die rührend-verzweifelten Versuche, sich zu retten, das schreckliche Ende:

„...Tis gone! Where late
The mighty city stood, no trace is left;
Its costly palaces, its splendid streets,
Its awful temples all are gone. Remains
A dark-hued plain alone [...]
Years, ages, centuries shall pass away
And none shall tell where once that city stood."[35]

Auch andere Herculaneum-Dichtungen fanden kaum Leser.[36] Denn nicht nur die Zukunft der „Vesuv-Belletristik", auch die öffentliche Aufmerksamkeit in Europa sollte im 19. und im 20. Jh. nicht mehr Herculaneum gehören, sondern Pompeji. Durch die dort großräumig vorangetriebenen Freilicht-Ausgrabungen der nur wenige Meter tief verschütteten Ruinen rückte Herculaneum, der Ort, der doch im 18. Jh. im Zentrum der Aufmerksamkeit gestanden hatte, mehr und mehr in den Schatten der großen Schwesterstadt. Mit den jüngsten Funden der über 300 Skelette von Flüchtlingen aus der Stadt, die in den Bootshäusern am Strand Rettung suchten, Funden, die die Archäologie für den interdisziplinären Brückenschlag zu Anthropologie und historischer Vulkanologie nutzte, tritt nun das Schicksal von Herculaneum und seiner Bewohner erneut in das hellere Licht der Aufmerksamkeit, des Studiums, der Anteilnahme.

Anmerkungen

1 J. C. Goethe, Reise durch Italien im Jahre 1740, übersetzt v. A. Meier (1986) S. 203, 205.

2 Hamburgischer Correspondent No. 207/1738 (30.12.1738).

3 A.a.O., No. 4/1739 (7.1.1739).

4 A.a.O., No. 132/1747 (23.8.1747). Für die Mithilfe bei den Recherchen danke ich Daniela Dethmann.

5 Ch. de Brosses, Lettres sur l´état actuel de la Ville souterrain d´Herculée et sur les causes de son ensevelissement sous les ruines du Vésuve (1750) S. 2.

6 Vgl. Ch. Grell, Herculaneum et Pompéi dans les récits des voyageurs francais du XVIIIe siècle (1982); Th. Fitzon, Reisen in das befremdliche Pompeji (2004).

7 F. Maier-Solgk (Hrsg.), Johann Wilhelm von Archenholtz. Rom und Neapel 1787 (1990) S. 251.

8 So A. F. Gori, Admiranda Antiquitatum Herculanensium, vol. II (1752) p. XVI. Nach anderen Hinweisen war der Sekretär der Botschaft, Mussinot D´Arthenay, der Verfasser.

9 Nachricht von der am Fus des Berges Vesuvius entdekten unterirdischen Stadt Herculaneum (1749) S. 48.

10 Ch. N. Cochin - J. Ch. Bellicard, Observations upon the Antiquities of the Town of Herculaneum (1756) p. IV.

11 Le Antichità di Ercolano esposte, vol. I (1757) Vorwort „An den König".

12 Raccolta d´Ordini del Governo del Regno di Sicilia, Napoli 1785–1805, Nr. 8 (15. 6. 1795).

13 Ch. G. von Murr, Abbildungen der Gemälde und Alterthümer, welche seit 1738 sowohl in der verschütteten Stadt Herkulanum als auch in den umliegenden Gegenden ans Licht gebracht wurden, 6 Bände (1777–1782), Zitat Bd. II, Vorwort.

14 L. Uhlig (Hrsg.), J. J. Winckelmann, Gedanken über die Nachahmung der griechischen Werke (1969) S. 16–20.

15 W. Rehm (Hrsg.), J. J. Winckelmann. Briefe, Bd. I (1952) S. 206.

16 J. J. Winckelmann, Geschichte der Kunst des Altertums (1993) S. 263.

17 Italienische Reise, 18. März 1787.

18 W. Heinse, Aufzeichnungen 1768–1783 (2003) S. 491.

19 M. Wortley Montagu, Letters (1992) S. 308f.

20 Staatsarchiv Neapel, Casa Reale Antica 1543/95 (16. 12. 1776).

21 F. J. L. Meyer, Darstellungen aus Italien (1792) S. 420.

22 Italienische Reise, 1. Juni 1787.

23 Staatsarchiv Neapel, Casa Reale Antica 1541/71 (Schreiben vom 8. Juni 1765).

24 C. Knight, Hamilton a Napoli (1990) S. 57.

25 D. A. F. de Sade, Voyage d´Italie (1995) S. 256.

26 J. J. Winckelmann, Sendschreiben von den Herculanischen Entdeckungen (1997) S. 89.

27 J. C. Goethe, a.a.O., S. 205.

28 Laokoon, Apollon- und Poseidonpriester im Trojanischen Krieg, warnt die Trojaner davor, das hölzerne Pferd in die Stadt zu ziehen. Unmittelbar nach dieser Warnung werden er und seine beiden Söhne von zwei Seeschlangen erwürgt. Die 1506 in Rom gefundene Laokoon-Gruppe befindet sich heute in den Vatikanischen Museen (Anm. d. Hrsg.).

29 Die *domus aurea* (das Goldene Haus) war eine gewaltige Palastanlage, die Kaiser Nero nach dem Brand von Rom im Jahre 64 n. Chr. erbauen ließ und die sich vom Palatin bis zum Esquilin hinzog. Reste dieser Anlage sind auf dem Esquilin-Hügel erhalten (Anm. d. Hrsg.).

30 Nach C. Knight, Sulle orme del Grand Tour (1995) S. 214.

31 Antiquités Etrusques, Grecques et Romaines, 4 voll. (1766/67); Collection of Engravings from Ancient Vases, 5 voll. (1793–1803).

32 Goethes Werke, Sophien-Ausgabe, 1. Abt., Bd. 49 (1898) S. 164.

33 Italienische Reise, 26. 2. 1787.

34 Ein von dem Mönch Antonio Piaggio im 18. Jh. entwickeltes Gerät, mit dessen Hilfe die einzelnen Papyrus-Abschnitte voneinander abgelöst werden konnten (Anm. d. Hrsg.).

35 E. Atherstone, The Last Days of Herculaneum (1821) S. 88.

36 Ch. Room, Herculaneum, and other poems, London 1828; E. Bucholz, Herculanum. Dramatisches Gedicht in 5 Acten (1860); V. Brausewetter, Der Bettler von Herkulanum (1961).

Eine Auswahl aus zeitgenössischen Reiseberichten

Charles de Brosses (1739)

„Man fährt heute in die Stadt ein vermittelst einer Seilfahrt durch einen zwölf bis dreizehn Klafter tiefen Schacht wie in ein Bergwerk [...] Von der Tiefe dieses Schachts sind, wie ich feststellte, nach verschiedenen Seiten unterirdische Stollen gezogen, schief und krumm und stellenweise schon wieder verschüttet, weil man manchmal den Schutt, der beim neuen Stollen ausgegraben wurde, einfach in den alten hinweinwarf [...] Sehr Ersprießliches wird man nie leisten, solange man die Arbeiten auf die Art fortsetzt."

Des Präsidenten de Brosses Vertrauliche Briefe aus Italien an seine Freunde in Dijon 1739–1740, übersetzt von W. Schwartzkopff, Bd. I (1918) S. 333–340 (= Lettres familières, 1799).

Johann Caspar Goethe (1740)

„Wir mußten uns zunächst ausweisen, wer wir waren und wurden anschließend von einer Wache begleitet. Mit brennenden Fackeln kamen uns dann Arbeiter entgegen, die immer höchst beflissen sind, wenn sie ein Trinkgeld wittern. Sie führten uns zu einem schwarzen Stamm, der ihren Worten zufolge ein Baum gewesen war, der bei jenem Ausbruch in Kohle verwandelt und mitsamt der ganzen Stadt verschüttet wurde [...] Man kann jetzt auch schon die Mauern erkennen, die im heidnischen und phantastischen Geschmack in den beiden Farben Aschgrau und Rot auf ungeschickte Weise bemalt sind. Diese Figuren stellen Götzen und scheußliche, abstoßende Gestalten dar..."

Johann Caspar Goethe, Reise durch Italien im Jahre 1740, übersetzt und kommentiert von A. Meier (1986) S. 203–205.

Thomas Gray (1740)

„Die seltsamste Höhle, in der ich je war, haben wir heute an einem Ort namens Portici besucht [...] Es handelt sich dabei um eine römische Stadt, die zur Zeit des Kaisers Titus von einem gewaltigen Ausbruch des nahe gelegenen Vesuv verschüttet wurde. Hölzer und Balken sind so vollkommen erhalten, daß man noch die Maserung erkennen kann; sie sind allerdings zu Kohle verbrannt und zerfallen bei der geringsten Berührung zu Staub."

The Corrispondence of Thomas Gray, ed. by P. Toynbee, vol. I (1971) S. 162–164.

Lady Mary Wortley Montagu (1740)

„Ich habe die Erlaubnis des Königs nicht erhalten, die ich doch haben muß, bevor man mir gestattet, die Bilder und Bruchstücke der Statuen zu sehen, die gefunden wurden; man hat mir diese bis jetzt unter allerlei Vorwänden als eine augenblicklich ganz besondere Gnade verweigert. Es heißt, daß im vergangenen Jahr einige Engländer einen Maler bei sich gehabt hätten, damit er die Bilder kopiere, und das macht es jetzt noch schwieriger, die Erlaubnis zur Besichtigung zu erhalten."

Mary Wortley Montagu, Letters (1992) S. 306–307.

Abbe d´Orval (1747)

„Als ich diese Stadt gesehen, habe ich von dem damaligen Korn und Brot, welches noch in den Häusern unversehrt geblieben, desgleichen auch abgebrochene Stücke von einem Saalgemälde mit mir genommen. Das Hausgeräte, Meublen, Toiletten-Zierrat, Instrumenta zu den Opfern, alles dieses wird in den Cabinetten des Königs, so wie man es findet, ordentlich hingestellt."

Hamburgischer Correspondent Nr. 132/1747.

Wilhelmine von Bayreuth (1755)

„Herculaneum entspricht den Schilderungen nicht. Ich war dort. Es ist ein Bergwerk, dessen Wände die Lava bildet. Man erkennt nicht das geringste."

Friedrich der Große und Wilhelmine von Bayreuth, Bd. II: Briefe der Königszeit, hrsg. v. G.B.Volz (1926) S. 306.

Friedrich Wilhelm von Erdmannsdorff (1766)

„Man steigt auf denselben Stufen hinab, die früher auf die Theaterbänke führten, wo die Zuschauer plaziert wurden, und kommt bis zur Bühne und bis zum Orchester und der *platea*, ebenso zu den Plätzen, die für die Magistratsmitglieder ausersehen waren, die nicht zu ihrem Vergnügen ins Theater gingen, sondern um ihre Pflicht zu erfüllen."

Friedrich Wilhelm von Erdmannsdorff, Kunsthistorisches Journal einer fürstlichen Bildungsreise nach Italien 1765/66, übersetzt, erläutert und hrsg. v. R.-T. Speler (2001) S. 231–32.

Wilhelm Heinse (1782)

„Es ist eine wirkliche Hinabfahrt ins Reich der Schatten, und man glaubt, die alten Römer herumgehen zu sehen."

Wilhelm Heinse, Aufzeichnungen 1768–1783, hrsg. v. M. Bernauer (2003) S. 491.

Johann Friedrich Lorenz Meyer (1783/1792)

„Mit Unschlittlichtern [Talglichtern], die der Führer einem jeden gab, krochen wir in diesen Gängen umher, wo selbst die feurigste Einbildungskraft vergebens arbeitet, sich eine römische Stadt mit ihren Gebäuden vorzustellen."

Friedrich Johann Lorenz Meyer, Darstellungen aus Italien (1792) S. 421–423.

Johann Wolfgang von Goethe (1787)

„Jammerschade, daß die Ausgrabung nicht durch deutsche Bergleute recht planmäßig geschehen; denn gewiß ist bei einem zufällig räuberischen Nachwühlen manches edle Altertum vergeudet worden."

Goethes Werke, Hamburger Ausgabe Bd. 11, hrsg. v. H. von Einem (1950) S. 211–212.

Ludwig Emil Grimm (1816)

„Es war da unten alles schwarz, naß, glänzend, kühl, und einzelne schwere Wassertropfen fielen nieder, es roch nach eingesperrter, feuchter Luft."

Ludwig Emil Grimm, Erinnerungen aus meinem Leben, hrsg. v. A. Stoll (1913) S. 279–280.

Hans Christian Andersen (1834)

„Wir mußten in tiefere, dunkle Gänge. Hier sah man die Stelle, wo das Orchester gewesen war, die verschiedenen Räume für die einzelnen Musiker. Wir sahen die Garderoben. An einer Stelle über uns war eine Maske völlig in der Lava abgedrückt."

Andersens Tagebüchern, hrsg. v. H. Barüske, Bd. I (1980) S. 190.

Charles Dickens (1845)

„Anfangs können wir es nicht glauben oder uns auch nur vorstellen, daß dieser Höllenbrei hereinströmte und die ganze Stadt ertränkte und daß alle Hohlräume, die jetzt da unten vorhanden sind, mit der Axt herausgehauen werden mußten aus hartem Stein. Hat man das gesehen und sich klargemacht, verursacht sein bloßes Vorhandensein ein unbeschreibliches Gefühl des Grauens und der Beklemmung."

Charles Dickens, Bilder aus Italien, hrsg. und übertragen von U. C. A. Krebs (1981) S. 288–89.

Fanny Lewald (1847)

„Der Eindruck, welchen das verschüttete Theater gewährt, ist einer der entsetzlichsten, die man sich zu denken vermag. Unsere Führer gingen uns die hohe Treppe hinunter mit Fackeln voraus. Es war feucht und kalt in den Gewölben, Todesschauer schienen darin zu wohnen; immerfort wähnte ich, der Angstschrei der Menschen müsse ertönen, die hier, im Theater versammelt, ihr Ende fanden, als das Unheil hereinbrach [...] Zwischen diesen Säulen, zwischen dem Schmuck und der Pracht eines durch Kunst verfeinerten Lebens, in dem der menschliche Geist sich schöpferisch tätig erwies, brach sich die wilde Naturgewalt verräterisch ihren zerstörenden Weg. Die kleinsten Zwischenräume, die geringsten Lücken des Baues sind mit der erstarrten, schwarzen Lava ausgefüllt, ein menschliches Gebiß sah an einer Stelle zähnefletschend daraus hervor, ein grauenhafter Anblick. Alles Interesse an dem Bau, an dem Altertume verschwand in mir vor der Idee dieses furchtbaren Ereignisses. Ich atmete erst auf, als ich dies Riesengrab verlassen hatte und mich im Sonnenlicht dem Leben angehörend empfand."

Fanny Lewald, Italienisches Bilderbuch (1983)
S. 337–339.

Uwe Quilitzsch

„C'est tout Herculanum!"* Herculaneum im Park von Wörlitz

Die „Grand Tour" und die Herausbildung des Klassizismus

Fast 1687 Jahre nach der Katastrophe des Vesuvausbruchs besuchten Fürst Franz von Anhalt-Dessau (1740–1817) (Abb. 1) und sein Architekt Friedrich Wilhelm von Erdmannsdorff (1736–1800) auf ihrer „Grand Tour" die Ausgrabungsstätten von Herculaneum und Pompeji. Die dort gesehenen Wand- und Deckenmalereien, Mosaiken und Kunstgegenstände fanden ihr höchstes Interesse, waren sie doch auf der Suche nach Inspirationsquellen. Die nach dieser Reise im Dessau-Wörlitzer Gartenreich entstandenen Wandmalereien und Stukkaturen in den Innenräumen klassizistischer Bauwerke legen davon Zeugnis ab. Dabei handelt es sich um erstaunlich frühe Reflexionen der sensationellen Entdeckungen, die am Originalschauplatz noch nicht einmal jedermann zugänglich waren. Von Erdmannsdorff schildert in seinem Reisejournal unter dem 7. März 1766 den Besuch von Herculaneum.[1] Gerne hätte er Skizzen von den Entdeckungen angefertigt, allein es herrschte ein strenges königliches Verbot, das die zeichnerische Darstellung der Ausgrabungsfunde untersagte.

Abb. 1: Wilhelm Hartkopf nach Anton von Maron: Fürst Leopold III. Friedrich Franz von Anhalt-Dessau, Öl auf Leinwand, Schloß Wörlitz, Speisesaal. Das originale Gemälde, nach dem diese Kopie vor 1918 entstand zeigt den Dessauer Fürsten während dessen „Grand Tour" in Rom im Jahre 1766.

König Karl III. von Neapel gründete 1755 eigens die „Accademia Ercolanese", um die Veröffentlichung „Le Antichità di Ercolano esposte" herausgeben zu lassen. Das achtbändige Tafelwerk zählt heute zu den bedeutendsten archäologischen Publikationen, deren Einfluß auf den frühen europäischen Klassizismus nicht hoch genug eingeschätzt werden kann. An die Publikation zu gelangen war alles andere als leicht, behielt sich doch der König selbst die Ausreichung des Werkes vor. Ganz bewußt wurde es zu Repräsentationszwecken vom jungen bourbonischen Königshaus eingesetzt und gelangte in den erlesenen Kreis europäischer Höfe.

Sir William Hamilton wurde britischer Gesandter in Neapel unter Ferdinand IV., Nachfolger König Karls III. Der Diplomat sicherte sich von Beginn an die Zuneigung des jungen Königs, eine ganz entscheidende Voraussetzung für den Werdegang des Briten zu einem der angesehensten Antiquare seiner Zeit. Durch dessen Vermittlung gelangten wohl schon die ersten vier Bände der „Antichità", die „Pitture antiche d' Ercolano" (1757–1765), in die Hände des Dessauer Fürsten.[2] Die erste Begegnung am 5. März 1766 war ein nachhaltiges Erlebnis für beide; Hamilton sicherte dem Fürsten Franz seine lebenslange Freundschaft zu.

Die „Pitture antiche d' Ercolano" wurden zu einem der am häufigsten zitierten Vorlagewerke Erdmannsdorffs. Das eigene Erlebnis der Ausgrabungsstätten und die intensive Auseinandersetzung mit den überlieferten Zeugnissen der Antike prägten ganz entscheidend die Herausbildung eines sicheren klassizistischen Stilem-

Abb. 2: Das sogenannte „Runde Kabinett" im ehemaligen Dessauer Residenzschloß. Foto vor 1913.

pfindens bei dem Architekten. Zudem wurde die Dessauer Reisegruppe über mehrere Monate hinweg von Johann Joachim Winckelmann, dem deutschen Altertumsforscher, der als Begründer der Klassischen Archäologie gilt, in Rom begleitet. Sein Einfluß vermochte sowohl beim späteren Bauherrn als auch beim Architekten ein Gefühl für „edle Einfalt und stille Größe" zu entwickeln, was später in den Bauwerken des Gartenreichs seinen Niederschlag fand. All die palladianischen Architekturen,[3] die hier zwischen 1770 und 1800 entstanden, sind dem archäologischen Klassizismus zutiefst verpflichtet. Wohl kein zweites Mal in Deutschland fielen Winckelmanns „Gedancken über die Nachahmung der Griechischen Wercke in der Mahlerey und Bildhauer-Kunst" (1755) auf solch fruchtbaren Boden. Es versteht sich von selbst, daß seine Hauptwerke in den Bibliotheken von Dessau und Wörlitz vorhanden gewesen sind. Der Legende nach soll dem Fürsten Franz bis kurz vor dessen Tode aus der „Geschichte der Kunst des Alterthums" (1764) vorgelesen worden sein.[4]

Residenzschloß Dessau

Die erste Umsetzung der während der „Grand Tour" gesammelten Eindrücke und Erfahrungen erfolgte bald nach der Rückkehr in die Heimat. Der 27jährige Bauherr und sein vier Jahre älterer Architekt waren voller Tatendrang: Noch im Jahre 1767 ließ der Regent einige Räume im Dessauer Residenzschloß im klassizistischen Stil umgestalten. Im gleichen Jahr fand die Vermählung von Fürst Franz und Prinzessin Louise Henriette Wilhelmine von Brandenburg-Schwedt im Berliner Schloß Charlottenburg in Anwesenheit des Preußenkönigs Friedrichs des Großen statt. Seinerzeit waren die Bauarbeiten am Neuen Palais in Potsdam in vollem Gange. Was für ein Weltenwechsel dagegen in Dessau! Hier brach man mit den althergebrachten Traditionen. Mit den ersten Räumen „à la grecque" in Deutschland wurde ein künstlerischer Neubeginn zum Ausdruck gebracht. Die Hinwendung zur Antike war als ein politisches Bekenntnis zu verstehen: Die praktizierte Aufklärung bediente sich des klassizistischen Stils, der im Sinne Rousseauscher Philosophie die Rückkehr zur Natur bedeutete.

In der sogenannten Rotunde im Dessauer Schloß ließ von Erdmannsdorff erstmalig Wandmalereien nach den Vorlagen aus den „Pitture antiche d'Ercolano"

Abb. 3: Schloß Wörlitz, 1769 bis 1773 errichtet.

kopieren. Ausgeführt wurden sie vom Hofmaler Christian Friedrich Lisiewski (1725–1794).[5] Dessen Tätigkeit läßt sich in Dessau von 1752 bis 1772 nachweisen. Das Dessauer Schloß wurde allerdings im Zweiten Weltkrieg zerstört, so daß kein historischer Innenraum erhalten blieb. Lediglich zwei Fotografien, die um 1900 entstanden, vermitteln die bildliche Überlieferung der Rotunde[6] (Abb. 2). Zu erkennen sind darauf figürliche Darstellungen in Rundbildern (Tondi) und querrechteckigen Gemälden. Es handelte sich um insgesamt zwölf Motive, von denen sich unter anderem eine Nymphe auf einem roßähnlichen Meeresungeheuer[7] und eine Nymphe auf einem pantherähnlichen Meeresungeheuer[8] identifizieren lassen.

Schloß Wörlitz

Von 1769 bis 1773 entstand in Wörlitz der Gründungsbau des deutschen Klassizismus nach den Plänen Friedrich Wilhelm von Erdmannsdorffs (Abb. 3). Das Haus stand von Beginn an dem Publikum zur Besichtigung offen. Dieser außergewöhnliche Umstand entsprach dem erklärten Ziel des Fürsten Franz, der sich dem Hauptanliegen der Aufklärung verpflichtet fühlte: durch Bildung die Menschen aus der Unmündigkeit zu führen. Schloß Wörlitz vereinigte zum damaligen Zeitpunkt modernste Erkenntnisse unter seinem Dach: seien es die erlesene Bibliothek, die Wasserpumpe mit Leitungssystem durch alle Etagen, die Sammlung von Wedgwoodkeramik,[9] die multifunktionalen Möbel oder die Einrichtung des Badezimmers im Keller. Archäologische Publikationen wurden vom Architekten als Inspirationsquellen für die äußere Gestalt und die Auszierung der Innenräume herangezogen.

Zwei etwas überlebensgroße Sandsteinskulpturen begrüßen links und rechts vom Haupteingang den Besucher. Sie nehmen Bezug auf die Inschrift über dem Portal, die vom Fürsten selbst verfaßt wurde: „Liebe und Freundschaft haben es gebaut/Einigkeit und Ruhe moegen es bewohnen/So werden haeusliche Freuden nicht fehlen.“ Dieser Absicht entsprechend, wählte von Erdmannsdorff die Skulpturen der Ceres und der Fortuna als Fassadenfiguren aus (Abb. 4). „In zwei Nischen, neben dem Haupt-Eingange, befinden sich zwei steinerne Statüen, von des verstorbenen fürstlichen Bildhauers Ehrlich Arbeit. Die zur Rechten – Kornähren und Mohnköpfe um das Haupt und in der Hand – ist

Abb. 4: Statue der Fortuna-Isis in der Fassade von Schloß Wörlitz.

die Ceres, die Göttin, der nicht allein die Erfindung des Ackerbaues, sondern auch der Gesetze, und also die Anordnung der bürgerlichen Gesellschaft, zugeschrieben wird. Die zur Linken – eine Blüte des Vergessenheit einhauchenden Lotos zum Hauptschmucke; das Füllhorn in der linken, und ein Steuerruder in der Rechten Hand – ist Fortuna, die Göttin des Glücks, die Lenkerin guter und böser Schicksale."[10] So beschreibt August Rode im ersten offiziellen Führer durch das Schloß und die Parkanlagen die Funktion der Skulpturen. Er äußert sich jedoch nicht über deren antike Vorbilder. Dem Bildhauer Johann Christian Ehrlich wurden von Erdmannsdorff für die Bildmotive zwei unterschiedliche Publikationen vorgelegt: für die Ceres wählte er Tafel 10 aus Bartolomeo Cavaceppis „Raccolta d'antiche statue, busti, bassirilievi ed altre sculture" (vol. I, Rom 1768), für die Fortuna Tafel 25 aus den „Antichità di Ercolano esposte" (vol. VI, Neapel 1771) mit der Darstellung einer lediglich 33 Zentimeter großen Statuette der Fortuna-Isis, die im Jahr 1746 in Herculaneum ausgegraben wurde.[11] Die Verwendung der beiden Tafelwerke für die im Jahre 1774 fertiggestellten Wörlitzer Skulpturen macht die rasche und intensive Rezeption aktueller Publikationen seitens von Erdmannsdorffs und des Dessauer Fürsten anschaulich.

Im Inneren des Schlosses fanden zahlreiche Tafeln aus den „Pitture antiche d' Ercolano" als Vorlagen für Wand- und Deckenmalereien Verwendung. Wir können feststellen, daß von Erdmannsdorff mitunter recht frei mit den Vorbildern umgeht. So variiert er figürliche und ornamentale Vorlagen oder komponiert Szenen völlig neu. Dennoch war beabsichtigt, die einzelnen Details lehrhaft auf den Betrachter wirken zu lassen. August Rode zitiert wie in einer wissenschaftlichen Publikation die verwendeten Vorbilder: „Die Verzierung der Decke ist aus den Pitture antiche d'Ercolano Tomo III. p. 161 und Tomo IV. p. 221 genommen."[12] Von Erdmannsdorff wählte für das sogenannte „Erste Lange Zimmer" bacchantische Szenen aus, die der heiteren Bestimmung des Schlosses entsprachen.

Die Deckenmalereien im „Concertzimmer Ihrer Königlichen Hoheit der Fürstin" zeigen Tänzerinnen und Musikanten aus den „Pitture antiche d'Ercolano". Ikonographisch waren die Szenen im 18. Jh. noch nicht sicher gedeutet, oder wie August Rode formulierte: „Die Ausleger wissen sie nicht ganz bestimmt zu erklären. Sie muthmaßen nur, daß sie auf die Mysterien des Bacchus, welche den Uebergang der Menschen aus dem Waldleben zu einer gesitteten Lebensart fast pantomimisch vorstellten, Beziehung haben."[13] Der Architekt verherrlicht den Bauherren als den Anführer der Musen, wie bereits in der Eingangsrotunde des Schlosses deutlich wird. Hier fand eine Kopie des Apoll vom Belvedere Aufstellung. Im Konzertzimmer wurde folgerichtig eine marmorne Büste des Apoll auf einen Konsoltisch gestellt. Darüber finden wir in Gestalt von Wandmalereien weitere Zitate aus den „Pitture antiche d'Ercolano„: 1) Der Satyr Marsyas auf einem Steine sitzend, unterrichtet den Olymp, seinen Schüler und Liebling, auf der Flöte. 2) Der Centaur Chiron lehrt den jungen Achilles auf der Leier spielen.[14] Das Ringen der Kunst mit der rauhen Natur im weitesten Sinne ist ein oft reflektiertes Thema im Dessau-Wörlitzer Gartenreich. Bei den beiden Malereien im Konzertzimmer dürfte damit die Ausbildung des Fürsten zu einem guten Herrscher gemeint sein. Feinfühlig läßt von Erdmannsdorff dieses Thema in der Ikonographie des Hauses immer wieder anklingen. Und so faßt dann auch August Rode in seiner Vorrede zur Vitruvübersetzung zusammen: „Erst unser, nicht minder geliebter, als verehrter Fürst lud die Musen zu uns ein. Vor ihm, dem Kadmus seines Landes, verschwand bald Finsterniss und Roheit, und die Wüste ward ein Elysium."[15]

Wandmalereien im benachbarten „Cabinett Ihrer Königlichen Hoheit der Fürstin" nach herculanischen Vorbildern gibt es nur wenige und mit eher undeutlichen Bezügen. Im angrenzenden „Schlafzimmer Ihrer Königlichen Hoheit der Fürstin" wurde eines der berühmtesten antiken Wandgemälde wiedergegeben: die Amorettenhändlerin aus Gragnano (Abb. 5). Schicklich ließ es von Erdmannsdorff ganz klein neben der Bettnische anbringen, ohne daß Rode in seiner Beschreibung davon Notiz nahm.

Die kleinen Wandmalereien eher ornamentalen Stils in der Bibliothek und im Garderobenraum gehen ebenfalls auf die Ausgrabungen von Herculaneum zurück (Abb. 6). Ungewöhnlich dagegen ist, daß Erdmannsdorff in der zweiten Etage, die der Familie und den Hofbediensteten zur Wohnung diente, die zweidimensionalen Vorlagen auch teilweise in Basreliefs (Flachreliefs) übertrug. Damit wird deutlich, daß sich der Architekt universell des Druckwerks bediente, er variierte es jedoch gelegentlich nach seinen Vorstellungen.

Schloß Luisium

Bereits ein Jahr nach Beendigung der Bauarbeiten am Wörlitzer Schloß ließ sich Fürst Franz von Erdmannsdorff Pläne für ein neues Haus im sogenannten Vogelherd bei Dessau vorlegen. Auch in diesem klassizistischen Schloß, oder eher einer *Villa suburbana*, verwandte der Architekt Wandmalereien nach den „Pitture antiche d'Ercolano", allerdings nicht in der Dichte, wie er es in Wörlitz tat. Das Schloß war der Fürstin Luise Henriette Wilhelmine von Anhalt-Dessau gewidmet und erhielt 1780 nach ihr den Namen „Luisium". Im großen Saal des Hauses, für die Zeitgenossen der „Tempel der weiblichen Tugenden", wurde die Decke mit allegorischen Motiven, wohl nach Entwürfen Erdmannsdorffs, ausgestaltet. An den Längswänden des Saals fanden auch vier Motive aus den „Pitture antiche d'Er-

Abb. 5: Die Amorettenhändlerin als kleine Wandmalerei im Schlafzimmer der Fürstin Louise im Wörlitzer Schloß.

colano“ Verwendung. Diese allerdings modifizierte der Architekt mit zusätzlichen Attributen, so daß aus den ursprünglichen schwebenden Mänaden, den Anhängerinnen des Gottes Dionysos, eine Ceres, eine Flora, eine Psyche und eine Venus wurden (Abb. 7).

Die künstliche Felseninsel „Stein“ mit der Villa Hamilton

Abb. 6: Nische im Garderobenzimmer der Fürstin im Wörlitzer Schloß.

Die sogenannte Felseninsel „Stein“ im Ostteil der Wörlitzer Anlagen ist ein besonders spektakuläres Denkmal im Gartenreich Dessau-Wörlitz. Sie wurde von 1788 bis 1794 im Auftrage des Fürsten Franz von Anhalt-Dessau errichtet. Der Fürst hatte 1766 während seiner „Grand Tour“ in Neapel gemeinsam mit Sir William Hamilton den Vesuv bestiegen. Über 20 Jahre nach dem Besuch in Neapel entwarf der Architekt Friedrich Wilhelm von Erdmannsdorff das bizarre, bautechnisch hochkompliziertes Ensemble. Nach seiner Fertigstellung stand die Felseninsel „Stein“ den zahlreichen Besuchern der Wörlitzer Anlagen zur Besichtigung offen. Sie reiht sich ein in die Vielzahl der Gartenbilder, die sowohl Bildung zu vermitteln als auch Emotionen hervorzurufen suchten. Dem Betrachter wurde eine Vorstellung von der neapolitanischen Topographie, der dort vorherrschenden Vegetation, der Gestalt eines Vulkans, eines antiken Theaters und, mit der Villa Hamilton, von zeitgenössischer italienischer Architektur vermittelt. Auch das Zusammenspiel der Elemente Feuer, Wasser, Erde und Luft wurde im Geiste der Zeit effektvoll inszeniert. Erdmannsdorff schließt sich damit eng an die Ideenwelt des englischen Architekten Sir William Chambers an. Der weitgereiste Gartenkritiker Fürst Charles Joseph de Ligne äußerte sich begeistert, er „...bewundere den Zauber“ und verlasse die Insel mit „betörter Entzückung“.

Die Hauptattraktion der Anlage, der 17 Meter hohe künstliche Vulkankegel, ist schon von weitem in der flachen Landschaft sichtbar. Mit Hilfe von glasartiger Schlacke, die bei Sonnenlicht oder künstlicher Beleuchtung funkelte, imitierte man den Ausfluß der Lava. Besonders beeindruckend war die Inszenierung der Eruption bei Dunkelheit, wie auch ein Aquatintablatt der Chalkographischen Gesellschaft zeigt (Abb. 8). Am Fuße des Wörlitzer Vulkans ließ Fürst Franz die Villa Hamilton erbauen. Sie entstand als ein Freundschaftsmonument für den britischen Diplomaten, Antiken-

Abb. 7: Schwebende Genie als Ceres, Wandmalerei im Festsaal des Schlosses Luisium.

sammler und Geologen und zählt gewiß zu den reizvollsten klassizistischen Bauwerken in Deutschland. Sie ist in drei kleine Zimmer unterteilt. Das repräsentativste Zimmer der Villa ist mit einem Kamin ausgestattet (Abb. 9). Hier gestalteten Architekt und Bauherr ein äußerst elegantes Interieur, zu welchem auch zwölf kolorierte Kupferstiche zählen, die die berühmten „Horen" oder „Schwebenden Genien" aus den „Pitture antiche d'Ercolano" reproduzieren. Die Anmut dieser antiken Wandgemälde entsprach im hohen Maße dem Stilempfinden des Klassizismus.

August Rode berichtete ausführlich über die inzwischen in Mode gekommenen schwebenden Figuren: „Das Zimmer selbst ist rings umher an den Wänden mit architectonischen Malereien von Clerisseau verziert; darüber mit colorierten Kupferstichen verschiedener in Herculaneum gefundener Gemälde, besonders der berühmten Tänzerinnen."[16] Die kolorierten Umriß-

radierungen von Tomasso Piroli wurden vom Fürsten Franz 1791 beim Leipziger Kunsthändler C.C.H. Rost angekauft.[17] Rode merkte dazu an, indem er Aloys Hirt zitiert: „Diese angenehmen Gestalten... sind als in der Luft schwebend vorgestellt, und wurden 1749 beim Nachgraben unfern von Torre dell' Anonziata gefunden, nahe bei dem Platze, wo man das alte Pompeji vermuthet. Sie befinden sich im Museum zu Portici, machen eine Anzahl von 12 Stück aus, und sind auf schwarzen Grund gemalt. Ihre Gewänder scheinen so leicht als Träume zu sein. Man nennt diese wollüstigen Arten der Kleidung Tarentinidiae, von Tarent in Groß-Griechenland, wo sie bekanntlich von einem sehr feinen Seidenähnlichen Gespinnste, dem Erzeugnis einer Muschel, la pinna marina genannt, verfertiget wurden. Man bedient sich noch heut zu Tage dieser Muschel in Neapel, zu Strümpfen und Handschuhen."[18]

Abb. 8: Carl Kuntz, Der Stein zu Wörlitz, kolorierte Aquatinta der Chalkographischen Gesellschaft Dessau (Kat. 9.8).

Abb. 9: Das Kaminzimmer der Villa Hamilton in Wörlitz.

Abb. 10: Decke des Kaminzimmers der Villa Hamilton in Wörlitz.

Abb. 11: Christian Haldenwang nach Heinrich Theodor Wehle, Ansicht des Gasthofs zu Wörlitz, Aquatinta, 1801.

Auch Details der Deckengestaltung des Kaminzimmers, ein Apoll, ein Merkur, zwei Musen und die tanzenden Satyrn gehen auf Vorlagen aus den „Pitture antiche d'Ercolano" zurück (Abb. 10).

Wie schon im Schloß Wörlitz wurden zweidimensionale Vorbilder in flachen Stuckreliefs an den Wänden ausgeführt: hier ist es die Amorettenverkäuferin.

Ebenso lag das Werk den Wandmalereien im mittleren Zimmer (Opfer- und Jagdszenen) und im Keller der Villa (Küchenstücke) zu Grunde. Völlig zu Recht schwärmte daher Fürst de Ligne vom kleinen Pavillon am Fuße des künstlichen Vulkans: „C'est une maison du ton le plus simple et le plus propre en dehors, et le plus magnifique en dedans. C'est tout Herculanum."[19] Nicht ohne Stolz vermerkte August Rode in seiner Beschreibung von Wörlitz: „Also wird dieser Pavillon im Coup d'oeil sur Beloeil etc. T. II. pag. 165 charakterisiert."[20]

Der fürstliche Gasthof „Eichenkranz"

Abschließend sei ein Kuriosum erwähnt. Zu Beginn seiner Beschreibung weist Rode, nicht ohne Grund, auf zwei wichtige Einrichtungen in Wörlitz hin: „Es sind in dem Städtchen zwei Wirthshäuser. Ein altes der Rathskeller genannt; und ein neues, das im Jahre 1785 von dem Fürsten erbauet und sehr geschmackvoll meublirt worden ist. Es heißt der Eichenkranz."[21] (Abb. 11) Der fürstliche Gasthof „Eichenkranz", der im neugotischen Stil errichtet wurde, bildete einen Eingang zur Stadt Wörlitz. Die Gäste fuhren mit den Kutschen durch einen Torbogen und erhielten somit einen dezenten Hinweis auf die örtliche Gastronomie. Anstelle einer gewöhnlichen Numerierung erhielten die Gästezimmer die Namen europäischer Metropolen: London, Paris, Amsterdam, Rom, Konstantinopel, Messina, Petersburg, Zürich – und auch „Herculan" sind überliefert.[22] So verwundert es nicht, daß Fürst de Ligne hier seinen Aufenthalt nahm – vielleicht bezog er ja sogar das herculanische Zimmer?

Zusammenfassung

Abbé Ferdinando Galiani, neapolitanischer Gesandtschaftssekretär in Paris, der die Publikation der „Antichità di Ercolano esposte" mit Energie vorantrieb, versuchte Minister Bernardo Tanucci vom Nutzen einer französischen und englischen Übersetzung zu überzeugen. Schon 1767 schrieb er daher: „...Ich sehe, Sie sind nicht gut informiert. Natürlich werden Sie keine zweitausend reichen Antiquare und Literaten auf der Welt finden; doch Herculaneum spielt hierbei eine andere Rolle. Alle Goldschmiede, Schmuckwarenhändler, Maler von Kutschen und Supraporten, Tapezierer und Ornamentkünstler brauchen dieses Buch. Weiß Eure Excellenz, daß heute alles à la grecque gemacht werden muß; dies ist das gleiche wie à Erculanum [...] Es gibt keine Bronzen, Schnitzereien und Malereien ohne Kopien aus Ercolano mehr. Das Bild einer Frau, die Amoretten als Hühner verkauft, sah ich in mehr als zehn Kopien. So können Sie, Eure Excellenz, den Nutzen eines Nachdrucks von Ercolano erkennen. Und die armen Künstler erwischen, wenn sie nicht das ganze Werk haben, nur lose, einzelne Blätter."[23]

Friedrich Wilhelm von Erdmannsdorff gilt als der Begründer der frühklassizistischen Baukunst in Deutschland. Unter dem Eindruck der „Grand Tour" und der palladianischen Architektur in Großbritannien entwickelte er einen eigenständigen künstlerischen Stil. Besonders seine Raumdekorationen sind von den Ausgrabungen in Herculaneum intensiv geprägt. Während der Italienreise, die er mit dem Fürsten von Dessau unternahm, besuchte er die wiederentdeckten antiken Städte. Als Quelle der Inspiration nahmen die „Antichità di Ercolano esposte" in Erdmannsdorffs Schaffen einen vorzüglichen Rang ein. Unter Einfluß dieses archäologischen Kompendiums schuf er die frühesten herculanischen Raumdekorationen in Deutschland. Entweder getreu nach den Vorlagen kopiert oder zweckbestimmt abgewandelt finden wir „Zitate" aus Herculaneum in fast allen klassizistischen Bauten des Dessau-Wörlitzer Gartenreichs.

Anmerkungen

* „Das ist alles Herculaneum!". Der belgische Gartenarchitekt Fürst Charles Joseph de Ligne bei seinem Besuch in Wörlitz 1795.

1 Vgl. hierzu: F. W. von Erdmannsdorff, Kunsthistorisches Journal einer fürstlichen Bildungsreise nach Italien 1765/66, hrsg. von R.-T. Speler (2001) S. 231 f.

2 A.a.O., S. 228 (Brief Hamiltons an Erdmannsdorff in Rom, Februar 1771)

3 Klassizistischer Architekturstil des 17. und 18. Jh., der auf den italienischen Architekten Palladio zurückgeht (Anm. d. Hrsg.).

4 So zuletzt noch E. Hirsch, Fürst Leopold III. Friedrich Franz von Anhalt-Dessau. Aufklärerfürst, Schulverbesserer und Künstler auf dem Thron (2004) S. 10.

5 H. Giesau (Hrsg.), Die Kunstdenkmale des Landes Anhalt, Bd. 1, Die Stadt Dessau, bearb. von M. Harksen (1939) S. 73.

6 Abgedruckt in E. P. Riesenfeld, Friedrich Wilhelm von Erdmannsdorff, der Architekt des Herzogs Leopold Friedrich Franz von Anhalt-Dessau (1913) S. 13.

7 Vorlage: „Le Pitture antiche d' Ercolano", Bd. III, Tafel XVI.

8 Vorlage: Ebd., Bd. III, Tafel XVII.

9 Benannt nach dem im 18. Jh. lebenden britischen Künstler Josiah Wedgwood, der auf der von ihm produzierten Keramik Elemente der Klassischen Antike adaptierte (Anm. d. Hrsg.).

10 A. Rode, Beschreibung des Fürstlichen Anhalt-Dessauischen Landhauses und Englischen Gartens zu Wörlitz (1788) S. 15.

11 Vgl. S. Kansteiner, Johann Joachim Winckelmann und das Gartenreich Dessau-Wörlitz, hrsg. von M. Kunze und Th. Weiß (2003) S. 47.

12 Wie Anm. 7, hier S. 42–43.

13 A.a.O., hier S. 55.

14 A.a.O., S. 55. Vgl. hierzu: V. M. Strocka, Kopie, Invention und höhere Absicht. Bildquellen und Bildsinn der Wörlitzer Raumdekorationen, in: F.-A. Bechtoldt und Th. Weiss (Hrsg.), Weltbild Wörlitz. Entwurf einer Kulturlandschaft (1996) S. 163–193.

15 A. Rode, Des Marcus Vitruvius Pollio Baukunst. Aus der römischen Urschrift übersetzt, Erster Band (1796), Vorrede V.

16 A. Rode, Beschreibung des Fürstlichen Anhalt-Dessauischen Landhauses und Englischen Gartens zu Wörlitz (1798) S. 225.
In Lancut (Polen) und im Marmorpalais Potsdam befinden sich kolorierte Stiche, Wandgemälde nach den schwebenden Gestalten befinden sich im Schloss Ismaningen und im Aschaffenburger Pompejanum.

17 Landesarchiv Sachsen-Anhalt, Außenstelle Dessau, Abt. Dessau 14 a Nr. 7 Bd. 1: ‚Acta verschiedene die Gemälde, Münz- und anderen Sammlungen in den Herzoglichen Schlössern unter der Regierung des Herzog Leopold Friedrich Franz betreffende Sachen".

18 Wie Anm. 14.

19 Es ist ein Haus von äußerst schlichtem und eigentümlichen Stil in seinem Äußeren und höchst prachtvollem in seinem Inneren. Das ist ganz und gar Herculanum.

20 A.a.O., S. 219. Ch. J. de Lignes „Coup – d'œil sur Beloeil et sur une grande partie des jardins de l'Europe" erschien 1795 in Dresden in dritter Auflage.

21 A.a.O., S. 9.

22 C. A. Boettiger, Reise nach Wörlitz 1797. Aus der Handschrift ed. und erl. von E. Hirsch (2000) S. 65 und besonders Anm. 184.

23 Zitiert nach: F. Bologna, Die Wiederentdeckung von Herkulaneum und Pompeji in der künstlerischen Kultur im Europa des 18. Jahrhunderts, in: L. Franchi dell' Orto (Hrsg.), Pompeji wiederentdeckt. Ausstellungskatalog New York, Houston, Malmö, London, Amsterdam, Stuttgart, Hamburg (1993) S. 79.

Peter Schleuning

Herculaneum in der Musik. Die Oper von Félicien David

Ob eine Oper im 19. Jh. ein Erfolg war, läßt sich recht sicher daran prüfen, ob über ihre musikalischen Themen bald nach den ersten Aufführungen eine Klavierfantasie komponiert wurde. 1860 erschien bei Schott in Mainz: „Herculanum de David. Fantaisie brillante pour piano op.70", von Eugène Ketterer (1831-1870), einem Pariser Klaviervirtuosen und -komponisten, dessen Salonwerke viel Erfolg hatten, unter anderem jenes, welches in der deutschen Ausgabe „Silberfischchen" heißt. Auf dem Außentitel von op. 70 steht außer der Opuszahl nur: „Herculanum" und „E. Ketterer" (Abb. 2). Es war also von vornherein klar, daß nicht Ketterer, sondern ein anderer der Autor der Oper war, Zeichen ihrer Allbekanntheit.

Der Inhalt

Hier der Inhalt der Oper nach dem 1859 in zweiter Auflage erschienenen Libretto, teilweise verfaßt von Joseph Méry, der auch Verdis „Don Carlos" von 1867 vorbereitete (Übersetzungen vom Verfasser).

Im Vorwort wird die leitende Absicht deutlich gemacht: Der Vesuv erscheint in der Tradition des frühen Christentums als „vengeur", als Rächer an den Verfolgern der ersten Christen: Verfolgern, „welche sich in verschwenderischen Residenzen niederließen im Vergessen der üblen Ausdünstungen jener Metzeleien, mitten unter den Rosen von Paestum und den Düften des glücklichen Arabiens." Hier, in der Gegend um Neapel, seien viele Fürsten und Fürstinnen des Orients zu römischen Ehren und Ämtern gekommen, stets bemüht, die Nachfolger Jesu zu martern oder aber durch Verführung ins eigene Netz und vom Glauben fort zu locken.

Abb. 1: Wandmalerei „Der König-Schauspieler", *palaestra*, (Kat. 8.5).

Akt I

Olympia, orientalischen Ursprungs, nach staatstreuer Schreckensherrschaft als Regentin von Neapel eingesetzt, läßt sich von ihrem Gefolge und ihrem Bruder Nicanor, der es auf ähnliche Weise zum Proconsul gebracht hat, in ihrem Palast in Herculaneum als Königin feiern. Zwei junge Christen, im Zeichen des Herrn einander versprochen, werden unter dem Haßgeschrei der Menge hereingeführt: Helios und Lilia. Nach kurzer Befragung verzichtet Olympia auf eine Bestrafung, da sie erkannt habe, daß für die Christen der Tod das Tor zur ewigen Seligkeit sei. Alle werden hinausgeschickt bis auf Helios, mit dem sich Lilia abends außerhalb der Stadt treffen will. Die allenthalben ihrer Schönheit wegen gepriesene Olympia eröffnet dem Verblüfften und um seinen Glauben Ringenden ihre Liebe, ja will ihn zum König an ihrer Seite machen und lädt ihn zum abendlichen Fest ein – all dies mit der Absicht, den

Jüngling von seinem Gott zu trennen. Helios will sich entziehen, doch der Blick Olympias schwächt ihn – er bleibt. Umgeben von dem jubelnden Gefolge, benebelt von ihm aufgezwungenen Wein, sinkt er vor der Herrin auf die Knie, der Verführerin ergeben. Auch der Prophet Magnus kann dem nicht Einhalt gebieten, indem er, mit Versen der Apokalypse des Johannes, Olympia mit der Hure Babylon gleichsetzt und eine schreckliche Bestrafung durch die Öffnung des Höllenschlundes voraussagt. Man verhöhnt ihn als harmlosen Verwirrten, als unfreiwilligen Unterhalter im bacchantischen Festgetümmel.

Abb. 2: Titelblatt „Klavierfantasie" von Eugène Ketterer.

Akt II

In der Abenddämmerung findet sich eine Gruppe Christen – unter ihnen Lilia – in der Einöde des Tales von Ottaiano zusammen. Säulenstümpfe und Ruinenreste sowie unförmige Steine umgeben sie, auf denen ein kleines Kreuz errichtet ist. Hier beten die Christen und ehren die Gräber ihrer Märtyrer. Der Horizont wird von vulkanischen Felsen gesäumt.[1]

Nach einem langen gemeinsamen Gebet werden die Christen von Nicanor und seinen Soldaten entdeckt und gefangen genommen – bis auf Lilia. Allein mit Nicanor, ist sie wenig überzeugt von dessen Geständnis, er sei inzwischen Christ geworden. Seine Liebesbekundungen, ähnlich denen seiner Schwester, lassen sie Gott anrufen, ihr in der Stunde der Anfechtung beizustehen. Da sie standhaft bleibt und er seine Glaubenswandlung als unwahr eingestehen muß, versucht er sie mit Gewalt zu seinem Besitz zu machen. Doch Donner ertönt, die Erde bebt: Er stürzt vernichtet zu Boden, sie wird von Ohnmacht überwältigt – Satan erscheint.

Er freut sich seiner Befreiung aus der unterirdischen Verbannung und führt Lilia, die durch das Fernbleiben von Helios ohnehin schon von düsteren Ahnungen verfolgt wird, durch eine Vision den Geliebten vor Augen, kniend zu Füßen von Olympia. Als Lilia klar wird, daß es nicht ein Traum, sondern Wahrheit ist, sinkt sie mit dem Verlöschen der Vision ohnmächtig nieder. Triumphierend nimmt Satan dem toten Nicanor den Mantel ab und erscheint in dieser Verkleidung als der Proconsul.

Akt III

Vom prächtigen Garten der Olympia aus sind in nebelhafter Ferne Neapel und der Golf von Baia zu erahnen. Unter dem Statuenschmuck ragt eine Siegessäule des Titus hervor, geweiht dem Triumph anläßlich der Niederwerfung Jerusalems.

Helios erwacht aus seiner Umnachtung und verflucht seine Untreue. Olympia erkennt den Grund in ihrer Rivalin Lilia. Doch wird die dramatische Zuspitzung unterbrochen von einem umfangreichen, von Tanz und Gesang erfüllten und für die französische Oper der Zeit unentbehrlichen „Divertissement", in welchem Bacchanten beiderlei Geschlechts die Liebe, den Wein und Bacchus feiern: „C'est lui qui nous donne le vin à l'autonne."

Lilia eilt herbei. Sie und Olympia wie auch der bald in der Maske von Nicanor erschienene Satan zwingen den unglücklichen Helios mit unterschiedlichen Mitteln – Beschwörung, Lockung und Sarkasmus – zu einer Entscheidung, die nach langem Ringen für Olympia fällt. Lilia schreit auf vor Entsetzen, Olympia wie ihr Gefolge sind begeistert, ebenso Satan, dessen Raffinement zu der Entscheidung beigetragen hat und der sich nun damit brüstet, den Christen zu den falschen Göttern zurückgeführt zu haben. Helios indessen sieht seine Schande unmittelbar nach der Entscheidung. Herz und Seele habe er verloren: „Die unreine Flamme wird mir auf ewig den Himmel verschließen."

Akt IV

Das erste Bild – „premier décor" – zeigt das Atrium des Palastes der Königin, „orné de toutes les richesses da la fantaisie étrusque."

Satan zeigt sich als Sieger: Ewige Nacht wird herrschen, das vernichtete Volk und Gott werden seine Diener sein. Die Geier sollen sich auf die verwünschte Stadt stürzen. Und: „Enfants de Spartacus, accourrez à ma voix!" Das Heer der Sklaven erscheint und erstaunt zunächst vor dem Aufruf des vermeintlichen Nicanor, die Herrschaft an sich zu reißen: Rom sei tot, die Herrscherin entmachtet. Doch bald folgen sie seinem Aufruf, ihre Ketten zu zerbrechen, alles zu zerstören und zu vernichten. („Marchons!" und andere Wendungen erinnern überdeutlich an die „Marseillaise" und lassen im Zusammenhang mit Satan und den Sklaven auf wenig Sympathie für die Französische Revolution schließen.) Gegen Ende der Szene mischen sich wiederum unterirdisches Grollen, ferne Blitze und Donner zu einem schrecklichen Ausbruch.

Im zweiten „tableau" ist der Ausbruch des Vesuvs dann bereits erfolgt. Der Berg steht zentral im Hintergrund. Ganz Herculaneum ist zerstört und von Lava überflutet. Inmitten der Ruinen steht nur noch der Palast der Olympia, dessen Terrasse mit ihren Einzelelementen und Säulenordnungen von der Bühnenanweisung penibel angegeben ist. Auf das Dach hat sich eine große Zahl von Menschen geflüchtet.

Helios, in tiefem Bedauern seiner Sünde, kennt nur eine Ausflucht, eine Hilfe – Lilia. Und sie erscheint, ohne aber seinen Bitten um Vergebung und neuerliche Liebe Gehör zu schenken. Seine Verfehlungen am Hof der Olympia seien derart ungeheuerlich, daß eine Rückkehr zum wahren Glauben und damit zu ihrer Liebe undenkbar sei. Doch sind sein Flehen um Vergebung, ist sein Niederwerfen vor ihr derart eindringlich, daß sie schließlich nachgibt und sich beide in einem ausgedehnten Hymnus auf Gott und die reine Liebe wieder vereinigen – gefolgt von neuerlichen Erdstößen, die zunächst die Höflinge, dann bei stärkeren Eruptionen auch Olympia auf die Stufen der Terrasse treiben, gefolgt von dem Propheten Magnus. Er, einst verhöhnt, erklärt die Strafe Gottes über die sündhafte Gesellschaft, welche in einen Chor des Entsetzens ausbricht, erfüllt von „horreur", „terreur", „malheur!" Die Schlußszene der Oper bricht an:

Alle Protagonisten sind versammelt, in den Augen Olympias auch ihr Bruder Nicanor, der sich ihr aber endlich als Satan zu erkennen gibt und der entsetzten Königin das Ende ihrer Macht, ihres Stolzes, damit auch ihrer Tage ankündigt. Die jungen Christen und der Prophet beschwören die Allmacht Gottes und ihre Hoffnung in sie, selbst in diesem schrecklichen Augenblick.

Satan (Olympia die sich nähernde Lava zeigend):
„Dort die Strafe!"
Olympia: „Wohlan, ich trotze ihr!"
Magnus: „Christen, dies ist der Tod!"
Helios und Lilia: „Es ist der Himmel! Das Leben ist es!"

Alles geht in Feuer unter, der Palast sinkt in sich zusammen und es bleibt nur das trostlose Bild, das der Vesuv auch heute noch abgibt („que le Vésuve nous peint ancore aujourd'hui").

Ein Feind der bürgerlichen Gesellschaft

Was brachte David dazu, sich an diesem erstaunlichen Stoff des Untergangs von Herculaneum zu entzünden, der im Kreisen um Glauben, Unglauben, Sünde, Verrat, Mord und Tod an die Großen Opern von Giacomo Meyerbeer (Die Hugenotten, Der Prophet) oder Fromental Halévy anschließt (Die Jüdin), in einigen seiner Elemente aber auch den Opern Wagners wie dem „Tannhäuser“ oder gar den Musikdramen wie dem „Ring“ nicht ganz fern ist? 1810 in Südfrankreich geboren, trat Félicien David während seiner musikalischen Ausbildung in Aix-en-Provence bereits mit Liedern hervor, setzte seine Studien am Pariser Konservatorium fort, unter anderem bei François-Joseph Fétis, dem großen konservativen Kompositionslehrer und Musikforscher, jedoch nur sehr kurz. Denn schon 1831 schloß er sich der Soziallehre der Saint-Simonisten[2] an und wurde nach deren Vertreibung aus Paris in den Vorort Ménilmontant deren Komponist. Der Kampf gegen die elitäre Zivilisation und gegen den Kapitalismus führte diese der Industrialisierung durchaus zugewandte Schule zur Idee einer gerechteren Gesellschaftsordnung, aufbauend auf Arbeiterkollektiven. Vermittlerin dieser Prophetie sollten die Künste sein, allen voran die Musik, in welcher der Komponist als weissagender und lenkender Priester verstanden wurde. Alle diese Elemente der Lehre – neben jener von Proudhon[3] – haben stark auf Liszt und Wagner gewirkt und bilden eine der Vorstufen des Marxismus, der sich im Unterschied zum „utopisch“ genannten als „wissenschaftlicher“ Zweig des Sozialismus verstand. Teile dieses Programms wie auch die Propagierung einfachen Lebens nach dem Vorbild im frühen Christentum weisen bereits auf das Libretto von 1859. So folgten die Brüder im Geiste in ihrer Zufluchtsstätte einem fast klösterlichen Zeremoniell, in welchem einfache Chöre von David eine zentrale Bedeutung fanden. Bezeichnende Titel: „Hymne à la paix éternelle“ oder „Les martyrs aux arènes“.

Nach dem Verbot der Vereinigung 1832 entschloß sich David mit seinen Getreuen, die Lehre im Orient zu verbreiten. Über Konstantinopel und Jerusalem gelangten sie nach Ägypten, zweifellos angeregt durch den schon seit dem 18. Jh. in Frankreich, auch in der Oper verbreiteten „exotisme“ und nicht nur durch die Freimaurer auf Ägypten konzentriert, sondern auch durch Bonapartes „Ägypten-Abenteuer“ und dessen ausführlicher Dokumentation. Die alte mythische Größe des Landes neu zu errichten, hatte die Gruppe sich vorgenommen, aber auch der Plan eines Suez-Kanals wurde von ihr propagiert – fast vier Jahrzehnte vor dessen Eröffnung, begleitet von Verdis „Aida“. Eine Pestepidemie zwang sie zurück nach Frankreich in eine weniger strukturierte, wenn auch weiterhin lebendige Organisation.

Begeisterung für die Volksmusik des Orients führte David zur Veröffentlichung von 22 Klavierstücken mit dem Titel „Mélodies orientales“, später „Brises d’Orient“, sowie zur Schöpfung einer neuen Gattung, der „ode symphonie“, erdacht speziell zu diesem Thema: „Le désert“ von 1844 für Sprecher, Tenor, Männerchor und Orchester, höchst erfolgreich und hoch gelobt, auch von Hector Berlioz. Weitere Sinfonien, auch Lieder in der Tradition des französischen Chansons, ferner Kammermusik und Opern folgten, ebenso eine Bühnenmusik von 1849, „Le jugement dernier ou la fin du monde“ (Das Jüngste Gericht oder das Weltende), die mystische Tradition seiner Werke fortsetzend. Jedoch gelangen ihm nach „Herculanum“ von 1859 auch komische Opern, etwa sein letztes Bühnenwerk „Le Saphir“ von 1865, wie alle vorangegangenen uraufgeführt an den großen Häusern von Paris. 1869 wurde er in Nachfolge von Berlioz Leiter der Bibliothek des Konservatoriums.

Die Niederlage von 1871 und die Vernichtung der Pariser Commune ließen ihn für immer verstummen. 1876 starb er in Saint-Germain–en-Laye, hochgeehrt mit Titeln und Preisen. Seine Verfügung, bei seiner Beisetzung keine katholischen Sakramente empfangen zu wollen, führte zur Rücknahme der militärischen Ehren, die der Staat ihm als Mitglied der Ehrenlegion am Grabe zu zollen hatte und dadurch zu einer Regierungskrise, die unter anderem den Rücktritt des Kriegsministers zu Folge hatte. Noch im Tode zeigte sich David als Feind der bürgerlichen Gesellschaft.

Herculaneum: Untergang zivilisatorischer Dekadenz

Nicht nur die finanzielle Unterstützung der Uraufführung durch saint-simonistische Kreise, sondern auch das Sujet selbst in seiner historisch-sozialen Überspitzung und ideologischen Exzentrik zeigen die Handlung um die dem Untergang geweihte Stadt Herculaneum als symbolische Verkündung des Unterganges zivilisatorischer Dekadenz durch die neue Lehre. Dem Erfolg der Oper stand diese Botschaft keineswegs im Wege, im Gegenteil: Offenbar war das Werk für manche „fortschrittlichen“ Bürger nach 1848 ein Fanal sozialer Utopie, wie es Wagner für den 1859 teilweise fertiggestellen „Ring des Nibelungen“ erhoffte.

Es ist nicht das erste und einzige Mal, daß sich eine

politische Botschaft im Gewande einer Oper äußert – die Befreiungsopern der Französischen Revolution können als Beispiel dienen, vielleicht auch Mozarts „Zauberflöte", sollte sie als freimaurerische Werbung gemeint sein. Aber eine vergleichbare, quasi parteipolitische musikalische Äußerung jenseits der Liedform dürfte, so weit vor Brechts und Eislers Lehrstücken, nur schwer zu finden sein. Daß im Falle von „Herculanum" die Deutlichkeit der Aussage an der Symbolik der Handlung gelitten haben dürfte, ist ein Schicksal, das Davids Oper mit vielen musikalischen Bühnenwerken der Vergangenheit teilt, ob es sich um die den Siebenjährigen Krieg ankündigende Oper „Montezuma" von Friedrich II. von Preußen und Carl Heinrich Graun handelt (1755) oder um Beethovens Ballett „Die Geschöpfe des Prometheus" von 1801, getragen von der Hoffnung auf den Befreier Bonaparte, oder auch um etwas klarer formulierte Stücke wie „Guillaume Tell" von Gioacchino Rossini aus dem Jahr vor der Pariser Juli-Revolution von 1830. Insofern stellen die gewaltigen Bühneneffekte, der Auftritt des Teufels und die ausufernden Bacchanale (ausschweifende Trinkgelage) „Herculanum" an die Seite der epochalen „Grands Opéras" von Meyerbeer, Halévy und Auber mit ihrer erschütternden, geradezu betäubenden Wirkung. Sie dürfte es dem Zuhörer nicht leicht gemacht haben, die zentralen Intentionen zu verstehen, etwa Zukunftsfantasien über eine gerechtere Welt. Auch Hagens Schlußwort „Zurück vom Ring!" kann nach den Schrecknissen und Verwirrungen der stundenlangen Musikdramen des „Ringes" wohl kaum eine Rückwendung zum klaren Erfassen des sozialpolitischen Zieles des Werkes herbeiführen. Allerdings muß man berücksichtigen, daß das Wirtschaftsunternehmen „Grand Opéra" lebte und nur leben konnte als sensationelles Ausstattungsstück von riesigen Ausmaßen mit höchstem Sinnenreiz, größter Bühnenkunst, enormen Effekten und möglichst vielfarbiger und exotischer „couleur locale" – einer Ansammlung von Superlativen, vergleichbar nur dem barocken Hoffest oder dem heutigen Rockkonzert berühmter Stars mit ausufernder Bühnenshow. Wer immer die alles übertönende Fanfare der „Grand Opéra" für seine Ziele nutzen wollte, mußte sich diesen Bedingungen beugen. Der Untergang von Herculaneum durch den Ausbruch des Vesuv bot dem Komponisten dazu eine geeignete Kulisse. David konnte dabei mit seinem gigantischen, musikalischen Untergangsspektakel an etwas anknüpfen, was – im Medium des Romans – Lytton-Bulwer in seinem Bestseller „The Last Days of Pompei" (1834) inszeniert hatte. Auch dort geht es ja um die Verfolgung glaubenstreuer Christen, um bedrohte weibliche Unschuld, erscheint der Ausbruch des Vesuv nicht nur im dramaturgischen Sinn als „Lösung" der anstehenden Konflikte, sondern im ideologischen Verständnis als Strafe Gottes über das Sündenbabel am Golf von Neapel.

Ein Übriges tat die Musik selbst, die – war sie gut komponiert – seit jeher die Tendenz hatte und hat, begriffliche Deutlichkeit zu untergraben. Hier: Bacchantenchöre, Faun- und Musenballette, schmelzende Liebesarien und -duette, virtuose Hymnen an Venus, orchestrale Erdbeben und Trunkenheitsdelirien, schmetternde Triumphgesänge von Helios und später von den Sklaven in der Art Verdis, Satans Siegeskoloraturen, sechsstimmige Chöre in der Vision der Lilia, Weissagung des Magnus auf einer Tonhöhe wie beim Steinernen Gast im „Don Giovanni" sowie eine Flut durch Orchesterschläge und -einwürfe begleiteter Rezitative. Einen besonderen und den Verstand vollends lähmenden Hörgenuß dürfte jenes Geräusch erzeugt haben, welches vor der Schlußszene gefordert wird: „Écroulement dans les coulisses" – also Einsturz, Zusammenbruch in den Kulissen. Stürzten die Kulissen selbst ein, oder wurde hinter den Kulissen ein entsprechendes wüstes Krachen ausgelöst? Die selige Todeserwartung von Helios und Lilia, ihre sanfte Sehnsucht nach einem besseren Leben wird dieser Sensation kaum die Waage gehalten haben – so auch Wesentliches dieser saint-simonistischen Erweckungspredigt zur Umkehr von sinnlicher Dekadenz zu Wahrheit, Menschenliebe, Gerechtigkeit und Einfachkeit. Wagners lebenslange Hoffnung, die „Hure Paris" möge in Feuer aufgehen, zeigt eine Möglichkeit, Herculaneum und den „vengeur" Vesuv zu aktualisieren.

Anmerkungen

1 Fußnote zur Bühnenanweisung: „Die geologische Formation dieser Felsen scheint einer Caprice (franz. ‚Laune', Anm. d. Hrsg.) des Malers entsprungen zu sein, hat jedoch ihr genaues Vorbild in Sorrent in der Nähe von Neapel. Die wüste Landschaft ist das Werk von Herrn Despléchin, einem unserer großen Poeten unter den Bühnenmalern."

2 Benannt nach dem französischen Sozialtheoretiker Saint Simon, eigentlich: Claude Henri de Rouvroy, 1760–1825. (Anm. d. Hrsg.).

3 Pierre Joseph Proudhon (1809–1865) war ein französischer Ökonom, Soziologe und Anarchist (Anm. d. Hrsg.).

la galleria degli ercolanesi

Mico Capasso

Herculaneum als Konstruktion. Von Goethe zur virtuellen Realität

Die ersten Reisenden, die die antiken Ruinen besucht haben, hielten ihre Eindrücke in Zeichnungen fest. Reproduktionen der wiederentdeckten Städte gingen um die Welt, bezauberten die Betrachter und weckten die Sehnsucht der Gelehrten. Noch bevor Goethe Deutschland verließ, nährten Bilder mit Veduten[1] von Pompeji seinen Traum von einer „Italienischen Reise". Bilder stellten damals wie heute das Medium dar, durch das sich das Vergangene ankündigt. In der Reproduktion, in der für sie typischen Dislokation, zeigte sich die Aura alles andere als zerstört. Sie konnte vielmehr, befreit vom Original, ihren Glanz entfalten. Goethes Beispiel zeigt: Durch das Betrachten der Bilder wird der Wunsch, den Ort selber zu sehen, der die Bilder inspirierte, keineswegs ausgelöscht, sondern eher beflügelt. Von dem französischen Architekten Francois Mazois (Le ruines de Pompei, 1812-1839) bis zu Fausto und Felice Niccolini (Le case ed i monumenti di Pompei disegnati e descritti, 1854) dokumentiert die gesamte Literatur diese bildhafte Rezeption der Antike. Die virtuellen Reproduktionen, die wir präsentieren, stehen, wenn auch innerhalb ihres ganz speziellen Bezugrahmens, in dieser Tradition, als Erben und als Schuldner.

Abb. 1: Einblicke in das geplante „Museo Archeologico Virtuale" in Ercolano.

Für den, der sich zum ersten Mal diesen Rekonstruktionen nähert, möchten wir eine Bemerkung vorausschicken: Auch die virtuelle Realität hat bereits ihre Geschichte. Und auf eine bestimmte Weise ist auch diese Geschichte bereits in ihren Werdegang eingeschrieben, einen Werdegang in Form einer Parabel. Wir wollen uns diese Figur hier genauer besehen, indem wir ihre Struktur in zwei Phasen darstellen. Am Anfang steht die Abstraktion. Man verfolgt eine Gestalt, eine Idee von einem Haus, einem Tempel, einem Forum. Man tendiert dazu, die zeitliche Dimension auszulöschen: Man strebt zum Beispiel danach, eine Säule ohne Schatten, ohne Kratzer und in einem aseptischen, formalen Raum zu rekonstruieren. Man könnte sagen: das ideale Portrait, technisch perfekt gezeichnet. Perfekt in den Maßen, aber leblos. Eine „virtuelle" Realität, bei der das Adjektiv das Substantiv auffrißt. Die virtuellen Rekonstruktionen, die wir gewöhnlich sehen, sind genau so hergestellt, gehören noch zu dieser Phase. Um aber den Scheitelpunkt der Parabel, d.h. die perfekte Abstraktion, erreichen zu können, fehlt diesen Rekonstruktionen eine zweite Bewegung, die Abwärtsbewegung (um im Bild der Parabel zu bleiben). Durch sie erst erhält die Rekonstruktion eine neue Dimension.

Wie bekommt ein Bild Leben? Das ist die Frage, die diese zweite Phase des Virtuellen, die Abwärtsbewegung in der Parabel, aufwirft. Wenn die Virtualität einen bestimmten Punkt der Sättigung erreicht hat, transportiert sie nur noch sich selbst. Sie löst zu Recht Miß-

trauen und Kritik aus. Es ist deshalb nötig, daß die Bewegung der Abstraktion sich umkehrt: Sie muß einfacher werden, zugleich an Ernst gewinnen und sich der Zeit, auf die sie sich bezieht, und ihrer Spuren bewußt werden. Die Realität ist im übrigen niemals nur Licht, Gleichgewicht, Form, sondern immer auch Schatten, Mißverhältnis, Materie. Das Bild muß „Gestalt annehmen", sagen wir gemeinhin. Es muß sich verkörpern. Es handelt sich um eine Reflexion, die für die Moderne konstitutiv ist, was vor allem beim Film unübersehbar ist. Das Bild muß sich realisieren. Hierin bestehen Aufgabe und Maß für eine Kritik des Virtuellen. Das Virtuelle vergegenständlicht sich bis zur Institutionalisierung:

Abb. 2: Rekonstruktion des „Kollegiums der Augustalen" in Herculaneum.

es wird zum Museum. Genauer: Es stellt die Vorstellung vom Museum als einem indifferenten Behältnis, das ohne den Betrachter existieren könnte, auf den Kopf. Zeigen soll das unser „Museo Archeologico Virtuale", eine absolute Neuheit auf diesem Sektor (Abb. 1). Seine herausragenden Eigenschaften werden Interaktivität und eine komfortable Bedienungsoberfläche sein. Alle Sinne des Besuchers werden angesprochen werden, kurz, er wird den Eindruck haben, er sei in das Geschehen involviert. Aber wie geschieht diese „Realisierung" des Virtuellen?

Es genügt, die Bilder näher zu betrachten. Es handelt sich um bewegte Bilder, also um Kino. Sie sind durch eine Geschichte verbunden, und die Geschichte spielt in einer bestimmten Zeit. Um bei der Realisierung zu bleiben, die wir hier präsentieren, vor allem bei der „Villa dei Papiri", sei folgendes erläutert: Deren virtuelle Wiederentdeckung geschieht nicht wie üblich durch ein kaltes dreidimensionales Modell, sondern auf der Basis von drei unterschiedlichen zeitlichen Ebenen, die sich miteinander vermischen: Erstens die unter dem Bourbonenkönig Karl III. begonnene Ausgrabung, zweitens ihre Aufnahme, die bis heute andauert, und drittens die Villa, wie sie einmal ausgesehen hat. Diese Ebenen, die sich aufeinander beziehen und sich gegenseitig beeinflussen, erlauben nicht nur zu zeigen, „wie es war", sondern vermitteln zugleich den Prozeß der Entdeckung. So wird nicht nur die Archäologie, sondern auch deren Geschichte dokumentiert. Die bourbonischen Ausgrabungen kann man mit dem Plan nachverfolgen, den der Schweizer Ingenieur Karl Weber 1754/60 gezeichnet hat; dort findet man seine ersten Eindrücke und den weiteren Verlauf der Arbeiten. In einer Arbeitspause können wir uns in die ausgehobenen Schächte und Gänge hineinbegeben und an Ort und Stelle Fresken und Gebrauchsgegenstände, Statuen und Mosaiken entdecken. Und unvermittelt kann man sehen, wie die noch verschütteten Ruinen aus dem Schlamm, der diesen Schatz umhüllte, im wörtlichen Sinne „auferstehen" und ihre unvergleichliche Schönheit enthüllen. Diese drei Ebenen sind nicht nur durch die Erzählung zusammengehalten, sondern sind auch durch eine einzige Animation miteinander verbunden, in einer einzigen Bewegung, die einen großen Traum wahr werden läßt, ohne sich in der Analyse und im kalten und gelehrten Katalogisieren der Fundstücke zu verrennen.

Aber auch wenn man sich diese Reproduktionen außerhalb der Erzählung ansieht, außerhalb des narrativen Zusammenhangs, in dem sie stehen, sozusagen im reinen „Wie-es-gewesen-ist", würde man sofort begreifen, was sie so suggestiv macht. Man würde wahrnehmen, daß in den Modellen die Tageszeiten spürbar sind: Tag und Nacht; und ebenso die Witterung, der Wind zum Beispiel. Durch die neue Einbeziehung des Kontexts ist es möglich, den Blick vom Ganzen aufs Einzelne zu lenken oder umgekehrt. Man braucht nur darauf zu achten, welche Genauigkeit auf das Licht verwendet worden ist, auf die zeitgenössische Beleuchtung, um zu begreifen, welche Haltung hinter dieser Arbeit steht und den Bildern ihren ganz eigenen und unerhörten Zauber gibt. Das geht weit über das übliche und abgenutzte Konzept des Fotorealismus hinaus (Abb. 2).

All dies wurde möglich durch die Technik. Vor allem aber durch die Sensibilität derjenigen, die diese Technik benutzten, ihr ihre entscheidende Rolle ließen, aber dafür sorgten, daß sie immer nur Mittel und nie Zweck war. Das Endergebnis ist der kontinuierliche Austausch zwischen den Möglichkeiten der „Hardware", den Dokumenten und der Erfahrung von Archäologen, Historikern und Zeichnern. Und ohne Zweifel stellt dieses Endergebnis einen wesentlichen Teil der Rezeption der Antike dar, und zwar ihrer Wirkungsgeschichte.

So kehren diese Bilder – mit der Leichtigkeit, die nach Italo Calvino der „Software" eigen ist – nun in das Land Goethes und jener begeisterten Reisenden zurück, die sie als erste imaginiert haben. Ihnen und all jenen, die diese Reise eines Tages nacherleben wollen, ist diese Arbeit seit jeher gewidmet.

Anmerkungen

1 Der Begriff „Vedute" (ital.) bezeichnet in der Bildenden Kunst (Malerei, Grafik) die wirklichkeitsgetreue Darstellung einer Landschaft oder eines Stadtbildes. Dem Ziel der realistischen Abbildung sind alle anderen Aspekte der Bildgestaltung (Licht und Schatten, Farben, etc.) untergeordnet.
Das Genre der Vedutenmalerei entstand im 17. Jh. und erreichte seinen künstlerischen Höhepunkt mit Künstlern wie Canaletto, Francesco Guardi oder Giovanni Battista Piranesi im 18. Jh. in Italien (Anm. d. Hrsg.).

Dieter Richter

Der „Brennende Berg". Kulturgeschichte des Vesuv

Der Vesuvausbruch des Jahres 79 n.Chr. war die erste Katastrophe dieser Art in der bewußten, nämlich schriftlich dokumentierten Geschichte der Menschheit. Seit rund 25.000 Jahren ist der Vulkan aktiv, hat dabei acht eruptive, immer wieder von Ruhephasen unterbrochene Zyklen durchlaufen, deren jüngster mit der Eruption des Jahres 79 begann und, vorläufig, bis zum Jahre 1944 reicht. Vorangegangen war ein eruptiver Zyklus, der mit einem katastrophalen Ausbruch zwischen 1880 und 1680 v.Chr. einsetzte: Skelettfunde, die in den 1990er Jahren gemacht wurden, belegen, daß damals die Ansiedlungen in der Gegend um das heutige Avellino zerstört und große Teile der Landschaft verwüstet wurden. Kleinere Ausbrüche folgten, bis etwa ab dem 8. Jh. v.Chr. der Berg sich wieder beruhigte und begrünter Teil der fruchtbaren *Campania felix* wurde (Abb. 1).

Es gehört zu den reizvollen, wenngleich nicht definitiv zu beantwortenden Fragen der Kulturgeschichte, ob sich im kollektiven Gedächtnis der Bewohner der Gegend Spuren dieser älteren Katastrophen aus vorschriftlicher Zeit erhalten hatten, die über Jahrhunderte hinweg vielleicht nur in mündlich getragener Überlieferung ihren Niederschlag gefunden haben. Man wird solche Spuren am ehesten im Mythos finden können. Kampanien ist in besonderer Weise die Landschaft der tellurischen Gottheiten der Unterwelt und des Todes. Die *campi Phlegraei*, die vulkanischen Hügel zwischen Cumae und Neapolis, galten als Schauplatz des urzeitlichen Kampfs der Giganten gegen die olympischen Götter. In Cumae lag das Heiligtum der Sibylle mit der „hundertfältigen Höhle" (Vergil, *Aen. VI,43*); am Avernersee, dem „vogellosen", fand Aeneas den Eingang zur Unterwelt. Daß die Erde am Golf von Neapel porös und dem festen Boden hier nicht zu trauen sei: das ist, bis heute, ein Archetypus der Erfahrung dieser Landschaft.

Aber auch in der gelehrten Tradition der Antike finden sich Spuren dieses alten Wissens. Daß der Vesuv, „in schönsten Feldgütern rings umwohnt", doch auf seinem Gipfel „einem Aschenhaufen ähnlich" sei, weiß Strabon – „so daß man vermuten darf, diese Stelle habe ehedem gebrannt und Schlundbecher des Feuers gehabt, sei aber erloschen, als der Brennstoff verzehrt war" (*Geographika V,4,8*). Im übrigen kannte die Antike zwar Volcanus, den Gott des Feuers, hatte aber keinen generellen Begriff des Vulkanismus.

Was am 24. August des Jahres 79 passierte, kam daher für die Bewohner nicht nur wie ein Blitz aus heiterem Himmel, sondern muß bei ihnen auch jedes Begreifen überstiegen haben, also die Möglichkeit, das Geschehen in vertraute Kategorien des Wissens einzuordnen. Zwar waren, wie Seneca berichtet, Erdbeben in Kampanien nichts Ungewöhnliches (*Nat. Quaest. VI,1*), und mit Erdstößen einhergehend war auch der Ausbruch des Vesuv; es muß den Menschen jedoch bald bewußt geworden

Abb. 1: Das Fresko des Larariums im „Haus der Hundertjahrfeier" (Casa del Centenario) in Pompeji gilt als älteste Darstellung des Vesuv. Der Berg hat hier noch seine ältere Form mit nur einem einzigen Gipfel. Auf der linken Seite Bacchus, mit Trauben bekränzt.

sein, daß sich das, was sich jetzt vor ihren Augen abspielte, mit dieser Art der Katastrophe nicht vergleichen ließ. Ihre Reaktionen lassen sich aus den archäologischen Funden erahnen. Viele von ihnen zogen sich, vor allem in Pompeji, in den Schutz ihrer Häuser zurück. Andere suchten mit rasch zusammengerafften Kostbarkeiten ihr Heil in der Flucht. Aber die Tatsache, daß einer der Flüchtlinge am Strand von Herculaneum (Bootshaus 5) seinen Hausschlüssel bei sich trug, zeigt, daß man vermutlich auch dort glaubte, „anschließend" wieder nach Hause zurückkehren zu können.

Die Neugier, den *mons ardescens*, den „Brennenden Berg" (Tacitus, *Ann. IV,67*) aus der Nähe zu sehen, das

Abb. 2: Giovanni Morghen, „Prospetto del Vesuvio e le sue adiacenze dopo dell´eruzione dell´anno 1631". Der Kupferstich aus Giuseppe Maria Mecattis „Racconto storico-filosofico del Vesuvio" (Neapel 1752), einem frühen „vulkanologischen" Werk verzeichnet die 1631 am Fuße des Berges heimgesuchten Ortschaften, darunter auch Portici, Resina (= Herculaneum) und Torre del Greco.

unbekannte Naturphänomen zu verstehen, treibt hingegen den Älteren Plinius der Gefahr entgegen, beobachtend und diktierend. Der einschlägige Bericht seines Neffen (*Epist. VI,16*) ist nicht nur die älteste vulkanologische Urkunde der Welt (die Vulkanologen sprechen heute vom Typ der „plinianischen" Eruption), sondern vor allem ein philosophisches Dokument aus dem Geiste der Stoa. Es ist ein biographischer Kommentar zu Horaz´ berühmtem *si fractus inlabatur orbis, impavidum ferient ruinae* („wenn krachend selbst das Weltall einstürzt, furchtlos wird ihn der Untergang treffen", *Carm. III,3,7-8*), der Beschreibung idealer Römertugend.

Wenigstens in einem Dokument des Untergangs kommt noch eine andere Haltung gegenüber der Katastrophe zum Ausdruck. *Sodoma Gomora*: So lautet eine der pompejanischen Wandinschriften (*CIL 4976*). Auch wenn dieses Graffito vielleicht nicht während der Ereignisse selber an die Wand gekritzelt wurde, sondern erst von einem der Eindringlinge, die im Anschluß daran in der verschütteten Stadt nach Hinterlassenschaften suchten, so ist es doch in jedem Fall ein Zeugnis aus dem Geist jüdisch-christlicher Spiritualität: Die Katastrophe erscheint als Strafe Gottes über die Sünden der Menschen.

Abb. 3: San Gennaro als Nothelfer Neapels. Kupferstich Neapel 1635.

Göttliche Feuer-Zungen und frühe Katastrophen-Prophylaxe

Mit dem „Initialausbruch" des Jahres 79 war der „Schlafende Riese" nach vielen Jahrhunderten wieder zum Leben erwacht, allerdings zu einem höchst unregelmäßigen Leben, in dem ruhige und unruhige Perioden einander ablösten. Die moderne Vulkanologie hat versucht, dieses vulkanische „Leben" retrospektiv in Phasenverläufe zu gliedern, benutzt zu diesem Zweck auch literarische, historiographische und biographische Dokumente. Auf die große Katastrophe des Jahres 79 folgte eine Reihe von leichteren oder schwereren Ausbrüchen während des frühen und hohen Mittelalters, bis der Berg im 15. Jh. wieder zur Ruhe kam. Erneut begrünten sich seine Hänge, auf dem Boden des Kraters sprudelten warme, mineralische Quellen. „Er ist auch auff allen Orten überauß fruchtbar, und wachsen da allerhand Sorten der besten Früchte, desgleichen die herrlichsten Wein": So hat ihn der Stuttgarter Humanist Hieronymus Megiser 1588 gesehen.[1] Im Dezember 1631 erschütterte dann erneut ein unerwarteter Aus-

Abb. 4: Exvoto, gestiftet zum Dank für geglückte Flucht bei einem Ausbruch des Vesuv, 17. Jh. (Santuario Madonna dell´Arco bei Neapel).

bruch Kampanien, zwar weniger gewalttätig als die „plinianische“ Eruption des Jahres 79, jedoch mit zahlreichen Zerstörungen durch Lavamassen in den Ortschaften am Fuße des Bergs und mit Tausenden von Toten (Abb. 2).

Im katastrophischen und in gewisser Weise auch katastrophenverliebten Jahrhundert des Barock verstand man die Sprache des Feuers als göttliche Flammen-Rede, als Strafe des Himmels über die Sünden der Menschen. „In der ganzen Stadt war anders nichts als Bußpredigen, Beten, Litaneisingen, Beichten, Kommunizieren. Alle Gewerb und Kram-Läden waren gesperrt, die Gassen überall voller Prozessionen, dabei viel tausend Menschen sich geißelten, schwere hölzerne Kreuz trugen, mit ausgespannten Armen herumb liefen, eiserne Ketten an den Hals hängten und also vermeinten, ihre Sünd abzubüßen": So beschreibt der zufällig in Neapel anwesende Württembergische Rentkammer-Rat Hieronymus Welsch aus Nördlingen die Tage nach dem Ausbruch.[2] In einer großen Prozession wird das Blut des Stadtheiligen San Gennaro dem Berg entgegengetragen, woraufhin die Lava zum Stehen kommt: In dieser Lesart wird das Ereignis gleichsam kanonisiert, ist in die zeitgenössische Traktatliteratur, in die Dichtung, die Malerei und die Denkmal-Kunst der Stadt eingegangen (Abb. 3). Bis ins 20. Jh. lebt unter den Bewohnern der Gegend immer wieder die Vorstellung auf, daß „Errettung" vor dem unkalkulierbaren Wüten des Berges nicht in menschlicher Macht stehe.

Natürlich verbreitete sich die Kunde von dem gewaltigen *portentum*, dem unheilbedeutenden „Zeichen" am Golf von Neapel durch ganz Europa. In Deutschland war es Martin Opitz, der in seinem Gedicht *Vesuvius* (1644) an die Eitelkeit menschlichen Tuns angesichts hereinbrechender Katastrophen erinnert und die Ereignisse im fernen Welschland mit den Schrecken des Dreißigjährigen Krieges in Deutschland verknüpft:

„Meinst du, Campanien sei nur ein Ort der Not?
So weit du sehen kannst, mein Freund, da wohnt der Tod!
Dein Vesvius ist hier...".[3]

Spirituelle Sinngebungen und Katastrophenprophylaxe mußten sich freilich auch im Zeitalter des Barock nicht ausschließen. So ließ bereits beim Ausbruch von 1694 der Vizekönig von zweitausend Arbeitern einen Kanal graben, um die auf Torre del Greco zuströmende Lava abzuleiten (ein Verfahren, das auch heute noch am Ätna praktiziert wird).[4] Und in Portici warnte seit 1631 ein königliches Monument die Bevölkerung: *Posteri, posteri, vestra res agitur...*: Wenn der Berg wieder zu rauchen beginne, Flammen werfe und die Erde erschüttere, dann stehe ein neuer Ausbruch bevor. „Sodann, wer du auch seist, mache dich fort, solange es noch angehet! [...] Kehre dich nicht an dein Haus, nicht an dein Vermögen, rette dein Leben durch eine baldige Flucht!"[5] Es ist das erste „Katastrophendekret" einer Regierung, und noch zahlreiche sollten folgen (Abb. 4).

Bereits im 17. Jh. setzten auch erste Beobachtungen der vesuvianischen Aktivitäten ein, und auch hier mischte sich Empirisches mit Spirituellem. Als der gelehrte Jesuit und „Erdforscher" Athanasius Kircher 1638, also erst sieben Jahre nach dem großen Ausbruch, den Berg bestieg und, wie er schreibt, „nicht ohne sichtbarliche Gefahr des Lebens" den Kraterrand erreichte, glaubt er dort zunächst *daemonum horrenda phantasmata* zu erblicken, „die schrecklichen Gaukeleien der Dämonen", und die noch größeren Ängste des Jüngsten Tages kommen ihm in den Sinn.[6] Doch dann faßt der Forscher in ihm Mut: Kircher untersucht die Konstitution des Berges, vermißt ihn, beobachtet Formen und Materialien der Auswürfe, um der *subterranea oeconomia* des Planeten auf die Spur zu kommen. Er kommt zu dem Schluß, daß der Vesuv durch unterirdische Stollen *(cuniculi)* mit anderen vulkanischen Zonen der Erde verbunden sei: ein unsichtbarer, unterirdischer „Haushalt" der Erde, der diese ebenso versorge und am Leben erhalte wie das System von Adern und Muskeln den menschlichen Körper (ein erstaunlich moderner Gedanke).

Das schönste Schauspiel, das Europa zu bieten hat

Athanasius Kircher war beileibe nicht der einzige, der, bereits im 17. Jh., den Vulkan bestieg. War es bei ihm noch eher wissenschaftliche Neugier gewesen, die ihn zu dem mühsamen Unternehmen veranlaßt hatte, so wird der Ausflug auf den „Brennenden Berg" bei den Reisenden der „Grand Tour" bald zu einem festen „touristischen" Programmpunkt ihres Neapel-Aufenthalts. „Das schönste Schauspiel, das Europa zu bieten hat", nennt Charles de Brosses, ein sonst recht nüchterner Beobachter, 1739 den Blick vom Gipfel.[7] Und mit dieser Begeisterung steht er nicht allein. In der immer wiederkehrenden Metapher des „Schauspiels" kommt dabei eine neue, nämlich ästhetische Wahrnehmungsweise des Vulkans zum Ausdruck. Im 18. Jh. hatte sich mit der „Ästhetik des Erhabenen" ein neues landschaftliches Schönheitsideal Bahn gebrochen, und das Panorama vom Gipfel des Vesuv auf Meer und Inseln erfüllte alle diesbezüglichen Erwartungen an einen „großen", „majestätischen" Anblick. Zur Inszenierung gehörte der nächtliche Aufstieg bei Vollmond, die Begegnung mit der rotglühenden Lava, die Rast beim Eremiten, das Erlebnis des Sonnenaufgangs auf dem Gipfel: Erfahrungen, die immer wieder zu empfindsamen Betrachtungen über Zeit und Ewigkeit, über Tod, Leben und Vergänglichkeit Anlaß gaben. Die Ölbilder und die berühmten Gouachen verbreiteten Ansichten dieses

Abb. 5: Pietro Fabris, Ausbruch des Vesuv am 11. Mai 1771 (Kolorierter Kupferstich aus Hamilton/Fabris, „Campi Phlegraei“, 1776, Tafel 38). Die Lava fließt Richtung Resina (= Herculaneum). Im Vordergrund Sir William Hamilton mit einigen Personen vornehmen Standes.

Schauspiels der Natur durch ganz Europa; die Staffage-Figuren der fremden Wanderer vor dem Feuerstrom sind fester Bestandteil der Ästhetik dieser Bilder (Abb. 5).

Auf diese Weise war der Vesuv zu einem Berg geworden, an dem sich die neue, empfindsame Naturerfahrung der Moderne entzündete – und mit ihr sich frühe standardisierte Formen eines „Berg-Tourismus“ herausbildeten, den unzählige Reisende auf einer Route praktizierten, die bis zum Bau der „Funicolare“ (Standseilbahn) im Jahre 1880 mehr oder weniger gleich blieb. Der Aufstieg war nicht einfach („die größte Anstrengung meines Lebens“, bemerkt Stendal 1817),[8] man mietete in Resina (Herculaneum) einheimische Führer mit Mauleseln oder Pferden, pflegte auf halber Höhe beim Eremiten Rast zu machen und sich mit „Lacrymae Christi“-Wein zu stärken, eventuell bei diesem „geistlichen Gastwirt“ (Neigebauer, 1833) auch zu übernachten, um sich dann beim letzten Abschnitt der Tour über den nachgiebigen Aschenboden von den Führern an Riemen bis zum Kraterrand hochziehen zu lassen. Wenn es die Situation erlaubte, stieg man dann noch in den Krater selber hinab und von dort auf den kleinen Auswurfkegel in dessen Mitte.

„Freunde, denket des Tag, wo wir am tobenden Schlunde
Des Tyrannen Vesuvs saßen in traulichem Kreis,
Unter krachendem Knall auf unserer Freunde Gesundheit
Leerten das heilige Glas voll des vulkanischen Weins..."

so bedichtete 1789 in feierlichen Distichen Wilhelm Gottlob Becker, der Direktor der Dresdner Antikengalerie, ein Picknick am Kraterrand.[9] Denn die erhabenen Gefühle auf dieser Tour vertrugen sich nicht schlecht mit allerlei touristischen Spektakeln (heute würde man von „events" sprechen). So berichtet Johann Joachim Winckelmann, wie er sich zusammen mit Baron von Riedesel an der heißen Lava vergnügte, indem sie „an dem feurigen Flusse Tauben brieten, und Winckelmann hielt, wie die Cyclopen, nackend seine Abendmahlzeit".[10] Weniger homerisch empfindende Reisende begnügten sich mit dem Braten von Eiern und dem Entzünden von Stöcken in der heißen Erde oder prägten Souvenirs mit Münzen und Medaillen, die sie in die warme Lava eintauchten.

Auch wer den Vesuv nicht selber bestiegen hatte, ja nicht einmal in Neapel gewesen war, kannte ihn: Unzählige Ölgemälde, Gouachen, Kupferstiche, Lithographien und plastische Modelle, meist von Reisenden als Souvenir erworben oder als Auftragsarbeit hergestellt, verbreiteten die Ansichten des „Brennenden Berges" durch ganz Europa. Gemalte Panoramen, manchmal künstlich illuminiert und mit Musikbegleitung unterlegt, simulierten dem Besucher eine Reise an den Golf von Neapel. Und ein künstlicher Feuer-Berg schmückte seit 1796 nicht nur den Schloßpark von Wörlitz, sondern bildete auch die Attraktion so manches Vergnügungsparks und Jahrmarkts in Europa. Sogar als Kinderspielzeug und Feuerwerks-Spektakel in Tischformat war der Vesuv erhältlich - im Nürnberger Versandhandel (Abb. 6).

So gehörte der Doppelgipfel mit der Rauchfahne über die Jahrhunderte hinweg zur festen Ikonographie des Neapel-Bildes – und das übrigens nicht nur im Bereich der Kunst, sondern auch in dem der populären Psychologie (Abb. 7). Daß der Charakter der Neapolitaner, in denen, wie Ida von Hahn-Hahn schreibt, „ein solcher Vorrat von Brennstoff und Gärung aufgehäuft liegen muß, daß convulsivische Eruptionen niemand befremden",[11] daß also dieser Volkscharakter in seiner Unberechenbarkeit, Leidenschaftlichkeit und Gewalt-

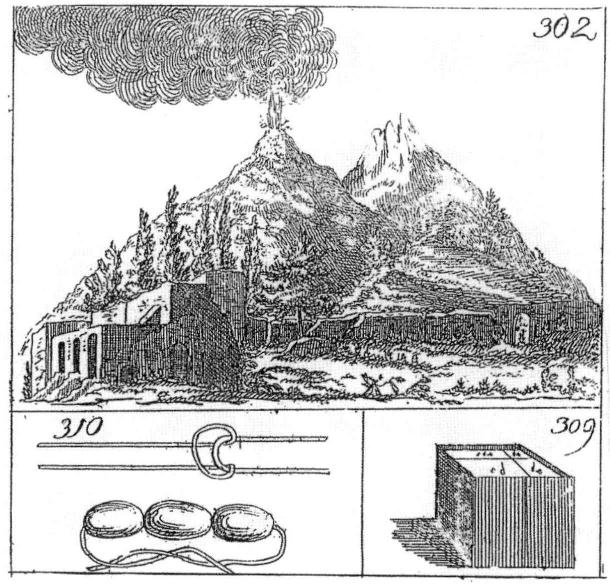

No. 302. Der große Vulkan, welcher ganz nach der Natur mit denen Ruinen gemacht, 24 Zoll lang, 18 Zoll breit, 11 Zoll hoch ist. Es befinden sich dabey 24 dazu gemachte Funkenfeuer, welche sehr lange speien, und in denen Zimmern angezündet werden dürfen 6 fl. Kiste dazu 30 kr. Ein kleinerer detto, so auf die nemliche Art gemacht ist, mit 12 Funkenfeuer 2 fl. Ein noch kleinerer detto ohne Ruinen 1 fl.

Abb. 6: Der Vesuv mit den Ruinen von Pompeji als Kinderspielzeug. Modell aus Georg Hieronimus Bestelmeiers „Magazin von verschiedenen Kunst- und anderen nützlichen Sachen", Nürnberg 1803. Das Modell war ca. 50–70 cm hoch.

Abb. 7: Pietro Fabris, Grotte am Posillipo mit neapolitanischen Volksszenen, im Hintergrund der Vesuv, ca. 1773. Ölgemälde im Schloß Wörlitz, Schlafzimmer der Fürstin (Kat. 11.2).

tätigkeit ein Spiegelbild des Vulkans selber sei: das ist ein fester Topos in der Wahrnehmung der Neapolitaner, der „Wilden von Europa".[12] Nicht zufällig begleitet in Daniel Aubers berühmt gewordener Revolutionsoper „Die Stumme von Portici" (1828) ein Ausbruch des Vesuv die Revolte des Masaniello.

Vulkane sind eine Wohltat der Natur

Für die Naturphilosophie der Aufklärung verband sich mit der Existenz des „feuerspeienden Berges" ein anderes Problem: Was konnte – teleologisch gedacht – der „Sinn" dieser zerstörerischen Kraft sein? Konnte das Zeitalter des Barock auf diese Frage noch religiös fundierte Antworten geben (Vorzeichen, Mahnung, Strafe

Gottes), so mußten sie im Zeitalter der Aufklärung in der Natur selber gesucht werden. Dabei stellte der Vesuv (ein Musterfall des „Bösen") das optimistische Naturverständnis der Aufklärung auf eine harte Probe. Wie vertrug sich diese „ungestalte Aufhäufung, die sich immer wieder selbst verzehrt und allem Schönheitsgefühl den Krieg ansagt" (Goethe über den Vesuv)[13] mit der Idee einer „guten" und „weisen" Natur?

Die Antwort auf diese Frage versucht die zeitgenössische Naturwissenschaft mit einer Theorie über die Ursachen des Vulkanismus. Danach seien Vulkanausbrüche ebenso wie Erdbeben die Folgen gewaltiger unterirdischer Winde („Blähungen" sagt de Brosses anschaulich),[14] die, wenn sie nicht an bestimmten Stellen aus der Erde entweichen könnten, weit schlimmere Verheerungen anrichten, ja den ganzen Erdball in die

Abb. 8: „Histoire Naturelle, Volcans. Eruption du Vesuve en 1754." Kupferstich von Bernard nach einer Zeichnung von de la Rue, vor 1768. Der Stich findet sich als Illustration zum Artikel „Volcans" in „Diderot/d'Alembert, Encyclopédie, Paris 1768". Aus der Haltung der Figuren im Vordergrund spricht nicht Schrecken, sondern Staunen und Bewunderung angesichts des Ereignisses - im Sinne der „positiven" Deutung der vulkanischen Aktivitäten, wie sie der zugehörige Artikel formuliert (Kat. 11.14).

Luft sprengen könnten. Die Auffassung von den subterranen Winden als Verursachern der Erdbeben findet sich bereits in Senecas Bericht über das kampanische Erdbeben des Jahres 62 n.Chr. (*Nat. Quaest. VI*); auch ihm geht es darum, Ängste und panische Reaktionen angesichts solcher Naturkatastrophen als grundlos und töricht hinzustellen. Auf der Grundlage dieser Theorie und ganz im Sinne der optimistischen Naturauffassung der Frühaufklärung kann daher die französische „Encyclopédie“ in ihrem Artikel „Volcans“ (Abb. 8) formulieren: „Vulkane sind also ein Segen (un bienfait) der Natur, sie bieten dem Feuer und der Luft freien Austritt und verhindern so, daß diese ihre zerstörerischen Kräfte außerhalb bestimmter Grenzen ins Werk setzen und das Antlitz unseres Erdballs gänzlich verwüsten können.“[15]

Zu den „Segnungen“ des Vesuv zählte man gern auch die Fruchtbarkeit der umliegenden Ländereien und sogar die Verschüttung von Herculaneum und Pompeji, an deren Studium sich die Nachwelt nun ergötzen könne.

Es wundert nicht, daß solcher frühaufklärerischer Optimismus dem Feuer des Vesuv auch im politischen Kontext eine positive Symbolik zuerkennen konnte. Als die Franzosen 1799 Neapel erobern, dort das reaktionäre Regime stürzen und die „Parthenopäische Republik“ ausrufen, deuten die Jakobiner die Flammen des gleichzeitig ausbrechenden Vesuv als „Freudenfeuer“. Die gewaltigen erdgeschichtlichen Kräfte, die sich im vulkanischen Feuer Bahn brechen, stehen in der revolutionären Symbolik für die großen gesellschaftlichen Umwälzungen, mit denen sich das Neue, Lebendige gegen das verkrustete Alte Bahn breche und alles Vergangene gewaltsam mit sich hinweg reiße.

Abb. 9: Pietro Fabris, Anwachsen des Aschenkegels in der Zeit vom 8. Juli 1767 bis zum 29. Oktober 1767 (Kolorierter Kupferstich aus Hamilton/Fabris, „Campi Phlegraei“, 1776, Tafel 2). Das Bild illustriert Hamiltons Beobachtungen des Ausbruchs in seinem Bericht für die „Royal Society“.

Abb.10: Hubert Sattler (1817–1904), Der Vesuv, von der Innenstadt von Neapel aus gesehen, 1876, Öl auf Leinwand – Salzburg, Museum Carolino-Augusteum (Kat. 11.8).

Höllenspektakel, Melancholie

Spätestens in der Epoche der Romantik wird dieser Naturoptimismus radikal in Frage gestellt. Der Vesuv wird zum Sinnbild für die Nachtseiten der Natur, die dunklen Leidenschaften, die auch in der Brust des Menschen wüten. „Beim Anschauen dieses Aufenthaltes mußte man sich fragen, ob die Güte allein den Erscheinungen der Schöpfung vorstehe oder ob nicht irgendein verborgenes Prinzip die Natur wie den Menschen zur rohen Wildheit zwinge“, fragt sich Germaine de Staels „Corinna“ beim Blick in den Krater des Vesuv.[16] Von einer „guten“ Natur kann nicht mehr die Rede

sein. Am Vesuv, dem „ungeheuren Scherbenberg der Zeit" (Jean Paul)[17] erscheint sie als ein sinnlos verschlingendes Ungeheuer. Die alten Bilder der Hölle kehren wieder, die barocke Botschaft der *vanitas*, der Eitelkeit aller Dinge, artikuliert sich in einem neuen Tonfall. Auch die Ruinenfelder der Ausgrabungen von Herculaneum und Pompeji sind in dieser Optik nichts anderes, als die stummen Zeugnisse der Vergänglichkeit alles Irdischen:

„...Hierher komme
Wer Menschenlos zu preisen sich vermißt
Und seh sich das Bemühen an, mit dem
Die liebende Natur uns segnet"

heißt es in Leopardis berühmten Gedicht über den „Sterminator Vesevo", den „Vernichter Vesuv." [18]

Gefühle der Melancholie waren es auch, die viele Besucher der Ausgrabungen beim Gang durch die Straßen von Pompeji beschlichen haben. „Die Häuser stehen da, wie leere Särge; Straßenreihen, Tempel, Theater, Forum – alles totenstill, vom Sommerzauber flimmernd. Nie fühlte ich solche Wehmut": So notierte der Historiker Ferdinand Gregorovius in seinem Tagebuch.[19] Denn die Gefahr durch den Berg blieb den Besuchern der Ausgrabungen natürlich bewußt : „Er sieht höchst drohend, unheimlich und gewaltig in die stillen Straßen hinein, und man kann nichts Ernsteres sehen, als diesen grimmigen Verderber, noch mit derselben Kraft ausgerüstet, um jeden Augenblick dasselbe Unheil anzurichten, und diese redenden Beweise seiner vor achtzehn Jahrhunderten begangenen größten Untat" (Fanny Mendelssohn).[20] In den ausgegrabenen Städten am Vesuv war die andere, die „gewöhnliche" Antike zutage gekommen, und große und erhabene Gefühle stellten sich bei den Besuchern nur selten ein.

Wege der Forschung

Hatte bereits im 17. Jh. mit Athanasius Kirchers unerschrockener Suche nach der *naturae operantis potentia,* der „Kraft der wirkenden Natur", eine Betrachtungsweise eingesetzt, die sich mit religiösen Deutungsmustern der vulkanologischen Phänomene nicht mehr zufrieden geben wollte, so setzt sich im Zeitalter der Aufklärung diese forschende Gesinnung weiter fort. Dabei war von Anfang an klar, daß nur eine genaue Beobachtung der „Brände" des Berges (wie man damals sagte), also des Verlaufs einzelner eruptiver Phasen, möglichen Aufschluß über die Ursachen der Erscheinungen bringen könnte. In Neapel waren es seit den 1730er-Jahren zwei ortsansässige Gelehrte, die solche genaueren Beobachtungen anstellten und in mehreren Denkschriften der dortigen Akademie vorlegten: der Arzt Francesco Serao und der Augustiner-Pater Giovanni Maria Della Torre. Beider Werke erschienen auch in englischen, französischen und deutschen Übersetzungen, lenkten damit die Aufmerksamkeit der Forscher auch außerhalb Italiens auf den „Brennenden Berg".

Es war dann Sir William Hamilton, der sich während seiner Zeit als britischer Gesandter am neapolitanischen Hof (1764-1800) intensiv der Erforschung des Vesuv widmete und das Thema des Vulkanismus in der gelehrten Diskussion vorantrieb. Unzählige Male hat er den Berg bestiegen, dort ganze Tage und Nächte mit Beobachtungen verbracht, hatte sich auch, um dem Berg näher zu sein, ein kleines „Casino", die „Villa Angelica" in der Nähe von Torre Annunziata als Beobachtungsstation errichten lassen. Seine der „Royal Society" in London eingereichten „Observations on Mount Vesuvius" erschienen in den 1770er und 1780er-Jahren auch in deutscher Übersetzung: Musterbeispiele einer empirischen Naturbeobachtung, in denen der „Vulcano Lover" (Susan Sontag) geradezu liebevoll Gerüche, Geräusche, Farben, Bewegungen „seines" Berges in den wechselnden Abläufen registriert (Abb. 9). „Ich will mich bloß auf die vielen außerordentlichen Erscheinungen einschränken, die ich selbst betrachtet habe und ihre Erklärung gelehrten Naturforschern überlassen,"[21] schreibt er bescheiden. Im übrigen hoffte er, über solche Beobachtungen auch zu Möglichkeiten der Prävention zu gelangen, Ausbrüche also vorhersagen und die Bevölkerung entsprechend warnen zu können – ein Vorhaben, das ihm bei zwei Ausbrüchen auch tatsächlich gelang.

Das Interesse der gelehrten Öffentlichkeit in Europa an den Aktivitäten des Vesuv hatte allerdings auch einen theoretischen Hintergrund: Es ging darum, durch das Studium des Vulkanismus zu Einsichten in die Entstehungsprozesse der Erde zu gelangen, wobei sich im Streit mit den „Neptunisten" die „Vulkanisten" vom Studium der Vulkane entscheidende Aufschlüsse erhofften[22]. Goethe, der Partei der „Neptunisten" zuneigend, nutzte in diesem Sinne seinen neapolitanischen Aufenthalt, um während seiner drei Vesuv-Besteigungen die Schlackenbildung und die Mineralogie der Auswurfmaterialien zu studieren; auf der Grundlage dieser Beobachtungen läßt er dann in „Faust II" Mephisto und die Teufel den konträren Part der „Vulkanisten" spielen (Akt IV, Szene „Hochgebirg").

Das 19. Jh. brachte dann die Institutionalisierung der Forschung. „Wir haben die Blitze vom Himmel geholt, aber das, was wenige Meter unter unseren Füßen geschieht, in der Erde, auf der wir doch alle leben und sterben, das ist für uns immer noch ein großes Geheimnis": Mit diesen Worten, die bis heute fast nichts an ihrer Aktualität verloren haben, eröffnete Macedonio Melloni 1841 das „Osservatorio Vesuviano", die älteste vulkanologische Forschungsstation der Welt.[23] An der gleichen Stelle, an der bisher der Eremit dem Feuer getrotzt hatte, nahmen jetzt Wissenschaftler ihre Arbeit auf, unter ihnen Luigi Palmieri (1865-1894) und Giuseppe Mercalli (1911-1914).
Im Jahr 1911 gründete dann Immanuel Friedlaender (1871-1948) aus privaten Mitteln sein „Institut für Vulkanologie". Es hatte seinen Sitz auf dem Vomero in Neapel und unterhielt eine Beobachtungsstation an der Solfatara bei Pozzuoli. Der Vesuv war nun zum rundum bewachten wissenschaftlichen Beobachtungsobjekt geworden (Abb. 10).

Er raucht nicht mehr

Beobachtung konnte freilich nicht verhindern, was geschah. Auch die Zeit des 19./20. Jh. war geprägt durch eine Reihe schwerer Ausbrüche oder lateraler Lava-Effusionen, die die Ortschaften am Fuß des Berges schwer in Mitleidenschaft zogen. 1861 berührte die Lava Torre del Greco; 1872 wurden die Dörfer Massa und San Sebastiano zerstört, eine Erdspalte, die sich unterhalb des Observatoriums auftat, verschlang eine Gruppe von Wanderern. Ein besonders schwerer Ausbruch ereignete sich 1906. Nach einer gewaltigen Gasexplosion wurde die Gegend von Ottaviano durch Schlammströme verwüstet (Abb. 11), in Neapel fanden zahlreiche Menschen durch den Einsturz einer Markthalle unter den vulkanischen „Bomben" den Tod. Der Vesuv blieb für die örtliche Bevölkerung ein beständiges Risiko.

Für die Besucher veränderte sich durch die technischen Innovationen des 19. und 20. Jh. der Zugang zum

Abb. 11: Der erkaltete Lavastrom vor Massa, 1907.

Abb. 12: Ausbruch des Vesuv. Postkarte von 1907.

Berg. Seit 1839 verband eine Eisenbahnstrecke, die „Circumvesuviana", Neapel mit den Orten am Vesuv: die älteste Eisenbahntrasse Italiens. Im Jahre 1880 eröffnete die Firma „Thomas Cook" die durch die „Funiculì-Funicolà"-Kanzone berühmt gewordene Standseilbahn, die etwa 100 Meter unterhalb des Gipfels endete. In weniger als vier Stunden erreichte man jetzt von Neapel aus den Gipfel des „Brennenden Berges". Die Cook´sche „Funiculare" wurde allerdings durch den Ausbruch des Jahres 1906 bereits wieder zerstört (Abb. 12). Heute benutzen die meisten Touristen die Autostraße auf den Berg. Was früher eine mühsame Tour gewesen war, ist längst zu einem schnellen Ausflug geworden.

Daß der leichtere Zugang zumindest bei sensibleren Besuchern den überwältigenden Eindruck nicht mindern konnte, den der „Brennende Berg" seit alters her machte, zeigen Berichte wie die von Alfred Sohn-Rethel (1926) oder Simone de Beauvoir und Jean-Paul Sartre (1936). Es ist die beunruhigende Erfahrung einer aus den Fugen der Ordnung und des Regelmaßes geratenen Natur, die Konfrontation mit dem Chaos im Kosmos, die die Rezeption in der Moderne bestimmt. „Was für ein gewaltiger Kuchen war dieser Planet, schlecht gebacken, zu lange gebacken, zu hoch getrieben, schrundig, aufgesprungen, rissig, stockfleckig, blasig, löcherig, rauchend, qualmend, noch immer kochend und brodelnd": So Simone de Beauvoir über den Blick in den brodelnden Krater.[24]

Der letzte Ausbruch des Vesuv fand im März 1944 statt, in den dramatischen Wochen der alliierten Besetzung Süditaliens. Seitdem ruht der Berg, die berühmte Rauchfahne ziert nicht mehr die Ansicht des Golfs – höchstens in populären Karikaturen oder in der Pop-Art von Andy Warhol.

Durch die wilde, durch Spekulation begünstigte Bebauung der Gegend in der Nachkriegszeit sind die unteren Hänge des Berges heute mit zahllosen Häusern übersät. Seit 1995 versucht ein Gesetz zur Einrichtung eines „Nationalparks Vesuv" die immer noch reizvolle Gegend einigermaßen zu schützen und zu erschließen.

Rund um den Vesuv leben heute rund 3 Millionen Menschen; Portici ist mit 3300 Einwohnern pro Quadratkilometer die am dichtesten besiedelte Gemeinde Italiens. Seit Ende der 1990er Jahre bestehen Evakuierungspläne für den Fall eines erneuten Ausbruchs. Seit 2003 unterstützt die Region mit einem finanziellen Bonus Umsiedler aus den Gemeinden der „zona rossa", der unmittelbaren Gefahrenzone. Nur wenige machen von diesem Angebot Gebrauch.

Wie groß das Risiko eines erneuten „Erwachens" des „Schlafenden Riesen" ist, kann niemand sagen. Das „Vesuv-Observatorium", das heute seinen Sitz nicht mehr auf dem Vesuv selber, sondern in Neapel hat, überwacht mit Meßstationen rund um den Berg mögliche Veränderungen. Sicher ist, so die Wissenschaftler des Instituts, nur eines: Der Vesuv ist kein erloschener Vulkan.

Bibliographie

F. Furchheim, Bibliografia del Vesuvio (1897).

G. Battista Alfano – I. Friedlaender, Die Geschichte des Vesuv, illustriert nach gleichzeitigen Urkunden (1929).

H. Pichler, Italienische Vulkan-Gebiete I: Somma-Vesuv, Latium, Toscana (1990).

N. di Fusco – E. Di Caterina, Il Vesuvio (1998).

C. Albore Livadie (a cura di), L´eruzione vesuviana delle „pomici di Avellino" (1999).

M. Krafft, I Vulcani, il fuoco della terra (1993).

E. De Carolis – G. Patricelli, Vesuvio 79 d.C. La distruzine di Pompei ed Ercolano (2003).

P. Gasparini – S. Musella, Un viaggio al Vesuvio (1991).

D. Richter, Der Vesuv. Geschichten und Gedichte über den brennenden Berg (1990).

D. Richter, Neapel. Biographie einer Stadt (2005).

All´ombra del Vesuvio. Napoli nella veduta europea dal Quattrocento all´Ottocento (1990).

G. Orsi u.a., I vulcani napoletani. Pericolosità e rischio (2001).

Anmerkungen

1 H. Megiser, Delitiae Neapolitanae (1605) S. 76.
2 H. Welsch, Warhafftige Reiß-Beschreibung, aus eigener Erfahrung [...] von ihme selbsten beschrieben (1658) S. 81.
3 M. Opitz, Weltliche Poemata, T.I (1967) S. 78.
4 Geheime Brieffe, so zwischen curieusen Personen über notable Sachen der Staat- und gelehrten Welt gewechselt worden, T. IX (1701) S. 820.
5 Portici, Corso Garibaldi.
6 Athanasii Kircheri Mundus Subterraneus, t.I, Amstelodami 1665, cap.III, praefatio und S. 180.
7 Des Präsidenten de Brosses Vertrauliche Briefe aus Italien, Bd. I (1918) S. 313.
8 Stendal, Reise in Italien (1911) S. 204.
9 Neues Deutsches Museum, hrsg. v. Ch. H. Boie, Bd. I (1789) S. 647 („An meine Gefährten auf dem Vesuv").
10 J. J. Winckelmann, Briefe, hrsg. v .W. Rehm, Bd. III (1952) S. 328.
11 I. von Hahn-Hahn, Jenseits der Berge (1845) S. 146.
12 A. von Kotzebue, Erinnerungen von einer Reise aus Liefland nach Rom, Bd. II (1805) S. 157.
13 Italienische Reise, Neapel, 6. März 1787.
14 Ch. de Brosses, Vertrauliche Briefe, a.a.O., S. 318.
15 Encyclopédie, vol. XVIII, S. 443.
16 Madame de Stael, Corinne ou l´Italie, vol. II (1979) S. 62.
17 J. Paul, Werke, hrsg. v. N. Miller (1975) Bd. VI, S. 647 (aus „Titan").
18 G. Leopardi, Gedichte und Prosa (1979) S. 91 („Der Ginster oder die Blume der Wildnis").
19 F. Gregorovius, Römische Tagebücher, hrsg. v. F. Althaus (1893) S. 7.
20 F. Mendelssohn, Italienisches Tagebuch, hrsg. v. E. Weissweiler (1983) S. 146.
21 W. Hamilton, Beobachtungen über den Vesuv (1773) S. 2.
22 Die „Neptunisten" sahen den Ursprung der Erde im Wasser, die „Vulkanisten" hingegen im vulkanischen Feuer.
23 Vesuvio, il Vulcano (1997) S. 37.
24 S. de Beauvoir, In den besten Jahren, Reinbek 1961, S. 229.

Josef Mühlenbrock

Mensch und Vulkan. Eine archäologisch-historische Spurensuche

Feuerspeiende Berge, die Ströme glühendheißer Lava hervorquellen lassen, Ascheregen, die Häuser und Natur in ein schmutziges, düsteres Grau tauchen, Erdbeben, die sekundenlang unsere Welt erschüttern. Bilder solcher Naturkatastrophen sind uns allen präsent. Satelliten umkreisen fortwährend die Erde und erfassen genau alle Veränderungen auf der Oberfläche unseres Planeten, Fernsehsender übertragen live in alle Welt. Man ist per Internet und rund um die Uhr laufender Nachrichtensendungen im Fernsehen zeitnah über solche Phänomene informiert. Seitdem ein Tsunami am 26. Dezember 2004 ganze Landstriche in Südostasien verwüstete und mehr als 200.000 Menschen das Leben gekostet hat, ist uns wieder bewußt, wie sehr der Mensch – trotz allen Fortschritts – den Naturgewalten schutzlos ausgesetzt ist.

Schon seit alters her mußte sich der Mensch mit Naturkatastrophen in seinem Lebensraum auseinandersetzen. Gerade Vulkanausbrüche, diese Relikte aus der Entstehungsgeschichte der Erde, haben auch Menschen früherer Zeiten und Kulturen erschüttert. Das Nebeneinanderleben von Mensch und Vulkan hat seine Spuren hinterlassen, aber verschüttete, die oftmals noch von Archäologen, Historikern und Naturwissenschaftlern freigelegt und gedeutet werden müssen und die zum Teil noch heute Rätsel aufgeben. Die Spuren lassen uns in genau den Spiegel schauen, in dem die Menschen der Vergangenheit Naturkatastrophen gesehen und gedeutet haben. Das Spiegelbild zeigt uns das wirtschaftliche, soziale und kulturelle Umfeld, aus dem heraus sie das Nebeneinander von Mensch und Vulkan wahrgenommen haben.

Hominiden auf der Spur

Die ältesten Spuren für das Zusammentreffen von Mensch und Vulkan sind fast 4 Millionen Jahre alt und stammen aus Laetoli in Tansania. Folgendes muß sich dort, in einem bewaldeten Gebiet in der Nähe des Sadiman, eines vulkanischen Berges, etwa 40 Kilometer südlich der Oldowai-Schlucht zugetragen haben: Tagelang hatte der Vulkan Wolken grauer Asche ausgespieen, die die gesamte Umgebung einhüllten. Kurze Regenschauer kündigten das Ende der Trockenzeit an, dicke Wassertropfen bohrten kleine Krater in die dünne Ascheschicht. Nachdem der Regen nachgelassen hatte, hinterließen zahlreiche Tiere ihre Spuren in der feuchten Vulkanasche: Elefanten, Büffel, Antilopen, Säbelzahntiger und Paviane.

Doch nicht für seine Tierspuren ist Laetoli bekannt, sondern für den frühesten Nachweis des aufrechten

Abb. 1: Fußspuren von Laetoli (Tansania).

Gangs von Hominiden (Abb. 1). Denn mitten durch die Vulkanasche lief ein großes, wahrscheinlich männliches Individuum langsam Richtung Norden. Ihm folgte ein kleineres Individuum, das seine Füße in die Abdrücke des ersten setzte. Ein Kind hüpfte neben den beiden her und wandte sich an einer Stelle ab, um nach links zu blicken. Nach 27 Metern verliert sich die Fährte. Die Sonne ließ sie zementhart erstarren, weitere Asche, Regen und Sand bedeckten die Abdrücke – bis 1976. In diesem Jahr war nämlich ein Team von Paläoanthropologen unter der Leitung von Mary Leakey dort mit Ausgrabungsarbeiten beschäftigt.[1] Einer netten Anekdote nach bewarfen sich Andrew Hill und ein Kollege mit getrocknetem Elefantenmist.[2] Als Hill den Geschossen auswich, stolperte er über eine Bodenerhebung, die sich später als versteinerte Spur im Boden herausstellte. Bis

Abb. 2: Ausgrabungen in Çatal Hüyük, Anatolien (Türkei).

1979 legte man über 69 Fußabdrücke frei. Untersuchungen ergaben, daß es keine Spuren des modernen Menschen waren, sondern daß sie schon 3,6 Millionen Jahre alt sind und von einer Vormenschenart, wahrscheinlich dem „Australopithecus afarensis“, stammen. Eine archäologische Sensation, denn die Spuren beweisen, daß dieser Zweig der Familie der Hominiden zu dieser Zeit schon aufrecht ging, lange bevor man Steinwerkzeuge anfertigte.

Vulkane an der Wand – Die steinzeitliche Stadt Çatal Hüyük

Nach diesem „zufälligen“ Zusammentreffen von Vormensch und Vulkan haben sich auch Individuen unserer Gattung „Homo sapiens“ schon sehr früh bewußt mit den Naturphänomenen in ihrer Umgebung auseinandergesetzt. In prähistorischer Zeit, als man Informationen und Botschaften noch nicht in Schrift(zeichen) festgehalten hat, prägten Bilder das Leben der Menschen. Dabei hat man auch seinen Lebensraum, seine Umgebung mit den markantesten topographischen Punkten abgebildet. Erstmals ist auch das Nebeneinander von Mensch und Vulkan bildlich nachgezeichnet, mit Naturfarben auf einer getünchten Hauswand, und zwar in der heutigen Türkei. Dort, in der fast baumlosen Landschaft des Hochlandes von Anatolien, entdeckte man eine der frühesten bekannten Siedlungen vorgeschichtlicher Zeit überhaupt (Abb. 2).

Die Wände waren mit Reliefs, Skulpturen und Wandbildern verziert, darunter viele Zeichnungen von Frauenfiguren. Funde lassen auf den Anbau von Erbsen, Linsen und Getreide, aber auch Haustierhaltung und Jagd als Nahrungsergänzung schließen. Spiegel aus Obsidian und Schmuckstücke aus Kupfer und Blei belegen einen gewissen Luxus. Die Produktion von Holzgefäßen war differenziert, die Verarbeitung von Wolle zu mehrfarbigen Textilprodukten bereits voll entwickelt.

In einem der Häuser (Schicht VII 14) legte man 1963 die früheste kartographische Darstellung im europäisch-vorderasiatisch-nordafrikanischen Kulturkreis frei: Am Fuß eines Berges erkennt man circa 80 rechteckige Gebilde, wahrscheinlich die Häuser der steinzeitlichen Siedlung im Grundriß (Abb. 3). Aus der Doppelspitze des Berges tritt eindeutig Eruptionsmaterial aus. Hat man hier einen aktiven Vulkan als Abbild der realen Umgebung dargestellt? So vermuten es zumindest die Ausgräber. Sie identifizierten den Berg mit dem über 3000 Meter hohen Hassan Dağ der von Çatal Hüyük aus zu sehen ist.[4] Und dies klingt plausibel. Wahrscheinlich war dieser Vulkan und sein Auswurfmaterial für die Bewohner von Çatal Hüyük nicht nur eine Bedrohung. Denn dort entdeckten Archäologen viele Gegenstände aus Obsidian, einem Gestein vulkanischen Ursprungs, das entsteht, wenn gasreiches, zähes Magma an die Oberfläche geschleudert wird und dann schnell erkaltet. In der Steinzeit wurde Obsidian wegen seines scharfkantigen, muscheligen Bruches ebenso geschätzt wie Feuerstein als Material für Werkzeug, Waffen und auch Luxusartikel. Da man die Herkunft des Obsidians anhand der Beimischung an Spurenelementen bzw. der Isotopenzusammensetzung und des Alters bestimmen kann, geben Obsidianartefakte auch wichtige Auskünfte über prähistorischen Handel. Und ein wichtiges Obsidianvorkommen ist – neben dem ebenfalls in der Türkei liegenden Nemrud Dağ – der Hassan Dağ.[5]

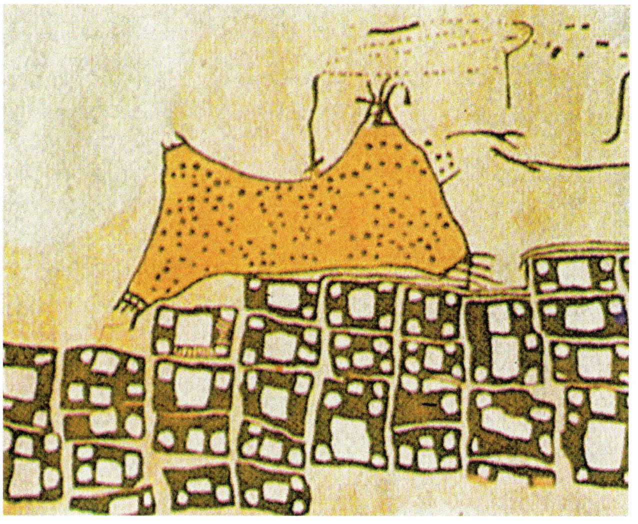

Abb. 3: Umzeichnung der Wandmalerei mit Vulkan aus Çatal Hüyük.

Thera und der Mythos von Atlantis

Abb. 4: Santorin (Griechenland), Aufnahme des Satelliten ASTER.

Ein anderer Vulkanausbruch beschäftigt seit Jahrzehnten sowohl Geowissenschaftler und Archäologen als auch Esoteriker: die bronzezeitliche Eruption des Vulkans von Thera (dem heutigen Santorin), dessen Überreste noch heute Tausende von Touristen auf die Kykladen im östlichen Mittelmeer ziehen (Abb. 4). Die kleine Inselgruppe Santorin ist der obere Kraterrand eines großen

Abb. 5: Die Ausgrabungen in Akrotiri auf Santorin (Griechenland).

Vulkans, der seine letzte größere Eruption vor mehr als 3500 Jahren hatte, in der späten Bronzezeit, die die Archäologen in dieser Region auch die „Minoische Zeit" nennen. Man schätzt heute, daß in mehreren Eruptionsphasen bis zu 30 Kubikkilometer Magma in riesigen Asche- und Glutwolken ausgestoßen wurden. Der Krater des Vulkans stürzte ein und hinterließ die heute noch Hunderte von Metern steil aus dem Meer emporragenden Felswände der Caldera des heutigen Santorin. Asche und Bimsstein vom „Minoischen Ausbruch" finden sich heute noch im gesamten östlichen Mittelmeerraum. Auf Santorin selbst bedecken weißer Bimsstein und Asche große Teile der Inselgruppe noch immer mit einer bis zu 50 Meter dicken Schicht.

Thera war zur Zeit des Ausbruchs besiedelt. Unter der Asche und dem Bimsstein legten Archäologen am Ende des 19. Jh. Überreste von Mauern und Häusern einer minoisch geprägten Zivilisation frei. Unweit des Dorfes Akrotiri im südlichen Teil Santorins stieß der griechische Archäologe Spyridon Marinatos 1967 auf die Ruinen einer Siedlung beträchtlichen Ausmaßes mit gepflasterten Straßen und mehrstöckigen, mit Fresken ausgemalten Gebäuden. Die Ruinen von Akrotiri gingen auch als zweites Pompeji in die Geschichte ein (Abb. 5). Marinatos war es auch, der die Hypothese aufstellte, der Verfall der minoischen Kultur insgesamt stehe mit dem bronzezeitlichen Ausbruch des Thera in Verbindung. Obwohl diese These von Anfang an mit großer Skepsis betrachtet wurde, haben sich seit etwa 50 Jahren Geowissenschaftler, Historiker und Archäologen mit dem Thema beschäftigt.[6] Die Theorie von einem direkten Zusammenhang mit dem Ausbruch von Thera kam auch dadurch ins Wanken, als versucht wurde, den Zeitpunkt des Ausbruchs und den des Untergangs der minoischen Paläste mit naturwissenschaftlichen Methoden neu zu datieren.[7] So deutete die Untersuchung von Eisschichten auf Grönland durch eine dänische Wissenschaftlergruppe und Radiokarbondatierungen der Universität Aarhus darauf hin, daß sich der Ausbruch um 1644 v.Chr. (+/-20 Jahre) ereignet haben könnte.[8] Vermutlich hat also die letzte große Eruption des Vulkans von Thera in der 2. Hälfte des 17. Jh. v.Chr. stattgefunden. Dazu passen aber nicht die Ergebnisse der Archäologen. Deren Methoden datieren den Untergang der minoischen Paläste auf Kreta in das 15. Jh. v.Chr., also 200 Jahre später.[9] Ein direkter Zusammenhang zwischen beiden Ereignissen scheint demnach nicht zu existieren. Dennoch glauben viele Forscher, daß eine solche Katastrophe nicht spurlos an den Minoern vorbei gegangen sein kann. So meinen der Belgier Jan Driessen und der Brite Colin F. MacDonald Hinweise darauf zu haben, daß es im 17. Jh. v.Chr. tiefgreifende Umbrüche in der minoischen Kunst und Architektur gab, die auf soziale Spannungen oder sogar einen Bürgerkrieg in Folge des Thera-Ausbruchs schließen lassen.[10]

Aus der Zeit, als der Vulkan von Thera ausbrach, gibt es keine historischen Quellen. Deshalb gibt es über diese geologische Katastrophe keine zeitnahen Aufzeichnungen. Doch dieser Ausbruch fand Eingang in Sagen und Mythen, die um einen sicherlich wahren Kern mit Erinnerungen an die Katastrophe weitergesponnen wurden. Möglicherweise ist der minoische Ausbruch nämlich die Geburtsstunde des Mythos von Atlantis.

Der griechische Philosoph Platon beschrieb vor fast 2400 Jahren in seinen Dialogen „Timaeus“ und „Kritias“ den sagenhaften Inselkontinent als reiches Land, das durch den Zorn der Götter und den Hochmut seiner Bewohner an einem einzigen Tag und einer einzigen Nacht im Meer versenkt wurde – ein Szenario, das an eine große Naturkatastrophe denken läßt.

Nach unterschiedlichen Schätzungen sind bis heute zwischen 5.000 und 40.000 Publikationen erschienen, die sich mit der Frage befassen, ob Atlantis wirklich existierte.[11] Der wichtigste Streitpunkt in der Atlantisfrage ist mit Sicherheit – wenn man sich dafür entschieden hat, daß es Atlantis wirklich gab – der der Lage. Platon erwähnt, Atlantis habe jenseits der Säulen des Herakles gelegen, eine Ortsangabe, die man mit der Meerenge von Gibraltar gleichsetzt. Vor allem im letzten Jahrhundert ist ein Wettstreit entbrannt, Atlantis zu verorten. Die Forscher verlegten Atlantis in die entlegensten Gegenden der Welt: vom Nordkap über den Atlantik (z.B. das Bermudadreieck), von Helgoland bis ins Mittelmeer, sogar nach Tibet, Australien und bis in die Antarktis. Wie dem auch sei: Mehrere Autoren vertraten die Ansicht, das minoische Kreta oder Thera selbst seien mit Atlantis zu identifizieren.[12] Auch wenn man diese Zuweisung sicherlich *ad acta* legen kann, bleibt es doch bezeichnend, daß eine durch eine Naturkatastrophe untergegangene Zivilisation (ob durch Vulkanausbruch oder nicht), sich so tief in das universelle Gedächtnis der Menschheit eingeprägt hat, daß sie sogar zum Mythos wurde.

79 n. Chr. – Der erste „historische“ Vesuvausbruch

Einem römischen Naturforscher und Flottenadmiral und seinem Neffen ist es zu verdanken, daß wir über einen Vulkanausbruch vor fast 2000 Jahren durch Augenzeugenberichte informiert sind, nämlich über den des Vesuvs im Jahre 79 n.Chr., der auch Herculaneum den Untergang brachte.

Gaius Plinius Secundus den Älteren hatte seine Militärlaufbahn bis nach Germanien und Judaea geführt,[13] doch mit Leidenschaft war er Naturforscher. In einer 37-bändigen Enzyklopädie, seiner *Naturalis historia*, trug er weitgehend unkommentiert alles zusammen, was über die Welt bis in seine Zeit hinein (zwischen 40 und 79 n.Chr.) bekannt war oder als gesichert galt. Dabei beschäftigte er sich auch mit dem Phänomen der Vulkane und führte mehrere in seiner Zeit bekannte, aktive Vulkane auf und versuchte, erste Vorzeichen

Abb. 6: Plinius der Ältere auf seinem Schiff, Capware Tecnologie per la Cultura.

eines drohenden Ausbruchs zu bestimmen.[14] Seiner Meinung nach gingen der Entfesselung eines Vulkans Windstille und ein ruhiges Meer voraus. Dies erschien ihm sehr einleuchtend, denn Winde sollten sich ja im Vulkan verfangen haben und für einen Ausbruch verantwortlich sein. Aber als Plinius der Ältere Kampanien beschreibt, erwähnt er nichts von einem Vulkan. Er konstatiert nur: „Herculaneum, Pompeji liegen nicht weit vom ansehnlichen Berg Vesuv entfernt."[15] Offensichtlich hielt er den Vulkan, der ihm den Tod bringen sollte, für einen harmlosen Berg.

Insofern war es für ihn als Flottenkommandant in Misenum, auf der nördlichen Halbinsel an der Bucht von Neapel, nur zu verständlich, daß er am 24. August

Abb. 7: Glutlawine am 23. September 1984 beim Ausbruch des Vulkans Mayon, Philippinen.

79 n.Chr., als seine Schwester ihm von einer Wolke ungewöhnlicher Gestalt und Größe erzählte, mit einem Vierruderer aufbrach, um das Phänomen zu erkunden (Abb. 6). Darüber und auch über den tödlichen Ausgang dieses Unternehmens berichtet uns der Neffe und Adoptivsohn von Plinius dem Älteren, der sich ebenfalls in Misenum aufhielt und den Vesuvausbruch von dort mit- und überlebte.

Plinius der Jüngere, damals 17 oder 18 Jahre alt, hielt sowohl seine eigenen Beobachtungen fest, als auch die seines Onkel, die jener seinem Privatsekretär auf der Erkundungsfahrt in die Feder diktierte. In zwei Briefen berichtet er darüber dem römischen Historiker Tacitus.[16] Diese von vornherein zur Veröffentlichung gedachten Privatbriefe sind die ältesten erhaltenen schriftlichen Dokumente über einen Vulkanausbruch überhaupt.[17] Dafür sollte Plinius der Jüngere einmal als der erste „Vulkanologe" in die Geschichte eingehen. Noch heute bezeichnet die moderne Vulkanologie überaus explosive Vulkanausbrüche mit langanhaltendem Aschesausstoß und mächtigem Asche- und Bimssteinregen als „plinianische" Eruptionen.

Plinius beschreibt in seinem ersten Vesuv-Brief (VI 16) sehr genau die von seiner Mutter entdeckte Wolke über dem Vesuv: „Es erhob sich eine Wolke, für den Beobachter aus der Ferne unkenntlich auf welchem Berge (später erfuhr man, daß es der Vesuv war). Ihre Form ähnelte am ehesten der einer Pinie. Denn sie stieg wie ein Riesenstamm in die Höhe und verzweigte sich dann in eine Reihe von Ästen, wohl weil ein kräftiger Luftzug sie empor wirbelte und dann nachließ, so daß sie den Auftrieb verlor oder auch wegen ihres Eigengewichtes sich in die Breite verflüchtigte, manchmal weiß, dann wieder schmutzig und fleckig, je nachdem ob sie Erde oder Asche mit sich empor gerissen hatte."

In seinem zweiten Brief an Tacitus (VI 20) beschreibt Plinius weitere Phänomene des Vesuvausbruchs von 79 n.Chr.: „Außerdem sahen wir, wie das Meer sich in sich selbst zurückzog und durch die Erdstöße gleichsam zurückgedrängt wurde. Jedenfalls war der Strand vorgerückt und hielt zahllose Seetiere auf dem trockenen Sande fest."

Plinius beschreibt hier eindeutig ein Seebeben. Und liefert damit die Erklärung für den Fund der Skelette in den Bootshäusern von Herculaneum. Die Menschen, die dort nach dem Ausbruch des Vesuvs Unterschlupf gesucht hatten, wollten vermutlich über das Meer fliehen. Doch dieser Fluchtweg war ihnen durch das Seebeben verschlossen.

Eine weitere Beobachtung des Plinius haben Altertumsforscher und Naturwissenschaftler Jahrhunderte lang als der Phantasie entsprungene Übertreibungen abgetan: „Nicht lange danach senkte sich jene Wolke auf die Erde, bedeckte das Meer, hatte bereits Capri eingehüllt und unsichtbar gemacht, hatte das Kap Misenum unseren Blicken entzogen. . . . Schon regnete es Asche, doch zunächst nur dünn. Ich schaute zurück: Im Rücken drohte dichter Qualm, der uns, sich über den Erdboden ausbreitend, wie ein Gießbach folgte." Heute weiß die moderne Vulkanologie auch dieses Phänomen zu benennen.[18] Es handelt sich um einen sogenannten pyroklastischen Strom, der häufig bei „plinianischen" Eruptionen vorkommt (Abb. 7). Wenn sich die Gas-Aschewolke abkühlt und in sich zusammenfällt, rast sie mit hoher Geschwindigkeit die Vulkanhänge hinunter. Doch dies sollte erst 1800 Jahre später Gewißheit werden, als eine solche tödliche Gaswolke die Hafenstadt St. Pierre auf Martinique auslöschte.[19]

Abt Brendan und die Wurfgeschosse des Teufels

Im frühen Mittelalter brachten die Menschen die sichtbaren Veränderungen der Erdkruste, Erdbeben und Vulkanausbrüche mit dem Wirken übermenschlicher, teuflischer Kräfte in Zusammenhang. Ein anschauliches Beispiel dafür ist die Schilderung von Brendan von Clonfort. Im Jahre 484 n.Chr. in der irischen Grafschaft Kerry geboren, wurde er einer der bedeutendsten Missionare in Irland und Wales und leitete in seinem ungewöhnlich langen Leben mehrere Klöster. Am 16. Mai 577 n.Chr. verstarb der später als Heiliger Verehrte als Abt des Klosters Clonfort.

Brendan war auch ein legendärer Seefahrer, den seine abenteuerlichen Seereisen angeblich bis in den Nordatlantik geführt haben. 545 n.Chr. soll er sich zusammen mit 17 weiteren Mönchen in einem „curragh", einem ledernen Fischerboot, auf den Weg Richtung Westen gemacht haben (Abb. 8). Die *Navigatio Sancti Brendani abbatis*, ein aus dem 9./10. Jh. n.Chr. stammender, mit vielen Märchenmotiven angereicherter „Bericht", der vor allem der religiösen Erbauung dienen sollte, erzählt in Mittellatein von den Abenteuern des Patrons der Schiffahrt.[20] Es war eines der bekanntesten Bücher des Mittelalters und hatte nachhaltigen Einfluß auf die frühe Kartographie.

Abb. 8: Buchmalerei aus der Navigatio Sancti Brendani Abbatis (15. Jh.), Universitätsbibliothek Heidelberg.

Abb. 9: Geburt der Vulkaninsel Surtsey vor Island am 11. November 1963.

Nach der ältesten Version des Reiseberichts des Hl. Brendan will er zum verheißenen Land der Heiligen gelangen, von dem ihm ein anderer Mönch erzählt hat. Bevor Brendan und seine Gefährten ihr Ziel erreichen, müssen sie eine Vielzahl von Gefahren überwinden und Abenteuer bestehen. Alle sind religiös überprägt: Die Gefährten kommen an mehreren Fegefeuern vorbei, haben Begegnungen mit teuflischen Wesen, treffen auf gefallene Engel, die in Vögel verwandelt auf einer Insel leben, und auf Judas, den Jünger, der Christus verraten hat. Einmal landen sie auf einer bewaldeten Insel, die sich plötzlich bewegt und als Wal entpuppt, eine entschärfte Nordatlantik-Version der biblischen Jonas-und-der-Wal-Geschichte.

Schon im 17. Jh. war einigen Gelehrten aufgefallen, daß dieser „Reisebericht" viele genaue geographische Details enthielt, die eine reale Atlantik-Überquerung möglich erscheinen ließen. Einige Reiseziele der Mönchscrew ließen sich identifizieren, so die Faröer-Inseln. In einer Episode entdecken die Mönche eine kristallene Säule, die von einem silbrigen Netz umgeben ist. Waren sie auf ihrer Fahrt durch Packeis auf einen großen Eisberg gestoßen? Das verheißene Land entdecken die Mönche schließlich hinter einer von Nebel verhangenen Küste, deren Beschreibung sehr an Neufundland erinnert.

Unter anderem berichtet die *Navigatio Sancti Brendani abbatis* von einer für unser Thema „Mensch und Vulkan" interessanten Episode. Die Mönche erleben nämlich die Geburt einer Vulkaninsel mit, wahrscheinlich vor Island (Abb. 9):

„Nach acht Tagen erblickten sie in nicht allzu großer Entfernung eine sehr unwirtliche Insel, nur von Felsbrocken und Schlacke bedeckt. Auf ihr gab es keine Vegetation, stattdessen war sie voller Schmieden. … Als sie in einer Entfernung von etwa einem Steinwurf vorbeifuhren, konnten sie schon den Lärm der Blasebälge hören, das klang wie Donner, und die Hämmer, wie sie auf Stahl und Ambo krachten. … Kaum hatte der Gottesmann ein Gebet gesprochen, da kam einer der Bewohner der Insel aus einer Werkstatt, der anscheinend irgend etwas zu tun hatte. Dieses Wesen war stark behaart und von Feuer und Rauch ganz geschwärzt. Als es Christi Diener nahe der Insel vorbeisegeln bemerkte, rannte es wieder in seine Schmiede zurück. Der Gottesmann bekreuzigte sich noch einmal und sagte zur Mannschaft: Meine Söhne, setzt die Segel höher und rudert gleichzeitig so schnell ihr könnt und schauen wir, da wir von dieser Insel entkommen!'

Aber bevor er noch ausgesprochen hatte, kam auch schon wieder dieses wilde Wesen an den Strand direkt ihnen gegenüber gerannt, und bei sich hatte es eine Zange mit einem unglaublich großen und heißen Klumpen glühender Schlacke, den es nach den Dienern Christi warf. Aber er traf nicht, sondern flog noch fast zweihundert Meter über sie hinweg, und dort, wo er ins Meer fiel, begann dieses zu kochen, als ob es sich um den Einschlag eines Feuerbergs handelte, und eine Säule aus Dampf stieg wie aus einem Feuerofen auf. Als der Gottesmann etwa eine Meile von der Stelle fortgekommen war, wo der Klumpen ins Meer gestürzt war, erschienen schließlich alle Bewohner der Insel am Strand, und alle hatten ebensolche Klumpen bei sich. Die einen warfen nach ihnen und einer nach dem anderen schleuderte seinen Klumpen den Dienern Gottes nach ins Meer, dann rannten sie in ihre Schmieden zurück, heizten sie an, und so hatte man den Eindruck, als brenne gewissermaßen die ganze Insel wie ein einziger Ofen, und das Meer brodelte so wie ein Kochtopf voll mit Fleisch, wenn gut nachgelegt wird.

Am nächsten Tag tauchte nicht weit vor ihnen im Norden ein hoher Berg im Ozean auf, wie in dichten Nebel gehüllt, aber aus seiner Spitze stieg viel Rauch auf. Gleichzeitig riß sie ein Sturm in rasender Fahrt zur Küste dieser Insel hin, bis das Schiff nicht weit vom Land auf Grund lief. Das Ufer war nämlich sehr hoch, so daß sie seine Spitze fast nicht sehen konnten, völlig kohlschwarz und senkrecht wie eine Wand. ... Als sie viel später noch einmal zur Insel zurückblickten, sahen sie, daß sich der Rauch über ihr aufgelöst hatte und da sie jetzt Flammen bis in den Äther spuckte, und die Flammen kamen wieder zurück zu ihr herab, so daß der ganze Berg bis ans Meer hinunter den Eindruck eines einzigen Scheiterhaufens erweckte."[21]

Ob St. Brendan seine abenteuerliche Reise wirklich angetreten und überstanden hat, ist unklar. Vermutlich sind in diese Erzählung frühmittelalterliche Reiseerfahrungen eingeflossen und reichlich Seemannsgarn. Der Kulturwissenschaftler und Abenteurer Timothy Severin hat allerdings in den 70er Jahren des letzten Jahrhunderts in einem rekonstruierten „curragh" die Reise des Hl. Brendan nachzuvollziehen versucht und landete tatsächlich auf der vor der Nordkste Neufundlands liegenden Peckford Island. Der Beweis[22], daß eine solche Reise mit den damals vorhandenen technischen Möglichkeiten machbar war, war erbracht.

Abb. 10: St. Pierre auf Martinique vor dem Ausbruch des Mont Pelée 1902.

Abb. 11: St. Pierre auf Martinique nach der Zerstörung durch eine pyroklastische Welle des Mont Pelée 1902.

Modernes Pompeji – St. Pierre und die Glutwolke vom Mont Pelée

Den Schlüssel zum Verständnis des Vesuvausbruchs 79 n.Chr. fand man 1902, am anderen Ende der Welt, im Westindischen Ozean. Dort kam es in den frühen Morgenstunden des 8. Mai auf der französischen Insel Martinique zum tödlichsten Vulkanausbruch des 20. Jahrhunderts. Circa 29.000 Menschen starben innerhalb von wenigen Minuten durch eine Glutlawine, die sich die Flanken des fast 1400 Meter hohen Mont Pelée hinabwälzte. Das wirtschaftliche[23] und gesellschaftliche Zentrum der Stadt, das Kolonialstädtchen St. Pierre („Paris der Karibik") wurde binnen Sekunden zerstört (Abb. 10 und 11). Fotografien, die kurz nach der Katastrophe entstanden, ähneln in erschreckender Weise denen der Ruinen von Pompeji und Herculaneum. Und auch sonst weist dieser Vulkanausbruch einige bemerkenswerte Parallelen zum Ausbruch des Vesuvs 79 n.Chr. auf. Es existieren nämlich auch Briefe und Berichte über diese Eruption und ihre Folgen.

Nicht zuletzt wurde der Ausbruch des Mont Pelée zum Beweis dafür, daß Plinius die Eruption des Vesuvs sachlich richtig beschrieben hatte. Die Katastrophe von 1902 wurde zur Geburtsstunde der modernen Vulkanologie. Zum ersten Mal in der Geschichte der Vulkanforschung konnte das Phänomen der „pyroklastischen Wolke" beobachtet und wissenschaftlich dokumentiert werden. Martinique wurde für einige Jahre zum Mekka von Naturforschern.

Schon im März war dem Geschäftsmann Louis Degrotte bei einem Ausflug auf den Nebenkrater Étang Sec (Trockener See) aufgefallen, daß dort schwefliger Rauch aufstieg und sich ein Geruch fauliger Eier ausbreitete. Mit Kreide schrieb er eine Warnung auf die Felsen oben am Berg. Aber die örtlichen Zeitungen, die informiert wurden, waren an dieser Nachricht nicht sonderlich interessiert. Denn für den 11. Mai waren Wahlen angesetzt. Martinique standen als französischer Kolonie zwei Sitze im Parlament in Paris zu. Einen stellte St. Pierre. Und um jede Aufregung unter den Bewohnern zu vermeiden, erklärte der Bürgermeister, Roger Fouch, Schwefel sei gesund.

Am 23. April, 21 Uhr abends, kam es zu einer ersten, kleinen Explosion. Aus einer Wolke aus dem Vulkan regnete es Asche und Schlacke auf St. Pierre. Die Erde bebte, die Menschen liefen auf die Straen. Die Frau von Thomas Prentis, dem amerikanischen Konsul in St. Pierre, schreibt darüber an ihre Schwester in Massachusetts: Die Stadt ist von Aschen bedeckt, und Rauchwolken hängen nun seit fünf Tagen über unseren Köpfen. Der Schwefelgeruch ist so stark, daß die Pferde auf der Straße stehen bleiben und kräftig schnuppern, und einige von ihnen konnten nicht mehr weiter, sie brachen zusammen und starben, erstickten. Viele Leute pressen sich ein feuchtes Taschentuch vors Gesicht, um die Schwefeldämpfe abzuhalten."[24]

Der Gouverneur Louis Mouttet rief ein Komitee aus „Fachleuten" aus, die den Berg besteigen und ihr Urteil abgeben sollten: der örtliche Apotheker, der Leiter des Straßen- und Brückenamtes, ein Naturkundeprofessor und ein Artillerie-Leutnant. Die Berater kamen zu dem folgenschweren Schluß: Nichts an den Aktivitäten des Mont Pelée deutet darauf hin, daß St. Pierre verlassen werden muß. Die relative Lage der Krater und Täler, die sich zum Meer öffnen, stützt unsere Einschätzung. ... der Mont Pelée stellt für die Stadt St. Pierre keine größere Gefahr dar als der Vesuv für Neapel."[25]

Und dieser Rat schien zunächst zu stimmen. Eine folgende Eruption löste eine Schlammlawine aus, die sich, wie vorhergesagt, den Weg durchs Tal bahnte. „Nur" 23 Arbeiter einer Zuckerfabrik verloren ihr Leben. Demonstrativ kehrte Gouverneur Mouttet, der St. Pierre wie viele andere fluchtartig verlassen hatte, aus seinem Haus an der Küste in die Stadt zurück, um eine Panik zu verhindern und die Menschen zu beruhigen. Viele folgten seinem Beispiel.

Am Donnerstag, 8. Mai 1902, war das Fest Christi Himmelfahrt. Die Kirchen waren an diesem Morgen gut gefüllt, als drei heftige Schläge den Berg erschütterten. Was dort passierte, haben Augenzeugen, die in sicherer Entfernung überlebten, aufgezeichnet. Einer von ihnen war Charles Thompson, Assistent des Zahlmeisters des Dampfers „Roraima", eines der Schiffe, die in der Bucht von St. Pierre vor Anker lagen. Er äußerte sich später so zu den Ereignissen des 8. Mai 1902: „Ungefähr um 7.49 Uhr gab es eine mächtige Explosion. Der Berg wurde förmlich in Stücke gerissen. Die eine Seite des Vulkans wurde herausgerissen und eine mächtige Feuerwelle kam schnurgerade auf uns zu. Es hörte sich an, als hätte man Tausende von Kanonen abgeschossen. Die Feuerwelle war plötzlich mitten unter uns und über uns, wie ein Blitz. Ich sah, wie sie das Dampfschiff „Grappler" von der Breitseite traf und es kenterte. Entlang der ganzen Längsseite brach auf dem Schiff Feuer aus und es versank. Das Feuer rollte weiter auf St. Pierre zu. ... Die Stadt verschwand vor unseren Augen. Die Feuersbrunst aus dem Vulkan dauerte nur einige Minuten. Sie brannte alles zusammen, ließ verschrumpeln, was es gerade traf. Bevor der Vulkan zerbarst, standen große Menschenmassen auf dem Landesteg. Nach der Explosion war an Land keine Menschenseele mehr zu sehen."[26]

Erst zwei Tage später betraten die ersten Menschen wieder den Unglücksort. St. Pierre bot einen Anblick wie er sich auch den Menschen in Herculaneum und Pompeji geboten haben mag: überall Körper, im Todeskampf zu seltsamen Formen verdreht. Manche schienen von innen explodiert zu sein, während die Kleidung noch völlig intakt war. Die Berichte über den Ausbruch des Mont Pelée führten viele Schaulustige und auch ernsthafte Naturwissenschaftler in die Karibik. Die britische „Royal Society" hatte eigens den Naturforscher Tempest Anderson nach St. Pierre geschickt. Etwa einen Monat nach dem Ausbruch hatte er sich mit Kollegen ein Boot gemietet und ankerte in der Bucht von St. Pierre, als der Vulkan erneut aktiv wurde. Eine neue Glutwolke schoß wie eine Lawine ins Tal und über das Meer und verfehlte das Boot nur knapp. Mit Mühe konnten Anderson und seine Leute entkommen. Er informierte die amerikanische Presse und eine andere, neue Seite des Katastrophenjournalismus kam zu Tage. Wie erst später bekannt wurde, bezahlten Pressefotografen überlebende Inselbewohner dafür, sich für besonders eindrucksvolle Fotos als vermeintliche Tote in den Ruinen zu drapieren.

Die erste naturwissenschaftliche Erklärung für das Phänomen der Glutwolken (nues ardentes) fand der französische Geologe Alfred Lacroix. Ab Juni 1902 untersuchte er mit seiner Frau mehrere Monate den Vulkan und seine Umgebung. Ihm gelang es, den Verlauf der Katastrophe zu rekonstruieren. 1903 gab Lacroix bekannt, daß die Welt eine völlig neue Art vulkanischer Aktivität gesehen hatte: die pelanische Eruption, ein Phänomen, das schon Plinius der Jüngere beschrieben hatte.

Die Auswirkungen, die der Ausbruch eines Vulkans auf die Menschheit hat, läßt sich mit einem Bild aus der Natur vergleichen: Ein Wassertropfen fällt aus großer Höhe in ruhiges Wasser. Beim Aufprall verursacht der Tropfen heftige und starke Bewegung im Zentrum. Die Bewegung setzt sich nach außen hin in Wellen fort. Sie läßt dabei in ihrer Intensität nach, aber die Auswirkungen sind weit vom Zentrum und nach längerer Zeit noch zu spüren.

Abb. 12: Richard Rothwell, Porträt von Mary Wollstonecraft Shelley, Öl auf Leinwand, 1841, National Portrait Gallery, London NPG 1235.

Das soll abschließend am Beispiel des Ausbruchs des Mount Tambora in Indonesien im Jahre 1815 verdeutlicht werden. Es war eine der größten Eruptionen der Menschheitsgeschichte. Der Ausbruch selbst und die folgenden Flutwellen kosteten circa 70.000 Menschen das Leben. Am 10. und 11. August explodierte der rund 4000 Meter hohe Berg. Sogar auf Sumatra, 1500 Kilometer entfernt, waren die Detonationen noch hörbar. Dichte Aschewolken führten in einem Umkreis von 500 Kilometern drei Tage lang zur kompletten Verdunkelung. Die Umwelt war stark in Mitleidenschaft gezogen, Wälder und Felder verwüstet. Hungersnöte breiteten sich aus. Staub und Aerosole (kleine Schwefelsäuretröpfchen), die der Mount Tambora in die Luft jagte, wurden bis zu 70 Kilometer hoch in die Atmosphäre getragen und verteilten sich innerhalb eines Jahres um die gesamte Erde und schirmten das Sonnenlicht ab. Nicht umsonst ging das Jahr 1816 in Nordamerika als „Jahr ohne Sommer" in die Geschichte ein. In Europa führten die kurzzeitigen Klimaveränderungen zu Mißernten, die von Hungersunruhen begleitet wurden. Der Winter 1815/1816 war der kälteste, seit es Wetteraufzeichnungen gab.

Manche Historiker machen den Tambora-Ausbruch sogar für eine weltweite Choleraepidemie verantwortlich, die 15 Jahre später Nordamerika erreichte. Dieser Hypothese nach sollen die Mißernten des Jahres 1816 zu Wanderungsbewegungen in Indien geführt haben, wodurch der Erreger vom Gangestal bis nach Bengalen verschleppt und von dort durch britische Kolonialtruppen nach Mittelasien gebracht worden sei. Von dort ließe sich der Weg der Cholera nach Rußland, Europa, Arabien und schließlich in die Neue Welt verfolgen.

Auch in der Kunst und Literatur schlug sich die Asche des Mount Tambora nieder: Wahrscheinlich entsprangen die ungewöhnlichen Himmelsstreifen, das eigenartige Dämmerlicht und die glühenden Sonnenuntergänge auf Gemälden von Caspar David Friedrich oder William Turner aus den Jahren 1815/16 nicht nur der romantischen Fantasie, sondern waren realistische Abbilder der Wirklichkeit. Zwei „Gespenster" erblickten im „Jahr ohne Sommer" ebenfalls das gedämpfte Licht der Welt, beide Ausgeburten des schlechten Wetters von 1816. In jenem Sommer veranstaltete einer der berühmtesten Dichter Europas, Lord Byron, im kleinen Kreis von Freundinnen und Freunden in einem von Gewittern umtobten Ferienhaus am Genfer See einen Wettbewerb im Geistergeschichtenschreiben. Dabei hauchte Byron selbst einem blutsaugenden „Vampyr" Leben ein, Mary Wollstonecraft Shelley (Abb. 11) fühlte sich zu einem Meilenstein der Horrorliteratur inspiriert: „Frankenstein". [27]

Wie sich bei der Betrachtung einiger Etappen des Nebeneinanders von Mensch und Vulkan gezeigt hat, haben Feuer und Gas speiende Berge bei den Menschen in ihrer Umgebung nachhaltige Spuren hinterlassen. Der Ausbruch eines Vulkans brachte Tausenden in seiner direkten Nähe Tod und Untergang, löschte mehrfach das Leben ganzer Städte und Landstriche aus. Aber nicht nur die unmittelbar von der Katastrophe Betroffenen bekamen die Auswirkungen der Naturgewalt zur spüren, mancher Nachhall war wesentlich subtiler und nachhaltiger. Bisweilen wurde die Nähe zum Vulkan sogar als nützlich empfunden: Man denke an den fruchtbaren, nährstoffreichen Ackerboden, den eine Eruption hinterläßt. Ganz sicher jedoch beflügelte die Nachbarschaft eines brennenden Berges die Phantasie seiner Anwohner oder Besucher.

Die amerikanische Publizistin Susan Sontag, die 1992 in ihrem Roman „The Volcano Lover" die skandalöse Liebesgeschichte zwischen Lady Hamilton, der Frau des britischen Gesandten in Neapel, und Lord Nelson, dem britischen Seehelden, erzählt, faßt darin das unvereinbare Nebeneinander von Mensch und Vulkan treffend zusammen: „Der Berg ist ein Symbol für alle Formen von Tod im Großen: für die Sintflut, das große Feuer, aber auch fürs Überleben, für das Fortbestehen der Menschen. In diesem Fall hat eine Natur, die Amok lief, auch Kultur und Artefakte hervorgebracht, indem sie die Geschichte zu Stein verwandelte. Auch bei solchen Unglücksfällen gibt es auch viel zu bewundern."

Literatur

M. A. Koenig – H. Heierli, Geologische Katastrophen und ihre Auswirkungen auf die Umwelt (1994^2).

J. Zeilinga de Boer – D. Th. Sanders, Das Jahr ohne Sommer. Die großen Vulkanausbrüche der Menschheitsgeschichte und ihre Folgen (2004).

Anmerkungen

[1] M. D. Leakey – R. L. Hay, Pliocene footprints in the Laetoli Beds at Laetoli, northern Tanzania. Nature 278, 1979, S. 317–323.

[2] N. Agnew – M. Demas, Rettung der Hominidenspuren von Laetoli. Spektrum 01/1999, S. 62–71.

[3] Vgl. dazu J. Mellaart, Çatal Hüyük: A Neolithic Town in Anatolia (1967); E. Heinrich – U. Seidl, Zur Siedlungsform von Çatal Hüyük. Archäologischer Anzeiger 84/2, 1969, S. 113–119; M. Gimbutas, Wall Paintings of Çatal Hüyük, 8th-7th Millenia B.C. The Review of Archaeology 11/2, 1990, S. 1–5; H. Klotz, Die Entdeckung von Çatal Höyük. Der archäologische Jahrhundertfund (1997).

[4] Vgl. dazu L. Bagrow, The History of Cartography (1966) S. 31; J. B. Harley, The History of Cartography, Vol. I (1987) S. 113–115; J. Mellaart, Excavations of Çatal Hüyük, Anatolian Studies, Journal of the British Institute at Ankara 19, 1964; J. Mellaart, Catal Hüyük: A Neolithic Town in Anatolia (1967) S. 17–177; M. Steward, The Çatal Hüyük Map, Mapline 19, 1980.

[5] Vgl. dazu J. Conolly, The Çatalhöyük Flint and Obsidian Industry. Technology and Typology in Context, BAR International Series 787 (1999).

[6] S. Marinatos, Excavations at Thera, I-VII (1968-1976); C. Doumas, Thera. Pompeii of the Aegean (1983); M. Marthari, The Chronology of the Last Phases of Occupation at Akrotiri in the Light of the Evidence from the West House Pottery Groups, in: Thera and the Aegean World III. Papers Presented at the Third International Congress, Santorini, 3rd – 9th September 1989 (1990) S. 57–70.

[7] Vgl. dazu L. Hempel, Der Vulkanismus von Santorin und die minoische Kultur Kretas: eine geoökodynamische Analyse für das 17. Jahrhundert v.Chr., Petermanns Geographische Mitteilungen 138, 1994, S. 131–146.

[8] Vgl. C. U. Hammer – H. B. Clausen – W. L. Friedrich – H. Tauber, The Minoan eruption of Santorini in Greece dated to 1645 BC?, Nature 328, 1987, S. 517–519. Ob die untersuchten Partikel im Packeis von Grönland jedoch überhaupt von dem Ausbruch auf Thera stammen, ist ebenfalls umstritten. Diskutiert wird derzeit, ob eine Eruption des Aniakchak auf Alaska für die Partikel verantwortlich ist. Für diesen Hinweis danke ich Prof. Hartmut Matthäus von der Universität Erlangen-Nürnberg.

[9] Zur Chronologie der Kulturphasen Kretas vgl. W.-D. Niemeier, Die Palaststilkeramik von Knossos. Stil, Chronologie und historischer Kontext, Archäologische Forschungen 13 (1985) S. 218 mit weiterer Literatur; P. Warren – V. Hankey, Aegean Bronze Age chronology (1989); H. H. Michael – P. P. Betancourt, The Thera Eruption: continuing discussion of the dating II. Further arguments for an early date, Archaeometry 30, 1988, S. 29–39.

[10] Vgl. J. Driessen – C. F. MacDonald, The troubled Island. Minoan Crete before and after the Santorini Eruption (1997).

[11] Die Geschichte der modernen „Atlantisforschung" beginnt im 17. Jh. mit der Veröffentlichung des Jesuitenpaters Athanasius Kircher, Mundus Subterraneus (1665). Den Anstoß, ein Buch über die Wissenschaft von der Erde zu veröffentlichen, erhielt Athanasius Kircher übrigens als Ergebnis seiner Reise nach Sizilien im Jahr 1638, die durch die Erlebnisse von Vulkanausbrüchen noch interessanter wurde, als sie es an sich schon war.
An neuer Literatur zu Atlantis vgl. A. Strohmeyer, Atlantis ist nicht Troja (1997); E. Zangger, Die Zukunft der Vergangenheit. Archäologie im 21. Jahrhundert (1998); A. Collins, Neue Beweise für Atlantis (2001); R. M. Horn, Das Erbe von Atlantis. Die geheimen Vermächtnisse einer längst vergangenen Kultur (2001); P. Michel, Atlantis (2002).

[12] K. T. Frost, The Critias and Minoan Crete, Journal of Hellenic Studies 33, 1913, S. 180–206; Sp. Marinatos, in: Kretika Chronika 4,1950, S. 195–213; W. Brandenstein, Atlantis. Größe und Untergang eines geheimnisvollen Inselreiches. Arbeiten aus dem Institut für allgemeine und vergleichende Sprachwissenschaften Wien (1951).

[13] Vgl. dazu G. Winkler, C. Plinius Secundus. Leben, Laufbahn und Tod, in: R. König (Hrsg.), C. Plinius Secundus d. Ä., Naturkunde. Widmung, Inhaltsverzeichnis des Gesamtwerkes, Zeugnisse, Fragmente, Buch I (1973) S. 322–325.

[14] Plinius der Ältere, *Naturalis historia* 2,203ff; 3,88 und 94.

[15] Plinius der Ältere, *Naturalis historia* 3,62.

[16] O. Schönberger, Die Vesuv-Briefe des jüngeren Plinius (VI 16 und 20), Gymnasium 97,1990, S. 526–548.

[17] J. Radicke, Der öffentliche Privatbrief als ‚Kommunizierte Kommunikation', in: L. Castagna – E. Lefèvre, Plinius der Jüngere und seine Zeit, Beiträge zur Altertumskunde 187 (2003) S. 23–34; F. A. Sullivan, Plin. Epist. 6,16 and 20 and Modern Volcanology, in: Classical Philology 63, 1968, S. 196–200; L. Casertano, Le lettere di Plinio sull'eruzione vesuviana: il più antico documento vulcanologico, in: Pompeji 79, Antiqua 4, 1976, S. 1–2; H. Sigurdsson – St. Cashdollar – St. R. J. Sparks, The Eruption in AD 79. Reconstruction from Historical and Volcanological Evidence, American Journal of Archeology 86, 1982, S. 39–51.

[18] Vergleiche dazu die neueren Ergebnisse von Vulkanologen: A. Rittmann, L'Eruzione Vesuviana del 79: Studio Magmalogico e vulcanologico, in: Pompeiana (1950) S. 456–474, A. Rittmann, Volcanoes and Their Activity (1962) S. 86–87.

[19] Vgl. dazu schon A. Helprin, Mont Pelée and the Tragedy of Martinique (1903) S. 120, später auch H. Sigurdsson – St. Cashdollar – St. R. J. Sparks, The Eruption in AD 79. Reconstruction from Historical and Volcanological Evidence, American Journal of Archeology 86, 1982, S. 39–51.

[20] Vgl. dazu St. Brendans wundersame Seefahrt. Herausgegeben, übertragen und mit einem Nachwort versehen von G. E. Sollbach (1987); G. S. Burgess – C. Strijbosch, The legend of St Brendan – a critical bibliography (2000); C. Strijbosch, The Seafaring Saint. Sources and Analogues of the twelfth-century Voyage of Saint Brendan (2000).

[21] Navigatio Sancti Brendani, Die Reise des Heiligen Brendan 23-24, Übersetzung: Michaela Zelzer, Wien.

[22] Vgl. dazu T. Severin, Tausend Jahre vor Kolumbus. Auf den Spuren der irischen Seefahrermönche (1985).

[23] Vgl. dazu S. Contour, Saint-Pierre, Martinique, Bd. 2: La Catastrophe et ses suites (1989).

[24] Ch. Morris, The Volcano's Deadly Work. Fromt the Fall of Pompeii to the Destruction of St. Pierre (1902) S. 53.

[25] G. Thomas – M. Morgan Witts, The Day the World Ended (1969) S. 129.

[26] Morris a.a.O., S. 55–57.

[27] M. Wollstonecraft Shelley, Frankenstein oder Der moderne Prometheus, übers. v. K. B. Leder u. G. Leetz (1988).
Interessanterweise waren Mary Wollstonecraft Shelley und ihr Mann Percy Bysshe Shelley im Jahre 1818 auch in Herculaneum und sahen sich bei Fackellicht die düsteren Ausgrabungen im unterirdischen Theater an.

Katalog

Im Jahre 1980 fanden Ausgrabungen auf der den Suburbanen Thermen vorgelagerten Terrasse statt. Sie sollten einerseits größere Klarheit über diesen bereits von Amedeo Maiuri ausgegrabenen Bereich der Stadt erbringen, andererseits eine bessere Entwässerung der Thermen und ihrer Umgebung ermöglichen. Dabei wurden zwölf Kammern freigelegt, die der Südterrasse der Stadt als Unterbau dienten. Des weiteren kam ein breiter Abschnitt der antiken Küste ans Licht, bestehend aus einem Strand aus schwarzem Sand mit einer vorspringenden Klippe. Am Strand fand man auch ein kleines Boot. In neun der zwölf Kammern, die wahrscheinlich als Lager oder als Unterstand für Boote genutzt wurden und zum Teil auch auf dem Strand, wurden die Skelette von rund 300 Menschen entdeckt: Sie waren am Hitzeschock der ersten pyroklastischen Welle gestorben, die die Stadt in der Nacht des 25. August 79 n.Chr. erreichte. Vulkanologische und anthropologische Untersuchungen dieses außergewöhnlichen Fundes haben gezeigt, daß der Tod dieser Einwohner von Herculaneum schnell und plötzlich gekommen sein muß. Ihre Körperhaltung im Augenblick des Todes wurde wie in einer makabren Momentaufnahme festgehalten. Die neben diesen und anderen in der Stadt entdeckten Opfern gefundenen Gegenstände zeigen deutlich, daß jeder seine wertvollsten Sachen bei sich hatte: Juwelen, Körbchen, Beutel und Kästchen mit Münzen, Hausschlüssel, Amulette sowie Arbeitswerkzeuge, unter denen besonders das Besteck eines Chirurgen aus dem Bootshaus 12 hervorzuheben ist. Unter den ausgegrabenen Opfern befand sich auch ein Soldat von großer Statur (1,80 m). Er trug an den Hüften ein *cingulum militiare* (Militärgürtel) mit einem Schwert (*gladius*) und einem Dolch (*pugio*); auf den Schultern eine Art Rucksack mit zwei Meißeln, einem Durchschläger und einem Steinsetzhammer aus Eisen. Neben ihm wurde ein Häufchen Münzen aus Gold und Silber gefunden, die den beträchtlichen Gesamtwert von 360 Sesterzen hatten.

Literatur:
E. De Carolis, La marina di Ercolano e lo scavo dei fornici 7 e 8, in: A. d'Ambrosio - M. Mastroroberto - P. G. Guzzo (Hrsg.), Storie da un'eruzione. Pompei, Ercolano, Oplontis. Ausstellungskatalog Neapel (2003) S. 137–149 (mit Bibliographie); M. Pagano, Gli scheletri dei fuggiaschi: l'indagine archeologica dalle prime scoperte alle indagini interdisciplinari sui fornici 4 e 12, a.a.O., S. 124–136.

(M.G)

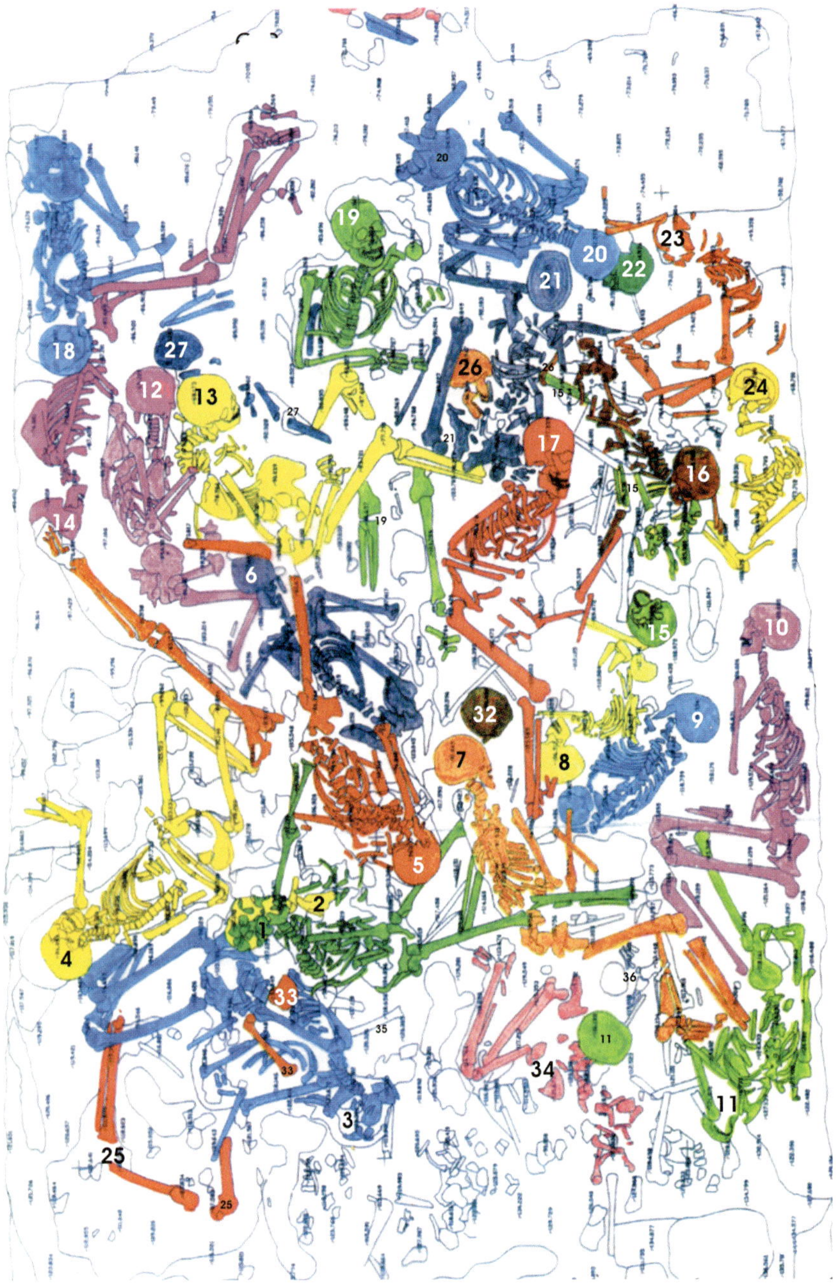

1.1

1.1
Abformung der Opfer des Bootshauses 10

Silikonkautschuk
L. 370 cm, B. 230 cm
Soprintendenza Archeologica di Pompei, Inv. o. Nr.

Die folgenden Informationen betreffen die 41 Individuen, die im Rahmen der archäologischen Untersuchungen geborgen und dokumentiert werden konnten. In dem Abguß, der in der Ausstellung gezeigt wird, sind einige Individuen nicht zu sehen, die erst im weiteren Verlauf der Ausgrabungen ans Licht gekommen sind, da sie bei der Herstellung des Abgußes noch von anderen Skeletten bedeckt oder von der Vulkanasche der tödlichen pyroklastischen Wolke eingehüllt waren (Individuen 29–31 und 35–41).

Aufgrund ihrer Positionen im Augenblick des Aufpralls des ersten „surge“, einer glühenden Wolke aus Gas und festen Bestandteilen, lassen sich im wesentlichen drei Gruppen von Personen unterscheiden: eine erste, unmittelbar beim Eingang des Bootshauses, auf der rechten Seite (Individuen 2, 7–11); eine zweite, eher im Hintergrund, auf der rechten Seite (Individuen 15–17, 20–24 und 26) und eine dritte, auf der linken Seite (Individuen 4–6, 12–14, 18–19, 27). Die Personen am Eingang des Bootshauses (3, 25, 33, 34 sowie andere, die auf dem Abguß nicht zu erkennen sind) waren größtenteils zum Strand hin ausgerichtet, wo in unmittelbarer Nähe mehr als zehn weitere Personen gefunden wurden.

(P. P. P. und M. P.)

Individuum 1
Mann, 33 Jahre alt, mit einer Bronzemünze auf der linken Seite. Litt an Arthrose und an Karies der Zähne.

Individuum 2
Junge, 15 Jahre alt (auf dem Abguß ist lediglich der obere Teil sichtbar). Litt an „Spina bifida“, einem Defekt des Bogenschlußes der Wirbelsäule im Bereich des Kreuzbeins. Personen mit diesem Leiden sind anfällig für verschiedenste Behinderungen, auch schweren und sogar tödlichen.

Individuum 3
Mann, 39 Jahre alt. Litt an starker Arthrose der Wirbelsäule und einer Verknöcherung des Kreuzdarmbeingelenks mit entsprechenden Bewegungsstörungen an Rumpf und Beinen.

Individuum 4
Frau, 28 Jahre alt. Litt an Karies der Zähne.

Individuum 5
Mann, 21 Jahre alt. Der einzige, der aufrecht stand, als die pyroklastische Wolke aufprallte. Litt an Karies der Zähne.

Individuum 6
Mann, 30 Jahre alt. Litt an Karies der Zähne.

Individuum 7
Mann, 34 Jahre alt. Der größte Teil seiner Zahne hatte Karies-Befall.

Individuum 8
Junge, 13 Jahre alt. Seine Zähne zeigen deutliche Spuren einer verminderten Stärke des Zahnschmelzes, wahrscheinlich durch Mangelernährung und Infekte während des Wachstums.

Individuum 9
Junge, 14 Jahre alt, mit einer Bronzemünze an der rechten Seite. Litt an Karies der Zähne.

Individuum 10
Mann, 25 Jahre alt. Litt an Karies der Zähne.

Individuum 11
Frau, 31 Jahre alt. Trug einen Bronze-Armreif in Schlangenform und zwischen Brust und Hals einen Metallgegenstand, wahrscheinlich eine Fibel; rechts neben ihr lag eine Bronze-Münze. Sie litt an einer Hüftdysplasie (einer krankhaften Veränderung des Hüftgelenks mit Einschränkung der Bewegungsfähigkeit) und an Wirbelsäulen-Arthrose.

Individuum 12
Mann, 30 Jahre alt. Litt an Arthrose und Zahn-Karies. Hatte Individuum 13 umarmt.

Individuum 13
Mann, 33 Jahre alt. An seiner linken Seite lagen drei Bronze-Münzen. Litt an Arthrose und Karies der Zähne.

Individuum 14
Mann, 37 Jahre alt. Litt an einer starken Arthrose und an Zahn-Karies.

Individuum 15
Frau, 29 Jahre alt. Litt an leichter Zahn-Karies.

Individuum 16
Frau, 36 Jahre alt. Litt an einer starken Arthrose und an Zahn-Karies.

Individuum 17
Mann, 35 Jahre alt.

Individuum 18
Frau, 32 Jahre alt. Litt an einer leichten Zahn-Karies und an Arthrose.

Individuum 19
Mann, 26 Jahre alt. An seiner linken Seite ein Geldhäufchen mit drei Silber- und drei Bronzemünzen. Litt an Zahn-Karies.

Individuum 20
Mann, 35 Jahre alt. Zu seinen Füßen befand sich ein kostbar gearbeiteter Bronzekrug, neben seinen Knien ein Öllämpchen aus Bronze. Litt an Arthrose und Zahn-Karies.

Individuum 21
Mann, 37 Jahre alt. An seiner Seite lag ein Geldhäufchen mit neun Silbermünzen. Litt an Arthrose und Karies der Zähne.

Individuum 22
Junge, 15 Jahre alt (auf dem Abguß ist nur der Schädel zu sehen). Trug auf Gürtelhöhe eine Nadel aus bearbeitetem Knochen. Litt an Zahn-Karies und einer leichten Arthrose im Wirbelbereich.

Individuum 23
Mann, 36 Jahre alt. Hatte die Reste von zwei Lederschuhen mit Eisennieten an. Litt an Arthrose und Zahn-Karies.

Individuum 24
Frau, 34 Jahre alt. Trug an der rechten Hand zwei Ringe, der eine aus Gold, der andere aus Silber; zu ihrer Linken eine größere Geldmenge (17 Silber-, drei Bronzemünzen). Litt an Zahn-Karies und starker Wirbelsäulen-Arthrose.

Individuum 25
Erwachsener Mann (auf dem Abguß ist nur ein Teil der Beine zu sehen).

Individuum 26
Junge, 9 Jahre alt (auf dem Abguß ist nur der Schädel zu sehen).

Individuum 27
Mädchen, 6 Jahre alt.

Individuum 28
Frau, 37 Jahre alt (nicht sichtbar auf dem Abguß). Zu ihrer Linken eine Silber- und zwei Bronzemünzen. Viele ihrer Zähne zeigten Kariesbefall; sie litt an Arthrose.

Individuum 29
Frau, 32 Jahre alt (nicht sichtbar auf dem Abguß). Hatte die Reste zweier Ledersäckchen bei sich; in dem einen, rechts neben dem Schambein, befanden sich neun Bronzemünzen, in dem anderen, auf der rechten Seite, verschiedene persönliche Gegenstände aus Metall, darunter eine Fibel. Litt an Arthrose und Zahn-Karies.

Individuum 30
Junge, 2-3 Jahre alt (nicht sichtbar auf dem Abguß).

Individuum 31
Erwachsener (nicht sichtbar auf dem Abguß).

Individuum 32
Junge, 10 Jahre alt (auf dem Abguß ist nur der Schädel zu sehen). Hatte einen ovalen Karneol-Anhänger in Form eines Satyr-Kopfs bei sich, ursprünglich vermutlich um den Hals getragen.

1.2

Individuum 33
Mädchen, 12 Jahre alt (auf dem Abguß sind nur ein Oberschenkel und ein Beckenknochen sichtbar).

Individuum 34
Mädchen, 18 Jahre alt (auf dem Abguß ist nur der untere Teil zu sehen).

Individuum 35
Erwachsener (nicht sichtbar auf dem Abguß).

Individuum 36
Sechzehnjährige(r) (auf dem Abguß ist nur ein Fuß und der Teil eines Beins sichtbar).

Individuum 37
Erwachsener (nicht sichtbar auf dem Abguß).

Individuum 38
Vierzehnjährige(r) (nicht sichtbar auf dem Abguß).

Individuum 39
Junge, 14 Jahre alt (nicht sichtbar auf dem Abguß).

Individuum 40
Zwölfjährige(r) (nicht sichtbar auf dem Abguß).

Individuum 41
Neugeborenes, etwa 1 Jahr alt (nicht sichtbar auf dem Abguß). Lag auf dem Sand, hinter dem Rücken von Individuum 19.

1.2
Abformung dreier Opfer aus Bootshaus 5

Silikonkautschuk
L. 225 cm, B. 122 cm
Soprintendenza Archeologica di Pompei, Inv. o. Nr.

Der Abdruck zeigt eine Gruppe von drei Individuen, einem Teil der mehr als 20 Personen umfassenden Gruppe, die sich in dem Bootshaus aufhielt.

Individuum 6 (in der Mitte)
Frau, 22 Jahre alt. Wie Spuren an den Beckenknochen zeigen, hatte sie mehrere Geburten gehabt. Sie litt an Karies der Zähne.

Individuum 7 (rechts)
Mann, 21 Jahre alt. Sein oberer Zahnbogen weist eine anomale Fusion zweier Vorderzähne auf. Außerdem litt er an Karies.

Individuum 8 (links)
Junge, 15 Jahre alt. Litt an rachitischer Verformung der Oberschenkel und an Karies der Zähne.
Der Mann und der Junge hielten sich umarmt.

(P. P. P. und M. P.)

1.3
Halskette

Grüne und schwarze Glaspaste, Glas, Karneol, brauner Jaspis, himmelblaue und gelbe Fayence, himmelblaue ägyptische Fayence
B. und Dm. der Anhänger variieren zwischen 0,18 cm und 0,5 cm
1. Jh. n.Chr.
Strand unterhalb der Terrasse des M. Nonius Balbus, Bootshaus 12, gefunden zwischen den Skeletten Nr. 61 und 62
Soprintendenza Archeologica di Pompei, Inv. 78396/3099.

Die Halskette besteht aus 45 Perlen und Anhängern verschiedener Formen und Materialien. Die Formen der Perlen variieren zwischen verlängerten Rechtecken, Kugeln, Prismen mit sechsecki-

1.3 (s. auch Abb. S. 44)

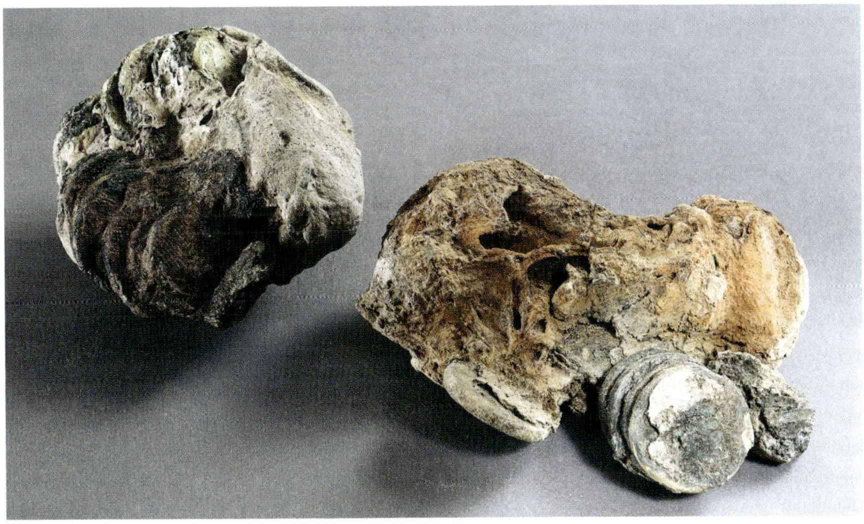

1.4/5

1.5
Zusammengebackene Bronzemünzen

Bronze
L. und B. 8 cm
1. Jh. n.Chr.
Strand unterhalb der Terrasse des M. Nonius Balbus, gefunden beim Skelett Nr. 35
Soprintendenza Archeologica di Pompei, Inv. 78691/3394.

Häufchen von miteinander verschmolzenen Bronzemünzen.

Unveröffentlicht.

(M. G.)

ger Basis sowie kleinen Scheiben mit sehr dünnen Seiten, deren Mitte mit einem Medusa-Kopf oder mit einem Stern dekoriert ist. Einige Anhänger haben die Form von Skarabäen, Vögelchen, Fröschen, Schildkröten, Äxten, männlichen und weiblichen Geschlechtsteilen (*vulva und phallus*) sowie des ägyptischen Gottes Harpokrates mit Füllhorn. Sie sind allesamt als Amulette anzusehen.

Literatur: A. Scatozza-Höricht, I monili di Ercolano (1989) Nr. 198, S. 92–93.

(M. G.)

1.4
Zusammengebackene Bronzemünzen

Bronze
B. 12 cm, L. 11 cm
1. Jh. n.Chr.
Strand unterhalb der Terrasse des M. Nonius Balbus, gefunden beim Skelett Nr. 2
Soprintendenza Archeologica di Pompei, Inv. 78683/3386.

Bei den Ausgrabungen der antiken Küstenlinie von Herculaneum sind viele Silber- und Bronzemünzen gefunden worden, die wegen der hohen Temperatur der pyroklastischen Wolke zu Haufen verschmolzen waren. In manchen Fällen befanden sie sich in einem Geldbeutel aus Stoff (*sacculus* oder *marsupium*) oder in einem hölzernen Geldkästchen (*locellus*).

Unpubliziert.

(M. G.)

1.6
Zusammengebackene Münzen und Schmuck

Ohrringe: Gold, Smaragd, Perlen; Ring: Gold und schwarzer Jaspis
Ohrringe: Dm. oberer und unterer Körper jeweils 0,7 cm und 0,9 cm; Ring: Maße nicht zu ermitteln
Strand unterhalb der Terrasse des M. Nonius Balbus, gefunden vor den Bootshäusern 10 und 11
Soprintendenza Archeologica di Pompei, Inv. 78379/3082 a, b, c.

1.6

Die Münzen, ein Paar Ohrringe und ein Ring sind zu einem Klumpen zusammengeschmolzen. Es handelt sich um die wertvollsten Gegenstände eines Einwohners oder einer Einwohnerin von Herculaneum, die angesichts der drohenden Katastrophe auf die Flucht mitgenommen wurden, möglicherweise in einer nicht mehr erhaltenen ledernen Geldbörse. Die Ohrringe gehören zum sogenannten „Blüten-Typ" und weisen einen gebogenen Haken auf, auf dessen Seite zwei runde, mit Smaragden geschmückte Blätter-Fassungen gelötet sind. Rund um die untere Fassung sind vier dreieckige Elemente gelötet, die aus glattem Draht hergestellt wurden und mit drei Perlanhängern alternieren. Es handelt sich hierbei um einen sehr seltenen Ohrring-Typ aus einer kampanischen Goldschmiedewerkstatt der frühen Kaiserzeit. Der Ring hingegen hat eine kreisförmige Schiene, die oben abgeflacht sich weitet, um eine eiförmige Fassung zu bilden, in der ein glatter Edelstein (schwarzer Jaspis) mit gewölbter Oberfläche eingelegt ist.

Literatur: A. d'Ambrosio – E. De Carolis (Hrsg.), I monili dall'area vesuviana (1997) S. 89f. Nr. 269. S. 101 Nr. 327; M. Pagano, in: G. C. Ascione – M. Pagano, Das Antiquarium von Herkulaneum (2000) S. 121; L. A. Scatozza-Höricht, I monili di Ercolano (1989) S. 36 Nr. 19. S. 38 Nr. 22–23.

(M. G.)

1.7
Armreifen

Gold
Dm. 7,5 cm bzw. 7,4 cm
Strand unterhalb der Terrasse des M. Nonius Balbus, gefunden vor den Bootshäusern
Soprintendenza Archeologica di Pompei, Inv. 78376-78377/3079-3080.

Diese Armreifen sind aus glattem Goldblech gearbeitet. Der runde Reif weitet sich zu einer glatten, eiförmigen Fläche. Von diesem Armband-Typus wurden in Herculaneum, Pompeji und Oplontis zahlreiche Exemplare gefunden.

1.7

Literatur: E. De Carolis, in: A. d'Ambrosio – E. De Carolis, I monili dall'area vesuviana (1997) Nr. 283, S. 93–94.

(M. G.)

1.8
Borte aus Goldfasern

Gold
B. 29 cm
Strand unterhalb der Terrasse des M. Nonius Balbus, Bootshaus 11
Soprintendenza Archeologica di Pompei, Inv. 78548/3251.

Dieses Stofffragment aus goldenen Fäden diente wahrscheinlich zur Dekoration und zum Säumen von Stoffen und Kleidern. In Herculaneum wurden weitere Beispiele dieses kostbaren und raffinierten Kleidungsdekors gefunden.

1.8

Literatur: M. Borgongino, in: G. Stefani (Hrsg.), Uomo e ambiente nel territorio vesuviano. Guida all'Antiquarium di Boscoreale (2003) S. 106.

(M. G.)

1.9
Ring mit Gemme

Gold, Smaragd
Dm. 1,9 cm, Gemme: 0,5 x 0,4 cm
Strand unterhalb der Terrasse des M. Nonius Balbus, Bootshaus 11
Soprintendenza Archeologica di Pompei, Inv. 78551/3254.

1.9

Dieser Ring aus einer ringförmigen Schiene weitet sich zu einer eiförmigen Fassung aus, in der ein Edelstein mit gewölbter Oberfläche eingelegt ist. Solche Ringe waren zwischen der ersten Hälfte des 1. Jh. n.Chr. und dem gesamten 2. Jh. n.Chr. sehr verbreitet.

Literatur: M. Pagano, in: A. d'Ambrosio – E. De Carolis, I monili dall'area vesuviana (1997) Nr. 323, S. 101.

(M. G.)

1.10
Ohrringe vom Kugelsegment-Typ

Gold
H. 3,2 cm
Strand unterhalb der Terrasse des M. Nonius Balbus, Bootshaus 12
Soprintendenza Archeologica di Pompei, Inv. 78936/3639.

1.10

Diese Ohrringe aus glattem Goldblech haben eine Kugelsegment-Form. Der Körper ist hohl, der Haken ist aus glattem Draht mit zweifacher Krümmung, die Nahtstelle mit dem Ohrringkörper ist durch eine Kappe verdeckt. Diese Art Ohrringe war in der Vesuvgegend sehr verbreitet. Da keine direkten Vergleiche mit der etruskischen und griechischen Goldschmiedekunst existieren, nimmt man an, daß es sich um eine eigenständige Schöpfung römischer Goldschmiedekunst handelt. Der Ursprung dieser Produktion wird in Kampanien vermutet, von wo aus sie sich dann mindestens bis zur Mitte des 2. Jh. n.Chr. in andere Regionen des Römischen Reiches verbreitet haben.

Literatur: E. De Carolis, in: A. d'Ambrosio – E. De Carolis, I monili dall'area vesuviana (1997) Nr. 252, S. 86.

(M. G.)

1.11
Bulla

Gold
H. 6 cm
1. Jh. v.Chr.
Herculaneum, genauer Fundort unbekannt
Museo Archeologico Nazionale di Napoli, Inv. 24606.

Goldene Kapsel mit Aufhängungsring, der aus einem dünnen und starren, gekörnten Draht mit ineinander gehakten Enden besteht. Die Schönheit dieses extrem einfachen und raffinierten Objektes beruht auf der glatten und glänzenden Oberfläche der zwei goldenen Bleche, die die muschelförmige Kapsel bilden. Daran ist oben eine weitere trapezförmig gefaltete Goldfolie befestigt. Das Verbindungsstück wird von einem Perlendraht gerahmt und ist mit drei aufgelegten, geschwungenen Golddrähten dekoriert, die in vier Goldkügelchen enden. Weitere Kügelchen bilden in der Mitte des Verbindungsstückes ein weiteres dreieckiges Dekorelement. Vorder- und Rückseite und Verbindungsstück werden durch Nieten zu-

1.11

sammengehalten, die die Goldfolie durchbohren. Sie enden auf der Rückseite mit einem Knopf, auf der Vorderseite in Spiralen.

Die *bulla* war ein Erkennungszeichen von frei geborenen Jungen. Wenn sie das siebzehnte Lebensjahr erreichten, wurde die *bulla* den Laren dargebracht, den Hausgottheiten. Dieser Ritus wie auch die Form des Schmuckstücks kamen aus Etrurien nach Rom. Ursprünglich sollte die *bulla* das Kind gegen übernatürliche Kräfte schützen. Dazu wurde ein Glücksbringer zwischen die beiden Schalen gesteckt. Später verlor die *bulla* diese Funktion und wurde zu einem rein dekorativen Schmuckstück.

Literatur: L. Breglia, Catalogo delle oreficerie del Museo Nazionale di Napoli (1941) S. 90 Nr. 916; R. Siviero, Gli ori e le ambre del Museo Nazionale di Napoli (1954) S. 83 Nr. 338. Eine sehr ähnliche Bulla stammt aus der „Casa del Menandro" in Pompeji: L. Pirzio Biroli Stefanelli, L'oro dei Romani (1992) Nr. 69.

(T. G.)

1.12
Fragment eines Armbandes

Gold
L. 7,3 cm
Hellenistische Zeit
Herculaneum (?)
Museo Archeologico Nazionale di Napoli, Inv. 24842.

Das Armband wurde aus einer Goldfolie hergestellt und ist innen hohl. Es bestand ursprünglich aus zwei halbkreisförmig gebogenen Elementen, die mit tropfenförmigen Motiven dekoriert waren, von geritzten Rauten umschlossen. Die zwei Bestandteile des Armbands waren an der einen Seite mit einem getrennt gearbeiteten Löwenkopf verziert, an der anderen Seite mit einem Ring, an den ein Gehänge in Form eines Granatapfels eingehakt war. Zur Zeit fehlt eine Hälfte des Armbandes, sie ist seit der Ausfuhr des Schmuckstückes nach Deutschland während des letzten Krieges verschollen.

Literatur: L. Breglia, Catalogo delle oreficerie del Museo Nazionale di Napoli (1941) S. 86 Nr. 848; R. Siviero, Gli ori e le ambre del Museo Nazionale di Napoli (1954) S. 51 Nr. 163.

(T. G.)

1.12

1.13
Halskette

Gold und Smaragdperlen
L. 31 cm
1. Jh. n.Chr.
Herculaneum, genauer Fundort unbekannt
Museo Archeologico Nazionale di Napoli, Inv. 24617.

Die Kettenglieder wurden zunächst aus Goldfolie in Form einer Acht ausgeschnitten, dann gefaltet und miteinander verhakt, so daß eine Kette entstand. Kleine Smaragdperlen auf einem Golddraht wurden jeweils hinter drei Kettenglieder eingefügt. Der Verschluß ist ebenfalls sehr einfach: Er besteht aus einem kleinen Haken, der in das letzte, mit einem Smaragdkügelchen geschmückte Kettenglied eingehakt ist. In der Mitte der Kette befindet sich ein Anhänger, ein zunehmender Mond (*lunula*), dessen Spitzen mit winzigen Goldkügelchen dekoriert sind.

Literatur: L. Pirzio Biroli Stefanelli, L'oro dei Romani (1992) Nr. 45, Abb. 82.

(T. G.)

1.13

1.14
Anhänger

Gold
L. 5,5 cm
Ende 4.–2. Jh. v.Chr.
Herculaneum (?)
Museo Archeologico Nazionale di Napoli, Inv. 24673.

Festgebunden an einer Kette mit einem Aufhängehaken ist ein kleiner, nackter Amor, der in der rechten Hand eine verzierte Opferschale (*patera*) hält; in der Linken eine weitere winzige *patera*. Hinter den Schultern sind Spuren der Verbindungsstelle für die Flügel, die heute fehlen.

Literatur: L. Breglia, Catalogo delle oreficerie del Museo Nazionale di Napoli (1941) S. 54 Nr. 183; R. Siviero, Gli ori e le ambre del Museo Nazionale di Napoli (1954) S. 47 Nr. 142.

(T. G.)

Nr. 915; R. Siviero, Gli ori e le ambre del Museo Nazionale di Napoli (1954) S.47 Nr. 148.

(T. G.)

1.16
Ohrring

Gold
L. 2,0 cm
1. Jh. n.Chr.
Herculaneum, genauer Fundort unbekannt
Museo Archeologico Nazionale di Napoli, Inv. 24811.

Ohrring in Navicella-Form (Schiffchen) mit halbrundem, hohlem Innenkörper. Er wurde aus einem glatten Goldblech hergestellt und mit zwei kleinen Ösen an den Enden versehen, um das Einfügen des Aufhängehakens zu ermöglichen, dessen eine Seite durch ein rundes Plättchen abgedeckt ist. Dieser Schmuck von großer Einfachheit nutzt lediglich die Schönheit der metallischen Goldoberfläche. Ähnlich weit verbreitet war der zeitgleiche Typ in Kugelsegment-Form, von dem viele Varianten bekannt sind.

Literatur: L. Breglia, Catalogo delle oreficerie del Museo Nazionale di Napoli (1941) S. 60 Nr. 350; R. Siviero, Gli ori e le ambre del Museo Nazionale di Napoli (1954) S. 68 Nr. 258.

(T. G.)

1.14

1.15

1.16

1.15
Ohrring

Gold
L. 5 cm
Ende 4.–2. Jh. v.Chr.
Herculaneum (?)
Museo Archeologico Nazionale di Napoli, Inv. 24715.

Ein nackter und etwas unförmiger Eros trägt auf dem Kopf eine Weinkrone und eine lange Kette, die als Rebzweig gearbeitet ist, von dem Weinblätter herabhängen. Die Kette liegt auf den Schultern, fällt von dort auf die Hüften und ist vor der Brust verknotet. In der erhobenen linken Hand hält der Eros ein zylindrisches Objekt. Hinter den Schultern sind getrennt gearbeitete Flügel zu erkennen und die Hängenadel, die aus mehreren dünnen, goldenen Drähten besteht, die verdreht aufgewickelt sich zur Spitze hin verjüngen.

Literatur: L. Breglia, Catalogo delle oreficerie del Museo Nazionale di Napoli (1941) S. 90

1.17

1.17
Ohrring mit Gehänge

Gold und Granat
L. 2,7 cm
Ende 4.–3. Jh. v.Chr.
Herculaneum (?)
Museo Archeologico Nazionale di Napoli, Inv. 24886.

Goldener Ohrring mit leicht konkaver Scheibe, dekoriert mit rundlaufenden, filigran verarbeiteten Rahmen und mittig gestellter Blume, die aus einer Koralle mit vierzehn Blütenblättern und zentralem Stein besteht, der heute verschollen ist. An der Scheibe ist rückseitig der Aufhängehaken angelötet. Daran hängt ein eichelförmiges Gehänge mit einem Granat. Der Stein ist oben in einer goldenen, filigran verarbeiteten Kapsel gefaßt, unten endet er mit einer goldenen Spitze, die eine Krone aus Blütenblättern bildet.

Literatur: L. Breglia, Catalogo delle oreficerie del Museo Nazionale di Napoli (1941) S. 44 Nr. 121; R. Siviero, Gli ori e le ambre del Museo Nazionale di Napoli (1954) S. 41 Nr. 123.

(T. G.)

1.18
Ohrring mit Löwenkörper

Gold
L. 2,2 cm
Ende 4.–Anfang 3. Jh. v.Chr.
Herculaneum (?)
Museo Archeologico Nazionale di Napoli, Inv. 24855.

Der elegante Ohrring hat die Form eines Füllhornes, dessen Körper aus Golddrähten besteht, die ineinander geflochten wurden. Er wird an der Spitze von einer kleinen Kugel geschlossen. Am dickeren Ende ist mittels einer Kapsel ein Löwenkopf angebracht worden. Der Kopf ist an den Seiten leicht eingedrückt. Es sind sehr feine Details wiedergegeben: dichte Mähne, ausgehöhlte Augen, in denen jetzt der eingefaßte Stein fehlt, geblähte Nasenlöcher.

Literatur: L. Breglia, Catalogo delle oreficerie del Museo Nazionale di Napoli (1941) S. 38 Nr. 86; R. Siviero, Gli ori e le ambre del Museo Nazionale di Napoli (1954) S. 25 Nr. 56.

(T. G.)

1.18

1.19
Ohrring

Gold
L. 1,8 cm
1. Jh. n.Chr.
Herculaneum, genauer Fundort unbekannt
Museo Archeologico Nazionale di Napoli, Inv. 24721.

Es handelt sich hierbei um einen Ohrring in Navicella-Form (Schiffchen) ähnlich wie Kat. 1.16 aber ohne das Plättchen, das die Verbindungsstelle des Schnallendorns abdeckt.

Literatur: L. Pirzio Biroli Stefanelli, L'oro dei Romani (1992) Nr. 24, Abb. 86.

(T. G.)

1.19

1.20
Fingerring

Gold
Dm. 1,9 cm
1. Jh. n.Chr.
Herculaneum, genauer Fundort unbekannt
Museo Archeologico Nazionale di Napoli, Inv. 25041.

1.20

Ring aus dünnem Golddraht, spiralförmig gewickelt. Die Enden sind als Schlangenkopf und Schlangenschwanz ausgebildet. Der gesamte Körper ist mit V-förmigen Einritzungen versehen, die Hautschuppen darstellen sollen. Verloren gegangen sind die zwei kleinen Steine, die als Augen der Schlange eingelassen waren. Diese Art von Fingerringen war im gesamten Vesuvgebiet weit verbreitet (andere Ringe waren auch aus Silber und Bronze). Das Symbol der Schlange galt in den ägyptischen und östlichen Kulten als Fruchtbarkeitssymbol und sollte apotropäisch, übelabwehrend, wirken. Genau wie bei den gleichartigen Armreifen gibt es viele Varianten: Ein Typus hat zwei gegenüberstehende Schlangenköpfe, bei einem weiteren besteht der Ringkörper aus mehreren Spiralen, bei einem dritten ist der Schlangenkopf gehoben.

Literatur: L. Breglia, Catalogo delle oreficerie del Museo Nazionale di Napoli (1941) S. 79 Nr. 678; R. Siviero, Gli ori e le ambre del Museo Nazionale di Napoli (1954) S. 62 Nr. 220.

(T. G.)

1.21
Fingerring

Gold
Dm. 1,8 cm
1. Jh. n.Chr.
Herculaneum, genauer Fundort unbekannt
Museo Archeologico Nazionale di Napoli, Inv. 25042.

1.21

Dieser Ring ist aus sehr dünnem Golddraht gearbeitet und spiralförmig gewickelt und imitiert so einen Schlangenkörper. Der Schlangenkopf ist gehoben, der Schwanz gewunden.

Literatur: L. Breglia, Catalogo delle oreficerie del Museo Nazionale di Napoli (1941) S. 79 Nr. 677; R. Siviero, Gli ori e le ambre del Museo Nazionale di Napoli (1954) S. 62 Nr. 224.

(T. G.)

Die Baugeschichte dieses Hauses ist eng mit der zweier großer herrschaftlicher Häuser verbunden: der des „Hauses der Gemme" (Casa della Gemma) und derjenigen des „Hauses mit dem Telephos-Reliefs" (Casa del Rilievo di Telefo), die die gesamte *Insula Orientalis* I einnahmen. Das „Haus des Granianus" umfaßt dabei nur das unterste Stockwerk des südlichen Teils des heutigen „Hauses der Gemme", das wiederum Bestandteil des „Hauses mit dem Telephos-Relief" war.

Bis in augusteische Zeit war die ganze *Insula* ein riesiger Gesamtkomplex. Während einer ersten Umbauphase in augusteischer Zeit wurden die an einem Flur im Untergeschoß gelegenen Räume (bis auf den in der Südostecke), die in republikanischer Zeit als Lager gedient hatten, in elegant dekorierte Wohnräume umgewandelt. Die Reihe von Zimmern umfaßte ein Speisezimmer *(triclinium)*, zwei Schlafzimmer *(cubicula)*, eine Exedra und einen großen Saal *(oecus)*. Alle öffneten sich auf einen mit Fenstern versehenen Flur, von dem heute wenig übrig geblieben ist. Vom herrschaftlichen Charakter dieser Räume zeugen noch die Gewölbedecken und die eleganten Mosaikfußböden, die alle späteren Umbauten überstanden haben.

Während der letzten Jahre der Stadt vor dem Untergang wurde die große Grundfläche des Gesamtkomplexes horizontal und vertikal unterteilt. So entstanden die drei genannten Wohnungen, die heute noch erkennbar sind. Das untere Stockwerk wurde separat verkauft, die inneren Verbindungstreppen zum „Haus der Gemme" entfernt und ein eigener Eingang in der Nähe des Hafentores (*Porta Marina*) geschaffen. Dabei wurden das Speisezimmer und das angrenzende Schlafzimmer in Diensträume umgewandelt. Eine Küche mit Spülbecken und kleinen Kammern, die zum Aufbewahren von Geschirr und feuchtigkeitsunempfindlicher Vorräte dienten, wurden aus einem der beiden nördlichen Räume gewonnen. Der hintere Teil des am Flur gelegenen Raums in der Südostecke diente als Schlafzimmer *(cubiculum)*, während der vordere Teil als Abstellkammer und Arbeitszimmer einer Weberin fungierte, deren Notizen in Form von Graffiti auf der Nordwand des Vorraums erhalten geblieben sind. Dort wurde auch eine verkohlte Holzkiste aufgefunden, die fast unversehrte Glasschälchen und Glasbehälter für Salben sowie einen bronzenen Siegelring (*signaculum*) des M. Pilius Primigenius Granianus enthielt. Dieser war wahrscheinlich ein Freigelassener, der zu einem früheren Zeitpunkt als *servus communis* (gemeinsamer Sklave) zwei Herren gleichzeitig diente, und zwar einem gewissen M. Pilius und einem gewissen Granius. Granianus war vermutlich der Besitzer der Wohnung zum Zeitpunkt des Untergangs der Stadt. In der Exedra wurden die Reste von sieben Skeletten gefunden, darunter auch das Skelett eines Neugeborenen, das auf einer kleinen Matratze aus Pflanzenfasern in einer hölzernen Wiege lag. Es müssen allerdings nicht notwendigerweise die Bewohner des Hauses gewesen sein. In Anbetracht der Lage – in der Nähe des Hafentores – hatten hier vielleicht Flüchtlinge Schutz gesucht und warteten auf einen günstigen Zeitpunkt, die Stadt auf dem Seeweg zu verlassen.

Literatur:

M. P. Guidobaldi, La casa di M. Pilius Primigenius Granianus (Insula Orientalis I,1 a), in: A. d'Ambrosio - M. Mastroroberto - P. G. Guzzo (Hrsg.), Storie da un'eruzione. Pompei, Ercolano, Oplontis. Ausstellungskatalog Neapel (2003), S. 112–120 (mit Bibliographie).

(M. G)

2.1 (s. auch Abb. S. 126)

2.1
Siegelring (*signaculum*)

Bronze
Stempel 6,5 x 2,3 x 0,2 cm, Ring Dm. 2,5 cm
Haus des Granianus (Casa di M. Pilius Primigenius Granianus), *Insula Orientalis* I,1 a
Soprintendenza Archeologica di Pompei, Inv. 76609.

Ein solches Bronzesiegel wurde genutzt, um Dokumente zu siegeln und Besitzurkunden zu beglaubigen. Es besteht aus zwei Teilen: einem Ring und dem rechteckigen Stempelfeld. In Spiegelschrift ist in erhabenen Buchstaben dieses Stempels zu lesen: M(arci). PILI. PRIMIG(eni) / GRANIANI, des Marcus Pilius Primigenius Granianus. Der Siegelring lag zusammen mit wertvollen Glasgefäßen in einem Holzkistchen. Dies belegt, daß der Siegelring mit den übrigen wertvollen Dingen zum Besitz des Bewohners gehörte, in dessen Haus sie gefunden wurden.

Literatur: M. Della Corte, Le iscrizioni de Ercolano, Rendiconti dell'Accademia di Archeologia. Lettere e Belle Arti di Napoli 33, 1958, S. 277 Nr. 470; M. P. Guidobaldi, in: A. d'Ambrosio – M. Mastroroberto – P. G. Guzzo (Hrsg.), Storie da un'eruzione. Pompei, Ercolano, Oplontis. Ausstellung Neapel (2003) 116; A. Maiuri, Ercolano. I Nuovi Scavi I (1958) S. 344, Abb. 273 .

(M. G.)

2.2 (s. auch Abb. S. 127)

2.2
Wiege

Holz
H. 49,2 cm, B. 83 cm, T. 50,3 cm
Haus des Granianus (Casa di M. Pilius Primigenius Granianus), *Insula Orientalis* I,1 a
Soprintendenza Archeologica di Pompei, Inv. 78444.

Die Schaukelwiege rechteckiger Form besteht aus vier Eckpfosten, die an jeder Seite durch drei Querstreben miteinander verbunden sind. Unten sind die kurzen Seiten durch kreissegmentförmige Streben verbunden, so daß die Wiege schaukeln kann.

Sechs weitere Latten bilden die Auflage für die Matratze, die, wie die Ausgrabungsberichte zeigen, aus Pflanzenfasern gewesen sein muß. Auf diesen lagen noch die kalzinierten Überreste des Skeletts eines Babys. Ein weiteres Kinderbett hat sich in Herculaneum im Obergeschoß des „Hauses in opus craticium" (Casa a Graticcio) erhalten.

Literatur: T. Buretta, in: Ercolano: Legni e piccoli bronzi. Testimonianze dell'arredo e delle suppellettili della casa romana. Ausstellungskatalog Rom (1988) S. 21 Nr. 1; M. P. Guidobaldi, in: A. d'Ambrosio – M. Mastroroberto – P. G. Guzzo (Hrsg.), Storie da un'eruzione. Pompei, Ercolano, Oplontis. Ausstellung Neapel (2003) 117; St. Mols, Wooden Furniture in Herculaneum. Form, Technique and Function (1999) S. 163–165.

(M. G.)

2.3
Tisch

Holz
H. Beine 41,3 cm, Dm. Tischplatte max. 50,7 cm
Haus des Granianus (Casa di M. Pilius Primigenius Granianus), *Insula Orientalis* I,1 a
Soprintendenza Archeologica di Pompei, Inv. 77333.

Dieser Tisch mit runder Platte *(mensa delphica)* steht auf drei gebogenen Beinen, die in Windhundpfoten endeten. Um größere Stabilität zu gewährleisten, sind die Beine durch Streben miteinander verbunden. Tische dieses Typs sind häufig in Wandmalereien wiedergegeben (vgl. Kat. 8.7.). Es gab sie nicht nur aus Holz, sondern auch in Marmor oder Bronze ausgeführt, wobei letztere auf hellenistische Vorbilder zurückgehen, dessen Prototyp in den Dreifüßen des Apollotempels in Delphi zu suchen ist.

Literatur: S. T. A. M. Mols, Wooden Furniture in Herculaneum. Form, Technique and Function (1999) S. 178–180 Nr. 19.

2.3 (s. auch Abb. S. 128)

2.4

2.5

2.4
Gemme mit Darstellung der Athena im Promachos-Typus

Karneol
H. 1,16 cm, B. 1 cm
1. Jh. n.Chr.
Haus des M. Pilius Primigenius Granianus, *Insula orientalis* I, 1 a
Museo Archeologico Nazionale di Napoli, Inv. 158864.

Sehr roh und kursorisch ist in diesen Karneol die Figur der Athena Promachos vertieft eingeschnitten. Die auf Zehenspitzen im Profil nach links dargestellte Göttin hält einen Schild in der linken Hand und trägt eine Lanze auf der rechten Schulter. Vor ihr befindet sich eine Schlange, vermutlich Erichthonios, einer der Hauptheroen Athens, dessen Mythos eng mit dem der Athena verbunden ist.

Literatur: M. P. Guidobaldi, La Casa di M. Pilius Primigenius Grananius, in: A. d'Ambrosio – P. G. Guzzo – M. Mastroroberto (Hrsg.), Storie da un'eruzione (2003) S.117 Nr. I. 39; U. Pannuti, Museo Archeologico Nazionale di Napoli. Catalogo della collezione glittica, Band I (1983) S. 17 Nr. 18.

(T. G.)

2.5
Gemme mit Darstellung eines Skorpions

Karneol
H. 0,8 cm, B. 0,6 cm
1. Jh. n.Chr.
Haus des M. Pilius Primigenius Granianus, *Insula orientalis* I, 1 a
Museo Archeologico Nazionale di Napoli, Inv. 158862.

Diese vertieft geschnittene Gemme (Intaglio) aus hellem Karneol zeigt einen Skorpion in Aufsicht. Sie war in einem eisernen Ring gefaßt, der am kleinen Finger der rechten Hand eines Skelettes saß, das in einem Raum des Hauses des Granianus ausgegraben wurde. Die Gravur ist kursorisch und rasch ausgeführt (Linearstil).

Literatur: M. P. Guidobaldi, La Casa di M. Pilius Primigenius Grananius, in: A. d'Ambrosio – P. G. Guzzo – M. Mastroroberto (Hrsg.), Storie da un'eruzione (2003) S. 116 Nr. I. 37; U. Pannuti, Museo Archeologico Nazionale di Napoli. Catalogo della collezione glittica, Band I (1983) S. 161 Nr. 299.

(T. G.)

2.6
Kameo mit Porträt der Agrippina Maior

Karneol
H. 3,18 cm, B. 2,27 cm
1. Hälfte 1. Jh. n.Chr.
Haus des M. Pilius Primigenius Granianus, *Insula orientalis* I, 1 a
Museo Archeologico Nazionale di Napoli, Inv. 155864.

Dieser exzellente Kameo aus Karneol ist auf technisch sehr hohem Niveau gearbeitet und zeigt die Büste einer Frau, deren Kopf leicht nach links geneigt ist. Einige Experten identifizierten sie als Livia, die Gattin des Kaisers Augustus. Ihr Gesicht ist von welligem Haar eingerahmt, das in zwei Strähnen auf die Schultern und das Kleid fällt, das in weichen Falten drapiert ist und auf der linken Schulter von einer kleinen Spange gehalten wird. Wahrscheinlicher ist jedoch die Deutung als Agrippina Maior, Enkelin des Kaisers Augustus.

Literatur: M. P. Guidobaldi, La Casa di M. Pilius Primigenius Grananius, in: A. d'Ambrosio – P. G. Guzzo – M. Mastroroberto (Hrsg.), Storie da un'eruzione (2003) S. 116 Nr. I. 33; W.-R.

2.6

Megow, Kameen von Augustus bis Alexander Severus (1987) S. 292 Kat.-Nr. D 16, Taf. 20, 2.3; U. Pannuti, Museo Archeologico Nazionale di Napoli - Catalogo della collezione glittica, Band I (1983) S. 128 Nr. 213 .

(T. G.)

2.7
Würfel

Bein
1,75 x 1,75 cm
Haus des Granianus (Casa di M. Pilius Primigenius Granianus), *Insula Orientalis* I,1 a
Soprintendenza Archeologica di Pompei, Inv. 77330/2049.

In diese Spielwürfel aus Bein sind die Zahlen 1 bis 6 in Form doppelter Kreise eingeritzt. In Form und Anordnung der Zahlen gleichen die Würfel heutigen

2.7

Exemplaren. Das Würfelspiel war in römischer Zeit weit verbreitet.

(M. G.)

2.8
Schälchen (ohne Abb.)

Blasses, grünes Glas
H. 4,3 cm, Dm. oberer Rand 11,5 cm, Dm. Fuß 6 cm
Haus des Granianus (Casa di M. Pilius Primigenius Granianus), *Insula Orientalis*, I,1 a
Soprintendenza Archeologica di Pompei, Inv. 76604/1326.

Das Schälchen hat ein halbkugelförmiges Becken mit breitem Hals und dickem Rand. Die Form war in Pompeji und Herculaneum sehr verbreitet. Einige Exemplare gehören zu einer Gruppe von Glasgefäßen, die im Jahre 1961 auf dem *decumanus maximus* in verpacktem Zustand aufgefunden wurden. Daher war es möglich, diese exakt auf das Jahr 79 n.Chr. zu datieren. Man nimmt an, daß der Beginn der Herstellung in neronisch-flavischer Zeit einsetzte. Schälchen dieser Art (*acetabula*) wurden beim Mahl als Behälter für Soßen und Würzen gebraucht. Sie waren in ganz Italien stark verbreitet.

Literatur: M. P. Guidobaldi, La casa di M. Pilius Primigenius Granianus (Insula Orientalis I,1 a), in: A. d'Ambrosio - M. Mastroroberto - P. G. Guzzo (Hrsg.), Storie da un'eruzione. Pompei, Ercolano, Oplontis, Ausstellungskatalog Neapel (2003) S. 116; L. A. Scatozza-Höricht, I vetri romani di Ercolano, Cataloghi, 1 (1986) Nr. 35, S. 35.

(M. G.)

2.9
Schöpflöffel (ohne Abb.)

Mattes, hellgrünes Glas
H. 3 cm, Dm. 6,7 cm
Haus des Granianus (Casa di M. Pilius Primigenius Granianus), *Insula Orientalis* I,1 a
Soprintendenza Archeologica di Pompei, Inv. 76603/1325.

Ein solcher Schöpflöffel (*simpulum*) mit halbkugelförmigem, flachem Becken, niedrigem Profil und vertikalem Griff war ein unentbehrliches Instrument zum Bedienen bei den Mahlzeiten. Das vorliegende Exemplar wurde in einer Holzkiste gefunden, die weitere Gegenstände enthielt, darunter auch das Schälchen (Kat. 2.8.) und den Siegelring (Kat. 2.1.).

Literatur: M. P. Guidobaldi, La casa di M. Pilius Primigenius Granianus (Insula Orientalis I, 1 a), in: A. d'Ambrosio - M. Mastroroberto - P. G. Guzzo (Hrsg.), Storie da un'eruzione. Pompei, Ercolano, Oplontis, Ausstellung Neapel 2003 (2003) S. 116; A. Scatozza-Höricht, I vetri romani di Ercolano, Cataloghi, 1 (1986) Nr. 64, S. 39.

(M. G.)

2.10

2.10
Räucherschale

Ton
Dm. Gefäßkörper 15 cm, H. 9,5 cm, Dm. Fuß 7 cm
Haus des Granianus (Casa di M. Pilius Primigenius Granianus), *Insula Orientalis* I,1 a
Soprintendenza Archeologica di Pompei, Inv. 77342/2061.

Diese Schale mit trichterartigem Fuß, tiefem Becken und breiter, nach außen gewölbter Lippe, gehört zum sogenannten „Obstschalen"-Typ, der zwischen dem 1. und dem 4. Jh. n.Chr. verbreitet war, besonders häufig in flavisch-trajanischer Zeit. Solche Schalen kommen in völlig unterschiedlichen Kontexten vor: Wohnungen, Gräbern, Militärlagern, Tempeln, öffentlichen Gebäuden. Entsprechend vielfältig waren die Funktionen. Man nutzte sie als Räucherschale oder Schale für Opfer im Rahmen des Haus- oder des Grabkultes.

Literatur: Unpubliziert. Zum Typus vgl. A. d'Ambrosio - M. Borriello, Arule e bruciaprofumi fittili da Pompei, Studi della SAP 3 (2001) S. 70–71, Gruppe G, Typ 132a.

(M. G.)

2.11

2.11
Pompejanisch-rote Platten

Ton
2070 A: Dm. 48 cm, H. 8,5 cm; 2070 B: Dm. 40 cm, H. 11 cm
Haus des Granianus (Casa di M. Pilius Primigenius Granianus), *Insula Orientalis*, I,1 a
Soprintendenza Archeologica di Pompei, Inv. 77351/2070 A-B.

Diese Platten haben einen abgerundeten, leicht eingezogenen Rand und ein niedriges, leicht konkaves Becken sowie einen flachen Boden. Die Innenseite des Bodens ist mit kreisförmigen, umlaufenden Rillen dekoriert, die in Zweier- oder Dreier-Gruppen verteilt sind. Platten dieses Typs wurden in Kampanien hergestellt und waren in der Vesuvgegend sehr verbreitet. Sie wurden zum Kochen benutzt, wie der Rußbelag am Außenboden deutlich zeigt.

Literatur: Unpubliziert. Zur Typologie der in Cumae hergestellten rotgefirnißten Keramik („Pomejanisch-rote" Ware) vgl. E. Chiosi, Cuma: una produzione di ceramica a vernice rossa interna, in: Les céramiques communes de Campanie et de Narbonnaise (Ier s. av. J.-C.-IIe s. ap. J.-C.). La vaisselle de cuisine et de table, Kongreßbericht Neapel 1994 (1996) S. 225–233.

(M. G.)

2.12

2.12
Drei Teller aus Terra Sigillata

Ton
2045 A: Dm. 14,2 cm, H. 2,5 cm; 2045 B1: Dm. 15 cm, H. 2,5 cm; 2045 B2: Dm. 14,8 cm, H. 2,5 cm
1. Jh. n.Chr.
Haus des Granianus (Casa di M. Pilius Primigenius Granianus), *Insula Orientalis* I,1 a
Soprintendenza Archeologica di Pompei, Inv. 77326/2045 A, 2045 B1, 2045 B2.

Solche Teller mit glatten vertikalen Wänden und sehr niedrigem Fuß gehörten zu einem Keramiktypus, der im syrisch-palästinensischen Gebiet hergestellt wurde und verschiedenartige Gefäßformen für den Tischgebrauch umfaßt. Unsere Exemplare weisen eine Form auf, die in den Vesuvstädten in den Jahrzehnten vor dem Vulkanausbruch sehr häufig vorkam.

Literatur: Unpubliziert. Zum Typus vgl. L'Instrumentum domesticum di Ercolano e Pompei nella prima età imperiale, in: Quaderni di cultura materiale I (1977) S. 19, Taf. IX; J. W. Hayes, Sigillata Orientale A, in: Enciclopedia dell'arte antica. Atlante delle forme ceramiche, II, S. 30 Taf. V,9.

(M. G.)

2.13
Schüssel

Ton
Dm. 30 cm, H. 14 cm
Haus des Granianus (Casa di M. Pilius Primigenius Granianus), *Insula Orientalis* I,1 a
Soprintendenza Archeologica di Pompei, Inv. 77334/2053.

Diese Schüssel mit abgeflachter Lippe, kegelförmigem Bauch und abgerunde-

2.13/14

tem Fuß läßt sich als der antike *caccabus* identifizieren, der in der Vesuvregion zwischen dem 1. Jh. v.Chr. und dem 1. Jh. n.Chr. sehr verbreitet war.

Literatur: L. Scatozza Höricht, Appunti sulla ceramica comune di Ercolano. Vasellame da cucina e recipienti per la preparazione degli alimenti, in: Les céramiques communes de Campanie et de Narbonnaise (Ier s. av. J.-C.-Ier s. ap. J.-C.). La vaisselle de cuisine et de table. Kongreßbericht Neapel 1994 (1996) S. 129–156, bes. S. 137, Abb. 3,4.

(M. G.)

2.14
Schüssel

Ton
Dm. 17 cm, H. 8 cm; Dm. Fuß 4,7 cm
Haus des Granianus (Casa di M. Pilius Primigenius Granianus), *Insula Orientalis* I,1 a
Soprintendenza Archeologica di Pompei, Inv. 77337/2056.

Schüssel mit schräger Lippe und flachem Fuß, ähnlich wie der vorherige.

Literatur: L. Scatozza Höricht, Appunti sulla ceramica comune di Ercolano. Vasellame da cucina e recipienti per la preparazione degli alimenti, in: Les céramiques communes de Campanie et de Narbonnaise (Ier s. av. J.-C.-Ier s. ap. J.-C.). La vaisselle de cuisine et de table. Kongreßbericht Neapel 1994 (1996) S. 129–156, bes. S. 140, Abb. 4,4.

(M. G.)

2.15
Vorratsgefäß (ohne Abb.)

Ton
H. 20 cm, Dm. Fuß 6 cm, Dm. Mündung 12 cm, Gewicht 700 g
Haus des Granianus (Casa di M. Pilius Primigenius Granianus), *Insula Orientalis* I,1 a
Soprintendenza Archeologica di Pompei, Inv. 77312/2031.

Solche eiförmigen Vorratsgefäße (*olla*) mit schräger Lippe und kurzem Hals waren in der gesamten Vesuvregion sehr verbreitet. Es existieren sowohl in Pompeji als auch in Herculaneum weitere Exemplare des Typs, die deutliche Brandspuren aufweisen, woraus man schließen kann, daß sie auch zum Kochen benutzt wurden.

Literatur: Unpubliziert. Zum Gefäßtyp vgl. E. De Carolis, Ceramica comune da mensa e da dispensa di Ercolano, in: Les céramiques communes de Campanie et de Narbonnaise (Ier s. av. J.-C.-Ier s. ap. J.-C.). La vaisselle de cuisine et de table, Kongreßbericht Neapel (1996) S. 121–128, bes. S. 123f., Abb. 1.

(M. G.)

2.16
Vorratsgefäß

Ton
Dm. Mündung 12 cm, Dm. Basis 6 cm, H. 18 cm
1. Jh. n.Chr.
Haus des Granianus (Casa di M. Pilius Primigenius Granianus), *Insula Orientalis* I,1 a
Soprintendenza Archeologica di Pompei, Inv. 77315/2034.

Dieses eiförmige Tongefäß *(olla)* mit kurzem Hals war als Vorratsbehälter in der Vesuvregion weit verbreitet.

Literatur: Unpubliziert. Zum Gefäßtyp vgl. E. De Carolis, Ceramica comune da mensa e da dispensa di Ercolano, in: Les céramiques communes de Campanie et de Narbonnaise (Ier s. av. J.-C.-Ier s. ap. J.-C.). La vaisselle de cuisine et de table, Kongreßbericht Neapel (1996) S. 121–128, bes. S. 123f., Abb. 1.

(M. G.)

2.17
Kanne

Ton
Dm. Mündung 12 cm, H. 51 cm, Dm. Gefäßkörper 15 cm
Haus des Granianus (Casa di M. Pilius Primigenius Granianus), *Insula Orientalis* I,1 a
Soprintendenza Archeologica di Pompei, Inv. 77343/2062.

Einhenkliges Gefäß mit gestrecktem, eiförmigem Körper, runder Schulter, langem zylindrischen Hals und abgesetztem Rand. Dieser Gefäßtyp wurde zur Aufbewahrung und zum Transport von *liquamen* verwendet, einer aus *garum* (Fischsoße) gewonnenen Paste. Viele in Pompeji gefundene Exemplare weisen

2.16

2.17

aufgemalte Inschriften auf, in denen die Begriffe *liquamen gari flos* vorkommen und die Namen der pompejanischen Hersteller, darunter auch die der Umbricii Scauri.

Literatur: E. De Carolis, Ceramica comune da mensa e da dispensa di Ercolano, in: Les céramiques communes de Campanie et de Narbonnaise (Ier s. av. J.-C.-Iie s. ap. J.-C.). La vaisselle de cuisine et de table. Kongreßbericht Neapel 1994 (1996) S. 123, Abb. 1,4.

(M. G.)

2.18
Kanne (ohne Abb.)

Ton
H. 20,4 cm, Dm. oberer Rand 6 cm, Dm. Fuß 7,5 cm
Haus des Granianus (Casa di M. Pilius Primigenius Granianus), *Insula Orientalis* I,1 a
Soprintendenza Archeologica di Pompei, Inv. 77339/2058.

Bei dieser Kanne mit kugelförmigem Körper, kurzem Hals und abgerundeter Lippe handelt es sich um eine in Pompeji und Herculaneum verbreitete Gefäßgattung zum Aufbewahren und Einschenken von Flüssigkeiten. Ein Exemplar aus Oplontis mit dem Schriftzug *flos gari* zeigt, daß solche Kannen auch für Fischsoße *(garum)* benutzt wurden.

Literatur: Unpubliziert. Zum Gefäßtyp vgl. G. Gasperetti, Produzione e consumo della ceramica comune da mensa e da dispensa nella Campania romana, in: Les céramiques communes de Campanie et de Narbonnaise (Ier s. av. J.-C.-Iie s. ap. J.-C.). La vaisselle de cuisine et de table. Kongreßbericht Neapel 1994 (1996) S. 19–63, bes. S. 39; vgl. auch E. De Carolis, Ceramica comune da mensa e da dispensa di Ercolano, a.a.O., S. 123–124, Abb. 5.

(M. G.)

2.19
Becher

Ton
H. 10 cm, Maximaler Dm. 6 cm, Dm. Mündung 5 cm
Haus des Granianus (Casa di M. Pilius Primigenius Granianus), *Insula Orientalis* I,1 a

2.19

Soprintendenza Archeologica di Pompei, Inv. 77313/2032.

Dieser kleine Behälter aus Ton hat einen eiförmigen Körper und eine nach außen gewölbte, runde Mündung. Behälter dieser Art waren in den Häusern von Herculaneum sehr verbreitet. Aufgrund der Form und der Größe wurden sie als grobe Trinkbecher oder als Würfelbecher identifiziert.

Literatur: Unpubliziert. Zum Gefäßtyp vgl. E. De Carolis, Ceramica comune da mensa e da dispensa di Ercolano, in: Les céramiques communes de Campanie et de Narbonnaise (Ier s. av. J.-C.-Iie s. ap. J.-C.). La vaisselle de cuisine et de table. Kongreßbericht Neapel (1996) S. 121–128, bes. S. 123f., Abb. 1.

(M. G.)

Das Theater von Herculaneum befindet sich außerhalb des eigentlichen Archäologischen Parks. Es wurde zur Zeit des Augustus von einem der beiden höchsten Magistrate der Stadt, dem *duumvir* Quinquennalis L. Annius Mammianus Rufus, nach Plänen des Architekten P. Numisius errichtet. Das Mauerwerk des Baues besteht aus Tuffstein in *opus reticulatum*, außer den Pfeilern des Außengurtes und der Frontwand des Bühnengebäudes (*scaenae frons*) und der eigentlichen Bühne (*proscaenium*), wo Ziegelsteine Verwendung fanden. Bauliche Veränderungen wurden nach dem Erdbeben durchgeführt, das bereits 62 n. Chr., also 17 Jahre vor dem Vulkanausbruch, die Stadt in Mitleidenschaft gezogen hatte. Auf diesen Umbau ist auch die Dekoration im Vierten Stil zurückzuführen, die in den Räumen *(versurae)* erhalten geblieben sind, die als Treffpunkt für das Publikum dienten.

Das Bauwerk, dessen Ausgrabungen durch Stollen im 18. Jh. den Anfang der archäologischen Erforschung der Vesuvgegend markiert, wurde aller kostbaren Einrichtungen beraubt. Darunter befanden sich auch die „Große" und die zwei „Kleinen Herkulanerinnen", die auf abenteuerliche Weise in das Museum von Dresden gelangten.

Die bis heute vorhandenen Stollen können einerseits den Besuch des Theaters sehr suggestiv wirken lassen; andererseits sind sie jedoch nicht sehr hilfreich, wenn man das Bauwerk in seiner Gesamtheit verstehen möchte, können doch auf diese Weise nur einige Bereiche des Komplexes eingesehen werden. Von einem Balkon des 18. Jh., der einen im Jahre 1739 entstandenen Lichtschacht überkragt, hat man einen Überblick über den mittleren Bereich der Zuschauerränge, der *media cavea*, die durch sieben schmale Treppen in sechs strahlenförmige Sektoren aufgeteilt wird, die sich über 16 Sitzreihen aus Tuffstein-Stufen erstrecken. Die *summa cavea*, der oberste Zuschauerblock, besteht aus zwei Sitzstufen, auf denen sich ein kleiner Tempel und zwei seitliche *aediculae* befanden, die mit Statuen und Reiterstandbildern aus Bronze verziert waren. Über eine der sieben kleinen Treppen, die die *media cavea* unterteilten, konnte man bis zur Ebene der *orchestra* hinuntersteigen, die mit weißem Marmor gepflastert war, ebenso wie die seitlichen Ehrenlogen (*tribunalia*). Hier befinden sich die Marmorinschriften zu Ehren von M. Nonius Balbus, dem *patronus* und Wohltäter der Stadt, und von Appius Claudius Pulcher (Konsul im Jahre 38 v.Chr.). In der Bühnenwand, die mit Ziegelsteinen und mit Marmor verkleidet war, öffneten sich abwechselnd runde und rechteckige Nischen. Im Bereich der Bühne finden sich zwei Stützpfeiler, die während der bourbonischen Ausgrabungen von Francesco La Vega aus statischen Gründen angebracht wurden. Die Bühnenfront war vollständig mit kostbarem Marmor verkleidet, von dem nur bescheidene Reste übrig geblieben sind; in der Mitte weist sie die „königliche" Tür auf, flankiert auf beiden Seiten von zwei kleineren Eingängen (*hospitalia*) und vier rechteckigen Nischen, in denen ursprünglich die vom Prinzen d'Elboeuf entdeckten Skulpturen aufgestellt waren, darunter auch die „Große" und die zwei „Kleinen Herkulanerinnen". Am Gewölbe eines Stollens, der hinter der königlichen Tür auf der linken Seite, voran getrieben wurde, hat ein Porträt-Kopf einer Statue von M. Nonius Balbus seinen Abdruck im vulkanischen Material hinterlassen; er wurde als solcher erst kürzlich identifiziert, nachdem er, bereits in bourbonischer Zeit geborgen, zunächst fälschlicherweise dem Körper einer anderen Statue, dem sogenannten „Maximinus" aufgesetzt worden war. Der bereits erwähnte Stollen führt zum sogenannten „Enzechetta-Brunnen", mit dem die Ausgrabungen des Theaters angefangen haben. Hinter der Bühne befand sich die Portikus, in der sich die Zuschauer während der Pause versammelten.

Literatur:
A. Balasco, L'architettura del teatro di Ercolano, in: M. Pagano (Hrsg.), Gli Antichi Ercolanesi. Antropologia, società, economia, Ausstellungskatalog Ercolano (2000) S. 79–85; M. Pagano, Il teatro di Ercolano, a.a.O., S. 75–78 (mit Bibliographie).

(M. G.)

Literatur: E. Caesar Conte Corti, Untergang und Auferstehung von Pompeji und Herculaneum (1940) S.137–50; K. Knoll u.a., Die Antiken im Albertinum (1993) S. 30; J. J. Winckelmann, Gedanken über die Nachahmung der griechischen Werke in der Malerei und Bildhauerkunst, 1755 (1991) S.16–20; K. Zimmermann, Die Dresdner Antiken und Winckelmann (1977) 33–44.

(D. R.)

3.1

3.2 (s. auch Abb. S. 18)

3.1
Weibliche Gewandfigur (Demeter?), sog. „Große Herkulanerin"

Marmor
H. 198 cm
Römische Kopie des 1. Jh. n. Chr. nach einem griechischen Original der Zeit um 300 v. Chr.
Dresden, Staatliche Kunstsammlungen, Albertinum, Inv. Herrmann 326.

Diese, die folgende und eine weitere Statue wurden während der österreichischen Besetzung Unteritaliens (1704–34) von dem lothringischen Offizier Emanuel d´Elboeuf 1709/10 bei Grabungen auf dem Grundstück eines Bauern in Resina bei Portici gefunden. Der Bauer hatte einen Brunnen vertieft und war dabei auf eine Reihe von antiken Stücken gestoßen, die, wie sich erst später herausstellen sollte, aus dem Theater von Herculaneum stammten. Um sich bei dem Prinzen Eugen von Savoyen und über ihn bei Kaiserin Maria Theresia beliebt zu machen, ließ d´Elboef die drei Statuen in Rom restaurieren und heimlich aus dem Land schaffen. 1713 kamen sie nach Wien, 1736 wurden sie aus dem Nachlaß des Prinzen Eugen vom sächsischen Kurfürsten August II. gekauft und nach Dresden gebracht, wo sie einen der Glanzpunkte der dortigen Antikensammlung bildeten. Die drei „Vestalinnen" (wie sie zunächst genannt wurden) stellten die ersten Zeugnisse aus den verschütteten Städten am Vesuv dar, die nördlich der Alpen zu sehen waren. An der Beschreibung des Gewandwurfs der Figuren entwickelte Winckelmann sein berühmtes Diktum von der „edlen Einfalt und stillen Größe" der griechischen Kunst. Zahlreiche Nachbildungen der Figuren in Schlössern, Gärten und Replikensammlungen zeugen von dem hohen Ruf, den sie im Zeitalter des Klassizismus genossen.

3.2
Kore sog. „Kleine Herkulanerin"

Marmor
H. 181 cm
Römische Kopie des 1. Jh. n.Chr. nach einem griechischen Original der Zeit um 300 v. Chr.
Dresden, Staatliche Kunstsammlungen, Albertinum, Inv. Herrmann 327.

3.3
Modell des Theaters von Herculaneum

Holz und Kork
L. 160 cm
Soprintendenza Archeologica di Pompei, Inv. o. Nr.

Das Modell wurde im Jahre 1808 zu didaktischen Zwecken von Domenico Padiglione nach Angaben des Soprintendenten Michele Arditi hergestellt. Von diesem Modell gab es eine Nachbildung im „Museo Archeologico Nazionale" von Neapel. Diese ist jedoch, ebenso wie das von Roberto Galiani gebaute erste Holzmodell, verschollen.

(M. G.)

3.3

Wenige hundert Meter nordwestlich von Herculaneum liegt, zum größten Teil unter einer bis zu 30 Meter hohen Schlammschicht begraben, die Villa dei Papiri. Mit ihren Ausmaßen von 253 x 32 Metern, ihrer hervorragend erhaltenen Ausstattung von über 80 Marmor- und Bronzeskulpturen sowie einer Bibliothek mit über 1800 Papyrusrollen stellt die 1750 entdeckte Villa einen singulären Glücksfund dar. Die Funde wurden über Tunnel geborgen und befinden sich heute größtenteils im Archäologischen Nationalmuseum von Neapel. 1986 setzten neue Ausgrabungen im Süden der Anlage ein, die 1998 vorläufig abgeschlossen wurden.

Die Frage der Identifizierung des antiken Besitzers ist noch nicht mit letzter Sicherheit geklärt. Nach wie vor sehr wahrscheinlich ist die These, daß Caesars Schwiegervater, Lucius Calpurnius Piso Caesoninus – Konsul im Jahre 58 v.Chr. – der Bauherr der luxuriösen Anlage gewesen sei und daß dessen Sohn L. Calpurnius Piso Pontifex – Konsul im Jahre 15 v.Chr. – einen Großteil der Skulpturenausstattung in Auftrag gegeben habe. Auf dieser Identifizierung beruht die sekundäre Bezeichnung „Pisonenvilla“.

Die in der Antike direkt am Meer gelegene Villa setzt sich aus mehreren Trakten zusammen: Im Südosten befanden sich die eigentlichen Wohnräume mit der Bibliothek und einer kleinen Badeanlage, im Westen das *Atrium* mit einer vorgelagerten Aussichtsterrasse. Daran schloß sich nach Nordosten ein quadratisches Peristyl mit längsrechteckigem Wasserbecken in der Mitte an. Nach Nordwesten folgte ein rechteckiges Gartenperistyl großen Ausmaßes, auch dieses mit einem in der Mitte gelegenen längsrechteckigen Wasserbecken (*euripus*) ausgestattet. Ein langer Wandelgang (*ambulatorium*) führte von der Nordwestecke des Gartenperistyls zu einem runden Aussichtsturm, der wie die Terrasse vor dem *Atrium* einen grandiosen Blick über den Golf von Neapel geboten haben muß.

Die überwiegend im Bereich der beiden Peristyle und des diese verbindenden Raums gefundenen, meist lebensgroßen Skulpturen stellen Götter, Heroen und andere mythische Gestalten, historische Persönlichkeiten sowie Athleten dar. Es handelt sich um römische Repliken und Umbildungen des 1. Jh. v.Chr. nach Vorbild bzw. Anregung griechischer Werke klassischer und hellenistischer Zeit. Das Skulpturenprogramm belegt das Bestreben des Hausherren, das Ambiente griechischer Gymnasien und Palästren nachzuahmen.

Neben den Skulpturen gehörten noch mit Mosaiken oder vielfarbigen Marmorinkrustationen (*opus sectile*) geschmückte Fußböden und freskenverzierte Wände zur reichen Ausstattung der Villa. Es haben sich Beispiele Zweiten Stils im Atrium (darunter die Darstellung eines ländlichen Heiligtums) sowie Vierten Stils in den anderen Räumen erhalten.

Die Texte der verkohlten Papyri konnten zum Teil entziffert und identifiziert werden. Es handelt sich überwiegend um philosophische Traktate in griechischer Sprache, unter denen Werke des Philodemos von Gadara besonders zahlreich vertreten sind. Dessen enge Verbindungen zu L. Calpurnius Piso Caesoninus führten zur Identifizierung des möglichen Besitzers der Villa.

Literatur:
S. Adamo Muscettola, La villa dei papiri a Ercolano (2000); D. Comparetti – G. De Petra, La villa Ercolanese dei Pisoni (1883); C. C. Mattush, The Villa dei Papiri at Herculaneum. Life and Afterlife of a Sculpture Collection (2005); R. Neudecker, Die Skulpturenausstattung römischer Villen in Italien (1988); D. Pandermalis, Athenische Mitteilungen 86, 1971; A. De Simone – F. Ruffo, Ercolano 1996–1998, Cronache Ercolanesi 32, 2002, 325–344; dies., Ercolano e la villa dei Papiri, Cronache Ercolanesi 33, 2003, 279–311; M. R. Wojcik, La villa dei Papiri ad Ercolano (1986).

(M. M.)

4.1 (s. auch Abb. S. 112)

4.1
Verkohlte Schriftrollen

Papyrus
16 x 6,5 cm; 12 x 7,8 cm
Nationalbibliothek Neapel, Officina dei papyri Ercolanesi, PHerc 476 und 1699.

Die beiden Stücke gehören zu den etwa 1100 verkohlten Schriftrollen, die zwischen 1752 und 1754 in der Villa dei Papiri gefunden wurden. Wie zahlreiche andere sind sie bis heute noch nicht entrollt und entziffert worden.

Die Kollektion der „Papyri Ercolanesi" ist – neben der Sammlung der Schriftrollen von Qumran am Toten Meer – die einzige Bibliothek, die aus der Antike erhalten geblieben ist. Gefunden wurden die Rollen zum überwiegenden Teil in einem kleinen Raum mit hölzernen Regalen und einem Tisch. Sie verdanken ihre Erhaltung und ihren heutigen Zustand der Tatsache, daß durch die erste pyroklastische Wolke, die in der Nacht vom 24. auf den 25. August über Herculaneum niederging, die Papyrus-Rollen (wie alle anderen organischen Materialien) blitzartig einer Temperatur von etwa 400° C ausgesetzt und dadurch karbonisiert wurden. Durch die Gewalteinwirkungen der folgenden Glutwolken wurden die ursprünglich zylindrischen Rollen häufig verformt; anschließend wurden sie unter den posteruptiven Schlammströmen, die Herculaneum bedeckten, „versiegelt".

Nachdem man die verkohlten Stücke als Schriftrollen identifiziert hatte, wurden verschiedene – zunächst vergebliche – Versuche unternommen, sie zu entrollen und lesbar zu machen, wobei mehrere der Papyri zerstört wurden. Erfolgreich war erst Padre Antonio Piaggio mit der Konstruktion einer Maschine (1754), in der die Rollen an Fäden aufgehängt, mit Leim befeuchtet und Millimeter um Millimeter aufgerollt wurden. In den 1980er Jahren entwickelten die norwegischen Restauratoren Knut Kleve und Brynjulf Fosse eine neue Methode („Oslo-Methode"), bei der die einzelnen Schichten der Rolle mit einem warmen Gelatine-Kleber abgelöst und anschließend auf Japanpapier neu fixiert werden. Auf diese Weise ist bis heute mehr als die Hälfte der Papyri in mühsamer Kleinarbeit entrollt und entziffert worden.

Bereits unmittelbar nach ihrer Auffindung machte sich unter den Gelehrten die Hoffnung breit, unter den Papyrusrollen von Herculaneum könnten sich verlorene Werke großer antiker Autoren befinden. Tatsächlich besteht die Bibliothek zum überwiegenden Teil aus griechischen (und einigen lateinischen) Schriften hellenistischer Autoren epikureischer Prägung, vor allem des Philosophen und Dichters Philodemos von Gadara (circa 110–30 v. Chr.). Zwischen ihm und dem vermutlichen Besitzer der Villa, Lucius Calpurnius Piso, bestanden freundschaftliche Kontakte; ein Teil der Bibliothek stammt daher möglicherweise aus dem unmittelbaren Besitz des Philodemos oder sogar seines Lehrers Zenon. In der Zusammensetzung der Bibliothek kommen also die philosophischen und Lektüre-Interessen des Besitzers der Villa zum Ausdruck; darüber hinaus ist sie ein einzigartiges Dokument hellenistischen Kultur- und Geisteslebens.

(D. R.)

4.2 (s. auch Abb. S. 105)

4.2
Statuen zweier Läufer

Bronze
H. 118 cm, Sockel 74,5 x 32,5 cm
Kopie nach einem Bronzeoriginal des griechischen Bildhauers Lysipp (4. Jh. v.Chr.)
Villa dei Papiri, nahe der Kolonnade des nordwestlichen Umgangs des großen Peristyls
Museo Archeologico Nazionale di Napoli, Inv. 5626-5627.

Die zwei Skulpturen sind fast identisch. Sie unterscheiden sich lediglich in kleinen Details, denn sie wurden mit denselben Gußformen geschaffen. Die zwei jungen Athleten haben den Oberkörper sehr stark nach vorne gebeugt; die Arme sind ebenfalls gebeugt und vom Oberkörper entfernt; das linke Bein ist weit nach vorne gestellt, während der rechte Fuß wie im Moment des Loslaufens angehoben ist. Der Kopf ist erhoben und der Blick nach vorne gerichtet. Die Augen aus Bein und Stein weisen einen Farbkontrast zwischen der dunklen Pupillenmitte und der helleren Iris auf.

Die zwei Figuren wurden ursprünglich von einigen Forschern als Ringer oder als Athleten gedeutet, die mit einer anderen Sportart beschäftigt sind. Die Analyse der Körperstellung hat jedoch endgültig geklärt, daß es sich um Läufer auf der Startlinie handelt: Diese zwei Figuren verweisen auf das Thema Athletik und Körperkraft und verdeutlichen, welchen Idealen der Besitzer der Villa verpflichtet war, nämlich denen des griechischen Gymnasiums.

Literatur: C. C. Mattusch, The Villa dei Papiri at Herculaneum. Life and Afterlife of a Sculpture Collection (2005) S. 189ff., Abb. 1–13; D. Pandermalis, Zum Programm der Statuenausstattung in der Villa dei Papiri, Athenische Mitteilungen 86, 1971, S. 203 Nr. 31 a–b. S. 181, Taf. 85,4; M. Ruggiero, Storia degli scavi di Ercolano (1885) S. 157. S. 161; M. R. Wojcik, La Villa dei papiri ad Ercolano (1986) S. 108–109 und 110–111 (mit weiterer Literatur).

(M. B.)

4.3

4.3
Weibliche Büste

Bronze
Kopf und Büste getrennt ausgeführt, das linke Auge aus Knochen und Stein, das rechte ist eine moderne Restaurierung
H. 47 cm, B. 65,5 cm, T. 32 cm
1. Jh. v.Chr., Kopie eines frühhellenistischen Originals
Villa dei Papiri, großes Peristyl
Museo Archeologico Nazionale di Napoli, Inv. 4896.

Die Büste der jungen Frau hat eine ungewöhnliche Form und ist im Verhältnis zur Kopfgröße etwas unproportioniert. Der untere Teil ist mit einem Himation verhüllt, das horizontal positioniert ist und auch die linke Schulter mit breiten Falten bedeckt. Der Kopf ist leicht nach links geneigt; die Gesichtszüge sind sehr regelmäßig; das in der Mitte gescheitelte und von zwei Bändern gehaltene Haar rahmt das Gesicht mit zwei weichen Wellen ein, die sich dann auf dem

Nacken zu einer Chignon-Frisur sammeln. In der Büste haben einige Forscher die Dichterin Sappho erkennen wollen; diese Deutung ist aber bis jetzt nicht bestätigt worden.

Literatur: C. C. Mattusch, The Villa dei Papiri at Herculaneum. Life and Afterlife of a Sculpture Collection (2005) S. 224f., Abb. 86–88; D. Pandermalis, Zum Programm der Statuenausstattung in der Villa dei Papiri, Athenische Mitteilungen 86, 1971, S. 203 Nr. 29. S. 180; M. Ruggiero, Storia degli scavi di Ercolano (1885) S. 269; M. R. Wojcik, La Villa dei papiri ad Ercolano (1986) S. 95ff. (mit weiterer Literatur).

(M. B.)

4.4
Miniaturbüste des Hermarch

Bronze
H. 13,2 cm, Sockel modern
Villa dei Papiri, aus einem der Räume neben dem sogenannten *tablinum*
Museo Archeologico Nazionale di Napoli, Inv. 5471.

Die Büste zeigt einen Mann reifen Alters: Sein überlängtes Gesicht ist von zwei Falten zerfurcht, die an den Nasenflügeln beginnen und das abgemagerte Aussehen verstärken. Er hat einen dichten Bart mit sehr bewegten, vollen Strähnen. Die kleinen Augen – ihre Pupillen weisen eine Aushöhlung in der Mitte auf – und die Stirn, die im oberen Teil von einer Falte zerfurcht ist, verleihen dem Blick einen sehr intensiven Ausdruck. Die Büste wurde ursprünglich für ein Porträt des Metrodor gehalten, heute wird sie jedoch einstimmig als Kopie eines Porträts des Hermarch vom Ende des 3. Jh. v.Chr. identifiziert. Eine weitere kleine bronzene Büste mit dem eingeschriebenen Namen auf dem Sockel stammt aus dem selben Raum der Villa dei Papiri, und mit dieser verbindet die größere Büste Ähnlichkeiten in der Anordnung der Haar- und Bartsträhnen.

Literatur: C. C. Mattusch, The Villa dei Papiri at Herculaneum. Life and Afterlife of a Sculpture Collection (2005) S. 289ff., Abb. 213; D. Pandermalis, Zum Programm der Statuenausstattung in der Villa dei Papiri, Athenische Mitteilungen 86, 1971, S. 207–208 Nr. 60, S. 186; M. R. Wojcik, La Villa dei papiri ad Ercolano (1986) S. 157ff.

(T. G.)

4.4

4.5

4.5
Miniaturbüste des Zenon

Bronze
H. 17,5 cm
1. Jh. v.Chr.
Villa dei Papiri, aus einem der Räume neben dem sogenannten *tablinum*
Museo Archeologico Nazionale di Napoli, Inv. 5468.

Die Büste zeigt einen Mann von reifem Alter mit langem, dichtem Bart mit welligen Strähnen. Die gerunzelte Stirn betont den finsteren Ausdruck. Die Haare mit kurzen Strähnen lassen den größten Teil der Stirn frei. Auf der linken Schulter ist ein griechischer Mantel (Himation) drapiert, der über den Rücken bis fast zur anderen Schulter reicht. Eine griechische Inschrift auf dem mit Zierleisten versehenen Sockel bezeichnet den Dargestellten als Zenon. Neuere Forschungen lassen vermuten, daß die kleine Büste den stoischen Philosoph Zenon von Kition darstellt, und nicht, wie früher angenommen, Zenon von Sidon, den epikureischen Philosophen aus der Zeit des Cicero.

Literatur: C. C. Mattusch, The Villa dei Papiri at Herculaneum. Life and Afterlife of a Sculpture Collection (2005) S. 289ff., Abb. 216; D. Pandermalis, Zum Programm der Statuenausstattung in der Villa dei Papiri, Athenische Mitteilungen 86, 1971, S. 197–198 Nr. 3, S. 176; M. R. Wojcik, La Villa dei papiri ad Ercolano (1986) S. 159ff.

(T. G.)

4.6
Männliche Büste aus Bronze (Heraklit?)

(ohne Abb.)

H. 56 cm, B. 32 cm
1. Jh. n.Chr., nach einem späthellenistischen Vorbild
Villa dei Papiri, Südecke des kleinen Peristyls
Museo Archeologico Nazionale di Napoli, Inv. 5602.

Das Porträt zeigt einen Mann in reifem Alter, das Gesicht gezeichnet von Falten und gerahmt von einem dichten Vollbart aus kleinen, flachen Locken. Während das Haupthaar sehr kräftig und bewegt bis auf die Schläfen fällt, ist es auf dem Oberkopf eher dünner und flacher gearbeitet. Die Büste mit dem Gewand ist bis zum Halsansatz eine moderne Ergänzung.

Kontrovers bleibt die Identifikation des so nachdenklich und in sich gekehrten Dargestellten, dessen Gesicht sehr bewegt und dessen breite Stirn so von Falten gefurcht wird. Das Porträt wurde zusammen mit zwei weiteren Bronzebüsten gefunden; eine von ihnen (MANN Inv. 5602), das ihm im Profil sehr ähnelt, wurde als Philosoph und Denker interpretiert, so daß man in diesem Porträt gleich nach der Auffindung Heraklit erkennen wollte. Später kamen andere Deutungsversuche hinzu (Empedokles, Demokrit oder Aristoteles).

Literatur: C. C. Mattusch, The Villa dei Papiri at Herculaneum. Life and Afterlife of a Sculture Collection (2005) S. 258ff. S. 276f.; D. Pandermalis, Zum Programm der Statuenausstattung in der Villa dei Papiri, in: Athener Mitteilungen 82, 1971, S. 206 Nr. 54, Abb. 82; M. R. Wojcik, La Villa dei papiri ad Ercolano (1986) S. 177f. (mit weiterer Literatur).

(M. B.)

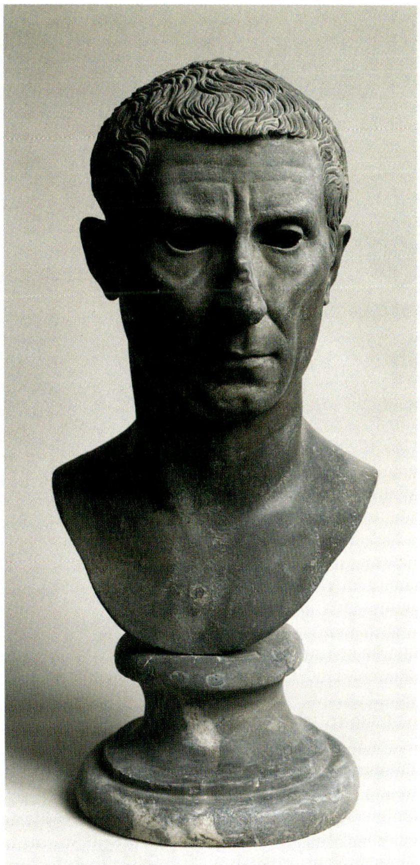

4.7 (s. auch Abb. S. 101)

4.7
Büste des L. Calpurnius Piso Pontifex

Bronze, die nicht erhaltenen Augäpfel waren aus einem anderen Material eingelegt
Ende des 1. Jh. v.Chr.
Wahrscheinlich aus der Villa dei Papiri, vielleicht aus dem sogenannten *tablinum*
Museo Archeologico Nazionale di Napoli, Inv. 5601.

Die Identifizierung des Dargestellten mit dem Konsul des Jahres 15 v. Chr. und Sohn von L. Calpurnius Piso Caesoninus ist durch den Vergleich mit einem Marmorporträt aus Velleia gesichert, das eine Namensinschrift trägt. Das Gesicht ist von großer Ausdruckskraft; es hat harte Züge, einen fest verschlossenen Mund und Haare mit kurzen, am Schädel eng anliegenden Strähnen, die sich auf der Stirn zu einer helm- oder kappenartig vorspringenden Tolle anordnen. Interessanterweise wurde für die gleiche Person auch in einem Haus in Pompeji (Casa degli Amorini Dorati) ein Bildnis errichtet: Dort wurde nämlich ein schönes Marmorporträt des L. Calpurnius Piso Pontifex aufgefunden. Unser Porträt gehört nicht zu den Bronzen, die „offiziell" aus der Villa stammen; erst jüngste Studien haben die Villa dei Papiri als Fundort gesichert (Adamo Muscettola, 1990).

Literatur: S. Adamo Muscettola, Il busto ritratto di Lucio Calpurnio Pisone Pontefice da Ercolano, Cronache Ercolanesi 20, 1990, S. 145–156; dies., Ritratto e società ad Ercolano, in: Gli antichi Ercolanesi. Ausstellungskatalog Neapel (2000) S. 97 und Abb. 1; H. Döhl – P. Zanker, La Scultura, in: F. Zevi (Hrsg.), Pompei 79 (1979) S. 199; G. Lahusen – E. Formigli, Römische Bildnisse aus Bronze (2001) S. 100.102, Nr. 49, Abb. 1–5 (mit weiterer Literatur); D. Pandermalis, Zum Programm der Statuenausstattung in der Villa dei Papiri, Athenische Mitteilungen 86, 1971, S. 173ff.

(M. B.)

4.8
Porträt eines Unbekannten

Bronze
H. 46 cm (mit Sockel 67 cm), B. max. 32 cm, T. 24,5 cm
Erste Hälfte 1. Jh. n.Chr. (tiberisch bis claudisch)
Wahrscheinlich aus der Villa dei Papiri
Museo Archeologico Nazionale di Napoli, Inv. 5622.

In jüngerer Zeit ist für das Porträt eine Herkunft aus der Villa dei Papiri vorgeschlagen worden (Adamo Muscettola 1990). Dargestellt ist ein Mann mit noch jugendlichen Gesichtszügen; der Kopf ist leicht nach rechts geneigt, der Mund verschlossen, die Nase ist fein und leicht gebogen, die Augen sind groß und die Iris ist durch eine tiefe Einkerbung hervorgehoben. Die breiten Augenbrauen sind naturalistisch mit kurzen, eingeritzten, eng gestellten Strichen wiedergegeben. Das Haar besteht aus flachen, gebogenen Strähnen, die strahlenförmig vom Hinterkopf aus wachsen und sich dann stufenweise zu satteren Strähnen auf dem Kopf entwickeln. Auf der Stirn und an den Schläfen bilden sie kleine kommaförmige Strähnen. Die Behandlung der Oberfläche ist bewegt. Durch die ausdrucksvollen Falten an den Seiten des Mundes und der Nase und durch die horizontalen Stirnfalten wird das Porträt noch lebendiger.

Literatur: S. Adamo Muscettola, Il busto ritratto di Lucio Calpurnio Pisone Pontefice da Ercolano, Cronache Ercolanesi 20, 1990, S. 145–156; K. Kluge – K. Lehmann Hartleben, Die antiken Großbronzen II (1927) S. 25, Abb. 3; G. Lahusen – E. Formigli, Römische Bildnisse aus Bronze (2001) S. 140 Nr. 81, Abb. 1 (mit weiterer Literatur).

(M. B.)

4.8

4.9
Herme des Doryphoros des Polyklet

Bronze
Die ursprünglichen Augäpfel sind nicht erhalten. Die jetzigen stammen von einer modernen Restaurierung
H. 54 cm, B. 32,6 cm, T. 27,5 cm
Mitte des 1. Jh. v.Chr.
Villa dei Papiri, kleines Peristyl
Museo Archeologico Nazionale di Napoli, Inv. 4885.

Der Kopf ist die treueste der bekannten Repliken des Doryphoros, des berühmtesten, durch Schriftquellen und zahlreiche Kopien gleichermaßen bekannten Werks des griechischen Bildhauers Polyklet. Die Inschrift auf dem Sockel der Büste besagt, daß diese vom Athener Apollonios, (Sohn) des Archias, geschaffen wurde: Der Ausdruck des jungen Athleten mit dem leicht nach rechts geneigten Kopf ist würdevoll. Das Haar ist in kurzen, bewegten und am Schädel haftenden Strähnen angeordnet, die vom oberen Teil des Kopfes ausgehen und dann stufenweise bis zum Hals fallen. Die Aufstellung dieser Büste zusammen mit der bronzenen Herme der Amazone (MANN, Inv. 4889) kennzeichnet das Peristyl, in dem sie standen, als *gymnasium*. Bemerkenswert ist in diesem Zusammenhang die Tatsache, daß Statuen des Doryphoros sowohl in der *palaestra* von Olympia als auch in der „Samnitischen *palaestra*“ von Pompeji aufgestellt waren.

Literatur: C. Knight, Le lettere di Camillo Paterni alla Royal Society di Londra sulle scoperte di Ercolano (1739–1758). Rendiconti dell'accademia di Archeologia. Lettere e Belle Arti 66, 1996, S. 31; C. C. Mattusch, The Villa dei Papiri at Herculaneum. Life and Afterlife of a Sculpture Collection (2005) S. 276f. S. 279ff., Abb. 187–190; D. Pandermalis, Zum Programm der Statuenausstattung in der Villa dei Papiri, Athenische Mitteilungen 86, 1971, S. 206 Nr. 51. S. 184–185, Abb. 84,1; M. Ruggiero, Storia degli scavi di Ercolano (1885) S. 146; M. R. Wojcik, La Villa dei papiri ad Ercolano (1986) S.171ff. (mit weiterer Literatur).

(M. B.)

4.9 (s. auch Abb. S. 104)

4.10 (s. auch Abb. S. 94)

4.10
Herme des Dionysos

Bronze
H. max. 69 cm (ohne Sockel 50 cm),
B. min./max. 28,8–44,5 cm, T. 22,5 cm
1. Jh. v.Chr.
Villa dei Papiri
Museo Archeologico Nazionale di Napoli, Inv. 5618.

Das Gesicht hat die idealisierten Züge eines Menschen fortgeschrittenen Alters, dem die Neigung des Kopfes ein tief nachdenkliches Aussehen verleiht. Das Gesicht ist von einem Bart eingerahmt, dessen lange und wellige Strähnen in Locken enden. Diese Locken sowie der Schnurrbart sind in dünnen und dichten Rillen markiert. Das eng am Schädel anliegende Haupthaar ist in Ziselierarbeit wiedergegeben: Dünne, lange, kaum gelockte Strähnen sind durch symmetrische Rillen erkennbar gemacht; die an den Schläfen und am Nacken eingerollten Strähnen sind weich und voll; sie werden von einem breiten Band gehalten, das zum Teil die Stirn bedeckt, während einige kurze Locken des Haupthaares an den Seiten der Wangenknochen herausrutschen.

Die Büste wurde aus zwei getrennten Teilen geschaffen; separat wurde auch das Stirnband gefertigt. Die Art der Modellierarbeit verdeutlicht, daß das Original, an das sich unser Stück anlehnt, ein archaisierendes Werk der Spätklassik ist.

Unsicher ist die Identifizierung der dargestellten Figur. Einige Forscher sprechen sie als Weingott Dionysos/Bacchus an, andere erkennen in dem Bildnis des Weingottes Porträtzüge des Platon wieder. Es existieren auch Deutungen als Poseidon/Neptun, als Eumolpos (Sohn des Poseidon und Lehrer des Hercules), als Priapos und Priapos/Dionysos. Die Haltung mit dem geneigten Kopf, das Kopfhaar und die Gewandfalten zeigen Ähnlichkeit mit dem Dionysos-Typus „Sardanapal“, wenn auch eine Verwandtschaft mit der Priapos-Ikonographie nicht übersehen werden kann. Wegen der Ausdruckskraft des Gesichts und der feinen Ausführung betrachtete J. J. Winckelmann diese Büste als eines der perfektesten und nicht zu übertreffenden Kunstwerke.

Literatur: C. C. Mattusch, The Villa dei Papiri at Herculaneum. Life and Afterlife of a Sculpture Collection (2005) S. 283ff., Abb. 198–202; D. Pandermalis, Zum Programm der Statuenaus-

4.11 (s. auch Abb. S. 138)

4.12

4.13

stattung in der Villa dei Papiri, Athenische Mitteilungen 86, 1971, S. 206 Nr. 51. S. 207 Nr. 58; M. Ruggiero, Storia degli scavi di Ercolano (1885) S. 279; M. R. Wojcik, La Villa dei papiri ad Ercolano (1986) S. 253ff. (mit weiterer Literatur).

(M. B.)

4.11
Gruppe von Pan und Ziege

Marmor
L. 47,5 cm, H. 44,2 cm
Nach einem Vorbild des 2. Jh. v.Chr.
Villa dei Papiri, Gartenperistyl, aufgestellt am Rand des Wasserbeckens (*euripus*)
Museo Archeologico Nazionale di Napoli, Inv. 27709.

Die Skulptur stellt die Vereinigung von Pan, dem Hirtengott mit Hörnern und Ziegenbeinen, mit einer Ziege dar. Sie entstand aus einem einzigen Block griechischen Marmors. Nach der Entdeckung wurde die Gruppe wegen des anstößigen Motivs in einem abgeschlossenen Raum aufbewahrt, so daß sie zunächst nicht einmal Winckelmann sehen konnte. Danach wurde sie im Saal XVIII des „Real Museo Ercolanese" von Portici ausgestellt und erregte bei den Besuchern immer wieder Empörung.

Literatur: S. De Caro, Il Gabinetto segreto (2000) S. 46f.; D. Pandermalis, Zum Programm der Statuenausstattung in der Villa dei Papiri, Athener Mitteilungen 86, 1971, S. 202 Nr. 26, S. 180; M. R. Wojcik, La Villa dei papiri ad Ercolano (1986) S. 107f.

(T. G.)

4.12–13
Statuetten zweier Silene

Bronze
H. 32 cm
2.–1. Jh. v.Chr.
Villa dei Papiri, Atrium, Nord-West-Seite des *impluviums*
Museo Archeologico Nazionale di Napoli, Inv. 5011-5012.

Beide Statuetten, die sich lediglich in einigen Details unterscheiden, stellen den auf einem Felsen sitzenden alternden Silen dar. Ein Mantel bedeckt das rechte Bein des Begleiters des Weingottes Bacchus, während ein Zipfel auf das andere Bein fällt. Mit der Linken streichelt er den Kopf eines Panthers, der auf einem Felsblock neben ihm kauert.

Die Silendarstellungen weisen an den Beinen, am Unterleib und auf der Brust einen dichten Flaum auf, wiedergegeben durch flache, dichte Strähnen. Bei einem Exemplar (Inv. 5012) sind die Strähnen sternförmig angeordnet, was wiederum typisch für die Darstellungen des Hoch- und Späthellenismus ist. Das gilt auch für die Gesichtszüge: Stumpfnase, dichter Schnurrbart und Bart mit spiralförmigen Strähnen, Spitzohren, nachdenkliches Aussehen, breite Stirnglatze, die lediglich mit einer Girlande aus Efeu und Korymben dekoriert ist. Diese Statuetten sowie weitere mit einem anderen Motiv, die neben dem *impluvium* (Wasserauffangbecken im Atrium) im selben Raum aufgefunden wurden, waren Brunnenelemente, wobei das Wasser durch ein inneres Rohr aus dem Rachen des Panthers herausquoll.

Literatur: C. C. Mattusch, The Villa dei Papiri at Herculaneum. Life and Afterlife of a Sculpture Collection (2005) S. 296ff., Abb. 224f., mit technischer Betrachtung des Figurenschmucks des Brunnens; D. Pandermalis, Zum Programm der Statuenausstattung in der Villa dei Papiri, Athenische Mitteilungen 86, 1971, S. 208 Nr. 62 a–b; M. R. Wojcik, La Villa dei papiri ad Ercolano (1986) S. 232f. und 237f.

(T. G.)

4.14 (s. auch Abb. S. 102)

4.14
Wandmalerei „Küstenlandschaft“

20 x 33 cm
Vierter pompejanischer Stil
Villa dei Papiri
Museo Archeologico Nazionale di Napoli, Inv. 9399.

Der genaue Standort dieses kleinen Freskos in der Villa dei Papiri ist unbekannt. Dargestellt ist eine Küstenlandschaft: Im Vordergrund rechts ist ein Ausschnitt des Meeres mit einem kleinen Segelboot zu sehen, auf einer niedrigen Anhöhe im Hintergrund erkennt man ein großes Gebäude mit einer Säulenhalle und zwei seitlichen Ecktürmen (Risaliten). Im Vordergrund links, direkt am Ufer, ist ein Heiligtum dargestellt: Auf niedrigen Podien, an die kleinen Holztreppen angelehnt, stehen zwei kleine Kultgebäude im Schatten eines dicht belaubten Baumes. Beim vorderen, etwas höheren Bau, handelt es sich um einen mit Girlanden geschmückten Rundtempel (*tholos*); der hintere Bau ist rechteckig, durch die Tür ist ein Götterbild sichtbar. Auf den sakralen Charakter der Szene weist auch eine am rechten Rand stehende Priapus-Herme hin, ein Kultpfeiler dieses mit erigiertem Glied dargestellten Fruchtbarkeitsgottes. Das Fresko ist mit vielen kleinen Figuren belebt, die verschiedenen Tätigkeiten nachgehen: Der Mann im Vordergrund zum Beispiel trägt zwei an einer langen Stange aufgehängte Körbe. Alle Figuren sind als Silhouetten mit raschem Pinselstrich wiedergegeben.

Literatur: M. R. Wojcik, La villa dei papiri ad Ercolano (1986) S. 23 (mit weiterer Literatur).

(M. B.)

Im Zentrum des großen rechteckigen Platzes vor dem Eingang zu den Vorstadtthermen (Terme Suburbane) befand sich der Grabaltar des Marcus Nonius Balbus, einer hochgestellten Persönlichkeit aus dem Senatorenstand in augusteischer Zeit. Er stammte aus Nuceria, lebte aber in Herculaneum. Der Altar wurde in frühaugusteischer Zeit errichtet, exakt an dem Ort, wo der Leichnam des Balbus verbrannt und seine Asche beigesetzt wurde: Die Reste des Scheiterhaufens und ein Fingerglied, das aus rituellen Gründen abgetrennt worden war, wurden vor kurzem in einem Terrakotta-Behälter in der Füllerde im Inneren des Altars gefunden. Nonius Balbus war ein Parteigänger von Octavian, des späteren Kaisers Augustus. Im Jahre 32 v. Chr. war er Volkstribun, später Prätor und Prokonsul der Provinz Kreta und Kyrene. Aus Dankbarkeit für seine zahlreichen Verdienste um die Stadt Herculaneum – durch Inschriften sind die Restaurierung von Mauern und Stadttoren und einer Basilika bezeugt – wurde er zum *patronus* ernannt. Ihm zu Ehren wurden in der Stadt mindestens zehn Bronze- und Marmorstatuen errichtet. Als er starb, wurden ihm außergewöhnliche Ehrungen erwiesen. Sie sind in einer langen Inschrift auf der dem Meer zugewandten Seite des Marmoraltars aufgeführt.

Bestandteil des Grabmonumentes waren auch zwei Marmorstatuen von Grabgenien, deren exakter Aufstellungsort nicht sicher ist. An der Rückseite des Altars stand schließlich auf einem Marmorsockel eine Panzerstatue des Marcus Nonius Balbus. Sie wurde nach Aussage einer weiteren Inschrift von seinem Freigelassenen Marcus Nonius Volusianus errichtet. Den Kopf der Statue entdeckte man schon 1942, und zwar neben dem Sockel. Der Körper hingegen wurde erst 1981 auf dem Strand unterhalb der Terrasse freigelegt, wohin ihn einer der pyroklastischen Ströme, eine heiße Wolke aus Gas und festen Bestandteilen, mitgerissen hatte.

Literatur:

U. Pappalardo, Nuove testimonianze su Marco Nonio Balbo ad Ercolano, Römische Mitteilungen 104, 1997, S. 417–433 (mit Bibliographie).

(M. G.)

5.1 (s. auch Abb. S. 179)

5.1

5.1
Kopf der Panzerstatue des M. Nonius Balbus

Marmor
H. 35 cm
Neben Statuensockel beim Altar des M. Nonius Balbus
Soprintendenza Archeologica di Pompei, Inv. 77875.

Der Porträtkopf stellt den Verstorbenen in idealisierter Weise dar, mit einem leicht nachdenklichen Gesichtsausdruck. Die Modellierung ist weich; sie steht noch in hellenistischer Tradition. Auffällig ist die beginnende Glatze; das Haar besteht aus kurzen, flammenartigen Locken; auf den Wangen wachsen Koteletten. Die breite Stirn ist von drei tiefen Falten durchfurcht; zwei weitere tiefe Falten zeichnen auch Nasenwurzel sowie Nasenlöcher aus. Die Wangen sind breit angelegt, die Lippen dünn, und die Kinnspitze ist betont. Bei dieser Statue handelt es sich um eines von vier bisher bekannten gesicherten Porträts des M. Nonius Balbus. Dieses ist sicherlich erst nach seinem Tode entstanden und aufgestellt worden; an seiner Identifizierung mit dem Volkstribun des Jahres 32 v. Chr. und Kampfgefährten des Octavianus kann kein Zweifel bestehen. Somit ist der Kopf wie die gesamte dazu gehörende Panzerstatue in die mittlere augusteische Epoche zu datieren.

Literatur: S. Adamo Muscettola, Nouve letture borboniche: i Nonii Balbi e il fora di Ercolano, Prospettiva 28, 1982, S. 2ff.; M. Pagano, Ercolano. Itinerario archeologico ragionato (1997) S. 28ff.; M. Pagano, in: G. C. Ascione – M. Pagano, Das Antiquarium von Herkulaneum (2000) S.74f.; U. Pappalardo, Nuove testimonianze su Marco Nonio Balbo ad Ercolano, Römische Mitteilungen 104, 1997, S. 417ff.; L. Schumacher, Das Ehrendekret für M. Nonius Balbus aus Herculaneum, Chiron 6, 1976, 165ff.

(M. P.)

5.2
Statuette eines schlafenden Grabgenius

Parischer Marmor
H. 72 cm, L. 27 cm, B. 17 cm
augusteisch
Terrasse mit Altar des M. Nonius Balbus
Soprintendenza Archeologica di Pompei, Inv. 77358.

Diese Statuette ist aus Fragmenten zusammengesetzt. Es fehlen die Fingerspitzen der rechten Hand, ein Teil der linken Hand, die Fackel als Attribut, ein Teil der Stütze sowie die Plinthe. Sie wurde 1942 gefunden auf der Terrasse mit dem Grabaltar des M. Nonius Balbus, circa sechs Meter von diesem entfernt.

5.3
Statuette eines schlafenden Grabgenius

Parischer Marmor
H. 78,5 cm, L. 26 cm, B. 24 cm
augusteisch
Terrasse mit Altar des M. Nonius Balbus und Strand
Soprintendenza Archeologica di Pompei, Inv. 77174.

Auch diese Statuette ist aus Fragmenten zusammengesetzt. Es fehlen der linke Arm, ein Teil der Fackel und der Stütze sowie fast zur Gänze das Attribut der linken Hand. Die untere Hälfte der Statuette und die linke Hand sind 1942 gefunden worden, nahe dem Grabaltar des Nonius Balbus, der Rest des Körpers erst 1981, und zwar am antiken Meeresufer, wohin er vom Schlammstrom fortgerissen worden war. Das rechte Bein wurde erst sieben Jahre später ebendort entdeckt. Die beiden Grabgenien, die sich – beide in ähnlicher Haltung – auf eine erloschene, umgestülpte, auf einen kleinen Altar gestützte Fackel lehnen, gehören sicher zum Altar-Kenotaph des M. Nonius Balbus. Wenn die originale Aufstellung auch unsicher bleiben muß, so weist doch der Fundort der Figuren und die Existenz einer allseitig bossierten Basis darauf

5.2

5.3 (s. auch Abb. S. 177)

hin, daß sie sich oben auf dem Grabaltar gegenüberstanden. Der zweite Genius hielt in seiner linken Hand einen Kranz oder eine Ähre. Am Kopf, genauer an den Haaren des ersten Genius hat sich mennigrote Farbe erhalten; bei der zweiten Figur ist diese vollkommen vergangen. Der Blick ist nachdenklich, die Modellierung ist weich und fein. Die genaue Ausführung läßt an eine Künstlerwerkstatt mit hohem Niveau denken, die dem Auftrag einer kultivierten Familie der Oberschicht gewachsen war.

Literatur: G. Maggi, Ercolano. Fine di una citta (1985) S. 78, Abb. 60f.; A. Maiuri, Fanciullo Erote da Ercolano, Le Arti 1943, S. 145ff.; M. Pagano, Ercolano. Itinerario archeologico ragionato (1997) S. 29.; Ders., in: Pitture nella Reggia dalle citta sepolte. Austellungskatalog Neapel (1999) S. 36f. Nr. 8–9; Ders., in: G. C. Ascione – M. Pagano, Das Antiquarium von Herkulaneum (2000) S. 77–79; U. Pappalardo, Nuove testimonianze su Marco Nonio Balbo ad Ercolano, Römische Mitteilungen 104, 1997, S. 417ff.; L. A. Scamozza, Genio funerario (e non erote) ad Ercolano, in: S. Cerasuolo (Hrsg.), Mathesis e Philia. Studi in onore di M. Gigante (1995) S. 223ff.

(M. P.)

Der öffentliche Bereich der antiken Stadt ist von den Ausgrabungen unter freiem Himmel nur am Rande gestreift worden: Es wurden der *decumanus maximus* mit einem viertorigen Ehrenbogen (*arcus quadrifrons*), die seitliche Front der *Basilica Noniana* und die „Sede degli Augustali" (*Collegium*, d.h. Vereinslokal der Augustalen) ans Licht gebracht. Unter der dicken Schicht vulkanischer Schlammassen, auf der sich die moderne Stadt Ercolano ausgebreitet hat, ist noch das große Areal verborgen, das sich vom viertorigen Bogen bis zum Theater ausdehnte. In diesem noch unerforschten Teil des antiken Herculaneum dürfen wir den Großteil der öffentlichen und religiösen Bauten vermuten, die für gewöhnlich im Zentrum einer römischen Stadt des 1. Jh. n. Chr. angesiedelt waren. Hier wurde bereits im 18. Jh. durch Stollengrabungen ein einziges Bauwerk ans Licht gebracht: Die sogenannte Basilika, die sehr wahrscheinlich als *Augusteum* zu identifizieren ist.

Die nördliche Seite des *decumanus maximus* war von dem bereits erwähnten großen viertorigen Bogenmonument abgegrenzt, das sehr gut erhalten ist. Symmetrisch zu diesem stand ein zweiter Bogen beim Eingang zu einem durch Inschriften als *Basilica Noniana* identifizierten Gebäude. Dieser Bogen trug wahrscheinlich als Bekrönung ein bronzenes Viergespann (*quadriga*), dessen Fragmente in der Nähe aufgefunden wurden. Die zwei Bögen waren durch Arkaden verbunden. Dadurch wurde dieser Bereich gleichsam zu einer Vorhalle, einem *chalcidicum*, der sogenannten Basilika. Aus diesem Gebäude wurden im 18. Jh. durch Stollen die wertvollen Skulpturen und Malereien herausgeschafft, die jetzt im Archäologischen Nationalmuseum Neapel aufbewahrt werden. Die zwei großen Sockel für Reiterstatuen, die noch heute auf der Frontseite des Bauwerkes sichtbar sind, trugen Statuen, von denen nur die Füße und Beine aufgefunden wurden.

Bei der sogenannten Basilika handelt es sich um eine große Platzanlage, die mit Marmorplatten gepflastert und auf allen vier Seiten mit Säulenhallen umgeben war. In der Mitte der Südseite öffnete sich eine quadratische Exedra mit zwei seitlichen Altartribünen. In der zentralen Exedra befanden sich die Statue des Kaisers Titus im Brustpanzer sowie Sitzstatuen der Kaiser Claudius und Augustus, die als Jupiter auf dem Thron dargestellt waren. Die zwei seitlichen Altartribünen waren mit großen Bildern im Vierten Stil dekoriert, die berühmte mythologische Sujets zeigen: Die Auffindung des Telephos durch Hercules, die Befreiung der athenischen Geiseln durch Theseus, Olympus beim Musikunterricht mit Marsyas und Achill beim Musikunterricht durch Chiron. Auf den Sockeln vor den Altartribünen waren die Bronzestatuen des Claudius und des Augustus aufgestellt, die als nackte Heroen dargestellt waren. Zur Dekoration der seitlichen Säulenhallen gehörte ein Fries, der Ereignisse und Heldentaten aus dem Leben des Hercules darstellte, sowie eine Wandplatte mit Darstellung der Medea. Im Gebäude befanden sich viele weitere Statuen von Mitgliedern der iulisch-claudischen und der flavischen Kaiserdynastien. Es existieren viele Theorien zur Funktion dieses Bauwerkes. Am plausibelsten erscheint es, in dem Bauwerk ein *Augusteum* zu sehen, also ein Gebäude, das zur Verehrung des Kaisers bestimmt war. Seine Errichtung geht auf die claudische Zeit zurück, die Skulpturendekoration veränderte sich im Laufe der Zeit. Vor kurzem wurde vorgeschlagen, die *Saepta Iulia*, eine monumentale Platzanlage auf dem Marsfeld in Rom, als das mögliche Vorbild für dieses Monument anzusehen.

Literatur:
A. Coralini, Hercules domesticus. Immagini di Ercole nelle case della regione vesuviana, I secolo a.C. – 9 d.C. (2001) S. 29–30; M. Pagano, Il foro di Ercolano, in M. Pagano (Hrsg.), Antichi Ercolanesi. Antropologia, società, economia. Ausstellungskatalog Ercolano 2000 (2000) S. 86 (mit weiterer Literatur); F. Pesando, Appunti sulla cosiddetta Basilica di Ercolano, Cronache Ercolanesi 33, 2003, S. 331–337.

(M. G.)

6.1
Panzerstatue des Kaisers Titus

Marmor
H. 211 cm
1. Jh. n. Chr., circa 79 n. Chr.
Aus der sogenannten Basilika, *Augusteum*
Museo Archeologico Nazionale di Napoli, Inv. 6059.

Der Kaiser hebt seinen rechten Arm, in der Hand hielt er eine (nicht erhaltene) Lanze. Er trägt einen Brustpanzer und einen Mantel, der mit breiten Falten den Oberkörper und den linken Unterarm bedeckt und dann in schweren Falten herabfällt. Besonders sorgfältig ist das Panzerrelief gestaltet: In der Mitte sind zwei Greifen mit erhobenem Vorderlauf zu beiden Seiten eines Kandelabers dargestellt. Im unteren Teil des Panzers wachsen aus einem Akanthusstrauch in der Mitte dünne eingerollte Stengel, die in kleinere Voluten übergehen und sich unter den Klauen der Greifen symmetrisch anordnen. Den unteren Panzerrand verziert eine doppelte Reihe von Laschen, die mit verschiedenen Motiven verziert sind: Gorgonenhäupter und kleine Greifenköpfe in der oberen, Palmetten in der unteren Reihe. Die hohen und fein gearbeiteten Sandalen sind mit Wolfsfell unterfüttert und mit Schnüren gebunden. Den Fuß läßt die Sandale frei. Das Gesicht des Titus ist breit und hat schwere Züge; die Stirn ist von zwei tiefen Falten gezeichnet; das Haar in kurzen und bewegten Locken läßt die Schläfen frei.

Die Statue zeigt das Bild eines noch jungen Mannes mit vollen Wangen und kurzem, lockigem Haar, mit intensivem Licht-Schatten-Spiel. Es handelt sich um das letzte offizielle Porträt des Kaisers. Er starb kurz nach der Zerstörung der Stadt im Jahre 81 n. Chr. Diese von der Forschung des 18. Jh. fälschlicherweise als Darstellung des Kaisers Vitellius angesehene Statue stand, zusammen mit denjenigen des Augustus und des Claudius, in einer der großen Nischen auf der Frontseite der sogenannten Basilika.

6.1 (s. auch Abb. S. 5)

Literatur: A. Allroggen-Bedel, Dokumente des 18. Jh. zur Topographie von Herculaneum, Cronache Ercolanesi, 13, 1983, S. 148, Abb. 9; B. M. Felletti Mai, in: Enciclopedia dell'arte antica VII (1966) s.v. Tito.

(M. B.)

6.2
Wandmalerei „Achill und Chiron"

125 x 127 cm
Vierter pompejanischer Stil (45–79 n. Chr.)
Aus der sogenannten Basilika, *Augusteum*
Museo Archeologico Nazionale di Napoli, Inv. 9109.

Im Hintergrund dieser monumentalen Wandmalerei ist eine Architektur mit vorspringender Ecke rechts dargestellt. Das umlaufende Gebälk ist mit Rundschilden und Bukranien (Stierschädeln) geschmückt und wird oben von einem mit Eierstab verzierten Profil abgeschlossen. Darüber ist sehr schematisch eine Reihe von Palmetten zu erkennen. Den Vordergrund beherrscht der Kentaur Chiron, halb Mensch, halb Pferd, der Lehrer und Meister des griechischen Helden Achill. Chiron wird hier dargestellt, wie er dem jungen Achill das Spiel auf der Kithara beibringt. Bemerkenswert ist die Ähnlichkeit zwischen dem Kopf des Kentauren und dem des Hercules aus dem Fresko „Hercules und Telephos", das ebenfalls aus der sogenannten Basilika stammt.

6.2 (s. auch Abb. S. 20)

Diese Wandmalerei schmückte – zusammen mit dem nachfolgenden Bild und zwei weiteren, nicht in der Ausstellung gezeigten („Befreiung der athenischen Geiseln durch Theseus" und „Musikalische Ausbildung des Olympus durch Marsyas") – das Gebäude, das als Basilika bekannt ist. In zwei Apsiden waren die Fresken mit Darstellung von „Hercules und Telephos" (siehe folgende Kat.-Nr.) und „Theseus als Befreier der athenischen Geiseln" angebracht (MANN Inv. 9825). Die vorliegende Wandmalerei war wohl, zusammen mit der Darstellung von Olympus und Marsyas, in Nischen desselben Gebäudes angebracht.

Literatur: G. Cerulli Irelli u.a., La peinture del Pompéi II (1993) S. 235f.; M. Ruggiero, Storia degli scavi di Ercolano (1885) S. 58; K. Schefold, La peinture pompéienne. Essai sur l'evolution de sa signification (1972) S. 200–204. S. 261 Nr. 46.

(M. B.)

Mit seinen 1100 Quadratmetern nimmt das Haus den gesamten südöstlichen Teil der *Insula* IV ein und bildet ein hervorragendes Beispiel für eine herrschaftliche Residenz. Das „Haus der Hirsche" ist eines der reichsten und schönsten an der Südfront von Herculaneum. Es handelt sich zudem um einen der seltenen Fälle, bei denen es möglich war, den Namen des Besitzers zu ermitteln. Dieser wurde nämlich dank eines Stempels auf einem verkohlten Brotleib als Q. Granius Verus identifiziert, der vor dem Jahr 62 n.Chr. *decurio* (Stadtrat) und *duumvir* (einer der zwei höchsten städtischen Beamten) von Herculaneum war.

Die heutige Aufteilung des Hauses ist nicht die ursprüngliche. Man kann deutlich zwischen einem nördlichen Hausteil und dem südlichen unterscheiden, der sich mit einer Reihe von Empfangs- und Wohnräumen zu einem prächtigen Panorama auf den Golf von Neapel öffnet. In spätsamnitischer Zeit war die *Insula* IV in drei bis vier rechteckige Wohneinheiten unterteilt; alle waren in Ost-West-Richtung angeordnet und hatten einen Zugang vom unteren *Cardo* V. Der nördliche Teil um das Atrium war das ursprüngliche „Haus der Hirsche". Zwei oder drei weitere Wohneinheiten befanden sich weiter südlich. Sie wurden als südlicher Trakt dem Haus einverleibt. Hier wurden der Garten und prachtvolle Wohnräume angelegt. Es ist nicht mehr möglich, alle Phasen und Erweiterungen des Anwesens zu rekonstruieren. Es steht aber außer Zweifel, daß der Gartenraum erst während der frühen Kaiserzeit dem ursprünglichen Block einverleibt wurde. Weiterhin wurde zu dieser Zeit die Loggia der Stadtmauer aufgesetzt. Weitere kleinere Veränderungen wurden nach dem Erdbeben des Jahres 62 n.Chr. vorgenommen, das dem Bau verschiedene Beschädigungen zufügte.

Die funktionale und architektonische Verbindung zwischen dem Trakt um das Atrium und dem südlichen Trakt wurde durch eine Kryptoportikus geschaffen. Es handelt sich hierbei um einen gedeckten, vierseitigen Wandelgang, der ohne Zweifel der prachtvollste Raum der gesamten Residenz war. Auch die im Vierten Pompejanischen Stil ausgeführte Dekoration des großen Speisezimmers (*triclinium*) im nördlichen Hausteil verwendet künstlerisch hochwertige Elemente.

Am südlichen Wandelgang der Kryptoportikus befand sich unter anderem ein weiteres großes Speisezimmer (*oecus Cyzicenus*). Hierbei handelt es sich um einen Fenstersaal mit Fußboden und Sockel aus Marmor, der als Verbindungsweg zwischen dem Gartenbereich und der Außenterrasse diente. Der schlechte Erhaltungszustand ermöglicht es nicht, die architektonische und dekorative Gestalt dieses Saales vollständig nachzuvollziehen, dessen ursprüngliche Pracht nur die bescheidenen Reste des Fußbodens aus *opus sectile* und des Marmorsockels der Wände bezeugen. Zur Dekoration der Räume südlich des Gartens gehören auch acht berühmte Stilleben. Einige von ihnen sind im Museum von Neapel ausgestellt. Es handelt sich dabei um ein Speiseopfer vor einem Kultbild des Dionysos. Dargestellt sind Haustiere, Gefäße aus Glas und Silber, küchenfertiges Wild und Lebensmittel. Von der Ausstattung des Gartens, den die Kryptoportikus rahmte, sind einige Skulpturen erhalten geblieben. Wahrscheinlich waren diese in zwei parallelen Reihen in Nord-Süd-Richtung angeordnet. Hier sollte die Längsachse der Anlage betont werden, die auf der Terrasse über dem Meer endet.

Literatur: A. Allrogen Bedel, Der Hausherr der „Casa dei Cervi" in Herculaneum, Cronache Ercolanesi 5, 1975, S. 101–103; dies., Maskendarstellungen in der römisch-campanischen Wandmalerei (1974); G. Camodeca, La ricostruzione dell'élite municipale ercolanese degli anni 50–70. Problemi di metodo e risultati preliminari, Cahiers Glotz 7, 1996, S. 177–178; A. Coralini, Hercules domesticus. Immagini di Ercole nelle case della regione vesuviana, I secolo a.C.-79 d.C. (2001), Kat.-Nr. E.002, S. 235–236; R. E. L. B. De Kind, Houses in Herculaneum. A New View on the Town Planning and the Building of Insulae III and IV, Circumvesuviana 1 (1998) S. 105–113. S. 176–183; D. Scagliarini Corlaita, Propter spatia longitudinis. Cicli e serie figurative nelle ambulationes del secondo e quarto stile pompeiano, in: I temi figurativi nella pittura parietale antica. Kongreßbericht Bologna 1995 (1998) S. 119–123. 121—122, Abb. 7–10; V. Tran Tam Tinh, Catalogue des peintures romaines (Latium et Campanie) du Musée du Louvre (1974) Kat.-Nr. 30, Abb. 32. 35–36 (Eroten beim Wettlauf und bei der Jagd, aus der Kryptoportikus des Hauses); ders., La casa dei Cervi a Herculanum (1988) .

(M.G.)

7.1 (s. auch Abb. S. 90)

7.2 (s. auch Abb. S. 91)

7.1
Skupturengruppe „Hirsch und Jagdhunde"

Lunensischer Marmor
H. 60,5 cm, L. 54 cm, B. 20 cm
Haus der Hirsche (Casa dei Cervi)
Soprintendenza Archeologica di Pompei, Inv. 75796.

Die Skulptur ist aus aneinanderpassenden Fragmenten zusammengesetzt. Es fehlen die linke Vorderpfote eines Hundes sowie Teile der Schwänze von drei Hunden. Die Gruppe ist aus einem einzigen Marmorblock gemeißelt. Sie stellt einen jungen Hirsch dar, der gleichzeitig von vier Windhunden angefallen wird, die er verzweifelt abzuwehren versucht. Sein Kopf ist angehoben, und die Hinterbeine sind in dem Versuch gespreizt, das Gleichgewicht zu halten und der Attacke der Hunde zu widerstehen. Diese greifen ihn in ihrer ganzen Wildheit von allen Seiten an: Einer ist auf die Kruppe gesprungen und beißt ihm in das linke Ohr, ein anderer greift von vorn an und hat sich am Maul festgebissen, während ein dritter seine Zähne in das Vorderbein geschlagen hat. Der vierte Hund ist dagegen vor der Mittelstütze (Baumstamm) hingestreckt und beißt den Hirsch von unten in das rechte Vorderbein. Dieses in der hellenistischen Kunsttradition weit verbreitete Motiv erfreute sich bei den Römern der frühen Kaiserzeit großer Beliebtheit.

(M. P.)

7.2
Skulpturengruppe „Hirsch und Jagdhunde"

Lunensischer Marmor
H. 61,5 cm, L. 61 cm, B. 20 cm
Haus der Hirsche (Casa dei Cervi)
Soprintendenza Archeologica di Pompei, Inv. 75801.

Die Skulptur ist aus zahlreichen aneinanderpassenden Fragmenten zusammengesetzt. Es fehlen die Spitze der Schnauze des Hirsches, die Schwanzspitzen von drei der vier Hunde und des Hirsches sowie die Spitze des linken Ohres des letzteren.

Die zweite Hirschgruppe bildete das Pendant zur vorhergehenden; die Komposition ist ganz ähnlich. Der Hirsch ist im Moment der Niederlage wiedergegeben: Sein Körper ist bis zum äußersten angespannt, die Muskeln sind in Anstrengung und Verkrampfung kontrahiert, das Maul ist vor Schmerz weit aufgerissen. Einer der Hunde steht, sich mit dem rechten Vorderbein abstützend, auf der Kruppe und hat sich im rechten Unterkiefer des Hirsches verbissen, was ihm durch die Drehung von dessen Hals erleichtert wird; dieser Hund trägt ein Halsband. Der zweite greift den Hirsch von vorn an und beißt ihn ebenfalls in den Kiefer. Die anderen beiden Hunde dagegen attackieren ihre Beute von unten her, der eine von außen, der andere von innen; beide haben sich im rechten Vorderbein festgebissen.

Literatur: A. Maiuri, Ercolano. I Nuovi Scavi I (1958) S. 323; M. Pagano, in: G. C. Ascione – M. Pagano, Das Antiquarium von Herkulaneum (2000) S. 102f.; Rediscovering Pompeji. Ausstellungskatalog New York (1990) S. 270ff.; V. Tran Tam Tinh, La casa dei Cervi a Herculaneum (1988) S. 99ff.

(M. P.)

7.3
Statuette eines Satyrs

Marmor
H. (mit Plinthe) 65 cm (ohne 55,5 cm), L. 38 cm, B. 22 cm, L. der Plinthe 44 cm, B. 29 cm
Haus der Hirsche (Casa dei Cervi)
Soprintendenza Archeologica di Pompei, Inv. 75797.

7.3

Die Skulptur ist aus mehreren aneinanderpassenden Fragmenten zusammengesetzt; kleinere Stücke der rechten Hand, der linken großen Zehe und des Ausgusses des Weinschlauchs fehlen. Sie zeigt einen trunkenen Satyr mit gespreizten Beinen und nach hinten geneigtem Körper. Er ist nackt bis auf das Pantherfell, das um den Hals geknotet ist und am Rücken und über den nach unten gestreckten rechten Arm bis zur Statuenstütze in Form eines Baumstammes herabfällt. Der nach oben gestreckte, im Ellbogen gewinkelte linke Arm hält den auf der Schulter aufliegenden Weinschlauch. Es handelt sich um eine Brunnenfigur: Aus der Öffnung des Weinschlauches ergoß sich Wasser, das mit Hilfe des Rohres auf der Rückseite der Statue herangeführt wurde. Das Gesicht des Satyrs drückt Heiterkeit aus: Die Lippen sind zu einem Lächeln verzogen, die Wangen leicht aufgebläht; das kleine Kinn ist durch ein Grübchen unterstrichen, die Augen haben betonte Konturen, die Brauenbögen sind hervorgehoben; die kurze Nase ist platt. Die Frisur ist sternförmig gestaltet und umschließt die Stirn mit flammenartigen, wulstigen Strähnen, zwischen denen die spitzen Ohren hervorragen.

7.4 (s. auch Abb. S. 68)

In der Mitte sind die Haare als struppiger Schopf gebildet. Die Statuette ist die hellenistische Umbildung eines Statuentyps des griechischen Bildhauers Praxiteles (4. Jh. v.Chr.), der sich bei den Römern großer Beliebtheit als Gartendekor erfreute.

Literatur: M. Pagano, in: G. C. Ascione – M. Pagano, Das Antiquarium von Herkulaneum (2000) S. 101f.

(M. P.)

7.4
Statuette „Trunkener Hercules“

Marmor
H. (mit Plinthe) 56 cm, L. 35 cm, B. 19 cm, H. der Plinthe 6 cm
Haus der Hirsche (Casa dei Cervi)
Soprintendenza Archeologica di Pompei, Inv. 75902.

Die Skulptur ist aus zahlreichen aneinanderpassenden Fragmenten zusammengefügt. Sie zeigt den trunkenen Heros Hercules. Er hat seine gedrungenen Beine gespreizt; der Oberkörper ist nach hinten geneigt. Bis auf das Löwenfell, das er auf dem linken Unterarm trägt und das von dort entlang seiner linken Seite bis auf die Stütze in Form eines Baumes herabfällt, ist er unbekleidet. Der rechte Arm ist zur Leiste geführt, und zwischen Zeige- und Mittelfinger der rechten Hand hält Hercules sein Glied. Dargestellt ist also der Moment des Urinierens (*Hercules mingens*). Der linke Arm ist angewinkelt, mit dem nach oben gestreckten Unterarm hält er die auf der Schulter aufliegende Keule. Der kleine Kopf mit dem Vollbart ist nach rechts gewendet und leicht nach unten geneigt; er trägt einen Lorbeerkranz. Die Haare sind mit gegeneinander gesetzten Strähnen kranzförmig angeordnet. Diese Darstellung des Hercules, von der es in Herculaneum noch ein Bronzeexemplar gibt, ist von der hellenistischen Umbildung eines Statuentyps des griechischen Bildhauers Lysipp (2. Hälfte 4. Jh. v.Chr.) abgeleitet, die sich im 1. Jh. n.Chr. großer Beliebtheit erfreute und als Gartendekor weite Verbreitung fand.

Literatur: M. Pagano, in: G. C. Ascione – M. Pagano, Das Antiquarium von Herkulaneum (2000) S. 100f.

(M. P.)

7.5
Wandmalerei „Stilleben“

L. 154 cm, H. 37 cm
Vierter pompejanischer Stil , 45–79 n. Chr.
Haus der Hirsche (Casa dei Cervi), *Insula* IV, 21
Museo Archeologico Nazionale di Napoli, Inv. 8647.

Die Herkunft der kleinen Bilder aus dem „Haus der Hirsche“ ist erst vor wenigen Jahren erkannt worden. Es handelt sich um sehr realistisch gemalte Stilleben mit Darstellungen von Wild und weiteren Nahrungsmitteln. Im kleinen linken Bild sieht man ein gerupftes Huhn an einem Nagel hängen, während auf der rechten Seite ein Hase mit geöffnetem Bauch mit einem Lauf an der Wand hängt. Im zweiten Bild hängt ein Rebhuhn mit dem Schnabel an einem Ring, während an der Seite ein schöner, glänzend roter Apfel und zwischen Blättern ein Granatapfel zu sehen sind. Zwei Drosseln und einige Pilze werden im dritten Bild gezeigt, während im letzten Bild auf einem Regal oben gerupfte Hühner liegen, unten zwei Muränen. Diese äußerst qualitätvollen kleinen Stilleben und weitere, die sich noch *in situ* befinden, dekorierten das reiche Haus des Q. Granius Verus. Die Kunsttradition der Stilleben hat ihre Wurzeln im perga-

7.5 (s. auch Abb. S. 164)

7.6 (s. auch Abb. S. 155)

menischen Reich um die Mitte des 3. Jh. v. Chr.; in der dortigen Malerei dienten die Stilleben aber noch als Beiwerk. In der römischen Malerei verbreiten sich erst mit dem Zweiten pompejanischen Stil Darstellungen von Obst, Speisen und Getränken. Diese waren ursprünglich *xenia*, d.h. Geschenke, die der Hausbesitzer seinen Gästen anbot.

Literatur: S. De Caro, La natura morta nelle pitture e nei mosaici delle città vesuviane (2001) S. 73ff.; J. M. Croisille, Les natures mortes campaniennes. Repertoire descriptif des peintures de nature morte du Musée National de Naples, de Pompéi, Herculanum et Stabies, Latomus 76, 1965, S. 40 Nr. 44 (fälschlicherweise Pompeji zugeschrieben); V. Sampaolo, in: Romana Pictura. Ausstellungskatalog Rimini (1998) S. 277 Nr. 22 (mit weiterer Literatur).

(M. B.)

7.6
Wandmalerei „Spielende Eroten"

L. 160 cm, H. 24 cm
Vierter pompejanischer Stil (45–79 n. Chr.)
Haus der Hirsche (Casa dei Cervi), *Insula* VI, 21, aus der Kryptoportikus
Museo Archeologico Nazionale di Napoli, Inv. 9178.

Die vier kleinen Bilder, aus denen das Fresko zusammengesetzt ist, sowie 18 weitere, die noch *in situ* erhalten sind, stellen Eroten beim Kinderspiel oder beim Verrichten von Tätigkeiten von Erwachsenen dar. Im ersten Bild sitzt ein Kithara spielender Eros auf einem von Greifen gezogenen Karren, während ein anderer dem Karren vorangeht und die Zügel hält. Die Szene wird von Vorhängen hinterfangen. Im zweiten Bild tanzen zwei Eroten, die dabei einen Thyrsosstab (Fruchtbarkeitssymbol des dionysischen Umkreises) und eine Fackel halten. Das dritte Bild zeigt einen Eros, der auf einen kleinen Karren steigt, den zwei weitere Eroten an der langen Deichsel ziehen. Die letzte Szene zeigt ein Versteckspiel: Ein Eros hält sich die Augen zu, ein zweiter läuft weg, um sich zu verstecken, während ein dritter sich zwischen den Flügeln einer großen Tür versteckt und die Szene beobachtet.

Literatur: G. Cerulli Irelli u.a., La peinture del Pompéi II (1993) S. 221f.

(M. B.)

7.7
Brotlaib

Dm. 21 cm
79 n.Chr.
Haus der Hirsche (Casa dei Cervi), *Insula* IV, 21
Museo Archeologico Nazionale di Napoli, Inv. 84596.

Das Brot hat die typische Fladen-Form (*panis quadratus*). Unter den zahlreichen in Herculaneum und Pompeji gefundenen Broten zeichnet sich dieses besonders aus, weil es einen Namensstempel trägt: „Celer, Sklave des Q. Granius Verus". Mit Hilfe dieses Stempels kann der Besitzer des „Hauses der Hirsche" identifiziert werden, Q. Granius Verus, der uns auch aus offiziellen Inschriften Herculaneums bekannt ist. Brotlaibe wie der vorliegende wurden übrigens in der Wandmalerei von Herculaneum häufig im Rahmen von Stilleben dargestellt.

7.7 (s. auch Abb. S. 64)

Literatur: M. Pagano, L'alimentazione, in: Gli antichi ercolanesi. Ausstellungskatalog Neapel (2000) S. 124ff.; J. J. Winckelmann, Sendschreiben von den herculanischen Entdeckungen. Herculanische Schriften I, hrsg. von St.-G. Bruer und M. Kunze (1997) S. 209f.

(M. B.)

8. Weitere Objekte aus Herculaneum

8.1
Korinthisierendes Lisenenkapitell

Marmor
B. 26 cm, H. 22,3 cm, Dicke 3 cm
Mitte des 1. Jh. n.Chr.
Herculaneum, genauer Fundort unbekannt
Soprintendenza Archeologica di Pompei, Inv. 78112/2815.

Solche Platten schmückten senkrechte Mauerstreifen (Lisenen) in luxuriösen Häusern. Das Dekorationsschema dieses Kapitells besteht aus zwei Akanthusblättern an den Ecken und einem Mittelmotiv aus zwei Stengeln mit Voluten, deren untere Enden durch ein Band miteinander verbunden sind. Aus der Mitte des Bandes entspringt ein Stengel mit zwei symmetrisch angeordneten siebenblättrigen Palmetten.

Unveröffentlicht.

(M. G.)

8.2
Korinthisierendes Halbsäulenkapitell

Marmor
H. 13,3 cm, B. 12 cm, Dicke 5 cm
1. Jh. n.Chr.
Herculaneum, genauer Fundort unbekannt
Soprintendenza Archeologica di Pompei, Inv. 78113/2816.

Der Kelch *(kalathos)* ist von einem doppelten Kranz aus Akanthusblättern mit markant eingezeichneten Furchen umgeben: jeweils drei in den Blättern der unteren und zwei in denen der oberen Reihe; die oberen Blätter teilen sich auf und verlängern sich bis zu den Ecken des fragmentarisch erhaltenen Abakus. In der Mitte bilden zwei Ranken ein Lyra-förmiges Motiv. Die Ranken wachsen aus zwei kleinen Kelchen seitlich des mittleren Blattes und schmiegen sich dann eng an den langen Stengeln der (verlorenen) Abakusblüte an. Das Kapitell gehört höchstwahrscheinlich zu einer Wanddekoration aus *opus sectile,* ähnlich derjenigen des „Marmorsaals" (Salone dei marmi) im „Haus mit dem Telephos-Relief". Dort ist der Wandsockel mit wertvollen Marmorplatten verkleidet, zwischen denen sehr flache Halbsäulen mit Spiralkanneluren und flachen korinthisierenden Kapitellen stehen.

Unveröffentlicht.

(M. G.)

8.3
Korinthisierendes Kapitell

Marmor
B. 18 cm, H. 13,8 cm, Dicke 2,7 cm
Mitte des 1. Jh. n.Chr.
Haus mit dem Telephos-Relief (Casa del Rilievo di Telefo), *Insula Orientalis* I, 2–3
Soprintendenza Archeologica di Pompei, Inv. 78776/3479.

Die untere Hälfte des Kelches *(kalathos)* ist mit drei fünfblättrigen Akanthusblät-

8.1

8.2

tern mit markant eingezeichneten Furchen verziert. Zwei weitere, längere Akanthusblätter auf den Ecken überlagern die untere Blätterordnung, ranken sich bis zum unteren Rand des Abakus und rollen ihre Spitzen in kleinen Voluten zusammen. Zwei Ranken bilden in der Mitte ein Lyra-förmiges Motiv. Die Ranken wachsen seitlich des mittleren Blattes der unteren Reihe, vereinigen sich mit dem Stengel des Abakus und gehen dann über in zwei vierblättrige Blüten. Deutlich sind Spuren von roter Farbe erkennbar. Das Kapitell stammt aus dem aufs Meer blickenden *triclinium* des „Hauses mit dem Telephosfries“, das auch unter dem Namen „Marmorsaal“ (Salone dei marmi) bekannt ist. Der Wandsockel dieses luxuriösen Raumes, der einen farbenprächtigen Fußboden aus *opus sectile* hat, ist mit vertikal und horizontal gesetzten Platten aus mehrfarbigem Marmor verkleidet, zwischen denen sehr flache Halbsäulen mit Spiralkanneluren und flachen korinthisierenden Kapitellen stehen.

Unveröffentlicht.

(M. G.)

8.4
Architektonische Verkleidungsplatte *(sima)*

Ton
H. 23 cm, B. 20 cm, Dicke 8 cm
Herculaneum, genauer Fundort unbekannt
Soprintendenza Archeologica di Pompei, Inv. 77485/2202.

Das Fragment besteht aus dem oberen Teil einer Platte mit der abschließenden Profilleiste und dem darüber befindlichen Gesimsband. Von der Dekoration sind Teile erhalten: links ein Teil der Palmette und eine Lotosblüte. Platten dieser Art wurden zur Verkleidung von Bauteilen aus Holz benutzt.

Unveröffentlicht.

8.5
Wandmalerei „Schauspieler, der den König spielt“

39 x 39 cm
Dritter pompejanischer Stil
Palaestra, *Insula Orientalis*, II
Museo Archeologico Nazionale di Napoli, Inv. 9019.

Auf der linken Seite sitzt auf einem Bett (*kline*) ein Schauspieler im Bühnenkostüm. Er hält in der Rechten ein langes, königliches Zepter und in der Linken ein Schwert. Sein Blick ist auf eine junge Frau gerichtet, vielleicht eine Muse; die kniende Frau ist wahrscheinlich im Begriff, eine Ehreninschrift auf die Basis zu schreiben, auf welcher in einem Behältnis eine tragische Theatermaske liegt. Den Hintergrund der Szene bildet ein breiter Türdurchgang in der Mitte, während sich rechts eine weitere männliche Figur befindet, deren Blick ebenfalls auf die junge Frau gerichtet ist. Insgesamt vier Fresken identischer Maße, darunter dieses und das nachfolgende (Kat. 8.6), wurden während der Ausgrabungen des 18. Jh. in der *palaestra* von Herculaneum aufgefunden. Sie waren offensichtlich nie angebracht worden, sondern wurden – wie man dem Ausgrabungsbericht entnehmen kann, an die Wand gelehnt aufgefunden. Vermutlich waren sie bereits in der Antike zur Wiederverwendung von ihrem ursprünglichen Anbringungsort entfernt worden.

8.3

8.4

8.5 (s. auch Abb. S. 212)

8.6 (s. auch Abb. S. 157)

8.7 (s. auch Abb. S. 141)

Literatur: G. Cerulli Irelli u.a., La peinture del Pompéi II (1993) S. 234; T. B. L. Webster, Ellenismo (1967) S. 38, Abb. S. 43; J. J. Winckelmann, Sendschreiben von den herculanischen Entdeckungen, Herculanische Schriften I, hrsg. von St.-G. Bruer und M. Kunze (1997) I, S. 181f. und II, Abb. 9,1.

(M. B.)

8.6
Wandmalerei „Konzert"

44 x 44 cm
Dritter pompejanischer Stil
Palaestra, Insula Orientalis, II
Museo Archeologico Nazionale di Napoli, Inv. 9021.

Eine Architektur im Hintergrund suggeriert einen Innenraum, in welchem sich drei Figuren befinden: In der Bildmitte sitzt eine männliche Gestalt (ein Schauspieler) in langer Tunika; er spielt eine Doppelflöte und seine Wangen sind vor Anstrengung gerötet. Auf der rechten Seite steht eine sehr schlecht erhaltene weibliche Figur, die eine große Kithara spielt. Die weibliche Gestalt links trägt einen langen Chiton und einen Kranz im Haar; sie folgt der Musik und begleitet die Frau auf der rechten Seite vielleicht mit ihrem Gesang. Im Hintergrund auf der linken Seite befinden sich zwei weitere Figuren, die ebenfalls Kränze auf dem Kopf tragen.

Literatur: A. Allroggen-Bedel, Dokumente des 18. Jh. zur Topographie von Herculaneum, Cronache Ercolanesi, 13, 1983, S. 144, Abb. 6; G. Cerulli Irelli u.a., La peinture del Pompéi II (1993) S. 234; J. J. Winckelmann, Sendschreiben von den herculanischen Entdeckungen, Herculanische Schriften I, hrsg. von St.-G. Bruer und M. Kunze (1997) I, S. 181f. und II, Bild 9,3.

(M. B.)

8.7
Wandmalerei „Gastmahl mit Hetäre"

59 x 53 cm
Vierter pompejanischer Stil: 50–70 n.Chr.
Herculaneum, genauer Fundort unbekannt
Museo Archeologico Nazionale di Napoli, Inv. 9024.

Die Szene zeigt die letzte Phase des Bankettes (die sogenannte *comissatio*), d.h. den Moment, der dem Trinken und der Konversation gewidmet war. Ein junger Mann liegt halb auf dem Speisesofa und stützt sich mit dem linken Arm auf ein Kissen. Der Oberkörper des Mannes ist nackt, nur um die Hüfte und um den linken Unterarm ist ein roter Mantel geschwungen. Mit der Rechten erhebt er ein Trinkhorn und läßt sich den Wein aus der Spitze des Horns in den Mund laufen. Im Vordergrund, am Rand des Bettes, sitzt eine Hetäre; ihre Beine sind von einem schweren, gelben Umhang bedeckt; ihr Oberkörper wird durch einen hauchdünnen Schleier eher zur Schau gestellt als verhüllt. Die Frisur wird von einem kostbaren, goldenen Netz gehalten; aus Gold ist auch der Ohrring, der am rechten Ohrläppchen hängt. Sie weist mit ihrer rechten Hand zu einer kleinen Dienerin, die ihr eine Kiste reicht. Vor dem Bett steht ein kleiner, von Tierbeinen gestützter Tisch. Solche Tische aus Holz wurden in Herculaneum ausgegraben. Auf dem Tisch befindet sich kostbares Silbergeschirr, das während der *comissatio* zum Einsatz kam: zwei Becher (*skyphoi*), ein *kalathiskos*, ein Weinsieb (*colum*) und ein Schöpflöffel (*simpulum*). Das Fresko wurde in den ersten Jahren der Ausgrabungen Herculaneums aufgefunden, wie seine Erwähnung im ersten Band der „Antichità di Ercolano esposte" (1757) beweist. Es ist aber in der von M. Ruggiero veröffentlichten „Storia degli scavi di Ercolano" von 1885 nicht ausdrücklich genannt.

Literatur: V. Sampaolo, in: Bellezza e lusso. Ausstellungskatalog Rom (1992) S. 105f.

(M. B.)

8.8 (s. auch Abb. S. 158)

8.8
Wandmalerei „Isis-Kult“

96,7 x 94,5 cm
Vierter pompejanischer Stil
Herculaneum, genauer Fundort unbekannt
Museo Archeologico Nazionale di Napoli, Inv. 8924.

Das Fresko zeigt eine Kultszene für die ägyptische Göttin Isis. Eine Treppe führt zum Eingang eines Kultgebäudes, das von zwei Sphingen auf hohen Podien gerahmt wird. Am oberen Ende der Stufen steht ein Priester in weißer Tunika, der den Gläubigen ein Gefäß mit geweihtem Nilwasser präsentiert, während zwei Diener das für den Isis-Kult typische Klapperinstrument (*sistrum*) mit erhobener rechter Hand bewegen. Unten, am Fuße der Treppe, vollzieht ein Priester das Ritual auf einem mit Girlanden dekorierten Altar, auf welchem Opfergaben liegen. An den Seiten der Treppe sieht man eine Menschenmenge, die mit Gesängen, Musik und dem Schütteln des *sistrum* an der Zeremonie teilnimmt. Das Geschehen wird durch die Angabe der spezifischen Vegetation – zwei Palmen – und durch den Gott Ibis im oberen Teil des Bildes, an den Seiten des Gebäudes, in Ägypten lokalisiert.

Diese Wandmalerei ist zusammen mit vielen anderen Zeugnissen ein sicheres Indiz dafür, daß es – wie in Pompeji – auch in Herculaneum einen Isistempel *(Iseum)* gegeben haben muß.

Literatur: V. Tran Tam Tinh, Le culte des divinités orientales à Herculanum (1971) S. 29.

(M. B.)

8.9
Wandmalerei „Mädchen mit Kranz“

19 x 15 cm
Dritter pompejanischer Stil (20–10 v.Chr.)
Herculaneum, genauer Fundort unbekannt
Museo Archeologico Nazionale di Napoli, Inv. 9094.

Das Bild stammt aus einer Wandmalerei größeren Ausmaßes mit mythologischem Sujet. Es zeigt das Gesicht eines jungen Mädchens mit feinen und regelmäßigen Gesichtszügen; ihr Mund ist leicht geöffnet und die Augen sind groß, die dunkle Linie des Oberlides verleiht ihnen eine starke Ausdruckskraft. Das Haar ist mit einem Kranz aus Ölbaumblättern geschmückt; an den Ohrläppchen hängen Ohrringe eines Typs, der in den Vesuvstädten verbreitet war. In der Malerei wurde die Hand des Malers der großen Bilder der „Villa Imperiale“ von Pompeji erkannt. Der Figurenstil dieses Malers weist einen bestimmten akademischen Zug auf, der typisch für diese Zeit ist.

8.9 (s. auch Abb. S. 156)

Literatur: V. Sampaolo, in: Romana Pictura. Ausstellungskatalog Rimini (1998) S. 313 Nr. 143 (mit weiterer Literatur).

(M. B.)

8.10
Mosaik „Wahnsinn des Lykurg“

40 x 40 cm
Vierter pompejanischer Stil
Herculaneum, genauer Fundort unbekannt
Museo Archeologico Nazionale di Napoli, Inv. 9988.

Im Mittelfeld des Mosaiks ist eine mythologische Szene dargestellt, die der griechischen Sagenwelt unbekannt war, also in römischer Zeit geschaffen worden sein muß, wahrscheinlich aber noch aus einer hellenistischen Tradition stammt: Der Kampf zwischen dem Weingott Dionysos und dem Thrakerkönig Lykurg, der sich der Einführung des Dionysos-Kultes in seinem Herrschaftsgebiet widersetzt. Im Vordergrund ist Ambrosia zu sehen, eine Nymphe im Gefolge des Dionysos. Sie versucht, erkennbar an der deutlichen Geste und dem Ausdruck des Schreckens, Lykurg zu entfliehen, der mit einem Beil bewaffnet über sie herfällt. Dionysos kommt der Nymphe zu Hilfe: Er wird von einem Panther begleitet, der im Begriff zu sein scheint, Lykurg anzugreifen. Dionysos läßt Lykurg mit dem Rebzweig erstarren, den die Nymphe in der rechten Hand hält.

Literatur: V. Sampaolo in: R. Cantilena – E. La Rocca – U. Zannuti – L. Scamozza, Le Collezioni del Museo Nazionale di Napoli I (1986) S. 120 Nr. 43.

(M. B.)

8.11–12
Mosaiken mit Triton und Girlande

45 x 57 cm
Vierter pompejanischer Stil
Haus des Skelettes (Casa dello Scheletro), *Insula* III, 3
Museo Archeologico Nazionale di Napoli, Inv. 10009 e 10011.

Die zwei Platten sind mit Mosaiksteinen aus polychromer Glaspaste dekoriert. Die verwendeten Motive beziehen sich auf das Wasser und die Funktion des Nymphäums, das sie verkleideten: Jede von ihnen stellt nämlich einen Triton dar, eine Meeresgottheit, halb Mensch, halb Fisch mit langem und eingerolltem Schwanz. Jeder Triton hält in der einen Hand einen Teller mit Gaben und in der anderen ein Ruder. Eine dicke Pflanzengirlande hängt von einem Gesims herab über einen kleinen Pfeiler, der auf einer Seite das Mosaikbild begrenzt.

Literatur: S. de Caro, I mosaici. La casa del Fauno (2001) S. 44.

(M. B.)

8.10

8.11

8.12

8.13

8.13
Relief mit Satyrn und Nymphe

Marmor
H. 39 cm, L. 97 cm, Dicke 8 cm
Insula Occidentalis, Raum mit Wandmalerei des Vierten Stils
Soprintendenza Archeologica di Pompei, Inv. 79613.

Das 1997 gefundene Relief ist vollständig erhalten bis auf kleine Beschädigungen, von denen die größte, das Loch hinter dem Kopf der Nymphe, wahrscheinlich bereits antik ist und wohl mit der Wiederverwendung des Reliefs in römischer Zeit in Zusammenhang zu bringen ist. Das Relief aus der sogenannten neuattischen Produktion ist in sehr gutem Erhaltungszustand. In der Mitte steht eine Nymphe, die mit einem Trinkhorn an einer Brunnenmündung in Form eines Löwenkopfes Wasser schöpft; mit ihrer rechten Hand stützt sie sich auf den Wasserspeier auf. Sie ist im Profil nach links dargestellt, in gebückter Haltung, das linke Bein vorgestreckt auf einem Felsen ruhend, das rechte ausgestreckt. Sie ist bis auf den um die Beine geschlungenen Mantel nackt. Zu ihrer Linken ist ein junger nackter Satyr im Profil der Nymphe zugewandt; er sitzt auf einem Fels, auf den das über seine linke Schulter gelegte Pantherfell herabfällt, und trinkt gierig aus einem Henkelkrug. Zur Rechten der Nymphe befindet sich, in etwas größerer Entfernung, auf einem Felsen ein Satyrknabe, der bis auf das flatternde, auf der linken Schulter aufliegende Pantherfell unbekleidet ist; er gießt aus einem Krug, den er mit der Rechten hochhält, Wein in einen kleinen Krater in seiner Linken ein. Hinter ihm ist ein Baum dargestellt.

Literatur: M. Pagano, in: G. C. Ascione – M. Pagano, Das Antiquarium von Herkulaneum (2000) S. 99–100.

(M. P.)

8.14
Zierscheibe *(oscillum)* mit Pan und Satyr

Marmor
Dm. 29 cm, Dicke 3 cm
Haus mit dem Telephos-Relief (Casa del Rilievo di Telefo)
Soprintendenza Archeologica di Pompei, Inv. 76458.

Die 1934 gefundene runde, auf Vorder- und Rückseite in sehr flachem Relief dekorierte Zierscheibe wird von einer flachen Leiste gerahmt. Auf der einen Seite ist der Gott Pan mit seinen Ziegenhörnern und -beinen dargestellt (8.14a); Haare und Bart sind dicht und struppig. Er schreitet nach rechts auf einen Altar mit Brandopfer zu; der Gott ist bis auf den Zipfel eines Pantherfelles, das von seinem linken Arm herabflattert, nackt. In der Linken trägt er einen geschlossenen Korb, der vielleicht auf einen Zusammenhang mit dem Kult der Demeter, der Göttin der Fruchtbarkeit und Vegetation, hindeutet. Im nach hinten gestreckten rechten Arm hält er nämlich eine Fackel (nach unten gerichtet), die typisch für diesen Kult ist. Die andere Seite des *oscillum* zeigt einen jugendlichen Satyr im Rausch (8.14b); er schreitet nach rechts auf einen Altar mit Brandopfern zu. Bis auf ein Pantherfell, das um seine linke Hüfte flattert, ist er unbekleidet. Der Kopf mit dichtem, lockigem Haar ist nach oben gerichtet. In der linken, nach vorn gestreckten Hand, hält er ein Tablett mit Früchten, in der rechten, die schräg nach unten und hinten gestreckt ist, eine Fackel.

Literatur: Domus – viridaria – horti picti. Ausstellungskatalog Neapel (1992), 119 Nr. 35; A. Maiuri, Ercolano. I Nuovi Scavi, I (1958) S. 350ff., Anm. 280; M. Pagano, in: G. C. Ascione – M. Pagano, Das Antiquarium von Herkulaneum (2000) S. 94.

(M. P.)

8.14a

8.14b

8.15
Zierscheibe *(oscillum)* mit Mänade

Marmor
Dm. 44 cm, Dicke 1 cm
Haus mit dem Telephos-Relief (Casa del Rilievo di Telefo)
Soprintendenza Archeologica di Pompei, Inv. 76462.

Diese 1934 gefundene Zierscheibe ist von einem Rahmen mit doppelter Leiste eingefaßt und nur auf der Vorderseite dekoriert. In sehr flachem Relief ist, im Profil nach links, eine tanzende Mänade dargestellt; ihr rechtes Bein ist leicht angewinkelt, das linke nach hinten genommen und auf die Zehenspitzen gestellt. Die Arme sind ausgebreitet und halten die wehenden Zipfel des Mantels. Der Kopf ist in den Nacken geworfen. All dies bringt die Ekstase der Mänade zum Ausdruck. Sie steht auf einem Felsen und ist mit einem leichten Chiton und einer Weste aus Pantherfell

8.15

8.16

bekleidet, das auf der linken Schulter aufsitzt und um die rechte Hüfte gelegt ist. Die Frisur aus langen, welligen Strähnen wird oben von einem Reif gehalten.

Literatur: Domus - viridaria - horti picti. Ausstellungskatalog Neapel (1992) S. 118f. Nr. 32; A. Maiuri, Ercolano. I Nuovi Scavi, I (1958) S. 349f. Nr. 2, Abb. 278; M. Pagano, in: G. C. Ascione – M. Pagano, Das Antiquarium von Herkulaneum (2000) S. 93f.

(M. P.)

8.16
Zierscheibe

Elfenbein
Dm. max. 11,8 cm, Dm. min. 11 cm, Dicke 0,6 cm
Augusteische Zeit
Herculaneum, genauer Fundort unbekannt
Museo Archeologico Nazionale di Napoli, o. Inv.

Die Darstellung ist von einer Leiste mit schmalem Profil eingerahmt. Die Szene ist von sakral-idyllischem Charakter: Dargestellt ist eine naturgetreue Landschaft. Darauf weist der Baum auf der rechten Seite hin, von dem eine Opferbinde herabhängt. Im Vordergrund befindet sich die Figur des Gottes Apollo; er sitzt auf einem Thron mit Rückenlehne und Füßen in Form von eleganten Raubtierpranken. Sein rechter Arm ist zum Teil von einem Mantel bedeckt und liegt auf der Rückenlehne des Thrones; das rechte Bein ist nach vorne gestellt und trägt eine hoch geschnürte Fußbekleidung aus Wildfell, während das linke Bein vom Mantel bedeckt ist, der in weicher Drapierung auf den Boden fällt. Der gekrönte Gott hält in der linken, nach vorne gestreckten Hand eine Opferschale (*patera*), die von einer Schlange gestreift wird. Das dem Gott heilige Tier wird von einer weiblichen Figur in der Hand gehalten: Die Gestaltung des unteren Teils, der die Form eines kleinen Pfeilers hat, läßt an-

8.17

8.18

nehmen, daß es sich um ein Götterbild handelt. Es trägt einen kurzen, an den Schultern zugeschnürten Chiton, der unterhalb der Taille in dichten Falten fällt. Der Kopf ist im Profil dargestellt; das Haar ist zu einem hohen, lockigen Knoten gerafft und fällt in dünnen, welligen Strähnen auf die Schultern. Neben dem Thron liegen auf dem Boden im Vordergrund der Pfeilköcher und der Bogen des Gottes. Zwei kleine Löcher im untersten Teil der Scheibe, symmetrisch zu zwei weiteren, die sich entlang des oberen Randes erhalten haben, dienten wahrscheinlich dazu, die Scheibe zu befestigen. Es handelt sich möglicherweise um das Dekorationselement eines Möbelstücks.

(M. B.)

8.17–18
Medaillons mit Darstellungen von Apollo und Diana

Silber
Dm. 13,5 cm
1. Jh. v. Chr.–1. Jh. n.Chr.
Herculaneum, genauer Fundort unbekannt
Museo Archeologico Nazionale di Napoli, Inv. 25492–25493.

Diese zwei silbernen Medaillons wurden nachträglich auf gezackte Scheiben mit Griffen und Aufhängehaken auf der Rückseite montiert. Sie stellen die Reliefbüsten der göttlichen Zwillinge Apollo und Diana dar. Apollo ist frontal wiedergegeben, den Kopf leicht nach links geneigt. Er trägt langes Haar, das auf dem Kopf von einem Band gehalten wird und in zwei mal vier Lockenpaaren an den Seiten des Halses herabfällt. Sein Oberkörper ist nackt, er trägt auf der Schulter einen Pfeilköcher und ein Köcherband diagonal über der Brust.

Diana ist ebenfalls frontal dargestellt, hat den Kopf aber nach rechts geneigt. Sie trägt eine elegante, kompliziert hochgesteckte Frisur: Ein mittiges Geflecht auf dem Kopf teilt die Haare an den Seiten des Gesichtes in viele weiche und symmetrische Strähnen, die dann hinten im Nacken zusammen gehalten werden. Die Göttin trägt eine ärmellose Tunika und ebenfalls einen Pfeilköcher auf der Schulter, aus dem der obere Teil ihres Bogens herausragt.

Die zwei silbernen Zierscheiben mit den symmetrisch gegenüberstehenden Büsten der Kinder der Latona hatten sicherlich eine dekorative Funktion.

ihrer symbolischen Bedeutung gesammelt. Das ist der Fall bei dem silbernen Medaillon mit der Darstellung der Göttin Fortuna (Museo Archeologico Nazionale di Napoli, Inv. 25489), das in Pompeji in der „Gasse mit den Skeletten" (Vicolo degli Scheletri, *Insula* VII,13,19) neben dem Körper einer flüchtenden Frau aufgefunden wurde. Sie hatte eine Tasche bei sich mit einer Bernsteinstatuette und dem Haus-Silber: zwei Schalen, einen Spiegel und einige Löffel (vgl. T. Giove, Il Vicolo degli Scheletri [VII,13,19], in: A. d'Ambrosio – P. G. Guzzo – M. Mastroroberto [Hrsg.], Storie da un'eruzione [2003] S. 255–258).

Literatur: L. Pirzio Biroli Stefanelli, L'argento dei Romani (1991) S. 255 Nr. 20–21, Abb. 17–18.

(T. G.)

8.19 (s. auch Abb. S. 9)

Möglicherweise waren sie Mittelelemente großer tiefer Schalen aus Edelmetall, die als Tischdekoration dienten, ähnlich wie z.B. die Schale mit der Reliefbüste Afrikas aus dem Schatz von Boscoreale im Pariser Louvre (Inv. BJ 1969) oder die Schale mit dem großen Athena-Medaillon aus dem Hildesheimer Schatzfund in der Berliner Antikensammlung (Inv. 3779,1).

Sehr oft wiesen die Schalen mit zentralem Reliefemblem ein ähnliches Motiv auf (Apollo und Diana, Attis und Cybele). Es sind einige Medaillons erhalten geblieben, die zwar ursprünglich den Boden von Schalen oder Tellern dekorierten, aber nur vom Untergrund losgelöst erhalten geblieben sind. Einige wurden bereits im Altertum wegen der kostbaren Herstellungstechnik und

8.19
Herme des Apollo

Marmor
H.45 cm, L. 28 cm, B. 27 cm
augusteisch?
Vorstadtthermen, Atrium
Soprintendenza Archeologica di Pompei, Inv. 78671.

Der Herme fehlen die Spitzen einiger Blätter des Kranzes, ein Teil des Kinns, die Stirn und der rechte Arm. Ein Teil der Schädelkalotte ist aus einem gesondert angesetzten Stück gearbeitet. Der Kopf, der den Brunnen im Atrium der Vorstadtthermen schmückte, weist auf beiden Seiten eine runde Öffnung (Dm. 2,2 cm) sowie Reste der Einsätze auf, die vielleicht aus Metall waren. Im Haar haben sich zahlreiche Spuren der Bemalung erhalten. Der Kopf hat Ovalform, ist leicht nach links gewendet und weist große Augen auf. Auf ihm sitzt ein Lorbeerkranz. Die Frisur besteht aus langen, welligen Strähnen, deren Gestaltung das Bronzeoriginal zitiert, nach dem diese Marmorkopie geschaffen wurde. Die Haare sind in der Mitte der Stirn geteilt und werden im Nacken zusammengehalten; von dort sind zwei

8.20

8.21

Strähnen seitlich des Halses nach vorn geführt. Diese römische Kopie, wohl augusteischer Zeit – sie ist wohl im Kontext der Errichtung der Thermenanlage zu sehen – läßt sich von einem griechischen Original vom Ende des 5. Jh. v. Chr. ableiten (Umkreis des Bildhauers Skopas); dieses ist in römischer Zeit mehrfach umgebildet worden. Die Herme aus den Vorstadttermen stellt die wohl treueste Wiedergabe des Originals dar.

Literatur: A. Maiuri, Ercolano. I Nuovi Scavi, I (1958) S. 156f.; H. Manderscheid, Die Skulpturenausstattung der kaiserzeitlichen Thermenanlagen (1981) S. 82 Nr. 126, Taf. 23; M. Pagano, in: G. C. Ascione – M. Pagano, Das Antiquarium von Herkulaneum (2000) S. 82f.; U. Pappalardo – H. Manderscheid, Le Therme Suburbane di Ercolano, Rivista di Studi Pompeiani, 9, 1998, S. 173ff.

(M. P.)

8.20
Maske eines Alten

Pentelischer Marmor
H. 26 cm, L. 18 cm, Dicke 13 cm
Haus mit Neptun und Amphitrite (Casa di Nettuno e Anfitrite), Nymphäum des Sommertriclinum
Soprintendenza Archeologica di Pompei, Inv. 78788.

Es fehlt die Nasenspitze des Alten, die Augenbrauen sind bestoßen. Die Maske weist am oberen Rand ein kleines Loch zur Aufhängung auf. Die Rückseite ist mit dem Meißel bossiert.

Die Pupillen der weit geöffneten Augen werden von durchgehenden Löchern gebildet; Wimpern und Augenbrauen sind stark überzeichnet. Die Stirn ist von Falten zerfurcht. Die Frisur besteht aus langen, welligen Strähnen, die längs der Stirn von einem Reif gesäumt werden. Der Schnurrbart um den trichterförmig geöffneten Mund herum ist mit kleinen, welligen Strähnen angegeben, desgleichen der Ansatz des langen Backenbartes, der in dicken, spiralförmigen Strähnen mit schneckenförmigen Spitzen ausläuft.

(M. P.)

8.21
Maske einer Mänade

Pentelischer Marmor
H. 32 cm, L. 35 cm, Dicke 11 cm
claudisch-neronisch
Haus mit Neptun und Amphitrite (Casa di Nettuno e Anfitrite), Nymphäum des Sommertriclinum
Soprintendenza Archeologica di Pompei, Inv. 78787.

8.22

Es handelt sich um die rundförmige Theatermaske einer Mänade; Augen und Mund sind weit geöffnet. Das Haar ist in der Mitte gescheitelt und fällt zu beiden Seiten in langen, welligen Strähnen herab, die in je drei Zöpfen enden; diese bestehen aus vier spiralförmigen, übereinanderliegenden Locken. Kleine, flammenförmige Strähnen sind in regelmäßigen Abständen fransenartig auf der Stirn angeordnet. Augenbrauen und Brauenbögen sind stark hervorgehoben. Die Pupillen sind durch runde Löcher angegeben. Auf dem Kopf sitzt ein mit Bändern, Beeren und Efeublättern verflochtener Blumenkranz. Der Mänade fehlt der untere Teil der Nase, die gesondert gearbeitet und angesetzt war. Möglicherweise handelt es sich aber auch um eine antike Reparatur. Eine Haarlocke ist leicht bestoßen. Diverse Spuren mennigroter Bemalung sind in Haar und Kranz zu erkennen.

(M. P.)

8.22
Maske des Pan

Pentelischer Marmor
H. 33 cm, L. 23 cm, Dicke 9 cm
Haus mit Neptun und Amphitrite (Casa di Nettuno e Anfitrite), Nymphäum des Sommertriclinum
Soprintendenza Archeologica di Pompei, Inv. 78789.

Die lebendig gestaltete Maske stellt den Gott Pan dar, mit seinen tierischen Gesichtszügen, dem entsprechenden Bart und den Ziegenhörnern. Auf dem Kopf sitzt ein Blätter- und Doldenkranz. Die Brauen sind gerunzelt, die Augen klein und die Nase plattgedrückt. Der Mund steht offen (durchbohrt) und ist von einem herabhängenden Schnurrbart gesäumt sowie von einem Backen- und Kinnbart aus zergliederten, welligen Strähnen. Im Bart haben sich zahlreiche mennigrote Farbreste erhalten. Die Stirn ist von einer Falte zerfurcht. Pupillen und Nasenlöcher werden von durchgehenden Löchern gebildet. Dem Pan fehlen ein Stück im Bereich des rechten Ohres und die Spitzen der Hörner. Das Bild des Pan, das wohl mit entsprechenden Theaterstücken in Verbindung zu bringen ist, findet sich häufig in den Ausstattungskontexten der Vesuvregion; in Herculaneum selbst taucht es noch einmal als Dekor einer eleganten Marmorbank im *caldarium* (Warmbad) der Frauenabteilung in den Thermen am Forum auf.

Literatur: M. Bieber, The History of the Greek and Roman Theater (1961); Domus – viridania – horti picti. Ausstellungskatalog Neapel (1992) S. 119f. Nr. 36f.; A. Maiuri, Ercolano. I Nuovi Scavi, I. (1958) S. 397ff.; M. Pagano, in: Pitture nella Reggia dalle citta sepolte. Ausstellungskatalog Neapel (1999) S. 41 Nr. 11–13; M. Pagano, in: G. C. Ascione – M. Pagano, Das Antiquarium von Herkulaneum (2000) S. 96–98; A. Wallace-Hadrill, Houses and Society in Pompeii and Herculaneum (1994) S. 84f. 202.

(M. P.)

8.23
Venus-Statuette *(Venus pudica)*

(ohne Abb.)

Lunensischer Marmor
Es fehlen der Kopf, ein großer Teil des rechten Arms und die Unterschenkel
H. 28 cm, B. 13,5 cm, T. 8,2 cm
1. Jh. n.Chr.
Nordwestliche Insula
Soprintendenza Archeologica di Pompei, Inv. 79614/4283.

Die fragmentarisch erhaltene Statuette stellt die Göttin Venus dar, die mit dem linken Arm ihre Scham und mit dem rechten, verlorenen Arm ihre Brüste bedeckte. Dieser Typus der Aphrodite/Venus war insbesondere als Ausstattungsgegenstand in Gärten von öffentlichen und privaten Gebäuden sehr beliebt. Von besonderem Interesse bei diesem Exemplar sind die Spuren der Vergoldung um den Hals, den Oberarm und am Bauchnabel: Sie sollten Juwelen imitieren, mit denen sich die Göttin geschmückt hatte. Besser erhalten ist eine derartige Dekoration bei der berühmteren Statuette der „Venus mit Bikini" aus dem gleichnamigen Haus in Pompeji, die im „Museo Archeologico Nazionale" von Neapel aufbewahrt wird.

Die Statuette kam durch den Einsturz eines nur teilweise erforschten Gebäudes im Gebiet der sogenannten „Scavi Nuovi" (Neuen Ausgrabungen) ans Licht, die zwischen 1996 und 1998 in der Nähe der Villa dei Papiri durchgeführt wurden.

Unveröffentlicht.

(M. G.)

Götterstatuetten aus Hausaltären

Die folgenden Statuetten gehören zu einer großen Serie von Götterbildern, die zusammen mit Darstellungen der Laren die Skulpturenausstattung der Lararien in den Privathäusern bildete. Im Rahmen der vom Familienoberhaupt im Hause zelebrierten kultischen

8.24

Rituale wurden ihnen Speisen dargeboten, vor allem bei besonderen Anlässen im Familienleben wie Geburt, Heirat und Tod. Sowohl in Pompeji als auch in Herculaneum wurden Götterstatuetten nicht selten auch in Nebenräumen der Wohnungen aufgefunden, insbesondere in den Schlafzimmern (*cubicula*). Diese Bronzestatuetten waren oft minderer Qualität und sind mit den *cubiculares dei* oder *lares cubiculi* in Verbindung zu bringen, die in literarischen Quellen bezeugt sind.

8.24
Statuette der Fortuna-Isis

Bronze
H. 42,5 cm; Sockel 9,2 x 9,1 cm, H. 9,3 cm
Herculaneum, genauer Fundort unbekannt
Museo Archeologico Nazionale di Napoli, Inv. 5313.

Die Göttin steht auf einem rechteckigen Sockel mit oberem und unterem Abschlußgesims. Alle vier Seiten zeigen ein Motiv mit Efeugirlande und silbernen Beeren, mit einem Ochsenkopf auf der Hauptseite und einem Stern auf den Seitenflächen. Die Göttin stützt ihre Rechte auf ein großes, am Sockel befestigtes Ruder. Sie trägt einen langen Chiton und darüber ein Himation, das eine weiche Falten-Rolle unter dem Becken bildet und den linken Arm vollständig bedeckt. Über ihren Brüsten trägt sie den für Isis typischen Gewandknoten.

Das Gesicht ist leicht nach rechts gewandt; das Haar ist in der Mitte gescheitelt und bildet weiche, an den Schläfen voluminöse Strähnen, es fällt nach unten auf den Nacken, ein paar Locken zieren ihre Wangen, während weitere eingerollte Strähnen auf ihrer Schulter aufliegen. Ein schmaler Reif aus Silber hält das Haar. Auf dessen Mitte ist die silberne Isis-Krone befestigt, die aus einem Federnpaar mit der Sonnenscheibe in der Mitte besteht. In der linken Hand trug sie ein Füllhorn. Das rechte Handgelenk schmückt ein Armband, dessen Enden in Schlangenköpfen auslaufen. Die Statuette ist

8.25

durch ihre Attribute als Mischgottheit zwischen der ägyptischen Göttin Isis und der römischen Glücksgöttin Fortuna charakterisiert.

Der Kult der Isis war in Pompeji und Herculaneum sehr verbreitet, wie zahlreiche Statuetten bezeugen, die sich in den Hausaltären neben den Gottheiten des römischen Pantheon fanden.

Literatur: J. B. Ward-Perkins – A. Claridge (Hrsg.), Pompei A.D. 79. Ausstellungskatalog Boston II (1978) S. 180, Nr. 181; Allgemein zur Ausstattung von Lararien mit Bronze-Statuetten: S. Adamo Muscettola, Osservazioni sulla composizione dei larari con statuette in bronzo di Pompei ed Ercolano, in: Toreutik und figürliche Bronzen römischer Zeit. Kongreßbericht Berlin 1980 (1984) S. 9–32; A. Kaufmann-Heinimann, Götter und Lararien aus Augusta Raurica (1998) 209 ff.

(T. G.)

8.25
Statuette des Hercules

Bronze
H. 12,3 cm, Br. 7 cm, Gewicht 340 g
Haus mit dem Telephos-Relief (Casa del Rilievo di Telefo), *Insula Orientalis* I, 2–3
Soprintendenza Archeologica di Pompei, Inv. 76633/1355.

Diese Statuette auf mehrteiliger Basis stellt den nackten Hercules dar. Er stützt sich auf das rechte Standbein, während das linke Spielbein leicht zurückgezogen ist. Der linke Arm ist nach unten gestreckt und auf einen kleinen Stützpfeiler gelegt, der mit einem Löwenfell gedeckt ist. Der rechte Arm, auf Höhe der Hüfte gebeugt, hielt die nicht mehr erhaltene Keule. Genauso wie die Merkur-Statuette (Kat. 8.26) gehörte das Bild des in Herculaneum sehr beliebten Hercules zu den Götterbildern, die in den Lararien der Privathäuser aufbewahrt wurden. Sie spielten eine wichtige Rolle in Zusammenhang mit den vom Familienoberhaupt zelebrierten kultischen Ritualen im Haus.

Literatur: A. Coralini, Hercules domesticus. Immagini di Ercole nelle case della regione vesuviana, I secolo a.C.-79 d.C. (2001) Kat. E. 006, S. 237 (mit weiterer Literatur).

(M. G.)

8.26
Statuette des Merkur

Bronze
H. 20 cm, Basis 7,6 x 7,6 cm
1. Hälfte des 1. Jh. n.Chr.
Samnitisches Haus (Casa Sannitica), *Insula* V, 1–2
Soprintendenza Archeologica di Pompei, Inv. 75528/252.

Die auf einem mehrteiligen Sockel stehende Statuette stellt den nackten Merkur, den Gott des Handels und der Diebe dar. Er stützt sich auf das linke Standbein, das rechte Bein ist leicht zurückgezogen. Er trägt auf dem Kopf den geflügelten Hut und an den Füßen geflügelte Schuhe, die ihn als Boten der Götter charakterisieren. Der linke Arm ist nach vorne gestreckt und hält mit der Hand den Geldbeutel (*marsupium*); der rechte Arm, auf den der Umhang fällt, hielt wahrscheinlich den von Schlangen umwundenen Heroldstab, der jedoch nicht erhalten ist.

8.26

Literatur: T. Buretta, in: T. Buretta – M. Pagano, Ercolano: legni e piccoli bronzi. Testimonianze dell'arredo e delle suppellettili della casa romana. Ausstellungskatalog Rom (1988), Nr. 10, S. 38–39 (mit fehlerhafter Provenienz-Angabe); S. Adamo Muscettola, Osservazioni sulla composizione dei larari con statuette in bronzo di Pompei ed Ercolano, in: Toreutik und figürliche Bronzen römischer Zeit. Kongreßbericht Berlin 1980 (1984) S. 9–32.

(M. G.)

8.27
Statuette der Minerva

Bronze
H. 24,7 cm, Dm. Sockel 8,3 cm
1. Jh. v.Chr.–1. Jh. n.Chr.
Herculaneum, genauer Fundort unbekannt
Museo Archeologico Nazionale di Napoli, Inv. 5288.

Die Statuette steht auf einem eleganten runden Sockel, dessen unterer Teil mit einer Reihe von Akanthusblättern alternierend mit lanzettförmigen Blättern dekoriert ist, der obere ebenfalls mit lanzettförmigen Blättern und mit einem Eierstab. Die frontal stehende Göttin hat ihren Kopf leicht nach rechts gedreht und hält in der rechten Hand eine Opferschale. In der linken erhobenen Hand hielt sie eine (nicht erhaltene) Lanze. Sie trägt den langen Chiton, der in starren Falten fällt, darüber ein kurzes Himation. Dabei sind einzelne Falten durch silberne Tauschierung hervorgehoben. Die Ägis, der Brustpanzer der Minerva mit Gorgonenhaupt, ist mit Silber und Kupfer tauschiert. Das Gesicht weist regelmäßige Züge auf. Die Iris der Augen, die nicht erhalten ist, war aus einem anderen Material und in die silbernen Pupillen eingelassen. Das lange Haar mit langen und welligen Strähnen ist in einem Knoten gerafft und fällt auf die Schultern. Der Kopf ist mit dem Helm bedeckt, dessen hoher Kamm auf den Seiten mit feinen silbernen Schnecken-Verzierungen dekoriert ist. Aus Silber gearbeitet sind auch einige weitere Details, wie die Knöpfe des Himation, die Fingernägel und die Nieten der Fußbekleidung. Minerva gehört zu den Gottheiten, die am häufigsten in den Lararien, den Hausaltären der Vesuvstädte, vorkommen. Dieses kostbare Exemplar ist ein eklektisches Werk, das zwischen dem Ende des 1. Jh. v.Chr. und dem 1. Jh. n.Chr. entstanden ist.

Literatur: J. B. Ward-Perkins – A. Claridge (Hrsg.), Pompei A.D. 79. Ausstellungskatalog Boston II (1978) S. 190 Nr. 212; J. J. Winckelmann, Sendschreiben von den herculanischen Entdeckungen I, hrsg. von St.-G. Bruer und M. Kunze (1997) S. 199 (92,15).

(T. G.)

8.28
Votivhand

Bronze
H. 18,7 cm, Sockel 6,6 x 5,2 cm
Herculaneum, genauer Fundort unbekannt
Museo Archeologico Nazionale di Napoli, Inv. 5500.

Die rechte Hand, die auf einem rechteckigen Sockel steht, ist geöffnet und hat drei Finger erhoben; in der Handmitte sitzt eine männliche Gottheit, das Haupt mit einer kegelförmigen Mütze

8.27

bedeckt. Er hebt die linke Hand im Rede- und Segensgestus. Zu seinen Füßen befindet sich, in einer Art Höhle, eine Frau, die ein Kind stillt und darüber eine Platte, auf der sich ein Pinienzapfen befindet. Die Finger und die gesamte Handinnenfläche sowie auch der Handrücken sind dicht mit verschiedenen Symbolen des Gottes bedeckt: Schlange, Adler, Widderkopf, Merkurstab, Schildkröte, Doppelflöte und Krater. Der oberste Teil der Hand endet mit einem Blitz, auf dem ursprünglich der Adler stand, von dem nur die Krallen erhalten sind. Die dargestellten Zaubersymbole sollten übelabwehrenden Charakter haben und vor allem die in der Höhle dargestellte Mutter mit dem Kind beschützen.

Bei dieser Hand handelt es sich um ein heiliges Symbol des thrakisch-phrygischen Vegetationsgottes Sabazius, dessen Kult in den Vesuvstädten weit verbreitet war. In Pompeji war ein gesamter Komplex (der „Complesso dei Riti Magici") dem Kult des Sabazius gewidmet, wie außer solchen Votiv-

8.28

händen auch zwei Tongefäße mit Deckel belegen, die ähnliche Symbole aufweisen.

Literatur: R. Turcan, Sabazios à Pompéi, in: Ercolano 1738–1988 (1988) S. 500 und S. 509, CXIV, 2; M. J. Vermaseren, Corpus Cultus Iovis Sabazii, I. The Hands (1983) S. 5 Nr. 12; J. B. Ward-Perkins – A. Claridge (Hrsg.), Pompei A.D. 79. Ausstellungskatalog Boston II (1978) S. 182 Nr. 189; Zum Kult: V. Tran Tam Tinh, Le culte des divinités orientales en Campanie (1972).

(T. G.)

8.29
Statuette eines Laren

Bronze
H. max. 27,5 cm, Sockel 9 x 9 cm
Herculaneum, genauer Fundort unbekannt
Museo Archeologico Nazionale di Napoli, Inv. 5427.

Die jugendliche Gottheit, die die für einen Laren (Schutzgottheit des Hauses und der Familie) übliche kurze Tunika trägt, hält in der linken Hand ein Füllhorn. In der rechten, etwas gesenkten Hand trug er ursprünglich eine *situla*, einen Schöpfeimer. Das Haar, das mit einer Reihe dicker, lockiger Strähnen das Gesicht einrahmt, ist mit einer Blättergirlande verziert, die hinter dem Kopf mit einem Bändchen zusammen gebunden ist, dessen lange Zipfel bis auf die Schulter fallen. An den Füßen trägt er Sandalen, die mit Schnürsenkeln auf den Fußspann gebunden sind. Der runde, mit einer Zierleiste versehene Sockel steht auf einem unteren, rechteckigen Sockel. Unten ist er mit einer Blattreihe dekoriert. Der obere Teil ist mit einem Band aus stilisierten Blättern und einem Perlstab verziert.

Literatur: S. Adamo Muscettola, Osservazioni sulla composizione dei larari con statuette in bronzo di Pompei ed Ercolano, in: Toreutik und figürliche Bronzen römischer Zeit. Kongreßbericht Berlin 1980 (1984) S. 9–32; J. B. Ward-Perkins – A. Claridge (Hrsg.), Pompei A.D. 79. Ausstellungskatalog Boston II (1978) S. 190 Nr. 213.

(T. G.)

8.30/29 (s. auch Abb. S. 136)

8.30
Statuette eines Laren

Bronze
H. 28,8 cm; Sockel 9,7 x 9,7 cm, H. 6,7 cm
Herculaneum, genauer Fundort unbekannt
Museo Archeologico Nazionale di Napoli, Inv. 5424.

Die Figur steht auf einem mit einer Zierleiste versehenen, rechteckigen Sockel, der im unteren Teil mit einem Zahnschnitt, im oberen Teil mit einem Eierstab dekoriert ist. Die jugendliche Gottheit hat den linken Fuß angehoben und trägt die kurze, an der Taille gebundene Tunika. Das Gewand mit seinen vielen groben Falten flattert wie vom Wind bewegt. In der ausgestreckten Rechten hält der Lar eine Opferschale, in der Linken ein Füllhorn mit Obst. Das ovale Gesicht mit den großen Augen wird von kurzen, dichten und lockigen Haarsträhnen eingerahmt, die den größten Teil der Stirn bedecken. Die Rückseite ist nur sehr flach gearbeitet. Die Statuette war in einem Lararium (Hausaltar) aufgestellt und daher nur auf Frontalansicht angelegt.

Literatur: S. Adamo Muscettola, Osservazioni sulla composizione dei larari con statuette in bronzo di Pompei ed Ercolano, in: Toreutik und figürliche Bronzen römischer Zeit. Kongreßbericht Berlin 1980 (1984) S. 9–32; J. B. Ward-Perkins – A. Claridge (Hrsg.), Pompei A.D. 79. Ausstellungskatalog Boston II (1978) S. 190 Nr. 214.

(T. G.)

8.31
Bettbekrönung in Form eines Maultierkopfes

Bronze mit Tauschierung aus Silber
H. 15,2 cm, B. max. 10,7 cm
1. Jh. v.Chr.
Herculaneum, genauer Fundort unbekannt
Museo Archeologico Nazionale di Napoli, Inv. 72734.

Die Betten in einem Speisezimmer (*triclinium*) waren häufig mit aufwendigem figürlichen Bronzeschmuck verziert, hier in Form eines Maultierkopfes. Der

8.31/32 (s. auch Abb. S. 129)

Kopf ist stark gekrümmt und mit Rebzweigen und Trauben geschmückt, die von der Stirn ausgehen und sich über die Ohren bis zur Mähne ausbreiten. Dieser ist mit flammenartigen deutlich voneinander getrennten und sehr plastisch wirkenden Strähnen dargestellt. Die Augen des Tieres waren aus einem anderen Material geschaffen, das nicht erhalten ist. Der unterste Teil des Halses, dessen Fell mit dichten, spitzen, flachen Strähnen wiedergegeben wird, läßt einen Zipfel der Satteldecke erkennen, die entlang des Randes mit einem Band dekoriert ist. Das Band weist ein Motiv mit dünnen Ringen aus Silber auf. Es handelt sich hierbei um einen Typus, der von Handwerkern der späthellenistischen Zeit geschaffen wurde und sowohl in Pompeji als auch in Herculaneum umfangreich dokumentiert ist.

Literatur: R. Cantilena – E. La Rocca – U. Zannuti – L. Scamozza, Le Collezioni del Museo Nazionale di Napoli (1986) S. 184 Nr. 90 a; L. Pirzio Biroli Stefanelli, Il bronzo dei Romani (1990) S. 265 Nr. 37.

(M. B.)

8.32
Bettbekrönung in Form eines Maultierkopfes

Bronze
H. 18,8 cm, B. max. circa 13 cm
1. Jh. n.Chr.
Herculaneum, genauer Fundort unbekannt
Museo Archeologico Nazionale di Napoli, Inv. 72736.

Auch dieser Bronzeschmuck hat die Form eines Mautierkopfes. Das Tier ist mit halboffenem Maul und langen, am Hals anliegenden Ohren dargestellt; das rechte Ohr ist mit zwei Weinblättern und einem Band dekoriert, dessen Zipfel auf den Hals fallen. Auf der Stirn befindet sich ein Rebzweig mit Trauben. Am Halsansatz ist ein Stück einer Satteldecke zu erkennen, und zwar aus einem Raubtierfell, wie der in einer Pranke endende Zipfel zeigt. Die Kanten der Schabracke sind mit einem Band dekoriert, das eine Reihe von kleinen Ringen und auf der Innenseite eine Pflanzenranke mit Volutenmotiven aufweist. An der unteren Seite des Halses öffnen sich sechs kleine Löcher, wahrscheinlich um das Objekt am Bett zu befestigen.

Literatur: R. Cantilena – E. La Rocca – U. Zannuti – L. Scamozza, Le Collezioni del Museo Nazionale di Napoli (1986) S. 184 Nr. 90 b; L. Pirzio Biroli Stefanelli, Il bronzo dei Romani (1990) S. 265 Nr. 38.

(M. B.)

8.33 (s. auch Abb. S. 132)

8.33
Dreifuß mit Sphingen

Bronze
H. 94 cm, Dm. des Beckens 46 cm
1. Jh. n. Chr. (augusteisch bis flavisch)
Herculaneum (?)
Museo Archeologico Nazionale di Napoli, Inv. 72995.

Der Dreifuß, der als Halter für ein Kohlebecken diente, weist einen komplexen Aufbau auf: Die Füße sind Raubtierbeine, die im oberen Bereich mit eleganten Pflanzenmotiven in sehr flachem Relief und einem kleinen bärtigen Kopf (Jupiter-Ammon?) verziert sind. Das Verbindungsstück zwischen den drei Beinen besteht aus stilisierten Ranken mit Knospen. Auf jedem Raubtierbein sitzt eine Sphinx, deren Flügel bis zur Ebene des oberen aufgesetzten Beckens reicht. Dem Nacken entwachsen Pflanzenelemente mit Knospen und Blüten. Die Außenseite der oben aufgesetzten Schale ist mit Girlanden und Stierschädeln (Bukranien) mit Binden verziert. Dieses prächtige Exemplar stammt wahrscheinlich aus Herculaneum, obwohl man früher fälschlicherweise annahm, es stamme aus dem Isistempel von Pompeji. Es sind wenige andere Exemplare bekannt, alle Varianten desselben Modells, die ab dem Ende des 18. Jh. zu Vorbildern für Mobiliar und Gebrauchsgegenstände des Klassizismus wurden.

Literatur: M. Sapelli, Il Museo ritrovato. Archeologia 1999, S. 108; J. J. Winckelmann, Sendschreiben von den herculanischen Entdeckungen I, hrsg. von St.-G. Bruer und M. Kunze (1997) S. 216 (100, 7) mit Bibliographie.

(T. G.)

8.34
Tischbein mit Herme des Bacchus

Marmor
H. 94 cm
Palaestra, Insula Orientalis II, 4-19
Soprintendenza Archeologica di Pompei, Inv. 76764/1486.

Dieser Marmortisch besteht aus einem kleinen Stützpfeiler (*monopodium*), der mit einer Herme des jungen Bacchus dekoriert ist und in einem Kapitell und einer aufgesetzten Tischplatte endet. Das schöne, bartlose Gesicht des Weingottes wird sehr prächtig von einem

8.34 (s. auch Abb. S. 131)

8.34

8.35

Stirnband und einem Kranz aus Efeublättern und Korymben eingerahmt. Das Haar fällt ihm in langen Locken auf die Brust. Es handelt sich hierbei um eines der seltenen Beispiele einer monolithischen Tischstütze: Herme und Stütze sind aus einem einzigen Stein gearbeitet. Ein- wie auch zweibeinige Tische waren typische Einrichtungselemente jedes Atriums und Gartens in den Häusern der Aristokratie und vermittelten den Besuchern den hohen gesellschaftlichen Rang des Hausbesitzers. Dieses Beispiel stammt von einem öffentlichen Gebäude, nämlich aus der *palaestra* (*campus*), einer Mehrzweckanlage, die nicht nur für Sport und Spiele, sondern auch für Erziehung auf geistigem Gebiet sowie für kultische Handlungen genutzt wurde.

Literatur: Ch. Moss, Roman Marble Tables (1988) A. 199, Abb. 1–2.

(M. G.)

8.35

8.35
Tisch mit Herme des Merkur

Stütze und Tischplatte: Marmor (Breccia corallina), Herme: Weißer Marmor
H. 93 cm, Tischplatte: 68 x 40 cm
Palaestra, Insula Orientalis II, 4-19
Soprintendenza Archeologica di Pompei, Inv. 76778/1500.

Der Stützpfeiler eines Marmortisches (*monopodium*) ist mit einer Herme des Merkur geschmückt (erkennbar anhand der typischen Kopfbedeckung, dem *pileus*). Die bereits 1936 in der *palaestra* gefundene Herme aus weißem Marmor (damals noch als Herakles-Herme angesprochen), wurde mit einem erst später aufgetauchten Stützpfeiler mit profiliertem Sockel und einer Tischplatte aus Breccia corallina, einer Buntmarmorsorte, zusammengesetzt. Die Teile gehören jedoch höchstwahrscheinlich nicht zusammen, da sie in den Grabungstagebüchern nicht erwähnt werden. Wahrscheinlich wurden die verschiedenen Elemente erst während der Restaurierungen zusammengesetzt, d.h. zwischen 1936 (dem Entdeckungsjahr der Herme) und 1957. In jenem Jahr nämlich erscheint das Objekt auf einer Fotografie des „Zimmers der Weberin", des *cubiculum* der Werkstatt des Gemmenschneiders (*Insula Orientalis* II, 10). Das Foto führte zur fälschlichen Annahme, daß das Stück aus jenem Gebäude stammte. Durch erneute und gründliche Untersuchungen der Dokumente aus der Grabungszeit gelang es nachzuweisen, daß der Ausgräber Amedeo Maiuri in der *Insula Orientalis* II,

10 Gegenstände aus verschiedenen, um 1936 ausgegrabenen Gebäuden aufstellen ließ: einen Webstuhl, einen Hocker und unseren Tisch. Die einzige Ausnahme ist das verkohlte Holzbett, das tatsächlich in jenem Raum aufgefunden wurde.

Literatur: Ch. Moss, Roman Marble Tables, (1988) A. 198 (der Autor weist aufgrund des bei Maiuri publizierten Fotos den Tisch fälschlicherweise dem Laden des Gemmenschneiders zu und beschreibt die Herme als bärtig und mit attischem Helm).

(M. G.)

8.36 (s. auch Abb. S. 133)

8.36
Hocker

Bronze
H. 27,5 cm, B. 28,5 cm, Tiefe 24,8 cm
1. Jh. n. Chr.
Herculaneum, genauer Fundort unbekannt
Museo Archeologico Nazionale di Napoli, Inv. 74009.

Dieser kleine, rechteckige Hocker weist Dekorationen in à-jour-Technik (Durchbruchsarbeit) auf, die auf den gegenüberliegenden Seiten exakt gleich sind: Die zwei kürzeren Seiten sind mit stilisierten Pflanzenelementen dekoriert, die im oberen Teil aus zwei gegenüberliegenden Ranken bestehen und im unteren Teil aus einer Knospe, aus der zwei Ranken erwachsen. Die zwei längeren Seiten weisen je ein Band mit drei kleinen, nach oben gerichteten Schilden (Pelten) auf, ein weiteres unten mit sehr stilisierten, nach unten gerichteten Schilden. Weitere Exemplare, die bezüglich der Dekorationselemente und der Technik sehr ähnlich sind, stammen sowohl aus Herculaneum als auch aus Pompeji.

Literatur: L. Pirzio Biroli Stefanelli, Il bronzo dei Romani (1990) S. 142 Abb. 88 und S. 259 Nr. 12.

(T. G.)

8.37
Kohlenkessel

Bronze und Eisen
H. 31,7 cm, oberer Dm. 38,5 cm
1. Jh. n. Chr.
Aus der Vesuvregion
Museo Archeologico Nazionale di Napoli, Inv. o. Nr.

Dieser transportable Ofen hat eine runde Form und steht auf drei Löwenfüßen. Jeder dieser Füße ist an der Ver-

8.37

8.38

bindungsstelle mit dem Körper des Kohlenkessels durch die Büste eines jungen Satyrn zwischen zwei stilisierten Voluten betont. Der Kohlenkessel besteht aus einer bronzenen Außenseite, die einen Kessel aus Eisen enthält. Der Außenkörper ist oben und unten mit Zierleisten versehen und weist ein Mittelband auf, das von drei kleinen, weiblichen Tragödienmasken dekoriert ist, die sich mit Gruppen von drei runden Schilden (*clipei*) abwechseln. Vom inneren Becken sind der obere Teil und die Grundplatte des eigentlichen Kohlenkessels erhalten, die aus zerkleinerten Ziegelstücken besteht. Es gibt sowohl runde als auch rechteckige Kohlenkessel dieser Art, die mit verschiedenen Appliken dekoriert sein konnten (kleinen Köpfen, Löwenprotomen). Beide Typen waren in den Vesuvstädten des 1. Jh. n.Chr. weit verbreitet.

(M. B.)

8.38
Lampenständer in Form eines Silens

Bronze
32,5 x 39,5 cm
1. Jh. v.Chr.–1. Jh. n. Chr.
Herculaneum
Museo Archeologico Nazionale di Napoli, Inv. 72199.

In der Mitte eines treppenartigen Untersatzes, der auf vier Raubtierbeinen steht, befindet sich ein alter Silen mit gespreizten Beinen und Armen. Die mythische Figur fungiert als Träger für zwei Lampenarme, die als Reben ausgebildet sind und vom Rücken des Silens ausgehen. Jeder von ihnen endet mit einem runden Tellerchen, auf dem eine Lampe stand. In der Mitte, zwischen den Reben, sitzt ein kleiner Vogel.

Literatur: M. Lista, in: Le collezioni del Museo Nazionale di Napoli (1986) S. 180 Nr. 63 mit weiterer Literatur; M. Ruggiero, Storia degli Scavi di Ercolano (1885) S. 212.

(T. G.)

8.39

8.39
Lampenständer in Form eines Silens

Bronze
H. 61,5 cm, Basis Dm. max. 26,5 cm
Zweite Hälfte des 1. Jh. v. Chr.
Herculaneum, genauer Fundort unbekannt
Museo Archeologico Nazionale di Napoli, Inv. 5001.

Die Figur steht auf einem runden, profilierten Sockel, der mit extrem stilisierten Reben und Trauben dekoriert ist. Diese bestanden ursprünglich aus einem anderen Material (Silber oder Kupfer), das nicht erhalten ist. Der Silen ist mit einem muskulösen und kräftigen Körper dargestellt und kann kaum das Gleichgewicht halten. Seine Beine sind gespreizt, der Oberkörper zurückgebogen, während er Anstrengungen macht, mit dem gehobenen linken Arm einen Stützring auszubalancieren, der eine große Lampe aufnehmen konnte. Auf der linken Schulter des Silens liegt eine Schlange, die sich aufgerichtet hat und als Verbindungsstück zwischen Silen und Stützring fungiert. Dieser Typus der Silen-Darstellung geht auf die hellenistische Zeit zurück und zeigt ihn mit einem am Unterleib verknoteten Lendenschurz. Der Kopf ist zur Schulter geneigt und mit einer wuchtigen Girlande aus Efeu und Doldentrauben dekoriert. Das Gesicht ist breit und hat eine Stumpfnase, ein dichter Bart fällt in langen und bewegten Strähnen auf die Brust.

Literatur: S. De Caro, Il Museo Archeologico Nazionale di Napoli (1996) S. 243 (mit falscher Inventarnummer).

(T. G.)

8.40 (s. auch Abb. S. 146)

8.40
Lampe mit erotischer Szene

Ton
L. 11,8 cm, Dm. 6 cm
1. Jh. n. Chr.
Herculaneum, genauer Fundort unbekannt
Museo Archeologico Nazionale di Napoli, Inv. 27862.

Erotische Szenen dieser Art sind häufig auf den Bildflächen tönerner Öllampen dargestellt. Diese zeigt ein Paar (Mann/Frau) auf einem Bett. Der Mann ist dabei, die Beine seiner Partnerin zu spreizen.

Literatur: S. De Caro, Il Gabinetto segreto (2000) S. 66, Abb. S. 68.

(M. B.)

8.41
Krater

Bronze mit Tauschierung aus Silber
H. 61 cm, Dm. am Rand 39,4 cm, Basis 24,5 x 24,5 cm
1. Jh. n. Chr.
Herculaneum, genauer Fundort unbekannt
Museo Archeologico Nazionale di Napoli, Inv. 73098 und 116002 (Untersetzer).

Der große Krater auf nicht zugehörigem Ständer verweist mit seiner hohen und schlanken Form auf Vorbilder der griechischen Keramik spätklassischer Zeit. Das obere Abschlußprofil ist mit einem Perlstab und einem Eierstab verziert. Den unteren Bereich des Gefäßkörpers gliedern langgezogene Rippen, die von pfeilförmigen Elementen getrennt werden. Der mit einer Zierleiste versehene Fuß wurde auf einer vierkantigen Basis aufgesetzt, die von vier Wildpranken gehalten wird. Die Henkel sind gerifflt; sie sind an der Gefäßwand mit Appliken befestigt, die den Kopf eines alten Silens zeigen. Dieser trägt ein Stirnband; die Strähnen des Bartes und des Haares sind wellig und deutlich getrennt; sie sind an der Kraterwand mit einer flachen Leiste verbunden, die in Voluten endet.

Literatur: E. Pernice, Gefässe und Geräte aus Bronze (1925) S. 38, Taf. 11.

(M. B.)

8.41

8.42

8.42
Kanne

Bronze
H. max. 16,8 cm, Dm. Fuß 7,1 cm
1. Jh. v. Chr.–1. Jh. n.Chr.
Herculaneum, genauer Fundort unbekannt
Museo Archeologico Nazionale di Napoli, Inv. 69018.

Die Kanne hat eine breite dreiblättrige Öffnung; der kurze Hals ist auf einer breiten, fast flachen Schulter aufgesetzt, die mit einem Band mit sehr dünnen Rillen dekoriert ist. Der Körper hat eine tiefgedrückte Kugelform mit einem kleinen abgesetzten Fuß. Der leicht überkragende Henkel ist an der Mündung befestigt und erweitert sich zu zwei Stegen, die mit einer Scheibe enden. Er ist mit einem sehr stilisierten Löwenkörper dekoriert, dessen Mähne in Rippen ausläuft. Auf der Schulter endet der Henkel mit zwei kleinen, stark stilisierten Voluten, zwischen denen sich eine kleine weibliche Maske befindet. Diese trägt eine Stirnbinde, ihre Schläfen sind von zwei Haarsträhnen bedeckt, die an den Seiten des Gesichts herabfallen. Dieser Typus einer beim Gelage verwendeten Kanne ist mit verschiedenen Varianten in der Dekoration des Henkels anzutreffen und ist in den Vesuvstädten sehr gut dokumentiert. Er kann in das 1. Jh. n.Chr. datiert werden.

Literatur: Pompei A.D. 79. Ausstellungskatalog Boston (1978) II, S. 200 Nr. 250 (mit weiterer Literatur); für den Typus: S. Tassinari, Il vasellame bronzeo di Pompei (1993) I, S. 42 und II, S. 68 (Form D 2300).

(M. B.)

8.43
Weinkanne

Bronze
H. 20 cm, B. 11 cm
Bis auf den fehlenden Fuß (Dm. 3,5 cm; von ihm ist lediglich die Lötspur erhalten) ist das Gefäß vollständig
Haus mit dem Schwarzen Saal (Casa del Salone nero), Obergeschoß
Soprintendenza Archeologica di Pompei, Inv. 77269.

Das 1939 gefundene eiförmige Gefäß hat eine fast waagerechte, leicht gerundete Schulter, die vom Gefäßhals durch ein Profil abgesetzt ist. Der dicke, stäbchenförmige Henkel ist hochgezogen und mit einer Ranke in flachem Relief verziert; am unteren Ansatz weist er eine Büste des jugendlichen Attis mit phrygischer Mütze und auf der rechten Schulter den mit einer Nadel/Fibel zusammengehaltenen Mantel auf. Die Augen sowie die Haarbinde sind in Silbertauschierung ausgeführt. Am oberen Ansatz des Henkels, am Ausguß, befindet sich der Vorderkörper eines geflügelten Ziegenbocks in Hochrelief mit weit geöffnetem Maul, der auf orientalische Vorbilder zurückgeht.

Literatur: M. Pagano, in: G. C. Ascione – M. Pagano, Das Antiquarium von Herkulaneum (2000) S. 114f.

(M. P.)

8.43

8.44
Kanne in Form eines weiblichen Kopfes

Bronze
H. 14 cm, L. 6 cm, Dicke 8 cm
decumanus maximus
Soprintendenza Archeologica di Pompei, Inv. 77838.

Der Fuß des Gefäßes hat Trichterform. Der zylindrische Hals ist hoch, der kleeblattförmige Ausguß ist mit einem Eierstab und einer Perlenlinie dekoriert. Der überhöhte Henkel ist nach oben in Form einer Öse gebogen, die eine Ranke imitiert. Das ovale Gesicht des weiblichen Kopfes weist einen tief eingeschnittenen Mund mit Lippen aus Kupfertauschierung auf. Die Augen sind in Silber, die Pupillen waren aus anderem Material eingelegt. Die Frisur besteht aus welligen Strähnen, die auf der Stirn von einer Binde gehalten werden; diese ist mit Silber und Kupfer überzogen. Sie ist im Nacken über Kreuz gelegt und verknotet. Der Kopf ist vom Gefäßhals durch eine Perlenlinie mit vier Kreisbögen abgesetzt. Das Gefäß hatte keine praktische Funktion, wie der fehlende Boden zeigt. Wahrscheinlich hat es als Dekor eines wertvollen Möbelstücks gedient. Der weib-

8.44

8.45

liche Kopf ist von griechischen Gefäßen einer weit zurückliegenden Epoche beeinflußt und läßt sich jener weit verbreiteten Geschmacksrichtung römischer Zeit zuordnen, die ältere Formen wiederaufnahm.

Literatur: T. Buretta – M. Pagano, Legni e piccoli bronzi di Ercolano. Ausstellungskatalog Rom (1988) S. 86f. Nr. 33; M. Pagano, in: G. C. Ascione – M. Pagano, Das Antiquarium von Herkulaneum (2000) S. 104; Rediscovering Pompeii. Ausstellungskatalog New York (1992) S. 264 Nr. 194; A. Riccardi, Vasi configurati a testa umana di provenienza o produzione canosina al Museo Archeologico di Bari, in: Canosa I (1980) S. 7ff.; dies., Vasi configurati a testa umana della Peucezia al Museo Archeologico di Bari, Taras 1, 1982, S. 201ff.

(M. P.)

8.45
Weinkanne

Bronze
H. 38 cm, Dm. Mündung 17,8 cm, Dm. maximal 25 cm
Haus der Gemme (Casa della Gemma), *Insula Orientalis* I,1
Soprintendenza Archeologica di Pompei, Inv. 76568.

Die Kanne hat eine bauchige Form und eine waagerechte Mündung. Der überkragende Henkel ist mit vegetabilen Motiven geschmückt. An der Verbindungsstelle zum Gefäßkörper befindet sich eine Büste des Attis, am Ansatz zur Mündung ein Blattmotiv.

(M. G.)

8.46
Schale

Silber
H. 7,8 cm, Dm. 10,8 cm
1. Jh. v.Chr.–1. Jh. n.Chr.
Herculaneum, genauer Fundort unbekannt
Museo Archeologico Nazionale di Napoli, Inv. 25369.

Die Schale, die sehr unvollständig erhalten ist, war mit zwei waagerechten Griffen versehen (von denen nur einer erhalten ist), die am Schalenrand befestigt waren. Vom ringförmigen Fuß sind nur noch die Ansatzstellen erkennbar. Die Schale selbst besteht aus zwei Teilen: Einer inneren, glatten Wandung und einem äußeren, getriebenen Mantel. Letzterer ist mit Efeublättern (vier von ihnen sind sehr groß) und Doldentrauben dekoriert, die von zwei gegenüberstehenden Ästen ausgehen. Diese Art der Dekoration mit Pflanzenmotiven, die auf die späthellenistische Zeit zurückgeht, ist eng mit dem Weingott Bacchus/Dionysos verbunden und kommt auf Gefäßen des 1. Jh. n.Chr. im Vesuvgebiet sehr häufig vor.

Literatur: L. Pirzio Biroli Stefanelli, L'argento dei Romani (1991) S. 255 Nr. 17, Abb. 14.

(T. G.)

8.47
Becher

Silber
H. 6,4 cm, Dm. 9,4 cm
1. Jh. v.Chr.–1. Jh. n.Chr.
Herculaneum, genauer Fundort unbekannt
Museo Archeologico Nazionale di Napoli, Inv. 25291.

Der elegante Becher, der zusammen mit einem zweiten identischen aufgefunden wurde (Inv. 25290), weist eine annähernd zylindrische (konkav eingezogene) Form mit ringförmigem Fuß auf. Seine Wandung ist mit einer Reihe von Lanzettblättern verziert, deren Mittelrippe in einer Kugel endet. Der Dekor wiederholt sich auf der unteren Wandung zum Ringfuß hin. Außen in den Gefäßboden eingeritzt ist der Name des Besitzers, gefolgt von Gewichtsangaben.

Literatur: L. Pirzio Biroli Stefanelli, L'argento dei Romani (1991) S. 256 Nr. 24.

(T. G.)

8.48
Kleine Schale

Bronze
H. 3,6 cm, Dm. max. 6,8 cm, Dm. Basis 2,3 cm
Herculaneum, genauer Fundort unbekannt
Museo Archeologico Nazionale di Napoli, Inv. 73994.

Kleine Schale auf hohem, mit Zierleiste versehenem Fuß. Die flache Schale hat einen gezackten Rand, dessen Spitzen mit Kugeln verziert sind.

(T. G.)

8.49
Sieb

Bronze
L. 31 cm, H. 7,2cm, Dm. 12cm
Haus mit dem Mosaikatrium (Casa dell'Atrio a Mosaico)
Soprintendenza Archeologica di Pompei, Inv. 75770.

Das 1930 gefundene feine Bronzesieb ist komplett erhalten bis auf ein fehlendes kleines Stück am Ansatz des Griffes. Es ist wahrscheinlich beim Gastmahl

8.46

8.47

8.48

dazu benutzt worden, Verschmutzungen aus dem Wein herauszusieben. Es hat die Form einer Halbkugel mit sehr feinen kleinen Löchern, die eine Rosette auf dem Boden und ein Mäanderband zwischen zwei Streifen mit schräg stehenden, stilisierten Blättern bilden. Der Rand ist abgerundet. Auf der Oberseite des länglichen Griffes in Form eines Ruders befindet sich ein rechteckiger Stempel (2 x 0,4 cm): BOVDVS.F, für den es bisher weder aus Herculaneum noch aus Pompeji oder anderen Orten Belege gibt. Es handelt sich um den ziemlich häufigen Namen eines Herstellers aus Gallien, der im übrigen auch auf Terra-Sigillata-Gefäßen auftaucht. Zu diesem Sieb gehörte eine Schöpfkelle mit dem gleichen Stempel.

Literatur: Zum Typus vgl. A. Carandini, in: L'instrumentum domesticum di Ercolano e Pompei (1977) S. 167; M. Pagano, in: G. C. Ascione – M. Pagano, Das Antiquarium von Herkulaneum (2000) S. 115f. ; S. Tassinari, Il vasellame bronzeo di Pompei (1993) S. 69; J. B. Ward-Perkins – A. Claridge, in: Pompeii A.D. 79. Ausstellungskatalog Boston (1978) S. 200 Nr. 253.

(M. P.)

8.49

8.50
Mörser und Stößel

Marmor
Dm. max. 36 cm, H. 7cm
Haus der karbonisierten Möbel (Casa del Mobilio carbonizzato), *Insula* V,5
Soprintendenza Archeologica di Pompei, Inv. 76218/941.

Auf dem glatten Rand des Mörsers (*mortarium*) befinden sich drei quadratische, kreuzförmig angeordnete Griffe und ein Schnabel mit Ausgußrinne. Der Stößel hat eine kegelstumpfartige Form. Häufiger als aus Marmor wurden solche Mörser aus Terrakotta hergestellt. Man nutzte sie nicht nur in der Küche zum Zerstampfen und Zerkleinern von Lebensmitteln, sondern auch bei der Zubereitung von Arzneimitteln, um Substanzen zu pulverisieren und zu mischen.

8.50

Unveröffentlicht.

(M. G.)

8.51
Zweihenkliges Vorratsgefäß mit Wickensamen

Ton
H. 31 cm, Dm. Mündung 14 cm, Dm. Fuß 7,5 cm
Laden, *Insula Orientalis* II, 11
Soprintendenza Archeologica di Pompei, Inv. 76941/1663.

Auf dieses zweihenklige Vorratsgefäß mit eiförmigem, sich nach unten verjüngendem Körper (*olla*) und weiter Öffnung mit nach außen gewölbtem Rand konnte ein Deckel aufgesetzt werden. Der Fuß des Gefäßes ist kaum abgesetzt, der Standring vergrößert sich zum Boden. Es handelt sich um einen weit verbreiteten Gefäßtypus zur Aufbewahrung von Lebensmitteln: Obst, in Salz eingelegte Fische, Getreide und Hülsenfrüchte. Dieses Exemplar wurde zusammen mit einem gleichartigen gefunden, das Linsen enthielt und mit einem Korken verschlossen war (Inv. 1662). Das Gefäß enthielt Wickensamen. Die Wicke (*vicia ervilia*) ist eine Hülsenfrucht, deren Körner von sehr

8.51 (s. auch Abb. S. 64)

bitterem Geschmack sind, der beim Kochen jedoch gemildert wird. In der römischen Küche wurden die Samen zusammen mit anderem Getreide zu Suppen verarbeitet.

Literatur: Unpubliziert. Zum Gefäßtypus der zweihenkligen *olla* vgl. E. De Carolis, Ceramica comune da mensa e da dispensa di Ercolano, in: Les céramiques communes de Campanie et de Narbonnaise (Ier s. av. J.-C.-Ier s. ap. J.-C.). La vaisselle de cuisine et de table. Kongreßbericht Neapel 1994, (1996) S. 121–128, bes. S. 123, Abb. 3 a. S. 124 (Inv. 1662). Zu den Wickensamen vgl. M. Borgongino, in: G. Stefani (Hrsg.), Uomo e ambiente nel territorio vesuviano. Guida all'Antiquarium di Boscoreale (2003) S. 53.

(M. G.)

8.52
Vier Eierschalen

Haus mit dem Telephos-Relief (Casa del Rilievo di Telefo), *Insula Orientalis* I, 2-3
Soprintendenza Archeologica di Pompei, Inv. 76482/1204.

Trotz ihrer extremen Zerbrechlichkeit sind diese Fragmente von rohen Eiern erhalten geblieben. Ähnliche Funde wurden in Pompeji im „Haus von Julius Polybius" (*Insula* IX,13,1-3) gemacht. Dort hatte man zum Aufbewahren der Eier ein kugelförmiges Tongefäß benutzt.

Literatur: Unveröffentlicht. Zum Gefäß mit den Eiern aus dem „Haus des Julius Polybius" vgl. E. De Carolis, in: A. Ciarallo - E. De Carolis (Hrsg.), Homo faber. Natura, scienza e tecnica nell'antica Pompei. Ausstellungskatalog Napoli (1999) S. 154, Nr. 158.

(M. G.)

8.53
Verkohlte Saubohnen

100 g
Haus der karbonisierten Möbel (Casa del Mobilio Carbonizzato), *Insula* V, 5
Soprintendenza Archeologica di Pompei, Inv. 76102/825.

Saubohnen (*vicia faba*) wurden in großer Menge (25 kg) in einer verkohlten Holzkiste in einem Zimmer im oberen Stockwerk des „Hauses der karbonisierten Möbel" gefunden. Plinius der Ältere bezeichnete die Saubohne als die edelste der Hülsenfrüchte, weil sie universal verwendet werden konnte. Saubohnensuppe war in der Küche der einfachen römischen Bevölkerung ein Standardgericht. Aus Saubohnen gewann man auch Mehl (*lomentum*), mit welchem man das Gewicht des verkauften Brotes erhöhte. Es wurde aber auch – in pulverisierter Form – als Reinigungsmittel sowie zur Herstellung von kosmetischen Cremes und Medikamenten benutzt.

Literatur: M. Borgongino, in: G. Stefani (Hrsg.), Uomo e ambiente nel territorio vesuviano. Guida all'Antiquarium di Boscoreale (2003) S. 53.

(M. G.)

8.54
Verkohlte Erbsen

100 g
aus einem noch nicht vollständig ausgegrabenen Gebäude am *decumanus maximus*, nordöstliche Seite
Soprintendenza Archeologica di Pompei, Inv. 77613/2317.

Solche geschälten Erbsen *(pisum sativum)* aß man zu Brei gekocht.

Literatur: M. Borgongino, in: G. Stefani (Hrsg.), Uomo e ambiente nel territorio vesuviano. Guida all'Antiquarium di Boscoreale (2003) S. 53.

(M. G.)

8.55
Verkohlte Feigen

100 g
aus einem noch nicht vollständig ausgegrabenen Gebäude am *decumanus maximus*, nordöstliche Seite
Soprintendenza Archeologica di Pompei, Inv. 77615/2319.

8.52

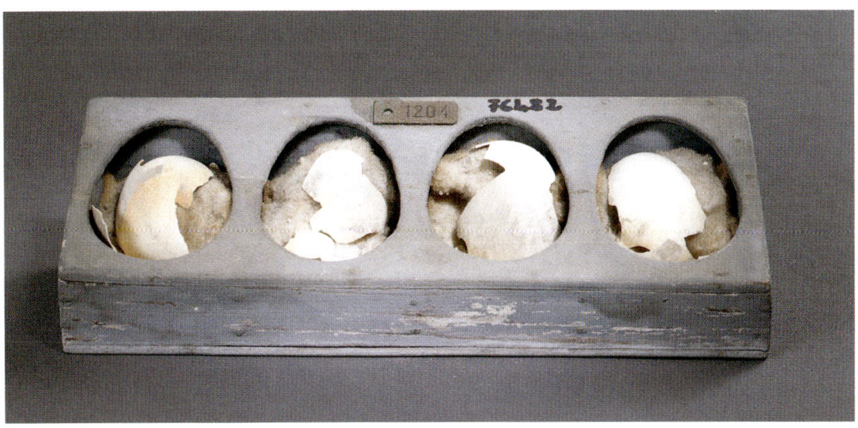

8.53/54/55/56/57 (s. auch Abb. S. 63)

Diese Feigen (*ficus carica*), wie auch andere Feigen, die in den verschütteten Vesuvstädten gefunden wurden, haben sich wahrscheinlich deshalb so gut erhalten, weil sie in getrocknetem Zustand und in Ton- oder Glasgefäßen aufbewahrt wurden.

Literatur: M. Borgongino, in: G. Stefani (Hrsg.), Uomo e ambiente nel territorio vesuviano. Guida all'Antiquarium di Boscoreale (2003) S. 54.

(M. G.)

8.56
Verkohlte Kichererbsen

100 g
aus einem noch nicht vollständig ausgegrabenen Gebäude am *decumanus maximus*, nordöstliche Seite
Soprintendenza Archeologica di Pompei, Inv. 77610/2314.

Aus den Samenkörnern dieser Hülsenfrüchte (*cicer arietinum*) wurde ebenfalls Mehl gewonnen. Die Blätter der Pflanze wurden als Streu für Tierställe benutzt.

Literatur: M. Borgongino, in: G. Stefani (Hrsg.), Uomo e ambiente nel territorio vesuviano. Guida all'Antiquarium di Boscoreale (2003) S. 53.

(M. G.)

8.57
Verkohlter Weizen

100 g
aus einem noch nicht vollständig ausgegrabenen Gebäude am *decumanus maximus*, nordöstliche Seite
Soprintendenza Archeologica di Pompei, Inv. 77616/2320.

Weizenkörner, die zu Mehl zum Brotbacken verarbeitet wurden.

Literatur: M. Borgongino, in: G. Stefani (Hrsg.), Uomo e ambiente nel territorio vesuviano. Guida all'Antiquarium di Boscoreale (2003) S. 52.

(M. G.)

8.58
Balsamarium

Geblasenes blaues Glas
H. 15,5 cm, Dm. oberer Rand 3,9 cm, maximaler Dm. 9 cm
Werkstatt des Gemmenschneiders (Bottega del gemmario), *Insula Orientalis* II, 10
Soprintendenza Archeologica di Pompei, Inv. 76877/1599.

Solche Glasgefäße mit birnenförmigem Körper, langem zylindrischen Hals und abgesetzter Lippe dienten zum Aufbewahren von parfümierten Salben und waren zwischen dem 1. und 3. Jh. n.Chr. in der gesamten römischen Welt weit verbreitet. Ein Produktionszentrum befand sich in der Vesuvgegend. Ein ähnliches Exemplar wurde in verpacktem Zustand in Herculaneum entdeckt, und zwar in einer Werkstatt auf dem *decumanus maximus*; dadurch läßt es sich exakt in das Jahr des Vesuvausbruchs, 79 n. Chr., datieren.

Literatur: L. A. Scatozza-Höricht, I vetri romani di Ercolano, Cataloghi, 1 (1986) S. 65, Nr. 227; G. De Tommaso, Ampullae vitreae. Contenitori in vetro di unguenti e sostanze aromatiche del'Italia romana. I sec. a.C.–III sec. d.C. (1990).

(M. G.)

8.59
Weinkanne

Bronze
H. 14,5 cm, L. max. 20 cm, B. 12,5 cm
1. Jh. v.Chr.–1. Jh. n.Chr.
Herculaneum, genauer Fundort unbekannt
Museo Archeologico Nazionale di Napoli, Inv. 69167.

Dieser elegante *Askos* (griech: Weinschlauch; von der Form leitet sich der Gefäßname ab) hat einen langgestreckten Körper mit sehr bauchiger Wand; der Hals ist breit mit einer ovalen Öffnung, deren Mündung mit eierförmigen Motiven dekoriert ist. Der überkragende Henkel entwickelt sich als stilisierte, gewundene Pflanzenranke und weist am Ende ein plastisches, volutenförmiges Blatt auf. An jeder Seite der

8.58

8.59

Verbindungsstelle zum Gefäßkörper befindet sich die Figur eines kleinen Ziegenbocks. Der Ansatzpunkt am Gefäßkörper besteht aus einem verlängerten Blatt, das aus zwei ähnlichen Blättern hervorgeht. Diesen Blättern wiederum entspringen zwei kurze Rebzweige, die ihrerseits in volutenförmigen Blättern enden, sich verbinden und eine kleine Palmette bilden. Dazwischen befindet sich ein Eros, der in den Händen ein kleines Tier (?) hält.

(M. B.)

8.60
Kleines Gefäß

Alabaster
Dm. 4 cm, H. 2 cm
Werkstatt des Gemmenschneiders (Bottega del gemmario), *Insula Orientalis* II, 10
Soprintendenza Archeologica di Pompei, Inv. 76911/1633.

Dieses Gefäß mit zylindrischem Körper, konkavem Profil, nicht klar abgesetztem Fuß und Lippe wurde wahrscheinlich für kosmetische Produkte benutzt.

Unveröffentlicht.

(M. G.)

8.60

8.61

8.61
Kleiner Teller

Perlmutt
Dm. 4,5 cm
Werkstatt des Gemmenschneiders (Bottega del gemmario), *Insula Orientalis* II, 10
Soprintendenza Archeologica di Pompei, Inv. 76921/1643.

Dieser Teller mit gewölbter Randlinie, abgerundeter Wand und sehr niedrigem ringförmigem Fuß wurde ebenfalls wahrscheinlich zum Aufbewahren kosmetischer Produkte benutzt.

Unveröffentlicht.

(M. G.)

8.62
Arzneikästchen

Bronze.
L. 13,3 cm, B. 7,8 cm, H. 2 cm
Herculaneum (?)
Museo Archeologico Nazionale di Napoli, Inv. 78233.

Die kleine Kiste diente zur Aufbewahrung von Medikamenten. Sie ist mit einem Griff versehen, der es ermöglicht, den eigentlichen Behälter herauszuziehen, der in rechteckige Kompartimente unterteilt ist. Sowohl aus Pompeji als auch aus Herculaneum sind weitere Exemplare bekannt, wie der Deckel eines solchen Kästchens, bei dem die Heilgottheiten Asclepius und Salus in Silber- und Kupfertauschierung dargestellt sind.

(T. G.)

8.62

8.63
Zweihenklige Schale

Bronze
Dm. 39 cm, Dm. mit Henkeln 47 cm, H. 12 cm
1. Hälfte 1. Jh. n.Chr.
Haus mit dem Telephos-Relief (Casa del Rilievo di Telefo), *Insula Orientalis* I, 2-3
Soprintendenza Archeologica di Pompei, Inv. 76631/1353.

Bei dieser Schale mit breitem Fuß geht der Boden fließend in den Gefäßkörper über. Die Horizontalhenkel sind mit weiblichen Protomen (Büsten) und vegetabilem Dekor versehen. Die Mitte der Schale ziert ein Eros mit Krug in der Hand, der auf einem Delphin reitet. Darunter sieht man einen Fisch. Ein solches Tischgefäß war sicherlich sehr kostbar. Wahrscheinlich servierte man darin verzehrfertige Speisen oder Früchte bei Banketten. Angesichts der Dimensionen wäre jedoch auch eine Interpretation als Gefäß zum Händewaschen denkbar. Der Auffindungsort nahe dem Saal, der sich zur südlichen Seite des Peristyls des reich ausgestatteten Hauses hin öffnete, scheint zu dieser Deutung zu passen.

Unveröffentlicht.

(M. G.)

8.64
Griffschale

Bronze
H. 4,8 cm, L. 35,2 cm, Dm. 22,2 cm
1. Jh. n.Chr.
Herculaneum, genauer Fundort unbekannt
Museo Archeologico Nazionale di Napoli, Inv. 73437.

An dem runden Becken, das in der Mitte mit einem *umbilicus* (Nabe-Motiv) geschmückt ist, setzt ein zylindrischer, geriffelter Griff an, der in einem schönen Medusenkopf endet. Unter ihrem Kinn verknoten sich die Schlangen, die sich bis zum Hinterkopf verlängern und mit beidseitig des Gesichtes herabhängenden Köpfen enden. Die Verbindung zwischen dem Medu-

8.63

8.64

senkopf und dem Griffende besteht aus einer dünnen, mit einem Perlen-Motiv versehenen Schnur aus Silber. Die Verbindung zwischen dem Griff und der eigentlichen Schale wird durch ein fast herzförmiges Plättchen hergestellt, das mit zwei dünnen Zweigen und sehr flachen Blättern verziert ist. Jeder Zweig endet mit einer Knospe aus Silber. Aus Pompeji und Herculaneum stammen zahlreiche Exemplare solcher Griffschalen mit entsprechenden Varianten in der Verzierung des Griffs. Sie können in das 1. Jh. n.Chr. datiert werden.

Literatur: Zur Form vgl. S. Tassinari, Il vasellame bronzeo di Pompei I (1993) S. 58–60. S. 227.

(M. B.)

8.65

Figur mit Glöckchen *(Tintinnabulum)*

H. 21 cm
Bronze
1. Jh. n.Chr.
Herculaneum, genauer Fundort unbekannt
Museo Archeologico Nazionale di Napoli, Inv. 27853.

Der Gegenstand wurde durch die Öse über dem Kopf der Figur aufgehängt. Er zeigt einen Gladiator mit Schwert, der gegen seinen eigenen großen *Phallus* kämpft. Der *Phallus* wiederum ist als wildes Tier gestaltet, das im Begriff ist, den Gladiator anzugreifen. An beiden Figuren hängen kleine Glocken, die bei der kleinsten Bewegung läuteten und somit böse Geister vertreiben sollten. Das vorliegende Stück ist zusammen mit weiteren, ähnlichen Exemplaren einer der ältesten Funde der Ausgrabungen von Herculaneum. Sie waren im „Real Museo Ercolanese" in Portici aufbewahrt, wie eine Zeichnung im Werk „Le antichità di Ercolano esposte" beweist. Dieses Exemplar befindet sich heute im „Gabinetto segreto", dem „Geheimkabinett" des „Museo Archeologico Nazionale di Napoli".

Literatur: S. De Caro, Il Gabinetto segreto (2000) S. 70.

(M. B.)

8.65 (s. auch Abb. S. 149)

8.66

8.66
Halskette

Hellblaues Glas
Haus des Stoffes (Casa della Stoffa), *Insula* IV, 19–20
Soprintendenza Archeologica di Pompei, Inv. 75887/610.

Dieser Halsschmuck besteht aus 41 gerippten Kugelperlen, die zum Auffädeln mit einem Loch in der Mitte versehen sind. Solche preiswerten Ketten waren sehr verbreitet, nicht nur in der Vesuvgegend, wo mehrere Tausend Perlen ähnlicher Form, Material, Farbe und Größe aufgefunden wurden, sondern in der gesamten römischen Welt.

Unveröffentlicht.
Literatur zum Typus: A. d'Ambrosio, in: A. d'Ambrosio – E. de Carolis (Hrsg.), I monili dall'area vesuviana (1997) Nr. 36, S. 33–34 (mit weiterer Literatur).

(M. G.)

8.67
Münzbehälter *(locellus)*

Holz und Bronze
L. 13,5 cm, B. 9 cm, H. 4,7 cm
Haus der zwei Atrien (Casa dei due Atri), *Insula* VI, 289
Soprintendenza Archeologica di Pompei, Inv. 77295/2014.

Dieser kleine Münzbehälter ist aus einem einzigen Stück Holz gearbeitet und enthält noch einige Münzen. Er hat eine rechteckige Form mit abgekanteten und abgerundeten Ecken. Die Oberfläche ist vollständig mit Palmetten und Ranken dekoriert. Die Schließe besteht aus einer kleinen Bronzeplatte mit kleinem Knauf, durch die zwei Führungen laufen konnten. In Herculaneum wurden zwei weitere, fast identische Exemplare von Geldbehältern gefunden. Ganz anders waren der *sacculus* und das *marsupium*, die aus vergänglichem Material wie Stoff oder Leder hergestellt waren.

Literatur: Unpubliziert. Zum Exemplar vom Strand von Herculaneum (Inv. 3277) vgl. T. Budetta, in: Riscoprire Pompei. Ausstellungskatalog Rom (1993) Geldbehälter S. 200, Nr. 73.

(M. G.)

8.67 (s. auch Abb. S. 134)

„Es ist viel Unheil in der Welt geschehen, aber wenig, das den Nachkommen so viel Freude gemacht hätte", schrieb Goethe bei seinem Besuch der Ausgrabungen 1787. Die Wiederentdeckung der antiken Städte am Golf von Neapel wurde zur Geburtsstunde eines neuen Stils: des europäischen Klassizismus. Dabei galt die Aufmerksamkeit der Zeitgenossen nicht nur den zutage geförderten Prachtstücken der Kunst des Altertums, sondern ebenso sehr den vielfältigen Zeugnissen der alltäglichen Lebensweise der Menschen: ihrem Wandschmuck, ihrem Mobiliar, ihren Gebrauchsgegenständen. Davon hatte man bis dahin nur geringe Kenntnisse. Kaum entdeckt, machte das antike Privatleben Mode: Architekten, Dekorationsmaler, Porzellanzeichner, Möbeltischler, Goldschmiede und andere Handwerker orientierten sich am Geschmack „der Alten". Er stand für Heiterkeit und Leichtigkeit ebenso wie für Klarheit und Formenstrenge. Motive antiker Wandmalereien wurden zu Vorbildern für Dekorationen in Schlössern und Bürgerhäusern. Schloß Wörlitz bei Dessau und das umliegende „Gartenreich" sind dafür ein frühes, eindrucksvolles Beispiel. Antike Muster gingen auch auf vielfältige Weise in die Formensprache des Kunsthandwerks ein, prägten Mobiliar und Inneneinrichtung. In Europa wurde es „chic", sich „a la grecque" einzurichten. „Griechisch", „etruskisch" oder „herculanisch" war dabei eine relativ unscharfe Etikettierung, um Nachahmungen oder freie Nachgestaltungen antiker Vorbilder zu bezeichnen; später setzte sich dagegen eher der Begriff „pompejanisch" durch. Eine wichtige Rolle bei der Rezeption der neu entdeckten Antike in Dekorationsmalerei und Kunsthandwerk spielten die 1757 bis 1792 in acht Bänden im königlichen Auftrag in Neapel publizierten „Antichità di Ercolano esposte" mit ihren prachtvollen Kupferstichen, das vollständigste Kompendium von Kunst und Kunsthandwerk der Antike, das es gab. Neben Objekten aus Herculaneum, dem ersten und bis etwa 1760 wichtigsten Ausgrabungsort, waren dort auch Funde aus Pompeji und anderen Orten am Vesuv zu sehen. Darüber hinaus vermittelten Vorlagenwerke mit Musterzeichnungen für Künstler und Kunsthandwerker den neuen Geschmack.

(D. R.)

9. Herculaneum im Norden

9.1

Nachricht von der am Fus des Berges Vesuvius entdekten unterirdischen Stadt Herculaneum. Aus dem Französischen übersezt und mit einem Vorbericht begleitet von Johann Peter Eberhard, Erfurt und Leipzig (Johann Friedrich Weber) 1749

(ohne Abb.)

Rostock, Universitätsbibliothek.

Das kleine Werk ist eine der ersten Monographien, die für eine frühe internationale Verbreitung der Nachrichten über die Ausgrabungen sorgten. Das Original erschien 1748 anonym in Avignon und Paris unter dem Titel „Mémoire historique et critique sur la ville souterraine découverte au pied du Mont Vésuve" und wurde sogleich ins Italienische (1749) und ins Deutsche (1749), dann aus dem Italienischen ins Englische (1750) übersetzt. Nach einem Überblick über die unterschiedlichen Meinungen zum Charakter der „unterirdischen Stadt" und ihrer antiken Geschichte gibt das Werk in 13 Kapiteln eine Übersicht über die einzelnen Funde: das Theater, das Forum, Häuser und Straßen, Gemälde, Mosaiken, Statuen, Medaillen, Opfergeräte, Lampen, Möbel und „andere Curiositäten". Damit war, zehn Jahre nach Beginn der Ausgrabungen, dem europäischen Publikum zum ersten Mal die Breite der Ausgrabungsergebnisse zwar knapp, aber in aller Deutlichkeit vor Augen gestellt worden. Der Verfasser (oder Auftraggeber) war der damalige französische Botschafter am Hof von Neapel, Marquis L´Hospital; verschiedentlich wird auch dessen Sekretär Moussinot d´Arthenay als Verfasser genannt. Er hatte, als auswärtiger Diplomat in Neapel, jedenfalls guten Grund, seinen Namen nicht zu nennen: Der neapolitanische König hatte sich die „Exklusivrechte" der Veröffentlichung über die Ausgrabungen vorbehalten. Der deutsche Übersetzer der Schrift, Johann Peter Eberhard (1727–1779) war Arzt, Naturforscher und Professor für Arzneiwissenschaft an der Universität Halle.

(D. R.)

9.2

Charles-Nicolas Cochin – Jerôme-Charles Bellicard: Observations sur les antiquités de la ville d´Herculanum, avec quelques reflexions sur la peinture e la sculpture des anciens et un courte déscription de quelque antiquités des environs de Naples. Paris (Ch. Ant. Jombert) 1754

(ohne Abb.)

Berlin, Staatsbibliothek; Göttingen, Niedersächsische Staats- und Universitätsbibliothek.

Aus dem kleinen Band (der auch ins Englische übersetzt wurde) konnte sich das europäische Publikum zum ersten Mal auch eine bildliche Vorstellung von den Funden machen. Dem Text sind 38 ganzseitige, einfache Kupfertafeln beigegeben, u.a. mit den Abbildungen mehrerer großer Fresken („Hercules und Telephos", „Chiron und Achill"), aber auch diverser antiker Gebrauchsgegenstände, wie z.B. den berühmten Dreifüßen, die zu einer Mode auf dem Feld des klassizistischen Kunstgewerbes werden sollten. Der Maler Charles-Nicolas Cochin (1715–90) reiste 1749/50 als Begleiter von Marquis de Marigny, dem Direktor des königlichen Bauwesens in Paris, nach Italien; der Architekt Jérôme-Charles Bellicard (1726–86) trat nach seiner Rückkehr aus Italien als Baumeister in königliche Dienste.

(D. R.)

9.3

Johann Joachim Winckelmann: Sendschreiben von den Herculanischen Entdeckungen, Dresden (George Conrad Walther) 1762

(ohne Abb.)

Berlin, Staatsbibliothek; Göttingen, Niedersächsische Staats- und Universitätsbibliothek.

Winckelmann, damals Bibliothekar des Kardinals Archinto in Rom, hatte Neapel und die Ausgrabungen am Vesuv zum ersten Mal von Februar bis Mai 1758 besucht (drei weitere Besuche sollten folgen). Er hatte Zugang zum königlichen Museum in Portici (in dem der größte Teil der Funde aus den Vesuvstädten aufgestellt war), mußte sich allerdings – wie alle anderen, nur mit königlicher Erlaubnis persönlich zugelassenen Besucher – verpflichten, dort weder Aufzeichnungen zu machen noch darüber zu publizieren. Das „Sendschreiben", in dem er im übrigen mit scharfzüngiger Kritik an den Ausgräbern und den Gelehrten der Königlichen Akademie nicht sparte, brachte Winckelmann daher zunächst die Ungnade des neapolitanischen Hofes ein. Das Werk wurde ins Französische (1764) und ins Englische (1771) übersetzt und leitete, zusammen mit den 1764 erschienenen „Nachrichten von den neuesten herculanischen Entdeckungen", die eher kunsthistorische Betrachtung der antiken Funde ein. Zu seiner großen Wirkung trug sicher auch die Tatsache bei, daß es hohe Gelehrsamkeit mit dem lockeren Plauderton des Reisebriefs verband. Ausführlich behandelt das „Sendschreiben" auch die 1752/54 in der Villa dei Papiri gefundenen verkohlten Papyrusrollen und die Versuche ihrer Aufrollung und Entzifferung durch Padre Antonio Piaggio, dessen Gast Winckelmann in Portici war.

(D. R.)

9.4

Le antichità di Ercolano esposte, vol. III: Le pitture antiche d´Ercolano e contorni, incise con qualche spiegazione, Napoli (Stamperia Reale) 1762

(ohne Abb.)

Berlin, Staatsbibliothek; Göttingen, Niedersächsische Staats- und Universitätsbibliothek.

Die Serie der zwischen 1757 und 1792 in acht Bänden publizierten „Antichità di Ercolano esposte", eines der Meisterwerke des Buchdrucks des 18. Jh., wurde im Auftrag des Königs von der 1755 gegründeten „Accademia Ercolanense" herausgegeben und war anfänglich nicht im Buchhandel, sondern ausschließlich als Geschenk aus der Hand des Königs erhältlich. Gemäß der monopolistischen Antikenpolitik der Bourbonen (die eine Veröffentlichung der Funde von anderer Seite ausschließen wollten) verstanden sich die „Antichità" als die offizielle Dokumentation der Ausgrabungen am Vesuv. Die Bände sind einzelnen Gruppen von Objekten gewidmet (Bd. 1–4 und 7: Gemälde; Bd. 5–6: Bronzen; Bd. 8: Lampen und Kandelaber) und stellen die Funde – nicht nur aus Herculaneum – in sorgfältigen Kupferstichen und ausführlichen gelehrten Erläuterungen vor. Mit den acht Bänden lag damit das bis dahin umfangreichste Kompendium antiker Kunst, vor allem auf dem Gebiet der Wandmalerei, vor. Die „Antichità" wurden in ganz Europa vielfach als Vorlagenwerk genutzt; einzelne Motive – wie z.B. der „Liebesmarkt", die „Schwebenden Genien" oder die „Spielenden Putten" – wurden in die verschiedensten kunsthandwerklichen Formen (Dekorationsmalerei, Porzellan, Tafelgeschirr, Bronzeguß) übertragen. In Deutschland erschien das Tafelwerk kostengünstig in einer Schlichtversion mit einfachen Umrißzeichnungen, herausgegeben von Christoph Gottlieb von Murr (Augsburg 1777–82).

(D. R.)

9.5

Jean-Claude Richard de Saint-Non, Voyage pittoresque ou description des Royaumes de Naples et de Sicile. Seconde partie du premier volume, contenant une description des Antiquités d´Herculanum, des plans et des détails de son theatre, Paris 1782. (= vol. 1, p. 2 des Gesamtwerks: Tafelband)

(ohne Abb.)

Berlin, Staatsbibliothek; Göttingen, Niedersächsische Staats- und Universitätsbibliothek.

Das mehrbändige, prachtvoll illustrierte Tafelwerk verdankt seine Entstehung der Initiative des französischen Theologen und Kunstgelehrten Jean-Claude de Saint-Non (Paris 1727–1791). Saint-Non, der 1759–62 Italien bereist hatte, beauftragte 1777 in Paris eine Equipe von Zeichnern unter Leitung des Malers und Diplomaten Dominique Vivant-Denont (1747–1825) mit der Erkundung Unteritaliens und Siziliens: ein Projekt, dem Saint-Non auch sein gesamtes Vermögen opferte. Die Bände dokumentieren in Texten (von Vivan-Denon) und Kupferstichen nach Zeichnungen verschiedener französischer Künstler auch abgelegene, damals noch kaum bekannte Gegenden des Königreichs. Ein eigener Teilband ist der Beschreibung der Ausgrabungen am Vesuv gewidmet.

(D. R.)

9.6

Jakob Philipp Hackert (Prenzlau 1737–Florenz 1807), Ausgrabungen in Herkulaneum

Pinsel in Braun und Grau, bez. „Filippo Hackert"
34,5 x 50,5 cm
nach 1782
Düsseldorf, Goethe-Museum.

Das Bild stellt die Ausgrabungen in einer Phantasie-Ansicht dar. Im Hintergrund sind Arbeiter mit Ausschachtungs- und Abfuhr-Arbeiten beschäftigt, im Vordergrund widmen sich zwei

9.6

9.7

Herren einigen zutage gekommenen Funden. Das mittlere Stück zeigt das in der sogenannten Basilika gefundene Fresko „Chiron und Achill", das rechte „Hercules und Telephos": beides berühmte Darstellungen, die im 1. Band der „Antichità di Ercolano esposte" reproduziert worden waren. Hackert, königlicher Hofmaler in Neapel, hat das Blatt nicht vor Ort gezeichnet, sondern nach einem Kupferstich von Hubert Robert/Charles Guttenberg reproduziert, der in Richard de Saint-Non, Voyage pittoresque ou déscription des Royaumes de Naples et de Sicile, vol. I,2, Paris 1782, S. 3 abgebildet war.

Literatur: Goethe in Italien. Ausstellungskatalog Düsseldorf (1986) S. 254; Das unterirdische Italien. Ausstellungskatalog Frankfurt (2002) S. 108f.

(D. R.)

9.7

Johann Heinrich Wilhelm Tischbein (Haina 1751 – Eutin 1829), Herculaneum

Aquarell über Tuschfederzeichnung
25,3 x 20,7 cm
Düsseldorf, Goethe-Museum.

Es handelt sich um eine der sehr seltenen zeitgenössischen Ansichten der Ausgrabungen. Man erkennt die mehrere Meter hohe, bei den Ausgrabungen glatt abgetragene Verschüttungsschicht. Auf dem ausgegrabenen Terrain eine Pergola, in der Höhe des Bodenniveaus des 18. Jh. Eine flüchtig gezeichnete Büste am rechten Rand verweist auf die Funde. Tischbein lebte von 1787 bis 1799 in Neapel, zuletzt als Direktor der Akademie; das Bild dürfte aus dieser Zeit stammen.

(D. R.)

9.8

Karl Kuntz (Mannheim 1770 – Karlsruhe 1830), Der „Stein" zu Wörlitz, 1800

Koloriertes Aquatintablatt von Wilhelm Friedrich Schlotterbeck, 50,7 x 67,2 cm
Kulturstiftung Dessau Wörlitz.

Während seiner Italienreise 1765/66 hatte sich Fürst Leopold Friedrich Franz von Anhalt-Dessau auch einige Zeit am Golf von Neapel aufgehalten, hatte den Vesuv bestiegen und die Ausgrabungen von Herculaneum besucht. Nach seiner Rückkehr ließ er sich von seinem Architekten Friedrich Wilhelm von Erdmannsdorff zwischen 1788 und 1794 im Park von Schloß Wörlitz die künstliche Felseninsel „Stein" errichten: eine neapolitanische „Erinnerungslandschaft" mit Nachbildungen u.a. der Villa Hamilton, der Grotte durch den Posillipo und eines antiken Theaters, möglicherweise des Theaters von Pompeji. Den Mittelpunkt bildet ein künstlicher Vesuv. Das Bild zeigt einen „Ausbruch" des Berges, wie er zu bestimmten Fest-

9.8 (s. auch Abb. S. 208)

lichkeiten inszeniert wurde. Über einen verborgenen Mechanismus wurde dabei Wasser aus dem See in die Spitze des Berges gepumpt und floß von dort, mit Fackeln rot beleuchtet, als „Lava" über den Kegel aus Schlackensteinen. Gleichzeitig wurde der Berg mit Rauch und Feuerwerk illuminiert. Vom Boot aus betrachtet eine Gruppe von Personen das Schauspiel.

Literatur: F.-A. Bechtold – Th. Weiss, Weltbild Wörlitz (1996) S. 419.

(D. R.)

9.9
Die unterirdische Stadt Herkulanum

Kupferstich aus Friedrich Justin Bertuch, Bilderbuch für Kinder, Bd. IV, Weimar 1802, 24. Tafel des 65. Hefts
31 x 42 cm
Bremen, Sammlung Dieter Richter.

Friedrich Justin Bertuch (Weimar 1747–1822), Herausgeber der „Allgemeinen Literaturzeitung" und des „Journal des Luxus und der Moden" gehörte mit seinem 12-bändigen „Bilderbuch für Kinder" (1790–1830) zu den großen Popularschriftstellern der Goethezeit. Im Sinne der aufgeklärten Pädagogik sollten Kindern so gut wie alle Bereiche des zeitgenössischen Wissens vermittelt werden. Dazu zählte auch „Die unterirdische Stadt Herkulanum", von der der zugehörige Text von Funke den Kindern durchaus anspruchsvoll berichtet: „Das erste Prachtgebäude, welches man beym Nachgraben fand, war das Theater, wovon wir unter Figur 2 einen Aufriß sehen. … Die Zuschauer gelangten aus einem äußern herumlaufenden Gange, den man in den Durchschnitten a,a sieht, durch 7 Türen (b) zu ihren Sitzen von Tuffstein (c). Hier fanden 10.000 Personen Platz. Die Wände e,d über den Sitzen waren mit Marmor bekleidet. In den angebrachten Nischen standen Bildsäulen, und auf vorstehenden Fußgestellen sah man bronzene Pferde." Die Vorlagen der beiden Abbildungen finden sich in Richard de Saint-Non, Voyage pittoresque ou description des Royaumes de Naples et de Sicile, vol. I, 2, Paris 1782, S. 3 (Hubert Robert/Charles Guttenberg) und Tafel 28 (Gabriel/Choffard).

(D. R.)

9.10.
Drei Grazien. Figurengruppe von Christian Gottfried Jüchtzer

(ohne Abb.)

Porzellan
H. 40 cm
Form 1784, Herstellung um 1820
Hamburg, Museum für Kunst und Gewerbe.

9.9

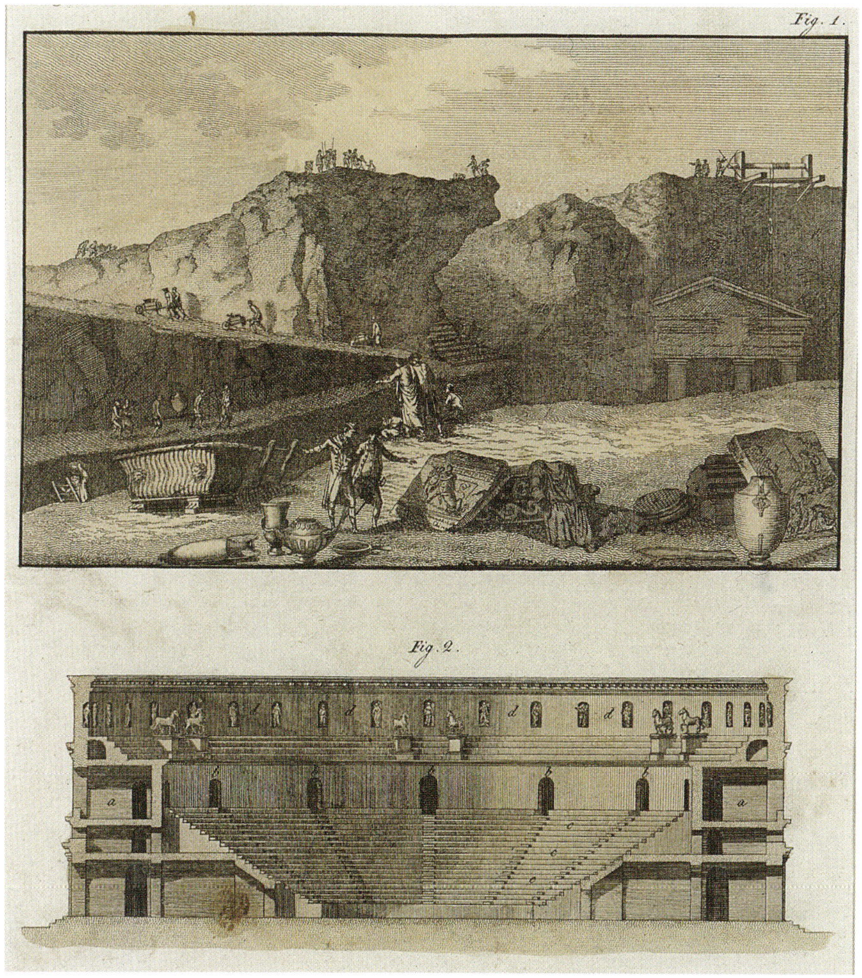

9.11 (s. auch Abb. S. 182)

Die Gruppe wurde von Jüchtzer nach der Vorlage eines in den „Antichità di Ercolano esposte", Bd. III, Neapel 1762, Tafel 11, S. 61 reproduzierten Wandgemäldes geschaffen, das im Juli 1760 in Pompeji gefunden worden war (Zeichnung Campano). Während die Figuren dort nackt sind, wurden sie von Jüchtzer mit entsprechenden „Anstands-Draperien" bedeckt. Die linke Figur trägt eine Traube statt eines Blumenstraußes, die rechte zwei Rosen statt eines Blumenbüschels. Hinzu komponiert wurde auch die große Vase im Hintergrund der Gruppe.

Lit.: Meißner Porzellan von 1710 bis zur Gegenwart. Ausstellungskatalog Köln (1983), Nr. 58.

(D. R.)

9.11
Der Liebesmarkt. Tafelaufsatz aus 8 Teilen von Christian Gottfried Jüchtzer

Porzellan
B. 51,5 cm, H. 64 cm
Form 1785, Herstellung 1934/35
Meißen, Staatliche Porzellan-Manufaktur, Inv. 19940.

Die Gruppe wurde nach einer Vorlage in „Antichità di Ercolano esposte", Bd. 3, Neapel 1762, Tafel 7, S. 41 (Zeichnung Giovanni Morghen) geschaffen; das zugrunde liegende Wandgemälde wurde im Juni 1759 in Gragnano gefunden.

Literatur: H. Sonntag, Erlebte Kunst (1997) Nr. 53.

(D. R.)

9.12
Der Liebesmarkt. Henkelvase von Johann Daniel Schöne

Porzellan
B. 14 cm, H. 24 cm
Form 1818, Herstellung um 1926
Meißen, Staatliche Porzellan-Manufaktur, Inv. 8450.

Die Vase ist in Wedgwood-Manier gearbeitet (Aufglasur Bisquit auf dunklem

9.12

Fond) und verwendet das Motiv des „Liebesmarktes" aus „Antichità di Ercolano esposte", Bd. 3, Neapel 1762, Tafel 7, S. 41 (Zeichnung Giovanni Morghen).

(D. R.)

9.13
Der Liebesmarkt. Schmuckstein/Medaillon als Wandschmuck

Porzellan
12,8 x 15 x 1,2 cm
Meißen, Staatliche Porzellan-Manufaktur, Inv. 20182.

9.14
Antike Frauenfigur. Verkleinerte Kopie der sog. „Großen Herkulanerin" in Dresden

Bisquitporzellan
H. ca. 35 cm
Form: Christian Gottfried Jüchtzer
um 1800
Meißen, Staatliche Porzellan-Manufaktur, Inv. 11.590.

Jüchtzer (1752–1812), Schüler von Johann Joachim Kaendler, war einer der Hauptvertreter der klassizistischen Richtung der Meißner Porzellan-Manufaktur. Seit 1796 hielt er sich regelmäßig in Dresden auf, um die dortigen Antiken zu studieren und daraus Vorlagen für seine Schöpfungen zu gewinnen.

Literatur: H. Jedding, Meißner Porzellan des 18. Jahrhunderts (1979) S.140; Meißner Porzellan von 1710 bis zur Gegenwart. Ausstellungskatalog Köln (1983) Nr. 59.

(D. R.)

9.13

9.14 (s. auch Abb. S. 191)

9.15

9.15
Antike Frauenfigur. Verkleinerte Kopie der sog. „Kleinen Herkulanerin“ in Dresden

Bisquitporzellan
H. ca. 35 cm
Form: Christian Gottfried Jüchtzer
um 1800
Meißen, Staatliche Porzellan-Manufaktur.

Abweichend von der Vorlage hat Jüchtzer seine Nachbildung dadurch „freizügiger“ gestaltet, daß der Gewandwurf der Figur die linke Brust unverhüllt wiedergibt.

(D. R.)

9.16
Teller aus einem Service mit Medaillon und bunten Bordüren

(ohne Abb.)

Porzellan
Königliche Porzellan-Manufaktur Berlin, 1792
Stiftung Preußische Schlösser und Gärten, Porzellansammlung Schloß Charlottenburg, Inv. B 79/33.

Das Motiv des Medaillons gehört in eine Reihe von „Kinderspielen“, die im August 1748 auf Wandfresken im „Haus der Hirsche“ in Herculaneum gefunden wurden und in der Dekorationenmalerei des Klassizismus rasch berühmt wurden. Dargestellt ist ein geflügelter Putto oder Amorknabe, der von einem Wägelchen aus zwei andere Knaben als „Zugtiere“ kutschiert. Die Abbildung findet sich in „Antichità di Ercolano esposte“, Bd. 1, Neapel 1757, Tafel 33, S. 175. (Zeichnung: Nicola Vanni).

(D. R.)

9.17
Teile eines Déjeneurs

Porzellan
Wiener Porzellan-Manufaktur, 1789
Wien, Museum für angewandte Kunst, Inv. Ke 959/1867.

Es handelt sich um eine Schale, zwei Kännchen, zwei Tassen und einen Aufsatz im blauen „Wedgwood-Stil“. Das Dekor verwendet verschiedene Motive der in der zeitgenössischen Dekoration und im Kunsthandwerk überaus beliebten „fliegenden Genien“. Die entsprechenden Wandfresken wurden im Januar 1749 in Pompeji gefunden und sind abgebildet in „Antichità di Ercolano esposte“, Bd. I, Neapel 1757, Tafel 17, S. 95 (Schale) und Tafel 21, S. 109 (Kännchen), beide nach Zeichnungen von Camillo Paderni.

(D. R.)

9.17

9.18
Teller, farbig bemalt

Porzellan
Königliche Porzellan-Manufaktur Capodimonte, um 1782
Wien, Museum für angewandte Kunst, Inv. Ke 3503/1888.

Dargestellt ist die von Theseus verlassene Ariadne am Strand von Naxos; erwachend sieht sie, wie der ungetreue Geliebte die Insel verläßt. Eine geflügelte Frauenfigur an ihrer rechten Seite zeigt auf das Schiff; ein Amorknabe steht weinend zu ihrer Linken. Vorlage ist ein im August 1757 in Pompeji gefundenes Fresko nach einer Zeichnung von Giovanni Morghen in „Antichità di Ercolano esposte“, Bd. 2, Neapel 1760, Tafel 15, S. 91. Bei dem Teller handelt es sich vermutlich um ein Stück aus dem „Servizio Ercolanese“ (1782) der Porzellanmanufaktur Capodimonte, auf der einzelne Fundstücke aus den Ausgrabungen abgebildet waren.

(D. R.)

9.19
Blumenkorb, Teil eines Tafelaufsatzes

Bronze
H. ca. 30 cm
Deutschland um 1820
Dresden, Staatliche Kunstsammlungen, Kunstgewerbemuseum, Inv. 26819.

Mit den drei geflügelten Sphingen, die den Korb tragen, nimmt der Künstler eine Gestaltung auf, die in ganz Europa populär geworden war und ähnlich auch bei Konsoltischen und anderen Kleinmöbeln des zeitgenössischen Kunsthandwerks Verwendung fand. Abgebildet war ein solcher Tisch mit Sphingen in Richard de Saint-Nons „Voyage pittoresque“, Paris 1782, Bd. 1,2, Tafel 3 („Differents Vases, Meubles, Autels et Trepieds“). Friedrich Schinkel hat das Motiv für den Entwurf eines Armsessels aufgegriffen (Berlin, Kunstgewerbemuseum).

Literatur: B. Hedinger – J.Berger, K. F. Schinkel, Möbel und Interieur (2002) Nr. 41; M. Praz: Le antichità di Ercolano, in: Civiltà del Settecento a Napoli (1979) vol.I, S. 39.

(D. R.)

9.20
Dreifuß mit Schale (Salzgefäß)

Silber, innen vergoldet
H. ca.10 cm
um 1810
Dresden, Staatliche Kunstsammlungen, Kunstgewerbemuseum, Inv. 25347.

Freie Nachbildung eines antiken Dreifußes mit überkreuz angeordneten Beinstreben und Löwenfüßen. Das Objekt diente als Salzgefäß. Die Form wurde durch einen Kupferstich in Richard de Saint-Nons „Voyage pittoresque ou déscription des royaumes de Naples et de Sicile“, Paris 1782, Bd. I,2, Tafel 101 populär („Trépieds, Vases et Lampe antiques trouvés à Herculanum“); auch Friedrich Schinkel hat sie in seine Vorlagenwerk „Vorbilder für Fabrikanten und Handwerker“, Berlin 1821, aufgenommen (II/19).

(D. R.)

9.21
Räuchergefäß

Bronze
H. ca. 20 cm
Frankreich um 1800
Dresden, Staatliche Kunstsammlungen, Kunstgewerbemuseum, Inv. 25633.

9.18

9.19

9.20

Es handelt sich um eine sog. „Athenienne": ein Objekt, das durch die Publikation der Ausgrabungsfunde am Vesuv in ganz Europa in Mode kam, „die große Offenbarung aus Herculaneum" (Mario Praz). Solche Dreifüße konnten unterschiedlichen Zwecken dienen, als Räuchergefäß, als Lavabo, als Blumenschale oder auch nur als Raumschmuck Verwendung finden. Auch in der Malerei des Neoklassizimus tauchen solche Tripoden als Rauminterieur auf. In Frankreich wurden sie populär durch das Musterbuch von Charles Percier/Pierre-Francois Fontaine „Recueil de décorations interieures", Paris 1801.

Literatur: M. Praz, Le antichità di Ercolano, in: Civiltà del Settecento a Napoli (1979) Bd. I, S. 39.

(D. R.)

9.21

Die große Zeit des Antikenerwerbs für Dresden fällt in das frühere 18. Jh., als der preußische König Friedrich Wilhelm I. (1713–1740) im Zuge der Auflösung der Skulpturenbestände des Berliner Antikenkabinetts eine Reihe von Werken dem Kurfürsten Friedrich August I. („Der Starke", 1694–1733) schenkte. Das Interesse von dessen Sohn, Kurfürst Friedrich August II. (1733–1763), richtete sich dagegen vornehmlich auf die Malerei. Dennoch geht auf ihn der Erwerb von drei Frauenstatuen aus Herculaneum zurück, die heute zu den bekanntesten Stücken des Dresdener Albertinums gerechnet werden: Die sogenannten „Herkulanerinnen" (Kat. 3.1/2), die zwischen 1706 und 1712 von Emanuel Moritz von Lothringen, Prinz d'Elboeuf, im Theater von Herculaneum ausgegraben worden sind.

Da die Grabungen geheimgehalten wurden, läßt sich das genaue Funddatum nicht mehr sicher ermitteln. Der Finder schenkte die Statuen an Prinz Eugen von Savoyen nach Wien, aus dessen Nachlaß sie 1736 nach Dresden verkauft wurden.

Zunächst im Großen Garten ausgestellt, fanden die „Herkulanerinnen" und andere Antiken 1747 in einem angrenzenden Pavillon und zwei Schuppen einen neuen, freilich recht beengten Platz. In dieser Situation sah sie auch J. J. Winckelmann (1717–1768), der das Provisorium ungehalten kommentierte.

Nach der Aufstellung im Japanischen Palais ab 1786 gelangten die „Herkulanerinnen" 1890 in das Albertinum, wo sie noch heute aufgestellt sind.

Einige Zeit nach dem Erwerb der „Herkulanerinnen" für Dresden gelangten auch nach Berlin Funde aus Herculaneum, von denen acht Marmorwerke im folgenden vorgestellt werden. Bis auf den Gerätefuß (Kat. 10.6) wurden die Stücke von der Bayreuther Markgräfin Wilhelmine erworben, die 1755 auf einer Italienreise auch Herculaneum aufsuchte. Sie war die Schwester des preußischen Königs Friedrich II.

Da sie inkognito reiste, war sie nicht Gast des neapolitanischen Hofes, der das Monopol auf alleinigen Besitz der Altertümer der Vesuvstädte hatte. So erwarb Wilhelmine die Marmorskulpturen wohl im römischen Kunsthandel unter der Angabe, sie stammten aus Herculaneum. Demnach kann die Provenienz der Berliner Stücke nicht als völlig gesichert gelten.

Hinzu kommt, daß sich der Jünglingskopf („Triptolemos", Kat. 10.8) und das Porträt eines unbekannten Griechen (Kat. 10.3) mithilfe von Stilanalysen in das frühe 2. Jh. n. Chr. einordnen lassen. Sollten die Stücke tatsächlich aus Herculaneum stammen, dürften sie hingegen nicht später als der Vesuvausbruch von 79 n. Chr. datieren. Nach der Entdeckung Herculaneums (1709) wie Pompejis (1748) wurden aber wohl oft entsprechende Herkunftsangaben auch für an anderem Ort gefundene Antiken gemacht, um deren Wert im Kunsthandel zu steigern.

Nach dem Tod der Markgräfin kaufte Friedrich II. 1758 die Sammlung seiner Schwester für Potsdam, die im Jahr 1830 dann in das Berliner Museum gelangte.

Literatur:
Dresden: G. Heres, Die Dresdener Kunstsammlungen im 18. Jahrhundert (1991); K. Knoll – H. Protzmann – I. Raumschüssel – M. Raumschüssel, Die Antiken im Albertinum (1993) S. 6–13; K. Knoll, Götter und Menschen. Antike Meisterwerke der Skulpturensammlung (2000) 9ff.; K. Zimmermann (Hrsg.), Die Dresdener Antiken und Winckelmann, Schriften der Winckelmann-Gesellschaft IV (1977).
Berlin: M. Kunze, Künstler, Kenner und Sammler. Anmerkungen zur Geschichte der pompejanischen Funde in der Berliner Antikensammlung, Forschungen und Berichte 27, 1989, S. 163–183; M. Kunze, Antikes aus Herkulaneum und Pompeji in der Berliner Antikensammlung. Ein kulturgeschichtlicher Streifzug, in: Italienische Reise, Ausstellungskatalog Pompeji (1989) S. 351–362; M. Kunze, Herculanische Erwerbungen der Wilhelmine von Bayreuth in der Berliner Antikensammlung, in: L. Franchi dell'Orto, Ercolano 1738–1988. 250 anni di ricerche archeologica. Kongreßbericht Ravello-Ercolano-Napoli-Pompei 1988 (1993) S. 41–50; G. A. Weber, Die Antikensammlung der Wilhelmine von Bayreuth (1996).

(A. B.)

10.1

10.2

10.1-2

Zwei Dionysos-Hermen

Weißer italischer Marmor
An Sk 115 ist das profilierte Fußglied ergänzt, an der vorderen Seite des Schaftes wurden Ausflickungen vorgenommen, gebrochen sind Kopf, Haarsträhnen, Bartspitze und Nase; an Sk 116 sind die Nase, einzelne Haarlocken und das Fußprofil ergänzt, der Bart ist unterhalb des Kinns weggebrochen. An beiden Hermen finden sich an den Seiten und der Rückseite Ausarbeitungen. Die Hermenschäfte wurden teilweise modern übergangen, an der antiken Oberfläche finden sich noch rote Farbspuren
Inv. H. Sk 115: 1,615 m, Inv. H. Sk 116: 1,61 m
Nach Conze in der Nähe von Herculaneum gefunden
Berlin, Antikensammlung, Staatliche Museen zu Berlin, Inv. Sk 115 und 116.

An den in das 1. Jh. v.Chr. datierenden Hermen fallen sogleich die archaisierenden Formelemente auf, namentlich die hochgeschwungenen Augenbrauen und das starre, verzerrt wirkende Lächeln des mit Chiton und Mantel bekleideten Weingottes Dionysos. Das sorgfältig drapierte Haupthaar, dem ein Diadem mit (heute weggebrochenen) Rosetten und Palmetten aufsitzt, fällt in breiter Masse auf den Rücken, je eine lockige Strähne ist zu den Seiten bzw. nach vorn über die Schultern geführt. Je eine kurze Locke befindet sich über jedem Ohr. Das Gesicht wird durch kürzere stilisierte Rundlocken gerahmt. Eine gleichfalls schematische Anordnung zeigt auch das Barthaar, das in einem kunstvoll gebundenen Knoten auf der Brust endet. Den Gesichtsausdruck prägen nachhaltig die Augen, die (wohl modern) mit Quarzsteinen eingelegt sind, die die Augensterne durch vertiefte Linien plastisch angeben.

Die Ausarbeitungen an den Seiten und der Rückseite lassen vermuten, daß die Stücke eine dekorative Zweitverwendung als Zaunhermen gefunden haben.

Literatur: A. Conze, Beschreibung der antiken Skulpturen (1891) Nr. 115–116; S. Harksen, Friedrich Wilhelm von Erdmannsdorffs Ankäufe von Skulpturen für Berlin und Potsdam, Forschungen und Berichte 18, 1977, S. 135f.; W. Klein, Vom antiken Rokoko (1921)

10.3

10.4

S. 25; M. Kunze, Künstler, Kenner und Sammler. Anmerkungen zur Geschichte der pompejanischen Funde in der Berliner Antikensammlung, Forschungen und Berichte 27, 1989, S. 180 Nr. 110; M. Kunze, Herculanische Erwerbungen der Wilhelmine von Bayreuth in der Berliner Antikensammlung, in: L. Franchi dell'Orto, Ercolano 1738–1988. 250 anni di ricerche archeologica. Kongreßbericht Ravello-Ercolano-Napoli-Pompei 1988 (1993) S. 43f. Nr. 5–6, Taf. V 1–2; S. Schöne – M. Kunze, in: Italienische Reise, Ausstellungskatalog Pompeji (1989) S. 394ff. Nr. 187–188; – Zu den Zaunhermen: H. Wrede, Die antike Herme (1986) S. 80ff.

(A. B.)

10.3
Porträtkopf eines unbekannten Griechen auf nicht zugehöriger Herme

Weißer Marmor
Die Nase ist ergänzt, die rechte Wange mit dem Auge ist stark abgeblättert, die verschmutzte und verriebene Oberfläche wurde teilweise mit Säure gereinigt.
H. gesamt 41 cm, H. erhaltenes antikes Material 32 cm, H. Kopf 29 cm
Angeblich aus Herculaneum
Berlin, Antikensammlung, Staatliche Museen zu Berlin, Inv. Sk 319.

Der bärtige, ältere Mann mit Halbglatze wendet seinen Kopf nach links. An den Seiten sind die bis über die Ohren reichenden Haare zwanglos arrangiert. Der Vollbart ist mittellang und gepflegt. Die Alterszüge des überlebensgroßen Bildnisses werden durch die Andeutung von Falten und die leicht eingesunkenen Wangen verstärkt. Der Mund ist leicht geöffnet.

Der Dargestellte läßt sich mit keiner bekannten Persönlichkeit aus der Antike verbinden, so daß er namenlos bleibt. Der Typus folgt einem Kopfschema, wie es schon auf griechischen Grabreliefs des späten 5. Jh. v.Chr. auftritt. Durch den Vergleich mit Parallelstücken ist das Original in die Zeit um 320 v.Chr. zu datieren, die vorliegende Kopie läßt sich in die frühere Kaiserzeit (1.– Beginn 2. Jh. n.Chr.) einordnen. Eine genauere Datierung wird durch den schlechten Erhaltungszustand der Oberfläche erschwert.

Läßt sich das Porträt, von dem keine Repliken bekannt sind, auch nicht benennen, so deuten die Kopfwendung und vor allem der geöffnete Mund auf eine geistige, vielleicht sogar dichterische Betätigung des Dargestellten.

Literatur: C. Blümel, Römische Kopien griechischer Skulpturen des 4. Jh. v.Chr. (1938) S. 5 K 198, Taf. 11; D. Piekarski, Anonyme griechische Porträts des 4. Jh. v Chr. Chronologie und Typologie (2004) S. 39f. 136f. Kat. Nr. 35, Taf. 24–25.

(A. B.)

10.4
Kopf des Eros im Löwenfell auf moderner Büste

Griechischer Marmor
Ergänzt sind die Nase mit der Oberlippe, ein Stück des Kinns und fast der gesamte Rand des Löwenfells; das Gesicht wurde überarbeitet
H. 29 cm
Angeblich aus Herculaneum
Berlin, Antikensammlung, Staatliche Museen zu Berlin, Inv. Sk 153.

Lächelnd schaut das pausbäckige Gesicht des kleinen Knaben unter dem Löwenfell hervor, an dem die Nüstern und die Augen, vor allem aber die Zähne deutlich erkennbar sind. Die Tatzen sind modern ergänzt, waren aber vermutlich bereits in der Antike, ähnlich dem heutigen Erscheinungsbild, vor der Brust des Kindes zusammengenommen. Aufgrund dieses Attributes wurde der Dargestellte in der Forschung bisweilen auch als kindlicher Hercules benannt. Das rundliche Gesicht mit dem lächelnden, geöffneten Mund und die Anlage des welligen Haupthaares sind freilich von der Ikonographie des Eros gut bekannte Elemente. Darstellungen des sich das Löwenfell über den Kopf ziehenden Eros werden in der Zeit des Hellenismus beliebt. Ebenso wie in den Darstellungen mit den Waffen des Kriegsgottes Mars schmückt sich der kleine Liebesgott auch hier mit einem ihm nicht zukommenden Attribut: Er demonstriert damit ironisierend seine Macht, der sich auch Götter und Helden beugen müssen.

Das vorliegende Stück ist eine römische Kopie, vermutlich aus der frühen Kaiserzeit (1. Jh. n.Chr.).

Literatur: A. Conze, Beschreibung der antiken Skulpturen (1891) Nr. 153; M. Kunze, Künstler, Kenner und Sammler. Anmerkungen zur Geschichte der pompejanischen Funde in der Berliner Antikensammlung, Forschungen und Berichte 27, 1989, S. 180 Nr. 111; M. Kunze, Herculanische Erwerbungen der Wilhelmine von Bayreuth in der Berliner Antikensammlung, in: L. Franchi dell'Orto, Ercolano 1738–1988. 250 anni di ricerche archeologica. Kongreßbericht Ravello-Ercolano-Napoli-Pompei 1988 (1993) S. 42f. Nr. 2, Taf. IV 1–2. – Zu Eros im Löwenfell: W. Klein, Vom antiken Rokoko (1921) S. 136f.; D. Mustili, Il Museo Mussolini (1939) S. 72 Nr. 14, Taf. XLVII 189; R. Stuveras, Le putto dans l'art romain (1969) S. 144ff.; Lexicon Iconographicum Mythologiae Classicae III (1986) S. 928. 933ff. Nr. 781. 950ff. s. v. Eros (Hermary-Cassinatis-Volkommer); Lexicon Iconographicum Mythologiae Classicae III (1986) S. 1022. 1042ff. Nr. 576f. s. v. Eros, Amor, Cupido (Blanc-Gury); H. R. Goette, Archäologischer Anzeiger 1986, S. 722ff. Nr. 7; S. Woodford, Journal of Hellenic Studies 109, 1989, S. 200-204.

(A. B.)

10.5
Kopf des Hercules mit Löwenfell

Parischer Marmor
Die Nase und ein Stück des Kinns sind in Marmor ergänzt, die Nüstern der Löwenhaut und die Stirn sind bestoßen, auf linker Hälfte des Löwenfells Verwitterungsspuren, das rechte Ohr ist nicht ausgearbeitet
H. 31,5 cm
Angeblich aus Herculaneum
Berlin, Antikensammlung, Staatliche Museen zu Berlin, Inv. Sk 188.

10.5

Wie eine Mütze sitzt das Löwenfell auf dem jugendlich wirkenden Kopf mit den eng anliegenden Locken. Durch das Attribut ist die Benennung des Dargestellten als Hercules gesichert. Zu dem Stück gesellt sich eine Replik im Museum Gregoriano Profano im Vatikan (Inv. 3445). In der Buckellockenfrisur, der verschwollenen Bildung der Ohren, der Kopfwendung zur rechten Seite und der Gestaltung des Löwenhauptes stimmen beide Stücke überein. Zugrunde liegen klassische Vorbilder, wobei die Repliken als eklektische Neuschöpfungen der römischen Kaiserzeit anzusprechen sind. Der Berliner Kopf zeigt dabei eine deutlich strengere Augenbildung als das Vergleichsstück in Rom.

Kennzeichnend für den Geschmack der frühen römischen Kaiserzeit (1. Jh. n.Chr.) ist, daß hier nicht der erwachsene Held bei großen Taten, sondern gewissermaßen in seinen Anfängen dargestellt ist. Das Moment des Sentiments wird betont durch die klassische Formbildung des Gesichts, die elegisch wirkende leichte Öffnung des Mundes und die sinnende Kopfneigung.

Literatur: C. Blümel, Römische Kopien griechischer Skulpturen des 5. Jahrhunderts v.Chr.

(1931) S. 15 K 143, Taf. 26; L. Curtius, Die antike Kunst II 1 (1938) S. 250; V. H. Poulsen, Acta Archaeologica 11, 1940, S. 33ff.; G. Hafner, Archäologischer Anzeiger 1952, S. 67 Sp. 94 Anm. 37; M. Kunze, Künstler, Kenner und Sammler. Anmerkungen zur Geschichte der pompejanischen Funde in der Berliner Antikensammlung, Forschungen und Berichte 27, 1989, S. 180 Nr. 112; M. Kunze, Herculanische Erwerbungen der Wilhelmine von Bayreuth in der Berliner Antikensammlung, in: L. Franchi dell'Orto, Ercolano 1738–1988. 250 anni di ricerche archeologica. Kongreßbericht Ravello-Ercolano-Napoli-Pompei 1988 (1993) S. 42f. Nr. 2, Taf. IV 1–2; S. Schöne – M. Kunze, in: Italienische Reise, Ausstellungskatalog Pompeji (1989) S. 397f. Nr. 191; Ch. Vorster, Römische Skulpturen, Vat. Kat. II 1 (1993) S. 120ff.

(A. B.)

10.6
Gerätefuß in Form eines geflügelten Eros

Weißer Marmor
Ergänzt sind der größte Teil der Flügel und die Finger der rechten Hand mit dem größten Teil der Muschel; der Kopf war gebrochen
H. 53 cm
Erworben 1847 durch E. Wolff in Rom mit der Angabe „aus Herculaneum"
Berlin, Antikensammlung, Staatliche Museen zu Berlin, Inv. Sk 1701.

Auf dem realistisch gebildeten Löwenbein mit einer massigen Pranke sitzt durch Akanthusblätter abgetrennt ein Eros mit Flügeln auf dem Rücken. Er ist mit einem Rehfell bekleidet und hält eine Muschel in den erhobenen Händen vor die Brust. Auf dem runden, leicht nach links gewandten Kopf ist das Haupthaar in der bekannten Erotenikonographie über dem Scheitel aufgeworfen, eine längere Strähne rollt sich jeweils an der Schläfe ein. Auch in den Nacken fallen dicke, sich nach unten einrollende Haarsträhnen. Der pausbäckige Knabe lächelt mit geöffneten Lippen.

Stücke wie dieses dienten in der Antike als Stützen von (zumeist runden) Tischen. Zu dem vorliegenden, in das 1. Jh. v.Chr. zu datierenden Fuß sind noch zwei Pendants anzunehmen. Die römischen Tischbeine können auch als

10.6

10.7

Hunde-, Pferde-, Panther- oder Greifenläufe gestaltet sein. Als Auflage für die Tischplatte treten in der hellenistischen und römischen Zeit häufig Löwenköpfe auf, beliebt sind aber auch andere figürliche Ausgestaltungen wie etwa Satyrn oder Sphingen.

Literatur: A. Conze, Archäologische Zeitung XX, 1862, S. 231f., Taf. 158,4; A. Conze, Beschreibung der antiken Skulpturen (1891) Nr. 1071; M. Kunze, Künstler, Kenner und Sammler. Anmerkungen zur Geschichte der pompejanischen Funde in der Berliner Antikensammlung, Forschungen und Berichte 27, 1989, S. 182 Nr. 123, Abb. 40; C. F. Moss, Roman Marble Tables (Diss. Princeton 1989); S. Schöne – M. Kunze, in: Italienische Reise, Ausstellungskatalog Pompeji (1989) S. 398. Nr. 192; K. Schwendemann, Jahrbuch des Deutschen Archäologischen Instituts 36, 1921, S. 116.

(A. B.)

10.7
Knabe im Mantel

Italischer Marmor
Ergänzt sind kleinere Partien auf der Stirn und im Haupthaar am Oberkopf, die Nasenspitze und die Zehen des rechten Fußes. Der Kopf ist mit einem modernen Zwischenstück aufgesetzt, ist aber nach Marmor, Motiv und Größe wohl zugehörig
H. 75 cm
Angeblich 1748 beim Pflügen auf einem Feld zwischen Resina und Neapel gefunden
Berlin, Antikensammlung, Staatliche Museen zu Berlin, Inv. Sk 488.

Der ganzfigurig dargestellte Knabe wendet seinen runden Kopf mit Pausbacken und leicht geöffnetem Mund nach rechts, der Blick folgt dieser Richtung. Er steht auf dem rechten Bein, während das linke entlastet ist. Der griechische Mantel (Himation) hüllt den pummeligen Körper bis auf den Kopf und die Füße vollständig ein. Der Knabe trägt eine kurzsträhnige Frisur, bei der die flach anliegenden Haarpartien am Hinterkopf in konzentrische Kreise geordnet sind. Deren mittlerer ist leicht erhaben gearbeitet und mit einem Ring geschmückt, um den ein Bändchen geschlungen ist.

Durch den Vergleich mit Weihreliefs erkannte man, daß es sich bei dem hellenistischen Original dieser in mehreren Wiederholungen überlieferten Darstellung um eine Grab- oder Votivfigur handeln müsse. Die Kopfwendung und der vermeintlich schalkhafte Gesichtsausdruck regten zur Deutung auf den kindlichen Hermes nach dem Diebstahl der Rinder seines Halbbruders Apollo an. Die Pointiertheit und das Genrehafte ist freilich ein Kennzeichen hellenistischer Kunstwerke, ohne dass sich der/die Dargestellte immer konkret benennen ließe.

Literatur: M. Bieber, Ancient Copies (1977) S. 120 Abb. 529–530; A. Conze, Beschreibung der antiken Skulpturen (1891) Nr. 488; H. Heres, in: Friedrich II. und die Kunst (1986) S. 69f.; W. Klein, Vom antiken Rokoko (1921) S. 134; M. Kunze, Künstler, Kenner und Sammler. Anmerkungen zur Geschichte der pompejanischen Funde in der Berliner Antikensammlung, Forschungen und Berichte 27, 1989, S. 180 Nr. 114; M. Kunze, Herculanische Erwerbungen der Wilhelmine von Bayreuth in der Berliner Antikensammlung, in: L. Franchi dell'Orto, Ercolano 1738–1988. 250 anni di ricerche archeologica. Kongreßbericht Ravello-Ercolano-Napoli-Pompei 1988 (1993) S. 43 Nr. 4, Taf. V 1; L. Laurenzi, Römische Mitteilungen 1939, S. 63 Anm. 2; H. von Steuben, Athenische Mitteilungen 1967, S. 428; Ch. Vorster, Griechische Kinderstatuen (1983) S. 184ff. mit Anm. 614 Nr. 3; S. Schöne – M. Kunze, in: Italienische Reise, Ausstellungskatalog Pompeji (1989) S. 396 Nr. 189.

(A. B.)

10.8
Jünglingskopf „Triptolemos"

Parischer Marmor
Die Nasenspitze ist in Gips ergänzt, Verwitterungsspuren am Kopf, der mit Säure geputzt wurde
H. 34,7 cm
Angeblich 1750 auf einem Feld bei Resina am Vesuv gefunden
Berlin, Antikensammlung, Staatliche Museen zu Berlin, Inv. Sk 479.

Die Identifizierung als „Triptolemos" stützt sich auf die langen, welligen Haare, die nicht zu einem Athleten passen. Freilich ist eine solche Haarbehandlung und -länge auch von anderen Werken wie z. B. einem Apollokopf in Venedig (EA 2430/31) bekannt. Der Dargestellte hat leicht geöffnete Lippen, ein kleines Kinn und tiefliegende Augen mit einem gesenkten Blick. Die genannten Merkmale, vor allem das schmale Gesichtsoval, gehen auf klassische Vorbilder wie z. B. den Ares Borghese zurück. Das Original dieser wohl hadrianisch zu datierenden römischen Kopie stammt also aus dem ausgehenden 5. Jh. v.Chr.

10.8

Literatur: C. Blümel, Römische Kopien griechischer Skulpturen des 5. Jahrhunderts v.Chr. (1931) S. 23 K 160, Taf. 45. 46; Th. Dohrn, Attische Plastik (1957) S. 69; B. M. Felleti-Maj, Museo Nazionale Romano, I ritratti (1953) S. 104; G. Heres – M. Kunze, Griechische und römische Plastik (Antikensammlung I) (1984) S. 56 Abb. 59; M. Kunze, Künstler, Kenner und Sammler. Anmerkungen zur Geschichte der pompejanischen Funde in der Berliner Antikensammlung, Forschungen und Berichte 27, 1989, S. 180 Nr. 109, Abb. 41 (bei falscher Inv.-Nr.); M. Kunze, Herculanische Erwerbungen der Wilhelmine von Bayreuth in der Berliner Antikensammlung, in: L. Franchi dell'Orto, Ercolano 1738–1988. 250 anni di ricerche archeologica. Kongreßbericht Ravello-Ercolano-Napoli-Pompei 1988 (1993) S. 42 Nr. 1, Taf. II. III; G. Lippold, Handbuch der griechischen Plastik (HdArch) S. 212 Anm. 11.

(A. B.)

Er sei der *genius loci* von Neapel und seiner Umgebung, schrieb der englische Schriftsteller Charles Dickens 1845 über den Vesuv. In der Tat prägte der „Brennende Berg“ über Jahrhunderte hinweg nicht nur das Panorama der Landschaft am Golf von Neapel und die Ikonographie der Stadt-Ansichten, sondern war auch fester Bestandteil einer geistigen Landschaft: des „Mythos Neapel“. Daß Paradies und Hölle hier nahe beisammen lägen, war eines der geflügelten Worte der Neapel-Literatur. Die Stadt galt unter den Reisenden der „Grand Tour“ bis ins 19. Jh. als die schönste Europas; der Vesuv setzte dazu den Kontrapunkt, der dieser Schönheit das Element des Bedrohlichen beimischte. Unberechenbar und launisch wie der Berg, heiter und explosiv zugleich, erschien auch das Wesen der Neapolitaner. Beides symbolisierte den Charakter des „Anderen“, des Wilden, des von der Zivilisation noch nicht unter Kontrolle Gebrachten.

In widersprüchlichen Wahrnehmungen präsentieren auch Gemälde, Zeichnungen und Kupferstiche den Vesuv. Im 18. und 19. Jh. wird er zu einem beliebten Sujet der damals aufblühenden Landschaftsmalerei, bei ausländischen Künstlern ebenso wie auf den berühmten neapolitanischen Gouachen. Im Zeichen der Ästhetik des Erhabenen verkörperte er alle Erwartungen an einen „majestätischen“ Anblick. Aber auch friedlich, manchmal geradezu idyllisch, konnte er ins Bild gesetzt werden, wenn die feine Rauchfahne über dem schön geschwungenen Doppelgipfel die Schrecken in seinem Inneren vergessen lassen konnte. Auch die beliebten neapolitanischen „Volksszenen“ kommen selten ohne den Vesuv aus: Hintergrund und zugleich Hinweis auf charakterlich Verwandtes. Daneben werden Zeichenfeder und Pinsel im 18. Jh. zu frühen Instrumenten wissenschaftlicher Dokumentation und Erforschung des vulkanischen Lebens des Berges.

Auch die Ausgrabungen von Herculaneum und Pompeji standen unter dem Stern oder Unstern des Vesuv. Solange der Berg aktiv war, stand er Besuchern und Ausgräbern stets als sichtbare Erinnerung an die Katastrophe des Jahres 79 n.Chr. vor Augen. Sie war Geschichte, aber die unberechenbaren, zerstörerischen Kräfte waren gegenwärtig-lebendig: Der Berg und die Ruinen, „der majestätische Verbrecher und seine Tat“ (Gerhart Hauptmann) waren nicht voneinander zu trennen.

(D. R.)

11.1

11.1
Pierre-Jacques Volaire (Toulon 1729–Italien um 1792), Der Ausbruch des Vesuv am 14. Mai 1771 oder kurz danach

Öl auf Leinwand
40,2 x 66,2 cm
Staatliche Kunsthalle Karlsruhe, Inv. 2850.

Volaire lebte von 1764–1769 in Rom, anschließend in Neapel. Spezialisiert auf Nacht- und Mondszenen, wurde er vor allem wegen seiner dramatischen Vesuv-Darstellungen geschätzt: Bilder, in denen bestimmte Ausbrüche (im vorliegenden Fall sogar mit genauem Datum) in erhaben-empfindsame Stimmungen übersetzt werden. Das Bild zeigt einen Ausbruch des Vesuv im Mai 1771, als der Vulkan nach einer mehrjährigen Ruhephase wieder aktiv wurde und aus einer Öffnung, die sich etwa 200 Meter unterhalb des Kraters auf dem nördlichen Abhang gebildet hatte, Lavaströme auf den Ort Pugliano zuflossen. Im Mittelpunkt der nächtlichen Ansicht steht der kleine innere Kegel, aus dessen Spitze Feuergarben und Gesteinsbrocken herausgeschleudert werden, während aus den Flanken des Berges Lava austritt und in einem breiten Strom abfließt. Eine Gruppe von fünf Personen, darunter auch zwei Frauen, beobachten das Schauspiel vom Rande des Lavastroms aus. Von rechts nähert sich eine weitere Menschengruppe, ihr Führer trägt einen an der Spitze brennenden Stock (den er wohl, wie von den Führern gern demonstriert, im heißen Boden entzündet hatte). Im Hintergrund das Meer mit den Inseln, darüber der Vollmond unter den dunklen Wolken.

(D. R.)

11.2
Pietro Fabris, Neapolitanische Volksszene in einer Grotte am Posillipo mit Ausblick auf den Vesuv, circa 1773

Öl auf Leinwand
71 x 97 cm
Kulturstiftung Dessau Wörlitz.

Pietro Fabris, aus Großbritannien gebürtig, ist in Neapel von 1754 bis 1804 mit zahlreichen Arbeiten bezeugt; am bekanntesten wurde er durch seine Vesuv-Illustrationen in William Hamiltons „Campi Phlegraei“ (1776). Auf dem vorliegenden Bild hat sich eine Gruppe von Männern, Frauen und Kindern zu Schmaus, Spiel und Musik in einer der Grotten des Posillipo versammelt. Eine vornehme Dame hat sich unter das Volk gemischt und beobachtet zwei kartenlegende Männer. Der Vesuv

11.2 (s. auch Abb. S. 230)

bildet den malerischen Hintergrund der Szene und darf vielleicht auch – wie häufiger in zeitgenössischen volkstümlichen Szenen – als der sichtbare Ausdruck des „unberechenbaren" Charakters des neapolitanischen Volkes verstanden werden. Das Gemälde wurde vermutlich von Fürst Leopold Friedrich Franz von Anhalt-Dessau im Anschluß an seine Reise nach Italien 1766 erworben und hing im Schlafzimmer der Fürstin; eine weitere Version des Gemäldes befindet sich im Privatbesitz in Neapel.

Literatur: C. Knight, Hamilton a Napoli (1990) S. 84; All´ombra del Vesuvio, Napoli nella veduta europea dal Quattrocento all´Ottocento (1990) S. 382–385; F.-A. Bechtold - Th. Weiss (Hrsg.), Weltbild Wörlitz (1996) S. 421–422.

(D. R.)

11.3
Michael Wutky (Krems 1739–Wien 1822), Ausbruch des Vesuv, um 1779

(ohne Abb.)

Öl auf Leinwand
45,3 x 56 cm
Niederösterreichisches Landesmuseum St. Pölten, Inv. 5145.

Das Zentrum des Bildes bildet der kleine Eruptionskegel, der sich im Krater gebildet hat und aus dessen Spitze Feuer, Gesteinsbrocken und Lava austreten. Im düsteren Licht, das alle festen Konturen verschwimmen läßt und die Menschengruppe am Rande der Szene nur noch schwach erhellt, scheinen sich Himmel und Erde zu vermengen: ein Bild, das an das Urchaos in der Frühzeit der Entstehung des Planeten Erde denken läßt. Wutky lebte von 1771 bis 1785 und von 1795 bis 1801 in Italien; 1779 bestieg er zusammen mit William Hamilton den Vesuv, zahlreiche seiner Bilder sind dem Sujet des „Brennenden Berges" gewidmet.

Literatur: B. Kuhn, Der Landschaftsmaler Michael Wutky (1980); All´ombra del Vesuvio, Napoli nella veduta europea dal Quattrocento all´Ottocento (1990) S. 438f.

(D. R.)

11.4

11.5

11.6
Franz Ludwig Catel (Berlin 1778–Rom 1856), Golf von Neapel mit Familie unterwegs, 1822

(ohne Abb.)

Öl auf Eisenblech
22 x 31 cm
Staatliche Museen zu Berlin, Nationalgalerie.

Catel lebte seit 1811 als geschätzter Landschaftsmaler und Reisebegleiter deutscher Künstler in Rom. Die Szene zeigt eine Familie auf einer Straße auf dem Posillipo; der Mann, in der typisch neapolitanischen Fischer-Kleidung, trägt einen Korb mit Früchten auf dem Kopf, die Frau reitet auf einem Esel und stillt ein kleines Kind. Im Hintergrund das Castel dell´Ovo in Neapel und der rauchende Vesuv, der hier ein eher idyllisches Bild abrundet.

Literatur: Nationalgalerie Staatliche Museen Preußischer Kulturbesitz, Galerie der Romantik (1986) S. 22.

(D. R.)

11.4
Josef Rebell (Wien 1787-Dresden 1828), Blick über den Golf von Neapel, um 1815

Öl auf Pappe
23,2 x 30 cm
Karlsruhe, Staatliche Kunsthalle, Inv. 2286.

1815 war die vulkanische Tätigkeit des Vesuv gering, aber bereits zwei Jahre später fand wieder ein verheerender Ausbruch statt. Das kleine Bild zeigt den Berg in dieser vorübergehenden Ruhephase, zu seinen Füßen die Ortschaften Portici, Resina (Herculaneum) und Torre del Greco. Josef Rebell lebte von 1813 bis 1815 in Neapel, wo er für den von Napoleon eingesetzten König Gioacchino Murat arbeitete. Aus dieser Zeit stammt eine Reihe von Landschaftsbildern, die sich durch große Detailtreue auszeichnen.

(D. R.)

11.5
Unbekannter Künstler: Im Garten des Klosters San Franceso bei Neapel, um 1819

Öl auf Leinwand
83,5 x 103,5 cm
Staatliche Museen zu Berlin, Nationalgalerie, Inv. A I 457.

Im Garten unterhalb eines Klosters an den Hängen des Vesuv sind zwei junge Wanderer mit ihrem Reisegepäck eingetroffen; einige Franziskanermönche unterhalten sich mit ihnen unter einem Orangenbaum. Eine friedliche Szene unter blauem südlichen Himmel – und ebenso friedlich raucht im Hintergrund der Vesuv.

(D. R.)

11.7
François Reynaud, Der Ausbruch des Vesuv im Jahre 79, 1866

Öl auf Leinwand
146 x 225 cm
Neapel, Sammlung Michele Gargiulo.

Die hochdramatische Szene unter dem fast nachtschwarzen Himmel stellt die Flucht einer Gruppe von Menschen beim Ausbruch des Vesuv im Jahre 79 n. Chr. dar; zu lokalisieren ist sie im Südosten des Berges, also in der Gegend von Pompeji. Phantasie-Ansichten dieser Art waren in der 2. Hälfte des 19. Jh. beliebt, „vermenschlichten“, ähnlich wie die Romanliteratur, die Ereignisse des Jahres 79 n.Chr., verbanden sich manchmal auch mit der Vorstellung vom gerechten Untergang der durch Luxus und Wohlleben verweichlichten Städte am Golf von Neapel.

(D. R.)

11.7

11.8
Hubert Sattler (Wien 1817–1904), Aschewolken über dem Vesuv, 25. April 1872

Öl auf Leinwand
26,5 x 20,5 cm
Salzburg, Museum Carolino Augusteum, Inv. 261-30.

Das Bild zeigt eine gewaltige „plinianische" Rauchwolke über dem Vesuv, die – ähnlich wie beim Ausbruch des Jahres 79 n.Chr. – vom Wind nach Südosten, über die Gegend von Pompeji getrieben wird. Die weißen Dampfwolken am Abhang bezeichnen den Lauf der Lavaströme. Im Vordergrund die Innenstadt von Neapel mit dem mittelalterlichen Castel Nuovo am Hafen; von einer Terrasse aus betrachtet ein Mann das Schauspiel. Die eindrucksvolle Szenerie dieses Tages ist auch auf einer Photographie von Giorgio Sommer festgehalten.

Literatur: G. B. Alfano – I. Friedlaender: Die Geschichte des Vesuv (1929) Tafel 65.

(D. R.)

11.9
Hubert Sattler (Wien 1817–1904), Nächtlicher Ausbruch des Vesuv, 26. April 1872

Öl auf Leinwand
26 x 21 cm
Salzburg, Museum Carolino Augusteum, Inv. 260-30.

Eine hoch in die Luft schießende Gas-Feuer-Säule steht über dem Berg und spiegelt sich auf dem nächtlichen Meer; zwei Lavaströme fließen aus seitlichen

11.8 (s. auch Abb. S. 232)

Öffnungen ab. Im Vordergrund mehrere Boote vor der Küste, von denen aus Menschen die Szenerie beobachten. – Im April 1872 begann eine besonders lange, heftige eruptive und effusive Periode, die bis 1906 dauerte.

Literatur: G. B. Alfano – I. Friedländer, Die Geschichte des Vesuv (1929) S. 59f. und Tafeln 64, 66 und 67.

(D. R.)

11.10

Oswald Achenbach (Düsseldorf 1827–1905), Strandszene mit lagernden Männern und Frauen am Golf von Neapel, 1875/85

Öl auf Leinwand
46,5 x 67 cm
Staatliche Museen zu Berlin, Nationalgalerie, Inv. A III 755.

Abendliche Szene am Golf von Neapel. Eine Gruppe von Einheimischen lagert mit verschiedenen Gerätschaften an der Küste, Fischerboote sind an den Strand gezogen. Die Abendsonne beleuchtet den rauchenden Vesuv im Hintergrund. Das Bild lebt vom Kontrast zwischen der eng an der bereits dunklen Küste gelagerten Menschengruppe und dem weiten Himmel über dem Vesuv, dessen leichte Rauchfahne zum Bestandteil der gewaltigen Wolkenformationen wird.

(D. R.)

11.11

Oswald Achenbach (Düsseldorf 1827–1905), Straße bei Neapel, 1896

Öl auf Leinwand
50 x 60,3 cm
Staatliche Museen zu Berlin, Nationalgalerie, Inv. A II 999.

Das Bild zeigt den Ponte della Maddalena über den Sebeto-Fluß an der südöstlichen Stadtgrenze Neapels; im

11.9

11.10

11.11

Hintergrund der brennende Vesuv, der den Himmel mit schweren Wolken verdunkelt, so daß die spätvormittägliche Sonne kaum durchdringen kann; auf dem Weg mehrere Gruppen von Menschen, die sich z.T. mit Schirmen und Kleiderbündeln vor dem Asche-Niederschlag zu schützen versuchen. Der Ponte della Maddalena ist im kollektiven Gedächtnis Neapels derjenige Ort, an dem 1631 und später noch öfter die Reliquien des Stadtheiligen San Gennaro, in einer Prozession dem Berg entgegengetragen, seinem Wüten Einhalt geboten haben und die Lava zum Stehen brachten. Zur Erinnerung daran wurde dort 1767 ein Denkmal errichtet, das den Heiligen darstellt, der mit abwehrender Geste die Hand gegen den Vesuv erhebt. Achenbach hat es auf seinem Gemälde dramatisch nach oben gegen den düsteren Himmel vergrößert und damit optisch als Kontrapunkt zum bedrohlichen Vesuv gestaltet.

(D. R.)

11.12
Camillo De Vito, Ausbruch des Vesuv, Neapel 1831

(ohne Abb.)

Gouache
56 x 77 cm
Neapel, Sammlung Carlo Knight.

Ansicht aus dem Inneren der Ausgrabungen von Pompeji, im Vordergrund die sogenannte Gladiatoren-Kaserne. Gouachen dieser Art, meist mit genauer Datierung, waren als Reise-Souvenir beliebt.

(D. R.)

11.13
Ausbruch des Vesuv, Neapel 1844

(ohne Abb.)

Gouache
56 x 77 cm
Neapel, Sammlung Carlo Knight.

Eine Gruppe von Touristen hat sich zu einem Picknick im Inneren des Kraters versammelt. Spektakuläre „events" dieser Art waren bei den Reisenden beliebt. So feierte beispielsweise der preußische Kronprinz Friedrich Wilhelm (IV.) 1828 den Geburtstag der Kronprinzessin mit einem Bankett auf dem Vesuv.

(D. R.)

11.14
Histoire Naturelle, Volcans. Eruption du Vesuve en 1754

Kupferstich von Bernard nach einer Zeichnung von de la Rue
43 x 55 cm
Bremen, Sammlung Dieter Richter.

Dieser und die beiden folgenden Kupferstiche sind reproduziert in Diderot/d´Alembert, Encyclopédie, Recueil de Planches sur les Sciences, Paris 1768 (Abteilung „Minéralogie, Volcans VI/2-3"). Aus der Haltung der Figuren im Vordergrund spricht nicht Schrecken, sondern Staunen und Bewunderung angesichts des Naturschauspiels. Das entspricht der „positiven" Deutung der vulkanischen Phänomene, wie sie der zugehörige Artikel „Volcans" im Sinne frühaufklärerischer Naturkunde formuliert: „Vulkane sind eine Wohltat der Natur, sie bieten dem Feuer und der Luft freien Austritt und verhindern so, daß diese ihre zerstörerischen Kräfte außerhalb bestimmter Grenzen ins Werk setzen und das Antlitz unseres Erdballs gänzlich verwüsten können" (XVIII, 443). Die deutende Geste des jungen Mannes im Vordergrund läßt sich in diesem Sinne verstehen.

Literatur: E. Chevallier, La finalité du Vésuve. Force du mal ou instrument de la providence, in: R. Chevallier (Hrsg.), Colloque histoire et historiographie, Paris 1980, S. 349ff.; D. Richter, Der Vesuv (1990) S. 200ff.

(D. R.)

11.14 (s. auch Abb. S. 231)

11.15

11.15

Histoire Naturelle, Volcans. Laves qui sortoient des flancs du Vesuve à la suite de l´Eruption de 1754

Kupferstich
43,5 x 55,5 cm
Bremen, Sammlung Dieter Richter.

Im Dezember 1754 bedrohten Lavaströme einer sogenannten „Lateral-Effusion" aus den Flanken des Berges die Ortschaften Mauro und Boscotrecase. Auch auf diesem Bild wirken die Figuren im Vordergrund allerdings nicht erschrocken, sondern als ruhig-neugierige Beobachter der Phänomene.

Literatur: G. B. Alfano – I. Friedlaender, Die Geschichte des Vesuv (1929) S.37.

(D. R.)

11.16

Histoire Naturelle, Volcans. Vue Générale du Vesuve en 1757

Kupferstich von Bernard nach einer Zeichnung von de la Rue
43 x 53 cm
Bremen, Sammlung Dieter Richter.

Im Jahre 1757 dauerte die Explosionstätigkeit des Vesuv an. Die Ansicht zeigt den Berg vom Posillipo aus, wo eine Gruppe von Fischern ihrer Arbeit nachgeht, ohne weiter von dem Geschehen Notiz zu nehmen.

(D. R.)

11.16

11.17

Pietro Fabris, Vier Ansichten aus Hamilton – Fabris, Campi Phlegraei, Neapel 1776

(ohne Abb.)

Kupferstiche, koloriert
73 x 112 cm
Neapel, Sammlung Carlo Knight.
Tafel XXVII: View of the interior of the crater of Monte Nuovo.
Tafel XXXIII: View of the Atrio del Cavallo, between Vesuvius and Mount Somma.
Tafel IX: Interior of the crater of Vesuvius before the eruption of 1767.
Tafel XVI: Entrance to the Grotto of Pausilipo.

Sir William Hamilton widmete sich während seiner Zeit als britischer Botschafter im Königreich Neapel (1764–1799) mit Leidenschaft und Ausdauer der empirischen Beobachtung der vulkanischen Aktivitäten in Süditalien. Seine Berichte an die „Royal Society" in London veröffentlichte der „Vulcano Lover" (Susan Sontag) 1776 in Neapel zusammen mit den kolorierten Kupfern von Pietro Fabris in „Campi Phlegraei, Observations on the Volcanoes of the Two Sicilies": ein Werk, in dem die Bewunderung der erhabenen Schönheit der Vulkane ebenso zum Ausdruck kommt wie wissenschaftliche Neugier gegenüber den eruptiven Prozessen. Hamiltons Ziel war es u.a., durch genaue Beobachtungen dieser Prozesse zu Prognosen über einen bevorstehenden Vesuv-Ausbruch zu kommen und die Bevölkerung entsprechend warnen zu können.

Literatur: I. Jenkins – K. Sloan, Vases and Volcanoes. Sir William Hamilton and his Collection (1996) S. 165–168; C. Knight, Hamilton a Napoli (1990).

(D. R.)

11.18

Der Vesuv mit seiner umliegenden Gegend

(ohne Abb.)

Kupferstich aus Justin Friedrich Bertuch, Bilderbuch für Kinder, Bd. 3, Weimar 1798, 54. Tafel des 51. Hefts
31,5 x 42 cm
Bremen, Sammlung Dieter Richter.

Das erste Bild des Stichs zeigt die Topographie des Vesuv aus der Vogelschau, das zweite illustriert die Zerstörungen, die der Ausbruch des Berges im Jahre 1794 in Torre del Greco südöstlich von Herculaneum anrichtete, als ein Lavastrom fast die gesamte Stadt unter sich begraben hatte. Das Bild samt zugehörigem Text gehört in die Bemühungen aufgeklärter Pädagogik, schon den Kindern die Summe des Wissens der Welt zu vermitteln.

(D. R.)

11.19

Johann Wolfgang von Goethe (Frankfurt 1749–Weimar 1832), Der Ausbruch des Vesuv im Jahre 79 n.Chr., 1787

(ohne Abb.)

Bleistift, Feder, grau laviert
10 x 13,9 cm
Stiftung Weimarer Klassik und Kunstsammlungen, Inv. KK 1303.

Die Zeichnung entstand während Goethes Aufenthalt in Neapel im Frühjahr 1787. Goethe bestieg in dieser Zeit drei Mal den Vesuv, wobei er sich weniger für die Ästhetik des „häßlichen Ungetüms" (Goethe über den Vesuv) als für die geologischen und mineralogischen Prozesse des Vulkanismus interessierte, die ihn u.a. im Zusammenhang mit „vulkanistischen" Theorien zur Entstehung der Erde beschäftigten. Bei seinem Besuch in Pompeji macht sich Goethe auch Gedanken darüber, wie diese Stadt trotz ihrer großen Entfernung vom Vesuv durch Auswurfmaterial so gänzlich bedeckt werden konnte und nimmt an, „daß diese Steine und Aschen eine Zeitlang wolkenartig in der Luft geschwebt, bis sie endlich über diesem unglücklichen Orte niedergegangen" (11. März 1787). Die Zeichnung gibt vermutlich diese Idee wieder, zeigt die dunkle Wolke, die über der Landschaft schwebt, die Sonne verfinstert hat und mit ihren Niederschlägen die Stadt zu bedecken beginnt.

Literatur: Reise ins unterirdische Italien. Ausstellungskatalog Frankfurt (2002) S.108; D. Richter, Neapel, Biographie einer Stadt (2005) S. 96ff.

(D. R.)

11.20

Andy Warhol, Vesuvius, 1985

(ohne Abb.)

Siebdruck, gez. „Warhol"
80 x 120 cm
Neapel, Sammlung Francesco Durante.

Teil einer Serie für die Galerie von Lucio Amelio in Neapel, der Andy Warhol und Joseph Beuys nach dem Erdbeben 1980 in die schwer betroffene Stadt eingeladen hatte.

Literatur: Vesuvius by Warhol (1984).

(D. R.)

Abbildungsnachweis

Alte Nationalgalerie, Staatliche Museen zu Berlin: S. 349, 351 u., 352

Antikensammlung, Staatliche Museen zu Berlin (Fotos: Johannes Laurentius): S. 340, 341, 342, 343, 344, 345

Yann Arthus-Bertrand/CORBIS: S. 240

Biblioteca Nazionale di Napoli, Officina dei Papiri: S. 112, 113, 114, 115, 276 o.

Dieter Bischop, Bremen: S. 125, 130, 135

Bridgeman Art Library, London: S. 247

Capware, Tecnologie per la Cultura, Napoli: S. 4, 6, 100, 103, 110, 111, 218, 219, 220, 245

Angelika Dierichs, Münster: S. 143, 144, 145, 147

Michele Gargiulo, Napoli: S. 350 o.

Kenneth Garrett, National Geographic/Getty Images: S. 238, 239

Goethe-Museum, Düsseldorf (Fotos: Walter Klein): S. 331, 332

Jochen Hähnel, Berlin: Umschlag vorne, Vorsatz vorne (Bearbeitung), Frontispiz, Vorsatz hinten, S. 2, 3, 9, 16, 17, 26, 28, 29, 33, 37, 56, 57, 62, 80, 81, 94, 95, 122, 123, 152, 153, 170, 171, 172, 192, 204, 205, 206, 209

Kulturstiftung DessauWörlitz (Bildarchiv, Fotos: Heinz Fräßdorf): S. 200, 201, 202, 207, 208, 209, 210, 333 o., 348 o.

Kunstgewerbemuseum der Staatlichen Kunstsammlungen Dresden (Fotos: Herbert Boswank): S. 337 u. r./l., 338

Kupferstichkabinett, Staatliche Museen zu Berlin (Foto: Jörg P. Anders): S. 188

MAK – Österreichisches Museum für angewandte Kunst/Gegenwartskunst, Wien: S. 336, 337 o.

Carol C. Mattusch, Fairfax, Virginia: S. 96, 97

Museo Archeologico Nazionale Napoli, Soprintendenza per i Beni Archeologici di Napoli e Caserta (Fotos: Luciano Pedicini): Umschlag hinten, S. 5, 20, 64 u., 100, 102, 104, 105, 129, 132, 133, 136, 138, 139, 141, 146, 148, 154, 155, 156, 157, 158, 161, 163, 164, 212, 213, 261 u., 262, 263, 264, 265, 268, 276 u., 277, 278, 279, 280, 281, 282, 283, 288, 289, 290 o., 294 u., 295, 299, 300, 301, 304 u., 305, 309, 311 o. r., 312, 313, 316, 317, 318, 319 o., 321, 322 o. l., 325 o. r., 326 u., 327 o. r./u.

Museum Carolino-Augusteum, Salzburg: S. 232, 350 u., 351 o.

National Portrait Gallery, London: S. 251

Chris Newhall, USGS, University of Washington, Dept of Earth & Space Sciences: S. 246

Annette Nünnerich-Asmus, Mainz: S. 74

Dieter Richter, Bremen (Fotos: Stefan Brentführer): S. 333 u., 353

Gisela Schumacher-Matthäus, Nürnberg: S. 243

Skulpturensammlung der Staatlichen Kunstsammlungen Dresden (Fotos: Jürgen Liepe): S. 18, 274 o. l./r.

Soprintendenza Archeologica di Pompei (Magazin des Antiquarium Herculaneum): S. 44, 45, 68, 69, 90, 91, 126, 173, 177, 256, 258 u., 259, 267, 274 u., 286, 290 u., 292, 293, 294 o., 302, 303, 304 o., 307, 308, 310, 311 o. l., 320 o. l.
(Fotos: Luciano Pedicini): S. 63, S. 64 o., 127, 128, 131, 134, 179, 258 o., 260, 261 o., 267 u. l./r., 269, 270, 271, 272, 285, 297, 298, 306, 314, 315, 319 u., 320 o. r., 322 u./o. r., 323, 324, 325 o. l./u., 326 o., 327 o. l., 328

Staatliche Kunsthalle Karlsruhe: S. 347, 348 u.

Staatliche Porzellan-Manufaktur Meissen GmbH: S. 182, 183, 191, 334, 335

U.S./Japan ASTER Science Team: Vorsatz vorne, S. 31, 242